Joachim Marquardt

Römische Privat-Altertümer

Joachim Marquardt

Römische Privat-Altertümer

ISBN/EAN: 9783742808431

Hergestellt in Europa, USA, Kanada, Australien, Japan

Cover: Foto ©ninafisch / pixelio.de

Manufactured and distributed by brebook publishing software (www.brebook.com)

Joachim Marquardt

Römische Privat-Altertümer

Inhalt.

Einleitender Abschnitt. Production, Fabrication und Handel S. 1.

Erster Abschnitt. Die Nahrung S. 21.
  1. Getreide S. 23.
  2. Gartengewächse S. 31.
  3. Fleisch S. 38.
  4. Wasserthiere S. 42.
  5. Oel und Wein S. 78.
  Gewerbe S. 75.

Zweiter Abschnitt. Die Kleidung S. 85
  A. Die Rohstoffe.
    1. Wolle S. 85.
    2. Ziegenhaar S. 89.
    3. Leinen S. 91.
    4. Baumwolle S. 98.
    5. Malvenstoffe S. 101.
    6. Seide 109.
    7. Ungewöhnliche Stoffe S. 111.
  B. Die Fabrication.
    1. Das Filzen S. 114.
    2. Das Weben (Färben, Spinnen) S. 115.
    3. Das Sticken und Nähen S. 146.
  C. Die männliche Kleidung S. 159.
  D. Die weibliche Kleidung S. 177.
  Gewerbe S. 185.
  E. Pelz- und Lederwaaren S. 189.
    1. Kürschner- und Gerberarbeiten.
    2. Fussbekleidung S. 190.
  F. Haartracht 196.

Dritter Abschnitt. Wohnung und häusliche Einrichtung S. 207.
  1. Arbeiten in Stein S. 219.
  2. Arbeiten in Thon S. 231.
  3. Arbeiten in Metall S. 265.

I. Methoden der Arbeit S. 265.
II. Die Gewerbe S. 285.
  1. Arbeiten in Silber S. 286.
  2. Arbeiten in Gold S. 290.
  3. Arbeiten in Kupfer S. 299.
  4. Arbeiten in Eisen S. 305.
  5. Arbeiten in Blei S. 306.
3. Arbeiten in Holz S. 309.
  1. Zimmerleute S. 309.
  2. Tischler S. 311.
  3. Stellmacher und Wagenbauer S. 319.
5. Arbeiten in Leder S. 331.
6. Arbeiten in Elfenbein und Knochen S. 338.
7. Arbeiten in Glas. Gefässarbeit in halbedlen Steinen.

Vierter Abschnitt. Geistige Thätigkeit und damit in Verbindung stehende Gewerbe S. 353.
  Die Advocaten S. 354.
  Die Subalternbeamten S. 355.
  Die Lehrer S. 355.
  Die Aerzte und Medicamentenhändler S. 356.
  Die Mechaniker und insbesondere die Uhrmacher S. 376.
  Die Schreiber und Buchhändler S. 969.

Fünfter Abschnitt. Unterhaltung und Spiele.
  1. Kinder- und Jugendspiele S. 410.
  2. Glück- und Bretspiele S. 426.

Erklärung der Tafeln.

Fig. 1 auf Taf. I. Togastatue. *Monumenti del Museo Lateranense. Tav. XV.* s. S. 162 ff.

Fig. 1ª auf Taf. I. Zuschnitt der Toga.

Fig. 2 auf Taf. II. Frau in der Palla. Sto. Bartoli *Admiranda. Tav.* 44. Auf dem dort abgebildeten Relief geht die Frau, an der linken Hand einen Knaben führend, in einem Opferzuge zwischen zwei Männern, wodurch die Conturen der rechten und linken Seite theilweise verdeckt sind. Auch hat der Faltenwurf bei Bartoli einige Unklarheiten. Nichtsdestoweniger schien mir diese Figur belehrender, als die idealen Statuen mit ähnlicher Bekleidung, und ich habe mit Hülfe eines geschickten Malers die palla in Natura drappirt, um den Faltenwurf zu prüfen, wodurch sich einige Verschiedenheiten von der bartolischen Zeichnung ergeben haben. Ich bemerke also, dass diese Figur nicht genau copirt, sondern eine durch ein Experiment controlirte Exemplification des Costüms ist. s. S. 184.

Fig. 3 auf Taf. III. Doppelchiton oder *tunicopallium*. *Mus. Borb.* II, 4. s. S. 181.

Fig. 4 auf Taf. III. Zuschnitt desselben. *Mus. Borb.* II, 4.

Fig. 5 auf Taf. I. Schuh von einer Statue des Cäsar *Mémoires de la Société impériale d'Archéologie. Vol. VI. Petersbourg* 1852. p. 2 ff. pl. 2. s. S. 191.

Fig. 6 auf Taf. IV. Mühle. Mazois *Les Ruines de Pompéi*. Vol. II pl. 15, 4. s. S. 31.

Fig. 7 auf Taf. IV. Dach von Ostia. Campana, mv. VI. s. S. 235.

Fig. 8 auf Taf. IV. s. S. 235.

Fig. 9, 10 *Amphoras*. s. S. 242.

Fig. 11 *urna* oder *hydria*, s. S. 244. aus Jahn Vasensammlung König Ludwig's. Taf. II. n. 84.

Fig. 12 *lagoena*. s. S. 245.

Fig. 13 *ampulla* oder λήχυθος, Jahn II n. 70.

Fig. 14 *alabastrum*. s. S. 246.

Fig. 15. 16 crater. s. S. 246.
Fig. 17 cyathus. s. S. 246.
Fig. 18 Schöpflöffel. s. S. 246.
Fig. 19 culix. s. S. 247.
Fig. 20 scyphus. s. S. 248.
Fig. 21 cantharus. s. S. 248.

Production, Fabrication und Handel.

Wir haben im ersten Theile dieses Bandes den innern Organismus des römischen Familienlebens betrachtet; der zweite Theil wird die äusseren Bedingungen desselben, d. h. seine Bedürfnisse und deren Beschaffung durch die verschiedenen Berufsthätigkeiten, zum Gegenstande haben. Um diese sehr complicirte Aufgabe einigermassen zu lösen, wird es nöthig sein, den weitläufigen Stoff vorläufig zu übersehen und einen Gesichtspunkt für dessen Behandlung festzustellen.

Die Bedürfnisse des im Staate lebenden Menschen sind theils allgemeine, theils persönliche. Die allgemeinen, d. h. die des Staates selbst, und zwar unserer Aufgabe gemäss die des römischen Staates insbesondere, haben wir in den früheren Abschnitten dieses Buches unter den Kategorien der Gesetzgebung, der Verwaltung, der Vertheidigung und des Cultus zusammengefasst; die persönlichen Bedürfnisse, von denen wir hier zu handeln haben, sind entweder leibliche, d. h. zunächst Nahrung, Kleidung und Wohnung, oder geistige, nämlich wissenschaftliche Beschäftigung und freie Erholung und Unterhaltung, welcher ein Theil der Künste ihren Ursprung verdankt. Alle menschliche Thätigkeit richtet sich auf die Befriedigung dieser Bedürfnisse; aber die Bedeutung, welche jedem derselben beigelegt wird, die Art der Betheiligung an demselben, insbesondere das Verhältniss des Staatsdienstes zu dem Erwerbe und der verschiedenen Erwerbszweige zu einander bildet ein wesentliches Merkmal für die Characteristik der Zeiten und Völker.

In den alten Reichen des Orients, in welchen die Entwickelung der Individualität noch eine geringe war, bestand bekanntlich grossentheils eine Kastenverfassung. Die Staatsregierung, die Vertheidigung des Landes, der Cult, das Gewerbe, der Handel gehört bestimmten Menschenclassen an und die Berufsthätigkeit ist eine scharf begrenzte, unfreie und erbliche. Bei dieser Beschränkung ist ein Zweig menschlicher Thätigkeit vortrefflich gediehen, nämlich das Handwerk. Die Weberei, die Lederbereitung, die Arbeit in Metallen, edlen Steinen, Thon und Glas hat eine hohe Vollendung schon im Orient erhalten, und diese Technik ist als Resultat des orientalischen Culturlebens auf das ganze Alterthum vererbt und bis in's Mittelalter erhalten worden. In Griechenland dagegen und namentlich in Athen gelangt die Freiheit des Individuums zu ihrer vollen Entwickelung. Der einzelne Mensch hat das Bewusstsein, zu allen den genannten Aufgaben in gleichem Grade befähigt zu sein, und wie einerseits der Sophist Hippias, der Lehrer der Wissenschaften und insbesondere der Staatskunst, sich rühmte, auch seinen Rock, seinen Mantel, seine Schuhe, seinen Ring und seine Oelflasche selbst gefertigt zu haben[1]), so hielten andererseits in Athen die Walker, Schuster, Zimmerleute, Schmiede, Bauern und Krämer sich für ganz geeignet, den Staat zu regieren[2]). Zwar theilen Plato, Aristoteles und die Vertreter der Bildung überhaupt diese Ansicht insofern nicht, als sie behaupten, eine geistige, insbesondere eine politische Thätigkeit sei mit einer banausischen Erwerbsart, d. h. der eigentlichen Handarbeit, unvereinbar; denn diese hindere die Ausbildung des Körpers und des Geistes, mache den Menschen engherzig und für grosse und allgemeine Interessen unempfindlich, beschränke die freie Musse, die für die politische Wirksamkeit nöthig sei, und bewirke endlich, da der Handwerker um Lohn für einen andern arbeite, dass derselbe unfrei werde gleich dem Sclaven, der nicht für

---

1) Plato Hipp. min. p. 368. Cic. de or. III, 32, 127. Quintil. XII, 11, 21. Apul. Florid. I, 9.
2) Xenoph. Mem. III, 7, 5.

sich, sondern für seinen Herrn existire⁵); allein der fabrikmässige Betrieb gewerblicher Thätigkeit durch Sclaven unter Aufsicht eines Geschäftsführers, wobei zwar das Erlernen derselben auch für den Unternehmer nöthig⁴), eine fortdauernde Handarbeit aber erspart wurde, und die Ausübung jeder Kunst und Wissenschaft ohne die Absicht des Gelderwerbes ist bei den Griechen immer ehrenwerth und beliebt gewesen und hat die grossen Erfolge in Kunst und Wissenschaft herbeigeführt, welche als das bleibende Resultat des griechischen Lebens für die Nachwelt zu betrachten sind.

Man darf im Voraus annehmen, dass, nachdem im Orient die handwerksmässige Technik, in Griechenland die Kunst und Wissenschaft den Höhepunkt ihrer Ausbildung erreicht hatte, für beide Richtungen in Rom eine neue und eigenthümliche Entwickelung nicht zu erwarten ist. Die specifisch-historische Bedeutung Roms liegt vielmehr in seinem Staatsleben, dessen Formen für alle Zeiten von Einfluss geblieben sind. Der weltbeherrschende Staat war das Ziel, das die Römer im Bewusstsein eines einseitigen Strebens verfolgten; anfangs mit Hintansetzung aller persönlichen, später mit Aufgabe selbst der nationalen Interessen. Es ist ein schöner Zug des altrömischen Characters, dass die Pflicht gegen den Staat wenigstens in alter Zeit mit grossen persönlichen Opfern erfüllt wurde, als Ziel alles Strebens nicht die Behaglichkeit der persönlichen Existenz, sondern die Grösse des Staates galt⁵) und die Ansprüche des Einzelnen gegen die des Gemeinwesens völlig zurücktraten. Der Hausvater, welcher nur eine anständige Erwerbsquelle in dem Landbau hatte⁶), producirte auf seinem Gute alles, was er brauchte⁷), die Nahrung für sich

---

3) Ueber diesen Gegenstand hat Drumann Die Arbeiter und Communisten in Griechenland und Rom, Königsberg 1860. 8, und neuerdings sehr eingehend Frohberger De opificum apud veteres Graecos conditione diss. I. Grimmae 1866. 4 gehandelt.
4) Plato de leg. p. 846ᵃ und mehr bei Frohberger p. 21.
5) Valer. Max. IV, 4, 9: *Patrias enim rem unusquisque, non suam augere properabat, pauperque in divite quam dives in paupere imperio versari malebat.* 6) S. Th. V, 1. S. 141. Anm. 788.
7) Daher der Ausspruch: *Nequam agricolam esse, quisquis emeret quod praestare ei fundus posset.* Plin. N. H. XVIII § 40.

und die Familie, die Wolle zu seinem Kleide, das Leder zu seinen Schuhen und die Baumaterialien zu seinem Hause; dabei ist er Lehrer, Priester und Arzt in seiner Familie, vor allem aber Staatsbürger, Beamter und Soldat. Die Handarbeit, und zwar die ländliche, ist sein eigentlicher Beruf und auch für den Hochgestellten ein unbedenklich ehrenwerther[8]; wird sie durch den Kriegsdienst oder die Amtsführung unterbrochen, so leidet die Wirthschaft und die ganze Familie; die industrielle Thätigkeit blieb dabei auf die allerersten Anfänge beschränkt, bis sich wenigstens in der Stadt Rom das Bedürfniss herausstellte, für gewisse Kunstfertigkeiten, welche Uebung und Zeitaufwand erfordern, durch Theilung der Arbeit zu sorgen. Es geschah dies durch die acht angeblich von Numa gestifteten, ohne Zweifel in frühester Zeit entstandenen Handwerkercollegien[9], die als der Anfang einer römischen Industrie zu betrachten sind. Aber es ging diesen Anfängen der Industrie wie den Anfängen der originalen römischen Litteratur; sie wurden in ihrer Entwickelung alterirt und gehemmt durch das Bekanntwerden ausländischer bereits vollendeter Kunsterzeugnisse, die bei der immer zunehmenden Ausdehnung des römischen Gebietes und Verkehrs in immer grösseren Massen und mit immer grösserer Leichtigkeit Eingang fanden. Je mehr sich die Kenntniss bequemerer Lebenseinrichtungen verbreitete, je grössere Mittel sich den Römern darboten, sich dieselben zu verschaffen, je höher die Ansprüche des Geschmacks und der Verwöhnung stiegen, um so

---

[8] Plin. N. H. XVIII, § 19: *ipsorum tunc manibus imperatorum colebantur agri*. Cic. de sen. 16, 56. Als Beispiele werden angeführt die *Camilli* und *Curii* (Lucan. Pharm. I, 168 f.); *L. Quinctius Cincinnatus* Cs. 460 v. Chr. (Liv. III, 26, 9. Festus p. 957b f. Val. Max. IV, 4, 7. Colum. I, praef. § 19); *M. Valerius Corvinus* Cs. 848 (Val. Max. VIII, 13, 1); *C. Fabricius Censor* 178 (Colum. a. a. O.); *C. Atilius Serranus* Cs. 257 u. 250 (Cic. pr. Rosc. Am. 18, 50. Val. Max. IV, 4, 5) und alle die Familien, deren *Nomina* oder *Cognomina* von dem Ackerbau und der Viehzucht genommen sind, wie die *Fabii, Pisones, Lentuli, Cicerones* Plin. N. H. XVIII, § 10), die *Porcii, Ovinii, Caprilii, Equitii. Capras, Tauri, Vituli* (Varro de r. r. II, 1, 10). Noch von *Scipio Africanus* sagt Seneca ep. 86, 5: *exercebat enim opere se terraeque, ut mos fuit priscis, ipsum rubigebat*.

[9] S. Th. IV. S. 182.

grössere Dimensionen nahm die Einfuhr und die Nachahmung gegenüber der eigenthümlichen Fabrication an, und vom Ende der Republik an, die ganze Kaiserzeit hindurch, ist die Stadt Rom der Concentrationspunkt für die industriellen Erzeugnisse der ganzen alten Welt[10]) und zuletzt neben Byzanz die Vermittelung für die Ueberlieferung der gesammten Kunsttechnik an das Mittelalter geworden, ohne in derselben einen eigenthümlichen Fortschritt herbeigeführt zu haben.

In demselben Grade, wie auf die Fabrication, übte auch auf die Production der Beruf Roms zur Weltherrschaft einen entschieden hemmenden Einfluss. Der römische Ackerbau hatte in alter Zeit nicht nur für die Bedürfnisse der Hauptstadt und der im Felde stehenden Heere[11]) genügt, sondern auch im Auslande Absatzwege gefunden. Sophocles preist in einem Fragmente des Triptolemus das weisse Getreide des gesegneten Italiens, aber schon zu Alexanders des Gr. Zeit war dasselbe in Griechenland unbekannt geworden[12]). Mit der Eroberung der ersten Provinzen, Siciliens und Sardiniens[13]), begann die Versorgung nicht nur der Heere, sondern auch der städtischen Bevölkerung durch das von den Provinzialen als Naturalabgabe gelieferte Getreide[14]), welches der Staat zu möglichst wohlfeilen Preisen, zuweilen ganz unter dem Werthe zum Verkauf stellte, um der ärmeren Bevölkerung Roms zu Hülfe zu kommen. So verkauften die Aedilen in Rom im J. 203 v. Chr. spanischen Weizen zu 4 As den Modius, d. h. den preuss. Scheffel zu 24 As oder 1½ Denar, d. h. 10½ Sgr.[15]); im J. 201 africanischen zu demselben Preise[16]); im J. 200

---

[10] S. Friedlaender Darstellungen aus der Sittengeschichte Roms I, S. 13. 16.

[11] Tacit. Ann. XII, 43: *Olim Italia legionibus longinquas in provincias commeatus portabat, nec nunc infecunditate laboraret. Sed Africam potius et Aegyptum exercemus, navibusque et casibus vita populi Romani permissa est* und Lipsius zu d. St.

[12] Plin. N. H. XVIII, § 65. [13] S. Th. III, 1, S. 78. [14] S. Th. III, 2, S. 154 ff.

[15] Liv. XXX, 26, 6. Mommsen R. G. dritte Aufl. I, S. 818 bestimmt den Werth ebenfalls auf 10 gr., während er in der vierten Aufl. I, S. 836 17 gr. annimmt, wie es scheint, orientale Asse berechnend.

[16] Liv. XXXI, 4, 6.

africanischen zu 2 As, d. h. den pr. Scheffel zu 5 Sgr.[17]): im J. 196 zu demselben Preise[18]). Von da ab dauerten diese Largitionen, über welche ich auf Th. III, 2 S. 89 ff. verweise, ununterbrochen fort und übten natürlich einen Druck auf den Marktpreis. So kostete zu Polybius Zeit (er starb 123 v. Chr.) im cisalpinischen Gallien der preussische Scheffel Weizen 1⅖ Sgr.[19]), bei welchem Preise der Weizenbau nicht mehr rentiren konnte. Es ist mit Recht als eine der verkehrtesten Massregeln der römischen Verwaltung bezeichnet worden, dass man die italische Bodencultur ruinirte, um dem städtischen Proletariat zu helfen, und dass man selbst in den Provinzen durch Ausfuhrverbote das Getreidegeschäft beschränkte[20]), um nur in Rom wohlfeilen Weizen zu haben. Aber sei es nun, dass man die Folgen dieses Verfahrens nicht von Anfang an übersah, oder dass das particularistische Interesse der herrschenden Stadtgemeinde im Verhältniss zu den allgemeinen Bedürfnissen des Staats prävalirte: es kam wirklich dahin, dass der alte, auf unmittelbare Ernährung der Familie berechnete Ackerbau aufhörte, der Bauernstand unterging, und die Bodencultur Italiens eine völlige Aenderung erfuhr.

Während nämlich der Landbau in Italien durch den Erwerb der Provinzen litt, nahm durch ebendenselben das Geldgeschäft und die Speculation einen ausserordentlichen Aufschwung. Die Römer hatten immer Neigung zu dieser Art des Erwerbes gehabt und dieselbe, wenn auch gehässig und unanständig[21]), so doch sehr einträglich gefunden; das Ausleihen von Capitalien zu hohen Zinsen spielt schon in der frühesten Geschichte Roms eine verhängnissvolle Rolle[22]); als aber die

---

17) Liv. XXXI, 50, 1. 18) Liv. XXXIII, 42, 8.

19) Polybius II, 15, 1. Nach ihm kostet der sicilische Medimnos, der dem attischen gleich und etwas kleiner als der preuss. Scheffel ist, 4 Obolen, d. h. nach griechischem Werth 5 Sgr. 4 Pf. Da aber Polybius die Drachme dem Denar gleichsetzt (Hultsch S. 166), so sind bei ihm 4 Obolen = ⅔ Denar, und wenn man den Denar zu 7 Sgr. rechnet, = 4⅔ Sgr. anzusetzen. Der Ansatz von Mommsen R. G. I, (4. Aufl.) S. 551 ist mir daher unklar.

20) S. hierüber Th. III, 1 S. 91, Anm. 484.

21) Cato de r. r. pr. 1. Cic. de off. I, 42, 150: *improbantur ii quaestus, qui in odia hominum incurrunt, ut portitorum, ut feneratorum.*

22) Die Nachweisungen hierüber s. Th. III, 1. S. 128 und S 18 ff.

Provinzen für diesen Zweck ausgebeutet werden konnten, verschwand jedes sittliche Bedenken, und kaum war eine Provinz erworben, so war sie schon von römischen Geldspeculanten überschwemmt. Es gab keine Stadt im römischen Reich, in welcher nicht Geldverleiher (*feneratores*) oder Banquiers (*argentarii*) ihre Niederlassungen gehabt hätten; es gab keine Art des Geschäftes, das nicht ihrer Vermittelung durch Vorschüsse oder Zahlungsanweisungen bedurft hätte[22]). Die Verschiedenheit der Münzfusse in den Provinzen, der Mangel bequemer Zahlungsmittel und directer Verkehrsanstalten zwangen jeden Geschäftsmann, sich an den Argentarius zu wenden: die in den Provinzen oft herrschende Geldnoth führte Privatleute und Communen den *feneratores* in die Hände, welche Anleihen zu unglaublichen Procentsätzen, z. B. zu 48 Procent, effectuirten[24]). Die Nobilität sammelte ihre Capitalien in der Verwaltung der Provinzen, der Ritterstand durch die Pachtung und schonungslose Eintreibung der Abgaben, so dass Hoch und Gering in der Ausbeutung der Provinzen wetteiferte[25]). Ein anderer Antrieb zur Speculation lag in den Entreprisengeschäften, zu welchen nicht nur der Staat durch die Censoren, sondern auch Communen und Privatleute Veranlassung gaben. Alle Bauten von Tempeln, Wasserleitungen und Strassen, die Unterhaltung der öffentlichen Gebäude, Brücken, Cloaken, die Lieferungen für den Cult und die Spiele[26]), ebenso aber auch alle Privatgeschäfte, der Hausbau, die Ernte[27]), die Regulirung einer Nachlass- oder Concursmasse[28], das Begräbniss[29]) und alles der Art wurde in Accord gegeben und als ein Gegenstand der Speculation von dem Unternehmer ausgeführt.

Diese Speculation bemächtigte sich nun auch des Ackerbaus. Konnte auch die Bauernwirthschaft nicht mehr reüssiren, so versuchte es nun die auf das Capital gestützte Gross-

---

22) S. Th. III, 1. S. 291 und über das Geschäft der *Argentarii* Th. III, 1. S. 55—59.
24) Th. III, S. 291—293. 25) Th III, S. 287 ff. 26) Th. II, 2. S. 211—240. 27) Th. V, 1. S. 142. Anm. 749, 750. 28) Th. III, 2. S. 55. Anm. 271. 29) Th V, 1. S. 380.

wirthschaft nach anderen Grundsätzen. Zuerst wurde der
Weizenbau auf ein Minimum beschränkt, dagegen Viehzucht,
Oel- und Weinbau betrieben, welche Productionszweige nicht
nur die Concurrenz aushielten, sondern auch bei rationeller
Behandlung sehr einträglich waren. Zweitens wurden die
Bauern, die kleinen Pächter und die freien Tagelöhner als zu
kostspielig abgeschafft und Sclaven, welche keine Familie hatten und militärfrei waren, statt ihrer gebraucht[30]); endlich
legte man die kleinen Höfe zu grossen Gütercomplexen (*latifundia*) zusammen[31]), in welchen theils grosse Capitalien solcher Personen, die eigentliche Geldgeschäfte nicht machten,
wie z. B. der Senatoren, ihre Anlage fanden, theils solche
Industriezweige, welche mit der Landwirthschaft vereinbar
sind, betrieben werden konnten. Dahin gehört die Obst-,
Vögel-, Wild- und Fischzucht, die Forstwirthschaft, die Anlage von Ziegeleien, Töpfereien, Kohlenbrennereien, Walkergruben, Sand- und Steingruben. Schon der ältere Cato vertritt dies neue Princip; Geld zu erwerben hält er für die erste
Aufgabe[32]); der Handel, sagt er, würde ein guter Erwerb
sein, wenn er nicht so gefährlich, der Wucher ebenfalls, wenn
er nicht so unanständig wäre; der Landbau ist das anständigste Geschäft[33]), aber Weizenbau rentirt nicht; Viehzucht[34]),
Oel- und Weinbau[35]) sind besser. Die beiden Güter, welche
er in seinem Buche über den Landbau beschreibt, nennt
er daher geradezu *Olivetum* und *Vinea*[36]); ausserdem aber legte
er sein Geld in Forsten, Seen, Weiden und Walkergruben[37]),

---

30) Th. V, 1. S. 141 ff.
31) Th. III, 1. S. 222.
32) Plut. Cato m. 21: ἐκεῖνο δ᾽ ἤδη σφοδρότερον τοῦ Κάτωνος, ὅτι
θαυμαστὸν ἄνδρα καὶ θεῖον εἰπεῖν ἐτόλμησε πρὸς δόξαν, ὃς ἀπολίπει
πλέον ἐν τοῖς λόγοις, ὃ προσέθηκεν, οὐ παρέλαβεν.
33) Cato de r. r. praef.
34) Cato bei Cic. de off. II, 25, 89. Colum. VI, pr. § 4. Plin.
N. H. XVIII, § 29.
35) S. unten den betreffenden Abschnitt.
36) Cato de r. r. 10. 11.
37) Plut. Cat. m. 21: ἁπτόμενος δὲ συντονώτερον πορισμοῦ τὴν
μὲν γεωργίαν μᾶλλον ἡγεῖτο διαγωγὴν ἢ πρόσοδον, εἰς δ᾽ ἀσφαλῆ πράγματα καὶ βέβαια κατατιθέμενος τὰς ἀφορμὰς ἐκτᾶτο λίμνας, ὕδατα
θερμά, τόπους γναφεῦσιν ἀνειμένους, ἐργασίαν χώραν, ἔχουσαν αὐ-

daneben im Sclavenhandel und überseeischen Verkehr an[38]).

Wir sehen schon hieraus, wie das Capital sich auch der Industrie und dem Handel zuzuwenden begann, und können schliessen, dass es bald, wie dem Bauer, so auch dem kleinen Handwerker und Kaufmann gefährlich werden musste. Es gab zwar in Rom Handwerke, die von freigeborenen Leuten betrieben wurden, wie das der Schuster, Gerber, Walker, Färber, Schmiede, Goldschmiede, Töpfer, Fleischer und Bäcker, aber es sind dies theils die alten Collegien des Numa, theils solche, die eines erheblichen Betriebscapitales nicht bedurften, und sie haben nie zu einer ehrenwerthen Stellung gelangen können. Denn Handarbeit und Kleinhandel haben immer etwas Unanständiges behalten[39]), weshalb die von ihren Höfen in die Stadt getriebenen Bauern, sowie überhaupt die Bürger, welche Grundbesitz nicht hatten, lieber als Clienten Anderer in ein bedrückendes Abhängigkeitsverhältniss traten[40]) oder als bestochene Wähler[41]) und Almosenempfänger[41]) ihr Leben fristeten, als dass sie durch eigene Arbeit einen Erwerb zu finden suchten. Dagegen galt als anständiges Geschäft die Fabrication und der Grosshandel[43]), mochte es nun von den Capitalisten selbst betrieben werden, die sich dann

τεχνείς νομάς καὶ ὕλας, ἀφ' ὧν αὐτῷ χρήματα προσῄει πολλὰ μηδ' ὑπὸ τοῦ Διός, ὥς φησιν αὐτός, βλαβῆναι δυναμένων.
38) Plut. Cat. m. 21.
39) Cic. de off. I, 42, 150: *Inliberales autem et sordidi quaestus mercenariorum omnium, quorum operae, non quorum artes emuntur; est enim in illis ipsa merces auctoramentum servitutis. Sordidi etiam putandi, qui mercantur a mercatoribus, quod statim vendant; nihil enim proficiant, nisi admodum mentiantur, nec vero est quicquam turpius vanitate. Opificesque omnes in sordida arte versantur; nec enim quicquam ingenuum habere potest officina. Minimeque artes eae probandae, quae ministrae sunt voluptatum,*

cetarii, lanii, coqui, fartores, piscatores,
ut ait Terentius. Adde huc, si placet, unguentarios, saltatores totumque ludum talarium. 151: *Quibus autem artibus aut prudentia maior inest aut non mediocris utilitas quaeritur, ut medicina, ut architectura, ut doctrina rerum honestarum, eae sunt iis, quorum ordini conveniunt, honestae.* Auch diese letzte Bemerkung ist characteristisch. Vgl. Dionysius II, 28. IX, 25. Liv. XXII, 25, 18. Cic. pr. Flacco 8, 18. Sall. Iug. 73, 6. Gell. I, 12, 5. Seneca ep. 90, 25—27.
40) Th. V, 1. S. 214 ff. 41) Th. II, 2. S. 49. 42) Th. III, 2. S. 34 ff. 43) Cic. off. I, 42, 151.

ihre Werkführer und Sclaven dazu hielten, oder mochten darin Freigelassene entweder mit selbst erworbenem Vermögen oder mit dem Capitale ihrer Herren gegen Abgabe eines Gewinnantheils arbeiten[44]). Die anständigsten Industriezweige blieben immer die ländlichen, zu denen man, wenn man bereits Vermögen erworben hatte, mit Vorliebe zurückkehrte[45]): noch die Freigelassenen der Kaiserzeit liebten es, Weinberge zu kaufen[46]). Q. Remmius Palaemon, ursprünglich ein Sclave, und zwar ein Weber, hernach ein berühmter Grammatiker, legte das Geld, welches er durch seine Schule verdient hatte, theils in Manufacturgeschäften, auf welche ihn seine erste Profession führte, theils aber in Weinbergen an[47]). Wir werden später sehen, dass selbst die Kaiser und die Mitglieder der kaiserlichen Familie kein Bedenken trugen, ihr Privatvermögen in industriellen Unternehmungen zu verwerthen, am liebsten auf ihren Landgütern, wo sie Ziegeleien, Töpfereien, Färbereien, Filzfabriken und ähnliche mit der Wirthschaft zu verbindende Fabricationszweige cultivirten. Aber auch der Land- und Seehandel und die mit dem letzteren verbundene Rhederei scheint von den Römern in viel höherem Grade betrieben worden zu sein, als man bei der sehr unzureichenden Ueberlieferung gewöhnlich anzunehmen geneigt ist. Rom selbst, an einem für grosse Schiffe genügend tiefen Flusse gelegen[48]), dessen Oberlauf[49]) und dessen Nebenflüsse,

---

44) Th. V, 1, S. 467 ff.
45) Dies ist auch wohl der Sinn der Aeusserung Cic. de off. I, 42, 151: *Mercatura autem, si tenuis est, sordida putanda est; sin magna et copiosa, multa undique apportans multisque sine vanitate impertiens, non est admodum vituperanda, atque etiam, si satiata quaestu vel contenta potius, ut saepe ex alto in portum, ex ipso portu se in agros possessionesque contulit, videtur iure optimo posse laudari.*
46) Plin. N. H. XIV, § 48 49.
47) Sueton. de gramm. 23 p. 117 Reiff.: *cum et officinas promercalium vestium exerceret et agros adeo coleret, ut vitem manu eius institutam satis constet CCCLX uvas edidisse.*
48) Dionys. III, 44: ἱκανοῦ δὲ ὄντος (τοῦ Τεβέριος) ἄχρι μὲν τῶν πηγῶν ποταμηγοῖς σκάφεσιν ἐμπεφύσσειν ἀνηλίσθαι, πρὸς αὐτὴν δὲ τὴν Ῥώμην καὶ θαλασσίαις ὁλκάσι μεγάλαις. Plin. N. H. III, § 54 (*Tiberis*) *quamlibet magnarum navium ex Italo mari capax, rerum in toto orbe nascentium mercator placidissimus*. Oefters kamen Kriegsflotten bis zur Stadt Rom. Liv. VIII. 14, 42: *Naves Antiatum partim in navalia Romae subductae partim incensae*. XLV, 42, 11: *Naves regiae (Persei), captae*

der Clanis, Nar und Anio, ebenfalls schiffbar sind⁴⁹), war von Anfang an, wenn auch kein Ort für den Welthandel, so doch ein Emporium für Mittelitalien⁵¹). Auf dem Tiber kam dahin Holz, Stein und jede Art von Marktwaaren⁵²), von Rom gingen zu Wasser und zu Lande überseeische Waaren und einheimische Producte, z. B. das Salz, das bei Ostia gewonnen wurde⁵³), in das Land hinauf; in Rom gab es seit alter Zeit ein Arsenal mit Docks zum Schiffbau⁵⁴) und einen Ausladeplatz, auf den ich noch einmal zurückkomme, und durch Ancus Marcius erhielt die Stadt einen geeigneten Hafen in der Colonie Ostia⁵⁵). Blieb nun auch die römische Seemacht so lange eine beschränkte, als die Etrusker und Carthager, später die Syracusaner und Tarentiner Herren des Meeres waren⁵⁶), so fuhr doch bereits 394 v. Chr. ein römisches Kriegsschiff mit einem Weihgeschenk für den delphischen Apollo nach Griechenland⁵⁷) und erstreckte sich, wie wir aus den bekannten Handelsverträgen mit Carthago ersehen, im J. 348 v. Chr. der römische Verkehr wenigstens auf Sardinien, Sicilien und Africa⁵⁸). Nachdem aber die Römer in den Besitz

---

de Macedonibus inusitatae antea magnitudinis. in campo Martio subductas sunt. Noch Cato der jüngere fuhr, als er aus Cypern kam, mit seiner Flotte, er selbst auf einer Hexere, bis zu dem Arsenal hinauf. Plut. Cat. Min. 39.

49) Dionys. II, 53. 55. III, 44.

50) Strabo V, p. 235; *Anio navigabilis* Plin. N. H. III, § 54; über den Nar s. Tac. Ann. III, 9.

51) Cic de rep. II, 3, 10: (Romulus) *urbem perennis amnis et aequabilis et in mare late influentis posuit in ripa, quo posset urbs et accipere ex mari quo egeret et reddere quo redundaret.* Liv. V, 54, 4: *Non sine causa dii hominesque hunc urbi condendae locum elegerunt, saluberrimos colles, flumen opportunum, quo ex mediterraneis locis fruges devehantur, quo maritimi commeatus accipiuntur.*

52) Strabo V, p. 235.

53) Die von Ancus Marcius bei Ostia angelegten Salinen waren Bassins, in welchen das Salz aus dem Niederschlage von Seewasser gewonnen wurde. Von Rom ging das Salz theils auf der via Salaria, die davon ihren Namen hat, theils auch wohl auf dem Tiber landeinwärts. S. Preller in Ber. d. sächs. Ges. d. Wiss. Ph. Hist. Cl. 1849 S. 8.

54) S. Th. I, S. 159 ff. Preller Regionen S. 249 f.

55) Liv. I, 33, 9. Dionys. III, 44.

56) Mommsen R. G. I. (4te A.) S. 144. 146. 324. 416.

57) Liv. V, 28, 2.

58) Polybius III, 22—25. Die drei hier erwähnten Handelsverträge fallen nach Mommsen Röm. Chronologie S 320—325 in die Jahre 496—348 v. Chr.; 448—306; 173—279.

nicht nur ganz Italiens, sondern auch überseeischer Provinzen gelangt waren, aus denen die Publicani die Zehnten nach Rom und an die Heere zu liefern hatten, lässt sich von vornherein annehmen, dass, wie sie sich mit ihren Geldgeschäften in allen Provinzen festsetzten, sie auch das Waarengeschäft unter den günstigen Bedingungen, welche ihnen ihre politische Stellung gewährte, und bei der Einträglichkeit, die es haben musste, nicht ausschliesslich in fremden Händen gelassen haben werden. Dazu war es nicht nöthig, dass die Rhedereien in Rom ihren Sitz hatten, da alle italischen Häfen, Ostia, Ardea, Antium, Circeji, Puteoli, Neapolis, Rhegium, Tarent und Ancona, den römischen Speculanten offen standen, und in der That ist es unzweifelhaft, dass am Ende der Republik und am Anfange der Kaiserzeit römische Schiffer in allen Meeren waren. Horaz, wo er die verschiedenen Stände vergleicht, vergisst nie den Mercator zu erwähnen, der in der fernen See herumstreicht[59]), und betrachtet als einen unüberwindlichen Grund der römischen Sittenverderbniss das Jagen nach Handelsgewinn im Auslande[60]); Plinius hat seine Nachrichten über Arabien und den persischen Meerbusen von römischen Kauffahrern (*nostri negotiatores*)[61]). Der Kaiser Claudius suchte in Rom selbst den Seehandel und den Schiffbau zu fördern[62]), und er, wie später Nero und Trajan, wendeten ihre beson-

---

59) Hor. Od. 1, 1, 15. 16. 1, 31, 11. III, 7, 2. Sat. 1, 1, 4—16. II, 3, 107. Epist. I, 1, 45 und über die letzte Stelle L. Friedlaender Darst. II, S. 81. Anm. 8.

60) Hor. Od. III, 24, 35:
Quid leges sine moribus
vanae proficiunt, si neque fervidis
pars inclusa caloribus
mundi nec boreas finitimum latus
duratacque solo nives
mercatorem abigunt, horrida callidi
vincunt aequora navitae,
magnum pauperies opprobrium iubet
quidvis et facere et pati
virtutisque viam deserit arduae?

61) Plin. N. H. VI, § 140. 149. Dass er diese Schiffer *negotiatores* nennt, ist späterer Sprachgebrauch; in der Zeit der Republik würden sie *mercatores* genannt worden sein.

62) Suet. Claud. 18. 19: *Nam et negotiatoribus certa lucra proposuit, suscepto in se damno, si cui quid per tempestates accidisset, et naves*

— 13 —

dere Sorgfalt den Hafenbauten in Ostia, Antium[63]), Civitavecchia[64]) und Ancona[65]) zu.

Ueber die Art, wie das Rhedereigeschäft betrieben wurde, sind uns einige merkwürdige Nachrichten erhalten, welche zugleich ein Licht auf die Entstehung der Schiffergilden[66]) (*collegia naviculariorum*) werfen, welche sich im dritten und vierten Jahrhundert nicht nur in Rom selbst[67]), sondern auch in den meisten Seestädten namentlich für den Zweck der Getreidezufuhr vorfinden[68]). Die meisten grösseren Geschäfte wurden in Rom von Actiengesellschaften unternommen, über deren sehr ausgebildete Organisation uns die *societates publicanorum* Aufschluss geben[69]). Diese Handelsgesellschaften empfahlen sich für die Rhederei aus mehreren Gründen. Einmal gestatteten sie sowohl den kleinen Capitalisten[70]) als auch den Senatoren, denen die *lex Claudia* den Seehandel verbot[71]), die Betheiligung an dem Geschäft unter fremder Firma; wir wissen namentlich, dass schon der alte Cato sein Geld in solchem Compagniegeschäft anlegte[72]); sodann gab es bei der grossen Gefahr des alten Seeverkehrs, der nicht nur von Wind und

---

mercaturae causa fabricantibus magna commoda constituit pro conditione cuiusque: civi vacationem legis Papiae Poppaeae, Latino ius Quiritium, feminis ius IIII liberorum; quae constituta hodieque servantur. Ulpian fr. III, 6.

63) Von Nero neu angelegt. Suet. Ner. 9.
64) Von Trajan angelegt. Plin. ep. VI, 31, 15.
65) S. die Inschrift des Trajansbogens in Ancona. Orelli n. 792.
66) Ueber diese Corporationen der späteren Kaiserzeit s. Dirksen Civilistische Abhandlungen II, S. 63 und über die *navicularii* Cod. Theod. XIII, 5.
67) Dig. III, 4, 1 pr.: *Item collegia Romae certa sunt, quorum corpus senatusconsultis atque constitutionibus principalibus confirmatum est, veluti pistorum et quorundam aliorum et naviculariorum, qui et in provinciis sunt.*
68) So giebt es *navicularii maris Hadriatici* Orelli 4109; ein *collegium naviculariorum* in Pisaurum in Umbrien und in Aquileja Or. 4069. 4088; ein *corpus naviculariorum marinorum* in Arelate Orelli 3655; *navicularii Coloniae Juliae Paternae Claudiae Narbonensis Martiae* in Narbo, Orelli-Henzen 4811. 7253; Q. Capitonius Probanus, ein geborner Römer (*domo Roma*), ist *Navicularius Marinus* und ansässig in Puteoli und Lugdunum. Orelli 4242.
69) S. Th. III, 2. S. 217 ff.
70) Dig. IV, 9, 7 § 5: *Si plures navem exerceant, unusquisque pro parte, qua navem exercet, convenitur.*
71) S. Th. II, 2. S. 391.
72) Plut. Cato mai. 21.

Wellen, sondern auch von Piraten zu leiden hatte, und dem
Mangel jeder Assecuranz nur eine Sicherung in dem Zusammentreten einer Gesellschaft, die Gewinn und Verlust theilte;
endlich erforderten bedeutende Frachtcontracte, namentlich
bei Geschäften mit dem Staate, eine grosse Anzahl für einen
bestimmten Zweck construirter Schiffe, wie sie z. B. für die
Anfuhr von Marmorblöcken zu Prachtbauten[73]) und von Getreide für die Annona nöthig waren. Der Transport des Getreides, welches der Staat aus Sardinien[74]), Sicilien[75]), Spanien[76]),
Africa[77]) und Aegypten nach Rom anfahren liess, geschah im
Wege der Entreprise[78]). Das Geschäft war erheblich, da z. B.
aus Aegypten allein 20,000,000 Modii, d. h. 300,000 pr.
Scheffel Weizen geliefert wurden[79]). Das ägyptische Kornschiff Isis, welches Lucian beschreibt[80]), war ein Dreimaster
(τριάρμενος) von 180 pr. Fuss Länge, 45 Fuss Breite und 1575
Tonnen Gehalt[81]); es verdiente an Fracht jährlich 12 Talente
(19,000 Thlr.). Aber der Transport geschah nicht auf einzelnen Schiffen, sondern auf einer Handelsflotte (*classis Alexandrina*, στόλος)[82]), die gleichzeitig auslief, in Malta, Sicilien oder
Rhegium anlegte[83]) und schliesslich in Puteoli einlief[84]). Seit

---

73) Plin. N. H. XXXVI, § 2: *navesque marmorum causa fiunt*.
74) S. Th. III, 1. S. 79. Anm. 491 und über die spätere Zeit Goth.
ad Cod. Th. IX, 40, 8. XIV, 17, 5.
75) S. Th. III, 2. S. 94, 133.
76) S. Th. III, 2. S. 135. Goth. ad Cod. Th. XIII, 5, 4.
77) S. Th. III, 2. S. 154–157. Tac. Ann. XII, 43.
78) Varro de r. r. II, pr. § 9: *frumentum locamus qui nobis advehat.* Colum. de r. r. I, pr. 20: *nunc ad hastam locamus, ut nobis ex transmarinis provinciis advehatur frumentum, ne fame laboremus*.
79) Aurel. Vict. Ep. 1. S. Th. III, 2. S. 101.
80) Lucian. Navig. 1—14.
81) S. Graser *de veterum re navali*. Berol. 1864. 4. p. 42, 47.
82) C. J. Gr. n. 5889. Ὑπὲρ σωτηρίας καὶ διαμονῆς τοῦ κυρίου Αὐτοκράτορος Κομμόδου Σεβαστοῦ οἱ ναύκληροι τοῦ πορευτικοῦ Ἀλεξανδρείνου στόλου. Ein ἐπιμελητὴς παντὸς τοῦ Ἀλεξανδρείνου στόλου, G. Valerius Serenus, also ein Römer C. J. Gr. 5973. *Alexandrinus stolus* Cod.
Th. XIII, 5, 7.
83) Act. Apost. 28. Joseph. Ant. Jud. XIX, 2, 5.
84) Seneca ep. 77, 1: *Subito nobis hodie Alexandrinae naves adparuerunt, quae praemitti solent et nuntiare secuturas classis adventum: tabellarias vocant. gratus illarum Campaniae adspectus est: omnis in pilis Puteolorum turba consistit et ex ipso genere velorum Alexandrinas quamvis in magna turba navium intelligit.* Philo in Flaccum 5. II, p. 521. Meng. Suet. Aug. 98.

Commodus gab es neben der alexandrinischen Flotte eine *classis Africana*[85]), noch später ein *corpus* spanischer *naviculariī*[86]) und eine sardinische Flotte[87]). Alle diese Flotten wurden ursprünglich von Handelsgesellschaften gestellt, welche über die Getreideanfuhr mit dem Staate Contract schlossen; noch im vierten Jahrhundert erfahren wir von den Bedingungen, dass die alexandrinischen Schiffe vier Procent der Ladung und ausserdem für je 1000 Modii einen *aureus*[88]), die africanischen dagegen 1 Procent von der Ladung erhielten[89]). Dadurch aber, dass diese Gesellschaften theils für das Geschäft eine Staatsunterstützung, z. B. die Lieferung des Holzes für den Neubau der Schiffe, in Anspruch nahmen[90]), theils für ihre Mitglieder Privilegien und Immunitäten erhielten[91]), begaben sie sich ihrer Freiheit und verwandelten sich in dienstbare Körperschaften, welche die spätere Gesetzgebung im Interesse der Administration dahin organisirte, dass die Zahl der Mitglieder eine feste blieb und weder ihnen selbst noch ihren Descendenten der Austritt gestattet wurde.

An die Seeschifffahrt schloss sich in allen Handelsstädten ein zweites, wenn gleich untergeordnetes, so doch betriebsames Geschäft, das der Bordingfahrer, Auslader und Flussschiffer, welche die Communication zwischen dem Binnenlande und der See vermittelten. Dies war zunächst für Rom selbst

---

85 Lamprid. Commod. 17, 7: *classem Africanam instituit, quae subsidio esset, si forte Alexandrina frumenta cessassent.* Cod. Th. XIII, 5, 4. und dazu Gothofr. Vgl. daselbst l. 10. 12. 14. 24 u. ö. Claudian. de b. Gild. 54—67.
86) Cod. Th. XIII, 6, 4 und 6.
87) Prudentius c. Symm. II, 940: *Sardorum congesta vehens granaria classis.*
88 Cod. Th. XIII, 5, 7.
89 Cod. Th. XIII, 5, 35. 36.
90. Cod. Th. XIII, 5, 14. Dass in dieser Verordnung kein neues Princip aufgestellt ist, zeigt die oben angeführte Stelle Suet. Claud. 17.
91 Callistratus (am 211 n. Chr.) Dig. L, 6, 5, § 3: *Negotiatores, qui annonam urbis adiuvant, item navicularii, qui annonae urbis serviunt, immunitatem a muneribus publicis consequuntur, quamdiu in huiusmodi actu sunt.* (Damals also konnten sie noch austreten.) *Nam remuneranda pericula eorum, quin etiam adhortando praemiis merito placuit, ut qui peregre muneribus et quidam publicis cum periculo et labore fungerentur, a domesticis vexationibus et sumtibus liberarentur, quum non sit alienum dicere, etiam hos reipublicae causa, dum annonae urbis serviunt, abesse.*

nöthig. Der von Ancus Marcius an der Tibermündung angelegte Hafen Ostia liegt gegenwärtig drei Miglien von der Küste entfernt; die Alluvionen, welche das Meer so weit zurückgedrängt haben, waren schon am Ende der Republik so bedeutend, und die Sandbänke vor der Flussmündung der Einfahrt so hinderlich geworden[92]), dass grosse Seeschiffe entweder in Puteoli einliefen und ausluden[93]), welches in dieser Zeit als der eigentliche Hafen Roms zu betrachten ist[94]), oder, wenn sie nach Ostia gingen, was nur in den Sommermonaten möglich war, auf offener und unsicherer Rhede ankernd einen Theil der Ladung löschen mussten, um mit halber Ladung in den Tiber einzulaufen, während die andere Hälfte auf Bordingen und Lichterfahrzeugen nach Rom transportirt wurde[95]). Als Kriegshafen ging Ostia bereits unter Augustus ein, welcher die Flottenstationen nach Misenum und Ravenna verlegte[96]); für Handelsschiffe baute darauf Claudius einen neuen Hafen[97]),

---

91) S. über das Folgende Preller, Rom und der Tiber. Drei Abhandlungen in Berichten der K. Sächs. Gesellsch. der Wiss. Phil. hist. Classe 1848 S. 131—150; 1849 S. 5—36, S. 184—151, wo man die italienische Litteratur über diesen Gegenstand angeführt findet. Die folgenden Citate beziehen sich auf den Jahrgang 1849.

92) S. oben Anm. 84.

93) S. Th. III, 2. S. 92. Preller a. a. O. S. 10. 23.

94) Strabo V, p. 231. 232: τὰ Ὤστια, πόλις ἀλίμενος διὰ τὴν πρόσχωσιν ἣν ὁ Τίβερις παρασκευάζει πληρούμενος ἐκ πολλῶν ποταμῶν παρακινδύνως μὲν οὖν ὁρμίζονται μετέωροι ἐν τῷ σάλῳ τὰ ναυκλήρια· τὸ μέντοι λυσιτελὲς νικᾷ· καὶ γὰρ ἡ τῶν ὑπηρετικῶν σκαφῶν εὐπορία τῶν ἐκδεχομένων τὰ φορτία καὶ ἀντιφορτιζόντων ταχὺν ποιεῖ τὸν ἀπόπλουν πρὶν ἢ τοῦ ποταμοῦ ἅψασθαι, καὶ μέρους ἀπακουφισθέντος εἰσπλεῖ καὶ ἀνάγεται μέχρι τῆς Ῥώμης. Dio Cassius LX, 11. Dio c.y. s. III, 44 schildert die Einfahrt als noch ungehindert, aber er erwähnt trotzdem, dass grössere Schiffe die Ladung theilweise löschen müssen. Mit welcher Gefahr dies oft verbunden war, sieht man aus Callistratus Dig. IV, 2, 4 pr.: *Navis onustas levandas causa, quia intrare flumen vel portum non poterat cum onere si quaedam merces in scapham traiectae sunt, ne aut extra flumen periclitetur aut in ipso ostio vel portu, eaque scapha submersa est, ratio haberi debet inter eos, qui in nave merces salvas habent, cum his, qui in scapha perdiderunt.* Weiter setzt er den Fall, dass auch das Schiff untergeht. Dass beides oft vorkam, sieht man aus dem Bestehen eines collegium von Tauchern (*urinatores*), welche die gesunkenen Waaren wieder heraufholten. Orelli n. 4115.

96) S. über diese Kriegshäfen die Nachweisungen bei Preller S. 16.

97) Sueton. Claud. 20. Dio Cass. LX, 11. Plin. N. H. IX, § 14. 15. XVI, § 202. XXXVI, § 70. 83. Preller S. 18 ff.

den Trajan vollendete[98]), den *Portus*[99]), *Portus urbis*[100]), *Portus Augusti*[1]). Er bestand aus einem äusseren von Claudius erbauten[2]) und einem inneren von Trajan hinzugefügten Hafenbassin, welche beide nördlich von Ostia lagen und mit dem Tiber durch einen Canal (*fossa Traiani*) in Verbindung gesetzt waren, der jetzt von den beiden Armen, in welchen der Tiber sich in das Meer ergiesst, den nördlichen (*Fiumicino*) bildet[3]). An diesem nördlichen Tiberarme erblühte seitdem eine neue Hafenstadt, ebenfalls Portus genannt[4]) und zunächst für die Zwecke der Annona bestimmt, während Ostia als ein bevölkerter und wohlhabender Ort fortbestand[5]), bis gegen das fünfte und sechste Jahrhundert der südliche Tiberarm immer mehr versandete. Zur Zeit des Procop, der ausführlich von den Tibermündungen redet[6]), waren beide Arme noch

---

98) S. Fee *Relazione di un viaggio ad Ostia Roma* 1802. 8, p. 81—86. Preller S. 19 ff. Das Hauptzeugniss ist Juvenal 12, 76 und das Scholion zu der St. *Trajanus portum Augusti restauravit in melius et interius tutiorem sui nominis fecit*. Der öfters vorkommende Ausdruck *portus uterque* scheint sich auf diese Häfen des Claudius und Trajan, nicht auf Ostia und Portus zu beziehen. S. Rossi *Bull. de arch. Christ.* 1866 p. 82.
99) Dio Cass. LX, 11.
100) Cod. Theod. XIV, 15, 2 und 4. ὁ Ῥωμαίων λιμήν. Procop. B. G. II, 7.
1) Auf Inschriften. S. Preller S. 14, Anm. 88. *Itinerarium Anton.* p. 191. 198. Mehr über diese Namen s. bei Fea a. a. O. p. 87.
2) Eine Abbildung dieses Hafens giebt ausser den bei Preller zusammengestellten Münzen das vor einigen Jahren gefundene im Besitz des *Principe Torlonia* befindliche Marmorrelief, über welches Henzen Bullettino d. J. 1864 p. 12—20 berichtet.
3) Plin. ep. VIII, 17. Preller a. a. O. S. 21.
4) In den kirchlichen Quellen heisst die Stadt Portus, Portus Romanus, Portus Urbis Romae. Sie scheint anfänglich zur Gemeinde von Ostia gehört zu haben, wenigstens kommt vor ein *procurator Ostiae portus utriusque*, ein *corpus pistorum coloniae Ostiensis portus utriusque*; noch im vierten Jahrhundert gab es ein *corpus antiquissimum susceptorum Ostiensium sive Portuensium*. Aber damals war Portus lange ein Ort mit eigner Verwaltung; schon eine Inschrift des J. 193 p Chr. unterscheidet die *fabri navales Portenses* und die *fabri navales Ostienses*, und Portus hat hernach eigene Beamte und auch einen eigenen christlichen Bischof. S. hierüber de Rossi *Bull. de arch. Christiana* 1866 n. 3.
5) Preller a. a. O. S. 24 ff.
6) Procop. B. G. I, 26: ὁδὸν τοίνυν, ἣ ἐς Ῥώμην ἐκ τοῦ Πόρτου φέρει, ὁμαλήν τε καὶ ἐμπόδιον οὐδὲν ἔχουσαν τὸ ἐξ ἀρχῆς Ῥωμαῖοι πεποίηνται· ἄρμενα τε ἀεὶ πολλὰ ἐξηρτημένα ἐν τῷ λιμένι ὁρμίζονται, καὶ βόες οὐκ ὀλίγοι ἐν παρασκευῇ ἀγχοτάτω ἑστᾶσιν. Ἐπειδὰν οὖν οἱ ἔμποροι ταῖς ναυσὶν ἐς τὸν λιμένα ἀφίκωνται, ἄραντες τὰ φορτία ἐνθένδε καὶ ταῦτα ἐνθέμενοι ἐν τοῖς φάρεσι, πλέουσι διὰ τοῦ Τιβέριδος ἐπὶ τὴν Ῥώμην, ἱστίοις μὲν ἢ κώπαις ἥκιστα χρώμενοι — βρόχοις δὲ ἀπὸ τῶν βο-

schiffbar; Portus am rechten Arme war ein befestigter, stattlicher Hafen, Ostia am linken Arme ohne Mauern. Von Portus nach Rom führte am Canal die via Portuensis, die im besten Stande erhalten wurde, die Seeschiffe luden im Portus aus und in Flussfahrzeuge ein, welche auf dem Canal von Ochsen stromaufwärts nach Rom gezogen wurden. Die alte via Ostiensis dagegen war verfallen, und fand auch auf dem südlichen Tiberarme ein ähnlicher Waarentransport nicht mehr statt. Beide Hafenstädte waren, abgesehen von den Seeleuten, deren schon Ennius in Ostia gedenkt[07]), voll von Ausladern[8]), Bording- und Kahnfahrern, Flosstreibern, Messern[9]), Lastträgern[10]), Sackträgern[11]), Schiffsslmmerleuten[12]), Schreibern[13]) und Accisebeamten[14]). Zum Löschen der Schiffe gab es in Ostia fünf *corpora lenunculariorum*[15]), die durch besondere Beinamen unterschieden werden[16]), zum Transport auf dem

---

οταν ἐς τὴν ῥοῦν τοὶς αὐχέσας ἀρτήσαντες ἔλκουσιν αὐτὰς ὥσπερ ἁμάξας ἄχρι ἐς Ῥώμην.

[07]) Ennius Ann. 146 Vahlen, wo es von Ancus Marcius heisst:
Ostia munita est; idem loca navibus pulchris
Munda facit nautisque mari quaerentibus vitam.
Vielleicht bezieht sich auf diese Seeschiffer das *corpus nauticariorum* Henzen n. 7205.

8) *Lecamentarii.* Cod. Th. XIII, 5, 4.

9) *Corpus mensorum frumentariorum Ostiensium* Henzen n. 7194; *mensores frumentarii Cereris Augustae* Orelli 4199; *corpus mensorum adiutorum* Henzen 7205; *Mensores Portuenses* Cod. Th. XIV, 4, 9.

10) *phalangarii* Henzen n. 3059. Nonius p. 163, 26. *palangarios dicimus, qui aliquid oneris fustibus transvehunt.*

11) Cod. Th. XIV, 22. *De saccariis portus Romae.* Sie kommen auch in Pompeji vor. Henzen n. 7276. *Saccariam facere* Apul. Met. I, 7.

12) Es giebt *fabri navales Portenses* und ein *corpus fabrum navalium Ostiensium*, quibus ex S. C. coire licet. Orelli-Henzen n. 8140. 7106.

13) Ein *tabularius portuen(sis) a ration(e) mar(morum)* Orelli 3246; ein *tabul(arius) r(ipae) Tib(eris)* Orelli 3248; ein *tabular(ius) ration'um) Portuens(ium)* Marini Atti p. 531. Der *tabularius ripae Ost.* Mur. 715, 4 ist ligorianisch.

14) Preller s. a. O. S. 151.

15) Orelli-Henzen 3178 *quinque corpora navigantes*; 6089 *D. Fabius, D. filius, Pal. Florus Veranus — navicularius V corpor(um) lenunculariorum Ost iensium*.

16) Es kommen vor 1) ein *ordo corporator(um) lenuncula(riorum) pleromariorum auxiliator(um) Ostien(sium)*. Orelli 4104. Dass diese *auxiliarii* Bordingsschiffer sind, bestätigt Strabo V, p. 232, nach welchem sich zum Löschen der Schiffe auf der Rhede eine ἐπικρία τῶν ὑπηρετικῶν σκαφῶν in Ostia befand. Πλήρωμα ist die Bemannung eines Schiffs, und *pleromarii* kommen in diesem Sinne noch einmal vor in einer Inschr. von Leuca in Calabrien, Mommsen J. R. N. 133. J. O. M. Q. Cordius Aqui-

Tiber ausserdem die alte Körperschaft der *Codicarii* oder *Caudicarii*, die theils auf Flössen, theils auf flossartig gebauten Gefässen besonders Holz und Getreide nach Rom schaffte[17]) und ihre *curatores* in Rom und Ostia hatte[18]). Mit dem Bau des neuen Hafens mochte es vielleicht zusammenhängen, dass im J. 163 ein, wie es scheint, neues *collegium* der *codicarii naviculariii infernates* gegründet wurde[19]).

Ein ähnlicher Wasserverkehr herrschte in allen Handelsstädten an der See wie im Binnenlande. In Lugdunum sind die Schiffer eine angesehene Corporation (*corpus splendidissimum*)[20]; sie erlassen Decrete[21], haben im Theater zu Nemausus vierzig Ehrenplätze[22]), und wie später alle *navicularii* durch Constantin Ritterrang erhielten[23]), so findet sich unter ihnen schon früher ein Ritter sowie mehrere Municipalbeamte[24]). Sie zerfallen in drei Collegien, die der Rhoneschiffer (*nautae Rhodanici*), der Saôneschiffer (*nautae Ararici*)[25] und der Condeates, die in dem *pagus Condatus* bei Lyon ihren Sitz hat-

---

linus vol. soi. l. l. cum pleromariis. Es ist also hier von Bordingen die Rede, die mit Bemannung auf die Rhede hinausfuhren, im Gegensatz zu den Flussfahrzeugen, die von Ochsen gezogen werden. 2) ein *ordo corporatorum lenuncularior(um) tabulariorum auxiliares Ostiens.* Orelli 4054, unter welchen weder Schreiber noch Briefboten (Preller a. a. O. S. 149. Regionen S. 285) verstanden werden können, sondern vielleicht Holzstauer, welche Bretter (*tabulas*) ein- und ausladen, wie es in Pisaurum Ballastlader (*suburrarii*) giebt. Orelli 4116. 3) kommt vor ein *lenucularius r(ipae) Tib(eris)* und 4) ein *corpus scaphariorum) et lenucularior (um) traiect(us)* Luculli Orelli 4109 vgl. 4415. Die *scapharii* scheinen mit dem Personentransport zu thun gehabt zu haben. Suet. Claud. 38: *Ostiensibus, quia sibi subeunti Tiberim scaphas obviam non misernit, graviter correptis — repente — veniam dedit.*
(17) S. Th. III, 2. S. 94. Anm. 439.
18) Henzen n. 7194.
19) Orelli-Henzen 7195=6479, ergänzt nach n. 4684. *Infernatas* heissen sie, weil sie die aus dem tuscischen Meere kommenden Schiffe abladen. Preller a. a. O. S. 148.
20) Boissieu *Inscr. ant. de Lyon.* Lyon 1846. fol. p. 285.
21) Boissieu p. 391. 22) Boissieu p. 395. 23) Cod. Th. XIII, 5, 16. 24) Boissieu p. 267, 197, 200.
25) Boissieu unterscheidet drei Collegia, nämlich 1) *Nautas Ararici.* Dahin gehören die Inschriften Boiss. p. 287; p. 388 n. 1: 309, 1= Or. 4244; p. 197=Henzen 7256; p. 207=Or. 4077; Millin Voy. III, p. 407=Or. 200; Boiss. p. 299=Henzen 7234. Boiss p. 209, 294= Henzen 7007; Boiss p. 259. p. 260=Henzen 6950. 2) *Nautas Rhodanici* Boiss. p. 208=Henzen 7260; Boiss. p. 244; p. 302=Or. 4410; Orelli 4242, 209. 3) *Nautas Rhodanici et Ararici* Boiss. p. 294.

2*

ten[26]); und überall, wo es einen Handel gab, finden sich ähnliche Schiffercollegien, in Gallien auf der Durence[27]) und der Seine[28]), in Spanien auf dem Baetis[29]), in Oberitalien und der Schweiz auf der Etsch[30]), dem Gardasee[31]), dem Comersee[32]), dem Genfer See[33]), auf der Aar[34]), in Deutschland auf dem Rhein[35]) und in Dacien bei Carlsburg (*Apulum*) auf dem Maros[36]).

Die Stadt Rom gewann seit dem zweiten punischen Kriege immer mehr das Ansehen einer grossen Verkehrsstadt. Das Emporium[37]) unterhalb des Aventins erhielt einen steinernen Quai mit Treppen, die zum Tiber hinabführten, Säulenhallen zum Verkauf der Waaren und grosse Magazine (*horrea*) für Salz, Korn, Wein, Holz, Bausteine und Waaren aller Art, und auch in andern Theilen der Stadt wurden Niederlagen zu gleichem Zweck theils auf Staatskosten, theils aus Speculation zum Vermiethen erbaut[38]); für die Consumtion am Ort entstanden Märkte mit stattlicher Einrichtung, das *forum boarium*[39]), *suarium*[40]), *pecuarium*[41]), *pistorium*[42]), *vinarium*[43]),

---

[26] Boiss. p. 239 = Henzen n. 6950 und dazu Mommsen *Annali* 1889 p. 68.

[27] *Corpus nautarum Druentiorum* in einer Inschr. von Arelate Orelli 4126.

[28] *Nautae Parisiaci* Orelli 1993 = Clarac *Musée du Louvre* pl. 52 n. 718.

[29] *Scapharii, qui Juliae Romulae negotiantur*, in einer Inschr. von Hispalis Henzen 7077. *Scapharii Hispalenses* Henzen 6529. Mur. p. 1054, 3. *Scapharii Romul'ses*) *consistentes*) Mur. p. 1078, 6.

[30] Veronensische Inschr. Mur. p. 526, 4. *COLL. Nautarum Veronensium Athesi conSTIT* (*consistentium* oder *constitutorum*).

[31] *Collegium naviculariorum Ardeiicensium* Orelli 4106. Ardelica ist Peschiera am Gardasee.

[32] *Collegium nautarum Comensium* Orelli 3853.

[33] *ratiarii superiores*, so benannt vom oberen Lauf der Rhone Mommsen *Inscr. Helv.* 75 = Orelli 278.

[34] *Nautae Aruranci et Aramici* auf einer Inschr. v. Aventicum (Avenches) Mommsen *Inscr. Helv.* 133 = Orelli 865. *Aruranci* d. h. *Aruranici* heissen sie von der Aar (*Arura*). *Aramici* weiss ich nicht zu erklären.

[35] Brambach *Corp. Inscr. Rhen.* 999. 1668.

[36] Henzen 6654. [37] S. Th. I, S. 464. Preller a. a. O. S. 445. [38] Preller Regionen S. 194. 203. [39] S. Th. I, S. 479 ff. [40] Preller Regionen S. 139. [41] Preller Regionen S. 225.

[42] Preller Regionen S. 205 versteht darunter den Kornmarkt für die Bäcker.

[43] S. unten den Abschn. über den Wein.

olitorium[44]), *piscatorium*[45]) oder *piscarium*[46]), *cuppedinarium*[47]), welche letzteren das im Jahre 575=179 erbaute *macellum*[48]) ersetzte, zu dem in der Kaiserzeit noch das *macellum Liviae*[49]) und das *macellum magnum*[50]) kam. Seit Cato im J. 184 den ersten Bazar, die *basilica Porcia*, errichtet hatte, schmückte sich das Forum mit glänzenden Kaufhallen[51]), neben denen in den Comtoiren der Banquiers (*tabernae argentariae*)[52]), besonders in dem Janus medius[53]) und am Puteal Libonis[54]) die Geldgeschäfte betrieben wurden; die grossen Plätze, wie die Septa[55]) und die Hauptstrassen, wie die Sacra via[56]), waren voll von Läden; ein Theil der Strassen hatte seinen Namen von dem Geschäftsbetriebe der Einwohner[57]), wie die Strasse der Kornhändler (*vicus frumentarius*), der Riemenschneider (*v. lorarius*), der Holzhändler (*v. materiarius*), Sandalenmacher (*v. sandaliarius*), Glaser (*v. vitrarius*), Salbenhändler (*v. unguentarius*), Sichelmacher (*inter falcarios*)[58]), und die Anzahl der an den Häusern in die Strasse hinausgebauten Buden, in welchen Gewerbe betrieben oder Lebensmittel verkauft wurden, war so enorm, dass sie die Communication in den Strassen erschwerte und unter Domitian eine durchgreifende Abhülfe nöthig machte[59]). Erwägt man, welch eine Anzahl von Menschen nicht nur in diesen Geschäftslocalen, sondern auch in

---

44) S. Th. 1, S. 800 ff.
45) S. Th. 1, S. 367. 391.
46) Plautus Curc. IV, 1, 19. Varro de l. l. V, 146.
47) Varro de l. l. V, 146 nennt es *forum cupedinis*; Symmachus Ep. VIII, 19 *forum cupedinarium*. Ueber den Namen s. Varro bei Donatus ad Terent. Eun. II, 2, 25.
48) Paulus p. 125, 7 s. v. *macellum*. Varro a. a. O. Ueber Anlage und Locolität dieses *macellum* handelt ausführlich Jordan im Hermes II, S. 69 ff.
49) Preller Regionen S. 181. 50) Preller Regionen S. 119.
51) Ueber diese *basilicas* s. Th. I, S. 400—410.
52) Th. I, S. 393. 53) Th. I, S. 397. 54) Th. I, S. 910, Anm. 439. 55) Th. I, S. 639. 56) Preller Regionen S. 439.
57) S. Jordan *de vicis urbis Romae* in *Nuove Memorie dell' instituto*. Lipsia 1865 p. 115—142, besonders p. 184.
58) Cic. in Cat. I, 4, 8. So gab es auch eine Strasse *inter lignarios* Liv. XXXV, 41. Den *vicus sulcurarius*, den Jordan noch anführt, weiss ich auf ein Handwerk nicht zu deuten.
59) Ausführlich handelt hierüber Friedlaender Darst. a. d. Sittengeschichte Roms. I, S. 7 f.

den Niederlagen[60]), den Officinen als Herumträger und Ausrufer der Waaren (*institores* und *circitores*)[61]), endlich als Waarenmäkler (*arillatores*[62]), *cotiones*)[63]), Geldmäkler (*pararii*)[64]) und Commissionäre (*proxenetae*)[65]) in Bewegung waren, so wird man sich von dem geräuschvollen Geschäftsverkehr wenigstens eine gewisse Vorstellung machen können.

Nach diesen allgemeinen Erörterungen der Verhältnisse der landwirthschaftlichen Production, der Fabrication und des Handels bei den Römern können wir nunmehr zu den einzelnen Gegenständen des Geschäftsverkehrs übergehen, die wir nach den oben aufgestellten einfachen Categorien in der Ordnung behandeln werden, dass wir zuerst die Geschäfte, welche auf die Lieferung der Nahrung, zweitens die, welche auf die Bekleidung und den Schmuck des Körpers, endlich die, welche auf die Herstellung der Wohnung un der häuslichen Einrichtung gerichtet sind, nach einander in Betracht ziehen.

---

[60] Diese Leute heissen *apothecarii* Cod. Iust. XII, 38, 12 § 3.
[61] Dig. XIV, 3, 5 § 4: *Sed etiam eos institores dicendos placuit, quibus vestiarii vel linearii dant vestem circumferendam et distrahendam, quos vulgo circitores appellamus.*
[62] Gellius XVI, 7, 12. Paulus p. 20, 12.
[63] Gellius a. a. O. Plaut. Asin. 203. Henzen n. 7116.
[64] Seneca de benef. II, 23, 2. III, 15, 9.
[65] Seneca ep. 119, 1. Mart. X, 3, 4. Dig. L. 14, 2 und 3.

I. Die Nahrung [66].

1. Getreide. Die Geschichte der Bodencultur Italiens giebt ein merkwürdiges Zeugniss von der Macht, welche menschliche Einwirkung auf die Natur ausübt; die Production Italiens ist im Laufe der Jahrhunderte eine wesentlich andere geworden[67]. Ein Theil der Erzeugnisse, die wir als spezifisch italienische betrachten, wie z. B. der Mais und die Orange, ist dem Alterthum ganz unbekannt; Wein, Oel, Küchengewächse und Obstsorten haben die Römer selbst zur Cultur gebracht; das älteste Italien baute vorzugsweise Getreide und auch dies in beschränkter Weise. Denn von den bei uns üblichen Getreidesorten galt den Römern Roggen (*secale*) als Unkraut; Hafer bauten sie als Viehfutter[68]: Gerste wurde zwar gegessen, aber als zu wenig nahrhaft, namentlich für Arbeitsleute und Soldaten betrachtet[69], so dass ausser

---

[66] Ueber die Nahrungsmittel der Alten s. Nonni *Diaeteticon sive de re cibaria libri IV*. Antverpiae 1646. 4. Vgl. C. J. van Cooth *Diatribe in diaeteticam veterum*. Trai. ad Rh. 1835. 8. Ueber einen Haupttheil derselben handelt auch Magerstedt, Bilder aus der röm. Landwirthschaft, Heft 1—6. Sondershausen 1858—1863, in welchem Buche man eine Sammlung von Nachrichten über Weinbau, Viehzucht, Obstbaumzucht, Feld-, Garten- und Wiesenbau, endlich über Bienenzucht findet, und H. Wiskemann, Die antike Landwirthschaft und das von Thünen'sche Gesetz, aus den alten Schriftstellern dargelegt. Leipzig 1859. 8. (In den Preisschriften der Jablonowskischen Gesellschaft, n. VII).
[67] Mommsen R. G. I, S. 840 (4te Aufl.).
[68] S. Th. III, 2. S. 86 ff.
[69] Galen. VI, p. 507, Kühn: οἱ παλαιοὶ δὲ καὶ τοῖς στρατευομένοις ἄλφιτα παρεσκεύαζον (ἄλφιτον ist Mehl ἐκ τῶν νέων κριθῶν φρυγισθῶν συμμέτρως, wie es p. 506 heisst) ἀλλ' οὗτοί γε νῦν τὸ 'Ρωμαίων στρατιωτικὸν ἀλφίτοις χρῆσαι, κατεγνωκὸς αὐτῶν ἀσθένειαν· ὀλίγην γὰρ τροφὴν δίδωσιν τῷ σώματι, τοῖς μὲν ἰδιωτικῶς διακειμένοις καὶ ἀγυ-

dem in ältester Zeit überwiegend cultivirten Dinkel (*far*) [70])
als gewöhnliches Nahrungsmittel nur Weizen übrig blieb. In
alter Zeit wurde dieser nicht gemahlen, sondern in einem Mörser gestampft, aus dem Mehl aber ein Brei (*puls*) gekocht, der
immer das nationale Gericht der Italicner geblieben ist[71]).
Pistores nannte man damals die Sclaven, die den Weizen
stampften[72]). Als man später zum Backen des Brotes schritt,
war dies das Geschäft der Hausfrau oder des Koches[73]); erst
um das Jahr 171 v. Chr. entstand in der Stadt Rom ein Gewerbe der Bäcker[74]) und mit ihm die Kunst, feines Brot und
Kuchen herzustellen[75]), so dass das Backen im Hause mehr
oder weniger aufhörte und nicht nur die Bürger ihren Bedarf[76]),

μνάστοις αὐτήρη, τοῖς δ' ὀπωρῶν γυμναζομένοις ἐνδεῆ. Gerste essen
war später eine militärische Strafe. Th. III, 2. S. 89, Anm. 447.

[70]) Plin. XVIII, § 62: *populum Rom. farre tantum e frumento CCC an-
nis usum Verrius tradit*. Später kommt diese Getreideart besonders im
Cultus vor. S. Th. IV, S. 287. Ueber den Bau derselben s. Magerstedt,
Bilder V, S. 293 ff.

71) S. Th. III, 2. S. 89. Hierauf gehen die Stellen des Plautus:
Mostell. 688:
    Non enim haec pultifagus opifex opera fecit barbarus,
wo doch wohl ein Römer gemeint ist, und Poen. prol. 54:
    Latine Plautus Patruus Pultiphagonides.
Vgl. Plin. XVIII, § 84. *videturque tam puls ignota Graeciae fuisse, quam
Italiae polenta*. Polenta ist ἄλφιτον aus Gerste. Galen. VI, p. 506.

78) Nonius p. 152, 12. *Pinsere tundere vel molere*. Varro *τερὶ ἢ
Μιτέπτου*: *Nec pistorem ullum noveunt, nisi eum, qui in pistrino pinseret
arinam*. Idem *de vita populi Rom. lib. I: Nec pistoris nomen erat, nisi eius
qui ruri far pinsebat, nominati ab eo quod pinsunt*. Plin. N. H. XVIII, § 108.
Serv. ad Aen. I, 179: *Et quia apud maiores nostros molarum usus non
erat, frumenta torrebant, et ea in pilas missa pinsebant, et hoc erat genus
molendi*. Von *pinsere* wurde das Cognomen *Piso* abgeleitet. Panegyr.
in Pisonem in Wernsdorf P. L. M. IV, p. 240 v. 10:
    Claraque Pisonis tulerit cognomina prima,
    Humido callosa cum pinseret hordea dextra.

74) Plin. N. H. XVIII, § 107. 108: *Pistores Romae non fuere ad Persicum usque bellum annis ab urbe condita super DLXXX. Ipsi panem fa-
ciebant Quirites, mulierumque id opus erat, sicut etiamnunc in plurimis gen-
tium. — — certumque fit Atei Capitonis sententia cocos tum panem lau-
tioribus coquere solitos pistoresque tantum eos qui far pinsebant nominatos*.
Paulus p. 56, 14: *Cocum et pistorem apud antiquos eundem fuisse acce-
pimus*.

75) Plin. a. a. O.
75) Plin. N. H. XIX, § 50: *ferendum tamen fuerit — — luxuriam —
pistrinarum operibus et caelaturis vivere, alio pane procerum, alio vulgi, tot
generibus usque ad infimam plebem descendente annona*.

76) Plaut. Asin. 200:
    Quom a pistore panem petimus, vinum ex oenopolio,
    Si aes habent, dant mercem.

sondern auch die Schulknaben ihr Frühstück vom Bäcker holten[77]). Allerdings gab es in reichen Familien noch lange Haussclaven zu diesem Zwecke[78]), namentlich auf dem Lande[79]), und die Bäcker, welche sich selbständig etablirten, waren meistens Freigelassene[80]) oder Bürger, die aus Noth zu diesem Erwerbszweig griffen[81]); aber das Gewerbe erhielt bald eine besondere Wichtigkeit für die Bürgerschaft durch seine Verwendung in der *cura annonae*. Schon zur Zeit der Republik scheint es zum Amt der Aedilen gehört zu haben, für vollwichtiges, gutes und wohlfeiles Brot zu sorgen[82]); auf einem für den ganzen Betrieb der Bäckerei lehrreichen Denkmal, welches vielleicht vor, höchstens aber in die augusteische Zeit zu setzen ist, nennt sich ein *Marcus Vergilius Eurysaces pistor redemtor*[83]); er hatte mit den betreffenden Behörden, d. h. den Aedilen, einen Contract, durch den er Brot zu bestimmten Preisen zu liefern in den Stand gesetzt wurde. Bald darauf und zwar schon unter Augustus finden wir eine Zunft

---

(77) Mart. XIV, 223.

78) Suet. Caes. 48. *ut pistorem, alium quem sibi panem convivis subcoenem compedibus vinxerit*. Ebenso hat Chrysogonus (Cic. pr. Rosc. Am. 46, 134) *coquos pistores lecticarios*. Auch Inschriften erwähnen solche Sclaven. Or. 647: *Faustus Marcellae Pauli pistor*. Henzen 6443: *Januarius pistor*.

79) Dig. XXXIII, 7, 12 § 3: *Trebatius amplius etiam pistorem et tonsorem, qui familiae rusticae causa parati sunt, putat (instrumento) contineri — — et mulieres quae panem coquant*.

80) P. *Cornelius Trophimus, pistor Romaniensis ex reg. XIV* unter Trajan Orelli 1453; C. *Julius Aug. liberti libertus Eros pistor condidarius* Orelli 1168; P. *Sextilius P. l. Tertius pistor* in Anagnia Grut. 648, 1. Sex. *Bettius Sex. l. Eleuther(us) pistor* in Corfinium Mur. 941, 6; A. *Multius A. l. Alexa pistor* Mur. 985, 4.

81) Das Gewerbe gilt nicht für anständig. Suet. Aug. 4: *Verum idem Antonius, despiciens etiam maternam Augusti originem, proavum eius Afri generis fuisse et modo unguentariam tabernam modo pistrinum Ariciae exercuisse obicit* *pistrinum exercere* ist technischer Ausdruck. Apul. Met. IX, 10. Fr. Val. § 230). Juv. 7, 3:
*cum iam celebres notique poetae
balneolum Gabiis, Romae conducere furnos
temptarent*,
was der Schol. erklärt: *ad panem coquendum, ut furnarii fierent*. Noch Ammian XXVII, 3 erwähnt einen *Terentius, humili genere in Urbe natus et pistor*.

82) Vgl. Th. II, 2. S. 381.

83) Die Inschriften s. im C. J. L. I, n. 1013—1017. Das Monument selbst ist abgebildet in Monum. d. Inst. II, 58 und erläutert von O. Jahn, Annali X, p. 381 ff.

(*corpus*, *collegium*) von Bäckern[84], welche später Trajan in der Art organisirte, dass sie aus hundert Mitgliedern bestand[85]), die der Kaiser selbst ernannte[86]), dem *Praefectus annonae* untergeben war und, wie alle mit der *cura annonae* verbundenen Innungen, z. B. die der *codicarii* und *navicularii*, besondere Privilegien genoss, zu denen theils gewisse Immunitäten, z. B. Befreiung von der Tutel, theils aber auch eine gleich zu besprechende Dotation an Grundstücken und Inventarium gehörte. Seitdem dauerte das *corpus* oder *collegium pistorum*[87], auch *ordo pistorius*[88]) genannt, nicht nur in Rom bis zum Untergange des abendländischen Reiches und ebenso in Constantinopel fort, sondern es fand in Rom auch eine grosse Vermehrung der Bäckereien (*pistrina* oder *officinae pistoriae*) statt, deren die Regionsverzeichnisse in den Jahren 312 und 334 n. Chr.[89]) 254 aufzählen[90]). Diese Vermehrung hängt wahrscheinlich zusammen mit einer Einrichtung des Aurelian, welcher statt der seit den Gracchen üblichen monatlichen[91]) Ge-

---

[84] Die in einer augusteischen Inschrift (Spon. Misc. p. 64 — Doni IX, (1) erwähnte Zunft heisst *collegium siliginariorum*. Vgl. Orelli 1816 *Annonae sanctae Aelius Vitalio mensor perpetuus dignissimo corporis pistorum siliginariorum d. d.* Dass es mit dem späteren *collegium pistorum* identisch ist, wie Borghesi Oeuvres III, p. 124 annimmt, bezweifle ich darum, weil das letztere, wie wir sehen werden, durchschnittlich nicht reines und feines, sondern ordinäres Brot lieferte.

[85] Aurel. Vict. de Caes. 13: *et annonae perpetuae mire consultum recepto firmatoque pistorum collegio*. Fragm. Vatic. § 233: *Sed qui in collegio pistorum sunt, a tutelis excusantur, si modo per semet ipsos pistrinum exerceant; sed non alios puto excusandos, quam qui intra numerum constituti centenarium pistrinum secundum litteras divi Traiani ad Sulpicium Similem exerceant; quae omnia litteris praefecti annonae significanda sunt.* Vgl. § 234, 235, 237. Dig. XXVII, 15, 1.

[86] Fr. Vat. § 235: *Plus etiam imperator noster (Caracalla) indulsit, ut a tutelis, quas susceperant ante quam pistores essent, excusarentur; sed hoc ab ipso creatis pistoribus praestitit et lis Marco Diocae praefecto annonae rescripsit.*

[87] *Corpus pistorum* unter Antoninus Pius Grut. 253, 1; unter Diocletian und Maximian Mur. 91, 8. Das *Collegium pistorum* hat zum Patronus den L. Aradius Val. Proculus Cos. 340 Grut. 361, 2 und über die Zeitbestimmung Mommsen, Berichte d. Sächs. G. d. W. Ph. hist. Cl. 1850, S. 338. *Corpus pistorum* Cod. Th. XIV, 3, 2. 5 u. 6.

[88] Cod. Th. XIV, 3, 20.

[89] S. Th. III, 2. 8. 101.

[90] Preller, Die Regionen der Stadt Rom. S. 30, 34, 111.

[91] Appian. B. C. I, 21. Suet. Aug. 40.

treideaustheilung[92]) eine tägliche Brotvertheilung einführte[93]),
die auch in Constantinopel beibehalten wurde[94]). Das Brot
wurde theils an die dazu berechtigten Empfänger, die in einer
Liste verzeichnet waren, verschenkt (*panis gradilis*)[95], theils
für einen bestimmten Preis verkauft (*panis fiscalis*)[96]. Die
grossen Gebäude, die, auf die vierzehn Regionen vertheilt, die
Bäckereien enthielten[97], nebst dem dazu gehörigen Inventar
an Sclaven, Eseln und Mühlen[98]) wurden zuerst vom Staate
geliefert[99]), zudem aber dem Collegium noch eine Dotation an
liegenden Gründen in den Provinzen angewiesen, deren Revenüen dem Collegium zuflossen[200]. Die Erhaltung dieses

---

[92] S. Th. III, 9, S. 92 ff.

[93] Vopisc. Aurel. 35: *Nec praetereundum videtur, — coronas cum fociis de panibus, qui nunc siliginei vocantur, et singulis quibusque domesus, ita ut siligineum suum cotidie toto aevo suo unusquisque et acciperet et posteris suis demitteret.* c. 47: *Panes urbis Romae uncia de Aegyptio vectigali auxit.* Zosimus I, 611 ἐπὶ τούτοις καὶ ἄρτων ὁπόσα τῶν Ρωμαίων ἐτρύχαι δῆμον. Auch Cod. Th. XIV, 17, 5 heissen diese Vertheilungen *diurna*.

[94] In Constantinopel wurde für jedes Haus eine Anzahl Brote vertheilt. Cod. Th. XIV, 17, 4.

[95] Cod. Th. XIV. 17 *De annonis civicis et pane gradili*. Den Ausdruck erklärt Prudentius c. Symm. I, 582
   et quem panis alit gradibus dispensus ab altis
c. Symm. II, 949
   quas regio gradibus vacuis ieiunia dira sustinet?

[96] So heisst es in einer Verordnung d. J. 39n Cod. Th. XIV, 19. 1: *Panem Ostiensem atque fiscalem uno nummo distrahi volumus.*

[97] Socrates Hist. Eccl. V, 18: ἦσαν ἐξ ἀρχαίου κατὰ τὴν μεγίστην Ῥώμην οἶκοι παμμεγέθεις, ἐν οἷς ὁ τῇ πόλει χορηγούμενος ἄρτος ἐγίνετο. Aus den Regionsverzeichnissen sieht man, dass in jeder Region 18—20 und einer 24 *pistrina* lagen, und nicht nur die Bäcker dieser späten Zeit tragen ihrem Namen die Region zu, wie *Vitalis pistor — reg. XII* in e. Inschr. bei Rossi J. Chr. I, n. 493 aus dem Jahre 494, sondern dies geschieht schon zu Trajans Zeit, welcher die Inschr. des *P. Cornelius Trophimus pistor Romaniensis ex reg. XIIII*. angehört. Orelli 4135.

[98] Cod. Th. XIV, 8, 7.

[99] Cod. Th. XIV, 8, 13: *Non ea sola pistrini sunt, — quae in originem adscripta corpori dotis nomen et speciem etiamnunc retentant.*

[200] Sie heissen *fundi dotales* Cod. Th. XIV, 8, 7 und XIV, 8, 19 heisst es: *fundis vel praediis — quae eorum (pistorum) corpori solatia certa praebebant* und *fundorum sive praediorum, quae pistorum corpori obnoxia sunt*; endlich von den Pächtern dieser Güter: *atque conductores praestationis modum et solatia ministrent antiquitus constituta pistoribus.* Dass diese Güter in den Provinzen lagen, sagt Cassiodor. Var. VI, 18: *Dignitati quoque tuae* (es ist vom *Praefectus annonae* die Rede) *pistorum iura famulata sunt, quae per diversas mundi partes possessione latissima tenebantur.* Vgl. über diese Güter Dirksen Civilistische Abhandl. II S. 187.

Vermögens des Collegiums an Gebäuden, Inventar und Grundbesitz hatten die beiden Quinquennalen des Collegiums, die Verwaltung der Casse zwei Quaestores[201], welche Beamte in allen Collegien vorkommen; das Betriebsgeschäft aber, d. h. den Ankauf des Getreides vom Fiscus, die Fabrication und die Lieferung besorgten gewählte Geschäftsführer, die, wie bei den Societäten der *publicani*[2]), *mancipes* heissen. Wenigstens sind Spuren dieser Geschäftsorganisation noch im vierten und fünften Jahrhundert vorhanden, nur mit der Aenderung, dass jede Officina zwei *patroni* auf 5 Jahre[3]) (das sind die *quinquennales*) und einen eigenen *manceps*[4]) hat.

Da das Brot von sehr verschiedener Qualität war, nämlich vom besten Weizen (*panis siligineus*)[5]) oder von reinem Weizenmehl (*simila*, *similago*)[6]), oder von grobem Mehl und Kleie oder blosser Kleie (*panis cibarius*[7]), *plebeius*[8]), *castrensis*[9]), *sordidus*)[10], oder endlich aus ganz andern Stoffen, wie

---

201) Grut. 255, 2.   2) Th. III, 2. S. 217.   3) Cod. Th. XIV, 3, 7.
4) Socrates Hist. Eccl. V, 18 οἴτε προϊστάμενοι τούτων (τῶν οἴκων, der pistrina) Μάγκιπες τῇ Ῥωμαίων γλώσσῃ καλοῦνται, und später: τοὺς ταῦτα ὁ βασιλεὺς τοὺς μάγκιπας ἐτιμωρήσατο. Lydus de mens. IV, 30 οἱ δὲ μάγκιπες, οἱονεὶ τεχνῖται τοῦ δημοσιευδοῦς ἄρτου. De mag. III, 7 μεθ' οὓς μάγκιπες, οἱ τοῦ δημοσίους καὶ ἀνδραποδώδεις ἄρτου δημιουργοὶ ὑφ' οἷς ἀρτοποιαί. Von diesen handelt Cod. Th. XIV, 3, 15 u. das. Goth.
5) Plin. N. H. XVIII § 25: *Siligineum proprie dixerim tritici delicias*. Senec. ep. 119, 3: *utrum hic panis sit plebeius an siligineus ad naturam nihil pertinet* 123, 2 *illum (malum panem) tibi tenerum et siligineum fames reddet.*
6) Celsus II, 18: *Ex tritico firmissima siligo, deinde simila, deinde cui nihil demtum est, quod αὐτόπυρον Graeci vocant, infirmior est ex polline, infirmissimus cibarius panis*. Galen. VI p. 483 f. Kühn: καὶ παρά γε τοῖς Ῥωμαίοις ὥσπερ οὖν καὶ παρὰ τοῖς ἄλλοις σχεδὸν ἅπασιν, ὧν ἄρχουσιν, ὁ μὲν καθαρώτατος ἄρτος ὀνομάζεται σιλιγνίτης, ὁ δὲ ἐφεξῆς αὐτῶν σεμιδαλίτης. — — τροςιμώτατος μὲν οὖν ὁ σιλιγνίτης αὐτῶν, ἐφεξῆς δὲ ὁ σεμιδαλίτης, καὶ τρίτος ὁ μέσος τε καὶ συγκόμιστος, ὁ καὶ αὐτόπυρος. ἐφ' ᾧ τεταρτόν ἐστιν τὸ τῶν δυπαρῶν εἶδος, ὧν ἔσχατος ὁ πιτυρίας. Nach dieser übereinstimmenden Aufzählung muss Horat. ep. II, 1, 123 *vivis siliquis et pane secundo* von dem Brot aus *similago* verstanden werden.
7) Cic. Tusc. V, 34, 97. Celsus o. a. O. Fronto ad Antonin. Imp. I, 2 p. III, ed. 1846. *Cibarius* hiess dies Brot, weil es geliefert wurde an Soldaten und Beamte, wie die anderen *cibaria* Th. III, 2 S. 85.
8) Senec. ep. 119, 3.
9) Vopisc. Aurel. 9, 6: *panes militares mundos sedecim, panes militares castrenses quadraginta*.
10) Plaut. Asin. 142. Suet. Nero 48.

Hirse (*milium*)[11]), da man ferner grossen Werth auf feines Brot legte[12]) und selbst fremde Brotsorten liebte[13], so konnten ausser den mit der Alimentation des Volkes beschäftigten Bäckern, welche durchschnittlich ordinäres Brot lieferten[14]), immer noch Privatbäckereien bestehen, in welchen man feinere Gebäcke zu höheren Preisen kaufte. Und so kommen wirklich vor *pistores candidarii*[15]) oder *siliginarii*[16]), *clibanarii*[17]), ein *pistor simi(laginarius)*[18]), *Romaniensis*[19]), *Persianus*[20]) und viele Arten Kuchenbäcker, *dulciarii*[21]), *placentarii*[22]), *libarii*[23]), *crustularii*, die zum Theil ihre Waaren in den Strassen ausriefen[24]), *panchrestorii*[25]) und die Opferkuchenbäcker, *fictores*[26]), zu welchen ursprünglich auch die *pastillarii* zu rechnen sind[27]). Von den Fabrikaten haben wir Proben in Original[29]) und Ab-

---

11) Dies aus man in Campanien. Plin. N. H. XVIII § 100; Galen VI p. 593 erklärt es für wenig nahrhaft und unzweckmässig.
12) Suet. Caes. 48.
13) Plin. N. H. XVIII § 105.
14) Schol. Pers. 3, III: *panem non deliciosius cribro discussum, sed plebeium, de populi annona, id est fiscalem*. S. Goth ad Cod. Th. XIV, 17, 5.
15) Orelli 4968. 16) Orelli 1810. Doni IX, 41.
17) C. I. L. IV n. 677 in Pompeji: *TREBIVM. AED CLIBANARI ROGant*. Galen. VI p. 489 *μάλιστοι δὲ αὐτῶν (τῶν ἄρτων) οἱ κλιβανῖται — ἰφεξῆς δὲ αὐτῶν οἱ ἰπνῖται*. Plin. N. H. XVIII § 105 *nec non a coquendi ratione (appellati panes) ut furnacei vel artopticii aut in clibanis cocti*.
18) C. J. L. I n. 1047. Rhein. Mus. N. F. XVII, 1 (1862) S. 141.
19) Orelli 4455.
20) Orelli 4454. Dies wird ein Bäcker des *panis Parthicus* sein. Plin. N. H. XVIII § 105 *non pridem etiam e Parthis invecto (pane) quem aquaticum vocant, quoniam aqua trahitur a tenui et spongeosa inanitate, alii Parthicum*.
21) Mart. XIV, 223. Veget. 1, 7. Sie kommen auch als Sclaven vor. Lampr. Heliog. 27, 8. Treb. Pollio Claud. 14, 11. Apul. Met. X, 13.
22) Gloss. Philox. *Πλακουντάριος placentarius*.
23) Ein *libum* besteht aus Milch, Mehlteig und Honig; *πλακοῦς ἐκ γάλακτος ὑγιῶν τε καὶ μέλιτος, ὃν Ῥωμαῖοι λίβον καλοῦσι*. Athen. III p. 125 f.
24) Seneo. ep. 56, 2.
25) Arnobius II, 23 und das. Hildebrand.
26) S. Th. IV, S. 193.
27) Festus p. 250b, 30: *Pastillum est in sacris libi genus rotundi*. Paulus p. 222, 15 *pastillus forma panis parvi utique diminutivum est a pane*. In einer Inschr. d. J. 155 Orelli 4142 kommt ein *patronus corporis pastillariorum* vor.
28) Ueber die in Pompeji gefundenen Brote s. Overbeck Pomp. II, S. 10.

bildung, namentlich von runden Broten, die in vier Theile gekerbt sind[29]), woraus sich der öfters vorkommende Ausdruck *quadra panis*[30]) erklärt. Ebenso liegt uns über die einzelnen Thätigkeiten des Handwerks ein reiches Material vor[31]), aus dem wir hier nur Einiges benutzen.

Zu diesen Thätigkeiten gehört zuerst das Mahlen, welches Sache der Bäcker ist[32]). Man brauchte im Alterthum Handmühlen (*molae manuariae*[33]), *manuales*)[34]), die zunächst als Stossmühlen (*trusatiles*)[35]), hernach aber, wie alle Mühlen, als Drehmühlen (*versatiles*) bezeichnet werden, ferner Rossmüh-

---

[29] Ein solches Brot s. bei Aringhi *Roma subterranea* 1651 fol. II. p. 331. Vgl. Raoul Rochette in *Mém. de l'Acad. des inscr.* XIII. p. 157. Ein schimst gekerbtes Brot aus Herculanum abgeb. b. Gori *Symbolae litterariae* II (Romae 1751. 8) p. 158. Vgl. Winckelmann Werke II, p. 66. Pitture di Erc. II, p. 444. Mus. Borb. VI, 38 = Overbeck Pomp. II, p. 193.

[30] Senec. de benef. IV, 29, 2. Virg. Moret. 47:
Levat opus palmisque suum dilatat in orbem
Et notat impressis aequo discrimine quadris.
Mart. IX, 90, 18:
Secta plurima quadra de placenta.
Vgl. VI, 75, 1. Athenaeus III, p. 114ᵃ βημιαίους δὲ ἄρτους δνομάζεσθαι λέγει τοὺς ἔχοντας ἐντομάς, οὓς Ρωμαῖοι κοδράτους λέγουσι.

[31] S. Gotzius *de pistrinis veterum*. Cygneae 1730. 8. Von Denkmälern, die das Handwerk veranschaulichen, ist bereits oben A. 153 das des Eurysaces erwähnt; ein Sarcophagrelief im Lateran, das die Geschichte des Brotes vom Pflügen bis zum Backen darstellt, ist abgebildet in Garucci *Mus. Lateran.* tab. 32 und erörtert von O. Jahn in Gerhards Denkmälern u. Forschungen 1861 n. 146. Taf. 148, 1. Die übrigen Darstellungen findet man besprochen von O. Jahn in den Berichten der Sächs. Ges. Phil. hist. Cl. 1861, S. 340—348.

[32] So sagt Pomponius in der Atellane *Pistor* (Ribbeck Com. Lat. Reliq. p. 208).
Decipit vietuos: quod molendum conduxit, comest
und *pistrinum*, das eigentlich die *molatrina* bezeichnet (Nonius p. 68, 25), heisst die Bäckerei.

[33] Dig. XXXIII, 7, 20, 1.

[34] Hieron. Chron. ed s. 309 n. Chr.

[35] Cato de r. r. 11. Gellius III, 3, 14 vom Plautus: *cum — ad circumagendas molas quas trusatiles appellantur, operam pistori locasset.* Dass diese *molae trusatiles* eine andere Construction hatten, als die erhaltenen, welche *versatiles* (Plin. XXXVI § 135) sind, deutet Gellius an; Beckmann, Beiträge zur Geschichte der Erfindungen II, S. 3 denkt sie als einen Mörser, der inwendig gereift, und eine Keule, die unten eingekerbt ist, so dass die Körner in ihr nicht zerstossen, sondern zerrieben wurden. Darin aber irrt er, dass er allen Handmühlen diese Construction giebt, da die ihm noch unbekannten Funde von Pompeji (Jahn, B. d. S. G. d. W. 1861, S. 341), Rom und Latium (Rossi *Annali d. J. XXIX*) und Gallien (De Caumont *Cours d' antiquités monumentales* II, p. 217—219)

len, *molae iumentariae*[236]), oder, weil sie gewöhnlich von Eseln gedreht wurden[37]), *asinariae*[38]), und endlich Wassermühlen. Die beiden ersten Arten haben eine im Princip gleiche, nur in den Dimensionen verschiedene Construction[39]) (s. die Abbildung Fig. 6); sie bestehen nämlich aus zwei Hauptheilen, dem Bodenstein (*meta*, μύλη) und dem Läufer (*catillus*, ὄνος)[40]). Der Bodenstein ist ein auf fester Basis liegender massiver Kegel, in dessen Spitze eine eiserne verticale Axe eingelassen ist. Der Läufer, der sich um diese Axe dreht, besteht aus zwei mit der Spitze gegeneinander gekehrten hohlen Kegeln oder Trichtern, so dass er in der Figur Aehnlichkeit mit einem Stundenglase hat. An der Stelle, wo die beiden Trichter zusammenstossen, hat er eine eiserne Vorrichtung[41]), vermittelst welcher er einerseits auf der Axe ruht, andererseits um dieselbe drehbar ist, zugleich auch das in den oberen Trichter geschüttete Getreide allmählich durchlässt, welches, zwischen die *meta* und den unteren Trichter des Läufers fallend, von diesem zerrieben wird. Ausserdem musste von aussen an dem Läufer die Deichsel befestigt werden, an der das Pferd oder der Esel mit verbundenen Augen[42]) zieht. Wassermühlen[43]) (*molae aquariae*, *hydraletae*) haben, obwohl schon Mithridates eine besass[44]) und von da an ihrer öfters Erwähnung

---

beweisen, dass die spätern Handmühlen ebenso *versatiles* waren, wie die Rossmühlen. Im Museo Borbonico befinden sich Handmühlen von Lava, 2½ palmi hoch, 1⅔ breit; 3½ hoch, 2½ breit; 3½ hoch, 1½ breit. S. Finati, *Il regal Museo Borb. descritto*. Napoli 1819. S. Vol. I. p. 159 n. 27; 169 n. 129; 173 n. 197. Abbildungen solcher Handmühlen s. bei Schneider, *Script. rei rust.* Vol. I. tab. IX, n. 7. und bei Jahn a. a. O. Taf. XII, n. 6. 7.

36) Dig. XXXIII, 7, 18 § 1.
37) Jahn a. a. O. S. 345.
38) Cato de r. r. 10, 4; 11, 4.
39) Ueber diese s. auch Mazois, *Les Ruines de Pompéi*. Vol. II, p. 27—39 pl. XXXV, und daraus Overbeck, Pompeji II, S. 18. 19
40) Dig. XXXIII, 7, 18 § 5 *Bei autem meta inferior pars molae, catillus superior*. Jahn a. a. O. S. 344.
41) Diese ist in Pompeji von Mazois noch theilweise erhalten vorgefunden worden.
42) Lucian. Asin. 42. Apul. Met. IX, 11.
43) S. über diese Beckmann, Beitr. z. Gesch. d. Erfind. II, S. 19 ff. Gothofr. ad Cod. Th. XIV, 15, 4.
44) Strabo XII. p. 556.

geschieht[245]), doch in Rom selbst erst im vierten und fünften Jahrhundert nach Chr. wirklichen Eingang gefunden. Das Wasser gaben die öffentlichen Aquaeducte[46]); die Mühlen der Pistrina lagen am Fuss des Janiculums[47]) und wurden von der aus der Nähe des Lacus Sabatinus auf die Höhe des Janiculums geleiteten und von da herunterkommenden Wasserleitung gespeist[48]). Bei der Belagerung Roms durch die Gothen im J. 536 ward endlich Belisar der Erfinder der Schiffmühlen, welche, auf Kähnen in dem Tiber selbst angebracht, vom Flusse getrieben wurden und seitdem in Gebrauch blieben[49]). Durch die Einführung der Wassermühlen, die nicht in den Bäckereien selbst angelegt werden konnten, trennte sich nunmehr auch das Gewerk der Müller von dem der Bäcker, und man wird unter den in dieser Zeit vorkommenden Müllern (*molitores*[50], *molendinarii*) Wassermüller zu verstehen haben[51]).

Auf das Mahlen folgt das Sieben des Mehles, das Bearbeiten des Teiges, das zuweilen durch eine von Menschen oder

---

[45] Vitruv. X, 5 (10), beschreibt sie. Vgl. Antipater Thess. in Anth. Gr. ed. Jacobs II, p. 105 n. 39. Palladius de r. r. I, 40: *Si aquae copia est, fusuras balnearum debent pistrina suscipere, ut ibi formatis aquariis molis sine animalium vel hominum labore frumenta frangantur.* Ausonius Mos. 361 sagt von dem Erubris, der Ruwer, einem Nebenflüsschen der Mosel:

illo
Praecipiti torquens cerealia saxa rotatu.

Auch Plinius scheint sie zu erwähnen N. H. XVIII § 97: *major pars Italiae ruido utitur pilo, rotis etiam quas aqua verset obiter, et molat*, wofür Jan liest: *verset, obiter et mola.* Ich bin dafür, *verset obiter* zu verbinden und von einer oberschlächtigen Mühle zu verstehen.
46) Cod. Th. XIV, 15, 4. Cassiodor. Var. III, 31.
47) Prudent. c. Symm. II, 950:
aut quae Janiculi mola mута quiescit?
48) Procop. B. Goth. I, 19. S. Tb. I S. 708.
49) Procop. l. l. 36. 97 Bonn., wo es zuletzt heisst: καὶ τὸ λοιπὸν Ῥωμαῖοι τούτοις μὲν τοῖς μύλωσιν ἐχρῶντο.
50) Dig. XXXIII, 7, 18 § 5. *molitores, si ad usum rusticum comparati sint.*
51) Auf die *molendinarii* vom Janiculum bezieht sich die Verordnung des *Praefectus Urbi* vom J. 398 bei Fabretti p. 589 n. 389: *Claudius Julius Ecianus Dynamius v. c. et inl. urbis praef. p. Amore patriae compulsi ne quid diligentiae deesse videatur studio nostro adici voluimus (l. voluimus) ut omnium molendinariorum fraudes amputentur, — — et idro stateras fieri praecepimus, quas in Janiculo constitui nostra praecepit auctoritas. — — Accipere autem — molendinarios tam in Janiculo quam per diversa praecipimus per modium unum nummos III.*

Eseln gedrehte Maschine geschieht[52]), endlich das Backen im Ofen, dessen Einrichtung aus der pompejanischen Bäckerei ersichtlich ist[53]).

Je weniger in den letzten Jahrhunderten der Republik die italische Weizenproduction dem Bedarf der Stadt genügte, um so mehr entwickelte sich der überseeische Getreidehandel. Die Grosshändler der Republik (*negotiatores*) sind entweder Banquiers oder Kornhändler[54]); die letzteren kaufen in den Provinzen auf Speculation[55]), übernehmen die Lieferungen für die Heere[56]) oder verkaufen in Rom, wo neben den an den Staat kommenden Abgaben der Provinzen noch immer eine bedeutende Einfuhr nöthig war[57]). Wir erfahren, dass Augustus bei seinen Largitionen besondere Rücksicht darauf nahm, dass das Geschäft der *negotiatores* nicht litt[58]), dass Claudius, wie es scheint, durch Einsetzung eines *collegium negotiatorum frumentariorum*, dem er besondere Vortheile eröffnete und für die Haverien Ersatz zu leisten versprach[59]), den Getreidehandel in Rom zu heben suchte, dass endlich auch Alexander Severus Getreidehändler durch Bewilligung von Immunitäten zur Ansiedelung in Rom zu veranlassen bemüht war[60], so dass die damals in Rom bereits vorhandenen col-

---

52) Jahn a. a. O. S. 847.
53) Mazois a. a. O. Overbeck Pompeji II, S. 14.
54) Ernesti *De negotiatoribus Romanis* in dessen *Opusc. philologica critica* p. 1 ff.
55) So erzählt Cic. pr. Flacco c. 36. 37, dass Falcidius die Erote von Tralles für 99,000 HS. kaufte.
56) Caes. B. G. VII, 8: *Carnutes — Genabum dato signo concurrunt, civesque Romanos, qui negotiandi causa ibi constiterant, in his C. Fufium Citam, honestum equitem Romanum, qui rei frumentariae iussu Caesaris praeerat, interficiunt.* Hirtius B Afr. 36: *Legati interim ex oppido Tusdrae, in quo tritici modium millia CCC comportata fuerant a negotiatoribus italicis aratoribusque, ad Caesarem veniunt.*
57) S. Th. III, 2. S. 103.
58) Suet. Aug. 42: *Atque ita posthac rem temperavit, ut non minorem aratorum ac negotiantium, quam populi rationem haberet.*
59) Suet. Claud. 18: *nihil non excogitavit ad invehendos etiam tempore hiberno commeatus. Nam negotiatoribus certa lucra proposuit, suscepto in se damno, si cui quid per tempestates accidisset.* Diese Einrichtung liess sich nur bei einem Collegium von bestimmter Zahl treffen, und *negotiatores frumentarii* als eine Körperschaft erwähnt auch die römische Inschrift aus Titus Zeit Grut. 103, 2.
60) Lamprid. Al. Sev. 22, 1.

Privatalterthümer II.

logia der Kornhändler[261]) dem Bedarf nicht genügt zu haben scheinen.

2. Gartengewächse. Neben dem Weizen und der Hirse (*milium*), die man mit Speck, Oel[62]), Most[63]) oder Milch[64]) genoss, auch wohl zu Brot und Kuchen verbackte[65]), sind die Hauptnahrungsmittel für das Volk die Gartengewächse[66]), über welche uns eine so reiche Litteratur vorliegt[67]), dass schon daraus auf die Wichtigkeit zu schliessen ist, die man diesen Victualien beilegte. Die Hülsenfrüchte (*legumina*, ὅσπρια)[68]), d. h. nach Galen's Definition die Cerealien, die nicht zu Brot verbacken werden[69]), wie Linsen (*lens*), Bohnen (*faba*), Erbsen (*pisum*), Kichern (*cicer*), Lupinen (θερμός), Schminkbohnen und Mohn, der auf Brot gegessen wird[70]); die verschiedenen Arten Gemüse, wie Zwiebeln (*cepa*), Meerzwiebeln (*scilla*), Knoblauch (*allium*) und Lauch (*porrum*); Eppich (*apium*), Spargel (*asparagus*), Artischocken (*carduus*), Cichorien (*intybum*) und Alant (*inula*); Kohl (*brassica*), Rüben und Rettige (*napus*, *siser*, *raphanus*, *pastinaca*, *beta*); Gurken (*cucumis*), Melonen (*melo*) und Kürbisse (*cucurbita*); die Salate und Blattpflanzen, Lattich (*lactuca*), Kresse (*lepidium*), Malven (*malva*),

---

261) Dig L, 5, 9 § 1. *Paulus respondit, privilegium frumentariis negotiatoribus concessum etiam ad honores excusandos pertinere* Callistratus (um 241). Dig. L, 6, 5 § 8. *Negotiatores, qui annonam urbis adiuvant, item navicularii, qui annonae urbis serviunt, immunitatem a muneribus publicis consequuntur.* Später kommen specielle Collegia dieser Art vor, wie die *mercatores frumentarii et olearii Afrarii* Orelli 3336; einzelne Getreidehändler in den Provinzen erwähnen mehrmals die Inschriften, so in Lugdunum Henzen n. 7256. Boissieu p. 445; in Deutschland Steiner Cod. *inscr. Rheni* II, n. 236.
62) Galen. VI, p. 532. 63) Plin. N. H. XVIII § 104. 64) Colum. II, 2, 19. Galen. VI, p. 824. 65) Ovid. *Fast.* IV, 744.
66) Plin. XIX § 52: *ex horto plebei macellum.*
67) Ausser den *Scriptores rei rusticae* handeln davon ausführlich Dioscorides de mat. med. II c. 116 bis Ende des Buches, Plinius N. H. XIX, § 52—188. Galen. de alimentorum facultatibus I, 16—II, 6. Vol. VI, p. 524—368. Oribasius I, 17 ff.
68) Ueber den Begriff von *legumen* s. Roper im *Philologus* IX, s p. 299 ff.
69) Galen. VI, p. 524. Dagegen Plin. N. H. XVIII § 103: *legumina, quae vallantur e terra, non subsecantur, unde et legumina appellata, quia ita leguntur.* An einer andern Stelle XVIII § 60 definirt er sie als Hülsenfrüchte *quorum fructus includitur siliquis.*
70. Galen. VI, p. 548. Plin. XIX § 168.

Ampfer (*lapathum*), Raute (*ruta*) und viele andere; die Gewürzpflanzen: Senf (*sinapi*), Anis (*anesum*), Fenchel (*foeniculum*), Coriander (*coriandrum*), Kümmel (*cuminum*), Schwarzkümmel (*gu*), Dill (*anethum*) lieferten theils dem Arbeiterstande seine schwer verdauliche Nahrung, theils der Küche der Reichen das Material der *promulsis*[71]), theils die Würzen zu den übrigen Speisen. Zu der ordinärsten Kost der alten Zeit gehören die Bohnen und Zwiebeln, von welchen die Fabii[72]) und Caepiones ihren Namen haben; die Bohnen, eine schwere Nahrung[73]), soll schon Pythagoras seinen Schülern verboten haben[74]); sie waren hernach auch in Rom nur ein Gericht für Gladiatoren[75]), Schmiede[76]) und Bauern[77]); nach Zwiebeln und Knoblauch zu riechen war das Zeichen eines Römers der alten guten Zeit[78]); Linsen erhielten die Soldaten im Felde[79]); Kohl erklärte noch Cato für das beste Nahrungsmittel[80]). Aber die feineren Gemüse, die Salate und die Gewürzkräuter blieben immer ein Gegenstand der Liebhaberei der Feinschmecker und der Sorgfalt der Gärtner. Grosse Spargel kamen nach Rom aus Ravenna[81]), Artischocken aus Carthago in Afrika und Corduba[82]), Linsen aus Aegypten[83]), die Zuckerwurzel (*siser*) aus Gelduba am Rhein[84]); fremde Küchenkräuter wurden aus Griechenland und Kleinasien eingeführt, und die orientalischen Gewürze bildeten einen bedeutenden Importartikel[85]).

27¹) S. Th. V, 1 S. 832 ff.
72) Vgl. Pfund *de antiquissimo apud Italos fabae cultura ac religione*. Berolini 1843. 8.
73) Dioscor. de m. m. II, 127.
74) Gellius IV, 11. Plin. N. H. XVIII § 117—119.
75) Galen. VI, p. 529. 76) Mart. X, 48, 10. 77) Hor. Sat II, 6, 63.
76) Varro Sat. XI, 6 Oehler (bei Non. p. 201, 5): *Avi et atavi nostri quum alium ac cepe eorum verba olerent, tamen optume animati erant*. Später änderte sich der Geschmack; schon Naevius (19) Rihbeck sagt bei Priscian VI, 2 p. 681:
Ut illum di ferant qui primum holitor cepam protulit
und Horat. hat die 3te Epode ganz dem Ausdruck seines Abscheus gegen *alium* gewidmet.
79) Plut. Crass. 19. Doch ass man sie auch sonst. Plin. N. H. XIX § 113.
80) Cato de r. r. 156. 81) Plin. N. H. XIX § 54. 82) Plin. N. H. XIX § 152
83) Plin. N. H. XVI § 201. Mart. XIII, 9. Vgl. Vegetius A. veter. V, 19, 4. 84) Plin. N. H. XIX § 90. 85) Ueber beide s. Th. V, 1 S. 838

Eine ganz besondere Förderung verdankte aber den Römern der späteren Republik und der ersten Kaiserzeit die Obstkultur nicht nur Italiens, sondern auch der Provinzen. Italien war schon damals reich an fruchttragenden Bäumen und Sträuchern; Aepfel, Birnen, Pflaumen, Quitten, Mispeln, Kastanien, Nüsse, Oliven und Weintrauben gehörten zur gewöhnlichen Mahlzeit; nun aber begann man die einheimischen Gattungen zu veredeln, die besten italienischen und ausländischen in der Umgegend Roms einheimisch zu machen, Herbstfrüchte im Frühjahr zur Reife zu bringen[86]), und setzte einen Ruhm darein, in neuen Obstsorten seinen Namen zu verewigen. In Rom ass man Birnen aus Picenum, Signia, Tarent, Griechenland, Numidien und Alexandria, es gab *pira Dolabelliana*, *Pomponiana*, *Seviana*[87]), Aepfel aus Verona, Afrika und Syrien, *mala Scaudiana*[88]), *Sceptiana*; die *mala Mattiana*[89]), die Athenäus für die edelsten erklärt[90]), hatten ihren Namen von dem Ritter C. Matius, einem Zeitgenossen des Augustus[91]), die *Appiana* von einem Appius Claudius[92]). Jede neue Eroberung von Provinzen wurde auch eine Bereicherung des römischen Gartens; die persische Wallnuss ($\dot{\eta}$ $\Pi\varepsilon\rho\sigma\iota\varkappa\dot{\eta}$ [93]; oder $\varkappa\acute{a}\rho\upsilon o\nu$ $\Pi\varepsilon\rho\sigma\iota\varkappa\acute{o}\nu$), die pontische Haselnuss[94]), die in Campanien und Latium als *nux Avellana*

---

86) Dies erwähnt von den Felgen Plin. N. H. XV § 72.
87) Plin. N. H. XV § 55—56. Colum. V, 10, 18. Die *Seviana* haben ihren Namen wohl von dem *Suevius*, den Macrob S. III, 16, 10 als Dichter des *morsetum* erwähnt.
88) Bei Plin. N. H. XV § 49 schreibt Jan Scaudio und *Scaudianis*. Auch bei Colum. V, 10, 19 haben die Hdschr. *gaudiana* statt *Scaudiana*. Der Name *Scaudius* kommt vor Mur. p. 1741, 17.
89) Suet. Domit. 21. Colum. V, 10, 19. XII, 17, 5. Macr. S. III, 19, 2.
90) Athen. III, p. 82°: $\dot{\varepsilon}\gamma\dot{\omega}$ $\delta\dot{\varepsilon}$ — $\pi\acute{a}\nu\tau\omega\nu$ $\mu\acute{a}\lambda\iota\sigma\tau\alpha$ $\tau\varepsilon\vartheta\alpha\acute{\upsilon}\mu\alpha\varkappa\alpha$ $\tau\dot{\alpha}$ $\varkappa\alpha\tau\dot{\alpha}$ $\tau\dot{\eta}\nu$ $P\dot{\omega}\mu\eta\nu$ $\pi\iota\pi\rho\alpha\sigma\varkappa\acute{o}\mu\varepsilon\nu\alpha$ $\mu\tilde{\eta}\lambda\alpha$ $\tau\dot{\alpha}$ $\mu\alpha\tau\tau\iota\alpha\nu\dot{\alpha}$ $\varkappa\alpha\lambda o\acute{\upsilon}\mu\varepsilon\nu\alpha$, $\ddot{a}\pi\varepsilon\rho$ $\varkappa o$-$\mu\acute{\iota}\zeta\varepsilon\sigma\vartheta\alpha\iota$ $\lambda\acute{\varepsilon}\gamma\varepsilon\tau\alpha\iota$ $\dot{a}\pi\acute{o}$ $\tau\iota\nu o\varsigma$ $\varkappa\acute{\omega}\mu\eta\varsigma$ $\dot{I}\delta o\upsilon\mu\acute{\varepsilon}\eta\varsigma$ $\dot{\varepsilon}\pi\dot{\iota}$ $\tau\tilde{\omega}\nu$ $\pi\rho\dot{o}\varsigma$ $\dot{A}\upsilon\lambda\tilde{\eta}\varphi\alpha$ $\dot{A}\lambda$-$\pi\iota\omega\nu$. Drei Epigramme auf die *mala Mattiana* s. bei Wernsdorf P. L. M. VI, p. 191. 192. Im Ed. Diocl. VI, 65 heissen sie *mala Mattiana sive Salignama*, welchen letzteren Namen sie von einem *Fundus Salignianus* haben werden.
91) Plin. N. H. XII § 13. XV § 49. Colum. XII, 46, 4.
92) Plin. N. H. XV § 49.
93) S. Böckh C. J. Gr. n. 123, 49. Dioscor. de m. m. I, 178: $K\acute{a}$-$\rho\upsilon\alpha$ $\beta\alpha\sigma\iota\lambda\iota\varkappa\acute{\alpha}$, $\ddot{a}$ $\ddot{\varepsilon}\nu\iota o\iota$ $\pi\varepsilon\rho\sigma\iota\varkappa\acute{\alpha}$ $\varkappa\alpha\lambda o\tilde{\upsilon}\sigma\iota$. Plin. N. H. XV § 87.
94) $K\acute{a}\rho\upsilon o\nu$ $\Pi o\nu\tau\iota\varkappa\acute{o}\nu$, Geop. X, 73 u. ö.

und *Praenestina* vorkommt[98]), die Mandel (*nux Graeca, nux Thasia, amygdale*)[99]), die zu Catos Zeit noch nicht in Italien einheimisch gewesen zu sein scheint[97]), die Pfirsich (*malum Persicum*)[98]), die Apricose (*malum Armeniacum* oder *praecox*)[99]), der Granatapfel (*malum Punicum*)[100]), der griechische Feigenbaum[1]), die Kirsche, welche Lucull aus dem mithridatischen Kriege von Cerasus im Pontus mitbrachte[2]), die Pistaziennuss, welche in den letzten Jahren des Tiberius nach Rom kam[3]), endlich der Citronenbaum[4]), dessen Existenz zwar

---

[96] Colum. V, 10, 14. Macrob. S. III, 18, 5. Ed. Diocl. VI, 83. In Campanien erwähnt Plin. N. H. § 68 *Abellinum* und *Abellani*, die Nüsse sind nach ihm eigentlich *Abellinae*. XV § 88. Serv. ad V. Ge. II, 65.
[96] Macrob. S. III, 18, 6. Col. V, 10, 18. Pallad. II, 13, 6.
[97] Plin. N. H. XV § 96.
[98] Dioscor. de m. m. I, 164. Galen. VI, p. 592. Isidor. Or. XVII, 7, 7. Dass unter der *nux mollusca*, die Plautus bei Macrob. S. III, 18, 9 erwähnt, und von der Macrobius sagt: *Est autem Persicum quod vulgo vocatur*, die Pfirsich zu verstehen sei, glaube ich nicht, da Plinius von der *nux mollusca* XV § 90 bei den Nüssen handelt, nachdem er von den *Persicae arbores* bereits § 45. 46 gesprochen hat.
[99] Diosc. de m. m. I, 165: Τὰ δὲ μικρότερα καλούμενα δὶ ἀρμινιακά, ῥωμαϊστὶ δὲ πραικόκια. Der Baum war erst kurz vor Plinius nach Italien gelangt. Plin. N. H. XV § 40. Im späteren Griechisch heissen die Früchte βερίκοκκα (Geop. X, 78), italienisch *Arbricocco*, auch *Baracocce* (Sprengel zu Diosc. l. l.), spanisch *Albaricoque*, franz. *Abricot*.
[100] Er ist am besten in Carthago. Plin. N. H. XIII § 112.
[1] Der wilde Feigenbaum ist in Italien einheimisch; von dem griechischen sagt Plin. N. H. XV § 69: *ad nos ex aliis transiere gentibus, Chalcide, Chio*. Auch aus Lydien, Afrika, Alexandria, Rhodus. § 70.
[2] Plin. N. H. XV § 102. Athen. II, p. 54ᵃ. Tertull. Apol. 11. Isidor Or. XVII, 7, 16. Dass ihre Cultur auch mit grosser Liebhaberei betrieben wurde, lehren die Namen *cerasa Aproniana, Lutatia, Juniana, Pliniana.*
[3] Plin. N. H. XV § 91 vgl. § 68.
[4] S. Salmas. ad Sol. p. 956 ed. Paris. = p. 671 ed. Tral. Plinius erwähnt ihn XVI § 107. XVII § 64. Palladius beschreibt seinen Anbau IV, 10. Der Baum, von dem das berühmte gemaserte Holz (*citrum*) kam (Varro de r. r. III, 9, 1. Mart. XIV, 89), ist eine Cedernart (*cedrus numidica*, Lebensbaum. Bockmann Beitr. zur Waarenkunde I, S. 871. Lenz Bot. d. Gr. u. R. S. 709 ff.); der Citronenbaum heisst μηλέα Μηδική. Theophr. de c. pl. I, 10. 1, 13, 5. Hist. pl. I, 12, 1 IV, 4, 2. Die Früchte heissen nach Diosc. de m. m. I, 166 *Μηδικά* oder *Περσικά* oder *κιδρόμηλα*, römisch *citrea*, *citria*. Ed. Diocl. VI, 73. 76. Galen. VI, p. 617 spottet über diese unverständlichen Bezeichnungen: *Καὶ τοῦτο* (τὸ κίτριον) *τὸ Μηδικὸν ὀνομάζουσι μῆλον οἱ μηδέπω νοεῖν ἢ φθέγγεσθαι προηρημένοι*. Die süsse Orange (Apfelsine) ist nach gewöhnlicher Ansicht durch die Portugiesen nach Europa gekommen, nach Mommsen R. G. I (4te A.) S. 841, dessen Quelle ich nicht kenne, durch die Mauren schon im 12. oder 13. Jahrh. Ich erwähne nur, dass, wäh-

schon früh bekannt ist, dessen Anbau in Italien aber zuerst Palladius beschreibt, sind erst in dieser Zeit dem Westen Europas zugeführt und von da aus weiter verbreitet worden, wie z. B. die Pistaziennuss nach Spanien[5]), die Kirsche nach Britannien[6]. Ausserdem kam nach Rom getrocknetes und eingemachtes oder sonst besonders zu Speisen zubereitetes Obst aus allen Gegenden, wie die damascenischen Pflaumen[7]), die carischen Feigen, gepresste und getrocknete[8]), die Datteln (*caryotae*)[9]), die man als Xenien verschenkte[10] und als Missilia vertheilte[11]), die trockenen und eingelegten (*ollares*)[12]) Weintrauben und die Quittenpasteten aus Spanien[13]).

3. Fleisch. Indessen verlor sich bei aller Liebhaberei für feine Gemüse und Obstarten doch der Geschmack an ordinären vegetabilischen Speisen immer mehr, und was der Koch bei Plautus scherzhaft ausführt[14]):

Nicht koch' ich Mittag wie die andern Köche, die
Gesottne Wiesen in Schüsseln bringen auf den Tisch
Und aus den Gästen Ochsen machen, sie mit Kraut
Vollstopfen und als Zuthat wieder nehmen Kraut,
Coriander, Fenchel, schwarze Raut' anthun und Lauch,

---

rend Plinius N. H. XII § 15 sagt, die Citrone sei nicht essbar, und Palladius IV, 10 17 nur gehört hat, man könne auch süsse Orangen ziehen, Athenaeus III, p. 83ᶠ bemerkt: καὶ μηδείς ὑμῶν θαυμαζέτω εἴ φησιν (ὁ Θεόφραστος) μὴ ἐσθίεσθαι αὐτὸ (τὸ κίτριον), ὁπότε γε καὶ μέχρι τῶν κατὰ τοὺς πάππους ἡμῶν χρόνων οὐδεὶς ἤσθιεν, und dass es in dem Epigr. bei Wernsd. P. L. M. VI, p. 197 heisst:

Stat similis auro Citri mirabilis arbor
Omnibus autumni anteferenda bonis.
Haec ornant mensas, haec praestant poma medelam,
Cum qualit incurvos iussis anhela senes.

Diese Stellen scheinen doch schon von der süssen Orange zu verstehen zu sein.
5) Plin. N. H. XV § 91. 6) Plin. N. H. XV § 102.
7) Diosc. de m. m. I, 174. Mart. XIII, 29. Stat. Silv. I, 6, 14. Ed. Diocl. VI, 66. 67. 8) Ed. Diocl. VI, 81. 83.
9) Im Ed. Diocl. VI, 81. 82 heissen sie *dactyli nicolai*.
10) Mart. XIII, 27. 11) Mart. XI, 31, 10. Stat. Silv. I, 6, 20.
12) Mart. VII, 20, 9.
13) Galen. VI, p. 608: ἐν Ἰβηρίᾳ δὲ τὸν καλούμενον μηλοπλακοῦντα συντιθέασιν, ἴδιωμα μόνιμον οὕτως, ὡς εἰς Ῥώμην κομίζεσθαι μεστὰς αὐτοῦ λοπάδας ταύτας.
14) Plaut. Pseud. 810-823.

Und dazu Ampfer, Blattkohl, Mangold, Amaranth — —
Drum leben auch die Leute nur so kurze Zeit,
Weil sie mit Kraut den Magen sich vollstopfen, das
Zu nennen scheusslich, scheusslicher zu essen ist.

Kraut, das ein Vieh nicht fressen mag, isst jetzt ein Mensch! das ist im Ganzen Princip der späteren römischen Küche geworden, in welcher statt der vegetabilischen Kost Fleisch und Fisch immer mehr zur Geltung gelangten[15]). Das Rind, den Genossen der menschlichen Arbeit, zu schlachten, hat man am längsten Bedenken getragen; es wird oft der frommen alten Zeit gedacht, in welcher es für sündlich galt[16]) und auch in Rom als ein Verbrechen bestraft wurde, den Pflugstier zu tödten[17]), aber schliesslich wurde Rindfleisch ebenso wie Ziegen-, Lamm-, Hammel- und Schweinefleisch ein unentbehrliches Nahrungsmittel des Volkes[18]). Viel früher und verbreiteter war der Genuss des Schweinefleisches; jeder Landmann zog seine Schweine[19]), die ihm den Braten zum Feste lieferten[20]). Die feine Kochkunst erfand an funfzig verschiedene Zubereitungsarten der einzelnen Stücke, die als besondere Leckerbissen galten[21]), und die grausamste Thierquälerei beim Mästen und Schlachten[22]), um dem Fleisch einen eigenthümlichen Geschmack zu geben; zur gewöhnlichen Nahrung gehörte namentlich die Bärmutter (*vulva*), das Euter (*sumen*), die Leber (*ficatum*), Pökelfleisch (*laridum*), Schinken (*perna*)[23]) und die oberen Vorderfüsse (*petasones*)[24]), verschiedene Arten von Brat-

---

15) Juven. 14, 78:
Curius parvo quae legerat horto,
ipse focis brevibus ponebat holuscula, quae nunc
aquoliduss in magna fastidit compede fossor,
qui sudrnult, calidas sapiat quid vulva popinae.
16) Virg. Ge. II, 537 und dazu Servius. Ovid. Fast. I, 363. IV, 416. Cic. de N. D. II, 63, 159. Varro de r. r. II, 5, 4. Colum. VI, pr. 7. Porphyrius de abst. II, 31.
17) Plin. N. H. VIII § 180. Vgl. Suet. Domit. 9.
18) Lamprid. Al. Sev. 22, 7.
19) Varro de r. r. II, 4, 3. Cic. de sen. 16, 56.
20) Ovid. F. VI, 179. Juven. 11, 83.
21) S. Th. V, 1 S. 838. Plut. Reg. et Imp. apoph. Vol. VI, p. 744 R.=I, p. 295 D.
22) Plutarch de esu carn. II, 1. Vol. X, p. 147 R.=Vol. II, p. 1819 Dübner. 23) Ed. Diocl. IV, 1—7.
24) S. Schneider ad Col. de r. r. 162.

würsten (*farcimina, circelli, botelli, isicia*[25]), *tomacula*)[26] und geräucherte Wurst (*Lucanica*)[27]. Den Bedarf schaffte bei weitem nicht die Umgegend Roms; er wurde zum Theil aus fernen Gegenden bezogen, namentlich gepökeltes und geräuchertes Fleisch aus Gallia Cisalpina[28], aus den Pyrenäen (*pernae Cerretanae*)[29], aus Cantabrien[30], von den Sequani[31]) (westlich vom Jura) und aus Belgica, von woher die menapischen Schinken kamen[32]). Seit Aurelian[33]) wurde der römischen ärmeren Bevölkerung ausser dem Brot auch Schweinefleisch auf dem Wege der Largition geliefert und für diesen Theil der Annona ein eigenes Lieferungssystem organisirt[34]). Was man an Wild für die Tafel brauchte, lieferten nicht nur die Jäger, sondern auch die Thiergärten (*vivaria*), die schon am Ende der Republik auf allen Villen vorhanden waren, namentlich Eber[35]), die man ganz auf den Tisch brachte[36]), Hasen, die Martial für das beste Wild hält[37]), Hirsche, die indessen Galen für eine schlechte Nahrung erklärt[38]), Rehe[39]) und Haselmäuse (*glires*)[40],

---

25) Die Recepte dazu bei Apicius II, 1. 4. 5. Blutwurst (*botuli cruore distenti*) war den Christen verboten. Tertull. apol. 9. Severo ad Sidon. Apoll. ep. VIII, 11.
26) Juv. 10, 355. Mart. I, 44, 9.
27) Mart. IV, 46, 8. XIII, 35. Apicius II, 4. Ed. Diocl. IV, 15. 16.
28) Polyb. II, 15. Varro de r. r. II, 4, 10. Strabo V, p. 218. Isidor. Or. XX, 1, 24: *Taxea lardum est Gallice dictum. Unde Afranius in Prosa* (254 Ribb.):
Gallum sagatum, pingui pastum taxea.
29) Strabo III, p. 162. Ed. Diocl. IV, 8.
30) Strabo III, p. 469.
31) Strabo IV, p. 192.
32) Strabo IV, p. 197. Mart. XIII, 54. Ed. Diocl. IV, 8.
33) Vopisc. Aurel. 35: *Nam idem Aurelianus et porcinam carnem p.R. distribuit, quae hodieque dividitur.* Aurel. Victor deCaes. 35, 7. Epit. 25, 6.
34) Cod. Theod. XIV, 4 *De suariis* und dazu Gothofr.
35) Varro de r. r. III, 13.
36) Plin. VIII § 210, Juv. 1, 140. Bei Horaz wird besonders der umbrische (Sat. II, 4, 40) und lucanische (Sat. II, 8, 6) Eber gelobt. Doch trug man natürlich auch einzelne Stücke auf, das *sincipul aprugnum* (Schweinskopf), *lumbi aprugni* (Macrob. S. III, 13, 13), *callum aprugnum*, Cato bei Plin. N. H. VIII § 210.
37) Mart. XIII, 92. 38) Galen. VI, p. 664. 39) cypress Hor. S. II, 4, 42.
40) Varro de r. r. III, 15. Ueber diese s. Winckelmann Werke II, S. 97. Oribasius I, p. 152 und dazu Derembergp. 606.

auch wohl wilde Esel (*onagri*)[341]). Mit gleichem Eifer betrieb man nicht nur für den Zweck der eigenen Küche, sondern auch als ein vorzüglich einträgliches Geschäft auf den Villen die Zucht des Federviehs, das man in grossen Aviarien oder Ornithones hielt[42]). Alle die Liebhabereien, die in späteren Zeiten wiederkehren, an kostbaren und seltenen Tauben[43]), gemästeten Capaunen und Poularden[44]) und grossen Gänselebern[45]), waren schon in den letzten Jahrhunderten der Republik aufgekommen, wie die *lex Fannia sumptuaria* des J. 161 v. Chr. beweist, welche gegen das Mästen des Geflügels eine Bestimmung enthielt[46]); in der Folge beschränkte sich diese Zucht nicht auf das zahme, einheimische Federvieh, sondern Waldvögel und Geflügel aus den fernsten Gegenden suchte man zu zähmen und in den Vogelhäusern zu füttern. So unermüdlich die Römer in diesen Versuchen waren, gelang es immer noch nicht, den ganzen Apparat der in Mode kommenden Seltenheiten in den Aviarien zu concentriren; das Schneehuhn (*lagopus*)[47]), die Schnepfe (*scolopax*)[48]), der Auerhahn und Birkhahn (*tetrao*)[49]) und das als Hauptdelikatesse geltende Haselhuhn (*attagen Ionicus*)[50]) blieben Jagdthiere und darum von besonderem Werthe, aber Krammetsvögel (*turdi*) fütterte man seit Lucullus Vorgange[51]) mit grossem Vortheil[52]), ebenso

---

41) Plin. N. H. VIII § 170. Junge zahme Esel brachte Maecenas auf den Tisch. Plin. a. a. O. Alte Esel schlachtete man auf dem Lande. Galen. VI, p. 664.
42) Varro de r. r. II, pr. 2. 5. III, 9, 1. 7. III, 4. III, 5. Colum. VIII, 1, 2. VIII, 8. Plin. N. H. X § 141.
43) Plin. N. H. X § 110. Colum. VIII, 8.
44) Mart. XIII, 52. 53. Varro de r. r. III, 9. Aristot. II. A. IX, 50.
45) Hor. Sat. II, 8, 88. Plin. X § 52. Palled. I, 80, 4. Mart. XIII, 58. Juv. 5, 114. Galen. VI, p. 704. Kühn. *Judicium coci si pistoris* in Wernsd. P. L. M. II, p. 287 v. 59.
46) Plin. N. H. X § 139.
47) Plin. N. H. X § 184.
48) Nemesian. fr. 2 de aucup. 21 bei Wernsd. P. L. M. I, p. 101.
49) Plin. N. H. X § 56 *in aviariis saporem perdunt*.
50) Hor. epod. 2, 54. Mart. II, 37, 3. XIII, 61. Plin. X § 133. Ed. Diocl. IV, 34.
51) Plutarch. Pomp. 2.
52) Varro de r. r. III, 2, 15. Sie erwähnt Mart. XIII, 51. Ed. Diocl. IV, 27.

Feldhühner (*perdices*)[53], Ortolane (*miliaria*)[54], Feigendrosseln (*ficedulae*)[55] und Wachteln (*coturnices*)[56], welche letztere zu Plinius Zeit wieder ausser Mode kamen[57]; von ausländischen Vögeln aber namentlich Pfauen[58], die gemästet und gegessen wurden[59], Perlhühner (*Africae* oder *Numidicae aves*[60], auch *Meleagrides*)[61], Fasanen, die in Colchis zu Hause sind[62], Kraniche (*grues*)[63] und Störche (*ciconiae*)[64], endlich den Flamingo (*phoenicopterus*), dessen Zunge für einen Leckerbissen gehalten wurde[65].

4. Wasserthiere[66]. Erst verhältnissmässig spät sind die Thiere des Meeres und der Binnengewässer für die Nahrung benutzt worden. Denn die alten Römer[67] sind, wie die homerischen Helden[68], mit dem Genuss der Fische fast unbekannt. Nachdem man ihn indessen kennen gelernt hatte, fand man, wie in Griechenland, so auch in Rom, entschiedenen Geschmack daran, so dass das Wort ὄψον oder *obsonium*, welches ursprünglich alles am Feuer Zubereitete im Gegensatze des Brotes umfasst, später ausschliesslich von Fischen zu ver-

---

53) Mart. III, 58, 15. Vgl. XIII, 65. 76. Plin. N. H. X § 133.
54) Varro de r. r. III, 5, 2.   55) Mart. XIII, 49 u. ö.
56) Varro de r. r. III, 5, 2.   57) Plin. N. H. X § 69.
58) Der Pfau ist auch in Griechenland eingeführt (Aelian. de n. anim. V, 20) und in Medien zu Hause. Clem. Alex. Paed. II, 1, 8 p. 164. Pott.
59) Beides erst seit Ciceros Zeit. Varro de r. r. III, 6. Colum. VIII, 11. Plin. N. H. X § 45. Mart. III, 58, 15. XIII, 70. Hor. S. II, 2, 23. Juven. 1, 143. Petron. 55. Macrob. III, 13, 1.
60) Colum. VIII, 2, 2. VIII, 12. Plin. N. H. X § 132. *gallinae Africanae* bei Varro de r. r. III, 9, 1. *Numidicae guttatae* bei Mart. III, 58, 15. *Afrae volucres* bei Petron. 93. *Afra avis* bei Hor. epod. 2, 53.
61) Varro III, 9, 18. Plin. N. H. X § 74.
62) Colum. VIII, 10, 6. Mart. III, 58, 16. XIII, 69. Petron. 93 und sonst öfters. Im Handel unterschied man *fasianus pastus* und *agrestis*; *fasiana posta* und *non pasta* Ed. Diocl. IV, 17—20.
63) Varro III, 2, 14; gegessen Hor. S. II, 2, 57. Apicius VI, 2. Plut. de esu carn. II. Vol. X, p. 117 R. = Vol. II, p. 1219 D.
64) Hor. S. II, 2, 49. und dazu Porphyr.
65) Plin. N. H. X § 133. Mart. XIII, 71. Suet. Vitell. 13.
66) P. Jovius de Rom. piscibus 1531. 8. und in Sallengre Thesaurus Vol. I.
67) Ovid. Fast. VI, 173: *Piscis adhuc illi populo sine fraude natabat*. Varro bei Non. p. 216 M.: *Nec multitudinemus piscis ex salo captus Helops neque ostrea ulla magna captatu Quivit palatum suscitare*.
68) Athen. I, 18.

stehen ist[69]. Die attische Comödie ist voll von Beweisen für die Liebhaberei von Fischen; in Rom bezahlte man schon zu des alten Cato Zeit Fische theurer als Rinder[70], und man scheute keine Kosten, um ausländische Fische zu kaufen und diejenigen, welche eine Zucht gestatteten, in grossartig angelegten Fischteichen aufzuziehen. Die *piscinarii*[71], ἰχϑυοτροφεῖς, beginnen in Rom mit L. Licinius Crassus, Censor 92 v. Chr.; zu Ihnen gehören dann Lucullus, L. Philippus, Hortensius[72], und Lucull war der erste, welcher Teiche für Meerfische anlegte[73] und diese Art von Luxusbauten in Anregung brachte, in welcher sich die Kaiserzeit bis zum Uebermasse gefiel[74]. Zu den Fischen, welche besonders gesucht wur-

---

69) Plut. Symposiac. IV, 4 p. 652 B. Athen. VII, 4 p. 276: πάντων τῶν προσαγορημάτων ὄψων καλουμένων, ἐξενίκησεν ὁ ἰχϑὺς διὰ τὴν ἰδιότητα ἐδωδὴν μόνος οὕτως καλεῖσϑαι διὰ τοὺς ἐπιμανῶς ἐσχηκότας πρὸς ταύτην τὴν ἐδωδήν. Nepos Them. 10. Ὀψοφάγος ist ein Gourmand in Fischen (Plut. a. a. O.), wie ihn das Epigr. Jac. Anth. Gr. II, p. 45 n. VII = A. P. l. p. 257 schildert: τὸν οὐ κρέας, ἀλλὰ ϑάλασσαν Τιμάρτα, ψυχαροῦ κλάσματος εἰς ἀπάταν, d. h. zur Verdünnung des trockenen Brockens. Vgl. Xenocrates bei Oribasius I, p. 124 Dar. Ἡ πλείστη μὲν ἡ ῥαγαδία φύσις σιτίων ἄϑυρμα ταῖς εὐτραπέζοις ἀπολαύσαι.
70) Plut. Sympos. IV, 4 p. 654 B. Ein Fisch theurer als ein Ἴππος μοναπτίας Philostratus V. Apoll. VIII, 7 (4) p. 184 Ol. Ein Topf marinirter pontischer Fische schon zu Cato's Zeit mit 300 Drachmen bezahlt. Athen. VI, 108 p. 275.
71) Cic. ad Att. I, 20, 3. Parad. 5, 2.
72) Macrob. Sat. III, 15. Varro de r. r. III, 17.
73) Plin. N. H. IX, 54 § 170: *Badem aetate (zur Zeit des bellum Marsicum) prior Licinius Murena reliquorum piscium vivaria invenit, cuius deinde exemplum nobilitas secuta est Philippi, Hortensi. Lucullus excisa etiam monte iuxta Neapolim maiore impendio, quam villam exaedificaverat, euripum et maria admisit, qua de causa Magnus Pompeius Xerxem togatum eum appellabat.* Varro de r. r. III, 17: *Contra ad Neapolim L. Lucullus posteaquam perfodisset montem ac maritima flumina immisisset in piscinas, quas reciprocas fluerent, ipse Neptuno non cederet de piscatu.* Plut. Lucull. 39. Vellelus II, 33. Valer. Max. IX, 1, 1. Aus den Fischteichen des Lucull wurden nach seinem Tode für 40,000 As Fische verkauft. Varro de r. r. III, 2. Plin. l. l. Anderes über die Fischteiche s. bei Wernsdorf Poet. min. Vol. I, p. 143. V, 4 p. 143 und über ihre Einrichtung Geopon. XX, 4.
74) Colum. de r. r. VIII, 16: *Magni enim aestimabat vetus illa Romuli a Numae rustica progenies — nulla parte copiarum defici. Quamobrem non solum piscinas, quas ipsi construxerant, frequentabant, sed etiam, quos rerum natura lacus fecerat, convectis marinis seminibus replebant inde Velinus, inde etiam Sabatinus et item Vultrinensis et Ciminius lupos auratasque procreaverunt ac si qua sint alia piscium genera dulcis undae tolerantia. Mox istam curam sequens aetas abolevit et humilitas locupletum maria ipsa*

den, gehörte in älterer Zeit der *acipenser*[74]) (Stör)[75]), der auch
später wieder in Geltung kam[77]); die *aurata*[78]), der *lupus*[79])
(Hecht)[80]), jedoch nicht der gewöhnliche Flusshecht, den die
Kenner verschmähten[81]), sondern der in Fischteichen gezogene[82]), oder der in dem Tiber *inter duos pontes*[83]), d. h. bei

Neptunumque clauserunt. Tibull. II, 5, 45; *Claudii et indomitum molea
mare, lentus ut intra Negligat hibernas piscis adesse minas.* Horat. Od. II,
15, 1. III, 1, 33 Sallust. Cat. 13. 20, 11. Seneca contr. II, 9 p. 122
Burs.: *littoribus quoque moles invehuntur congestisque in alto terris exaggerant sinus, alii fossis inducunt mare.* Senec. Exc. contr. V, 5 p. 396
Burs.: *navigabilium piscinarum freta.* — — *Maria proiectis molibus submoventur.* Manil. IV, 263: *Littoribusque novis per luxum illudere ponto.*
Petron. de mutat. reip. Rom. (in Wernsdorf Poet. min. Vol. III) v. 87:
*Aedificant auro sedesque ad sidera tollunt. Expelluntur aquae saxis, mare
nascitur arvis.* Seneca Thyest. 459: *retro mare iacta fugavimus mole.* Dass
die Villen am Meere gewöhnlich mit Fischteichen versehen waren, zeigt
des Statius Beschreibung der *Villa Surrentina Pollii Felicis* (Silv. II,
2, 20): *Stagna modesta iacent dominique imitantia mores.* Ueber die piscinae von Baiae s. Martial. IV, 30 und über die ins Meer hineingebauten
villae Winckelmann Werke II, S. 184 ff.

375) Plin. N. H. IX, 17 § 60: *apud antiquos piscium nobilissimus
habitus acipenser.* — *nullo nunc in honore est. Quidam eum elopem
vocant.* Vgl. XXXII, 11 § 153. Varro bei Nonius p. 216 M. Aelian. H. A. VIII, 28. Athenaeus VII, 14 p. 294a: *Ἀρχέστρατος δὲ —
περὶ τοῦ ἐν Ῥόδῳ γαλεοῦ λέγων, τὸν αὐτὸν εἶναι ἡγεῖται τῷ παρὰ Ῥωμαίοις μετ᾽ ἀυλῶν καὶ στεφάνων εἰς τὰ δεῖπνα περιφερομένῳ, ἐστεφανωμένων καὶ τῶν φερόντων αὐτόν, καλουμένου τε ἀκκιπησίου.* Er fügt hinzu,
dass der kleinste *acipenser* 1000 attische Drachmen koste. Vgl. Plautus
bei Macrob. Sat. III, 16, 2. Cic. de fin. II, 8, 24. Ovid. Halieut.
132. Horat. Sat. II, 2, 47.

76) *Acipenser sturio*, auch *silurus*. S. Böcking zu Auson. Mosella 135.

77) Unter Severus. Macrob. Sat. III, 16. Aber schon früher
rühmt ihn Martial. XIII, 91 und Galen. π. τροφῶν δυνάμ. Vol. VI,
p. 727 Kühn: ὁ γάρ τοι παρὰ Ῥωμαίοις ἐντιμότατος ἰχθύς, ὃν ὀνομάζουσι γαλέξαν, ἐκ τοῦ τῶν γαλεῶν ἐστι γένους.

78) Macrob. Sat. III, 15, 2. Varro de r. r. III, 3, 10. Columella VIII, 16, 8. Festus p. 182b M. χρύσοφρυς bei Athen. VII c. 20
p. 284. c. 180 p. 328.

79) Plin. N. H. IX, 17 § 28. Er heisst auch *Lucius*.

80) Böcking zu Auson. Mos. 120 f.

81) Varro de r. r. III, 3, 9. Columella VIII, 16, 4: *doctaque et
erudita palata fastidire docuit (hoc perivrium) fluvialem lupum, nisi quem
Tiberis adverso torrente defatigasset.* Ebenso rühmt Martial. XIII, 89
den an der Mündung des Timavus gefangenen *lupus.* Dagegen verschlei
den gewöhnlichen noch Auson. Mos. 120—124: *hic nullos mensarum
lectus ad usus Fervet fumosis alido nidore popinis.*

82) Columella VIII, 16, 5: *inde Velinus, inde etiam Sabatinus* (über
die Lage dieses Sees s. *Annali d. Inst.* 1859 p. 58), *item Vulsinensis et Ciminus lupus aurataaque procreaverunt.*

83) Plin. N. H. IX, 54 § 169. Horat. Sat. II, 2, 31. Macrob. Sat.
III, 16 § 14—18. Xenocrates de alim. ex aqut. bei Oribasius I,
p. 187 Daremb.: ὁ ἐν Τίβερι λάβραξ, ὅς ἐστιν ἐπιστιγμένος.

der Tiberinsel[84]) gefangene, und der *asellus*[85]); später der *scarus*[86]), der *mullus* (τρίγλη, *trigla mullus* des Linné, Meerbarbe), ein Fisch, der selten mehr als zwei Pfund wog[87]), aber zu enormen Preisen gekauft wurde[88]), die *muraena*[89]) und der *rhombus*[90] (die Butte); noch später endlich kamen auch die Fische Norditaliens[91]), der Donau, des Rheins[92]) und der Mosel[93]) zur Berühmtheit. Vom *mullus* galt als das wohl-

---

[84] S. Th. I, S. 658. 699. Mommsen Ep. Anal. 17 In den Berichten der sächs. Ges. 1850 S. 282 ff. Zu Juvenals Zeit war er ohne Werth. Denn während er V, 92 den *dominus* einen *mullus* essen lässt, belast es v. 101: *Vas anguilla manet — aui glacie aspersus maculis Tiberinus et ipse vernacula riparum, pinguis torrente cloaca et solitus medias cryptam penetrare Subwras.* Den Namen Tiberinus erklärt Galen, π. τρ. δυν. III, 30. Vol. VI, p. 722 K.: ὥσπερ γε καὶ οἱ κατὰ τὸν ποταμὸν αὐτὸν ἰχθύες γεννώμενοι· καλοῦσι δ' αὐτοὺς ἔνιοι Τιβερίνους, ὡς ἰδίαν ἔχοντας ἰδέαν, οὐδενὶ τῶν θαλαττίων ὁμοίαν.
85) Plin. N. H. IX, 17 § 61. Ovid. Halieot. 134. Varro bei Gell. VI, 16 und de l. l. V, 77. Galen. π. τρ. δυν. III, 30. Vol. VI, p. 721 K.
86) Plin. N. H. IX, 17 § 69: *Nunc principatus scaro datur.* Vgl. XXXII, 11 § 131. Erwähnt wird er schon von Ennius bedaphaget. e. p. 167 Vahlen und Festus p. 333ᵃ M. Varro bei Gell. VI, 16. Von Spätern s. Hor. epod. 2, 50. Sat. II, 2, 22. Macrob. Sat. III, 16, 10. Colum. VIII, 16. Galen. π. τρ. δυν. III, 30. Vol. VI, p. 718 K. Petron. de mut. reip. Rom. 88: *Siculo scarus aequore mersus ad mensam vivus perducitur.* Ein Recept zum Kochen giebt Archestratus bei Athen. VII, 119 p. 320.
87) Plin. N. H. IX, 17 § 64. Martial. XI, 50, 9. Einer von 8 Pfund Hor. Sat. II, 2, 38. Mart. X, 37, 6. von 6 Pf. Juvenal. 4, 15.
88) Mit 5000 HS. Seneca ep. 95 § 42; mit 6000 HS. Juven. 4, 15; unter Caligula nach Tertull. de pallio p. 56 Salm. mit 6000, nach Macrob. Sat. III, 16, 9 mit 7000, nach Plin. N. H. IX, 17 § 67 mit 8000 HS. Unter Tiber wurden drei *mulli* für 30,000 HS. verkauft Plin. IX, 17 § 68. Einer für 1000 HS. Mart. X, 31. Als Delicatesse oft erwähnt Juven. 3, 98. Mart. III, 77, 1. VII, 78 u. 5. Galen. π. τρ. δυν. III, 27. Vol. VI, p. 715 K.: τετίμηται δ' ὑπὸ τῶν ἀνθρώπων, ὡς τῶν ἄλλων ὑπερέχουσα τῇ κατὰ τὴν ἐδωδὴν ἡδονῇ.
89) Die Muränen wurden von dem *fretum Siculum*, d. h. von Rhegium in die römischen *piscinae* gebracht. Macrob. Sat. III, 15, 7. Martial. XIII, 80. Sie heissen πλωταί, *flutae*. Varro bei Macr. l. l. und de r. r. II, 6. Colum. VIII, 6. Athen. I, 4 p. 4. VII, 90 p. 349. Von ihnen haben die Licinii *Murenae* ihren Beinamen, indem der Prätor P. Licinius Murena die ersten Fischteiche für sie anlegte. Plin. N. H. IX, 54, § 179. Später sind die Muränenteiche des Hirrius, der dem Cäsar 6000 Muränen lieferte, des Hortensius, des Vedius Pollio und der Antonia Drusi berühmt. Plin. N. H. IX, 55 § 171. 172. IX, 20 § 77.
90) Hor. Sat. I, 2, 116. II, 2, 95. II, 3, 30. Mart. XIII, 81 u. 5.
91) Der *gobius* von Venedig. Plin. XIII, 88 auch in der Mosel; *cyprinus gobio* des Linné. Böcking zu Auson. Mos. 132. Galen. π. τρ. δυν. III, 99. Vol. VI, p. 718 K.
92) Cassiodor. Var. XII, 4: *Destinet carpam Danubius, a Rheno veniat anchorago, — — piscess de diversis finibus afferantur.*
93) Die Moselfische sind von Böcking zu Auson. Mos. 85—149

schmeckendste Stück die Leber[84]), von den meisten andern
frischen und marinirten Fischen das Stück über den grossen
Bauchgräten, ὑπογάστριον[85]), und demnächst das Schwanz-
stück, τὰ οὐραῖα[86]). Ausser frischen Fischen, welche man
in der Nähe hatte oder aufzog, gehörten die eingemachten,
sumeritalischen Fische, welche in Töpfen versendet[87]) unter

---

nach Schäfer Moselfauna Th. I. Trier, 1844, Florencourt in den
Jahrb. d. V. v. A. Fr. L Rheinl. 1844, V und VI, S. 201—18 und Okon
Isis 1818 H. 1 Sp. 5—44 bestimmt worden. Es sind *capito*, Aland; **a-
ler**, Forelle; *rhedo*, Asirnite oder Quappe *Gadus lota*; *umbra*, Salmo Thy-
mallus den Linné, Aesche; *barbus*, Barbe, *salmo*, Lachs; *mustela*, Lam-
prete; *perca*, Baruch (ἡ ἐν 'Ρήνῳ πέρκη Oribas. I, p. 137 Deremb.]; lucius
oder *lupus*, Hecht; *tinca*, Schleihe; *alburnus*, Weissfisch; *alausa*, Alse;
aurio, Lachsforelle; *gobio*, Gründling; *silurus* oder *acipenser silurus*, Stör.
89) Galen. π. τροφῶν δυνάμ. III, 17. Vol. VI, p. 716 K.: τό γε
μὴν ἧπαρ τῆς τρίγλης οἱ λίχνοι τεθαυμάκασιν ἠδονῆς ἔνεκεν. Plin. N. H.
IX, 17 § 66.
85) Belon *de la mer. et divers. des poissons* L. I, p. 101 angeführt von
Köhler Τάριχος p. 157: *Les pêcheurs gardent les meilleurs endroits du
thon et les morceaux diversement: car les parties du ventre, qui sont plus
grasses et meilleurs, sont nommées Ventresques; Tarentelle et Surro les endroits du dos de la Thounine.* Böttiger Amalthea II, p. 105: Noch jetzt
unterscheidet der Italiener beim Thunfisch das magere Rückenstück *Ta-
rentello* und das fette Bruststück (richtiger Bauchstück) *ventresca*. S.
Bergins über die Leckereien nach J. R. Forster's Bearb. Th. II, p.
818. Von dem Vorzuge dieses Stückes kann jeder sich auch bei einem
Lachse oder Karpfen überzeugen. Ihn erwähnen Plin. N. H. IX, 18 §
48: *IN (thynni) membratim caesi cervice et abdomine* (d. h. Rücken- und
Bauchstück) *commendantur.* Xenocrates de alim. et aqual. in Fabr.
B. Gr. IX, p. 472 und bei Oribas. I, p. 157 Dar.: *πελάζει δέ τοῦ θύννου
πρόσφατος μέν ἰδαίδιμος· οὐχ ὑπομένει γάρ προςαλεύεσιν· ὑστέμαχος
εἰς ἐν ταρίχει.* Gleich darauf nennt er das, was hier *πελία* heisst, ὑπο-
γάστρων. Archestratus bei Athen VII, 65 p. 818: χρή τοῦ πυρός
ὀψανεῖν ὑπογάστρια κοῖλα κάτωθεν. Häufig werden erwähnt ἰχθύων
ὑπογάστρια, θύννων ὑπογάστρια Athen. VII, 65 p. 816; 96 p. 815 und
mehr bei Jacobi: *index comic. dictionis s. v.* Hiernach ist zu erklären
Martial. XIII, 84 (*scarus*) *Visceribus bonus est, cetera vile sapit.* Hor.
Sat. II, 8, 80: *passeris assi et Ingustata mihi porrexerat ilia rhombi.* Auson. Mos. 85: *capito — viscere praetenero.*
98) Xenocrates de alim. et aqual. in Fabr. B. G. Vol. IX, p. 455
=Oribasius I, p. 126 Deremb.: παρὰ δὲ τὰ μέρη διαλλάττουσιν [alle
Fische], ἐπεὶ τοῖς οὐραίοις, οἷς κινοῦνται, γεγυμνασμένοι, εὔτροφοι, τρυ-
φεροί· κατὰ δὲ τὴν νηδύν, ἅτε λιπώδεις, ἐπιπαλαισίωσί — κατὰ δὲ τὰ
τοῦτα σκληρόσαρκοι· — θύννης οὐραῖον uad ξιφίου τέμαχος, οὐραῖον τ'
αὐτῶν τῶν ἀφένδυλον empfiehlt Archestratus bei Athen. VII, 67 p.
305; 96 p. 314. Hiernach ist zu erklären Pers. 5, 183: *rubrumque am-
plexu cauduam caudae natat thynni.*
97) τάριχους κεράμιον Demosth. c. Lacrit, p. 934, κεράμια ταρι-
χηρά Geopon. XIII, 9, 18; ἀμφορεύς Athen. III, 85 p. 117: *salsamen-
taria testa* Plin. N.H. XXVIII, 9 § 149; *salsamentariae cades* Plin. N.
H. XVIII, 36 § 808. *vas salsamentarium* Colum. II, 16.

dem Namen τάριχος¹⁹⁵) einen bedeutenden Handelsartikel ausmachten, sowie die aus fremden Fischen gewonnenen Saucen zum Gebrauch der römischen Tafeln. Tarichos gab es von dreierlei Art, pontisches, spanisches und sardisches, obwohl auch an andern Orten zum Theil nicht unberühmte Anstalten für den Export gesalzener Fische bestanden⁹⁹). Die pontischen Fische wurden gefangen an den Mündungen des Ister¹⁰⁰), des Tyras (Dniestor)¹), Borysthenes (Dnieper)²), Hypanis (Bug), Tanais (Don), in der Maeotis³), dem Bosporus⁴), dem Hellespont⁵), der Propontis⁶) und dem ganzen Pontus⁷) und gehörten zu dem Ausfuhrhandel von Olbia⁸), Tanais an der Mündung des Don⁹), Panticapaeum¹⁰), Theodosia¹¹), Heraclea, Tius, Amastris, Sinope¹²) und Byzanz¹³). Das spanische Tarichos, welches das

---

196) Hauptschrift ist Köhler *Τάριχος ou recherches sur l'histoire et les antiquités des pêcheries de la Russie meridionale* in den *Mémoires de l'acad. imper. des sciences de St. Petersbourg. Sixième série. Tome I.* Petersb. 1832. 4. p. 347—488. Hauptquelle Xenocrates de alimentis ex tarichillibus bei Fabricius B. Gr. Vol. IX; im Oribasius von Daremberg Vol. I, und in Ideler *Physici et medici Graeci minores* Vol. 1.
99) Aale wurden marinirt in Macedonien Athen. VII, 89 p. 398; verschiedene Fische in Epirus Strabo VII, p. 327; in Elea Strabo VI, p. 253; in verschiedenen Orten Asiens; so τάριχη Φρύγια Pollux On. VI, 48 und mehr bei Köhler p. 368; in Africa in Zuchis Strabo XVII, p. 835 und besonders in Aegypten, wo Nilfische zum Export gesalzen worden. Diodor. I, 36. 52. Xenocrates de alim. ex aquat. In Fahr. B. G. Vol. IX, p. 478, bei Oribasius I, p. 189 Dar. *Τὰ Νειλῷα ταρίχη τὰ λιπτὰ* erwähnt Lucian. navig. 15, *Αἰγύπτια ταρίχη* Pollux On. VI, 48, bei den Griechen waren sie aber nicht beliebt. Athen. III, 66 p. 118.
100) Athen. III, 38 p. 119ᵃ.
1) Scymni Chii Orbis descr. 798 ff. Müller. Ueber die Localität s. P. Becker die Gestade des Pontus Euxinus. Petersb. 1851. 8. auch in den Memoiren der kais. archäol. Gesellsch. Bd. V. VI.
2) Dort fand man sowohl Störe als auch Salz. Herodot. IV, 53. Mela II, 1, 6. Plin. N. H. IX, 15 § 15. Scymnus Chius 843 ff.
3) Strabo XI, p. 492. Nicephorus Gregoras IX, 5 p. 417; XIII, 42 p. 666 Bonn.
4) ὁ ταριχόπλεως Βόσπορος Euthydemus bei Athen. III, 84 p. 116; Ἰσιδώσεις Lihan. epist. 34 p. 45 Wolf. Archestratus bei Athen. VII, 24 p. 281, der dieses τάριχος dem mäotischen vorzieht.
5) Hermippus bei Athen. I, 49 p. 27.
6) Aelian. de A. N. XV, 5 und meine Schrift Cyzicus und sein Gebiet S. 85.
7) Philostratus Imag. I, 48 und dazu Jacobs; τάριχοι Ποντικοὶ Athen. III, 89 p. 119.
8) Scymnus Chius 804 ff. 9) Strabo VII, p. 310. 10) Strabo VII, p. 307. 310. 41) Demosthenes Lacrit. p. 924, 24.
12) Athenaeus III, 87 p. 118. Aelian. de N. A. XV, 5.
13) Athen. III, 85 p. 116.

berühmteste war[14]), wurde ausgeführt von Gades[15]), Malaca[16]), Carthago nova[17]) und andern Handelsplätzen[18]), nach welchen die Fischer von der ganzen spanischen Küste ihren Fang brachten[19]), und von welchen das Fabrikat nach Puteoli eingeführt wurde[20]). Dem spanischen kam an Güte das sardinische gleich[21]). Bereitet wurde das τάριχος entweder von Stören[22]) oder den verschiedenen Arten des Thunfisches, pelamys, thynnus[23]), sarda[24]), coracinus oder saperdes[25]), κεστρεύς oder mugil[26]), scomber[27]), colias[28]), ὄρκυνος[29]), und nach der Art der Bereitung unterschied man halbgesalzenen ἡμίνηρος

---

[14]) Xenocrates de alim. ex aquat. in Fabr. B. Gr. Vol. IX. p. 474 bei Oribasius I, p. 165 Dar.: πρώτιστοι δὲ οἱ Ἰβηρικοὶ (τάριχοι). Lucian. navig. 23.
[15]) Γαδειρικῶν τάριχος Pollux On. VI, 48. Athen. III, 88 p. 118; VII, 98 p. 815 u. ö.
[16]) Strabo III, p. 156. [17]) Strabo III, p. 156. [18]) Strabo III, p. 140. 156. [19]) Strabo III, p. 144. [20]) Aelian. de N. A. XIII, 6.
[21]) Galen. π. τροφ. δυνάμ. Vol VI, p. 728 K.: πλησίον δ' αὐτῶν ἥκουσι καὶ οἱ μεγάλοι θύννοι, καίτοι τῇ γ' ἐδωδῇ τῆς ἰδωδῆς οὐχ ὁμοίως τοῖς προειρημένοις ὄντες· ἀηδεῖς γὰρ ἐκεῖνοι καὶ μάλιστα πρόσφατοι, ταριχευθέντες δ' ἀμείνους γίνονται. τῶν δ' ἐλαττόνων θύννων κατὰ τε τὴν ἡλικίαν καὶ τὸ μέγεθος οὐδ' ἡ σὰρξ ὁμοίως σκληρὰ καὶ πιγυθῆναι δηλονότι βελτίους εἰσί· καὶ τούτων ἔτι μᾶλλον αἱ πηλαμύδες, αἴ καὶ ὑποριχευθεῖσαι τοῖς ἀρίστοις ταρίχοις ἐνάμιλλοι γίνονται. Πλεῖσται δ' ἐκ τοῦ Πόντου κομίζονται, τῶν ἐκ τῆς Σαρδοῦς καὶ τῶν ἐκ τῆς Ἰβηρίας μόνων ἀπολειπόμεναι. ἐντιμότατον γὰρ δὴ τοῦτο τὸ τάριχος εἰκότως ἐστὶν — ὀνομάζεται δὲ συνήθως ὑπὸ τῶν πάντων ἤδη τὰ τοιαῦτα ταρίχη Σάρδα. Vgl. p. 747. Plin. N. H. XXXII, 11, 151: sarda, ita vocatur pelamys longa ex oceano veniens.
[22]) τάριχος ἀντακαῖον Antiphanes bei Athen. III, 93 p. 116. Herodot IV, 53. Strabo VII, p. 307.
[23]) Plin. N. H. IX, 15 § 47. Strabo VII, p. 320. Dio Chrysost. II, p. 11 R. Tac. Ann. XII, 63. Galen. l. l. Ueber die Züge und den Fang des Thynnus s. Bötliger Amalthea II, S. 303 ff.
[24]) S. Anm. 121.
[25]) Galen. l. l. Athen. III, 87 p. 118. Hesychius. v. σαπέρδης. Persius 5, 184.
[26]) Nach Köhler p. 169 ist der αἰγαλος, κεστρεύς und mugil identisch. Er wird in Sinope und Abdera gesalzen. Athen. III, 87 p. 118. VII, 76. p. 307. Schol. Aristoph. Nub. 338. Dind.
[27]) Am besten ist der vom Neu-Carthago. Strabo III, p. 159.
[28]) Am besten in Parium. Athen. III, 84 p. 116. Plin. N. H. XXXII, 11 § 146.
[29]) Athen. III, 84 p. 116. Dass alle diese Fische Arten des Thunfisches sind, zeigt Köhler p. 164. 151 n 179. Desbalb zählt Xenocrates de alim. ex aquat. bei Fabr. B. Gr. Vol. IX, p. 457 bei Oribas. I. p. 129 Dar. zusammen auf θύννος καὶ θυννίς, κολίας, ὄρκυνος, πηλαμύς, σκόμβρος. Vgl. p. 173=Oribas. I. p. 134.

oder ἡμιτάριχος¹³⁰) und ganz gesalzrnen, τέλειος³¹), fetten und magern Fisch (ταρίχη πίονα und ἀπίονα)³²). Zu der letzten Gattung gehörte das τάριχος ὡραῖον, ὡραιοτάριχος³³), d. h. das von jungen Fischen im Frühjahr gemochte³⁴), zu der ersten τὰ θύννεια καὶ κορδύλη³⁵). Endlich bildeten eine eigene Gattung die Melandrya, d. h. grosse Rückenstücke vom Stör oder Thunfisch, gesalzen und getrocknet, so benannt, weil sie wie ein eichenes Brett aussahen³⁶), ein Fabricat, welches noch jetzt gemacht wird³⁷). Alle Arten gesalzener Fische gehörten zu den entrées der Mahlzeit³⁸); sie wurden vor dem Genusse gewässert³⁹), am besten mit Seewasser⁴⁰), und mit Oel⁴¹), doch auch mit Essig und Senf⁴²), oder gekocht in muria oder gebraten, in Wein gesotten und mit andern Zuthaten genossen⁴³); auch daraus ein anderes Gericht, die patina tyrotarichi, bereitet⁴⁴).

---

430) Athen. III, 88 p. 119.
84) So versteht wenigstens Köhler p. 871 den Ausdruck bei Athen. III, 91 p. 120.
83) Athen. III, 92 p. 120.
83) Plautus Capt. IV, 2, 831 : Horaeum, scombrum et trugonum. Athen. III, 92 lp. 120; 93 p. 116. Aristaeus de diut. morb. curat. I, 2 p. 248. II, 12 p. 276 Ermer. τάριχος ὡραῖος, zum Frühstück mit Weizenbrot zu essen.
84) Hesych. s. v. ὡραῖον· τάριχον τὸν κατὰ τὸ ἔαρ συντιθέμενον. S. Daremberg ad Oribas. I, p. 599.
85) Athen. III, 92 p. 120.
86) Plin. N. H. IX, 15 § 48: Melandrya vocantur quercus assulis similia. Xenocrates de alim. ex aquat. p. 478. Fabr. und bei Oribasius I, p. 157 Dar. τὰ δὲ λοιπὰ μέρη (des Thynnus ausser dem ὑπογάστριον) μελάνδρυα διὰ τὴν ἐμφέρειαν πρὸς τὰς μελαινούσας τῆς δρυὸς ῥίζας. Athen. VII, 98 p. 815: ἐν Γαδείροις μὲν οὖν τὰ κλειδία καθ' αὑτὰ ταριχεύεται, ὡς καὶ τῶν ἀντακαίων αἱ γνάθοι καὶ οὐρανίσκοι καὶ οἱ λεγόμενοι μελανδρύαι ἐξ αὐτῶν ταριχεύονται. Martial. III, 77: Teque juvant gerres et pelle melandrya cana.
87) Köhler p. 115f.
88) Plut. Sympos. IV, 4.
89) Athen. III, 95 p. 121 : πάντας δὲ χρὴ τοὺς ταρίχους πλύνειν, ἄχρι ἂν τὸ ὕδωρ ἄνοσμον καὶ γλυκὺ γένηται. Vgl. 98 p. 117. 89 p. 119. Plautus Poen. I, 2, 88 (242) nach Ritschl Ind. l. Bonn. h/ö. 1838—39 p. IV: Quasi si salsa muriatica esse autumantur Sine omni lepore et sine omni suavitate Niti ni multa aqua usque ei diu macerantur Oleni, tangere et non velis.
40) Plin. Sympos. I, 9 p. 479 R. 41) Athen. VII, 67 p. 303.
42) Xenocrates l. l. 48) Genaueres hierüber s. bei Köhler p. 383.
44) Cic. ad fam. IX, 16, 7. ad Att. IV, 8. XIV, 16. 4. Ein Recept dazu bei Apicius IV, 2, der auch verschiedene Saucen zum τάριχος angiebt IX, 11—13.

Privatalterthümer II. 4

Ein zweites vielfältig erwähntes Präparat sind die Fischsaucen, *garum*, *muria* und *alec*, welche Namen zuweilen für jede Fischsauce gebraucht werden[45]. In eigentlichem Sinne aber von einander verschieden sind. Das ächte, gesuchte *garum*, welches am besten in Neu-Carthago gemacht[46] und *garum sociorum*, später auch *liquamen*, schwarzes oder blutiges (αἱμάτιον) genannt wurde, wird aus den innern Theilen des *scomber*[47] so präparirt, dass man dieselben in einen Topf legt und einsalzt, dann entweder in die Sonne stellt oder über dem Feuer kocht, fortwährend rührt und, wenn sie sich aufgelöst haben, durch einen langen dichten Korb durchseiht; das Abfliessende ist dann das *garum*, das Zurückbleibende das *alec*[48]). Unter *muria* (ἅλμη) versteht man dreierlei, nämlich

---

445) Dioscorides Mat. med. II, 75: γάρον τό ἐκ ταριχηρῶν ἰχθύων καὶ κρεῶν πλαττόμενον. Sophocles bei Athen. II, 73 p. 67 γάρος ταριχηρός. Auch in den Geoponicis ist das Recept für die Bereitung des *garum* eigentlich für *muria* gültig, welche beiden Saucen verwechselt werden, indem *garum* aus dem *thynnus* gemacht wird. Man machte es aber auch *ex infusso genere piscium* (Isidor. Orig. XX, 8), wodurch es seine Eigenthümlichkeit verlor.

46) Strabo III, p. 159: εἶθ' ἡ τοῦ Ἡρακλέους νῆσος ἤδη πρός Καρχηδόνι, ἥν καλοῦσι Σκομβροαρίαν ἀπὸ τῶν ἁλισκομένων σκόμβρων, ἐξ ὧν τὸ ἄριστον σκευάζεται γάρον. Galen. Vol. XII, p. 622 K. τό Σπανὸν γάρος. Nach Plin. N. H. XXXI, 8 § 94 kam *garum* auch aus Clazomenae, Pompeji und Leptis, sowie *muria* aus Antipolis, Thurii und Dalmatia.

47) Plin. N. H. XXXI § 98: *Aliud etiamnum liquoris exquisiti genus, quod garum vocavere, intestinis piscium ceterisque, quae abicienda essent, sale maceratis ut sit illa putrescentium sanies. Hoc olim conficiebatur ex pisce, quem Graeci garon vocabant.* — § 94 *nunc e scombro pisce laudatissimum in Carthaginis spartariae* (flet *scombrariae*) *cetariis; sociorum id appellatur, singulis millibus nummum permutantibus congios fere binos.* Galen. de compos. med. sec. locos III, 1 Vol. XII, p. 637 K. γάρου μέλανος (*hamiatt*) λεγομένου ὀξυπόρου (Iles σακκοφόρου). Seneca ep. 95. Auson. epist. 21. Plin. N. H. IX, 17 § 66. Schol Pers. I, 48: *Scombri dicuntur pisces salsi, de quibus fit optimum garum.* Mart. XIII, 40: *Hesperius scombri temperat ova liquor.* Statt *liquor* bei Martial und Plinius heisst das *garum* auch *liquamen*. Isidor. Orig. XX, 8. Geopon. XX, 46. Cael. Aurelian. Chronic. II, 1, 7 p. 356 und 383. In Pompeji sind mehrere Flaschen (*amforette*) gefunden, mit der schwarz aufgeschriebenen Etiquette LIQVAMEN OPTIMVM. Bull. Nap. N. S. IV, 1855. p. 56.

48) Geopon. XX, 46. Wenn die Fische gekocht wurden, so konnte dies eine frische Sauce geben; wenn sie aber in der Sonne faulten, so muss sich dieselbe erst durch Gährung abgeklärt haben. Das letztere war aber bei dem berühmten *garum* der Fall. Geopon. l. l. p. 1171 Nicl. Τὸ δὲ κάλλιον γάρον, τὸ καλούμενον αἱμάτιον, οὕτω γίγνεται. λαμβάνεται τὰ ἔγκατα τοῦ θύννου (es sollte heissen σκόμβρου) μετὰ τῶν ἰμβραγχίων (mit den Kiemen) καὶ τοῦ ἰχθύος καὶ τοῦ αἵματος καὶ πάσσεται

erstens die Salzlake, welche seit ältester Zeit die Vestalinnen zum Gebrauch des Opfers bereiteten (s. Th. IV, S. 286), in welcher man im *penus* (s. Th. IV, S. 208) des Hauses Fleisch, Käse, Fische[49], Gemüse[50], Früchte[51] aufbewahrte, und welche man auch dem Wein beimischte[52]; zweitens jede beliebige Sauce, so dass man auch *garum* als eine Art der *muria* bezeichnen kann[53]), und endlich eine besondere Fischsauce, die wie das *garum* präparirt, aber nicht aus dem *scomber*, sondern aus dem *thynnus* gewonnen wurde[54]. Auch bei ihr

---

τῷ ἀκούντι ἅλατι · ἐν τῷ ἀγγείῳ τε καταλιμπάνεται μέχρι μηνῶν δύο τὸ καλό· εἶτα τοῦ ἀγγείου τρυπηθέντος ἐξέρχεται γάρον τὸ καλούμενον αἱμάτιον. Vgl. Artemidor. Oneirocr. I, 66: γάρον δὲ πίνειν φθάσιν σημαίνει· ἔστι γὰρ οὐδὲν ἄλλο ὁ γάρος ἢ σηπεδών, und daraus Suidas s. v. γάρος. Auch Plinius nennt es *putrescentium (piscium) sanies*. Den γάρον αἱμάτιον erwähnt Martial. XIII, 102. *Exspirantis adhuc scombri de sanguine primo Accipe fastuosum, munera cara, garum*. Manilius V, 671: *Hinc sanies pretiosa fluit, floremque cruoris Evomit et mixto gustum sale temperat oris*. Diese erste Sorte meint Mart. XIII, 88 und Horat. Sat. II, 8, 46 *garo de succis piscis Iberi*. γάρον πρώτειον Paulus Aegin. III, 89.

44) Cato de r. r. 88. Daher *muria salsamentorum* Plin. N. H. XXXI, § 81; *salsa muriatica* Plaut. Poen. I, 2, 32. *duratos muria pisces* Quintil. Inst. VIII, 2, 9, *salsamentum in muria sua* Colum. XII, 58.

50) Colum. XII, 6. 7.

51) Cato de r. r. 7. Colum. XII, 6. Celsus IV, 9 *olas ex muria*. Gargilius Martialis de arbor. pomifer. II, 12: *Persici pomum vini condimum muria et oxymelite asservari diutius non potest*. Galen. Al. fac. II, 41. Apicius VII, 9.

52) Cato de r. r. 105. Colum. XII, 25.

53) S. Anm. 443. Auson. epist. 21: *Veritus displicuisse oleum, quod miseras, munus iterasti, addito etiam Barcinonensis muriae condimento cumulatius praemisisti. Scis autem, me id nomen muriae, quod in usu vulgi est, nec solere nec posse dicere: cum scientissimi veterum et Graeca vocabula fastidientes, Latinum in gari appellatione non habeant. Sed ego quocumque nomine loquar, liquor iste sociorum vocatur.*

54) Martial. XIII, 103. Diese *muria* kam aus Antipolis. Mart. XIII, 103. IV, 88, 6. Plin. N. H. XXXI, § 94; Byzanz Hor. Sat. II, 4, 65; Thasos (Θασία ἅλμη) Athen. VIII, 137 p. 329, Thurii und Dalmatia Plin. l. l. Die Art der Zubereitung beschreibt Manilius V, 667 ff., nachdem er vorher den Fang der Fische geschildert hat: *Tum quoque, quum toto lacuerunt litore praedas, Altera fit caedis caedes: scinduntur in artus, Corpore et ex uno varius describitur usus. Illa dotis melior sucris pars, illa retentis* (ein Theil wird zu Saucen präparirt, ein Theil zu νάριχος). *Hinc tenues pretium fluit, floremque cruoris Evomit et mixto gustum sale temperat oris* (dies ist das *garum*). *Illa putris turba est, strages confunditur omnis, Permisceteque suas alterna in damna figuras, Communesque cibis unum succumque ministrat* (dies ist *alec*). *Aut cum coeruleo stetit ipsa similima ponto Squamigerum nubes, turbaque immobilis haeret, Excipitur vasta circumvallata sagena, ingratesque lacus et Bacchi dolia complet Humorisque vomit socios per mutua dotes Et fluit in liquidam tabem resoluta me-*

ist das Residuum der abgeklärten Sauce *alec*[55]), obgleich dieses nach seiner Güte wieder verschieden ist. Denn zum häuslichen Gebrauch machte man *alec* von ordinären Fischen, um es den Sclaven als *pulmentarium* zu geben[56]), und arme Leute bedienten sich desselben ebenfalls[57]): doch hatte man unter demselben Namen auch feine Saucen, welche aus besonderen Ingredienzen bereitet wurden[58]).

Aller dieser Saucen bediente man sich als *condimentum* bei der Zubereitung der Speisen[59]), des *garum* auch in verschiedenen Mischungen, indem man es mit Wein als οἰνόγαρον[60]), oder mit Oel als γαρέλαιον[61]), oder mit Essig als ὀξύγαρον[62]), oder mit Wasser als ὑδρόγαρον[63]) präparirte. Caviar ist unter keinem der besprochenen Namen zu verstehen[64]); denn wiewohl er bereits im Alterthum existirte, so wird er doch nur

---

dulla (dies ist die *muria*). Manetho Apotelesm. VI (III) 162 (p. 68 Köchly) ἢ τοῖς᾽ ἰχθυηδεῖ γαλαξῷ πτόλοις τε λίμνοιν Πυθομίτοις κ. Ein *negotiator muriarius* Or. 7260.

453) Plin. N. H. XXXI § 95: *Vitium huius (muriae) est alex, imperfecta nec colata faex*.

56) Die Sclaven auf dem Lande erhielten zum Zubereiten der Speisen Oliven, *halec* oder Essig. Cato de r. r. 58.

57) Mart. XI, 27, 6. III, 77 *putri capax halece salantes*.

58) Plin. N. H. XXXI § 95. 96: *coepit tamen et privatim (alex) ex inutili pisciculo minimoque confici, apuam nostri, ophyen Graeci vocant. — Transiit deinde in luxuriam, crevereuntque genera ad infinitum, sicuti garum ad colorem multi veteris adeoque dilutum suavitatem ut bibi possit. — Sic alex pervenit ad ostreas, echinos, urticas, cammaros, mullorum iocinera*. Vgl. IX, 17, 66. Solch ein *alec* meint Hor. Sat. II, 4, 73.

59) Als gewöhnliche Würzen, die man beim Kochen braucht, giebt Athen. I, 9 p. 6 an ἔλαιον, οἶνον, γάρον, ὄξος.

60) Apicius I, 31. Martial. VII, 27, 8 *mixta Polerna goro*; öftern von den Aerzten erwähnt. S. Köhler p. 405 ff., welcher anführt Jul. Africanus ad calcem Math. Vett. p. 300ᵃ Paris 1693 ἀλλὰ καὶ γάρος ἐξ ἅλμης (muria) ἀκράτου, μέρους ἑνὸς καὶ δύο οἴνου τοῦ γλυκέος.

61) Hesych. γαρέλων (lies γαρέλαιον) · γάρος καὶ ἔλαιον.

62) Mart. III, 50, 4 Athen. VII, 1 p. 888 ὀρῷ δὲ καὶ μετ᾽ ὄξους ἀναμιγνυμένον γάρον. οἶδα δέ ὅτι νῦν τινὲς τῶν Ποντικῶν ἰδίᾳ καθ᾽ αὑτὸ κατασκευάζονται ὀξύγαρον.

63) Theophanes Non. c. 156 p. 12. 158 p. 13. 162 p. 23. Die Stelle Lamprid. Heliogab. 29 *hydrogarum — primus publice exhibuit, quum antea militaris mensa esset* wird von Köhler p. 409 falsch verstanden; es ist nicht die Rede von dem Mahle des Kaisers, sondern von einem *congiarium* (s. Tb. III, 2 S. 109). Der Kaiser wird an dieser Mischung, die nach Apicius II, 2 ein Theil *garum* und sieben Theile Wasser hatte, keinen Geschmack gefunden haben.

64) Falsch versteht so Orelli *alec* bei Hor. II, 4, 73.

einmal erwähnt⁴⁶⁵) und blieb ziemlich unbekannt, wie Köhler bemerkt, ohne Zweifel deshalb, weil frischer Caviar nach Italien und Griechenland des Klimas wegen nicht ausgeführt werden konnte, gepresster und stark gesalzener aber zu den Delicatessen nicht gehörte. Das *garum* dagegen hat sich bis spät ins Mittelalter hinein erhalten. Ein Recept dazu giebt noch ein Codex des 9. Jahrhunderts⁶⁶).

Gleichzeitig mit den Fischen fanden die Austern Bewunderung, denen unter allen Tischgenüssen die Palme ertheilt wird⁶⁷). Schon Ennius rühmt die Austern von Abydos⁶⁸), kurz vor dem marsischen Kriege legte C. Sergius Orata den ersten Austerpark im Lucriner See an⁶⁹), aus dem die berühmten lucriner Austern kamen⁷⁰). Ein ähnlicher war im *lacus Avernus*⁷¹). Daneben kannte man eine grosse Anzahl fremder Sorten, die Mucianus bei Plinius⁷²), Ausonius in seinem *Carmen de ostreis* und andere⁷³) aufzählen, von denen ein grosser Theil in Rom gegessen wurde⁷⁴), wie die von Brundusium und später die englischen⁷⁵) und zu Ausonius Zeit die französischen von Bourdeaux⁷⁶), welche dort künstlich gezogen wurden⁷⁷).

5. **Oel und Wein.** Wir haben oben bei der Aufzählung der Feld- und Gartenfrüchte zwei Productionszweige absicht-

---

465) Diphilus bei Athen. III, 91 p. 121: τὰ μέντοι τῶν ἰχθύων καὶ τῶν ταρίχων ᾠά (frischer und gesalzener Caviar) πάντα δύσπεπτα. — γίνεται δὲ εὔστομα μεθ᾽ ἁλῶν ὀπτηθέντα καὶ ἑπονητηθέντα. Das μεθ᾽ ἁλῶν ὀπτηθέντα verstehe ich in Salzwasser gewässert, wie Plut. Symp. I, 9 p. 479 sagt τάριχος ἅλμη βρέχεται.
66) Cod. 699 der St. Galler Bibl. S. Mittheilungen der antiquar. Gesellsch. zu Zürich XII, H. 6 p. VI angeführt von G. Freytag Bilder aus dem Mittelalter S. 264.
67) Plin. N. H, XXXII § 59.
68) Ennius fr. Iledaph. p. 166, 8 Vahlen. Vgl. meine Schr. Cyzicus u. sein Gebiet S. 86.
69) Plin. N. H. IX § 168. Val. Max. IX, 1, 1. Macrob. S. III, 15, 3. Augustinus de beata vita 26 p.306 Bened. Vgl. Varro de r. r. III, 3, 10. Colum. VIII, 16, 5.
70) Strabo V, p. 245. Hor. epod. 2, 49. Mart. VI, 11, 5.
71) Plin. N. H. XXXII § 61.
72) Plin. N. H. XXXII § 62.
73) S. namentlich Oribasius I p. 117 Daremb.
74) Plin. a. a. O. 75) Plin. N. H. IX § 169. 76) Auson. de ostr. 19.
77) Sidon. Apoll. ep. VIII, 12 nennt sie *opimata vivariis ostrea*. S. Savaro zu d. St. p. 341.

lich übergangen, die für die spätere Bewirthschaftung des italischen Bodens besonders characteristisch sind, nämlich den Oel- und Weinbau. Die Oelcultur[78]) ist in Italien nicht ursprünglich, aber doch schon unter den Königen vorhanden, und hat sich von da nach dem Occident, namentlich nach Spanien und Frankreich verbreitet[79]). Sie gedieh so vortrefflich, dass das italienische Oel, namentlich das von Venafrum[80]), von Casinum[81]) und das sabinische[82]) für das schönste der Welt galt[83]) und auch auswärts reichlichen Absatz fand. Demnächst wird gerühmt das von Istrien und von Baetica[84]). Die eigentliche Weincultur[85]) ist weit jünger und erst seit der Zeit in Aufnahme gekommen, als der Getreidebau in Italien aufhörte. Denn obgleich in Unteritalien der Weinbau schon vor der Colonisation der Griechen bestand[86]) und in Rom seit den ältesten Zeiten Wein zuerst als Luxusartikel in beschränktem Gebrauch war[87]), sodann aber auch producirt wurde[88]), so entbehrte doch der italische Wein selbst zu der Zeit, in welcher Campanien in römischen Besitz kam, noch des Ruhmes, den er später erlangt hat. Weder Plautus noch Cato kennen den Falerner,

---

78) Plin. N. H. XV § 1—84. Mommsen R. G. I (4. A.) S. 191.
79) Plin. l. l. § 1.
80) Plin. l. l. § 8. Hor. Od. II, 6, 16. Sat. II, 4, 69. II, 8, 45. Strabo p. 293. Mart. XIII, 101.
81) Varro bei Macrob. S. III, 16, 12.   82) Galen. XII p. 519.
83) Plin. l. l. § 8. XXXVII § 202.   84) Plin. XV § 8. Vgl. Galen. XII p. 518.
85) S. Henderson *The History of ancient and modern Wines.* London 1824. 4.; übersetzt: Geschichte der Weine der alten und neuen Zeiten. Weimar 1832. 8. C. F. Weber *Diss. de vino Falerno.* Marburgi 1836. 4. J. F. C. Hessel Die Weinveredelungsmethoden des Alterthums. Marburg 1836. 4. Unbedeutend ist Cl. Lamarre *De olitibus atque vinis apud Romanos.* Parisiis 1860. 8.
86) Dionys. I, 11 und danach Weber *de v. F.* p. 2, 1 schreiben seine Einführung den Griechen zu. S. Indess Mommsen R. G. I (1. A.) S. 20. 190.
87) Plin. N. H. XIV § 88: *Romulum lacte, non vino libasse indicio sunt sacra ab eo instituta, quae hodie custodiunt morem. Numae regis Postumia lex est: Vino rogum ne respargito, quod sanxisse illum propter inopiam rei nemo dubitat. — M. Varro auctor est Mezentium Etruriae regem auxilium Rutulis contra Latinos tulisse vini mercede quod tum in Latino agro fuisset.* § 89: *Non licebat id feminis Romae bibere. Invenimus inter exempla Egnatii Mecenii uxorem, quod vinum bibisset e dolio, interfectam fusti a marito, eumque caedis a Romulo absolutum.*
88) S. Mommsen R. G. I (1. A.) S. 20. 190. *Vineae* werden schon in den XII Tafeln erwähnt. Festus p. 364b s. v. *tignum.*

sondern der erste rühmt den Wein von Leucas, Lesbos, Thasos, Cos[89]) und Chios[90]), der zweite macht *vinum Graecum*[91]) und namentlich *vinum Coum*[92]) nach einem Recept aus einheimischen Sorten[93]); die Aerzte bedienten sich in dieser Zeit zu ihren Curen nur griechischer Weine[94]), und die merkwürdigen Funde rhodischer Amphorä, deren Henkelinschriften dem Character der Schrift nach in die Zeit von 150 bis 30 v. Chr. zu setzen sind, beweisen, dass in dieser Zeit der rhodische Wein nicht nur in die Städte des schwarzen Meeres, namentlich der Krim, nach Alexandria, Athen, Sicilien[95]) und Sardinien[96]), sondern auch in Latium, namentlich in Praeneste[97]), das später selbst guten Wein baute, und vielleicht viel früher in Etrurien[98]) eingeführt wurde. In dem berühmten Weinjahre des Consuls Opimius 633 = 121[99]) waren die überseeischen Weine noch fast allein in Geltung, und erst spätere Zeiten würdigten die einheimischen Sorten dieses Jahrganges[500]). Der Falerner kommt zuerst bei Catull[1]) und Varro[2]) vor und verdankt seinen Ruhm der sorgfältigen Behandlung, welche die Römer ihm zu Theil werden liessen[3]), und auf welche die uns erhaltenen Schriften über den römischen Landbau ein grosses Gewicht legen[4]), weil der Weinbau in Italien bei rationeller

---

89) Plaut. Poen. III, 3, 86. 90) Plaut. Curc. I, 1, 79. 91) Cato de r. r. 24. 92) Cato de r. r. 105. 112. 93) Diese Sorten zählt er auf c. 6. 94) Galen. XIV p. 28.
95) Franz praef. ad C. J. Gr. III p. II—XIII. P. Becker *Bulletin de la classe historico-philologique de l'acad. de Petersbourg* XI p. 305 ff. XII p. 82 ff. Stephani *Tituli Graeci*. Pars II. (ind. schol. univ. Dorpat. 1848). Ders. *Antiquités du Bosphore cimmérien. Texte* Vol. II. *Inscriptions* n. LXXIV. Derselbe *Bull. de l'acad. de Petersb.* 1856 p. 150 ff. 1860 p. 250 ff.
96) Henzen *Bullettino* 1863 p. 78.
97) Ueber den in Praeneste gemachten Fund von 28 rhodischen Amphoren s. Henzen *Bull.* 1865 p. 72 ff.
98) In einem Grabe von Vulci fand sich eine rhodische Amphora. Henzen a. a. O. p. 77.
99) Plin. N. H. XIV, 14, 94: *Apothecas fuisse et diffundi solita vina anno DCXXXIII urbis adparet indubitato Opimiani vini argumento, tam intelligente suum bonum Italia. Nondum tamen ista genera in claritate erant. Itaque omnia tunc genita unum habent consulis nomen. Sic quoque postea diu transmarina in auctoritate fuerunt et ad avos usque nostros.*
500) Cic. Brut. 83, 287. Mart. I, 26, 7. II, 40, 5. III, 82, 24 u. a.
1) Catull. 27, 1. 2) Varro de r. r. I, 2, 85. 3) Plin. N. H. XIV, 8, 62.
4) Cato de r. r. 10—28. 33. 41. 44. 49. 68. 69. 105—115. 120. 128.

Wirthschaft sehr einträglich war[505]). Nach dem Ansatze des Julius Graecinus[6]), der unter Caligula starb, können 7 *iugera* Weinland, d. h. 7 preussische Morgen[7]), von einem *vinitor* besorgt werden. Diese 7 Morgen kosten . . . 7000 HS.
 Der Winzer, ein Sclave, kostet . . . . 8000 „
 Die Weinstöcke und das Inventar . . . 14000 „
 Hiernach beträgt das Anlagecapital . . . 29000 HS.
 Rechnet man hierzu die Zinsen zweier Jahre,
 in welchen die Stöcke noch nicht tragen,
 zu 6% mit . . . . 3480 „
 so beträgt das ganze Capital . . . . . 32480 HS.

Dieses Capital würde zu 6 % jährlich 1948½ oder in runder Summe 1950 HS. einbringen müssen, aber selbst die schlechtesten Weinberge geben auf den Morgen einen *culleus* = 20 *amphorae* = 40 *urnae*, d. h. in Geld 300 HS., 7 Morgen also 2100 HS. Columella hält indessen diesen Anschlag für viel zu gering; nach ihm bringt jeder Morgen bei guter Cultur 3 *cullei*[8]), also 7 Morgen 6300 HS., was etwa 18% des Capitals ergiebt, während ausserdem der Verkauf der Setzlinge noch eine erhebliche Rente gewährt, so dass, wenn man auch die von Columella nicht berücksichtigten Missernten, Unterhaltungskosten und ausserordentliche Ausgaben abrechnet, die Capitalanlage in den Weinbergen eine sehr vortheilhafte gewesen sein muss. Eine solche Einträglichkeit des Geschäftes veranlasste einerseits zu grosser Aufmerksamkeit und Sorgfalt, durch welche es gelang, eine Anzahl italischer, namentlich campanischer Sorten zu den ersten Weinen der Welt zu machen[9]) und ihnen nicht nur im ganzen römischen Reiche,

---

152—154. Varro de r. r. I, 8. 25. 28. 54. 65. Columella lib. III. IV. V, 1—8. XII, 18—41.

505) Colum. III, 3: *Interim studiosi agricolationis hoc primum docendi sunt, uberrimum esse reditum vinearum.* Und weiter rechnet er den Ertrag des *iugerum* auf 20 *amphoras*.

6) Bei Colum. III, 3.

7) Ein *iugerum* = 0,28835 pr. Morgen.

8) Besonders gute *vineae* lieferten viel mehr, nämlich 7, auch 10 *cullei* auf den Morgen. Plin. N. H. XIV, 4 § 52.

9) Colum. III, 8: *Neque enim dubium est, Massici, Surrentinique et Albani atque Caerubi agri vites omnium, quas terra sustinet, in nobilitate vini principes esse.*

selbst Griechenland nicht ausgenommen[10]), sondern auch ausserhalb der römischen Grenzen bis nach Indien[11]) hin einen Markt zu eröffnen, so dass die Masse des Weines nicht ausreichte, die Nachfrage zu befriedigen[12]), andererseits aber zu dem Bestreben, den italischen Weinbau möglichst zu monopolisiren, d. h. die Weincultur in den Provinzen zu beschränken. Schon im J. 625 = 129, in welches Cicero seinen Dialog *de republica* setzt, bestand eine Verordnung, wonach in den transalpinischen Provinzen, d. h. besonders in Gallien, wohin eine bedeutende Ausfuhr italischen Weines stattfand[13]), niemand neue Wein- und Oelpflanzungen anlegen (*oleam et vitem serere*) durfte[14]), eine Verordnung, die bis zur Zeit des Kaisers Probus in Geltung war[15]). Der Sinn derselben ist aber nicht ein absolutes Verbot des Weinbaus, denn in Gallien wurde, lange ehe der zuerst von Ausonius erwähnte Bourdeauxwein[16]) zu Ruhm gelangte, vielerlei Wein gebaut, theils von den Massalioten[17]), welche das Verbot überhaupt nicht traf, theils von den Allobrogern, die einen einheimischen Weinstock, *vitis Allobrogica, domi nobilis nec agnoscenda alibi*[18]), besassen, von den Aeduern[19]), den

---

[10]) Lucian. Navig. 23 und das Scholion dazu.
[11]) Arriani peripl. mar. Erythr. c. 6, 49.
[12]) Galen. XIV p. 77: καὶ κατὰ τὸν οἶνον δὲ τὸν Φαλερῖνον ὅμοιόν τι συμβέβηκεν. ἐν μικρῷ γὰρ τινι χωρίῳ τῆς Ἰταλίας ὀλίγος γεννώμενος, ὡς δῆθεν αὐτὸς ἐκεῖνος ὢν εἰς ἅπασαν τὴν ὑπὸ Ῥωμαίοις γῆν εἰσκομίζεται, σκευαζομένων δ᾽ ἄλλων οἴνων εἰς ὁμοίου πανουργίαν ὑπὸ τῶν περὶ ταῦτα δεινῶν.
[13]) Cic. pr. Font. 9, 19 und dazu Mommsen in Halm's Ausgabe Vol. II. 1 p. 477. Die Stelle bezieht sich auf das Jahr 69 v. Chr. Athen. p. 152°.
[14]) Cic. de rep. III, 9, 16: *Nos vero iustissimi homines, qui transalpinas gentes oleam et vitem serere non sinimus, quo pluris sint nostra oliveta nostraeque vineae: quod quum faciamus, prudenter facere dicimus, iuste non dicimus*.
[15]) Vopiscus Probo 18: *Gallis omnibus et Hispanis ac Britannis hinc permisit, ut vites haberent vinumque conficerent*. Eutrop. IX, 17: *Vineas Gallos et Pannonios habere permisit*. Aurel. Vict. Caes. 37: *Gallians Pannoniasque et Moesorum colles vinetis replevit*.
[16]) Auson. carm. de ostreis 21.
[17]) Strabo IV p. 179.
[18]) Plin. N. H. XIV § 26. Colum. III, 2.
[19]) Dass Gallien, bevor Probus das Verbot aufhob, schon Wein baute, zeigt des Eumenius im Jahre 311 gehaltene Gratiarum actio Constantino Aug. c. 6, wo es vom Lande der Aedui heisst: *ipsae denique vineae, quas mirantur ignari, ita vetustate senuerunt, ut culturam iam paene non sentiant*:

Viennensern und Helviern an der Rhone, den Sequanern am Jura²⁰), von welchen Sorten der Wein von Vienne nicht nur in Gallien berühmt und theuer²¹), sondern auch in Rom beliebt²²) war. Verboten war nur die Anlage neuer vineae und der Kauf und Verkauf der Senklinge, welcher zu den besondern Vorzügen des *ager iuris Italici* gehörte²³). In gar keinem Zusammenhange mit dieser Anordnung steht das Edict des Domitian²⁴), welcher in der Besorgniss, dass der Weinbau den Getreidebau beeinträchtige, sowohl in Italien neue Weinpflanzungen anzulegen verbot, als in den Provinzen, auch den östlichen, den Weinbau ganz beseitigt wissen wollte. Das Edict ist überdies nicht zur Ausführung gekommen²⁵), und der Wein ist in ganz Italien wie in Griechenland und Asien ein Hauptgegenstand der Production, in allen Handelsorten aber ein Hauptartikel geblieben. Die Weinhändler Roms²⁶), zum Theil Freigelassene²⁷), von denen auch die Tabernen²⁸) ihre Waare bezogen,

---

radices enim, quarum iam nescimus aetatem, viilias replicando congestae, altitudinem debitam scrobibus excindent u. s. w. Diese Weinstöcke von undenklichem Alter mussten lange vor Probus († 282) gepflanzt sein; wären sie erst nach ihm gesetzt, so wären sie damals 20 Jahre alt gewesen.

20) Plin. N H. XIV § 18. § 43.

21) Plin. XIV § 57.

22) Plut. Symp. V, 3: *ἐκ δὲ τῆς περὶ Βίενναν Γαλατίας ὁ πισσίτης οἶνος καταχομίζεται, διαιρούντων τιμαίωτατον ὑπὸ 'Ρωμαίων.*

23) In der bereits angeführten Stelle des Columella III, 3, in welcher er den Ertrag des Weinlandes berechnet, heisst es: *Ei adhuc tamen sic computavimus, quasi nullae sint vivitradices, quas de pastinato eximantur, cum sola ea res* (d. h. der Verkauf der Setzlinge) *omnem impensam terrae pretio suo liberet, si modo non provincialis sed Italicus ager est.* Nicht richtig erklärt diese Stelle Huschke: Ueber den Census u. d. Steuerverfassung d. früheren röm. Kaiserzeit. S. 117.

24) Suet. Dom. 7: *Ad summam quondam ubertatem vini, frumenti vero inopiam existimans nimio vinearum studio negligi arva, edixit, ne quis in Italia novellaret, utque in provinciis vineta succiderentur, relicta ubi plurimum dimidia parte: nec exsequi rem perseveravit.*

25) Dies schreibt Sueton c. 14 seiner Bedenklichkeit, Philostratus dagegen, der das Edict zweimal (V. Apoll. VI, 17 und V. Soph. p. 189⁴) erwähnt, der Beredsamkeit des Sophisten Scopelianus zu, der im Auftrage der Asiaten die Aufhebung des Edictes erwirkte.

26) Orelli 4253: *A. Herennuleius Costus negotiator vinarius a septem Caesaribus idem mercator omnis generis mercium transmarinarum.* Ib. 4249: *Negotians olearius et vinarius.* Plaut. Asin. 436, Sallust bei Non. p. 264, 19, Suet. Claud. 40 brauchen *vinarius* allein, in den beiden letzten Stellen von einem *tabernarius*, Weinschenker.

27) Or. 1229 *L. Papius L. l. Phaselus mercator vinarius.* Or.-Henz. n. 4086 *P. Sergius P. P. l. Demetrius vinarius de Velabro.* Ein

wurden von Alexander Severus in Corporationen vereinigt[27]), von denen eine, die *negotiantes vini supernates*[28]) im **mare superum**, d. h. im adriatischen Meere, ihren Handel trieben, während wahrscheinlich eine zweite Corporation der *infernates*[29]) für den Handel im Westen Italiens bestand. Es gab in Rom einen *portus vinarius*[32]) und ein *forum vinarium*[33]), und man vermuthet, dass aus den Dolia der Niederlagen zwischen dem Aventinus und dem Tiber der Monte Testaccio vielleicht in den Verwüstungen des dritten Jahrhunderts nach Chr. entstanden ist[34]). Ebenso war in Ostia ein *forum vinarium*[35]) und ein doppeltes Collegium der *negotiatores vinarii ab urbe*[36]) oder *urbani* und der *negotiatores Ostienses*[37]). In Lugdunum stehen die Weinhändler den Rittern und *Seviri Augustales* im Range gleich[38]) und haben eigene Niederlagen an der Saône, welche, wie die Buden der Handelsleute in den *castra stativa*[39]) und auch in Rom selbst[40], den Namen *Canabae* führen[41]).

anderer Freigelassener Henz. n. 5567 nennt sich auch *negotiator peoris et vinorum de Velabro a IIII Scaris*.
28) Dig. XXXIII, 7, 7: *Tabernam cum cenaculo Pardulae manumisso testamento legaverat cum mercibus et instrumentis — item horreum vinarium cum vino et vasis et instrumento et institoribus.*
29) Lamprid. Al. Sev. 33: *Corpora omnium constituit vinariorum lupinariorum caligariorum et omnino omnium artium.*
30) Orelli n. 898.
31) So giebt es *navicularii infernates* in diesem Sinne Orelli n. 1034.
32) Grut. 660, 4. Mur. 369, 2 emendirt von Marini Atti p. XL.
33) Murat. p. 999, 3. 949, 3. 34) Reifferscheid im Bullett. 1865 p. 235 ff. 35) Orelli 4169. 36) Orelli 4109.
37) Orelli 3024: *QQ (uisquennalis) CORPORum VINariorum VABanorum ET OSTIensium.*
38) In der Inschr. Orelli 4030 vertheilt S. Ligurius als *Sportula Decurionibus denarios V, ordini equestri, IIIIII viris Augustalibus, negotiatoribus vinariis denarios III et omnibus corporibus Lugduni licite coeuntibus denarios II.* S. Boissieu Inscr. de Lyon p. 110 p. 298.
39) S. Renier *Inscriptions de Troesmis dans la Mésie inférieure*. Paris 1865, 3. *(Extr. des Comptes-rendus des séances de l'Acad.)* und mit Zusätzen in *Revue Archéolog. Nouvelle série XII* (1865) p. 401—432. Nach der am letzteren Ort p. 412 ff. gegebenen Zusammenstellung kommen diese *canabae* vor: 1) in Troesmis, wo es *cives Romani consistentes ad Canabas legionis V Macedonicae* gab, welche zwei *magistri* und zwei *aediles* haben; 2) in Argentoratum (Strassburg), wo es einen *vicus Canabarum* und *vicani Canabenses* gab; 3) in Apulum in Dacien, wo ein *magister (magister?) primus in Canabis*, ein *decurio Canabensium* und ein *decurio Kanabensium legionis XIII Geminae* vorkommt.
40) S. die Inschriften bei Mommsen in Zeitschr. für gesch. Rechtswiss. XV, 8 S. 337.
41) Die *negotiatores vinarii Lugduni consistentes* (Henzen n. 7054 =

Um sich von der Ausdehnung des Geschäftes eine Vorstellung zu machen, ist es von einigem Interesse zu bemerken, dass ausser den ordinären Weinen[42]) nach Plinius etwa 80 berühmte Sorten in den römischen Handel kamen, von denen Italien zwei Drittel lieferte[43]). Dabei sind nicht gerechnet die Sorten, welche ausserhalb Italien in besonderer Geltung waren[44]), sowie die künstlichen Weine, deren wir unten noch Erwähnung thun werden. Unter den Weinen von Latium bis zum Liris hinunter[45]) nehmen den ersten Rang ein der von Alba[46]), ein edles[47]), dem Falerner gleichgeschätzte Gewächs[48]), von Formiae[49]), Fundi[50]), Gabii[51]), vom ager Latiniensis[52]), von Labici[53]), Nomentum[54]), Praeneste[55]), Privernum[56]), Venafrum[57]), Velitrae[58]), der Sabiner, welcher wegen seiner Leichtigkeit den Fieberkranken empfohlen wurde[59]),

---

Boissieu p. 398) heissen daher auch *negotiatores vinarii Lugduni in Kanabis consistentes* (Orelli 4077. Henzen 7007=Boissieu p. 107. 109). Ueber die Kanabae vgl. auch Boissieu p. 399.
34) In dem Ed. Diocl. II werden unterschieden überjähriger Wein erster Sorte (*vinum vetus primi gustus*), überjähriger Wein zweiter Sorte (*vinum vetus sequentis gustus*) und Landwein, *vinum rusticum*.
42) Plin. N. H. XIV, 11 § 87.
44) Verzeichnisse der Weinsorten geben ausser Plinius N. H. XIV § 58 — 76 Galen Vol. VI p. 275. 334 — 339. 306. 813. X p. 468. 831. XIV p. 23 ff. und Oribasius V c. 6. Albenaeus I p. 26e — 34.
45) Plin. N. H. III, 5 § 59. 60.
46) Hor. Od. IV, 11, 1: *Est mihi nonum superantis annum Plenus Albani cadus*. Galen. VI p. 334. Steph. Byz. p. 68.
47) εὐγενής Galen. Vol. X p. 485
48) Hor. S. II, 8, 16. Columella III, 8, 5: *Neque enim dubium est, Massici, Surrentinique et Albani atque Caecubi agri vites omnium, quas terra sustinet, in nobilitate vini principes esse*. Plin. N. H. XIV § 64. Mart. XIII, 109. Juv. 13, 214 *Albani veteris pretiosa senectus*. Ath. p. 26d. p. 53a. Dioscor. V, 10.
49) Hor. Od. I, 20, 11. Athen. p. 26e.
50) Plin. § 65. Mart. XIII, 113. Athen. p. 27a. Aretaeus de acut. morb. cur. II p. 212 Ermer.
51) Galen. VI p. 334.
52) Plin. N. H. XIV § 67. Den *ager Latiniensis* nennt Cic. de har. resp. 10, 20 *ruburtanus*. Vgl. § 61.
53) Ath. p. 26f.
54) Colum. III, 2. Mart. I, 105. X, 48, 19. XIII, 119. Ath. p. 27b.
55) Ath. p. 26f. 56) Plin. § 63. Ath. p. 26e. 57) Ath. p. 27e.
58) Plin. N. H. XIV, 6 § 65. Ath. p. 27e.
59) Mart. X, 49. Galen. Vol. VI p. 334. X p. 485. 464. 485. XV p. 648. Ed. Diocl. II. 3. Daher trank ihn Maecenas. Hor. Od. I, 20 und Meineke zu der Stelle. Athen. p. 27b.

der von Setia, den Augustus trank[560]), von Signia[61]), Tihur[62]) und vor allen der Caecuber, der bei Amyclae wuchs[63]), vor Augustus für den ersten italischen Wein galt, aber zu Plinius Zeit nicht mehr gebaut wurde, obwohl sein Name noch als generelle Bezeichnung alten Weines sich erhielt[64]). Unter den campanischen Weinen ist zuerst zu nennen der Falerner, der im Norden des Volturnus 6 Miglien östlich von Sinuessa[65]) wächst. Man unterscheidet nach der Lage vinum Caucinum[66]), Faustianum[67]) und Falernum im engern Sinne, nach dem Geschmacke herben und süssen, zu welchem letzteren der faustianische gehört[68]), nach der Farbe gelben ($κιρρός$)[69]) und schwarzen[70]). Am besten ist der Falerner im 15. Jahre[71]); man trank zwar auch ganz alte Jahrgänge[72]), aber

---

[560]) Plin. § 61. Juv. 10, 27. Mart. IV, 69. VI, 86. XIII, 112. Statius Silv. II, 6, 90. Ed. Diocl. II, 5.
[61]) Galen. VI p. 334. X, 831. Mart. XIII, 116. Ath. p. 27b.
[62]) Galen. VI p. 334. X, 834. Ath. p. 26c. Ed. Diocl. II, 2.
[63]) Nach Vitruv. VIII, 3, 12 wächst er in Terracina und Fundi.
[64]) Plin. §. 64. XXIII, 1 § 35: *Caecuba iam non gignuntur.* Oft bei Horat. Od. I, 20, 9. 37, 5. II, 14, 25. III, 28, 3. Epod. 9, 36. Mart. VI, 27, 9. XIII, 115. Colum. III, 8, 5. Der Name erhielt sich noch lange (Athen. p. 27b. Dioscorides V, 10), bezeichnet aber nicht mehr eine bestimmte Sorte, sondern jeden alten Wein. Galen. VI p ~95, 669. X, p. 834: '*Ὁποῖος καὶ ὁ Καίκουβος ἐπὶ τῆς Ἰταλίας, ὅς οὐκ ἔτι γένος ἐστὶν οἴνου τοιούτου ἐξ ἀρχῆς, ὡς ἔνιοι νομίζουσι, ἀλλὰ ὑπὸ παλαιότητος εἰς τοῦτ' ἥκων, ὡς πυρῥὰν ἴσχειν χρόαν, ὅθενπερ καὶ ὄνομα αὐτῷ.*
[65]) Plin. § 62.
[66]) Plin. § 63: *Quidam ita distinguunt, summis collibus Caucinum gigni, mediis Faustianum, imis Falernum.* Ath. p. 27c.
[67]) Dass diese Sorte nicht *Faustinianum* hiess, wie L. Jan auf Grund des Monacschen Palimpsestes schreibt, beweist Fronto p. 159 ed. 1846: *Faustiana vina de Sullae Fausti cognomento felicia appello* und die häufige Erwähnung des Namens. S. Galen. Vol. VI p. 801 *Φαυστιανὸς Φαλερίνος*, X. p. 832 *γλυκύς, ὃν ὀνομάζουσι Φαυστῖνον*, wo wohl auch zu lesen ist *Φαυστιανόν*. XII p. 4. XIV p. 20. 267, Oribasius I p. 546 Daremb. Vgl. Weber a. a. O. p. 15 n. 9.
[68]) Galen. XIV p. 20, p. 267. X p. 832. XII, 4. Ath. p. 26c. Plin. § 68 unterscheidet drei Sorten *austerum, dulce, tenue* und ebenso Galen. XIV p. 29.
[69]) Zu diesen gehört der faustianische Wein. Galen. VI p. 801.
[70]) *nigrum* Mart. VIII, 56, 14. 77, 5. IX, 28, 8. XI, 8, 7. 50, 7. Orelli Inscr. n. 2591. *fuscum* Mart. II, 40, 6.
[71]) Plin. N. H. XXIII, 1 § 34. Nach Ath. p. 26c vom 15. bis 20. Jahre.
[72]) *Vetulum Falernum* Catull. 27. 1. Mart. I, 19. VIII, 77, 5. XI, 26, 3. *Annorum* Mart. 17, 27.

diese galten als weniger gesund[673]) und sehr erhitzend[74]).
Schon zu Plinius Zeit verlor der Falerner an Güte; man suchte
nur viel auf den Markt zu bringen[75]), vernachlässigte die Behandlung und erlaubte sich alle Arten von Fälschung[76]). In
unmittelbarer Nähe des Ager Falernus wurden auf dem Mons
Massicus[77]), dem Ager Statanus[78]), bei Cales[79]) und Trebula[80])
die gleichnamigen Weine gewonnen, südlich vom Volturnus
aber der Wein von Capua[81]), namentlich vom Ager Caulinus[82]),
ferner die neapolitanischen Weine[83]) *vinum Trebellicum*[84]) und
vinum Trifolinum[85]), dem Range nach die siebente Sorte[86]),
endlich die noch jetzt berühmten Weine vom Vesuv[87]) und
Mons Gaurus[88]), der von Cumae, Οὐλβανός genannt[89]), von
Pompeji[90]) und von Surrentum, welchen letzteren zwar Tiberius edlen Essig nannte, die Aerzte aber als gesund empfehlen[91]).
Freilich musste er 25 Jahre alt sein, um trinkbar zu werden[92]).
Unter den lucanischen Weinen[93]) haben Ruf die von Buxentum[94]),

---

673) Cic. Brut. 83, 287: *Ut, si quis Falerno vino delectetur, sed eo nec ita novo, ut proximis consulibus natum velit, nec rursus ita vetere, ut Opimium aut Anicium consulem quaerat — atqui has notas sunt optimas; credo: sed nimia vetustas nec habet jeam, quam quaerimus, suavitatem nec est iam sane tolerabilis.* Plin. N. H. XXIII, 1, 24. Cic. bei Macrob. S. II, 8, 2.
74) Der Falerner heisst oft *ardens* (Hor. Od. II, 11, 19. Martial. IX, 71, 5), *forte, severum, vehemens, θερμόν.* S. die Stellen bei Weber p. 19.
75) Plin. N. H. XIV § 68.
76) Galen. XIV p. 77.
77) Hor. Od. I, 1, 19. II, 7, 21. III, 21, 5. S. II, 4, 51. Statius Silv. IV, 9, 64. Mart. I, 26, 8. III, 49. IV, 69, 1. Er rechnet ihn XIII, 111 zum Falerner; doch Plin. N. H. III § 60. XIV § 64 unterscheidet ihn davon.
78) Plin. N. H. XIV, § 65. XXIII, 1 § 36. Ath. p. 26ᵃ.
79) Hor. Od. I, 20, 9. 31, 9. IV, 12, 14. Plin. XIV § 65. Ath. p. 27ᵃ.
80) Plin. N. H. XIV § 69.
81) Καπνεός Ath. p. 27ᵇ. Polyhius bei Ath. p. 31ᵈ.
82) Plin. N. H. XIV § 69.   83) Galen. VI p. 335. 808. X p. 832.
84) Plin. N. H. XIV § 69. Ath. p. 27ᵃ. Galen. VI p. 334.
85) Plin. l. l. Ath. p. 26ᵉ.   86) Martial. XIII, 14.
87) Plin. N. H. XIV § 34. § 31. Mart. IV, 44, 9. Am Vesuv wachsen jetzt drei Sorten, von denen die berühmtesten die *lacrimae Christi* und der *vino Greco* sind.
88) Plin. N. H. XIV § 64   Statius Silv. III, 1, 147. Galen. X p. 835. Ath. p. 26ᶠ.
89) Ath. p. 26ᶠ.   90) Plin l. l. § 70.
91) Plin. N. H. XIV § 64. XXIII. 1 § 31. Galen. X p. 831. Persius 5, 93. Dioscorides V, 10. Vgl. Statius Silv. II, 2, 4. Mart. XIII, 110. Ath. p. 26ᵈ. Ed. Dioclet. II, 6.
92) Ath. p. 28ᵈ.   93) Plin. N. H. XIV § 69.   94) Ath. p. 27ᵃ.

die *vina Lagarina* von Grumentum und die von Thurii[595]) ; unter den bruttischen[96]) der von Consentia, Tempsa[97]) und Rhegium[98]). Unter den sicilischen Weinen wurde der von Messana (*vinum Mamertinum*) unter Caesar Mode, namentlich die Sorte, welche Potulanum hiess; daneben war der Wein von Tauromenium[99]) und Syracus[600]) geschätzt. In Unteritalien ist ausserdem noch berühmt der Wein von Tarent[1]) und dem danebenliegenden Aulon[2]) und noch etwa der von Beneventum[3]); viel geringer waren die mittelitalischen Weine von Allifae in Samnium[4]), die marsischen und peliguischen[5]) ; anerkannt gut dagegen die von Spoletium[6]) und vortrefflich der von Hadria[7]), von Ancona und dem in der Nähe liegenden Ager Praetutianus[8]), die in Picenum[9]) gewonnenen *vina palmensia*, die von Caesena bei Ravenna[10]) und der Wein von Aquileja, *vinum Pucinum*, dessen Gebrauch Livia es zuschrieb, dass sie zwei und achtzig Jahre alt wurde[11]), endlich der istrische.[12]). Von schlechterer Qualität sind die etrurischen Weine (*vinum Tuscum*)[13]). Schon der auf dem Vatican wachsende war verrufen[14]), desgleichen der von Veji[15]); bei Caere[16]), Graviscae und dem *lacus Statoniensis*[17]) wuchs ebenfalls Wein, der beste aber in Luna[18]).

---

595) Plin. N. H. XIV § 69. Die dort noch erwähnten *vina Servilliana* sind sonst unbekannt. Der Wein von Babia, vielleicht derselbe, den Ath. p. 27b *Βαρβίνος* nennt, ist ebenfalls sonst nicht nachweisbar.
96) Im vierten Jahrhundert zahlen die *Lucani* und *Bruttii* eine Naturalabgabe an Wein, S. Theod. Cod. XIV, 4, 4. Boecking ad Not. Dign. Occ. p. 184 ff. Mommsen zum Ed. Diocl. p. 76. 77.
97) Plin. N. H. XIV § 69.
98) Ath. p. 26e.
99) Plin. N. H. XIV § 66. 97. Ath. p. 27d. Mart. XIII, 117. Dioscorides V, 10.
600) Aelian. Var. h. XII, 31. 1) Mart. XIII, 125. Ath. p. 27c.
2) Hor. Od. II, 6, 19. 3) Ath. p. 31e. 4) Sillus Ital. Pun. XII, 526.
5) Mart 1, 26, 5. XIV, 121. Ath. p. 26f. Gal. VI p. 337.
6) Mart. XIII, 120. XIV, 116. Ath. p. 27b.
7) Galen. VI p. 275. 334. X p. 485, 833 Jacobs Anth. Gr. Vol. IX p. 13. Ath. p. 33a. Dioscor. V, 10.
8) Plin. N. H. XIV § 67. Dioscor. V, 10.
9) *Vinum Picenum* Ed. Diocl. II, 1.
10) Plin. l. l. In Ravenna selbst war Wein wohlfeiler als Wasser. Mart. III, 56. 57. 11) Plin. l. l. § 60. 12) Dioscor. V, 10.
13) Mart. I, 26, 6. Galen. VI p. 335. 366. X p. 633.
14) Mart. VI, 92, 3. X, 45, 5. XII, 48, 14. Vgl. I, 18, 2.
15) Hor. S. II, 3, 143. Mart. II, 53, 4. III, 49. Persius 5, 147.
16) Mart. XIII, 124. 17) Plin. N.H. XIV§ 67. 18) Plin.XIV§67.

— 64 —

Weiter nördlich gilt als gut der von Genua[19]), und in *Gallia cisalpina* ist ausgezeichnet der rhätische Wein von Verona[20]). Von spanischen Weinen werden erwähnt die von Baetica[21]) und Tarraconensis[22]); zu den letzteren gehörten die *vina Laletana*[23]) die, obwohl von geringer Qualität, doch in Rom getrunken wurden, und die *Lauronensia*. Auch von den Balearen besog man Wein[24]). Von gallischen Sorten kamen in den römischen Handel nur die von Massilia, obwohl auch diese ihres räucherigen Geschmacks wegen mehr in Gallien[25]) als in Rom beliebt waren[26]), und die mit Pech versetzten Weine von Vienna[27]).

Die zweite Hauptclasse bilden die überseeischen Weine, von denen die gangbarsten in geographischer Ordnung zusammengestellt folgende sind: der Wein von der Insel Issa an der dalmatischen Küste[28]), von Corcyra[29]), Leucas[30]), Zacynthus[31]), Ambracia[32]); im Peloponnes die von Sicyon[33]), Phlius[34]) und Corinth[35]), während die von Sparta, Arcadien, Argos und Achaia[36]) in römischer Zeit wenig genannt werden; aus Attika kam nur ein künstlicher Wein, der $\chi\varrho\nu\sigma\acute{\alpha}\tau\tau\iota\varkappa o\varsigma$[37]), aus Euboea[38]) aber der oretische[39]) und carystische[40]) Wein; es folgen die

---

[19] Plin. XIV § 68.
[20] Virg. Ge. II, 96. Plin. N. H. XIV § 67. Strabo IV p. 206. Colum. III, 2. Suet. Aug. 77. Mart. XIV, 100. Cassiodor. Var. XII, 4.
[21] Varro de r. r. V, 5. [22] Plin. N. H. XIV § 71. [23] Plin. l. l. Mart. I, 26, 5. VII, 53, 6. [24] Plin. l. l. [25] Ath. p. 152c. Vgl. p. 27c.
[26] Martial findet ihn sehr schlecht III, 82, 98. XIII, 123. XIV, 113.
[27] S. A. 521. 522. Der Aufsatz von Greppo *Essai sur le commerce des vins à Lugdunum et dans les Gaules* in der *Revue du Lyonnais* XIII p. 449 ff. ist mir nicht zugänglich gewesen.
[28] Ath. p. 28d. [29] Ath. p. 33b. Jahn Berichte d. Sächs. G. d. W. 1854 S. 34 ff.
[30] Ath. p. 29a. p. 33b. Plaut. Poen. III, 3, 86. Plin. N. H. XIV § 76.
[31] Ath. p. 33b. [32] Plin. N. H. XIV § 76. [33] Plin. N. H. XIV § 74. [34] Antiphanes bei Ath. p. 27d. [35] Ath. p. 30f.
[36] Ath. l c. 36. 57 p. 31c.
[37] Alexand. Trall. I p. 107, II, 155. 155. IV p. 249. Ed. Diocl. II, 14.
[38] Ath. 30f. Stephan. Byz. p. 479, 10.
[39] Plin. N. H. XIV § 76. Die Stadt Oreum erwähnt Liv. XXVIII, 5, 18.
[40] Ath. p. 34c.

Weine von Sciathus[41], und Peparethus[42], die chalcidischen von Mende[43] und Acanthus[44], die thracischen von Maronea, eine Sorte, die von Homers Zeiten an bis auf Plinius ihren Ruhm behauptete[45], von Bibline[46] und von den Inseln Thasos[47] und Lemnos[48]. Die edelsten aller griechischen Weine sind die von Lesbos[49] und Chios, namentlich diejenigen, welche ohne Zusatz von Seewasser zur Versendung kamen[50], wie der in Chios wachsende Ἀρούσιος[51]; ausserdem sind von Inselweinen anerkannt der von Icaros[52], Myconos[53], Naxos[54], Cos[55], Thera[56] und Creta[57]. In Kleinasien sind be-

---

41) Ath. p. 30f.
42) Plin. N. H. IV, § 72. XIV, § 76. Ath. p. 29ᵃ.
43) Ath. p. 29ᵇ. 29ᵈ. 29ᵉ. 44) Ath. p. 30ᵉ.
45) Hom. Od. IX, 196 ff. Plin. N. H. XIV § 53.
46) Ath. p. 31ᵃ nennt die Gegend *Βιβλία χώρα*, Steph. Byz. p. 168 *Βιβλίνη χώρα*. Bei Plinius N. H. XIV § 79 ist unter dem *vinum Phorineum* vielleicht auch eine thracische Sorte, *Phorunnaeum*, verborgen. S. Steph. Byz. p. 676 *Φόρυννα*, *πόλις Θρᾴκης*. — τὸ ἐθνικὸν *Φορουνναῖος*.
47) Plin. N. H. XIV § 73. Ath. p. 26ᵃ und ausserdem oft erwähnt. S. Lennep ad Coluthum p. 44 ff.
48) Ath. p. 31ᵇ.
49) Es sind ihrer drei Sorten: die Weine von Mitylene, Eressos und Methymne. Galen. VI p. 275. 334. X p. 832. XIV p. 28. Lesbischer Wein wird oft gerühmt. Aristoteles bei Gellius XIII, 5. Hor. Od. I, 17, 21 und besonders Ath. p. 28.
50) Dies sind die *ἀθάλασσοι*. Galen. öfters und Theoph. Nonnus p. 69.
51) Galen. X p. 833: οὐ μὴν οὐδὲ πίθοσαι τοῖς εὐγενέσιν οἴνοις, ὑπὲρ ὦν ὁ λόγος ἐστί, μιγνύναι τῆς θαλάσσης ἐν Λέσβῳ, καθάπερ οὐδ' ἐν Χίῳ τῷ Ἀρουσίῳ. Dies ist das *Chium maris expers* bei Horat. S. II, 8, 15, zu welcher Stelle Döderlein seine wunderliche Erklärung sich erspart haben würde, wenn er die Stelle des Galen gekannt hätte, die auch Jahn ad Pers. 6, 39 übersehen hat. Ueber den *Ἀρούσιος* s. auch Galen. XIV p. 26. Strabo XIV p. 645. Silius II. VII, 210. Plin. N. H. XIV § 73. Die bei Galen oft erwähnten Sorten, der *Ἀρουηνός* (so scheint auch statt *Ἀρούϊνος* oder *Ἀρούϊνος* zu schreiben VI p. 275. 335. 804. X p. 463. 485. 832. XI p. 87. XII p. 547) sowie der an denselben Stellen genannte *Τιτακαζηνός* scheinen ebenfalls zu den Chierweinen zu rechnen zu sein. S. Meineke 2. Steph. Byz. I p. 136. Desgleichen der *Phanaeus* (Virg. Ge. II, 98), der auf dem Vorgebirge *Φάναι* wächst. Steph. Byz. p. 657, 43.
52) Athen. p. 50ᵇ. 53) Plin. N. H. XIV § 75. 54) Ath. p. 30f.
55) Ath. p. 32ᵇ. Plin. XIV § 78. Colscher Wein wurde schon früh in Italien eingeführt und daselbst auch nachgemacht. S. oben Anm. 102. Zu den Weinen von Cos scheint auch der *Ἱππιατικός* zu gehören. Theocrit. 7, 65. Steph. Byz. p. 29, 4.
56) Den *Θηραῖος* erwähnt Galen. VI p. 337. 800. 804. X. 338.
57) Aelian. Var. b. XII, 31.

— 66 —

rühmt der mysische[558]) von Lampsacus[59]), der Ἱπποδαμάντειος
von Cyzicus[60]), der Περπερινός[61]) und Τιβηνός[62]) von Pergamum und der Wein von Aegae[63]); der bithynische[64]) von Nicomedia, der in der ganzen alten Welt bekannt ist[65]), die lydischen von Smyrna (vinum Pramnium)[66], Clazomenae[67]),
Ephesus[68]), Magnesia[69]), Milet[70]), vom Berge Tmolus[71]) und der Catacecaumenites von Maeonia[72]); der phrygische von Apamea[73]), der carische von Myndos, Halicarnass, Cnidos[74]), Aprodisias[75]), der rhodische[76]), der lycische von Telmessus[77]), der cilicische Ἀβάτης[78]), der Συβελίτης[79] von Galatien[79]) und der

---

[558]) Galen. VI p. 334. 335. X p. 888. S. meine Schrift Cyzicus und sein Gebiet. S. 32—34.
[59]) Athen. p. 29f.
[60]) Galen. VI p. 801. X p. 886. Plin. XIV §70. Hesychius s. v.
[61]) Galen. VI p. 337. X p. 833. Er wächst ἐν Περπερίνῃ bei Pergamum. Galen. VI p. 800.
[62] Galen. XIV p. 10: καὶ τοῦ παρ' ἡμῖν (in Pergamum) ὀνομαζομένου Τιβηνοῦ διὰ τὸ χωρίον ἐν ᾧ γεωργεῖται, Τίβας ὀνομαζόμενον. Vgl. VI p. 806. 807. X p. 833, wo statt Τιβηνῖνος mit Meineke zu Steph. Byz. p. 126 zu lesen ist Τιβηνός.
[63]) Der Αἰγαίτης (Gal. VI p. 337. X p. 833) wächst ἐν Αἰγαῖς bei Myrine, Gal. VI p. 800.
[64]) Galen. VI p. 337.
[65]) πᾶσιν ἀνθρώποις γνώριμος, Galen. X p. 884.
[66]) Der bereits aus Homer II. XI, 639. Od. X, 235 bekannte und noch in römischer Zeit berühmte pramnische Wein wächst nach Plin. XIV § 54 bei Smyrna, nach andern in Lesbos oder Ephesus. Athen. p. 26f. 31d.
[67]) Plin. XIV § 73. Dioscorides V, 10.
[68]) Plin. XIV § 75. Dioscorides V, 10.
[69]) Ath. p. 29c. [70]) Ath. p. 29a.
[71]) Galen. VI p. 335. 803. X p. 833. XIV p. 28. Virg. Ge. II, 98. Plin. XIV § 74. Silius II. VII, 210. Dioscor. V, 10.
[72]) Plin. XIV § 75. Vitruv. VIII, 3, 12.
[73]) Plin. XIV § 75.
[74]) Ath. p. 32c. Plin. l. l. Von der grossen Ausdehnung des Handels zeugen die Funde cnidischer Amphora an den verschiedensten Orten. S. C. J. Gr. Vol. III praef. p. XIV ff.
[75]) Galen. X p. 833.
[76]) Plin. XIV § 79. Ath. p. 31c 32c. Aristoteles bei Gell. XIII, 5. Virg. Ge. II, 102.
[77]) Plin. XIV § 74.
[78]) Gal. VI p. 800. Ath. p. 33b. Oribasius I p. 145 Dar. Der Ἀβάτης Gal. X p. 833 und Συβάτης Gal. VI p. 337 beruhen wohl nur auf schlechten Lesarten.
[79]) Συβελίτης ist eigentlich Most, der aus den reifen Trauben, ehe sie gekeltert werden, von selbst abfliesst. S. die Stellen im Pariser Stephanus. Nach Galatien setzt diese Sorte Plinius XIV § 80. Vgl. auch Galen. VI p. 337. 800. 804. X p. 833.

cyprische[85]). Auch in Syrien gediehen vortreffliche Weine, wie der von Laodicea, welcher nach Alexandria und dem rothen Meere ausgeführt wurde[81]), in Phönicien der von Tripolis, Byblus, Sidon, Sarepta, Tyrus[82], in Judaea der von Ascalon[83]) und Gaza[84]), in Arabien der von Damascus[85]) und Petra[86]), in Aegypten ausser andern Sorten der von der sebennytischen Nilmündung[87]) und der von Marea bei Alexandria[88]). Alle diese Weine unterschieden sich nicht nur durch ihre Herkunft, sondern auch durch die Methode der Bereitung und Veredelung. Je nachdem dem Moste Gyps, Thon, Kalk, Marmor oder Harz und Pech[89]), oder endlich, was man in Griechenland[90]) und Kleinasien that, Seewasser zugesetzt[91]) wurde, entwickelte sich der Wein in besonderer Weise. Je geringer der Wein war, desto mehr bedurfte er eines künstlichen Zusatzes[92]), je

---

80) Plin. N. H. XIV § 74.
81) Strabo XVI p. 751. (Arrian) Peripl. mar. erythr. c.6. c. 49.
82) Plin. XIV § 74. Ueber den Wein von Byblos s. Ath. p. 29ᵇ. Ueber den von Sarepta Sidon. Ap. Carm. 17, 16 u. das. Savaro.
83) Oribasius I, p. 483.
84) Vinum Gazeticum ist seit dem 4ten und 5ten Jahrhundert im ganzen römischen Reiche berühmt. Isidor. Orig. XX, 3, 7. Sidon. Ap. Carm. 17, 15 und das. Savaro. S. auch Stark Gaza S. 561.
85) Hier wächst der chalybonische Wein, den die persischen Könige tranken. Ath. p. 28ᵈ und dazu Schweighaeuser.
86) Wenn anders der Petrites bei Plin. XIV § 75 von Petra im peträischen Arabien (Palaestina tertia) seinen Namen hat.
87) Plin. XIV § 74.
88) Ath. p. 33ᵈ, 35ᶠ. Steph. Byz. p. 432, 20. Von Römern erwähnt ihn Virgil. Ge. II, 91. Hor. Od. I, 37, 14. Colum. III, 2. Ueber die Cultur des Weines in Aegypten und die dort wachsenden Sorten s. Wilkinson The Egyptians in the time of the Pharaons London, 1837 B p. 18 p. 64. 65 und desselben Manners and Customs II p. 132—170.
89) Plin. N. H. XIV § 120—126. XXIII, 1 § 45–47. Cato de r. r. 23. Col. XII, 20, 3. 20. 6. 23. Pallad. XI, 14. Plut. Symp. V, 3. Dioscor. V, 48. Daremb. z. Oribas. I p. 619. Ueber Zusatz von Pech s. Col. XII, 22. 24 Oribas. I p. 493. Ibn erhielten besonders die gallischen Weine; Col. XII, 28. Die vina picata Vionnensium erwähnen Plin. XIV § 37. Mart. XIII, 107. Plut. Symp. V, 3.
90) Cato de r. r. 24.
91) Colum. XII, 13. Die gewöhnlichen Sorten des Coerweines und der übrigen Inselweine waren mit Seewasser versetzt. Plin. N. H. XIV § 78. Auch der künstliche Coerwein wird nach Cato's Recept de r. r. 24. 105. 112 und nach Colum. XII, 38 mit Seewasser oder Salzlauge (muria) gemacht. Solcher Wein heisst τεθαλασσωμένος Plin. N. H. XIV § 78. Caelius Aurelianus de morb. acut. II, 39. Athen. p. 32ᵈ. Schol. ad Aristophanis Nub. 1827.
92) Colum. XII, 20, 7.

5*

edler er war, desto weniger brauchte man ihm durch andere Mittel Haltbarkeit, Geschmack und Blume zu verschaffen[93]); weder die *resinata vina* noch die τεθαλασσωμένα gehörten zu den guten Sorten[94]), der Coer und Clazomenier galt wegen der starken Beimischung von Seewasser für ungesund[95]). Das Einbringen des Mostes in Schläuche, welches im Orient[96] wie in Griechenland[97]) ebenfalls als Veredelungsmittel diente, da die Thierhaut den Wassergehalt des Weines verdunsten lässt, den Weingehalt aber concentrirt[98]), ist in Italien, wenngleich auch dort Schläuche, namentlich zum Transport des Weines gebraucht wurden, weniger oder gar nicht angewendet worden[99]). Dagegen pflegte man hier, wie in Griechenland, weil die meisten südlichen Weine erst in höherem Alter ihre volle Reife erlangen, das Reifwerden des Weines durch Wärme zu beschleunigen, indem man den jungen Wein entweder der Sonne aussetzte[700]), oder in Rauchkammern aufstellte[1]), ehe

---

[93]) Colum. XII, 19, 2: *Quaecunque vini nota sine condimento valet permanere, optimum sam esse censemus, nec omnino quidquam permiscendum, quo naturalis sapor ejus infuscetur. Id enim praestantissimum est, quod suapte natura placere poterit.*
[94]) Plin. N. H. XXIII, 1 § 46. Mart. III, 77, 8. Dioscorides, V, 48.
[95]) Dioscorides V, 10.
[96]) Oft in den biblischen Büchern: 1 Sam. 16, 20. Josue 9, 8. 13. Hiob 32, 19. 19. Psalm. 119, 83. Matth. 9, 17. Marc. 2, 22.
[97]) Aristot. Meteor. IV, 10, 5 u. sonst.
[98]) Hessels a. O. S. 1 ff. S. 11 ff.
[99]) Dass man in Italien Schläuche brauchte, geht schon daraus hervor, dass das grösste Weinmass der Römer der *culleus* ist. Aus den beiden pompejanischen Gemälden Museo Borb. IV 1. A und V 1. 48 sieht man, dass man den Wein in einem grossen Schlauche einfuhr und ihn dann auf Amphorae füllte. Auch bei Plautus Truc. V, 11 heisst es: *Opus nutrici autem, utrem ut habeat veteris vini largiter, Ut dies noctesque potet.* und Dig. XXXIII, 6, 3 § 1: *Vino legato utres non debebuntur, ne culleos quidem deberi dico.* Indessen scheinen diese Schläuche nur zum Transport zu dienen, nicht zur Aufbewahrung. Dass man Schläuche bei Tisch gebraucht habe, erwähnt Varro bei Non. p. 544, 5 als eine Antiquität: *Antiquissimi in conviviis utres vini primo, postea finos ponebant.*
[700]) Plin. N. H. XIV § 77, 85. Cato de r. r. 105.
[1]) Im Orient (Psalm 119, 83) und in Arcadien (Aristoteles Meteorol. IV, 10, 5) räucherte man den Wein in Schläuchen; Galen beschreibt die Einrichtung von Rauchkammern, in denen der Wein in Gefässen (Amphoren) stand (Galen. XIV p. 17), und fügt hinzu, dass auch der Wein von Neapol, namentlich der triphyllinische, und viele andere italische Weine geräuchert wurden (XIV p. 19). Und Vol. XI p. 603 sagt er: ἐπεί τοι καπνιζηθὶς ἐν πολλοῖς χωρίοις κινοῦσί τε καὶ μεταφέ-

er in den Kellern gelagert wurde. Auch dies Verfahren war indessen bei edlen Weinen weniger nöthig; in Gallien wurde es so übertrieben, dass der Wein den Rauchgeschmack nicht wieder verlor[702].

Nicht geringer als die Zahl der natürlichen Weine war die Zahl der künstlichen (*vina fictitia*), die theils bei dem Mahle, und zwar bei der *gustatio*, gegeben, theils zu medicinischen Zwecken, theils auch als wohlfeile Getränke bereitet wurden. Unter ihnen kann man unterscheiden die reinen Weinfabricate, die Honigweine, die gewürzten Weine und die Obstweine. In die erste Classe gehört der Rosinenwein, *passum*[3]), und die gekochten Moste, *defrutum* oder *frutum*, *caroenum*, *sapa*, griechisch ἕψημα oder σίραιον[4]), endlich der Tresterwein, aus

ῥαῦσι τοὺς οἴνους, ὥσπερ οὖν καὶ ἡλιοῦσί γε καὶ θερμαίνουσι, ὡς ἐνίους αὐτῶν ἀηδεῖς γίγνεσθαι τὴν ἀπὸ τοῦ καπνοῦ δεχομένους ποιότητα. Καὶ παρ᾿ ἡμῖν γε κατὰ τὴν Ἀσίαν ἐπὶ τοὺς κεράμους τῶν οἰκιῶν, ὅταν ᾖ θέρους ὥρα, ἰαχηνούς ἐχτέμνοντες σχεδὸν ἅπαντες ἐπιτιθέντιαι, καὶ μετὰ ταῦτα καθαιροῦντες ἐν ὑπερῴοις οἰκήμασιν, ὧν ἐν τοῖς κατωγείοις μέλλει καυθήσεσθαι φλόξ πολλή, ἐπιτιθέντιαι καὶ ὅλως πρὸς μεσημβρίαν τε καὶ πρὸς ἥλιον ἀεὶ στρέφουσι τὰς ἀποθήκας, οἷς μέλλει θᾶττον αὐτοὺς ἐκπέψαι τε καὶ ποσίμους ἐργάσασθαι. Ebenso schreibt Colum. I. 6, 20 vor: *Apothecae recte superponentur his locis, unde plerumque fumus exoritur: quoniam eina coloris velutiescunt, quae fumi quodam tenore praecoquem maturitatem trahunt. Propter quod et aliud labulatum esse debebit, quo amoveantur, ne rursus nimia suffitione medicata sint.* Darauf bezieht sich Hor. Od. III, 8, 9: *Amphorae fumum bibere institutae Consule Tullo.* Die Methode, die auch Palladius XI, 14, 8 erwähnt, tadelt Plin. N. H. XXIII § 40: *Vinum fumo inceteratum insaluberrimum. Mangones ista in apothecis excogitavere.*

701) Plin. N. H. XIV § 68. Mart. X, 36:
  Improba Massiliae quidquid fumaria cogunt
  Accipis aetatem quisquis ab igne cadus,
  A te, Munna, venit: miseris tu mittis amicis
  Per freta, per longas toxica saeva vias;
  Nec facili pretio, sed quo contenta Falerni
  Testa sit aut cellis Setia cara suis.
  Non venias quare iam longo tempore Romam,
  Haec puto causa tibi est, ne tua vina bibas.

3) Varro bei Non. p. 551. Plin. XIV § 81. Colum. XII, 39. Pallad. XI, 19. Dioscorides V, 9.

4) Man kochte den Most bis auf zwei Drittel, bis auf die Hälfte und bis auf ein Drittel ein. Die erste Sorte hiess *caroenum*, Pallad. XI, 18. Isidor. Or. XX, 3. 13. Im Edict. Dioclet. wird sie *Caroenum Maeonium* genannt (II, 18) und ist wohl identisch mit dem Καρῦνος des Galen. VI p. 801. Die zweite Sorte nennt Varro bei Non. p. 551 *sapa*, Plin. XIV § 80 dagegen *defrutum*, während nach Columella XII, 26, 2. 21, 4 *defrutum* der Name der dritten Sorte ist, die Plinius *sapa* nennt. Diese dritte Sorte heisst griechisch σίραιον Galen. X p. 313 und bei

den Ueberbleibseln der gekelterten Trauben mit Wasser gemacht, *lora*[705]). Unter den Honigweinen wird nach dem Verhältniss der Mischung und der Gattung des Mostes *mulsum* (οἰνόμελι) und *melitites* unterschieden[6]; von gewürzten Weinen, welche die Stelle unserer Liqueure vertraten, werden mehr als fünfzig Sorten genannt, die entweder von Kräutern, Blumen oder wohlriechenden Holzarten einfach abgezogen, oder mit Oelen angemacht, oder endlich nach einem complicirten Recept verfertigt wurden. Um nur einige derselben anzuführen, so gehörten zu den einfachen Abzügen der Wein von Rosen, ῥοδίτης, *rosatum*[7]), Myrten, μυρτίτης, μυρσινίτης[8]), Veilchen, ἴατον[9]), Mastixbeeren, σχίνινος[10]), Pistazien, τερμίνθινος[11]), Fichtenzapfen und Fichtenholz, στροβιλίτης, πιτυΐνος, Wachholder, κέδρινος, ἀρκεύθινος, Cypressen, κυπαρίσσινος, Lorbeer, δάφνινος[12], Wermuth, ἀψινθίτης[13]), Ysop, ὑσσωπίτης[14]), Origanon, ὀριγανίτης[15]), Andorn (*marrubium*), περαιτης[16]), Thymian, θυμίτης, Saturei, θυμβρίτης, Minze, καλαμινθίτης, Polei, γλιχωνίτης[17]), Stabwurz, ἀβροτονίτης[18]),

---

Oribas. [p. 856 Dar. oder ἕψημα Galen. I. I. Plin. XIV § 80. Geopon. VIII, 28; αἴφιος Dioscor. V, 9. *Decoctum* Ed. Diocl. II, 15. *Frut* (um) statt *defrutum* steht auf einer in Pompeji gefundenen Amphora: Fiorelli *Giornale delle scavi* 1861. 8. fasc. III p. 24.
705) Col. XII, 40. Plin. N. H. XIV, 10 § 86. Dioec. V, 48. Geopon. VI, 48. Oribas. J p. 859.
6) Dioec. V, 13. 16. Col. XII, 41. Plin. XIV § 85. Geop. VIII, 26. Oribas. V, 25 Vol. 4 p. 899. VIII, 26. ὁμυκόμελι Oribas. V, 24. Man machte auch Honiggetränke aus Wasser und Honig, μελίκρατον oder ὑδρόμελι Oribas. J p. 860 f., aus Meerwasser und Honig, θαλασσόμελι Diosc. V, 17. 20. 22, Oribas. V, 24, aus Obst und Honig μηλόμελι Diosc. V, 19.
7) Dioscor. V, 35. Plin. XIV § 108. Oribasius I p. 401. 421. 481. Ed. Diocl. II, 19. Geop. VIII, 2. Lamprid. Helion. 21.
8) Dioec. V, 36. 37. Plin. XIV § 104. Orib. J p. 402. Ed. Diocl. II, 16.
9) Orib. [p. 422. 10) Diosc. V, 28. 11) Diosc. V, 29.
12) Diosc. V, 44. 45. 46. 47. Geop. VIII, 8.
13) Diosc. V, 49. Plin. XIV § 109. Col. XII, 35. Geop. VIII, 24. Oribas. J p. 426. Ed. Diocl. II, 15. Lampr. Heliog. 24.
14) Diosc. V, 50. Plin. XIV § 109. Col. XII, 35. Geop. VIII, 13.
15) Diosc. V, 51. Plin. XIV § 105. 114. τραγοριγανίτης Diosc. V, 53.
16) Diosc. V, 55. Plin. XIV, 105. Col. XII, 32.
17) Diosc. V, 59. 60. 62. Col. XII, 35. Plin. XIV § 105. Geop. VIII, 7.
18) Diosc. V, 62. Plin. XIV § 105. Col. XII, 35.

Kalmus, ἀκορίτης, Eppich, σελινίτης, Fenchel, μαραθρίτης, Dill, ἀνίθινος, Anis, ἀνισίτης[19]), Quendel, serpyllum, Senf[20]) und Meerzwiebeln, σκιλλιτικος[21]). Mit Oelen versetzt war die *murrhina (potio)*, die schon Plautus erwähnt[22]), der *aromatites*[23]) und der Wein mit Narde und Malobathron[24]) oder mit Myrrhe, Pfeffer und Iris[25]). Das Getränk, welches in engerm Sinne *conditum* hiess, bestand aus Wein, Honig und Pfeffer, weshalb es auch unter dem Namen *piperatum* vorkommt[26]). Von Obstweinen sind die gewöhnlichsten Aepfel-, Granatäpfel-, Birnen-, Dattel-, Feigen- und Maulbeerwein[27]). Bierähnliche Fabricate, wie *cerevisia*, *sythum* und *camum* scheinen nur in gewissen Provinzen, nicht aber in Italien üblich gewesen zu sein[28]).

Die römischen Weine lagerten weder in Schläuchen noch in hölzernen Fässern[29]), sondern in thönernen πίθοι oder *dolia*[30]), aus denen sie in *amphorae* abgefüllt wurden. *Vinum doliare* ist junger Wein, der aus dem Fass getrunken wird; soll der Wein lange verwahrt werden, so wird er auf Amphoren

---

19) Diosc. V, 72. 74. 75. Plin. XIV § 109. Col. I. I. Geop. VIII. 3. 4. 9. 16.   20) Plin. XIV § 103. 106.
21) Diosc. V, 26. Col. XII, 88. Plin. XIV § 108.
22) Plin. XIV § 98. 33. Plautus Pseud. 741. Gell. X, 23 Paulus p. 144 s. v Verro bei Non. p. 554. Aellan. Var. h. XII, 31.
23) Plin. XIV § 107.   24) Plin. XIV § 106. Diosc. V, 67.
25) Diosc. V, 65.
26) Plin. XIV § 108. *Symposii Aenigma* 80 in Wernsdorf P. L. M. VI, 2 p. 335. Lamprid. Heliog. 21. Celsus IV, 19. Ed. Diocl. II, 17. Recepte dazu s. bei Apicius I, 1. Oribas. I p. 483. 484. Geopon. VIII, 31. Marcellus Emp. 22 p. 166, 26, p. 179. 185. Aetius III, 66 —68. XVI, 148. Paulus Aegineta VII, 11. Nicolaus Myrepsius I, 45. 194. 195. XXVII, 39—43. Mit diesem römischen Getränk curirt sich auch der Alexandriner Pallas Anth. Gr. III p. 129 n. 26.
27) Diosc. V, 32. 34. 40. 41. 42. Plin. XIV § 102. 103. Palladius III, 25, 11. 12. IV, 10, 10. Oribas. I. p. 399—401.
28) Alle drei Getränke erwähnt das Ed. Diocl. II, 11. 12 und Ulp. Dig. XXXIII, 6, 9. *Cerevisia* wurde in Gallien, *sythum* in Spanien und Aegypten gemacht. Strabo III p. 155. XVII p. 799. 824. Plin. N. H. XXII, 25 § 164. Den ägyptischen Gerstentrank bespricht Athenaeus I p. 34 b. S. auch Wilkinson *Manners and Customs of the ancient Egyptians*. London 1837. II p. 171—172 und über alle Biere überhaupt Zosimi Panopolitani de *sythorum confectione fragmentum. Acc. historia sythorum s. cerevisiarum*. Scripsit C. G. Gruner, Solisbaci 1814. 8. Heihom *de cerevisiis. Helmst.* 1658 und in Gronov. Thes. IX p. 357 ff.
29) Diese waren nur in Gallien üblich. Plin. XIV § 132. Strabo V p. 214. 218.
30) Auf diese werde ich weiter unten zurückkommen.

gefüllt (*diffunditur*)³¹) und so gekellert. Auch die künstlichen Weine standen in Amphoren³²). Die Amphoren wurden mit Thonpfropfen verschlossen³³), mit Pech, Lehm oder Gyps verklebt (*oblinere*³⁴), *gypsare*)³⁵) und mit einer Etikette (*nota*)³⁶), die entweder auf einem Zettel (*pittacium*)³⁷) angebracht oder auf die Amphora selbst geschrieben wurde, versehen. Auf derselben war erstens die Sorte³⁸), zweitens der Jahrgang³⁹), drittens das Mass der Amphora und wohl auch viertens die Firma des Lieferanten⁴⁰) verzeichnet. Von solchen *Amphorae litteratae*⁴¹) haben die pompejanischen Funde der letzten Jahre mehrere Exemplare geliefert, z. B. eine Amphora mit der Inschrift:

```
       LVN· VET           C
       A III R            O
             X            R
                          N
                          E
                          L
                          I
                          A
       M· VALERI· ABINNERICI⁴²)
```

---

31) Galen. XVII, 2 p. 164 Kühn. Salmasius Exerc. Plin. p. 884 f. Heinrich zu Juv. 5, 88.
32) So sagt z. B. Colum. XII, 88 von dem Meerzwiebelwein: *postea* (wenn er fertig ist) *eximito et defecatum vinum in amphoras bonas adiicito.*
33) Ein Thonpfropfen einer Amphora mit der Inschrift: *P SAVFEi* (wahrscheinlich des Besitzers) wurde in Palestrina gefunden. Gerhard Arch. Anz. 1866. n. 196 p. 81.
34) Colum. XII, 52 u. ö. Hor. Od. I, 20, 9. III, 8, 10. Auch die *opercula doliorum* wurden mit Pech verklebt. Plin. XIV § 135.
35) Col. XII, 29, 2. 41, 1. 42, 3.
36) *nota* heisst daher die Sorte selbst. Hor. Od. II, 3, 8. 9. I, 10, 24.
37) Petron. 34 : *Statim allatae sunt amphoras vitreae diligenter gypsatae, quarum in cervicibus pittacia erant affixa cum hoc titulo: Falernum Opimianum annorum centum.*
38) So auf einer pompejanischen Amphora Niccolini Case Fasc. VIII p. 31 : *KORcyraeum OPTimum.*
39) Galen. XIV p. 25 erzählt von dem kaiserlichen Keller in Rom: ἐγωγέ τοι τῶν οἴνων τῶν φιλτέρων ἑκάστου τὴν ἡλικίαν ἀναγιγνώσκων ἐπιγεγραμμένην τοῖς κεραμίοις, εἰχόμην τῆς γεύσεως, ὅσοι πλείονων ἐτῶν ἦσαν εἴκοσι, προερχόμενος ἀπ' αὐτῶν ἄχρι τῶν οὐδὲν ὑπόπικρον ἐχόντων. Dies sind die *languidiora* vina des Horat. Od. III, 21, 3. 16, 34 *lene morum* Od. III, 29, 2). Das Consulat auf den Amphoren erwähnen Tibull. II, 1, 27. Hor. Od. III, 28, 8 „*Bibuli consulis amphoram.*" III, 8, 11. III, 21, 1. Epod. 13, 6.
40) Plin. N. H. XXIII, 1 § 32 sagt, von der Verfälschung des Weines redend: *eo venere mores, ut nomina modo cellarum venoant, statimque in lacubus vindemiae adulterentur,* und bei Donat p. LXXXII findet sich eine Amphora mit der Inschrift: *EX CELLis L PVRELLI GEMELLI.*
41) Plaut. Poen. IV, 2, 13:

eine andere mit der Inschrift in schwarzer Farbe
COVM· GRANatum
OFficina
ROMAE ATERIO FELICI[45]),
endlich eine Amphora mit rother Aufschrift
FRVTum
T. CLAVDIO IIII
L. VITELLIO III COS

d. h. *defrutum* vom Jahr 47 p. Chr.[44]).

Was den Preis des Weines betrifft, so war dieser in älterer Zeit in Italien wie in Griechenland ein sehr niedriger. Im J. 504 = 250 kaufte man den *congius*, d. h. beinahe 3 Quart für

---

Juven. 3, 31:
*bibitur, estur. quasi in popina, haud secus.
Ibi tu videas litteratas Actiles epistolas
Pice signatas: nomina insunt cubitum longis literis.*

*Cras bibet Albanis aliquid de montibus aut de
Setinis, cuius patriam titulumque senectus
delevit multa veteris fuligine testae.*

[718] Fiorelli *Giornale degli scavi di Pompei* 1861 Fasc. I. p. 26 theilt drei solcher Inschriften mit, die er so liest: *Lunense vebus annorum quatuor, rubrum , decem sextarii Marci Valerii Abinnorici.* Dass die Zahl X das Mass der Amphora bezeichnet, geht aus den beiden andern Inschriften hervor, die andere Zahlen haben, nämlich VIII S d. h. *octo semis* und V; eine vierte Inschr. hat XIIII S, aber *sextarii* können dies nicht sein, deren 48 auf die Amphora gehen, sondern *congii* müssen es sein, deren die Amphora 8 hat. Ueber die Grösse der betreffenden Amphorae sagt leider Fiorelli gar nichts. Cornelia hält er für die Verkäuferin. Eine ähnlich angeordnete Aufschrift mit schwarzer Farbe hat die Amphora bei Dont p. LXXXII. Der vertical geschriebene Name ist aber noch nicht richtig gelesen. Andere Bezeichnungen der Sorten auf den Amphoren sind: *AKωπίης?* Wordsworth Inscr. Pomp. p. 30; *SETINum* Fiorelli Pomp. ant. hist. 1 p. 62. *LOMEN*, wohl *Nomentanum* ibid. II p. 226. *FVNDANum* Bull. Nap. 1853 n. 68. *SVRRentinum* ib.

43) Fiorelli a. a. O. Fasc. 8 p. 48. Die letzte Zeile ist unsicher in der Lesart.

44) Fiorelli a. a. O. Fasc. 8 p. 84. Andere Amphorae mit Angabe des Consulates, deren Nachweisung ich grossentheils H. Dr. Zangemeister verdanke, sind: 1. Amphora von Leptis in Africa, im brittschen Museum, worauf mit Zinnober geschrieben ist: *L. Cassio C. Mario Cos.* (617—167). Henderson *History of wines* p. 84. Uebersetzung S. 56. 2. Amphora mit *Cn. LenTVLO· M· ASINIO· COS FVNDANum* Bull. Nap. 1853 p. 89. 3. Amphora mit der Inschr.: *SVRRentinum XXI VESPASIANO III ET FIL C~S* Bull. Nap. 1853 p. 89. Eine vierte, deren Consulat schlecht gelesen ist, bei Breton Pompeia ed. 2. 1858 p. 319.

§ As⁷⁴⁵); noch Columella III, 3, 10 rechnet 40 Urnen gewöhnlichen jungen Wein auf mindestens 300 Sesterzen, d. h. die Amphora zu 15 Sesterzen; dies ist indessen ein Minimalpreis. Edle und alte Weine hatten hohe Preise: Chier kostete schon zu Socrates Zeit in Athen der Metretes eine Mine⁴⁶), also das Quart 16 gr. 8 Pf.; in Rom musste er bedeutend theurer sein; Falerner zu trinken galt auch in Italien für grossen Luxus⁴⁷); besonders aber wurden alte Weine dadurch theuer, dass man die Zinsen des Capitals bei ihnen berechnete. Bei dem vortrefflichen Jahrgang von 633 = 121 v. Chr. (*vinum Opimianum*) setzt Plinius II. N. XIV § 56 den ursprünglichen Einkaufspreis auf 100 HS. die Amphora; unter Caligula, wo dieser Wein noch verkauft wurde, also nach etwa 160 Jahren, war dies Capital, wenn man die Verzinsung mit 6% jährlich berechnete, auf 1065 HS. gestiegen, und die *uncia*, d. h. der zwölfte Theil des Sextarius, sonst *cyathus* genannt, d. h. der 576ste Theil der Amphora, nach unseren Massen ein kleines Weinglas, kostete etwa 2 Sesterzen⁴⁸), 2 Sextarii aber, d. h. etwas weniger als 1 preuss. Quart, 14¹⁄₆ HS. oder etwa 3 Thlr. 5 gr.

Ich habe in der Aufzählung der Lebensmittel einige der gewöhnlichsten ländlichen Producte und Küchenrequisiten übergangen, weil sie für das Alterthum nicht characteristisch sind: die Milch, aus welcher man einige künstliche Gerichte, ἀφρόγαλα (geschlagene Sahne) und *Melca* machte⁴⁹), die Käsearten, unter denen der Alpenkäse von den grajischen Alpen

---

745) Plin. N. H. XVIII § 47.   46) Plut. de anim. tranq. 10.
47) Inschrift b. Henzen n. 7411: *D M C. Domiti Primi. Hoc ego su(m) in tumulo Primus notissimus ille. Vixi Lucrinis, potabi saepe Falernum. Babia vina cenus mecum tenuere per annos.*
48) Nach dieser Auseinandersetzung ist die Stelle des Plinius XIV § 56, welche noch in den neuesten Ausgaben fehlerhaft und unverständlich edirt wird, wie schon Budaeus sah, so zu lesen: *Quod ut eius temporis aestimatione in singulas amphoras centeni nummi statuantur, ex his tamen usura multiplicata reministur* (d. h. 6%) *quae civilis ac modica est, in Gai Caesaris Germanici fili principatu, annis CLX singulas uncias binis n.* (die Ausg. haben *uni; constituise nobili exemplo docuimus referentes vitam Pomponi Secundi vatis cenamque quam principi illi dedit.*
49) Galen. Vol. X p. 468 Kühn: ἡ μέλκα, τῶν ἐν Ῥώμῃ ἐν εἰδημονώντων ἰδιωμάτων, ὥσπερ καὶ τὸ ἀφρόγαλα. Vgl. Geopon. XVIII. 21. Ausserdem giebt es *Oxygala*, wozu man das Recept bei Columella XII. 8 findet. Vgl. Galen. VI p. 689 Kühn.

(caseus Vatusicus) der berühmteste ist[750]), und von denen einige in Rauch präparirt wurden[51]); den Honig[52]), der, da die Alten vom Zuckerrohr nur eine historische Kenntniss hatten, ohne es zu benutzen[53]), die Stelle des Zuckers beim Backen und Kochen vertritt, endlich das Salz, das zuerst aus Seewasser niedergeschlagen, später auch aus Bergwerken gewonnen wurde[54]), und schliesse diesen Abschnitt mit einer kurzen Uebersicht derjenigen Gewerbtreibenden, welche sich ausser den Producenten am Victualiengeschäft betheiligten. Es gehören dahin:

1) Die Kornhändler, die Bäcker und die Wassermüller.
2) Die Gemüsehändler[55]).
3) Die Obsthändler (pomarii)[56]) und die Händler mit eingemachten Früchten (salgamarii)[57]).

75o] Galen. VI p. 697 K. Plin. N. H. X § 240.

51) Dig. VIII, 5, 8 § 5: *Aristo respondit, non putare se, ex taberna casearia fumum in superiora aedificia iure immitti posse.* Diesen caseus fumosus (γρυμέσιος τυρός Athen. III p. 113ᵉ, Mart. XIII, 32) räucherte man in Rom selbst. Plin. N. H. XI § 241.

52) Ueber die Bienenzucht und den Honig findet man das Material gesammelt in Magerstedt Bilder aus der röm. Landwirthschaft Heft 6.

53) S. Dioscorides de m. m. II, 104. Plin. N. H. XII § 32. Lucan. Phars. III, 237. Isidor. Or. XVII, 7, 58 und mehr bei Eisenoch Zur Geschichte des Zuckers, Gotha 1866. 4. 54) S. Th III, 2 S. 122. 204.

55) Eine *negotiatrix frumentaria et leguminaria ab scala Mediana* Orelli 2513; *lupinarii* Lemprid. Al. Sev. 33, 2. *negotiatores leguminarii* scheinen in einer Inschr. von Vindonissa Mommsen Inscr. Conf. Helvet. n. 261 vorzukommen. Eine Taberna, in der Hülsenfrüchte verkauft werden, stellt das römische Relief bei O. Jahn Berichte der sächs. Ges. d. W. h. ph. Cl. 1861 S. 358 Taf. XIII, 4 dar. Die *fabaria* Donati p. 465, 9 gehört nach Berytus. Der *negotiator lentiarius et castrensiarius* bei Orelli 4256 ist nicht, wie Hagenbuch annimmt, ein Linsenhändler, sondern identisch mit *linteariis* Henzen 6991. Er heisst auch C. J. Gr. 275 lin. 74 λεντιάριος von λέντιον d. h. *linteum*. Vgl. Renier Inscr. Rom. de l'Algerie n. 2874: *Abascantius Caesaris ex (famil.)ia cast(ren)si ex num(ero ve)stiariorum*.

56) *Pomarius* Hor. Sat. II, 3, 227; *pomarius de Circo maximo* Orelli 4268; *pomarius de agger(e) a prosecta* Orelli 2513; ein *pomarius* in Capua Henzen 6184. *pomarii* in Pompeji C. J. L. IV n. 149. 180. 181. 202. 206. Die *Neapolitani citrarii* Orelli 4011 können Citronenhändler sein. Auch die Gartenbesitzer selbst trieben Obsthandel. Varro de r. r. I, 2. 10 sagt von Cn. Tremellius Scrofa: *huiusce pomaria summa sacra via, ubi poma veneunt, contra auream imaginem*. Pomarium ist eine Niederlage von Obst. S. Schneider zu d. St. u. solche waren in der sacra via. Ovid. A. A. II, 267. Priepeia 21, 3:

*quaeque tibi parui tanquam vernacula poma
de sacra nulli dixeris esse via.*

Ein Relief mit einem Obstverkäufer s. bei O. Jahn a. a. O. Taf. XIII, 5. Ein Feigenhändler (ficarius) auf einem Relief in Verona ebendas. S. 368.

57) Colum. XII, 56, 1.

1) Die Viehhändler, Fleischer, Wild- und Geflügelhändler.

Da die römischen Schlächter Ochsen, Schweine und Lämmer von den Gutsbesitzern direct kauften[758]), so muss man unter den Viehhändlern solche verstehen, die aus ferneren Gegenden Heerden zum Verkauf auf den Markt brachten. Von der Art sind das schon in der Zeit der Republik in Präneste vorkommende *collegium mercatorum pequariorum*[59]), die in einer Inschrift des *forum boarium* im J. 204 erwähnten *negotiantes boarii huius loci, qui invehent*[60]), der *negotiator fori pecuarii* bei Orelli 4114, die *porcinarii*[61]), *negotiatores suarii*[62]) und die Verkäufer der in besonderer Qualität zu liefernden Opferthiere[63]), *victimarii*[64]). In der späteren Kaiserzeit sind die *corpora suariorum* und *pecuariorum*, die Honorius zu einem Collegium vereinigte, die Lieferanten des Schweinefleisches für die Stadt[65]), wogegen die bei den Heeren in Germanien und Mauretanien vorkommenden *pecuarii*[66]) eher Schlächter als Lieferanten sein mögen. Die Fleischer in Rom (*lanii*[67]), *laniones*[68]), *lanarii*[69]), *confecturarii*[70]) machen ein bürgerliches Gewerbe aus, aus welchem bekanntlich der Consul des J. 216 v. Chr., C. Terentius Varro[71]), hervorging. Sowohl

---

758) Varro de r. r. II, 5, 11: *lanii, qui ad cultrum bovem emunt*. III, 2, 11 *in e villa illic natos verres lanio vendit*. Colum. VII, 2, 18 *suburbanae villicus enim teneros agnos — lanio tradit*.
59) C. J. L. I n. 1180.
60) Orelli 918. *invehent* hat die Inschrift.
61) Plautus Capt. 903.
62) Plin. N. H. VII § 54. Mommsen J. R. N. 1880. Die Inschrift Orelli 2672 ist falsch. S. Mommsen J. R. N. 61*. Ein Relief der Villa Albani, das Geschäft eines Schweineschlächters vorstellend, s. bei O. Jahn Berichte d. sächs. Ges. d. Wiss. Hist. ph. Cl. 1861 S. 322 Taf. XIII, 1. 63) Varro de r. r. II, 5, 10 und 11.
64) Den *victimarius Serapio* bei Val. Max. IX, 14, 2 darf man wohl als einen Viehhändler betrachten, da Plinius N. H. VII § 54 ihn *suarii negotiatoris vile mancipium* nennt.
65) Cod. Theod. XIV, 4 und daselbst Gothofredus, und die Inschr. aus dem J. 310 (nicht 390) bei Orelli 3672, und aus dem J. 364 oder 378 bei Orelli 3165.
66) In der Cölner Inschrift Brambach Corp. inscr. Rhen. 377 ist ein *miles leg.* XX zugleich *pequarius*. Bei Renier *inscr. Romaines de l'Algérie* kommen vor: *pequarii* n. 62; *pec(uarius) leg(ionis)* n. 428; PQ n. 403 *prquarius* n. 3642.
67) Ein *(la)nius de colle Viminale* Mommsen *Annali* 1865 p. 312.
68) Orelli-Henzen 4229. 7287. 69) Grut. 1085, 4.
70) Orelli 2672. 4167. 71) Liv. XXII, 25, 18. Val. Max. III, 4, 4.

sie als die *macellarii*⁷⁷²), welche namentlich Wild und Geflügel⁷³),
aber auch alle Arten von Victualien verkaufen⁷⁴), weshalb sie in
Betracht der Luxusgesetze unter polizeilicher Aufsicht stehen⁷⁵),
und die eigentlichen Delicatessenhändler (*cuppedinarii*)⁷⁶) trieben ihr Geschäft in Tabernen⁷⁷), wie sie ein Relief der Villa
Albani veranschaulicht⁷⁸), auf welchem man Schweine, Hasen
und Geflügel zum Verkauf ausgestellt sieht; in andern Tabernen gab es einen Handel mit Salz- und Rauchfleisch zum
Wintervorrath⁷⁹), während warme Würstchen und andere
Speisen von den *botularii* und *institores popinarum* herumgetragen und ausgerufen wurden⁸⁰).

5) Die Fischer (*piscicapi*⁸¹), *piscatores*)⁸²), die Fischverkäufer (*piscatores propolae*⁸³), οἱ ἐν 'Ρώμῃ ἰχθυοπῶλαι)⁸⁴,,
insbesondere die *cetarii*, welche das doppelte Geschäft der
griechischen ταριχευταί⁸⁵) und ταριχοπῶλαι⁸⁶) repräsentirten.

77²) Suet. Caes. 26. Vesp. 19 und öfters; *Negotiator artis macellariae* in Lugdunum Grut. 647, 8 = Boissieu *Inscr. de Lyon* p. 417.
73) Bei Varro de r. r. III, 2, 11 werden zahme Schweine an den *lanius*, Eber aus dem Wildpark an den *macellarius* verkauft; ebenso kauft das Geflügel die *macellarii* Varro de r. r. III, 6, 4.
74) Varro de l. l. V, 147, namentlich *obsonia*. Paullus p. 125, 8; auch Fische Plaut. Aul. II, 8, 2. 75) Suet. Caes. 42. Ti. 34.
76) Donat. ad Terent. Eun. II, 2, 25: *Omnes, qui esculenta et poculenta vendunt, a rebus cupedinis ob alimonium cuppedinarii appellantur.*
Dahin gehört der *negotiator vinarius a septem Caesaribus* (dies ist eine Localität in Rom, s. Marini Atti p. 246; *idem mercator omnis generis mercium transmarinarum.* Orelli 4253.
77) *Taberna macellaria* Val. Max. III, 4, 4. Die Taberne eines *lanio* ist bekannt aus Livius III, 48, 5. *tabernae lanienae* Varro bei Non. p. 532, 20.
78) Zoega *Bassirilievi* Tav. 87. und O. Jahn Berichte d. Sächs. G
d. W. p. List. Cl. 1854 Taf. XIII, 2. Vgl. Marini *Iscr. de villa Albani* n. 132. Ein ähnliches Relief beschreiben Gerhard u. Panofka Neapels antike Bildwerke I S. 130 n. 491.
79) Ein *negotiator penoris et vinorum de Velabro a IIII scaris* Henzen n. 6087; *pernarius* Orelli 4259. Ein Schild der Bude eines *pernarius*, fünf Schinken neben einander darstellend, s. bei O. Jahn Berichte d. sächs. Ges. d. Wiss. Ph. hist. Cl. 1861 S. 355.
80) Senec. ep. 56, 2. Mart. I, 41, 9. 81) in Pompeji. Orelli 3700ᶜ.
82) *Corpus piscatorum et urinatorum totius alvei Tiberis* Orelli 4115.
Die *urinatores* haben das Geschäft, die mit den Tiberkähnen gesunkenen Waaren heraufzuholen. Digest. XIV, 2, 4 § 1. Vgl. Liv. XLIV, 10, 2
und Anm. 98. 68) in Ostia. Orelli 4499. 84) Athenaeus VI p. 224ᶜ.
85) S. ausser den in den Lexicis angeführten Stellen Leemans Papyri Graeci. Pap. P. p. 88.
86) S. Köhler in *Mém. de l'acad. de Petersbourg.* VI Serie. Tom. I
p. 199. Die Importeurs heissen auch ταριχηγοί.

indem sie entweder selbst auf den Fang der *thynni* und ähnlicher Seefische auszogen[787]), um aus ihnen in eigenen Officinen *salsamenta* (τάριχος) und Fischsaucen zu fabriciren[88]), oder doch mit diesen Gegenständen handelten[89]), in welchem Falle sie dann als *salsamentarii*[90]) oder speciell als *muriarii*[91]) und *liquaminarii*[92]) bezeichnet werden.

6) Die Weinhändler.
7) Die Oelhändler, *olearii*, die zum Theil nur mit besonderen Sorten handelten[83]).
8) Die Honighändler[94]).
9) Die Salzverkäufer[95]).

---

787) Varro bei Nonius p. 49, 15: *Non animadvertis cetarios, quum videre volunt in mari thynnos, ascendere in malum altum?* Die *piscatio thynnaria* wird erwähnt Dig. VIII, 4, 19 pr.
88) Colum. VIII, 17, 12: *salsamentorum omnium purgamenta, quae cetariorum officinis everruntur.*
89) Placidi Gloss. in Mai Auct. Class. III p. 436: *bolona, redemtor cetariorum tabernarum, in quibus salsamenta conduntur, quas tabernas vulgo cetarias vocant.* Isidori Glossae p. 450 Arev.: *bolonas, ipsi cetarii, qui diversa genera piscium emunt.* In diesem Sinne braucht das Wort auch Arnobius II, 38. Es ist also βολώνης von βόλος der Fischzug, und allerdings sagt Plutarch Quaest. Conv. VIII, 8, p. 889 Dübner βόλον ἰχθύων πρίασθαι. Donatus ad Terent. Eun. II, 2, 26 dagegen erklärt *cetarii, qui cete, id est magnos pisces venditant et bolonas exercent*, in welchem Sinne *bolona* nicht nachweisbar ist.
90) Cic. ad Herenn. IV, 54, 67. Sueton. V. Horat. p. 44. Reifferach. Macrob. Sat. VII, 8, 6. Schol. Pers. I, 43. Orelli 4249: *negotians salsamentarius et vinarius Maurorius.*
91) *negotiator muriarius* in Lyon. Henzen 7050.
92) Placidi Gloss. in Mai Auct. Class. III p. 444: *Cetarii. Cete dicitur genus maximae beluae. Ab hoc vero genere abusive piscatores cetarii dicuntur. Et qui tractant ea, quae ex piscibus fluunt, liquemanarii* (lies *liquaminarii*), *qui ex corporibus piscium humorem liquant.*
93) *Mercator olei Hispani ex provincia Baetica* Orelli 3884; *C. Sentius Regulianus Eq. R. diffusor olearius ex Baetica, curator eiusdem corporis* Orelli 4077, also ein Grosshändler, *negotiator magnarius*. (Apul. Met. I, 5. Orelli-Henzen 4074. 6476. 7143.) *Mercatores frumentarii et olearii Afrarii* Orelli 3884. Eine Taberne eines Oelhändlers ist in Pompeji gefunden; eine andere stellt ein Relief im Vatican dar. Ueber beide s. Jahn a. a. O. S. 650. 851.
94) Varro de r. r. III, 16, 17. Ein *mellarius a porta trigemina* Henzen 5691.
95) *Salinator* heisst wohl ursprünglich ein Salinenarbeiter, *qui salem facit*. Davon hat M. Livius den Beinamen Salinator, davon sind die *salinatores aerarii* bei Cato (s. *Catonis quae exstant rec.* Jordan p. 49, 9) und die *salinatores civitatis Menapiorum* Orelli 749 benannt; dagegen ist *salarius* bei Mart. IV, 86, 9:

10) **Die Köche und Gastwirthe.** Es ist früher (Th. V, 1 S. 151) bemerkt worden, dass man zu Plautus Zeit noch selten Köche unter dem Dienstpersonal hatte; man holte sie vom Forum, wo sie zu miethen waren, und Köche, bei denen man Speisen bestellen konnte, hat es auch später gegeben[96]. Wir reden hier zunächst von den Garküchen, Schenkstuben und Wirthshäusern in der Stadt und deren Umgebung[97], welche ohne erheblichen Unterschied *cauponae*[98], *popinae*, *thermopolia*[99], *tabernae vinariae*[100] oder, da viele Gewerbe, z. B. die Bäcker, dergleichen öffentliche Locale hielten[1], überhaupt *tabernae*, mit einem tadelnden Ausdruck aber *ganeae* genannt werden. Grossentheils waren diese räucherigen[2] und, wie Horaz, einen Shakespearischen Ausdruck präoccupirend, sagt, fettigen[3] Stuben für die niedrigste Classe der Bevölkerung bestimmt[4], die sich hier ohne zu grosse Bequemlichkeit re-

---

Si damnaverit, ad salariorum
Curras scrinia protinus licebit

ein Salzverkäufer, nicht, wie die Lexica annehmen, ein *salsamentarius*. Aber später werden beide Worte in beiden Bedeutungen gebraucht. Bei Arnobius II, 38, welcher aufzählt *salinatores bolonas unguentarios, aurifices aucupes*, sind die *salinatores* Salzverkäufer, wogegen das *corpus salariorum* Orelli 1092 und die *socii salarii* in der von Ritschl Rhein. Museum N. F. XX, 1 (1865) p. 6 behandelten sardinischen Inschrift Salinenpächter sind.

796) Als solcher kommt in einer römischen Inschr. Murat. p. 1823, 9 ein römischer Bürger, *G. Cotronius C. f. dapifex* vor. Auch möchten in diese Kategorie gehören: *L. Clodius L. l. Antioc(hus) Tuscus cocus* in Casinum Mommsen J. R. N. 4262; *Tyrannus cocus* ibid. 6898; *Murcius Faustus libertus, cocus optimus* in Alba Fucentis ibid. 5689.

97) Ueber den ganzen Gegenstand s. Zell die Wirthshäuser der Alten in dessen Ferienschriften. (1ste Samml. Freiburg 1826. 8 S. 1–52. Becker Gallus III S. 18–28. Eine lebhafte, ein reiches Material enthaltende, aber in den Einzelheiten vorsichtig zu benutzende Schilderung des alten Wirthshauslebens findet man in Francisque-Michel et Ed. Fournier *Histoire des Hotelleries* Tom. I. Paris 1859. 8, wo p. 51–190 von den Römern die Rede ist. Zuletzt hat hierüber gehandelt L. Friedländer Darstellungen II S. 16–23.

98) *cauponam exercere* Dig. IV, 9, 1 § 5.
99) Plaut. Curc. 292. Rud. 529. Trin. 1013.
800) Apul. de mag. 57. Nonius p. 530, 16.
1) Paulus p. 7, 18: *Alicariae meretrices dicebantur in Campania solitae ante pistrina alicariorum versari quaestus gratia.* Plaut. Poen. I, 2, 54. Ueber Rom s. Th. V, 1 S. 175 Anm. 1027.
2) *fumosa taberna* Virg. Copa 2.
3) *uncta popina* Hor. epist. I, 14, 21.
4) Juven. 8, 172:

staurirte⁵), zechte, tanzte⁶) und Neuigkeiten erzählte⁷); aber es gab auch Tabernen, in welchen feinere Genüsse⁸) vornehme Leute fesselten⁹), und in denen man ein Vermögen durchbringen konnte¹⁰), zumal wenn darin Hazardspiel¹¹) oder, was ganz gewöhnlich war, eine Bordellwirtbschaft¹²) betrieben wurde. Theils aus diesem Grunde, theils wegen der Betrügereien, deren man die Wirthe bezichtigte¹³), sind die *tabernarii, popae*¹⁴), *popinariae*¹⁵) *copones* und *copae* eine übelberüchtigte Menschenclasse, die auch vor dem Gesetze als bescholten gilt¹⁶).

---

mitto, sed in magna legatum quaere popina.
invenies aliquo cum percussore iacentem
permixtum nautis et furibus ac fugitivis
inter carnifices et fabros sandapilarum
et resupinati cessantia tympana galli.

⁵) Ich glaube mit Becker Gallus III S. 23, dass die *sellariolae popinae* solche sind, wo man sitzend ass und trank, nicht, wie bei einem eigentlichen Mahle, liegend (*accubans*); allein dass dies nicht überall der Fall war, lehrt die eben angeführte Stelle des Juvenal.
6) Horat. epist. I, 14, 24:
Nec vicina subest vinum praebere taberna
quae possit tibi, nec meretrix tibicina, cuius
ad strepitum salias terrae gravis.
7) Juven. 9, 108.
8) Die Vergilische *Copa* rühmt ihre *taberna* als an einem rauschenden Bache liegend, mit Lauben und Blumenanlagen versehen und alle Genüsse der Ceres, des Bromius und des Amor darbietend.
9) Cic. in Pison. 6, 13. Juvenal 8, 158. Diese Liebhaberei, sich in den Schenken herumzutreiben, heisst *luxuria popinalis* (Apul. Met. VIII, 1), und der Grammatiker Lenaeus nannte ihretwegen den Historiker Sallustius einen *lurcho nebulo* und *popino*. Suet. de gramm. 15.
10) Mart. V, 70.
11) Mart. V, 84, 4.
12) Virg. Copa 22. Th. V, I S. 175 Anm. 1036. Dig. XXIII, 2, 43 § 2: *Si qua cauponam exercent in ea corpora quaestuaria habeat, ut multae assolent sub praetextu instrumenti couponii prostitutas mulieres habere, hanc quoque lenae appellatione contineri.* Daher *salax taberna* bei Catull 37, 1. In den für Reisende bestimmten Wirthshäusern an den Landstrassen war es ebenso. S Anm. 831.
13) *perfidus caupo* Hor. Sat. I, 1, 29; *callidus copo* Mart. III, 57, 1. *caupones maligni* Hor. S. I, 5, 4.
14) *popa Licinius de Circo maximo* Cic. pr. Mil. 24, 65.
15) *Amemone — patriae popinaria* nota Inschr. von Tibur Henz. 7169.
16) Pauli Sent. II, 26, 11: *Cum his, quae publice mercibus vel tabernis exercendis procurant, adulterium fieri non placuit.* Diese Bestimmung der *lex Julia de adulteriis* änderte Constantin im J. 326 (Cod. Th. IX, 7, 1) dahin, dass zwar die *ancillae tabernarum* wegen ihrer *vilitas* als *meretrices* zu betrachten seien, die *domina tabernae* aber nur in dem Falle, dass sie selbst die Gäste bedient. Ueber die ganze Sache findet

Gasthäuser für Reisende (*deversoria*)[17]) und Ausspanne (*stabula*), deren Inhaber als *copones* oder *stabularii* bezeichnet werden[18]), gab es ebenfalls, wenigstens seit dem zweiten Jahrhundert vor Chr., sowohl in Rom als in ganz Italien. Denn wenngleich Reisende von einigem Range in grösseren Orten ihre Gastfreunde hatten und Leute, die in Staatsgeschäften reisten, überall bei dem *parochus* Aufnahme fanden[19]), so waren doch namentlich Geschäftsleute oft in dem Falle, auf ein Wirthshaus angewiesen zu sein; selbst die rhodischen Gesandten, welche im J. 167 v. Chr. nach Rom kamen, ohne vom Senat, wie dies sonst geschah[20]), aufgenommen zu werden, mussten in einem *sordidum deversorium* ihr Unterkommen suchen[21]). An den grossen Landstrassen legten die in der Nähe wohnenden Gutsbesitzer auf Speculation Tabernen an, die sie verpachteten oder durch Sclaven bewirthschaften liessen[22]), und dergleichen Wirthshäuser werden oft erwähnt. So lagen z. B. an der via Appia die *tabernae Caediciae*[23]) und die *tres tabernae*[24]); Clodius floh bei dem Angriff des Milo in eine *cauponula* von Bovillae[25]); Cynthia kehrte auf einer Reise nach Lanuvium in einer Taberne der appischen Strasse ein[26]; Cicero gedenkt eines *copo de via Latina*[27]), und Antonius hielt bei seiner Rückkehr von Narbo in einer *cauponula* der via Fla-

---

man alles gesammelt hei Gothofr. zu dieser St. Von dem männlichen Personal heisst es Cod. Th. VII, 13, 8: *Coci et pistores velut minus honesti prohibentur militia una cum famosarum ministeriis tabernarum.*
817) *taberna deversoria* Plaut. Menaechm. 436. *deversorium* Cic. de sen. 23, 84 u. d.; *taberna meritoria* Val. Max. I, 7 ext. 10.
18) Dig. IV, 9, 1 § 5: *Caupones autem et stabularios aeque eos accipimus, qui cauponam vel stabulum exercent institoresve eorum.* Ib. IV, 9, 3 pr. *caupo (mercedem accipit), ut viatores manere in caupona patiatur, stabularius, ut permittat iumenta apud eum stabulari. Stabulum* und *stabularius* auch Apul. Met. I, 15. I, 18.
19, S. Th. V, 1 S. 203—208.   20) S. Th. V, 1 S. 206.   21) Liv. XLV, 22, 2.
22) Varro de r. r. I, 2, 23: *si ager secundum viam et opportunus viatoribus locus, aedificandae tabernae deversoriae, quae tamen, quamvis sint fructuosae, nihilo magis sunt agriculturae partes.*
23) Paulus p. 48: *Caediciae tabernae in via Appia a domini nomine suni vocatae.* Sie lagen bei Sinuessa. S. Mommsen ad C. J. L. I n. 1109.
24) Acta Apost. XXVIII, 15. Itin. Anton. p. 107 Wess.
25) Ascon. in or. pr. Mil. p. 273, 4 Or.
26) Propert. V, 8, 19.
27) Cic. pr. Cluent. 59, 163: *Atque etiam — hominem multorum hospitum.*

Privatalterthümer II.   6

minis an"²⁹). Die Wirthshäuser in dem an allen Lebensbedürfnissen gesegneten cisalpinischen Gallien waren zu Polybius Zeit so wohlfeil, dass man gar keine Rechnung machte, sondern Kost und Wohnung für einen halben As gab²⁹); indessen haben wir auch von einer Wirthshausrechnung aus der ersten Kaiserzeit eine Probe auf dem bekannten Relief von Aesernia³⁰), auf welchem ein Mann in Reisekleidern, den Maulesel am Zügel führend, mit der Wirthin abrechnet, und oberhalb des Bildes das Gespräch selbst verewigt ist:

Copo computemus.
Habes vini sextarium unum, panem — assem unum; pulmentarium — asses duos.
Convenit.
Puellam — asses octo³¹).
Et hoc convenit.
Faenum mulo — asses duos.
Iste mulus me ad factum dabit.

Dass ebenso wie in Italien auch in den Provinzen für Wirthshäuser gesorgt war, bedarf für die alten Culturländer, z. B. für Griechenland, kaum eines Beweises⁷²); aber seitdem in Folge der im römischen Reiche eintretenden Sicherheit und Ruhe das Reisen wesentlich erleichtert und durch den neu

---

tem, Ambivium quendam, coponem de via Latina, subornatis, qui sibi a Cluentio servitsque eius in taberna sua manus allatas esse dicat.
818) Cic. Phil. II, 21, 77.
29) Polyb. II, 15: ποιοῦνται γὰρ τὰς καταλύσεις οἱ διοδεύοντες τὴν χώραν ἐν τοῖς πανδοχείοις, οὐ συμφωνοῦντες περὶ τῶν κατὰ μέρος ἐπιτηδείων, ἀλλ' ἐρωτῶντες, πόσου τὸν ἄνδρα δέχεται. ὡς μὲν οὖν ἐπὶ τὸ πολὺ παρίενται τοὺς καταλύοντας οἱ πανδοχεῖς, ὡς ἱκανὰ πάντ' ἔχειν τὰ πρὸς τὴν χρείαν ἡμιασσαρίου· τοῦτο δ' ἐστὶ τέταρτον μέρος ὀβολοῦ· σπανίως δὲ τοῦδ' ὑπερβαίνουσι.
30) Abgebildet Bull. Nap. VI, 4 und bei O. Jahn Berichte der Sächs. Ges. d. Wiss. hist. ph. Cl. 1861 S. 869 Taf. X, 6. Die Inschrift s. in Mommsen J. R. N. 5078 = Henzen 7306. Die letzte Zeile erklärt Mommsen: iste mulus feret me ad opus rusticum.
11) S. oben Anm. 818.
12) Bekannt sind die von Cicero de div. I, 27, 57 und de inv. II, 4, 14 erzählten Geschichten von einem Wirthshause in Megara und einem ohne Zweifel auch griechischen andern Gasthause, in welchem der Fremde vom Wirth ermordet wird; ferner das grosse κατηγώγιον in Plataeae Thuc. III, 68. Eine caupona in der Nähe von Larissa erwähnt Apul Met. I, 7.

geschaffenen Zusammenhang der Provinzen unter einander und mit der Hauptstadt sowohl für die Zwecke der Verwaltung als des Handels, der Wissenschaft oder der Erholung in viel höherem Grade als vorher nöthig und möglich geworden war⁴³³), begann man an allen grossen Strassen aller Provinzen für Stationen zum Pferdewechsel (*mutatio*) und Nachtquartier (*mansio*) Sorge zu tragen³⁴), und es ist nur die Frage, ob gewisse wiederkehrende Bezeichnungen dieser Stationen in den Itinerarien geradezu auf die Tabernen der Stationen zu beziehen sind. In Rom und andern Städten war es gewöhnlich, dass alle Geschäftstreibende in ihrer Firma ihre Wohnung entweder nach der Strasse³⁵) oder nach einem bekannten Monument³⁶) bezeichneten; verschiedene Häuser³⁷) und besonders Tabernen hatten aber ihr eigenes *insigne*, wie z. B. in Rom am Forum eine Taberne als Aushängeschild eine *imago Galli in scuto Cimbrico picta* hatte und neuerdings in Pompeji ein Gasthaus zum Elephanten aufgefunden worden ist³⁸). Hiernach darf man in dem in einer Inschrift von Narbo³⁹) vorkommenden *L. Afranius Cerealis l. Eros, ospitalis a Gallo Gallinacio* einen Gastwirth »zum Hahn« erkennen und aus einem Wirthshausschilde in Lyon⁴⁰) auf die Firma *Ad Mercurium et Apollinem* schliessen. In gleicher Weise

---

333) S. L. Friedlaender *diss. de potissimis peregrinandi causis apud Romanos*. Regimonti 1862. 4° und dess. *Observationes nonnullas de itineribus terrestribus et maritimis Romanorum*. ib. 1862. 4". Dess. Darstellungen aus der Sittengesch. Roms II S. 8—122.
34, S. namentlich das *Itinerarium Hierosolymitanum* bei Parthey et Pinder *Itin. Antonini Aug. et Hierosol.* Berol. 1848. 8.
35) *Auraria et margaritaria de via sacra, aurifex de via sacra, caelator de via sacra* und viele andere Firmen mit derselben Bezeichnung Preller Regionen S. 199; *lanarius de Vico Caesarii, tapartus post aedem Castoris* Preller das. S. 434; *lanarius de Subura, lanarius a vico Loreti minoris* das. S. 197; *pomarius de aggere a proseucha* Gr. 631, 11; *linteartius de Subura maiori ad nimphas* Marini *Atti* p. 347 u. a.
36) Solche Monumente sind nicht nur Tempel und Thore, sondern irgendwelche bildliche Darstellungen, die *sicut* Preller a. s. O. S. 178; *caput Africas, capito bubula, caput Gorgonis* das. S. 180 u. a.
37) Die Localität *ad palmam* heisst auch *domus palmata* Preller a. a. O. S. 143.
36. Quintil. VI, 8, 98. Fiorelli *Giornale degli Scavi* 1868 n. 18 p. 14. Overbeck Pomp. II p. 6. 39) Orelli 4330.
40 Or. 1899 = Boissieu I. d. Lyon p. 419: *Mercurius hic lucrum promittit, Apollo salutem; Septumanus hospitium cum prandio. Qui venerit, melius utetur. post, hospes, ubi maneas prospice.*

dürften aber die in den Itinerarien vorkommenden Stationen *ad Mercurios*, *ad aquilam minorem*, *ad aquilam maiorem*, *ad Dianam*, *ad gallum gallinaceum*, *ad dracones*, *ad olivam*, *ad ficum*, *ad rotam* (alle in Africa), *ad Herculem* (in Sardinien), *ad malum* (in Norditalien), *ad pirum* (bei Ancona), *ad morum* (in Spanien) ihren Namen von den Tabernenschildern erhalten haben.

II. Die Kleidung.

Eine Geschichte der Moden des Alterthums zu schreiben ist eine dankbare, aber noch sehr unvollständig gelöste Aufgabe. Auch der folgende Abschnitt prätendirt nicht, dieselbe, so weit sie die Römer betrifft, in ihrer Vollständigkeit zu behandeln: er soll indess drei Puncte einer Erörterung unterziehen, die Stoffe, die bei den Römern nach einander in Gebrauch kamen, die Hauptformen der Kleidung und die Gewerbe, die mit diesen Modeartikeln zu thun hatten. Die technischen Fragen über die Methoden des Färbens, Spinnens, Webens und Stickens werden in der Beschränkung behandelt werden, welche dem Verfasser das Mass seiner Kenntniss und das Interesse philologischer Leser auferlegt.

A. Die Rohstoffe[41]).

1. Wolle.

Wie in Griechenland der ursprünglich einzig vorhandene Webestoff die Wolle ist[42]), so war auch für den römischen Landmann des Klima's wegen die naturgemässe Kleidung ein schwerer Wollstoff[43]), und die Wollproduction ist immer ein

---

41) S. hierüber Mouget Recherches sur les habillemens des anciens in Mémoires de l'Institut royal de France. Classe d'histoire et de littérature ancienne T. IV. 1818. 4° p. 222 — 314. J. Yates Textrinum antiquorum, An account of the art of Weaving among the ancients. Part. I. London 1843. 8. Die Fortsetzung ist leider nie erschienen. G. Semper Der Stil in den technischen und tektonischen Künsten. Th. I. Textile Kunst. Frankf. a. M. 1860. 8. Die specielle Litteratur ist am betreffenden Orte angeführt.

42) Plato Politic. p. 280° definirt die Webekunst: καὶ λιλοίπαμεν, ὡς δόξαιμεν ἄν, αὐτὴν τὴν ζητηθεῖσαν ἀμυντικὴν χειμώνων, ἐρεοῦ προβλήματος ἐργαστικήν, ὄνομα δὲ ὑφαντικὴν λεχθεῖσαν.

43) Mommsen R. G. I p. 83.

Haupttheil der römischen Landwirthschaft gewesen⁴⁴). Schafe wurden nach Livius Ansicht auf römischem Boden schon vor den Zeiten der Könige gezogen⁴⁵): in Schafen und Rindern berechnete man alle Geldstrafen⁴⁶); feine Heerden, zuerst aus Griechenland eingeführt⁴⁷), gediehen in Italien so vortrefflich, dass ihre Wolle der griechischen, kleinasiatischen, africanischen und gallischen zum Theil vorgezogen wurde⁴⁸) und die italische Race auch den spanischen Heerden ihre Berühmtheit verschafft hat⁴⁹). Von italischen Schafen sind die besten die von Apulien⁵⁰), wo schon Varro grosse Heerden hatte⁵¹), welche, wie dies noch jetzt geschieht⁵²), im Sommer auf die Höhen von Samnium und bis Reate nördlich getrieben wurden⁵³), die von Calabrien⁵⁴) und besonders die feinen Sorten von Tarent⁵⁵), wo man die Schafe mit Fellen bekleidete⁵⁶), um die Wolle rein zu halten, und aus derselben die durchsichtigen Wollenstoffe fabricirte, welche zu Lucians Zeit berühmt waren⁵⁷); von Canusium⁵⁸), Luceria⁵⁹) und der Umgegend⁶⁰); sodann aber die Sorten der Gallia Cisalpina (*lana*

---

44) Colum. VII, 2, 1: *Post maiores quadrupedes ovilli pecoris secunda ratio est, quae prima fit, si ad utilitatis magnitudinem referas. Nam id praecipue nos contra frigoris violentiam protegit, corporibusque nostris liberaliora praebet velamina.* Plin. N. H. VIII § 187 *ut boves victum hominum excolunt, ita corporum tutela pecori debetur.*
45) Liv. I, 4, 6.
46) S. Theil III, § S. 8. Varro de r. r. II, 1, 9.
47) Plin. N. H. VIII § 190: *Lana autem laudatissima Apula et quae in Italia Graeci pecoris appellatur, alibi Italica.*
48) Nach Plinius a. a. O. nimmt die milesische Wolle nur die dritte Stelle ein.
49) Dass unitalische, namentlich tarentinische Schafe in Bätica eingeführt wurden, lehrt Columella VII, 2, 5 und Calpurnius Ecl. IV, 67—69. Man bezahlte aber auch spanische Böcke mit einem Talent, Strabo III, p. 144.
50) Varro de L. L. IX, 39. Plin. N. H. VIII § 190. Martial. VIII, 28, 3. XIV, 155.
51) Varro de r. r. II, 1, 16. II, 2, 9. 52) Yates I p. 81—84. 53) Varro de r. r. II, 1, 16. II, 2, 9. 54) Colum. VII, 2, 3.
55) Varro de r. r. II, 2, 18. Strabo VI p. 284. Horat. II, 6, 10. Colum. VII, 2, 3. Plin. N. H. VIII § 190. Mart. II, 43, 8. IV, 28, 3. V, 37, 2. VIII, 28, 3. XII, 63, 3.
56) Varro de r. r. II, 2, 18. Colum. VII, 2, 18.
57) Lucian. rhet. praec. 15: ἡ ἐσθὴς δὲ ἴσω εὐανθὴς καὶ λευκή, ἔργον τῆς Ταραντίνης ἐργασίας, ὡς διαφαίνεσθαι τὸ σῶμα.
58) Plin. N. H. VIII § 190. Mart. XIV, 127. 129.
59) Horat. Od. III, 15, 14. 60) Strabo VI p. 284.

Gallicana[61]), *Circumpadana*)[62], besonders die von Pollentia[63]), Parma[64]), Mutina[65]), Patavium[66], Altinum[67]) und Aquileja[68]). Trotz dieser bedeutenden einheimischen Production wurde fremde Wolle theils verarbeitet, theils roh in grossen Quantitäten in Rom eingeführt, einestheils aus Griechenland, wo die Schafzucht überall blühte, besonders aber Attica[69]), Megara[70]) und Laconica[71]) feine Waaren lieferte, anderentheils aus Kleinasien, wo die Wolle von Milet[72]) und Laodicea[73]), deren Fabrication von beiden Städten als Monopol betrieben zu sein scheint[74]), ferner die von Selge in Pisidien[75]) und Colossae[76])

61) Varro de L. L. IX, 39. vgl. Hor. Od. III, 16, 35.
62) Plin. N. H. VIII § 190.
63) Colum. VII, 2, 4. *nigri velleris* Plin. N. H. VIII § 191. Mart. XIV, 157. Sil. Ital. VIII, 599 *fuscique ferax Pollentia villi*.
64) Col. VII, 2, 3. Mart. II, 43, 4. V, 13. XIV, 155.
65) Col VII, 2, 3. Einen Beweis von den blühenden Geschäften in Mutina giebt der *fullo* bei Martial. III, 59, welcher der Bürgerschaft ein *musaeus* veranstaltete. 66) Nach Strabo V p. 218 liefert Mutina feine Wolle, die Ligurer und Insubrer grobe, die Pataviner mittlere, woraus Decken, ferner *γαυσάπαι* και τὸ τοιοῦτον εἶδος πᾶν, ἀμφίμαλλον καὶ *ἑτερόμαλλον* gemacht werden.
67) Colum. VII, 2, 3. Mart. XIV, 153. Tertull. de pallio 3.
68) Am Timavus Mart. VIII, 28, 7.
69) Varro de r. r. II, 2, 18. Laberius bei Non. p. 212, 21, wo die unvollständig angeführten Verse zu lesen scheinen:
— — *ail refert, mollem ex lanitia Attica*
An pecore ex hirto 'crassum' vestitum geras.
Für feine und grobe Schafe sind die technischen Ausdrücke *pecus Tarentinum* und *hirtum* (Colum. I pr. 26), *molle pecus* und *hirtum pecus* Col. VII, 1, welcher Gegensatz verloren geht, wenn man mit Ribbeck liest:
An pectore ex hircorum vestitum geras.
Vgl. Plut. de auditione Vol. VI p. 138 R. ὁμοιός ἐστι μὴ βουλομένῳ — ἱμάτιον περιβαλέσθαι χειμῶνος, εἰ μὴ προβάτων Ἀττικῶν εἴη τὸ ἔριον.
70) Dion. Luert. VI §. 41. 71) Hor. Od. II, 18, 7.
72) Die Wolle von Milet wird sehr oft gerühmt. Schon die Sybariten bezogen Stoffe von dort (Athen. p. 519b); *Milesia vellera* erwähnt Virgil Ge. IV, 334, purpurfarbige Wolle von Milet derselbe Ge. III, 306. Eustath. ad Dionys. 825: ἔρια δὲ ὁ τόπος οὗτος φέρει ἀγαθά, ὅπερ καὶ εἰς παροιμίαν κεῖται τὰ Μιλήσια στρώματα. Tzetzes Chil. X, 848
Τὸ παλαιὸν περὶ στρωμνῆς ἦν τῇ Μιλήτῳ φήμη
Ἔρια τὰ Μιλήσια κάλλιστα γάρ τῶν πάντων.
Colum. VII, 2, 3. Plin. VIII § 190. Mart. VIII, 28, 19. Tertull. de cultu fem. I, 8, de pall. 3 und mehr bei Yates I p. 36—37.
73) Plin. VIII § 190. Strabo XII 578. Hieronymus adv. Jovinian. II, 21. Expositio totius mundi c. 28 Goth. Ed. Diocl. XVI, 9—11 und dazu Mommsen S. 37.
74) Cic. in Verr. Act. I, 34, 86: *Nam quid Milesiis lanas publicas abstulerit — dicere praetermittam*. Und von Laodicea sagt Strabo XII p. 578: ὥστε καὶ προσοδεύονται λαμπρῶς ἀπ' αὐτῶν (τῶν ἐρίων).
75) Tertull. de pall. 3. 76) Strabo XII p. 578.

in römischer Zeit für die beste gilt und auch circassische
Wolle vom Caucasus im Handel war[57]); endlich kamen grobe
Stoffe aus Gallien[76]) und feine Gewebe sowie rohe feine Wolle
aus Baetica[79]), namentlich aus Corduba[80]) und Turdetania[81]),
endlich aus Lusitanien[82]). Gesucht waren diese verschiedenen Gattungen theils ihrer Feinheit, theils ihrer natürlichen
ächten Farbe wegen, die eine weitere Färbung unnöthig machte;
so war die canusinische Wolle braun[83]) oder roth[84]), die von Pollentia schwarz, die asiatische röthlich[85]), die von Baetica gelbbraun[86], oder grau, und es giebt für Wollenfarben ganz besondere Namen, wie color Mutinensis, graubraun[87]), color spanus

---

877) Schon Hipponax, der um 548 in Ephesus lebte, sagt fr. 8 Bergk
(bei Tzetzes Chil. X, 878) von einer Frau:
    Κοραξικόν μὲν ἡμιφθισμένη λῶπος.
Yates I p. 39 f. hat nachgewiesen, dass die Corari, die noch jetzt Choraiskai heissen, in Colchis am Nordabhange des Elborus wohnten und
ihre Waaren nach Dioscurias zu Markte brachten, von wo sie nach Milet
gingen. Es ist nur fraglich, ob unter dem Κοραξικόν λῶπος ein circassischer Stoff oder ein Gewand von der Farbe circassischer Wolle zu verstehen ist. Wie Κόραξ als Name eines Pferdes (Annali d. inst. 1855 p. 68)
und eines Hundes (Bull. d. inst. 1863 p. 189) offenbar zur Bezeichnung
der Farbe vorkommt, so hat auch die korazische Wolle wohl von der
Farbe ihren Namen; denn sie kommt nicht allein aus Kleinasien, sondern
auch aus Spanien. Strabo XII p. 676: φέρει δ' ὁ περὶ τὴν Λαοδίκειαν
τόπος προβάτων ἀρετὰς οὐκ εἰς μαλακότητα μόνον τῶν ἐρίων, ᾗ καὶ τῶν
Μιλησίων διαφέρει, ἀλλὰ καὶ εἰς τὴν κοραξὴν χρόαν, ὥστε καὶ προσοδεύονται λαμπρῶς ἀπ' αὐτῶν, ὥσπερ καὶ οἱ Κολοσσηνοὶ ἀπὸ τοῦ ὁμωνύμου χρώματος πλησίον οἰκοῦντες. Und von Turdetaniern sagt er III p.
144: πολλὴ δὲ καὶ ἐσθὴς πρότερον ἤρχετο, νῦν δὲ ἔρια μᾶλλον τῶν κοραξῶν. Ein Kleid aus Iberia, das ebenfalls am Caucasus liegt, erwähnt indessen Virg. Aen. IX, 579:
    pictus acu chlamydem et ferrugine clarus Ibera
und dazu Servius: ferrugo coloris genus est — Hibera autem modo non
Hispana sed Pontica. Nam Hiberia pars Ponti est.
78) Von diesen wird weiter unten die Rede sein. S. auch Yates I
p. 111. 79) Juv. 12, 43. Plin. N. H. VIII § 191. Martial. VIII,
28, 8. XII, 65, 5.
80) Colum. VII, 2, 4. 81) Strabo III p. 144. 82) Plin.
N. H. VIII § 191.
83) fusca Mart. XIV, 127, fulvi coloris Plin. N. H. VIII § 191.
84) Mart XIV, 129. Suet. Ner. 30.
85) oves rutilae in Asien Plin. N. H. VIII § 191.
86) Martial. IX, 61, 2 von Corduba:
    Vellera nativo pallent ubi flava metallo
vgl. XII, 63, 5: Und von einem blonden Mädchen V, 37, 7:
    quae crine vicit Baetici gregis vellus
    Rhenique nodos aureamque nitellam
vgl. XII, 98, 1. XIV, 133.
87) Non. p. 548, 17: impluviatus color, quasi fumato stillicidio im-

oder *nativus*, grau⁸⁵⁵), und κοραξῖ χρόα, wie es scheint, glänsend-schwarz⁸⁶).

2. Ziegenhaar.

Von viel geringerer Bedeutung als Webestoff ist das Ziegenhaar. Zwar war die Ziege im Alterthum als Hausthier noch verbreiteter als das Schaf; sie lieferte Milch, Käse und Fleisch, Hirten und Landleuten auch das Fell zur Kleidung, aber geschoren wurden überhaupt nur gewisse langhaarige Sorten, wie sie in Phrygien, Cilicien⁹⁰), Africa⁹¹) und Spanien⁹²)

---

pullus, qui est Multinensis, quem nunc dicimus. Plautus in Epidico (II 2, 48):
  Impluviatam, ut istac faciunt vestimentis nomina.
Von der Farbe benannt sind wohl auch die χλαμὺς μεσονησία Ed. Dioc l. XVI, 46, 47. 56. 57. γλανὶς μεσσονησία ib. 74. 75. φιβουλατόριον μεσσονήσιον ib. 78.
886) Non. p. 549, 30: *Pullus color est, quem nunc spanum vel nativum dicimus.* Mart. I, 96, 5:
  Amator ille tristium lacernarum
  Et baeticatus atque leucophaeatus.
89) Die Ansicht von Salmasius ad Tertull. de pall. p. 215, dass κοραξός von κόραξ komme und rabenschwarz bedeute, welche in die neueren Lexica übergegangen ist, hat keinen Halt. Κοραξός ist ein Ethnicon, das von der Farbe ausser in den A. 877 angeführten Stellen auch bei Plut. de fluv. 18, 8 p. 94 Dübner (λίθος — τῇ χρόᾳ κοραξός) und 11, 4 λίθος — κοραξοὶ τὴν χρόαν vorkommt; dass es eine eigene Art schwarzer Farbe ist, sagt allein Eustathius Opusc. p. 226, 43: Σεμνύνονται γοῦν καὶ ἐν ἱεροῖς μελανουγίαι τὰ κοραξᾶ οὐχ ἁπλῶς, ἀλλὰ παραδόσει τῇ πρὸς ἱερεῖα μέλανα. Ist dies richtig, so kann allerdings damit identisch sein τὸ χρῶμα κοράκινον, Bekker Anecd. I p 104, 11. Vitruv. VIII, 8, 14: *pecora — procreant alits locis leucophaea, aliis locis pulla, aliis coracino colore*: also verschieden von *pullus*. Digest. XXXII, 1, 78 § 5: *Coccum quod proprio nomine appellatur, quin versicoloribus cederet, nemo dubitavit: quin etiam porro coracinum aut hysginum aut melinum suo nomine quam coccum purpurave designatur.*
90) Varro de r. r. II, 11, 11: *capra pilos ministrat ad usum nauticum et ad bellica tormenta et fabrilia vasa. Neque non quaedam nationes harum pellibus sunt vestitae, ut in Gaetulia et in Sardinia. Cuius usum apud antiquos quoque Graecos fuisse apparet, quod in tragoediis senes ab hac pelle vocantur διφθερίαι et in comoediis, qui in rustico opere morantur. — Tondentur, quod magnis villis sunt, in magna parte Phrygiae, unde cilicia et cetera eius generis fieri solent. Sed quod primum ea tonsura in Cilicia sit instituta, nomen id Cilicas adiecisse dicunt.* Col. I pr. § 26. Plin. N. H. VIII § 203.
91) Virg. Ge. III, 311:
  Nec minus interea barbas incanaque menta
  Cinyphii tondent hirci saetasque comantes
  usum in castrorum et miseris velamina nautis,
welchen letzten Vers Colum. VII, 6, 2 und Ascon. ad Verr. I p. 185 Or. anluhren.
92) Avienl Ora Mar. I, 218—221.

vorkommen, und auch diese Haare gaben nur grobe Fabricate, Taue⁹³), Seile für den Gebrauch der Tormenta⁹⁴) und Sacktuch oder Haartuch, das von den cilicischen Ziegen den Namen *cilicium* erhalten hat⁹⁵), und woraus man grobe Mäntel⁹⁶), Säcke und Beutel⁹⁷, Vorhänge zum Schutz der Häuser gegen das Wetter⁹⁸), Decken zum Schlafen⁹⁹), im Kriege Schutzdecken gegen Feuer und Pfeile⁹⁰⁰), grobe Tücher zum Abreiben des Viehes¹) und Filzschuhe²) anfertigte.

---

93) Geopon. XVIII, 9: ἡ δὲ θρὶξ ἀναγκαία πρός τε σχοίνους καὶ σάκκους καὶ τὰ τούτοις παραπλήσια καὶ εἰς ναυτικάς ὑπηρεσίας, οὔτι κοπτόμενα ῥᾳδίως οὔτε σηπόμενα φυσικῶς ἐὰν μὴ λίαν καταλιγωσηθῇ.
94) Varro s. e. O. Vgl. Th. III, 2 p. 465.
95) Ascon. in Cic. Verr. p. 185 Or. *Cilicia texta de pilis.*
96) Varro s. a. O. Philargyr. ad Virg. G. III, 313. Solin. 38, 2 von den Arabern: *ipsa autem tentoria cilicia sunt: ita nuncupant velamenta caprarum pilis texta.* Isidor. Or. XIX, 26, 10: *Cilicia Arabes nuncupant velamenta pilis caprarum contexta, ex quibus tentoria faciunt.* Glossarium Nomic. im Londoner Stephanus IX p. 463: Κιλικία· Τράγοι ἀπὸ Κιλικίας, οἱ δασεῖς· — ὅθεν καὶ τὰ ἐκ τῶν τριχῶν συντιθέμενα κιλίκια λέγονται.
97) Yates I p. 444 bemerkt, dass der Ausdruck δέρρεις τρίχιναι der Septuaginta Exod. XXVI, 7—13. XXXVI, 14. 15 in der Vulgata durch *Saga de pilis caprarum* wiedergegeben wird. Im Orient trägt man in der Zeit der Trauer und der Busse σάκκοι (s. d. St. bei Yates I p. 442), aber auch das *Sagum* der Römer ist, wie Yates bemerkt, wohl stammverwandt mit σάκκος.
98) Dig. XXXIII, 7, 12 § 17: *Vela autem cilicia instrumenti esse Cassius ait, quae ideo parantur, ne aedificia vento vel pluvia laborent.* Vgl. XIX, 4, 17 § 4.
99) Hieronym. ep. 97 ad Demetriadem Vol. IV, 2 p. 784 Ben. *nunquam eam linteamine, nunquam plumarum usam mollitie, sed ciliciolum in nuda humo habuisse pro stratu.*
900) Servius ad Virg. Ge. III, 313: *de ciliciis et polluntur loricae et teguntur tabulata turrium, ne inctis facibus ignis possit adhaerere.* Vegetius de re mil. IV, 6: *Deinde per propugnacula duplicia saga ciliciaque tenduntur, quae impetum excipiunt sagittarum.* Liv. XXXVIII, 7, 10: *intersepientibus cuniculum — nunc ciliciis praetentis nunc foribus raptim objectis.* Sisenna bei Non. p. 91, 27: *Puppis aceto madefactis centonibus integuntur, quas supra perpetua classi suspensa cilicia obtenduntur.* Ammian. Marc. XX, 11: *defensores obtentis ciliciis, ne conspiceretur ab hostibus, laesbant intrinsecus.* XXIV, 2: *Tum defensores — per propugnacula ciliciis undique laxius pansis, quae telorum impetus cohiberent — validissime resistebant.*
1) Vegetius de arte vet. II, 14 :1, 42; 9.
2) Martial. XIV, 140.

3. Leinen.

Flachs ist am frühesten und immer am besten in Aegypten cultivirt worden. Die Aegypter kleideten sich in Leinwand[903], und namentlich die Priester trugen weisse[4] leinene Unter- und Oberkleider[5]; Panopolis[6], nördlich von Theben, Alexandria[7], Tanis, Pelusium, Butos, Tentyris[8], Casium[9] und Arsinoe[10] waren durch Fabrication von Leinwand berühmt, in den Tempeln selbst waren Webereien. Die Bearbeitung des Flachses wird auf einem Grottenbilde von El Kab in allen Einzelheiten dargestellt[11], und Leinenwaaren bildeten einen wesentlichen Gegenstand des ägyptischen Exporthandels[12]. Doch scheint auch in Aegypten die Leinenindustrie nur ein relativ hohes Alter zu haben: denn die ältesten der bekannten Mumien sind in Schafwolle gewickelt und erst in der 12. Dynastie beginnen die leinenen Binden, welche von da

---

903) Herodot II. 37: εἵματα δὲ λίνεα φορέουσι αἰεὶ νεόπλυτα ἐπιτηδεύοντες τοῦτο μάλιστα. II, 81: Ἐνδεδύκασι δὲ κιθῶνας λινέους περὶ τὰ σκέλεα θυσανωτούς, οὓς καλέουσι καλασίρις· ἐπὶ τούτοισι δὲ εἰρίνεα εἵματα λευκὰ ἐπαναβληδὸν φορέουσι. οὐ μέντοι ἐς γε τὰ ἱρὰ ἐσφέρεται εἰρίνεα οὐδὲ συγκαταθάπτεταί σφι· οὐ γὰρ ὅσιον. Vgl. Ion bei Athen. p. 484ᵈ.
4) Apul. Met. XI, 9. 10.
5) Plutarch. de Iside et Osir. 4. Apul. de mag. 56: *Sed enim mundissima lini seges inter optimas fruges terra exorta non modo indutui et amictui sanctissimis Aegyptiorum sacerdotibus sed operitui quoque rebus sacris usurpatur.* Hieronymus in Ezech. 44. Vol. III p. 1099 Ben. *Vestibus lineis utuntur Aegyptii sacerdota non solum extrinsecus sed et intrinsecus.* Die Isis selbst ist linigera, Ov. ep. ex Pont. I, 1, 51. A. A. I, 77, und ihre Priester heissen *linigeri* Ov. Met. I, 747. Juv. 6, 533. Mart. XII, 29, 19. Vgl. Suet. Oth. 12. Apul. Met. II, 28. X, 10.
6) Strabo p. 813: *Πανῶν πόλις, λινουργῶν καὶ λιθουργῶν κατοικία παλαιά.*
7) Ed. Diocl. c. 17. 18 und dazu Mommsen S. 61.
8) Plin. N. H. XIX § 14. Das *Pelusiacum* erwähnt Sil. Ital. III, 24. 375.
9) Steph. Byz. s. v. Κάσιον. 10) (Arriani) per. mar. erythr. c. 6.
11) *Déscription de l'Egypte. Antiquités. Planches Tome* I pl. 66 und daraus bei Yates pl. VI p. 253.
12) Hadriani epistola bei Vopiscus Saturnin. 8: *genus hominum seditiosissimum. — civitas* (es scheint Alexandria) *opulenta, dives, fecunda, in qua nemo vivat otiosus. alii vitrum conflant, alii charta conficitur, alii linifiones, omnes certe cuiuscunque artis et videntur et habentur.* Trebell. Pollio n. Gallieni duo 8: *cum ei nuntiatum esset, Aegyptium desciviase, dixisse fertur: Quid? sine lino Aegyptio esse non possumus?* Das Linnen bezahlte in Aegypten eine Steuer, Vopisc. Aurel. 45, wahrscheinlich eine Gewerbesteuer, wie sich aus dem in dem Edictum Diocletiani c. 17 er-

an in Gebrauch geblieben sind*¹³]). Grobe Leinwand oder Segeltuch nennen die Griechen mit einem ägyptischen Namen¹⁴) φώσσων, feines Leinen aber ist *byssus*¹⁵), wiewohl diese Bezeichnung, welche von den Römern zuerst Plinius braucht, bei der Ungenauigkeit, mit welcher Griechen und Römer in der Anwendung fremder technischer Namen verfahren¹⁶), nicht immer auf die Leinwand beschränkt¹⁷), sondern zuweilen

wähnten Stempel der feinen Leinenwaaren schliessen lässt. Vgl. Movers Die Phönizier II, 3, 4 S. 249. 250 und die dort angef. St. Prochori *de Johanne Ev. historia* in *Monumenta S Patrum Orthodoxogr. Basil. fol.* Vol. I p. 46: καὶ καθελθὸν πλοῖον ἀπὸ Αἰγύπτου τὸν φόρτον ἐπιφερόμενον ἱματίων ἀπιφόρησιν ἐν Ἰόππῃ· ἐβούλετο δὲ ἐπὶ τοὺς δυτικοὺς τόπους διαπερᾶν.

13) S. Parthey zu Plutarch Ueber Isis und Osiris S. 158. Ueber die vielfältig angestellten Untersuchungen, ob die Mumien in Leinen oder auch in Baumwolle gewickelt sind, giebt eine Uebersicht Yates p. 256 — 264. Das Resultat ist, dass die Binden von Leinwand sind. Vgl. C. Ritter Abh. der Berliner Acad. 1854. Phil. Hist. Abth. S. 316—380.

14) Pollux VII, 71.

15) Die Ansicht von J. R. Forster *Liber singularis de bysso antiquorum. Londini* 1776. 8, welcher *byssus* für Baumwolle erklärt, ist gründlich widerlegt worden von Yates p. 267—290. Er führt namentlich an, dass bereits Aeschylus Sept. c. Th. 1039 der Antigone ein φύσσινον πέπλωμα, Euripides Bacch. 821 den Bacchanten φυσσίνους πέπλους giebt; bei welcher letzteren Stelle noch zu erwähnen ist, dass auch die Orphiker leinene Kleider trugen (Apul. de mag. 16);, sodann, dass Herodot II, 86 die Mumien einhüllen lässt σινδόνος φυσσίνης τελαμῶσι κατατετμημένοισι, dass bei Herodot VII, 181 ein Verwundeter verbunden wird σινδόνος φυσσίνης τελαμῶσι, was Baumwolle nicht gebraucht werden kann; dass Isis nach Diodor. I, 85 die Glieder des Osiris in *byssine* wickelt [vgl. Apul. de mag. 56: *Isi segax — opertui quoque robus sacris usurpatur*], dass die goldene Kuh, das Abbild der Isis, mit einem schwarzen Byssusgewande (ἱματίῳ μέλανι φυσσίνῳ Plut. de Is. et Os. 39) umhüllt wird, dass das grosse Schiff des Ptolemäus Philopator, das Athenaeus p. 206* beschreibt, ein Segel von Byssus (φύσσινον ἱστίον) hatte, dass nach der Inschrift von Rosette bei Letronne Recueil I p. 244 lin. 29, 23 die Webereien der Tempel φυσσικὰ ὀθόνια an den König lieferten (s. Th. III, 2 S. 150 Anm. 327), dass es von dem Hohenpriester der Juden bei Philo de somn. I. 37 p. 658 Mang. heisst: τὴν μὲν ποικίλην ἐσθῆτα ἀπαμφιέννυται, λινῆν δὲ ἑτέραν, φύσσου τῆς καθαρωτάτης πεποιημένην ἀναλαμβάνει, und von den jüdischen Priestern bei Josephus Ant. III, 7, 2: Ἐπὶ δὲ τούτῳ λίνεον ἔνδυμα διπλῆς φορεῖ σινδόνος φυσσίνης· χιθομένη μὲν καλεῖται, λίνεον τοῦτο σημαίνει· χεθὸν γὰρ τὸ λίνον ἡμεῖς καλοῦμεν. Ueber die letzten Stellen und über die Bedeutung des hebräischen *shesh* ist viel gestritten. Ritter a. a. O. S. 347 erklärt es für Baumwolle, Movers Die Phönizier II, 3, 1 S. 243 für ägyptische Leinwand.

16) Plin. N. H. XIX § 14 rechnet das *gossipion*, welches der eigentliche Ausdruck für Baumwolle ist, zu den Arten des *linum* und sagt *vestes inde sacerdotibus Aegypti gratissimae*.

17) Als Leinen beschreibt den *byssus* offenbar Paulinus, Bischof von Nola (um 400 p. Chr.), Ad Cytherium in Max. bibl. patr. VI p. 264:

fälschlich auf baumwollene Zeuge verschiedener Art angewendet worden ist[18]). Ausser Aegypten producirten Flachs Colchis[19], Babylonien[20] und Judaea[21]); nach Rom kamen Leinenwaaren bester Qualität aber namentlich aus Scythopolis oder Skytopolis (bei Damaskus), Byblus und Laodicea in Syrien und aus Tarsos in Cilicien[22]). In Griechenland scheint Flachs wenig oder gar nicht gebaut worden zu sein[23]); dagegen war er einheimisch in Africa[24]), Spanien[25]), Gallien[26]) und

---

Contexta bysso vestis irruptam fidem
Signat valenti stamine
Nam fila byssi fortiora et sparsis
Feruntur exo funibus.

und Isidor Or. XIX, 22, 13. XIX, 27, 9: *Byssum genus est quoddam lini — quod Graeci papaten* (lies παππώδη) *vocant*.

22) Eine Hauptstelle ist Philostratus V. A. II, 20; τὴν δὲ βύσσον φύεσθαι δένδρον φασίν. Im Uebrigen verweise ich auf Yates p. 274—279. Der in Judaea gezogene *byssus* ist weder Flachs noch eigentliche Baumwolle, sondern kommt von einer noch jetzt in dem Küstengebiete des mittelländischen Meeres gezogenen krautähnlichen Staude, welche jährlich gesäet wird. S. Movers Die Phönizier II, 2, 1 S. 218. 219. Eine Beschreibung derselben aus dem J. 1574 findet sich in Reisen und Gefangenschaft Hans Ulr. Krafits, herausg. v. Hassler Stuttg. 1861. 8. S. 99 f.

19) Herod. II, 105. Xenophon de vectaL 2, 4. Pollux V, 26. Strabo p. 498.   **20)** Herod. I, 195. Strabo p. 746.

21) oft erwähnt. S. die Stellen Yates p. 261 ff. Movers Die Phönizier Bd. II Th. 2, 1 S. 246 f

22) Im Edict des Diocletian *de pretiis rerum venalium* c. 17. 18 werden als die besten Leinensorten bezeichnet die von Skytopolis, Byblus, Laodicea, Tarsus und Alexandria. Vgl. Tollus *orbis descriptio* ed. Gothofred. 1628 § 19 *Scitopolis, Ladicia, Biblus, Tipus* (Tyrus zu lesen nach Mommsen zum Ed. d. Diocl. p. 61), *Beritus, quae linteamen omni orbi terrarum emittunt*, und mehr bei Movers Die Phönizier II, 2, 1 S. 217. 218. In Scythopolis waren im vierten Jahrh. kaiserliche Leinweberelen. Cod. Th. X, 20, 8.

23) *Byssinum linum* producirt Elis. Plin. N. H. XIX § 20. Pausan. V, 5, 2: θαυμάσαι δ᾿ ἄν τις ἐν τῇ γῇ τῇ Ἠλείᾳ τὴν τε βύσσον, ὅτι ἐνταῦθα μόνον, ἑτέρωθι δὲ οὐδαμοῦ τῆς Ἑλλάδος φύεται — ἡ δὲ βύσσος ἡ ἐν τῇ Ἠλείᾳ λεπτότητος μὲν ἕνεκα οὐκ ἀποδεῖ τῆς Ἑβραίων, ἔστι δὲ οὐχ ὁμοίως ξανθή. VI, 26, 4: τὴν μὲν δὴ κανναβίδα καὶ λίνον καὶ τὴν βύσσον σπείρουσι. Allein dieser *byssus* scheint der hebräische, der Baumwollenstrauch, zu sein.

24) Xenoph. de ven. 2, 4. Pollux V, 26. Gratius Faliscus Cyneg. 84. 85. Vopisc. Aurel. 48.

25) Leinenfabricate kamen aus Emporium in Tarraconensis, einer Colonie von Massilia (Strabo p. 160), aus Tarraco (Plin. N. H. XIX § 10) und namentlich Setabis (Plin. N. H. XIX § 9), welches seine Tücherlieferte, *sudaria Saetaba* Catull. 12, 13. Vgl. Silius Ital. III, 374:

Saetabis et telas Arabum spreviss ruperba
Et Pelusiaco filum componere lino.
Gratius Faliscus Cyneg. 41.

26) *Atrebatum indumenta* (linea) erwähnt Hieronymus adv. Jovi-

Germanien[27]). In Italien soll es zu Pythagoras Zeit noch keine Leinwand gegeben haben[28]); später baute man Flachs nur deswegen weniger, weil er den Boden erschöpft[29]); indessen gedieh er in Gallia Cisalpina, Etrurien, Picenum und Campanien[30]) und wurde auch im Hause für den Bedarf der Familie gesponnen und gewebt[31]). Feine Leinwand zwar lieferte Italien immer wenig, aber man machte Segeltuch für den Gebrauch der Schiffer und zum Zwecke der *vela*, womit das Forum und die Theater gegen die Sonne geschützt wurden[32]); Garne und Schnüre[33]), Fischer[34])- und Jagdnetze[35]); Sacktuch zum Durchsieben[36]), Binden zu ärztlichem Gebrauch[37]) und dergleichen mehr. Auch kommen *libri lintei* schon im J. 444 v. Chr. in Rom[38]) und 293 v. Chr. bei den Samnitern vor[39]). Aber während die letzteren im J. 308 v. Chr. in weissen leinenen Röcken (*tunicae*) ins Feld ziehen[40]), haben die Römer lange Zeit kein anderes linnenes Kleidungsstück gehabt, als den Schurz (*subligaculum* oder *subligar*), welchen Frauen[41]) wie

---

nianum II ed. 1546 II p. 99, und Segeltuch machte man überall in Gallien. Plin. l. l. § 8.

27) Tac. Germ. 17. Plin. l. l. § 8.

28) Diogenes Laert. VIII, 1 § 19: τὰ γὰρ λινᾶ οὔπω εἰς ἐκείνους ἀφίκτο τοὺς τόπους.

29) Colum. II, 10, 17. Pallad. Octob. 3. Theophr. de c. pl. III, 6.

30) Plin. N. H. XIX § 9—13.

34) Dig. XXXII, 1, 70 § 44: *Lino autem legato iam factum quam infectum continetur, quodque netum, quodque in tela est, quod est nondum detextum.*

32) Plin. N. H. XIX, 4 § 1—2 und § 26. 24. *lintea* sind bei den Dichtern Segel.

33) Die Schnur, womit man den Brief verschliesst, heisst *linum*. Cic. in Cat. III, 5, 10. Plaut. Bacch. 745. 748. Pseud. 42., ebenso die Angelschnur. Ov. Met. XIII, 923.

34) Virg. Ge. I, 141. Ov. Met. XIII, 934. Juv. 4, 45.

35) Plin. N. H. XIX § 10. 11. Ov. Met. III, 158. VII, 768. 807.

36) Plin. N. H. XXI § 122. XXXIV § 172. Vgl. Th. V, 1 S. 844.

37) Columella VI, 16, 2.

38) Liv. IV, 7 und über diese Bücher Th. I S. 16. 17.

39) Liv. X, 36, 6.

40) Liv. IX, 40, 9. Die *legio linteata* der Samniten soll nicht von der Bekleidung, sondern von dem Zelt, in dem sie den Schwur leisteten, den Namen haben. Liv. X, 38, 12. Paulus p. 115.

41) Mart. III, 87, 4.

Männer[42]) trugen, und die Brustbinde (*amictorium*[43]), *taenia*[44]), *strophium*[45]), *fascia pectoralis*)[46]), die zur Frauentracht gehört. Zuerst und bereits in der Zeit der Republik begannen die Frauen das wollene Kleid mit dem linnenen zu vertauschen; Plinius erwähnt es als eine Familienüberlieferung der Serrani, dass die Frauen kein Linnen tragen[47]). Das Kleid, welches damals in Mode kam, war das Supparum[48]), d. h. eine *tunica talaris*, und zwar von den beiden Kleidern, die man damals bereits trug, das obere, denn das untere hiess nach Varro *subucula*[49]). Das Wort *supparum*, welches Varro fälschlich von *super* ableitet[50]), ist identisch mit *siparum*[51]) oder σίφαρος

---

[42]) Non. p. 89, 20: *Subligaculum est, quo pudendae partes corporis teguntur.* — M. Tull. de off. I (35, 129): *Scaenicorum quidem mos tantam habet veteris disciplina verecundiam, ut in scaenam sine subligaculo prodeat nemo.* Isidor. Or. XIX, 22, 5: *Haec et campestria nuncupantur, pro eo quod eisdem iuvenes qui nudi exercentur in campo, pudenda operiunt.* Die Diener bei Tische waren *succincti linteo* (Suet. Cal. 26). In den XII Tafeln hiess dieser Gurt *licium*. Paulus p. 117, 2. Gaius III, 192, 193.

[43]) Mart. XIV, 149.
[44]) Apulei. Met. X, 21 p. 928. Hild. Pollux VII, 65.
[45]) Non. p. 538 a. v. Catull. 64, 65. Cic. de har. resp. 21, 44.
[46]) Mart. XIV, 134. Ovid. A. A. III, 274. Prop. V, 9, 49.
[47]) Plin. N. H. XIX § 8.
[48]) Ausführlich handelt davon Roeper *M. Terentii Varronis Eumenidum reliquiae*, Danzig 1861. 4°. p. 12—16. Hauptstellen sind Nonius p. 540. 5: *Supparum est linteum femorale (humerale* Roeper) *usque ad talos pendens, dictum, quod subtus appareat.* — Novius *Paedio* (Ribbeck Com. Lat. fr. p. 224):
Supparum purum bollionsem [Ilas Melitensem] linteum, mi escam moram.
Afranius *Epistola* (Ribbeck I. 1. p. 164:
tace,
Puella non sum, supparo si induta sum?
19; Varro de L. L. V, 131: *Prius deia indutui, tum amictui quae sunt tangam.* — *Indutui alterum quod subtus, a quo subucula, alterum quod supra, a quo supparus.* — *Alterius generis item duo: unum quod foris ac palam, palla; alterum quod intus, a quo intusium.* Er sagt also, wie Becker *Gallus* III S. 131 richtig erklärt: die untere *tunica* der Frauen heisst *subucula*, die obere *supparus*; diese obere hat man aber von zweierlei Art, zum Ausgehen die *palla*, im Hause das *indusium*. Ebenso Varro bei Non. p. 542, 25: *Posteaquam binas tunicas habere coeperunt, instituerunt vocare subuculam et indusium* und bei Non. p. 548, 29: *Castula est palliolum praecinctui, quod nudas infra papillas praecingunter, quo mulieres nunc et eo magis utuntur, postquam subuculis destierunt.* Horat. epist. I, 1, 95:
*si forte subucula pexae
Trita subest tunicae, vel si toga dissidet impar,
Rides.*
[50]) So auch Isidori glossae (Isidori Opp. ed. Migne VII p. 1076) *Supparia, vestis quae superinduitur.*
[51]) Isidor. Or. XIX, 3, 4: *Siparum genus veli, unum pedem habens.* Festus p. 340ᵃ 19. Auch oft *supparum* geschrieben.

(das Segel) und vielleicht von den Oskern⁵²⁾, nach Rom gekommen; dass es aber ein leinenes Mädchen- oder Frauenkleid⁵³⁾ bezeichnet, das man über dem Unterkleide⁵⁴⁾ trug, ist hinlänglich bezeugt und geht auch hervor aus einer andern Stelle des Varro, in welcher er, wie es scheint, dem Serapis das rosige Gewand der Morgenröthe beilegend, sagt⁵⁵⁾:

auroral ostrinum hic indutus supparum.

Die Zunahme des Verkehrs mit den ausseritalischen Ländern⁵⁶⁾ brachte feines Linnenzeug immer mehr in Aufnahme. Ein feines Taschentuch brauchte man schon zu Ciceros Zeit⁵⁷⁾; Catull rühmt sich mehrmals damit⁵⁸⁾; bei Petron trägt es eine Frau um den Hals⁵⁹⁾; Nero hielt es sich vor das Gesicht, um nicht erkannt zu werden⁶⁰⁾; später blieb es unter sehr verschiedenen Namen⁶¹⁾ in Gebrauch, und im Circus und Theater wehten die Tücher, um den Beifall auszudrücken⁶²⁾, während man noch in augusteischer Zeit sich dazu des Zipfels der

---

52) Varro de L. L. V, 131.
53) S. oben Anm. 92. In dem anonymen Gedicht *Verba Achillis in Parthenone* bei Wernsdorf P. L. M. IV p. 425. Meyer Anth. L. 895 v. 23 sagt Achill:
Arma tegant nostrum potius quam suppara corpus
und bei Lucan II, 363 heisst es von Marcia, Frau des Cato:
humerisque haerentia primis
suppara nudatos cingunt angusta lacertos
54) Paulus p. 314 nämlich hält *supparum* für ein Hemde: *Supparus vestimentum puellare lineum, quod et subucula, id est camisia, dicitur.* Wie viel davon aus Festus ist, lässt sich aus dem sehr verstümmelten Artikel p. 310 nicht sicher ersehen.
55) Bei Non. p. 549, 12. Ueber die St. s. Roeper a. a. O.
56) Schon zu Verres Zeit wurde in Sicilien *vestis lintea* aus dem Orient eingeführt. Cic. Acc. in Verr. V, 56, 146.
57) Vatinius, vom Calvus angeklagt, brauchte ein *candidum sudarium* Quintil. VI, 3, 60.
58) *Sudaria Saetaba* Catull. 12, 14. 25, 7.
59) Petron. 67: *tunc sudario manus tergens, quod in collo habebat, applicat se toro (Fortunata).* 60) Suet. Ner. 48.
61) Mai Class. Auct. VIII p. 239: *facitergium, togilla, mappa, mappula, gausape, orarium, manutergium, brandium, manumundum, manupiarium.* Bei Arnobius II, 23 einmal *mucinium.* Das gewöhnliche Wort ist später *orarium.* Etym. M. s. v. φάσκων — ἢ προσεῖπον τι ἱμαγεῖον· λέγεται δὲ οὕτω καὶ ὁ παρὰ Ῥωμαίοις καλεῖται ὀράριον Augustin de c. d. XXII, 8. Dies trugen auch die christlichen Priester als Binde am linken Arm. Salmas. ad Vopisci Aurelien. 48. Vol. II p. 391 ff. ed. 1671.
62) Aurelian schenkte *oraria, quibus uteretur populus ad favorem.*

Toga bedient hatte⁶³). Auch im Hausgebrauch kommen nun alle Arten Tücher (*lintea*) vor, Tischtücher, Servietten und Handtücher (*mappae, mantelia*)⁶⁴), theils feine, theils auf einer Seite gefilzte (*villosa*)⁶⁵). Selbst die Kaiser trieben hierin einen Luxus, wie z. B. Alexander Severus ein Liebhaber leinener Zeuge war⁶⁶), und während noch bei Seneca⁶⁷) ein *linteatus senex* einen ägyptischen Priester bezeichnet, trug man im dritten Jahrhundert in Rom allgemein leinene *tunicae*⁶⁸) und im vierten wenigstens unter der wollenen *tunica* ein leinenes Hemde⁶⁹). In dem im Jahr 301 erlassenen Edict des Diocletian *de pretiis rerum venalium*⁷⁰) c. 17. 18 werden unter den damals gebräuchlichen Leinenwaaren spezificirt fünf vorzügliche Sorten, die aus Scythopolis bei Damaskus, aus Byblus, Laodicea in Syrien, Tarsus in Cilicien und Alexandria kommen und gestempelt sind, offenbar, weil von ihnen eine Abgabe gezahlt wird; und grobe Zeuge zum Gebrauch gewöhnlicher Leute (ἰδιῶται) und Sclaven. Die Waaren selbst aber, welche in dieser doppelten Qualität aufgezählt werden, sind Frauenröcke (δελματικαὶ γυναικεῖαι), Männerröcke (δελματικαὶ ἀν-

---

(Vopisc. Aurel. 48). Euseb. H. E. VII, 20 p. 229ᶜ Vales. nennt dies κατασείειν ταῖς ὀθόναις ἐν τοῖς θεάτροις.
963) Ovid. Amor. III, 2, 74:
El dato faciali undique signa togis.
64) S. Th. V, 1 S. 320, 321.
65) Virg. Aen. I, 702. Ge. IV, 377 und zur ersten Stelle Servius: *constat enim maiores mappas habuisse villosas*. Ov. F. IV, 929 *villis mantele solutis* (beim Opfer.) Sidon. Apoll. epist. V, 17 *tinteum villis onustum*, ein Handtuch. Mart. XIV, 138 *villosa lintea*, ein Tischtuch. Auch das *sudarium*, das man beim Rasiren braucht (Mart. XI, 39, 3), heisst griechisch ὠμόλινον Plut. de gerr. Vol. VIII p. 28 R. und dasselbe kommt als Badehandtuch zur Anwendung. *linteum* ein Handtuch Plaut. Most. I, 3, 110.
66) Vopisc. Al. Sev. 40: *Boni linteaminis oppritor fuit et quidem puri*
67) Seneca de V. B. 26, 8.
68) Aurelian schenkte dem Volke *tunicas albas manicatas ex diversis provinciis et lineas Afras atque Aegyptias puras*. Vopisc. Aur. 48. Vgl. c. 12, wo Valerian dem Aurelian zum Zweck der circensischen Spiele anweist *tunicas — lineas Aegyptias viginti*.
69) Augustin. Serm. 37 § 6: *Hoc coniicere audeo ex ordine vestimentorum nostrorum: interiora sunt enim linea vestimenta, lanea exteriora.*
70) Das Ed. Diocletians her. von Mommsen. Leipzig 1851. 8 (auch in den Berichten d. K. S. Gesellsch. d. Wiss. phil. hist. Cl. 1854) S. 36. 61. 62.

ὀρεῖαι ἢ κολόβια), Umwürfe oder Mäntel (ἀναβολαῖς), Schweiss-
tücher (facialia), Kapuzen (caracallae), Kopftücher für Frauen
(κεφαλοδέσμια), Bettücher (σινδόνες κοιτάριαι), Binden
(φασκίνια oder φασκεῖαι) und Badetücher (σάβανα). Die
Kaiser hatten eigne Webereien, sowohl im Orient[971]) als im
Occident[72]), in welchen von kaiserlichen Sclaven[73]) für den
Bedarf des Hofes gearbeitet wurde.

4. Baumwolle[74]).

Was wir der antiken Bezeichnung (ἔριον ἀπὸ ξύλου[75]),
lana arborea[76]) entsprechend, aber sonst unpassend Baumwolle
nennen[77]), ist ein Product Ostindiens[78]), das nach Plinius auch
in Oberägypten unter dem Namen gossypium oder gossipium
vorkam[79]). Im Sanskrit heisst die Baumwollenstaude Karpási,
die Baumwolle selbst Karpasá, und dieser Name scheint schon
früh durch die Phönizier nach Spanien gekommen zu sein, da
Plinius der Ansicht ist, dass die Carbasa in Spanien erfunden
seien[80]). Zu den Griechen gelangte eine genauere Kenntniss
der Baumwolle erst durch die Expedition Alexanders des Grossen[81]) und mit ihr das Wort κάρπασος[82]); den Römern wurde

---

971) Not. Dign. Or. p. 42 Boeck., wo *procuratores Linyfiorum* unter
dem *comes sacrarum largitionum* vorkommen.
72. Hier in Vienna in Gallien und in Ravenna. Not. Dign. Occ.
p. 49.
73) Euseb. Vit. Const. II, 84 und Mommsen z. Ed. Diocl. S. 64.
74) Yates p. 334—354. Ritter Ueber die geographische Verbreitung der Baumwolle. Erster Abschnitt. Antiquarischer Theil, in Abhandl.
d. Berliner Academie 1851. Philol. Hist. Abh. S. 297—339. H. Brandes
Ueber das Zeitalter des Geographen Eudoxos und des Astronomen Ge-
minos. Ueber die antiken Namen und die geographische Verbreitung der
Baumwolle im Alterthum. Zwei geogr. antiq. Untersuchungen. Leipzig
1866. 8. 75) Herod. III, 47. Pollux VII § 76.
76) *lanigeras arbores* Plin. N. H. XII § 88.
77) Baumwolle ist nämlich weder Wolle, noch kommt sie von einem
Baume. Die Pflanze ist ein gewöhnlich niedriger Strauch.
78. Herodot. III, 106. Varro bei Serv. ad Aen. I, 649. Philostratus V. A. III, 15. Brandes S. 196.
79) Plin. N. H. XIX § 14. Ritter e. o. O. S. 326.
80) Plin. N. H. XIX § 10. Brandes S. 111.
81) Die Pflanze beschreibt Theophrast H. pl. IV, 4. 7. IV, 7, 6.
Ferner erwähnt sie Aristobulus, der Begleiter Alexanders, bei Strabo
p. 694, Nearch bei Strabo p. 693 und bei Arrian Hist. Ind. 16.
Plin. XII § 25. 38. 39. XIX § 14.
82) Strabo XV p. 719: Ἰνδοὺς ἐσθῆτι λινῇ χρῆσθαι καὶ σινδόσι

sie, wenn nicht schon früher, so doch gewiss bekannt in den asiatischen Kriegen, also etwa seit 190 v. Chr. Um diese Zeit braucht das Wort schon der Komiker Caecilius Statius[82]) und von da ab ist es völlig eingebürgert in der lateinischen Sprache und wird theils genau von indischen Fabrikaten[84]), theils von feinen Vorhängen und Zeltbekleidungen, deren man sich, wie im Orient[85]), so auch in Italien bediente[86]), theils ganz ungenau einerseits von den Segeln der Schiffe[87]) und den Vela der Theater[88]), andererseits von beliebigen feinen Zeugen[89]) gebraucht, bei welchen die Römer um so weniger den Stoff unterschieden, als die Baumwolle überhaupt im Alterthum für eine Art Leinen angesehen wurde[90]).

λιναῖς καὶ καρπάσοις. Arrian[i] Peripl. Mar. Er. 41: *Πολυφόρος δὲ ἡ χώρα — καὶ καρπάσου καὶ τῶν ἐξ αὐτῆς Ἰνδικῶν ὀθονίων τῶν χυδαίων.* Schol. Aristoph. Lys. 733 (730) *ἔστι δὲ σφόδρα λεπτὸν, ὑπὲρ τὴν βύσσον ἢ τὴν κάρπασον.*

83) Bei Non. p. 548, 14. *Carbasina, molochina, ampelina.*

84) Curtius VIII, 9, 21 von den Indern: *Corpora usque pedes carbaso velant* und vom König § 24: *distincta sunt auro et purpura carbasa, quae indutus est.* Von denselben Lucan III, 239:

Fluxa coloratis adstringunt carbasa gemmis

und ähnlich Propert. V, 3, 64.

85) So wird der Hof im Pallast des Ahasverus in Susa mit Vorhängen geschmückt. Esther 1, 6 in der Ueebrs. der Septuaginta: *κεκοσμημένη βυσσίνοις καὶ καρπασίνοις τεταμένοις ἐπὶ σχοινίοις βυσσίνοις καὶ πορφυροῖς.*

86) Cic. acc. in Verr. V, 12, 30: *Nam in ipso aditu atque ore portus — tabernacula carbaseis intenta velis collocabat.* vgl. V, 31, 80.

87) Sehr häufig. Die Stellen s. bei Yates.

88) Lucret. VI, 109. Plin. N. H. XIX § 23.

89) Von einer Vestalin Aemilia aus unbestimmter, aber doch alter Zeit erzählt Val. Max. I, 1, 7: *cum carbasum, quem optimum habebat, foculo imposuisset, subito ignis emicuit.* Auch Propert. V, 11, 54 erwähnt dieselbe Begebenheit mit denselben Worten:

exhibuit vivos carbasus alba focos.

Während aber diese beiden ein Tuch zu bezeichnen scheinen, was *carbasus* öfters heisst (Tibull. III, 2, 21), so macht Dionys. II, 68 eine *καρπασίνη ἐσθής, ἣν Φρύγες ἐνδεδυκυῖα* daraus, obwohl bei einer Vestalin alter Zeit an ein leinenes oder baumwollenes Kleid schwerlich gedacht werden kann. Sonst ist *carbasus* allerdings ein Kleid von feinem Stoff, wie Virg. Aen. VIII, 34 es dem Gotte Tiberis zuschreibt,

— cum tenuis glauco velabat amictu

carbasus.

Vgl. XI, 776. Statius Theb. VII, 659. Valer Flacc. Arg. VI, 225. Apul. Met. VIII, 27.

90) Plin. N. H. XIX § 14: *Superior pars Aegypti in Arabiam vergens gignit fruticem, quem aliqui gossipion vocant, plures xylon, et ideo lina inde facta xylina.* So redet Propert. von *carbasa lina* und Auson. Eph. parechma. 1. von einer *lintea sindon*.

Der indische Musselin, ein Fabrikat der indischen Weberkaste, dessen technische Bezeichnung *carbasus* ist, eignete sich besonders, und mehr als Leinen zum Färben; wie z. B. Indigo auf Leinen dunkel wird, auf Baumwolle aber seinen ganzen Farbenglanz behält[91]). Der Umstand, dass die bunten feinen Baumwollenzeuge zu den Griechen und Römern auf verschiedenen Wegen gelangten, nämlich zu Lande über Tyrus[92]), zur See über Aegypten, hat C. Ritter zu der Vermuthung geführt, dass aus diesen beiden Handelswegen die Ausdrücke σινδών, *sindon*, und ὀθόνη, von welchen der erstere bei den Römern selten[93]), bei den Griechen aber seit Herodot häufig, der letztere schon bei Homer[94], vorkommt, zu erklären seien. *Sindon* nämlich habe seinen Namen von *Sindhu*, der einheimischen Benennung des Indus[95]), welche auch dem Plinius[96]) bekannt ist, und sei eine geographische Bezeichnung baumwollener Zeuge, die zur See aus Indien kamen, wie bei uns *Indienne*, *Musselin* (von *Mosul*, *Calico* (von *Calicut*); ὀθόνη dagegen sei ein dem griechisch-arabischen Landhandel angehöriger Name der Baumwolle, die arabisch *Kutn*, in den neueren Sprachen *Coton*, *Katun* heisse. Allein abgesehen von der Unannehmbarkeit der letzteren Ableitung erledigt sich diese Ansicht dadurch, dass, wenngleich die namentlich in dem Periplus des rothen Meeres[97]) oft erwähnten indischen σινδόνες und ὀθόναι für Baumwollenzeuge zu halten sind[98]), in dem Begriffe beider Worte eine Bezeichnung eines Stoffes überhaupt nicht zu suchen

---

91) Ritter a. a. O. S. 889.
92) Ezech. 27, 24.
93) Mart. II, 16, 8. IV, 19, 2. Auson. Ephem. Parecbasis 1.
94) Hom. Il. III, 141. XVIII, 593. Od. VII, 107.
95) Lassen Ind. Alterthumsk. 1 S. 36 A. 4. Ritter a. a. O. S. 830.
96) Plin. N. H. VI § 71.
97) Der Periplus Maris erythr. erwähnt c. 6 ὀθόνιον Ἰνδικὸν τὸ πλατύτερον, c. 24 ὀθόνιον, c. 31 ὀθόνη Ἰνδική, c. 32 ὀθόνιον, c. 39 ὀθόνιον vom Indus, und c. 41 heisst es von einer Gegend am Indus: Πολυάφορος δὲ ἡ χώρα — καὶ καρπάσου καὶ τῶν ἐξ αὐτῆς Ἰνδικῶν ὀθονίων τῶν χυδαίων. — Μητρόπολις δὲ τῆς χώρας Μιννάγαρα, ἀφ' ἧς καὶ πλεῖστον ὀθόνιον εἰς Βαρύγαζα κατάγεται. c. 48 werden wieder erwähnt: σινδόνις Ἰνδικαὶ — καὶ ἱκανὸν χυδαῖον ὀθόνιον. c. 49 ὀθόνιον παντοῖον. c. 51 ὀθόνιον πολύ — καὶ σινδόνων παντοῖα c. 56 ὀθόνια Σηρικά. Und vom Ganges kommen (c. 63) σινδόνες αἱ διαφορώταται, αἱ Γαγγητικαὶ λεγόμεναι.
98) Brandes a. a. O. S. 112.

ist[999]). Denn sowohl σινδών als ὀθόνη bedeutet ein Stück Zeug oder Tuch, das von *Byssus*, Linnen, Baumwolle oder den weiter unten zu besprechenden Fasern der *Pinna* sein kann[1000]).

Dass auch rohe Baumwolle in Vorderasien, Aegypten und selbst im Occident zum Zweck der Verarbeitung eingeführt wurde, ist wenigstens wahrscheinlich. In Tralles in Carien, Antinoupolis in Aegypten und Damaskus in Syrien machte man Bettpfühle (τύλαι) und Kopfkissen, die exportirt wurden[1]). τύλη kommt aber von dem Sanskritwort *tula*, welches erstens das Gewicht und zweitens die Baumwolle, und zwar rohe Baumwolle, die nach Gewicht verkauft wird, bedeutet[2]) ; die Kissen werden daher mit Baumwolle gestopft gewesen sein, wozu sich schon die Macedonier auf dem Zuge Alexanders der Baumwolle bedienten[3]. ; auf Malta aber, einer Colonie der Phönizier und später einem Besitze der Carthager, gab es berühmte Fabriken feiner Zeuge (ὀθόνιαι)[4]), die unter dem Namen der *vestis Melitensis*[5]) in Rom bekannt waren und auch, nach-

---

999) Gegen beide Ableitungen Ritters erklärte sich schon Movers Die Phoenizier II, 3, 1 S. 319. Die Bedeutung von σινδών und ὀθόνη bespricht ausführlich Brandes a. a. O. S. 103, der namentlich nachweist, dass fertige Stücke, z. B. eine Serviette, ein Segel, eine Fahne, σινδών genannt werden. Dasselbe geht hervor aus dem pariser Papyrus vom J. 463 vor Chr. in *Notices et Extraits* XVIII, 2 (1865) n. 52. 38. 34, wo in einer Vorrechnung wiederholentlich aufgezählt werden: ὀθόνια β', χιτωνίς β', ἐμμαγῆα (Handtücher), σινδόνες β', ὀθόνιον ἐγκοιμήτριον (ein Belt-laken), ὀθόνια β', καὶ βαπτὰ β' u. s. w.
1000) Brandes a. a. O. S. 105.
1) Ed. Diocl. XVIII, 46: τύλη μετὰ προςκεφαλαίου Τραλιανή] ἤτοι Ἀντινόη ἢ Δαμασκηνή.
2) Nach dem Petersburger Wörterb. heisst *tula* die Rispe, der Büschel am Grashalm, dann die Baumwolle, endlich der aus Baumwolle gefertigte Docht, *tulika* eine mit Baumwolle gefüllte Matratze, *indratula* ein Baumwollenflocken.
3) Strabo p. 693 a. E.
4) Diodor. V, 12: τεχνίτας τε γὰρ ἔχει παντοδαποὺς ταῖς ἐργασίαις, κρατίστους δὲ τοὺς ὀθόνια ποιοῦντας τῇ τε λεπτότητι καὶ τῇ μαλακότητι διαπρεπῆ. — ἔστι δὲ ἡ νῆσος αὕτη Φοινίκων ἄποικος.
5) Bei Lucret. IV, 1129:
Et bene parta patrum fiunt anademata, mitrae,
Interdum in pallam ac Melitensia Ceaque vertunt.
Ist freilich *Melitensia* Conjectur. Die Hdschr. haben atque aliensia. Allein Lachmanns Vermuthung atque alidensia ist unerwiesen und heilt die Stelle nicht. *Mitra Melitensis* hat Varro bei Non p. 539, 27. *Supparus Melitensis* scheint bei Novius zu lesen (s. Anm. 948). *Vestis Melitensis* Cic. acc. in Verr. II, 72, 176. *Melitensia* I b. II, 74, 183.

dem die Insel römisch geworden war, ihren Ruhm noch lange behaupteten[1006]. Dass dies Baumwollenzeuge waren, ist wenigstens sehr wahrscheinlich[7]).

5. Malvenstoffe*.

Zu derselben Pflanzenfamilie der Malvaceen, zu welcher die Baumwollenstaude gerechnet wird, gehört auch die Malve (*Malva silvestris L.*). Dass von ihr ein Webestoff gewonnen wurde, sagt ausdrücklich Isidor[9]. Zeuge dieser Art, μολόχινα, σινδόνες μολόχιναι[10]), wurden in den Indusgegenden, vielleicht auch in Griechenland gewebt[11]); auch die römischen Comiker erwähnen sowohl den Stoff (*molochina*)[12], als Händler mit dieser Waare (*molochinarii*)[13]); später kommt dieselbe nicht mehr vor und ist wohl durch andere Modeartikel verdrängt worden, namentlich durch die Seidenwaaren, von denen sogleich zu reden ist.

1006; Cic. acc. in Verr. IV, 46, 103: *Insula est Melita — in qua est eodem nomine oppidum, — quod isti textrinum per triennium ad muliebrem vestem conficiendam fuit.* Isidor. Or. XIX, 22, 21 *Velensis tunica est, quae affertur ex insutis.* Es ist mit Arevall *Melitensis* zu lesen. Die insulae aber sind Malta, Gaulos und Cercina. S. Diodor. V, 12. Auch Hesychius s. v. *Μελιταία* erwähnt die οδόνια διάφορα in *Μελίτης*.

7) Ritter a. a. O. S. 329 ff.
8) Yates a. a. O. p. 296—317.
9) Isidor. Or. XIX, 22, 12: *Molochinia, quae malvarum stamine conficitur, quam alii molocinum, alii malvellam vocant.*
10) (*Arriani*) per. mar. eryth. § 7. 13. 19.
11) Yates vermuthet, dass die in Griechenland seit Aristophanes oft erwähnten ἀμόργινα identisch mit den μολόχινα sind.
12) Caecilius Statius bei Non. p. 548, 14. Ribbeck p. 18:
Garbasina molochina ampelina.
Novius bei Non. 539, 20, 540, 23. Ribbeck p. 224:
Molicinam crocotam chirodotam ricam ricinium.
Nonius selbst erklärt p. 540: *Mollicina vestis a mollitie dicta* und wieder p. 548. *Molochinum a Graeco, color flori similis malvae.* Er scheint das Fabrikat nicht mehr gekannt zu haben.
13) Plaut. Aul. III, 5, 40:
Solearii adstant, adstant molochinarii.
Der *vestiarius tenuiarius molochinarius* in der Inschr. Orelli 4297 ist wahrscheinlich ligorianische Erfindung.

6. Seide[1014].

Der Seidenwurm ist im nördlichen China und in Indien einheimisch[15]. Von dem nördlichen China aus hat sich erst im fünften Jahrhundert nach Chr. die Cultur der Seide nach Mittelasien und Persien, im siebenten Jahrhundert nach Tibet verbreitet[16]. Der Name des Seidenwurms, σήρ[17], ist noch vorhanden; er heisst chinesisch *Sse*, koreanisch *Sir*, mongolisch *Sirkek*[18], von ihm ist der merkantilische, nicht geographische[19] Name der *Seres* (Seidenhändler) abzuleiten. Auch im Handel sind Seidenfabrikate nicht früh nach Vorderasien gekommen; im alten Testament geschieht ihrer nur an einer zweifelhaften Stelle Erwähnung[20], und dass die medischen Kleider (ἐσθῆτες Μηδικαί, ursprünglich von Seide gewesen seien, ist ebenfalls nicht anzunehmen[21]). Unter den Griechen

---

[1014] Ausführlich handeln über diesen Gegenstand Yates a. a. O. p. 150—250. Ritter Erdkunde VIII. S. 679—710. Lassen Indische Alterthumskunde I S. 317—322. Movers Die Phoenizier II, 3, 1 S. 243 ff. Latreille *Eclaircissement de quelques passages d' auteurs anciens, relatifs à des vers à soie* In *Annales des sciences naturelles*, Paris. 8. Tome XXIII (1831) p. 58-64; schlecht übersetzt in Froriep Notizen aus dem Gebiete der Natur- und Heilkunde XXXIV n. 733. 735. Pardessus *sur le commerce de la soie chez les anciens, antérieurement au VIe siècle* in *Mém. de l' Institut roy. de France. Acad. des Inscr. et belles-lettres*, Paris. Tome XV, 1 (1842) p. 1—47. und namentlich mit Sachkenntniss E. Pariset *Histoire de la soie*. Paris 1862. 8.
[15] Ritter S. 690.
[16] Ritter S. 696. Lassen I. S. 317.
[17] Pausan. VI, 26, 4. Hesych. s. v. Andere Stellen bei Yates I p. 222, der aber über die ursprüngliche Bedeutung des Wortes selbst nicht richtig urtheilt.
[18] Klaproth u. Abel-Remusat *Journal Asiatique* II p. 248—247. Klaproth *Sur les noms de la Chine* in *Mémoires rel. à l'Asie* III p. 264.
[19] Ritter S. 694. Lassen I S. 321.
[20] Bei Ezech. 16, 10 und 18 wird *meschi* von den hebräischen Auslegern für Seide erklärt, die Septuaginta übersetzen aber τρίχαπτον, Haartuch. S. Pariset p. 58—62.
[21] Herodot. I, 133. III, 84. VI, 112. VII, 80. 116. Xenoph. Cyrop. VIII, 1, 40. Arrian. Exp. Alex. IV, 7, 7. Dass dies seidene Kleider waren, behauptet erst Procop. B. P. 1, 20: αὕτη δέ ἐστιν ἡ μέταξα, ἐξ ἧς εἰώθασι τὴν ἐσθῆτα ἐργάζεσθαι, ἣν πάλαι μὲν Ἕλληνες Μηδικὴν ἐκάλουν, τανῦν δὲ σηρικὴν ὀνομάζουσι. B. Vand. II, 6: Μηδικὴν ἐσθῆτα, ἣν νῦν Σηρικὴν καλοῦσιν, ἀπισχόμενοι. Vgl. Suidas s. v. Σηρικά. Tertull. de Pall. 4 p. 49 Salm.: *Viceras (Alexander) Medicam gentem et victus est Medica veste. — — pectus squamarum signaculis disculptum luxu pellucido tegendo nudavit, et anhelum adhuc ab opere belli ut mollius ventilante serico extiterit*. Nach Diodor. II, 6 hatte Semiramis

berichtet von der Seide zuerst Aristoteles[22]), die Römer sahen in den parthischen Kriegen die seidenen Fahnen der Parther[23]); aber dass Cäsar in Rom seidene *vela* im Theater angewendet habe, ist eine unverbürgte Nachricht[24]). Erst die Schriftsteller der augusteischen Zeit erwähnen die Seide, und zwar unter drei verschiedenen Namen, als *vestes Coae*, *bombycinae* und *sericae*. Die *vestes Coae* waren ausschliesslich in dieser Zeit Mode[25]) und werden zuletzt von Plinius, später nicht mehr genannt[26]); sie sind fein[27], vollkommen durchsichtig[28]), purpurgefärbt[29]) und auch wohl mit Gold gewirkt[30]) und haben

---

die στολὴ Μηδική erfunden, um ihr Geschlecht zu verbergen und als zweckmässige Tracht für Krieg und Reisen; auch Xenoph. Cyr. VIII, 1, 40 lässt erkennen, dass dazu ein starkes, nicht durchsichtiges Zeug verwendet wurde, ganz verschieden von der *vestis Serica*, wie sie die Römer beschreiben. Es ist daher anzunehmen, dass das Charakteristische der medischen Tracht nicht in dem Stoffe zu suchen ist, sondern in der Form und dem Zuschnitt, den Herod. VII, 61. 63 und Strabo XI p. 526 beschreiben, und dass der Stoff derselben ursprünglich Wolle, erst zu Procops Zeit Seide war. S. Parisot p. 62—85.
   22) Aristotel. hist. anim. V, 17, 6.
   23) Florus III, 11: *Itaque virdum venerat Carras, cum undique praefecti regis Silaces et Surenas ostendere signa auro sericisque vexilla vibrantia*.
   24) Dio Cassius XLIII, 24 erzählt es mit dem Zusatze: ὥς γέ τινές φασι.
   25) *Coa vestis* Tibull. II, 4, 29. Propert. V, 2, 23. Ovid. A. A. II, 297.
   26) Isidor. Or. XIX, 23, 13 hat seine Notiz aus Plinius.
   27) *tenues*. Tibull. II, 3, 53. Propert. I, 2, 1.
   28) Horat. Sat. I, 2, 101: *Cois tibi paene videre est Ut nudam*.
Plin. N. H. XI § 76. Seneca Contr. II, 15 p. 159, 10 Burs. II, 13 p. 174, 16. Exc. contr. II, 7 p. 358: *Infelices ancillarum greges laborant, ut adultera tenui veste perspicua sit et nihil in corpore uxoris suae plus maritus quam quilibet alienus peregrinusque cognoverit*. Aehnlich beschreibt diese Kleider Seneca de benef. VII, 9, 5. Cons. ad Helv. 16, 4. ep. 90, 20. Es gab indessen auch leinene Stoffe von gleicher Feinheit. Publilius Syrus bei Petron. 55. (Ribbeck Com. Lat. fr. p. 339):
   Aequum est induere nuptam ventum textilem
   Palam prostare nudam in nebula linea.
Bei den Griechen heissen solche Zeuge ἰσυφανῆ 'Athen. XII p. 525). M. Argentarius ep. in Jacobs Anth. Gr. II p. 242 n. 3 nennt sie *διαφανῆ* wegen ihres losen Gewebes.
   29) Propert. II, 1, 5:
      Sive illam Cois fulgentem incedere coccis,
Hor. Od. IV, 13, 13 *Coae purpurae*.   30) Tibull. II, 3, 53:
      Illa gerat vestes tenues, quas femina Coa
      Texuit, auratas disparuitque vias.

einen hohen Preis[1031]). Schon Aristoteles gedenkt an der Stelle, an welcher er von dem Seidenwurm redet[32]), der coischen Fabriken, und auch Varro scheint eine unsichere Kunde derselben gehabt zu haben[33]). Die *bombycinae vestes*[34]) sind mit den coischen identisch dem Stoffe nach, nicht aber der Fabrik nach; die besten kamen aus Assyrien[35]). Sie sind ebenfalls dünn und durchsichtig[36]), werden aber von den *sericae vestes* bestimmt unterschieden[37]). Worin der Unterschied lag, ist

1031) Properl. V, 9, 20:
    ludus me Cois, flam non dura puella.
Properl. V, 5, 55:
    Qui rursus, Coae dederit nec munera vestis,
    Istius tibi sit surda sine aere lyra.

32) Aristoteles hist. anim. V, 17, 6, nachdem er vom Seidenwurm gesprochen, sagt: Ἐκ τούτου τοῦ ζῴου καὶ τὰ βομβύκια ἀναλύουσι τῶν γυναικῶν τινες ἀναπηνιζόμεναι κἄπειτα ὑφαίνουσι. Πρώτη δὲ λέγεται ὑφῆναι ἐν Κῷ Παμφίλου (Παμφίλη) Πλάτεω θυγάτηρ. Daraus Plin. N. H. XI § 76. Aristoteles sagt also, dass auch nach Cos die Cocons (βομβύκια) eingeführt wurden. Vgl. Yates I p. 816.

33) Plin. N. H. IV § 69 sagt von der Insel Ceos: *Ex hac profectam delicatiorem feminis vestem auctor est Varro.* Ob Varro oder Plinius Cos und Ceos verwechselt, ist nicht auszumachen. Wenn es Varro thal, so ist der Grund darin zu suchen, dass zu seiner Zeit *Coae vestes* noch in Rom unbekannt waren. Auch Lucrez IV, 1130, wenn anders dort richtig *Coa* gelesen wird, hat sich, wie Lachmann meint, durch Varro täuschen lassen.

34) Zuerst bei Propert. II, 3, 15. Dann bei Juven. 6, 260.

35) Plin. N. H. XI § 76: *Telas aranearum modo texunt ad vestem luxumque feminarum, quae bombycina appellatur. prima eas redordiri rursusque texere invenit in Coo mulier Pamphile, Plateae filia, non fraudanda gloria excogitatae rationis ut denudet feminas vestis.* Dann erzählt er § 77, dass der *bombyx* in Cos einheimisch sei, was der oben vorhergehenden Nachricht, dass die coischen Frauen fremde fertige Gewebe auflösen und nochmals weben, widerspricht, und fährt § 78 fort: *Nec pudulit has vestes (Coas) usurpare etiam viros levitatem propter aestivam. — Assyria tamen bombyce adhuc feminis cedimus.* Vgl. § 75: *Quartum inter haec genus est bombycum in Assyria proveniens,* womit wohl identisch ist der *Arabius bombyx* bei Prop. II, 0, 15. Dagegen sagt Isidor Or. XIX, 24, 13: *Bombycina est a bombyce vermiculo, qui longissima ex se fila generat, quorum textura bombycinum dicitur conficiturque in insula Coo.*

36) Mart. VIII, 33, 15:
    Nec vaga tam tenui discurrit aranea tela,
    Tam leve nec bombyx pendulus urget opus.
Mart. VIII, 68, 7:
    Feminaeum lucet sic per bombycina corpus,
    Calculus in nitida sic numeratur aqua.
Mart. XIV, 24:
    Splendida ne madidi violent bombycina crines,
    Figat acus tortas sustineatque comas.
Alciphron I, 39, 4.

37) Ulpian Dig. XXXIV, 2, 23 § 1: *Vestimentorum sunt omnia la-*

erst in neuester Zeit mit einiger Sicherheit ermittelt. Wir wissen jetzt, dass es in China sehr verschiedene Gattungen von Seidenwürmern giebt, die theils wild auf verschiedenen Bäumen leben[1836], theils künstlich gezogen werden[39], dass ebenso in Indien mindestens zwölf einheimische Arten von Seidenwürmern bekannt sind[40]; dass ferner nach dem Westen Asiens und von da nach Europa nur eine Sorte, die *phalaena bombyx mori*, welche sich von den Blättern des Maulbeerbaumes nährt, mit Erfolg verpflanzt ist[41]). Erst in den letzten Jahren ist in Frankreich und Algerien eine neue Seidenraupe (*ver a soie de l'ailante* oder *bombyx cynthia*) eingeführt worden, die nicht auf dem Maulbeerbaume, sondern auf den Büschen des Firnissbaumes (*buissons de vernis du Japon*) lebt und eine grobe, wohlfeile Seide geben soll. Was Griechen und Römer von dem Gespinste berichten, dass es in langen Fäden von den Bäumen herabhängt und von denselben abgekämmt wird[42],

---

nec lineaque vel serica vel bombycina. Clem. Alex. Paed. II, 10, 107: ὅπως Ἰνδικοὺς καὶ τοὺς περιέργους βόμβυκας χαίρειν ἐῶντας. Bei Apuleius Met. VIII, 27 sind die Priester *bombycinis iniecti*, die Göttin selbst aber *sericio contecta amiculo.* Isidor Or. XIX, 22 § 13: *Bombycina est a bombyce vermiculo, qui longissima ex se fila generat, quorum textura bombycinum dicitur, conficiturque in insula Coo.* § 14: *Serica a serico dicta, vel quod eam Seres primi miserunt.* Noch der Bischof Caesarius von Arles sagt in seinem Klosterreglement in den *Acta Sanctorum Januar.* I p. 734: *ipsa etiam ornamenta in oratoriis simplicia esse debent, numquam plumata, numquam holoserica, numquam bombycina.*

1836) Ritter a. a. O. S. 591. Die von Plinius N. H. XI § 77 angeführten vier Baumarten, auf welchen der *bombyx* lebt, hat Latreille a. a. O. p. 68 ff. in China nachgewiesen. Vgl. Parisei p. 69 ff.

39) Dies soll in China schon seit dem J. 2200 v. Chr. G. geschehen sein. *Résumé des principaux traités Chinois sur la culture des muriers et l'education des vers à soie* trad. par *Stanislas Julien*. Paris 1837 p. 67. 68.

40) Lassen a. a. O. I S. 243.

41) Ritter a. a. O. S. 706.

42) Virg. Ge. II, 121:
Velleraque ut foliis depectant tenuia Seres.
Strabo p. 639 a. E. Plin. N. H. VI § 54. Solin. 49. Seneca Trag. Herc. Oet. 667. Hippol. 386. Silius Ital. VI, 4. XIV, 664. Dionys. O. D. 752:

καὶ ἔθνια βάρβαρα Σηρῶν,
οἵτε βόας μὲν ἀναίνονται καὶ ἴφια μῆλα,
αἰόλα δὲ ξαίνοντες ἐρήμης ἄνθεα γαίης
εἵματα τεύχουσιν πολυδαίδαλα τιμήεντα,
εἴδόμενα χροιῇ λειμωνίδες ἄνθεσι ποίης,
κείνοις οὐ τί κεν ἔργον ἀρηγτάων ἐρίσειεν.

Der erste, welcher von der künstlichen Zucht des Seidenwurms Kunde

pass nur auf gewisse wilde Seidenwürmer[43]), und es ist daher anzunehmen, dass die *bombycinae vestes* von einem andern Wurme als die *sericae* herrühren[44]). In Cos gab es in der That eine einheimische Bombyxart, welche auf der Cypresse, dem *terebinthus* (Terpentinbaum), der Esche und Eiche lebt, dem Plinius bekannt[45]) und noch vorhanden ist[46]), auch Assyrien scheint einheimische Bombyxarten, darunter auch vielleicht eine Gattung des *bombyx mori* gehabt zu haben; allein die assyrische Seide unterschied sich von der chinesischen durch ihre Farbe und ihre Bearbeitung. Ihre Farbe wird gelb gewesen sein, wie die der noch in Persien und Georgien gewonnenen Seide[47], während die der chinesischen glänzend weiss ist; ihre Bearbeitung hatte insofern Schwierigkeit, als der Cocon des wilden Seidenwurms nicht abgewickelt werden kann, sondern gekratzt und gesponnen wird, bei welchem Verfahren man eine eigene Art von Seide erhält, welche *galette* heisst und an Feinheit und Glanz der künstlich gewonnenen wesentlich nachsteht[48]. Diese letztere, das eigentliche *Sericum*, kam in den Handel des Occidents ausschliesslich aus China, und zwar auf zwei verschiedenen Strassen, nämlich auf dem Landwege vom nördlichen China aus über den steinernen Thurm[49]) nach Samarkand und von da zum kaspischen Meere[50]), auf dem Seewege von Vorderindien entweder durch den persischen Meerbusen nach Babylon und von da nach Tyrus[51]) oder durch

---

giebt, ist Pausanias VI, 26, 4. Aber die wilden Seidenwürmer beschreiben noch Auson. Idyll. XII. *De historiis* v. 24. Avienus Descr. O. T. 936. Prudentius *Hamartigenia* 288.

[43]) Latreille a. a. O. p. 66 *Le tsousu-kien* (ein wilder Seidenwurm Chinas) *ne tire pas la soie en rond ni en ovale, comme le ver à soie domestique, mais en fils très longues et qui s'attachent aux arbrisseaux et aux buissons, suivant que les vents les poussent d'un coté ou d'un autre.* André Berichte hierüber giebt Yates I p. 206—213.

44) Pollux VII, 76: Σκώληκές εἰσιν οἱ βόμβυκες, ἀφ᾽ ὧν τὰ νήματα ἐνίεται, ὥσπερ ἀράχνης, ἔνιοι δὲ καὶ τοὺς Σῆρας ἀπὸ τοιούτων ἑτέρων ζῴων ἀθροίζειν φασὶ τὰ ὑφάσματα.

45) Plin. N. H. XI § 77.   46) Pariset p. 68.
47) Pariset p. 75.
48) Pariset p. 75 und über den Begriff der *galette* p. 2 ff.
49) Ptolem. VI, 13. Ausführlich handelt über die verschiedenen Verkehrsstrassen Pariset p. 192 ff.
50) Ritter a. a. O. S. 693.
51) Ritter a. a. O. S. 692. Procop. hist. arc. 23: ἱμάτια τὰ ἐν

das rothe Meer nach Aegypten[1052]). Zuerst wurden nur gewebte Zeuge[53]), später auch Garn (νῆμα σηρικόν)[54]) und Rohseide eingeführt, welche mit einem noch unerklärten Namen μέταξα heisst[55]). Aber auch die fertigen Zeuge wurden, entweder weil sie zu schwer, oder zu theuer, oder dem Geschmacke des Occidents nicht entsprechend waren, umgearbeitet, d. h. aufgelöst[56]), gefärbt und dann mit Leinen oder Baumwolle zu

μετάξης ἐν Βηρυτῷ μὲν καὶ Τύρῳ πόλεσι ταῖς ἐπὶ Φοινίκης ἐργάζεσθαι
ἐκ παλαιοῦ εἰώθει, οἱ δὲ τούτων ἔμποροί τε καὶ ἐπιδημιουργοί καὶ τεχνῖται ἐνταῦθα τὸ ἀνέκαθεν ᾤκουν, ἐνθέδε τε ἐς γῆν ἅπασαν φέρεσθαι τὸ
ἐμπόλημα τοῦτο συνέβαινεν. Ueber die Tyrias vestes, τύρσα s. O vid. A.
A. II, 297. Reiske ad Constant. Porph. de cerim. Vol. II p. 281 Bonn.
Von der arabischen Bezeichnung Sidons leitet man das mittelhochd.
Seide her. Reiske a. a. O. Movers Phoen. II, 3, 1, S. 263.
   1052) Arrian. per. M. Er. 36.
   53) ὀθόνια Σηρικά Arr. per. M. E. 56.
   54) Arr. per. M. E. 39 vgl. 49, § 64 berichtet er, dass aus China
(Θῖναι) καὶ τὸ νῆμα καὶ τὸ ὀθόνιον τὸ Σηρικὸν εἰς τὰ Βαρυγαζα διὰ Βακ-
τρων πεζῇ φέρεται καὶ εἰς τὴν Λιμυρικὴν πάλιν διὰ τοῦ Γάγγου ποταμοῦ. Unter den verzollbaren Gegenständen, welche M a r c i a n. Dig. XXXIX,
4, 16 § 7 aufführt, ist auch vestis serica rei subserica, nema sericum und
metaxa. Vgl. Galen. de meth. med. XIII, 28. Vol. X p. 943 Kuhn: καν
ἄλλην δὲ πάλιν ἰατρεύοντί σοι παρασκευάσθαι τῶν νημάτων τε τῶν Σηρῶν ὀνομαζομένων Ἔχουσι γὰρ αἱ πλούσιαι γυναῖκες πολλαχόσε τῆς ὑπὸ
Ῥωμαίων ἀρχῆς καὶ μάλιστα ἐν μεγάλαις πόλεσιν. Auch nach A m m i a n
Marc. XXIII, 6 wurden von den Seren fila gekauft. Vgl. B a s i l i u s Hexa-
hemeron p. 79[a] Bened.: τὰ νήματα λέγω, ἃ πέμπουσιν ἡμῖν οἱ Σῆρες
πρὸς τὴν τῶν μαλακῶν ἐνδυμάτων κατασκευήν. Job. Chrysostom.
Hom. 49 in Matth. Vol. VII p. 519 ed. Bened.: Ὅταν γὰρ τὰ νήματα
τὰ σηρικὰ, ἃ μηδὲ ἐν ἱματίοις ὑφαίνεσθαι καλὸν, ταῦτα ἐν ὑποδήμασι
διαφράττητε, πόσης ὕβρεως, πόσου γέλωτος ταῦτα ἄξια; Suidas s. v.
Σηρικὴ s. E. Καὶ Σηρικὸν νῆμα καὶ Σηρικά ἱμάτια.
   55) Ueber das Wort s. Yates p. 229. Wenn er indessen annimmt,
das Wort komme erst im vierten Jahrh. n. Chr. vor, so ist dies irrig.
Denn schon Lucilius bei Festus p. 265 s. v. rodus nennt Uni metaxam,
vgl. Vitruv VIII, 2, 2 und metaxa als rohe Seide bei Marcian Dig.
XXXIX, 4, 16 § 7.
   56) Von Cos berichtet dies Plinius N. H. XI § 76, vielleicht irrthümlich, da Cos eigene Stoffe fabricirte, von Alexandria Lucan. X, 141,
der von der Cleopatra sagt:
      Candida Sidonio perlucent pectora filo,
      Quod Nilotis acus percussum pectine Serum
      Solvit et extenso laxavit stamine velo.
Das Zeug war also in China gewebt, in Sidon gefärbt vgl. Sidon. Apoll.
Carm. 15, 189[1], in Aegypten wieder gewebt und gestickt. Nach Plinius
N. H. VI § 54 machten diese Arbeit auch die Römerinnen selbst: unde
geminus feminis nostris labor redordiendi fila rursumque texendi. Dies Verfahren, welches in Frankreich parfilage genannt wird, war offenbar nöthig, weil robe Seide Anfangs nicht ausgeführt wurde. (Vgl. über dasselbe Pardessus a. a. O. p. 18 ff. und scheint auch von Tertull. de
cultu fem. I, 6 erwähnt zu werden: Sed et parietes Tyriis et hyacinthinis

einer leichten Halbseide verwebt. Diese durchsichtigen[1057]), bunten[58]), halbseidenen Zeuge sind es, die im ersten Jahrh. nicht nur bei den römischen Frauen, sondern auch bei üppigen Männern Beifall fanden[59]) und so lange unter dem Namen *sericae*[60]) verkauft wurden, bis die immer zunehmende Handelsverbindung mit dem Orient die ganzseidenen schweren Stoffe (*holosericae*) zur Kenntniss der Römer brachte. Elagabal (218—222) war der erste, welcher solche trug[61]), und obwohl seine unmittelbaren Nachfolger diesen Vorgang nicht nachahmten[62]), und der Werth der Seide damals noch dem des Goldes gleichstand[63]), so unterschied man doch bereits die ganzseidenen (*holosericae*) Stoffe von den halbseidenen (*subsericae*), deren Kette von Leinen und deren Einschlag von Seide war[64]), woneben es endlich auch Zeuge gab, in denen Wolle, Leinen und Seide zusammen verwendet waren[65]). Nicht nur die halbseidenen Kleider waren im dritten Jahrh. bei Frauen und Männern[66]) gewöhnlich, im vierten Jahrh. aber bei allen Stän-

---

a illis regiis velis, quas vos operose resoluta transfiguratis, pro pictura abutuntur.
(1057) S. Anm. 1028.
58) Propert. I, 14, 22 von einer Decke: *variis serica textilibus.* Solche Decken über Kissen erwähnt auch Mart. III, 82. 7.
59) Unter Tiberius wurde im J. 16 n. Chr. ein Senatsbeschluss veranlasst, *ne vestis serica viros foedaret.* Tac. Ann. II, 33. Dio Cass. LVII, 15. Caligula indess erschien in einem seidenen Kleide. Dio Cass. XI, 8, 5. Suet. Cal. 52.
60) Sen. ep. 90, 13. Johann. Apoc. 18, 12. Die Kaiserinnen und Prinzessinnen hielten Vorräthe solcher Kleider. Mart. XI. 8, 5. Capitol. M. Ant. pb. 17. Schon in augusteischer Zeit (Orelli n. 2956) kommt eine *Thymele Marcellae sericaria* vor, d. h. eine Sklavin, welche die Aufsicht über die *sericas vestes* hat.
61) Lampr. Heliog. 26: *Primus Romanorum holoserica veste usus fertur cum iam subsericae in usu essent.* Herodian V, 5, 4.
62) Lamprid. Alex. Sev. 40: *Vestes sericas ipse raras habuit; olosericam nunquam induit, subsericam nunquam donavit.*
63) Vopisc. Aurellan. 45: *Vestem holosericam neque ipse in vestiario suo habuit neque alteri utendam dedit si cum ab eo uxor sua peteret, ut unico pallio blatteo serico uteretur, illa respondit: "Absit ut auro fila pensentur." libra enim auri tunc libra serici fuit.*
64) Isidor. Or. XIX, 22, 14: *Holoserica tota serica — Tramoserica stamine linea, trama ex serico.*
65) Leontius adv. Nestorianos in Mai Scr. Vet. Nova Collect. IX p. 497: καὶ τὸ ἔριον καὶ λίνον καὶ μέταξα ἐν τῷ ἐπὶ λευκῷ πέπλῳ ὑφασμένα.
66) Solin, der um diese Zeit geschrieben zu haben scheint, sagt c.

den üblich geworden[1067]), sondern bei Festspielen wurden damals neben den *subsericae*[68]) auch *holosericae* als Geschenke vertheilt[69]), üppige Weiber trugen ὁλοσηρικά[70]); der heil. Hieronymus klagt, dass, wer keine *serica vestis* habe, für einen Mönch gelte[71]), und im J. 383 wird zwar den Mimen verboten, *sigillata serica* und golddurchwirkte Seide zu tragen, dagegen ihnen erlaubt einfache Seidenstoffe, andern Frauen aber gestattet, auch die genannten kostbaren Kleider zu brauchen[72]). Von dieser Zeit an theilt sich auch das Geschäft der Seidenhändler in das der *sericarii*[73]), holo-

---

66) p. 102 Mommsen: *hoc illud est sericum, in usum publicum damno severitatis admissum, et quo ostendere potius corpora quam vestire primo feminis, nunc etiam viris luxuriae persuasit libido*. Vopisc. Tac. 10: *Holosericam vestem viris omnibus interdixit* 'im J. 275). Vopisc. Carin. 19: *Donatum est Graecis artificibus et gymnicis et histrionibus et musicis aurum et argentum, donata et vestis serica*. Dio Cass. XLIII, 24: τοῦτο]δὲ τὸ ὕφασμα χλιδῆς βαρβάρου ἔργον καὶ παρ' ἐκείνων καὶ πρὸς ὑμᾶς ἐς τρυφὴν τῶν πάνυ γυναικῶν πέρι τὴν ἐσπεφοίτηκεν.
1067; Ammian. Marc. XXIII, 6 p. 412: *uentesque subtemina conficiunt Sericum, ad usus antehac nobilium, nunc etiam infimorum sine ulla discretione proficiens*. Schon im Edict des Diocletian vom J. 301 VII, 49. 50 werden bei den Schneiderarbeiten die *holoserica* und die *subserica* erwähnt, und Julian sagt im J. 361 bei Ammian. Marc. XXII, 4: *Unde fluxioris vitae initia pullularunt: — — ususque abundantes serici et textiles auctae sunt artes*.
68) Vopiscus Aur. 19. Symmach. ep. V, 20.
69) Symmach. ep. IV, 8.
70) Marcarius Homil. 17 § 9 (er lebte um 870) γυνὴ ἔχουσα ὁλοσήρικὰ — εἰς πορνεῖον προϊστηκιν.
71) Hieronym. ad Marcell. de segrotatione Blesellae Vol. IV, 2 p. 54ª Bened.: *Nos quia serica veste non utimur, monachi iudicamur*.
72. Cod. Theod. XV, 7, 11. Spätere Zeugnisse über den Luxus in seidenen Kleidern s. bei Pariset p. 162—175.
73) Ein T. *Abuidiacus Primus siricarius* bei Mariai Atti p. 94ⁿ, ein *sericarius* bei Fabretti c. X n. 116, eine Seidenhandlung in Tusco vico in Rom bei Mart. XI, 27, 11; ein *negotiator sericarius* in einer Inschr. von Gabii aus dem J. 168 n. Chr. bei Visconti *Mon. Gabini* p. 191 ed. Labus. und in einer zweiten das. p. 184 = Orelli 1368. 4252; ein *M. Aurelius Flavianus, negotians siricarius* in einer römischen Inschr. bei Reines. p. 617 n. 25: *Institores gemmarum sericarumque vestium*, welche ihre Waaren in den Häusern herumtrugen, erwähnt Hieronym. adv. Jovian. I p. 191. Vol. IV, 2 ed. Ben. In der neapolitanischen Inschr. C. I. Gr. n. 5884: Ἡλιόδωρος Ἀλεξάνδρου Ἀντιοχεὺς σηρικοποιός emendirt Boeckh ohne Grund συρεγγοποιός· Σιρικοποιός ist ein Seidenfabrikant, wie Blasius Caryophilus Diss. miscell. Romae 1719. 4°. p. 108 richtig erkannte. Damit stimmt, dass er ein Syrer war. S. Hieronym. in Ezech. 27. Vol. III ed. Ben. p. 886: *Usque hodie autem germanet in Syris ingenitus negotiationis ardor, qui per totum mundum lucri cupiditate discurrunt, et tantam mercandi habent vasaniam, ut occupato nunc orbe Ro-*

sericopratae[1074]) und *metaxarii*[75]).

Um das J. 330 liess der Kaiser Justinian die ersten Seidenwürmer aus Khotan[76]) nach Byzanz bringen[77]) und machte zugleich den Seidenhandel, den er unter die Aufsicht des *praefectus* der kaiserlichen *Thesauri* stellte, zu einem kaiserlichen Monopol[78]). In Folge dessen gingen die grossen Geschäfte von Tyrus und Berytus zu Grunde[79]), und Byzanz wurde der Mittelpunct und Ausgangspunct der Seidenfabrication für den Occident. Auf die sehr interessante Entwickelung derselben im Mittelalter werden wir insofern noch einmal zurückkommen, als die Seidenstoffe dieser späten Zeit in Gewebe und Muster noch den ursprünglichen orientalischen Charakter beibehalten und daher einen Rückschluss auf die Fabriken des Alterthums mit Sicherheit gestatten.

7. Ungewöhnliche Stoffe.

Nachdem wir die in allgemeinen Gebrauch gekommenen Webestoffe besprochen haben, bleibt es noch übrig, einige besondere Fabricate zu erwähnen, welche entweder erst spät bekannt wurden, oder überhaupt wenig verbreitet waren. Hieher gehören Zeuge aus Biberhaaren[80]), *vestes fibrinae*[81])

---

mano inter gladios et missorum neces quaerant divitias. — Istiusmodi homines negotiatores Tyri sunt, qui polymita, purpuram et scutulata mercantur: byssum quoque et sericum et chodchod proponunt in mercatu eius.
(1074) Dei Margarini Inscr. ant. basilicae S. Pauli. Rom. 1654. fol. p. XXII n. 103: hic Paulus *olosiricopratus*. Bei Marini Pap. Dipl. n. LXXIV col. V lin. 48 (p. 118) ist unter den Unterzeichnern eines um 550 abgefassten Testamentes ein *Georgius — olosiricoprata civis Ravennas* und col. VI lin. 6 ein *Theodulus olosiricoprata*.
75) Cod. Just. VIII, 14, 27: *argenti distractores, vel metaxarii vel alii quarumcunque specierum negotiatores*.
76; Ritter, a. O. S. 701. Yates p. 252.
77) Procop. B. Goth. IV, 17. Theophanes in Photii Bibl. p. 26ᵃ 27 Bekk. Zonaras XIV p. 69 Paris. Glycas Ann. IV p. 501 Bonn.
78) Procop. Hist. arc. 25. Zachariae v. Lingenthal (Eine Verordnung Justinians über den Seidenhandel. Petersburg 1865. 4°. abgedr. aus den *Mémoires de l'académie imp. des sciences de St. Pétersbourg. VII. Série. Tome IX* n. 6)hat aus dem Cod. Bodlejanus 2899, der ein byzantinisches Rechtsbuch enthält, p. 12. 13 eine griechische Verordnung über den Seidenhandel veröffentlicht, die er dem Justinian vindicirt und als die von Procop erwähnte in die Zeit von 540—547 setzt.
79. Procop. Hist. arc. 25 p. 148 Bonn.   80) Yates p. 115—118.
84. Isidor Orig. XIX, 22, 16: *Fibrina (vestis) tramam de fibri lana*

oder *Castorinae*, die im vierten Jahrh. zuerst genannt werden[82]), aus Kamelhaaren[83]) und aus dem Faserbüschel der *pinna*[84]), einer Muschel, die 18' lang, 6" breit wird, und die man noch jetzt bei Unteritalien, Sicilien, Corsica und Sardinien fängt. Zeuge aus den Fasern derselben erwähnt zuerst Tertullian[85]), später Procop[86]); ob sie auch in Indien verfertigt wurden, ist zweifelhaft[87]); in Tarent hat sich die Fabrication derselben bis in die neueste Zeit erhalten[88]). Von mineralischen Substanzen lieferte eine Zeit lang der sogenannte Ashest[89]) oder Amianth[90]) einen insofern merkwürdigen Webestoff, als derselbe dem Feuer widersteht. Dieser faserige Stoff wurde in den Steinbrüchen von Carystus auf Euboea[91]),

habens; XIX, 97, 4. *Fibrinum lana est animalium, quae fibras vocant, ipsas et castoras existimant.* Vgl. Cramer *in Iuvenalis satiras Commentarii* vol. p. 60.

[82]) Ein *birrus castoreus* bei Claudian 92, 4. Vgl. Sidon. Apoll. epist. V, 7: *castorinati ad litanias [incedunt].* Ambrosius *de dign. sacerd. 4 Castorinas quaerimus et sericas vestes.*

[83]) Johannes der Täufer trug ein Kleid aus Kamelhaaren (Matth. III, 4. Marc. I, 6) und im Orient wird dasselbe noch einigemal erwähnt. S. Yates p. 149—151.

[84]) Ausführlich beschreibt dieselbe Manuel Philes de animalium proprieт. carm. 95, nach welchem aus dieser *Faser Haarnetze für Mädchen* gemacht wurden. S v. 14:

ἧς ἡ φεραυγὴς καὶ χλιδῶσα λεπτότης
ξανθοῖσι πλοχμοῖς ἐνδιθεῖσα παρθένων
σπαργῶντας αὐταῖς μαστροπεύει νυμφίους.

[85]) Tertull. de pall. p. 43 Salm. *Nec fuit satis tunicam pangere et serere ni etiam piscari vestitum contigisset: nam et de mari vellera, quae muscosae lanositatis lautiores conchae comant.*

[86]) Procop. de aedif. III, 1 p. 247 Bonn. χλαμὺς ἡ ἐξ ἐρίων πεποιημένη, οὐχ οἷα τῶν προβατίων ἐπέφυκεν, ἀλλ' ἐκ θαλάσσης συνειλεγμένων. πίννους τὰ ζῷα καλεῖν νενομίκασιν, ἐν οἷς ἡ τῶν ἐρίων ἔκφυσις γίνεται.

[87]) Arrian. Peripl. Mar. Er. § 59 sagt von dem Ort Ἀργαλος oder Ἀργαρος bei Colchi in Vorderindien: ἐν ἐπὶ τόπῳ τερωνεῖται τὰ παρ' αὐτὴν τὴν Ἡπιοδώρου νήσου συλλεγόμενον πιννικῶν φέρονται γὰρ ἐξ αὐτῆς σινδόνες, ἐβαργαρετιδες λεγόμεναι. Salmasius ad Tert. de pall. p. 218 liest ἐριονεῖται (in modum lanae natur) statt τερωνεῖται, und Müller *al Ἀργυρετιδες* statt ἐβαργυρετιδες. Die Stelle selbst ist also kritisch sehr unsicher.

[88]) In der gothaischen Sammlung befindet sich ein Handschuh von diesem Material, der moderner Fabrik ist.

[89]) Varro de L. L. V, 131. Plin. N. H. XIX § 19.
[90]) Dioscorides Mat. med. V, 156. Plin. N. H. XXXVI § 189.
[91]) Strabo X p. 446: ἐν δὲ τῇ Καρύστῳ καὶ ἡ λίθος φύεται ἡ ἐανομένη καὶ ὑφαινομένη ὥστε τὰ ὑφὴ χειρόμακτρα γίνεσθαι, ῥυπω-

aber auch in Cypern[1092)], Arcadien[93)] und Indien[94)] gefunden und theils zu Lampendochten gebraucht[95)], theils auch zu Handtüchern und Servietten[96)], besonders aber zu Todtenkleidern[97)] verwebt, welche die verbrennenden Knochen zusammenhielten, ohne selbst zu leiden, und von denen verschiedene Exemplare in Gräbern gefunden worden sind[98)].
In Carystos fand man zu Plutarchs Zeit den Asbest nicht mehr[99)], aber im ganzen Mittelalter ist das Material, wenn auch nur ausnahmsweise, verarbeitet worden[100)]. Viel wichtiger als dieses Mineral ist für die Geschichte der Weberei das Gold, auf dessen vielfältige Anwendung wir unten zurückkommen.

B. Die Fabrication.

Eine vollständige Behandlung der Industriezweige, welche sich aus der Bearbeitung der angeführten Rohstoffe entwickelten, würde etwa sechs Operationen umfassen: das Flechten, das Stricken, das Netzmachen, das Filzen, das Weben und das Nähen oder Sticken. Von diesen ist das Stricken eine dem Alterthum unbekannte, der Neuzeit angehörige Erfindung; das Flechten würde nur insoweit hieher gehören, als es bei der Arbeit des Posamentiers zur Anwendung kommt[1)]; das Netzstricken[2)], wobei die Maschen durch einen Knoten befestigt

---

ϑέντα δ' εἰς φλόγα βάλλεσϑαι καὶ ἀποσπαϑρίζεσϑαι τῇ πλύσει τῶν λίνων παραπλησίως. Apollonius Dysc. Hist. Comment. c. 36.
1092) Dioscorides Mat. m. V, 135.
93) Plin. N. H. XXXVII § 146. Solin. p. 63, 12 Mommsen.
94) Plin. N. H. XIX, 19.
95) Dioscorides a. a. O. Die Lampe auf der Akropolis von Athen hatte eine ϑρυαλλὶς λίνου Καρπασίου, d. h. von Asbest aus Carpasia auf Cypern. Pausan. I, 26, 7.
96) Mappae Plin. N. H. XIX § 19.
97) Plin. a. a. O. 98) S. Yates p. 359.
99) Plut. de orac. defectu Vol. VII p. 791 R. c. 43 p. 527 Dübner: χρόνος οὐ πολύς, ἀφ' οὗ πέπαυται μηρύματα λίϑων μαλακὰ νηματώδη συνεκφέροντα. καὶ γὰρ ὑμῶν ἑωράκασί τινες οἶμαι χειρόμακτρα καὶ δίκτυα καὶ κεκρυφάλους καὶ ϑῖν, οὐ περικαομένοις, ἀλλ' ὅσ' ἂν ῥυπανϑῇ χρωμένων, ἐμβαλόντες εἰς φλόγα, λαμπρὰ καὶ διαυγῆ κομίζονται. νῦν δ' ἠφάνισται, καὶ μόλις οἷον ἶνες ἢ τρίχες ἀραιαὶ διατρέχουσιν ἐν τοῖς μετάλλοις. 100) Yates p. 862 ff.
1) S. Semper I S. 489.
2) Hierüber handelt ausführlich Yates I p. 412—439. Vgl. Semper I S. 181.

werden, ist im Alterthum überall bekannt, und Fischernetze (*tragulae*, *verricula*), Jagdnetze (*casses*, *plagae*), Vogelnetze, Netze zum Tragen von Marktwaaren[103]) und Kopfnetze für Frauen (*reticula*) wurden im Hause gefertigt. Dagegen machte das Filzen, das Weben und das Sticken eine besondere gewerbliche Thätigkeit aus.

1. Das Filzen[4]).

Das Bereiten des Filzes aus Thierhaaren ($\pi i \lambda \eta \sigma \iota \varsigma$[5]) ist in Griechenland und Italien ein Handwerk ($\dot\eta\ \pi \iota \lambda \eta \tau \iota \varkappa \eta$[6]), *ars coactiliaria*)[7]), und zwar der $\pi \iota \lambda o \pi o \iota o i$, $\pi \iota \lambda \omega \tau o \pi o \iota o i$, *coactiliarii*[8]). Pertinax hatte, als er nach Bekleidung der höchsten Aemter Kaiser wurde, eine Filzfabrik, in der seine Capitalien sehr gut rentirten[9]). Gemacht wurden aus Filz hauptsächlich Mützen und Hüte (*pilei*), Sohlen und Socken (*impilia*), endlich Pferdedecken[10]). Die beiden Formen der Kopfbedeckung, welche die Griechen haben, die Filzkappe, welche zur Fischer- und Schiffertracht gehört, weswegen mit ihr Castor und Pollux, Odysseus, Charon und auch wohl Handarbeiter, wie Vulcan und Daedalus dargestellt werden[11]), und der flache Hut (*petasus*), den Hermes trägt[12]), fanden auch in Italien, auf Reisen und auf dem Lande allgemeine, in der Stadt Rom wenigstens einzelne Anwendung. Die Salier und die Flamines trugen Filzmützen[13]), ebenso die Freigelassenen zum Zeichen der erlangten Freiheit[14]); an den Saturnalien trug das

---

(103) Hor. Sat. I, 1, 17, wo Brote im Netz getragen werden.
4) Yates I p. 368—411.
5) Plato de leg. VIII p. 849ᶜ. Pollux VII, 171. Vgl. Plin. N. H. VIII § 191: *Lanae et per se coactam vestem faciunt.*
6) Plato Polit. p. 280ᶜ.
7) Capitolin. Pert. 3: *nam pater eius tabernam coactiliariam exercuerat.* Die Filze selbst heissen *coactilia* Dig. XXXIV, 2, 25 § 1.
8) Ein *lanarius coactiliarius* in einer römischen Inschr. Orelli 4104 = Mommsen I. R. N. 6848; ein *lanarius coactor* in einer Inschr. von Brixia Grut. p. 648, 3.
9) Capitolin. Pert. 3.
10) Ed. Diocl. VII, 52. 53.
11) S. hierüber die reichen Nachweisungen bei Yates I p. 393 ff.
12 Yates pl. XII. XIII.
13) $\pi i \lambda o v \varsigma\ \dot v \psi \eta \lambda o \dot v \varsigma$, Dionys. II, 70. Plut. Num. 7.
14) Plaut. Amph. 462. Diodor. Exc. l. XXXI p. 623 Wess. Serv.

ganze Volk den *pileus*[115]) und auch sonst wohl der gewöhnliche Bürger[16]); im Petasus erschienen nicht allein die Schauspieler in der Comödie[17]), sondern auch der Kaiser Augustus auf seinen Spaziergängen[18]); seit Caligula setzte man im Theater zum Schutze gegen die Sonne thessalische Hüte[19]) und macedonische *causiae*[20]), d. h. Hüte mit breiten, nach oben zu sich erhebenden Krempen[21]) auf[22]), wie sie sonst die Schiffer[23]) und später Kaiser Caracalla in Nachahmung Alexanders des Grossen[24]) brauchten.

Fussbekleidungen von Filz trug man von grober und feiner Art, hauptsächlich als *fasciae crurales*, zum Schutze des Unterfusses bei der Jagd und ländlichen Beschäftigung; hiezu dienten die *udones*[25]) und *impilia*[26]); aber auch Frauen trugen in Griechenland Filzsohlen[27]); Demetrius Poliorketes hatte aber Schuhe von gefilzter Purpurwolle[28]), und dergleichen kommen in byzantinischer Zeit oft vor[29]).

2. Das Weben.

Die Verarbeitung der eigentlichen Webestoffe ist im Alterthum zu so grosser Vollendung gelangt, dass nicht nur die Techniker der neuesten Zeit über verschiedene Geheimnisse

---

ad Aen. VIII, 564. Pers. 5, 82. Sen. ep. 47, 16. Suet. Ti. 4. Mart. II, 46, 4. Plut. Flam. 18; de fort. vel virt. Alex. II, 8, Vol. VII p. 248 R. Nach dem Tode des Nero legte die ganze plebs als Zeichen der Freiheit den *pileus* an. Vgl. auch Th. V, 1 S. 369.
(115) Mart. XI, 6, 4. XIV, 1, 2.
16) Hor. epist. I, 18, 13.
17) Plaut. Amph. 149. 143. 442. Pseud. 784. 1186.
18) Suet. Oct. 82. 19) Dio Cass. LIX, 7.
20) Das Wort hat auch Val. Max. V, 1 ext. 4.
21) Yates p. 405. 22) Mart. XIV, 29. 23) Plaut. Mil. gl. 1177. Pers. 155. 24) Herodian. IV, 8, 2.
25 Mart. XIV, 140 Dig. XXXIV, 2, 25 § 4.
26) *impilia* Plin. XIX § 32. Die Stelle ist aus Theophrast. hist. plant. VII, 12, 8 übersetzt, wo πιλία steht, das Wort kommt noch einmal Dig. XXXIV, 2, 25 § 4 vor.
27) in der Inschrift von Andania (Gerhard Arch. Anz. 1858 n. 116, Sauppe Abh. d. k. Gesellsch. zu Göttingen Th. VIII) wird den Priesterinnen verboten andere Schuhe (ὑποδήματα) zu tragen, εἰ μὴ πίλινα ἢ δερμάτινα.
28) Athen. XII p. 535f.
29) S. Casaub. ad Treb. Poll. Div. Claud. 17 p. 499 ed. 1671.

der alten Färbe- und Webekunst sich noch im Unklaren befinden, sondern auch dem Historiker sich wenige gleich reichhaltige Quellen für die Beurtheilung antiken Kunstfleisses darbieten.

Die gewöhnlichen Webestoffe, d. h. Wolle, Flachs und und Seide, erfordern, bevor sie auf den Webstuhl gebracht werden, eine Zubereitung, die ihnen theils im Hause gegeben werden konnte, theils aber auch eine eigene gewerbliche Thätigkeit ausmachte. Hieher gehört das Gewinnen des Rohstoffes, das Färben und das Spinnen.

Das Gewinnen des Rohstoffes.

Die Wolle wird zuerst gewaschen, dann mit Ruthen geschlagen, gezupft (*trahere* oder *carpere*)[1130], und gekrempelt, (ξαίνειν, *carere, carminare*)[31]. Das Instrument, womit letzteres geschieht, heisst ξάντον, *carmen*[32]) oder *pecten*[33]) und die Wollbereitung (*carminatio*[34]), ξαντική)[35]), geschieht theils im Hause[36]), theils ist sie ein Gewerbe der Krempler, *carminatores*[37]), *pectinatores*[38]), welche darum seltner erwähnt werden,

---

1130) Dies nennt Aristoph. Lysistr. 575 ff. ἐκπλύνειν, ἐκραβδίζειν, διαξαίνειν. Das Letztere heisst lateinisch *trahere* (Juv. 2, 54) oder *carpere lanam*, wiewohl dieser Ausdruck auch vom Spinnen gebraucht wird. Virg. Ge. I, 390. IV, 334.
31) Varro de L. L. VII, 55: In Menaechmis (797):
  Inter ancillas sedere iubeas. lanam carere.
Idem ait hoc verbum in Cosmetria Naevi. Carere a *carendo*, quod cum tum purgant ac deducunt, ut careat spurcitia, ex quo carminari dicitur tum lana.
32) Venantius Fortunatus V, 6 praef. Quum — ut ita dictum sit, nihil velleretur ex vellere, quod carminaretur in carmine. Das Wort ist sonst nicht nachweisbar und vielleicht auch hier nur als Wortspiel zu fassen.
33) Claudian in Eutrop. II, 831:
  doctissimus artis
  Quondam lanificae, moderator pectinis unci.
  Non aliter lanam purgatis sordibus aeque
  Praebuerit calathis: similis nec pingua quisquam
  Vellera per tenues ferri producere rimas.
34) Plin. N. H. XI § 77.   35) Plato Politic. p. 281ª.
36) Plaut. Menaechm. 797.
37) Ein *Sodalicium lanariorum carminatorum* in der Gegend von Mutina Orelli 4108 = Cavedoni Marmi Modenesi p. 269.
38) Orelli-Henzen 7263. Die *lanarii pectinarii sodales* in Brixia (Or. 4207=Fabr. X, 334) scheinen ebenfalls Wollkrempler zu sein.

— 117 —

weil die Wollhändler (*lanarii*[139]) mit der gesammten Fabrication auch diesen Theil derselben besorgten[40]).

Die Bereitung des Flachses beschreibt Plinius[41]). Er wird gerauft (*evellitur*), in handliche Bündel (*fasciculos manuales*) gebunden, geröstet (*maceratur*), gebläut (*stuppario malleo tunditur*) und gehechelt (*ferreis hamis pectitur*).

Die Seide wird endlich von dem Cocon gehaspelt (λύειν, ἀναλύειν[42]), wodurch sich aus mehreren Coconfäden der brauchbare Seidenfaden bildet.

Das Färben.

In diesem Zustande werden, wenn dies anders überhaupt geschehen soll, diese Stoffe gefärbt[43]), die Wolle vor dem Spinnen[44]), die Seide vor dem Weben, die letztere zuweilen schon im Cocon[45]). Nur die Aegypter färbten fertige Zeuge, wobei sie das Geheimniss besassen, durch verschiedene Beizen diese Zeuge so zu präpariren, dass sie gemustert aus der Farbe hervorgingen[46]). Charakteristisch für den Geschmack der grie-

---

(139) Ein *collegium lanariorum* in Ortona s. Romanelli Top. III p. 64. Vier *lanarii* in Rom, alle Freigelassene, Orelli 1681, Doni VIII, 53. Mur. 964, 2. Reines. XI, 107; ein *lanarius de vico Caesaris* in Florenz Orelli 4205; ein *lanarius* in Luceria Mommsen I. R. N. 1005; ein *negotians lanarius* in Mutina Orelli 4062. Die *lanariae* bei Gr. 178, 4 sind *tabernae lanariae*.

40) Juv. 7, 224 beschreibt den Krempler
    qui docet obliquo lanam deducere ferro,
wozu der Scholiast erklärt: *aut lanarius*.

41) Plin. N. H. XIX § 16—18.

42) Aristot. Hist. anim. V, 17, 6 (V, 19 p. 551 Bekk.): τὰ βομβύκια ἀναλύουσι γυναῖκές τινες ἀναπηνιζόμεναι, κάπειτα ὑφαίνουσιν. In dem Edict des Diocletian XVI, 84 wird ein Arbeitslohn bestimmt τοῖς τὸ σηρικὸν λύουσιν und lin. 94 μεταξαβλάττην ἤτοι ἐν χρώμασιν ἀγένητον λύουσιν. Der letzte nicht ganz verständliche Ausdruck scheint zu bezeichnen, dass der Cocon selbst gefärbt wurde.

43) Von der Wolle sagt Varro bei Non. p. 228, 7: *ut — suis manibus lanea tracta ministrasset infectori*.

44) Dass man gefärbte Wolle spinnt und webt, zeigen Hom. Od. VI, 306: ἠλάκατα στρωφῶσ' ἁλιπόρφυρα. Cic. acc. in Verr. IV, 26, 59: *Lania — per triennium isti, plena domo telarum, stragulam vestem confecit, nihil nisi conchylio tinctum*.

45) S. Anm. 1142.

46) Plin. N. H. XXXV § 150: *Pingunt et vestes in Aegypto inter pauca mirabili genere candida vela, postquam attrivere, inlinentes non coloribus, sed colorem sorbentibus medicamentis. hoc cum fecere, non apparet in velis, sed in cortinam pigmenti ferventis mersa post momentum extrahun-*

chischen und römischen Färbung ist es, dass man nicht darauf ausging, absolut reine Farben darzustellen, sondern sich in den Farbentönen gefiel, welche theils in der Natur vorkommen, theils durch natürliche, einfache Farbestoffe an die Hand gegeben wurden[147]). Ovid sagt an einer in dieser Beziehung lehrreichen Stelle[48]), ein Frauenkleid brauche, um geschmackvoll zu sein, nicht eine theure echte Purpurfarbe zu haben: da ist, sagt er, das Blau des wolkenlosen Himmels, die goldne Naturfarbe der Wolle, das Meergrün der wallenden Flut, das Gelb des Saffrans, das dunkle Grün der paphischen Myrthe, der zarte Farbenton des Amethysten, der weissen Rose, des grauen Kranichs, der Eichel, der Mandel, des Wachses, welche Farben sämmtlich die Wolle annimmt. Dies sind nicht poetische Bezeichnungen, sondern technische Ausdrücke, die im Gewerbe vorkommen, denn man führte in den Läden *vestes cumatiles*[49]), *caltulae*[50]), *crocotulae*[51]), *ferrugineae*, *violaceae*[52]), *cerinae*[53]) und die Färber, (*infectores*[54]) oder *offectores*[55]), welche grossentheils nur in einer Gattung der Farbe arbeiteten, haben davon ihren eigenen Namen, z. B. Violetfärber (*violarii*)[56]), Wachsfärber (*cerinarii*)[57]), Saffranfärber (*crocotarii*)[58]), Braunfärber

---

tur picta. Mirumque, quum sit unus in cortina color, ex illo alius atque alius fit in veste accipientis medicamenti qualitate mutatus, nec postea ablui potest. Vgl. VIII § 191.

(147) S. hierüber Semper I S. 203.
48) Ovid. A. A. III, 169—188.
49) Nonius p. 548, 8. Die *undulata vestis*, welche Varro bei Non. p. 189, 24, Plin. N. H. VIII, 191 als sehr altes Product römischer Webekunst erwähnt, erklärt Forcellini wohl richtig als ein Gewebe von ungefärbter, von Natur verschiedenartiger Wolle. Vgl. Schol. Aristoph. Lys. 581: αἱ γυναῖκες γὰρ ἐργάζονται ἀφ' ἑκάστου ἐρίου λαμβάνουσιν ἐν τε καὶ μιγνύουσιν ἄλλοις.
50) Non. p. 548, 25. Plautus Epid. II, 2, 47. *caltha* ist die gelbe Feldringelblume, *calendula arvensis* L.
51) Non. p. 548, 21. 549, 26.
52) Non. p. 549, 3 und 28.
53) Non. p. 548, 26. Plaut. Epid. II, 2, 49.
54) Cic. ad fam. II, 16, 7, wo ein *infector purpurarius* gemeint ist. Plin. N. H. XX § 59. Paulus p. 112, 8.
55) Inschr. von Pompeji lienzen o. 7264. Paulus p. 192, 10.
56) Plaut. Aul. III, 5, 36. Die Inschrift Doni p. 833 n. 78 *ex schedis Vaticanis* ist ligorianisch.
57) Plaut. Aul. III, 5, 36.
58) Plaut. l. l. v. 47.

— 119 —

(*spadicarii*)[1159]), Rothfärber (*flammearii*)[60]), Purpurfärber (*purpurarii*). Die Farbestoffe waren durchaus vegetabilische oder animalische, nicht mineralische[61]). So stellte man die schönste rothe Farbe her durch die Lackmusflechte (*fucus*)[62]), deren Färbung, so lange sie frisch ist, den Purpur an Schönheit übertrifft, aber sich nicht lange hält[63]), und durch den Kermeswurm (*coccus ilicis*), ein der Cochenille verwandtes Insect, über dessen Natur die Alten zwar im Irrthum waren[64]), dessen hochrothe Farbe sie aber vortrefflich nutzten. Diese Farbe (*color coccineus*, χρῶμα φοινικοῦν) ist ganz verschieden von der Purpurfarbe[65]); beide wurden auch neben einander angewandt in der *trabea*, welche scharlachrothe horizontale Streifen (*trabes*) und einen purpurnen Saum gehabt zu haben scheint[66]). Das kostbarste und edelste Farbenmaterial war

---

[1459] Firmicus Mat. Math. III, 7, 4. Ueber die Farbe vgl. Gell. II, 26, 9.
60) Plaut. Aul. III, 5, 36. Gewöhnlich erklärt man *flammearius* als Verfertiger des Brautschleiers (*flammeum*, s. Th. V, 1 S. 42), bei Plautus aber ist von einem Handwerker die Rede, den eine *matrona* alle Tage braucht, und da der *violarius* gleich darauf erwähnt wird, so ist wohl an einen Färber zu denken. Die gemeinte Farbe ist *coccus*. Sidon. Apoll. epist. IV, 20 *flammeus cocco*.
61) Plin. N. H. VIII § 498. Cyprian. de disc. et hab. Virg. Opp. ed. Rigalt. p. 189 : *herbarum succis et conchyliis tingere et colorare*. Ueber vegetabilische Farbestoffe s. Plin. N. H. XXI § 170, XXII § 9. § 48. Lenz Botanik d. a. Gr. u. Roem. S. 242.
62) Lenz a. a. O. S. 745 — 748. Beckmann Beyträge zur Gesch. der Erf. 1 S. 304 ff.
63) Theophr. Hist. pl. IV, 6, 5 : *καὶ ἕως ἂν ᾖ πρόσφατος ἡ βαφή, πολὺ καλλίων ἡ χρόα τῆς πορφύρας*.
64) Plinius hält das *coccum* für eine vegetabilische Substanz (*granum*) N. H. IX § 141. XXII § 3.
65) S. die Stellen bei W. A Schmidt Forschungen auf dem Gebiete des Alterthums I. Berlin 1842. 8. S. 440 f. Beckmann a. a. O. III S. 1 — 46.
66) Nach Dionys. II, 70 tragen die Salii τηβέννας περιπορφύρους, φοινικοπαρύφους, ἃς καλοῦσι τραβέας. Unter den *παρυφαί* können nur die *trabes* verstanden werden, die von *coccum* sind, während der Saum von Purpur ist. Zweifelhafter ist dies VI, 13, wo es von den Rittern heisst πορφυρᾶς φοινικοπαρύφους τηβέννας τὰς καλουμένας τραβέας. Denn es gab verschiedene Arten der *trabea*. Serv. ad Aen. VII, 649. Suetonius in libro de genere vestium dicit, tria esse genera trabearum, unum dis sacratum, quod est tantum de purpura, aliud regum, quod est purpureum, habet tamen album aliquid, tertium augurale, de purpura et cocco mixtum. Vgl. ad VII, 188 : (*trabea*) *toga est augurum de cocco et purpura*. Isidor. Or. XIX, 24, 8: *Trabea erat togae species ex purpura et cocco*. Dig. XXXII, 1, 70 § 11: *Purpurae autem appellatione omnis generis purpuram contineri puto, sed coccum non continebitur; fucinum et ianthinum continebitur*.

indess der Purpur und das grösste Geschäft in diesem Industriezweige das der Purpurfärber und Purpurhändler[1167]).

Die Purpurfarbe wird aus zwei Schneckenarten gewonnen, der Trompetenschnecke, *bucinum*[68]), *murex*, κήρυξ, und der Purpurschnecke, *purpura*[69]), *pelagia*[70]), πορφύρα. Das *bucinum* gab eine rothe, aber, wenn sie allein gebraucht wurde, unechte und vergängliche Farbe[71]). Der Saft der Purpurschnecke dagegen ist in verschiedenen Gegenden verschieden; indessen lassen sich die vier Farben, welche ihm Vitruv zuschreibt[72]), nämlich schwarz, blauschwarz, violett und roth (*atrum, lividum, violaceum, rubrum*) vielleicht auf zwei dunkle Hauptfarben, schwarz und roth, reduciren. Dieser Saft, unvermischt in Salz eingelegt und gekocht, gab den Färbestoff, welchen man l'pelagium nennt[73]). Die Kunst begnügte sich indessen nicht mit den beiden einfachen Stoffen, dem *bucinum* und dem *pelagium*; es gelang ihr durch Vereinigung beider zwei künstliche echte Purpurfarben herzustellen, nämlich den Ianthin- oder Amethystpurpur und den tyrischen Purpur nebst seinen Unterarten.

Der violette Amethyst- oder Ianthin[74])- oder Hyacinthpurpur entsteht durch einmalige Färbung in einer Mischung von schwarzer Purpurfarbe und Bucin[75]), und die *violacea purpura, ianthina, amethystina, hyacynthina vestis* gehört zu den schönsten und kostbarsten Purpurfabrikaten[76]).

Der tyrische und lakonische Purpur ist dagegen zweimal gefärbt (*dibaphus*, auch *purpura dibapha*), nämlich zuerst in

---

[1167] Eine erschöpfende Untersuchung über diesen Gegenstand giebt W. A. Schmidt Die Purpurfärberei und der Purpurhandel im Alterthum, in seinen Forschungen auf dem Gebiete des Alterthums I S. 94—112. Die früheren Abhandlungen über dieses Thema, welche Schmidt S. 97 ff. anführt, namentlich Amatius *de restitutione purpurarum.* Caesenae 1784 fol, und Mich. Rosa *Delle porpore e delle materie vestiarie.* Modena 1786, sind dadurch entbehrlich geworden, und ich beschränke mich auf die Anführung weniger Quellenstellen, da man dieselben sorgfältig bei Schmidt gesammelt und benutzt findet.
68) Plin. N. H. IX § 130.   69) Plin. l. l. § 125. 130.
70) Plin. l. l. § 134.   71) Plin. l. l. § 134.
72) Vitruv. VII, 13 (12 Mariai).
73) Schmidt S. 113. 114. 129—132.
74) Plin. N. H. XXI § 45.   75) Plin. N. H. IX § 134. 135.
76) S. die Stellen bei Schmidt S. 125. 126.

halbgekochtem, eine unbestimmte, changirende Farbe gebendem *pelagium*, und darauf in *bucinum*; er war dunkelroth, aber in der Sonne farbenspielend und wird ebenfalls zu den kostbarsten Sorten gerechnet [177]).

Beide Sorten, der Ianthinpurpur und der tyrische Purpur heissen in byzantinischer Zeit βλάττη, *blatta* [78]).

Da der Ton aller bisher genannten reinen Purpurfarben ein tief dunkler war, so musste man, um auch helle Farben zu erzielen, noch andere Mittel in Anwendung bringen. Man setzte daher dem Safte der Purpurschnecke, ohne ihn *bucinum* beizumischen, andere Stoffe, namentlich Wasser, Urin [79]) und *fucus* [40]) zu und gewann so einen verdünnten Färbestoff, welcher *conchylium* genannt und von dem reinen Purpur bestimmt unterschieden wird [81]). Durch diesen Stoff stellte man drei helle Farben her, Heliotropblau, Malvenblau und das Gelb der Herbstviole [82]), welches die Farben der *conchyliatae vestes* [83]) sind.

Endlich combinirte man auch die verschiedenen Färbungsmethoden unter sich und erzeugte so, indem man die Wolle zuerst in Ianthinfarbe, sodann in tyrischer Weise färbte [84]), das *Tyrianthinum* [85]); indem man zuerst Conchylienmischung, dann die tyrische Färbung anwendete, verschiedene Sorten des tyrischen Conchylienpurpurs [86]), und indem man den in

---

[177] Plin. N. H. IX § 138. Schmidt S. 137. 138,
[78] Schmidt S. 130—138.   [79] Plin. N. H. IX § 138.
[80] Plin. N. H. XXVI § 103.
[81] Plin. N. H. IX § 138. § 130: *Concharum ad purpuras et conchylia — eadem enim est materia, sed distat temperamento — duo sunt genera.* V § 70: *Nunc omnis ejus (Tyri) nobilitas conchylio atque purpura constat.* VIII § 197: *Vidimus iam et viventium vellera purpura, cocco, conchylia — infecta.*
[82] Plin. N. H. XXI § 46: *tertius est (color), qui proprie conchyli intelligitur, multis modis: unus in heliotropio et in aliquo ex his plerumque saturatior, alius in malva ad purpuram inclinans, alius in viola serotina conchyliorum vegetissimus.* Der Heliotrop hat einen *caeruleus color* (Plin. N. H. XXII § 57), die *viola serotina* oder *calatiana* (Plin. N. H. XXI § 27) ist goldgelb. Colum. de cultu hort. 101.
[83] *Vestis conchyliata.* Plin. N. H. IX § 138. Suet. Caes. 43. Cic. acc. in Verr. IV, 26, 59. *peristromata conchyliata* Cic. Phil. II, 27, 67 u. ö.
[84] Plin. N. A. IX § 109. 140. Schmidt S. 145—147.
[85] Martial. I, 53, 5; *pallium tyrianthinum* Vopisc. Carin. 20.
[86] Plin. N. H. IX § 139.

Coccum gesättigten Stoff hinterher tyrisch färbte, den Hysginpurpur[157], eine Farbe, die von einer Pflanze (ὕσγη) ihren Namen hat und schon dem Xenophon bekannt war[88]).

Ausser diesen in der Art der Farbenherstellung begründeten Unterschieden influirte auf den Werth des Purpurs der Stoff, welcher gefärbt wurde, die nach der Verschiedenheit der Gegend verschiedene Güte des Purpursaftes[89] und der Ruf der Fabrik selbst. Das Edict des Diocletian vom J. 301 lässt leider die absoluten Preise nicht sicher erkennen, da der Werth des diocletianischen Denars unbekannt ist, allein die grosse Differenz der Preise wird aus demselben ersichtlich. Nimmt man an, dass der Maximalpreis der Purpurseide unter Diocletian ungefähr so hoch gesetzt wurde, als er unter Justinian wirklich war, so kann man den diocletianischen Denar etwa zu ⅕ Silbergroschen rechnen[90]). Hiernach gelten dann im Edict des Diocletian:

μεταξαβλάττη   das Pfund 150,000 Denare = 1250 Th.

Dieselbe unter Justinian[91]) 288 Aurei = 1140 Th.

βλάττη	das Pfund	50,000 Denari	=	416⅔ Th.
ὑποβλάττη	,, ,,	50,000 ,,	=	116⅔ ,,
ὀξυτυρία	,, ,,	66,000 ,,	=	166⅔ ,,
(δίβαφος)	,, ,,	52,000 ,,	=	133⅓ ,,
Μιλησία δίβαφος	,, ,,	17,000 ,,	=	141⅔ ,,
Μιλησία, zweite Sorte	,, ,,	10,000 ,,	=	83⅓ ,,

[187] Plin. l. l. § 140.
[88] Xenoph. Cyrop. VIII, 3, 13.
[89] Ueber die verschiedenen Gattungen handelt Lamark *Animaux sans vertèbres*, *genre rocher* T. IX p. 339. 340. Aus den grossen Anhaufungen von Schnecken an verschiedenen Stellen der Küste des Peloponnes, welche Boblaye bei der französischen Expedition nach Morea vorfand, und die namentlich bei Gythium vorkommen, ist ersichtlich, dass der laconische Purpur aus *murex brandaris* gewonnen wurde. Ebenso finden sich ganze Hügel gebrauchter Schnecken an der Küste zwischen Sidon und Tyrus; diese gehören aber der Gattung *murex truncutus* an. S. De Saulcy in *Revue Archéologique*. Nouvelle Série IX p 186 ff Ueber die Purpurschnecken handelt auch Heusinger *Observationes de purpura antiquorum*. Jenaci 1826. 4.
[90] Mommsens von ihm selbst als sehr problematisch bezeichnete Vermuthung (Ed. Diocl. S. 94), dass der Diocletianische Denar 8½ Pf. betragen habe, ist mit den sonst überlieferten Purpurpreisen nicht zu vereinigen.
[91] Procop. Hist. arc. 25.

— 123 —

Νειχαπρὴ σκηρά	das Pfund	1,500 Denare=	12½ Th.	
ἰσγένη, erste Sorte	,, ,,	600 ,,	= 5 ,,
ἰσγένη, zweite Sorte	,, ,,	500 ,,	= 4⅙ ,,
ἰσγένη, dritte Sorte	,, ,,	400 ,,	= 3⅓ ,,
ἰσγένη, vierte Sorte	,, ,,	300 ,,	= 2½ ,,

Das Verzeichniss beginnt mit fünf Sorten echten, wie wir weiter unten sehen werden, tyrischen Purpurs, nämlich der Purpurseide, hier *μεταξαβλάττη*, sonst *blatteum sericum*[192]), *blatta serica*[93]), *sericoblatta*[94]) genannt, welche dreimal so viel als Purpurwolle, funfzehnmal so viel als weisse Seide[95]) kostete, und vier Sorten Purpurwolle, deren Bestimmung unsicher ist. Mommsen nimmt an, dass *blatta* im engern Sinne das *hyacinthinum*, *ὀξυτερία*, identisch mit *Oxyblatta*[96]), die hochrothe Farbe[97]), *ὑποβλάττη* die hellfarbige *vestis conchyliata* bezeichne; die vierte Sorte ist in dem inschriftlich erhaltenen Edict nicht sicher lesbar; hiess sie, wie ich vermuthe, *δίβαφος*[98]), so würde dies der Ausdruck für den gewöhnlichen dunkelrothen tyrischen Purpur sein[99]). Allerdings aber ist zu bemerken, dass in späteren Verordnungen gerade dieser schwarz- oder dunkelrothe Purpur *blatta* in engerem Sinne heisst[100]). Hierauf folgen geringere Sorten, nämlich echte milesische Purpurwolle[1]), in Coccus gefärbte Wolle, endlich in Laknius oder Orseille gefärbte sogenannte Hysginwolle[2]), welche alle viel niedrigere Preise haben, und man sieht, dass

---

[192] Vop.lsc. Aurel. 45.
[93] Cod. Th. X, 26, 13. [94] Cod. Th. X, 26, 18.
[95] Diese gilt 16,000 Denare. Ed. Diocl. XVI lin. 63.
[96] Cod. Just. IV, 40, 1.
[97] S. Plul. Cal. min. 8 und mehr bei Mommsen s. a. O. S. 94. Lydus de mag. 13 nennt diese Farbe *φλογοβαφής*.
[98] Die Abschrift des sehr verwitterten Steines giebt *ΔΙΛΛΙΟΥ*, d. h. *ΔΙΒΑΦΟΥ*, wenn Β und Φ die schwächer eingeschnittenen Züge verloren und nur den Grundstrich behalten haben.
[99] Plin. N. H. IX § 137: *Dibapha tunc dicebatur, quae bis tincta esset, veluti magnifico inpendio, qualiter nunc omnes paene commodiores purpuras tinguntur*. Vgl. Schmidt a. a. O. S. 127—139.
[100] S. Mommsen a. a. O. S. 93.
[1] Vgl. Serv. ad Virg. Ge. III, 306: *Miletos civitas est Asiae, ubi tinguntur lanae optimae*.
[2] *ἰσγίνη* ist eine corrumpirte Form statt *ὕσγινον*, lat. *Hysginum*. Dig. XXXII, 1, 78 § 5. Vgl. oben Anm. 1187.

auch die früher vorkommenden sehr variirenden Purpurpreise
von sehr verschiedenen Sorten verstanden werden müssen.
Zu Cäsars Zeit galt ein Pfund Ianthinwolle 100 Denare oder
29 Thlr.; tyrische Purpurwolle aber über 1000 Denare oder
290 Th.[1203]; ein Purpurkleid kauft man zu 3 Minen, d. h. 78
Th.[4] aber auch zu 10,000 Sesterzen oder 725 Th.[5]
Das Purpurgeschäft war sonach ein sehr ausgedehntes
und vielseitiges. Zwei Gewerbe sind dabei betheiligt, die
πορφυρεῖς, murileguli oder conchylioleguli, d. h. die Purpurfischer[6], und die purpurarii, d. h. die Fabricanten, welche die
Farbe in eigenen officinae[7] bereiteten, das Färben besorgten
und gewöhnlich auch den Verkauf selbst übernahmen.

Die Purpurfischerei wurde im ganzen mitteländischen
Meere betrieben; die besten Purpurschnecken waren in Asien
die phönicischen[8], in Africa die von der Insel Meninx (purpura Girbitana) und der gätulischen Küste[9]; in Griechenland die lakonischen[10]. Aber auch an anderen Orten gab es
Purpurfischer, wie in Euboea[11] und Baiae[12]; die Tarentiner,
welche eine besondere Gattung des Purpurs (rubra Taren-
tina) herstellten[13], die Coer, deren Fabrikate im Beginne
der Kaiserzeit berühmt waren[14], die Milesier[15] und Pho-

1203) Plin. N. H. IX § 127.
4) Plat. de animi tranq. Vol. VII p. 844 R. Dio Chrys. Vol. II
p. 848 R.   5) Mart. VIII, 10. IV, 61, 4.
6) S. die Stellen bei Schmidt a. a. O. S. 168.
7) Plin. N. H. IX § 129. 133.
8) Plin. N. H. IX § 127. Schmidt a. a. O. S. 135.
9) Hor. epist. II, 2, 181: vestes Gaetulo murice tinctas und dazu
Porph. i Afro, ac per hoc Mauro; significat enim purpuram Girbitanam.
Andere Stellen s. bei Schmidt S. 133.
10) Hor. Od. II, 18, 7. Clem. Alex. Paed. II. 10 § 115 p. 239 Pott.:
διὰ ταύτην γοῦν τὴν πορφύραν ἡ Τύρος καὶ ἡ Σιδὼν καὶ τῆς Λακωνικῆς
ἡ γείτων τῆς θαλάσσης ποδενότατοι.
11) Dio. Chrys. Or. 7 p. 244 R. = 126 Emp.
12) Hor. Serm. II, 4, 32.
13) Cornel. Nep. bei Plin. N. H. IX § 127.
14) Lydus de mag. II. 18: μανδύην μὲν γὰρ ὁ ἔπαρχος (der praefectus praetorio unter den ersten Kaisern) περιεβάλλετο Κῷον ἐπ' ἰσχύης
γὰρ τῆς νήσου καὶ μόνης ἡ βαθυτέρα βαφὴ τοῦ φοινικοῦ χρώματος τὸ πρὶν
ἐπηγεῖτο κατασκευαζομένη. Φοινικοῦν ist eigentlich die Farbe des coccus
und Properi. II, 1, 5 redet wirklich von Cois coccis, allein Lydus scheint
doch entschieden die tiefe Purpurfarbe zu bezeichnen, wie auch Horat.
Od. IV, 13, 18 Coae purpurae erwähnt.   15) Ed. Diocl. XVI lin. 91. 92.

kaeer[216]) werden ihre eigenen Fischereien gehabt haben, ebenso wie die kaiserlichen Fabriken[17]), deren es im Anfang des 5. Jahrhunderts ausser der in Tyrus im Occident neun gab[18]), nämlich in Tarentum, Salona, der Insel Lissa[19]) an der istrischen Küste, in Syracus, in der Provinz Africa, auf der Insel Girba oder Meninx, auf den Balearen, in Telo Martius (Toulon) und Narbo.

Purpurhändler, welche theils den Färbestoff, theils die rohe gefärbte Wolle nach dem Gewicht[20]) verkauften[21]), theils auch fertige Stoffe auf dem Lager hatten[22], muss es in Rom schon sehr frühe gegeben haben, da die purpurverbrämte *trabea* und der purpurne *clavus* von der Königszeit her üblich waren[23]). Allein dieser Purpur war einheimisches, später vielleicht griechisches Fabricat; denn eine *praetexta* von tyrischem Purpur trug zuerst der Aedil P. Lentulus Spinther im J. 63 v. Chr.[24]). Von da an wurde der Purpur ein Luxusartikel, und obgleich Cäsar den Gebrauch der *conchyliatae vestes* beschränkte[25]), Augustus das Tragen des Purpurs den Behörden allein gestattete[26]) und Nero durch ein Edict den Verkauf des Tyrischen und Amethystpurpurs inhibirte[27]), so kamen doch mit Purpur verzierte und ganz purpurne Kleider immer mehr in Mode[28]), so dass

---

[216] Ov. Met. VI, 9
  Phocaico bibulus tingebat murice lanas.
17) Cod. Th. X, 20 de murilegulis. Cod. Just. XI, 7 de murilegulis.
18) Not. Dign. Occ. p. 49.
19) Plin. N. H. III § 151. Die Inschr. Orelli 4272 ist nach Henzen III p. 468 falsch. 20) Plin. N. H. IX § 137. Suet. Nero 38.
21) Dies schliesst Schmidt S. 165 mit Recht aus dem in Parma befindlichen Grabmonumente eines Purperarius, auf dem drei Flaschen, den Farbestoff enthaltend, eine Wagschale und mehrere Gebinde Wolle dargestellt sind. S. Lama *Iscrizioni antiche collocate ne' muri della scala Farnese*. Parma 1848. 4°. p. 98.
22) Macrob. Sat. II, 4, 14. Schmidt a. a. O. S. 167.
23) Plin. N. H. IX § 136: *Purpurae usum Romae semper fuisse video, sed Romulo in trabea. nam toga praetexta et latiore clavo Tullum Hostilium e regibus primum usum Etruscis devictis satis constat.*
24) Plin. N. H. IX § 137. Drumann Gesch. Roms II S. 388 f.
25) Suet. Caes. 43: *Lecticarum usum, item conchyliatae vestis et margaritarum, nisi certis personis et aetatibus perque certos dies, ademit.*
26) Dio Cass. XLIX, 16: τήν τε ἐσθῆτα τὴν ἁλουργῆ μηδένα ἄλλον ἔξω τῶν βουλευτῶν τῶν ἐν ταῖς ἀρχαῖς ὄντων ἐνδύεσθαι ἐπέτρεψεν.
27) Suet. Ner. 32. 28) *Amethystinae vestes* erwähnt Mart. I, 96, 7. II, 57, 2. XIV, 154; *Tyriae* XIV, 156.

nicht allein in Rom[229], sondern in vielen Städten Italiens[30] und der Provinzen[31] Purpurhandlungen und Ladengeschäfte, *tabernae cum servis institoribus*[32] errichtet wurden. An dieser einträglichen Industrie betheiligten sich auch die Kaiser, und wie die Kaiser des ersten Jahrhunderts von Tiberius bis zu den Antoninen in Thonfabriken Geschäfte machten, so hatte bereits Alexander Severus in Italien eine Purpurfabrik, deren Fabricate nicht nur zu seinem Gebrauch verwendet, sondern in den Verkauf gebracht wurden[33]. Dieser Purpur hiess *purpura Probiana* oder *Alexandriana*; den ersten Namen hatte er von dem *praepositus baphiis*, Aurelius Probus, der ein eigenes *genus muricis* erfunden hatte, also der Fabricant selbst war[34], den zweiten hatte er von dem Besitzer, d. h. dem Kaiser. In gleicher Weise bestand schon unter Diocletian[35]

---

[229] Such. Ner. 81. Ein *purpurarius de vico Tusco* Orelli n. 4271; ein *purpurarius de vico Cornelii* Gr. 621, 4: andere *purpurarii* in Rom Mur. p. 962, 6. 982, 10. Febr. IX u. 175.

[30] Ein *purpurarius* in Capua Mommsen I. R. N. 1765; in Puteoli das. 7280; in Amalfi das. 147; in Truentum das. 6225 = Orelli-Henzen n. 6676; in Movaniola Orelli-Henzen n. 7171; in Parma Do Lama a. a. O. p. 98.

[31] Ein *purpurarius* in Forum Julii Mur. p. 978, 6; in Narbo Grut. 649, 9; in Corduba Mur. p. 949, 8; ein *negotiator artis purpurariae* in Augusta Vindelicorum Orelli n. 4256; ein πορφυροπώλης in Thia in Aegypten Papyrus I lin. 11, Papyr. II lin. 11 bei Schmidt; eine πορφυροπώλις in Thyatira Act. Apost. 16, 14. [32] Dig. XXXII, 4, 91 § 2.

[33] Lamp. Al. Sev. 40: *purpurae clarissimae non ad usum suum, sed ad matronarum, si quae aut possent aut vellent, certe ad vendendum gravissimus exactor fuit, ita ut Alexandriana purpura hodieque dicatur, quae vulgo Probiana dicitur, idcirco quod Aurelius Probus bafiis praepositus id genus muricis repperisset.*

[34] Dies hat Schmidt S. 175. 184 übersehen, welcher annimmt, dies sei eine Privatfabrik gewesen, welche eine Realabgabe an den Kaiser zu liefern gehabt habe, und den Probus daher für einen Steuereinnehmer hält. Die Annahme Schmidt's S. 166, dass es zwar auch kaiserliche *purpurarii* gegeben, diese aber nichts zu verkaufen gehabt hätten, beruht ebenfalls auf Missverständniss der Inschr. Mur. 968, 6 = Mommsen I. R. N. 117, welche zu lesen ist: cN. HAIO· DORYPhORO ‖ PVRPVRARIO· AVGVStioU ‖ DVPLICIARIO· VIXIT ‖ ANNIS XXXXIIII ‖ M· VI· DIEBVS· XXIX, so dass darin nicht ein *purpurarius Augusti*, sondern ein *purpurarius, Augustalis dupliciarius* vorkommt, wie er sich auch Orelli-Henzen n. 2534. 2921. 7110. 7111 findet; d. h. ein Augustalis, der bei Vertheilungen ehrenhalber doppelt so viel erhält als die andern. S. hierüber die *lex coll. salut.* bei Mommsen *de collegiis* p. 106. 107.

[35] Nach Euseb. E. H. VII, 32 verlieh Diocletian dem Dorotheus die ἐπιτροπή τῆς κατά Τύρον ἁλουργοῦ βαφῆς, während Cyrillus Bischof von Antiochia war, d. h. vor d. J. 300. S. Vales. z. d. St.

die berühmte Fabrik in Tyrus, in welcher die *blatta* angefertigt wurde[1236]), die damals in fünf Sorten in den Handel kam[37]). In dem Verkauf derselben concurrirte die Fabrik mit der Privatindustrie, bis die um das J. 383 erlassene Verordnung des Gratian, Valentinian und Theodosius die Herstellung der edlen Purpursorten (*blatta*) zu einem kaiserlichen Monopol machte, ohne dass der Verkauf derselben deshalb aufhörte[38]). Denn nur das sogenannte *indumentum regale*[39]), d. h. ein ganzes Kleid von *blatta* zu tragen, galt als Privilegium des Kaisers und wurde bei Privaten als Hochverrath angesehn[40]); aber Besätze, eingewebte Streifen und Einsatzstücke von echtem Purpur trug man allgemein[41]) und bezog die Purpurwolle dazu aus den kaiserlichen Manufacturen. Auch Purpurseide, deren Gebrauch im J. 424 Privatleuten untersagt wurde[42]), ist spä-

---

[1236]) Cod. Th. X, 20, 18.
[37]) Ed. Diocl. XVI lin. 80 ff. Vgl. Vopisc. Aurel. 48. *idem concessit, ut blatteas matronae tunicas haberent.*
[38]) Cod. Just. IV, 40, I.: *Fucandae atque distrahendae purpurae vel in serico vel in lana, quae blatta vel oxyblatta atque hyacinthina dicitur, facultatem nullus possit habere privatus*, d. h. doch nur: Niemand anderes soll *blatta* fabriciren und verkaufen, als der Kaiser selbst, und dass unter Justinian die kaiserliche Fabrik wirklich verkaufte, lehrt Procop. hist. arc. 25. Vgl. Mommsen z. Ed. d. Diocl. S. 94 Anm. 1.
[39]) Lactant. Inst. IV, 7, 6: *sicut nunc Romanis indumentum purpureae insigne est regiae dignitatis adsumtae.* Daher sagt man *purpuram sumere*. Treb. Poll. trig. tyr. 18 u. dazu Salmasius.
[40]) Ammian XIV, 9, 7. Johann. Chrys. de anathemate 2. Vol. I p. 692d Montf.: Ὁ περιθεὶς ἑαυτῷ ἀλουργίδα βασιλικήν, ἰδιώτης τυγχάνων, αὐτός τε καὶ οἱ αὐτῷ συνεργήσαντες ὡς τύραννοι ἀναιροῦνται.
[41]) Im J. 392 wird (Cod. Th. XV, 7, 11) verordnet: *Nulla mima gemmis, nullis sigillatis sericis aut textis utatur auratis. His quoque vestibus noverint abstinendum, quas Graeco nomine alethinocrustas vocant, in quibus abit admixtus colori puri rubor muricis inardescit.* Es werden also den Mimen, nicht andern Frauen, Stoffe verboten, die mit echten Purpurfäden durchwirkt sind (S. Haenel zu der St. und Schmidt S. 186). Denn ἀληθινή πορφύρα (Ed. Diocl. XVI, 94), *vestis de alethino* (Salmasius ad Trebell. Poll. Claud. 17. p. 408 ff. ed. 1671), *holovera vestis* Cod. Th. X, 21 *de vestibus holoveris* = Cod. Just. XI, 8), ist die Bezeichnung des ῥάμμα βασιλικόν, ὅπερ καλεῖν ὁλόβηρον νενομίκασι (Procop. hist. arc. 25); *alethinocrustae* aber sind Stoffe, in welchen entweder zum Einschlag oder zur Kette Purpurwolle gebraucht wurde, also halbpurpurne Zeuge. Ueber die *segmenta* und *fimbriae* wird weiter unten die Rede sein. Auch der *clavus senatorum* war von echtem Purpur, wenn bei Sidonius Epist. IX, 16, v. 24 des darin enthaltenen Carmen, *blattifer senatus* genau zu verstehen ist.
[42]) Im Cod. Th. X, 21, 8 heisst diese Verordnung: *Nec pallia tunicasque domi quis serica contexat aut faciat, quae tincta conchylio nullius al-*

ter denselben wieder gestattet und aus der kaiserlichen Fabrik
geliefert worden[143]. Um so weniger bedenklich ist es anzunehmen, dass auch die kaiserlichen Fabriken des Occidents,
welche geringere Sorten lieferten, nicht nur für den kaiserlichen Bedarf, sondern auch für den Verkauf arbeiteten. Dass
aber diese Fabriken nicht Privatunternehmungen, sondern
kaiserliche Institute waren, lässt die Gleichheit ihrer Einrichtung mit den kaiserlichen Gynaeceen nicht bezweifeln[44]).

Das Spinnen und Weben[45].

Das Spinnen der Wolle ist das eigentliche Geschäft der
Frauen und Mägde[46]), während Flachs auch von Männern gesponnen wird[47]. Da das Spinnrad eine moderne Erfindung
ist[48]), so wurden als Instrumente dabei nur der Wocken (ἠλακάτη, colus) und die Spindel (ἄτρακτος, fusus) gebraucht. Die
letztere besteht aus zwei Theilen, der Stange, welche ebenfalls ἠλακάτη heisst und oben einen Haken zum Festhalten des

---

terius permixtione subtexta sunt, während Cod. Just. XI, 8, 4 *contarta
sunt* steht. Weiter hat der Cod. Th. *reddenda aerario holovera vesti-
monia protinus offerantur*, der Cod. Just. aber hat den Zusatz *vestimenta
virilia*, woraus man ersieht, dass die Verordnung von 424 durch Justinian in zwei Puncten modificirt ist. Es waren nämlich verboten seidene
Kleider, wenn sie auch nicht *holoveras*, sondern *conchyliatae*, ferner wenn
sie auch nicht ganz conchylienfarbig, sondern nur mit einem Einschlag
von Conchylienwolle gewebt waren; und zwar ebensowohl Männer- als
Frauenkleider; Justinian verbietet dagegen nur Männern Kleider von ganz
conchylienpurpurner Seide, erlaubt also diese den Frauen, und halbcon-
chylienwollene Kleider beiden Geschlechtern.
(143) Procop. hist. arc. 25. Vgl. Mommsen z. Ed. d. Diocl. S. 94
Anm. 1.
44) Der *procurator bafii*, unter dem jede dieser Fabriken steht (Not.
Dign. Occ. p. 49), ist ebenso der Vorstand der Fabrik, wie der *procurator Gynaecei*, der *procurator linifii* und der *procurator monetae*, er ist
identisch mit dem *ἐπίτροπος* der tyrischen Fabrik (Euseb. K. H. VII,
32) und dem *praepositus bafii* des Alexander Severus Lampr. Al. Sev.
40). Vgl. Cod. Just. XI, 7, 14: *Privatae vel lintoariae vestis magistri,
thesaurorum praepositi, vel baphyorum ac textrinorum procuratores — non
ante ad rem sacri aerarii procurandam permittantur accedere, quam salu-
dationibus dignis eorum administratio roboretur*.
45) Hierüber handeln Schneider ad Script. rei rust. Vol. IV p.
259—307. *Monges in Histoire et mémoires de l' Institut roy. Classe d'hist.
Tome IV. 1818 p. 212—314.
46) S. Th. V, 1 S. 85.
47) Plin N. H. XIX, 18: *linumque aere et viris decorum est*.
48) Es soll 4530 in Braunschweig erfunden sein.

Fadens (ἄγκιστρον) hat[249], und dem Wirbel, Wirtel oder Ringe (σφόνδυλος[50], verticillus[51], turbo)[52], der am untern Theile um die Stange herumgeht[53]). Den Wocken, um welchen die zubereitete Wolle (τολύπη[54]), mollis lana[55], tractus)[56] oder der Flachs gebunden ist, hält die Spinnerin in der linken Hand; mit der rechten zieht sie den um die Spindel gelegten Faden aus[57]), und indem sie den Wirbel derselben mit den Fingern dreht[58]), wird der Faden zugleich gedrellt und kegelförmig um die Spindel gewickelt. Ist dieselbe voll, so wird das Gespinnst (κλωστήρ)[59] abgestreift und in den Spinnkorb (calathus) gelegt. Da man im Stehen[60], Sitzen[61] und Gehen[62]

---

[249] Plato de rep. p. 616c: ἐν δὲ τῶν ἄκρων τεταμένον Ἀνάγκης ἄτρακτον, δι' οὗ πάσας ἐπιστρέφεσθαι τὰς περιφοράς· οὗ τὴν μὲν ἠλακάτην τε καὶ τὸ ἄγκιστρον εἶναι ἐξ ἀδάμαντος, τὸν δὲ σφόνδυλον μικτὸν ἐκ τε τούτου καὶ ἄλλων γενῶν.
50) Ed. Diocl. XIII, 5: ἄτρακτος πύξινος μετὰ σφονδύλου. Theophr. Hist. pl. III, 10, 4: τὸ δ' ἀποσθῆσαν Λακέδ., ὥσπερ σφόνδυλος περὶ ἄτρακτον.
51) Plin. N. H. XXXVII § 87.   53) Catull 64, 314.
53) Noch erhaltene ägyptische Spindeln verschiedener Form, bei welchen ein Haken aber nicht bemerkbar ist, sind abgebildet in Wilkinson Manners and Customs of the ancient Egyptians. London 1867. 8. III p. 136.
54) S. Schneider ad Script. R. R. IV p. 569.
55) Catull. 64, 311.   56) Nonius p. 238, 33.
57) Catull. 64, 311 von den Parcen:
  Laeva colum molli lana retinebat amictum,
  Dextera tum leviter deducens fila supinis
  Formabat digitis, tum prono in pollice torquens
  Libratum tereti versabat turbine fusum.
58) Ovid. Met. VI, 22:
  Sive levi teretem versabat pollice fusum.
Tibull. II, 1, 65:
  Hinc et femineus labor est, hinc pensa colusque
  Fusus et opposito pollice versat opus.
59) Schneider a. a. O. p. 550 f.
60) Eine stehende Frau, die in der Linken den Wocken hält und mit der Rechten den Faden zieht, an dem die Spindel hängt, stellt ein Vasenbild bei Millingen Vas. Coghill. Pl. XXI. Panofka Bilder ant. Lebens XIX, 2 dar.
61) Eine sitzende Spinnerin auf einem Basrelief des Forum Nervae s. bei Bartoli Admiranda Rom. Ant. 1693 fol. Tav. 37. Herkules sitzend bei der Omphale schildert Lactant. Inst. I, 9, 7: illud quidem nemo negabit, Herculem torrisse — Omphalae, quae illum — sedere ad pedes suos iubebat pensa facientem. So ist er auch dargestellt in einem pompejanischen Wandgemälde. S. Bullett. d. Inst. 1861 p. 239.
62) Plin. N. H. XXVIII § 28: Pagana lege in plerisque Italiae praediis cavetur, ne mulieres per itinera ambulantes torqueant fusos.

spann, so war die Manipulation nicht immer dieselbe; man steckte auch den Wocken in den Gürtel[1263], um beide Hände frei zu haben, und liess die Spindel in einem Untersatze (*alveolus*) wie einen Kreisel im Halter herumlaufen[64]. Es werden übrigens zum Zwecke des Webens verschiedene Arten von Fäden gesponnen, ein fester und dreller, zuweilen aus mehreren Fäden gedrehter für die Kette des Gewebes, und ein weicher, wenig gedrehter für den Einschlag, welcher, wie wir später sehen werden, durch den Walker aufgekämmt, die haarige Seite des Tuches (μαλλός) ergab[65]). Auf den ägyptischen Denkmälern, welche das Spinnen darstellen, kann man, da ein Wocken nicht sichtbar ist, nur das Drehen der Kettenfäden erkennen[66]).

Für die Construction des antiken Webestuhls liegen uns, da die wenigen vorhandenen Abbildungen[67]) unzureichend sind, keine anderen Quellen vor, als gelegentliche Beschreibungen und technische Ausdrücke, deren Erklärung zum Theil nicht ohne Schwierigkeit ist. Indessen lassen sich zwei Hauptformen deutlich unterscheiden, nämlich die des ältesten, verticalen, und die des neueren, horizontalen Webstuhls. Der

---

1263) Auf einer Mosaik (Mori *Sculture del Museo Capitolino* I p. 217) spinnt Hercules auf diese Weise mit der linken Hand den Faden ziehend, in der rechten den *fusus* haltend.
64) Hieronymus ep. 97 ad Demetriadem Vol. IV, 2 p. 793 Ben. *in alveolis fusa certuntur*.
65) Plato Politic. p. 282ᵉ: Τούτου δὴ τὸ μὲν ἀτράκτῳ τε στρεψίν καὶ στερεὸν νῆμα γενόμενον στήμονα μὲν φήσι τὸ νῆμα, τὴν δὲ ἀπευθύνουσαν αὐτὰ τέχνην εἶναι στημονητικήν. — Ὅσα δέ γε αὖ τὴν μὲν συστρεψὴν χαύνην λαμβάνει, τῇ δὲ τοῦ στήμονος ἐμπλέξει πρὸς τὴν τῆς γναφέως ὁλκὴν ἐμμέτρως τὴν μαλακότητα ἴσχει, ταῦτ' ἄρα κρόκην μὲν τὰ νηθέντα, τὴν δὲ ἐπιτεταγμένην αὐτοῖς εἶναι τέχνην τὴν κροκονητικὴν φῶμεν. Vgl. die sogleich anzuführende Stelle des Seneca.
66) Wilkinson a. a. O. III p. 134 fig. 4. II p. 60 fig. 6. 7.
67) Zwei ägyptische Webstühle sind bei Wilkinson a. a. O. abgebildet, ein ganz einfacher, stehender II p. 60 fig. 2, ein etwas complicirterer, ebenfalls stehender III p. 135 fig. 2. Von den beiden Webstühlen bei Ciampini *Vetera Munimenta Pars I Romae* 1690 fol. tab. 35 ist der zweite eine Fiction, entnommen aus Braun *Vestitus sacerd. Hebr.* c. XVI; der erste eine sehr vergrösserte, in den Einzelheiten unzuverlässige Nachbildung des Webstuhles der Circe, der auf einem Bilde des Vaticanischen Virgilcodex (s. S. Bartoli *Antiquissimi Virgiliani codicis bibliothecae Vaticanae picturae. Romae* 1776. 4. tab. 46) als Staffage einer Landschaft vorkommt.

erstere ist ursprünglich ein Rahmen gewesen, in welchem die Fäden der Kette von oben nach unten parallel liefen, die Fäden des Eintrags aber mit einer Nadel horizontal eingezogen wurden, so dass diese Manipulation mit der des Flechtens identisch war. Allein schon früh hat man eine Einrichtung getroffen, um diejenigen Fäden der Kette, unter welchen der Eintrag durchgezogen werden soll, aufzuheben und so den Eintragsfaden bequemer und schneller durchzuführen. Dieselbe wird bereits von Homer erwähnt und ist neuerdings von dem Fabrikanten Paur in Zürich praktisch veranschaulicht worden[268]). Nöthig ist dazu nur, dass die Kettenfäden, um gehoben werden zu können, nicht am unteren Theile des Rahmens befestigt, sondern in Bündel geknotet und mit Gewichten beschwert, die zu hebenden Fäden aber durch Schlingen an einen runden Querstab befestigt werden, den man mit der Hand anzieht, wenn man den Eintragsfaden einbringen will[69]). War dies geschehen, so drückte man denselben mit einer schweren flachen Holzleiste (*spatha*)[70] an, die man mit der Hand anschlug. Die Gewichte (ἀγνῦϑες, λαῖαι), die für diese Art des Webstuhls unentbehrlich sind, fanden auch bei den späteren noch ihre

---

[268]) Mittheilungen der antiquarischen Gesellschaft in Zürich XIV, 1 S. 81 f., wo das Verfahren durch Abbildungen erläutert ist.

69) Auf diese Einrichtung, welche für den senkrechten Webstuhl ist, was das Geschirr für den horizontalen, bezieht sich die vielbesprochene Stelle Hom. Il. XXIII, 760 :

ἄγχι μάλ', ὡς ὅτε τίς τε γυναικὸς ἐϋζώνοιο
στήϑεος ἔστι κανών, ὃν τ' εὖ μάλα χερσὶ τανύσσῃ
πηνίον ἐξέλκουσα παρὰ μίτον, ἀγχοῦ δ' ἴσχει
στήϑεος.

Richtig sagt der Schol.: κανών· ὁ κάλαμος, περὶ ὃν εἱλεῖται ὁ μίτος ὁ ἱστουργικός. Der κανών ist der Schaft, arundo (s. unten), der μίτος sind die Litzen (licia) d. h. die Schlingen, die den Theil der Kettenfäden, der gehoben werden soll, an den Schaft befestigen; πηνίον ist der Eintragsfaden. Homer sagt also : Odysseus kam ihm so nahe, wie der Schaft der Brust der Weberin, welchen sie mit der Hand anzieht, wenn sie den Eintragsfaden neben dem Geschirr durchbringt.

70) Die *spatha* gehört zu dem stehenden Webstuhle, daher ist σπάϑη τὸν ὑφασμα oder σπαϑᾶν ein auf dem senkrechten Webstuhl gewebtes Zeug. Diesen senkrechten Webstuhl beschreibt Seneca ep. 9, 20 : *Dum vult Posidonius) describere primum, quemadmodum alia torqueantur fila, alia ex molli solutoque ducantur, deinde, quemadmodum tela suspensis ponderibus rectum stamen extendat, quemadmodum subtemen insertum, quod duritiam utrimque comprimentis tramae remolliat, spatha coire cogatur et iungi, textrini quoque artem a sapientibus dixit inventam.*

Anwendung, und Thongewichte oder Zettelstrecker dieser Art sind noch in grosser Zahl vorhanden[127t)].

Auf dem senkrecht stehenden Webstuhle (ὄρθιος ἱστός)[72]) weben die homerischen Frauen[73]), die Orientalen, von denen die Aegypter das Gewebe unten[74]), die übrigen oben beginnen[75]), und die ältesten Römer; ja in Rom ist derselbe für gewisse Zwecke noch sehr spät üblich gewesen, nämlich einerseits für die Leinenweberei[76]), andererseits für die *tunica recta* oder *regilla*, welche nach altem Brauche der Knabe bei dem Empfang der *toga virilis*, die Braut am Abend vor der Hochzeit anlegte[77]).

Der verbesserte, horizontale Webstuhl, welcher in Aegypten erfunden[78]) und von da nach Griechenland und Rom eingeführt wurde, hat, wie man aus den technischen Ausdrücken erkennt, die denselben betreffen und die zum Theil noch vorhanden sind, alle wesentlichen Theile unseres Handwebestuhls bereits gehabt[79]). Es sind an demselben vier verschiedene Vorrichtungen zu unterscheiden, von welchen die erste zum Aufspannen der Kette, die zweite zur Theilung der Kette in zwei Hälften, zwischen denen der Eintragsfaden durchgelegt

---

[1271]) S. Ritschl Ueber antike Gewichtsteine. Bonn 1866. 8. auch im XLI H. der Jahrb. des Vereins von Alterthumsfr. im Rheinlande.

[72]) Artemidor. Oneirocr. III, 36; Ἱστὸς ὄρθιος κίνησιν καὶ ἀποδημίαν σημαίνει· χρὴ γὰρ περιπατεῖν τὴν ὑφαίνουσαν. Ὁ δὲ ἕτερος ἱστὸς κατοχῆς ἐστι σημαντικός, ἐπειδὴ καθεζόμεναι ὑφαίνουσιν αἱ γυναῖκες τὸν τοιοῦτον ἱστόν. Hesychius s. v. ἀπασθάτόν nennt dies Gewebe τὸ ὄρθιον ὕφος, ἀπάδη κεκρουμένον, οὐ κτενί.

[73]) So Kalypso Od. V, 62;
ἱστὸν ἐποιχομένη χρυσείῃ κερκίδ' ὕφαινεν.
Kirke Od. X, 221 und Chryseis Il. I, 31.

[74]) Herod. II, 35: ὑφαίνουσι δὲ οἱ μὲν ἄλλοι ἄνω τὴν κρόκην ὠθέοντες, Αἰγύπτιοι δὲ κάτω.

[75]) Johann. Ev. 19, 23 vom Rocke Christi: ἦν δὲ ὁ χιτὼν ἄρραφος, ἐκ τῶν ἄνωθεν ὑφαντὸς δι' ὅλου.

[76]) Serv. ad Aen. VII, 14 : *apud maiores stantes texebant, ut hodie lintrones videmus.*

[77]) S. die Stellen Th. V, 1 S. 12 Anm 202. 204. 205. S. 123. A. 648.

[78]) Eustath. ad Il. 1, 31 p. 81, 2 : πρώτη δέ τις Αἰγυπτία γυνὴ καθεζομένη ὕφανεν, ἀφ' ἧς καὶ Αἰγύπτιοι Ἀθηρᾶς ἄγαλμα καθημένης ἱδρύσαντο.

[79]) Ein Handwebestuhl ist an allen Orten vorhanden; die Form der Beschreibung, so weit ich sie brauche, entlehne ich aus einem sehr klar geschriebenen Artikel des grossen Meyer'schen Conversationslexicons Bd. 14 S. 1096 f., welcher in den Sachen richtig und für diesen Zweck ganz ausreichend ist.

wird, die dritte zum Einschiessen des Eintragsfadens, die vierte zum Anschlagen und Festlegen desselben dient.

1) Kette nennt man die parallel ausgespannten Längenfäden des Gewebes; das eine Ende derselben wird jetzt an einer horizontalen Walze befestigt, welche im hinteren Theile des Stuhlgestelles liegt und Kettenbaum oder Hinterbaum heisst. Von ihr wird die Kette, die zuerst ganz aufgerollt ist, nach und nach herabgezogen. Das andere Ende der Kette liegt auf einer zweiten Walze, die, weil sie vor dem Sitze des Webers angebracht ist, der Brustbaum oder Vorderbaum heisst und das fertige Gewebe aufdreht. Die Entfernung beider Walzen von einander und somit die Länge der freiliegenden Kette beträgt 4—8 Fuss. Die Kette heisst στήμων oder stamen. Die Walzen sind im Alterthum vielleicht wenig gebraucht worden, da man grossentheils abgepasste Kleider oder Zeuge, nicht Stücke zum Abschneiden anfertigte; es wird auch auf diesem Stuhle genügt haben, die Kette durch Gewichte stramm zu halten.

2) Der Eintragfaden wird bei einem einfachen, leinwandartigen Gewebe so eingezogen, dass immer ein Faden der Kette über, der nächste unter ihm liegt, bei geköperten und gemusterten Zeugen dagegen so, dass zwei oder mehrere Kettenfäden zugleich über den Eintragfaden zu liegen kommen. In beiden Fällen ist es nöthig, einen Theil der Kettenfäden in die Höhe, den andern herunterzuziehen, um Platz für das Durchbringen des Eintragfadens zu erhalten. Wir beschreiben hier zunächst nur den ersten Fall. Bezeichnet man die Fäden der Kette mit 1. 2. 3. 4. u. s. w., so werden, wenn der erste Eintragfaden durchgeht, die ungeraden Fäden über, die geraden unter demselben; wenn aber der zweite Eintragfaden durchgeht, die geraden Fäden über, die ungeraden unter demselben liegen müssen. Es ist also nöthig, das erste Mal alle ungeraden Fäden gleichzeitig aufzuheben, alle geraden herunter zu ziehen, das zweite Mal alle geraden zu heben, alle ungeraden herunter zu ziehen, und hiezu dient folgende Vorrichtung. Alle Kettenfäden werden durch einen Drahtring geführt, der drei Oeffnungen (Augen) hat; durch die mittelste geht der Kettenfaden, an der oberen wird ein Zwirnfaden be-

festigt, ebenso an der unteren. Diejenigen nach oben gehenden Zwirnsfäden, die mit den Kettenfäden 1, 3, 5 u. s. w. zusammenhängen, werden an einer quer über der Kette angebrachten hölzernen Leiste angeknüpft, vermittelst welcher man nun alle ungeraden Kettenfäden in die Höhe ziehen kann. Ebenso befestigt man die nach unten gehenden Zwirnfäden an einer quer unter der Kette hängenden zweiten Leiste. Indem man dieselbe Vorrichtung an den Kettenfäden 2, 4, 6 u. s. w. anbringt, hat man zwei Leistenpaare, durch welche man sowohl die geraden als die ungeraden Kettenfäden herauf- und herunterziehen kann. Ein solches Leistenpaar heisst ein Schaft[1250]), die beiden Schäfte nebst der Einrichtung zu ihrer Aufhängung im Stuhle heissen bei uns das Geschirr, bei den Griechen μίτος, bei den Römern licia[51]). Jeder Schaft besteht also aus zwei horizontal aufgehängten Stäben und aus vielen zwischen denselben senkrecht ausgespannten Zwirnfäden, welche noch jetzt Litzen, d. h. licia, genannt werden, in der Mitte den Ring haben, durch den der Kettenfaden geht, und an Zahl der Hälfte der Kettenfädenzahl gleich sind. Um nun die Schäfte nicht mit der Hand ziehen zu dürfen, wie dies bei dem alten, verticalen Webstuhle nöthig war, hängt man sie an dem oberen Theile des Stuhles, dem iugum, über eine runde drehbare Stange oder über zwei Rollen in der Weise gleichschwebend auf, dass das Herunterziehen des einen Schaftes die Hebung des andern verursacht. Die Bewegung giebt man nun von unten durch zwei Hebel, die man mit den Füssen tritt,

---

(1250) arundo bei Ov. Met. VI, 55. Später liciatorium Vulg. I Reg. 17, 7; insubuli bei Isid. Or. XIX, 19, 2: Insubuli, quia infra supra sunt, vel quia intrubulantur; bei Lucret. V. 1358 insilia.

51) Serv. ad Virg. Ecl. 8, 75: bene utitur licis, quae illa stamen implicant, ut haec adolescentis mentem implicare contendunt. Tibull. I, 6, 79: Firmaque conductis adnectit licia telis. Plin. N. H. VIII § 196: plurimis vero licis texere quae polymita appellant Alexandria instituit. Epithalamium Laurentii et Mariae in Wernsd. P. L. M. IV p. 798:
  Compositas tenui suspendis stamine telas.
  Quas cum multipliri formarunt licia gressu
  Traxeris et dipliis tum mollia fila gemellis,
  Serica Arachneo densetur pectine textu
  Subtilisque seges radio stridente resultat.
Eustath. ad Od. VII, 107 p. 1574, 62: μίτος δέ, δι' οὗ τοὺς στήμονας ἐναλλάσσουσιν εἰς πλοκὴν τῆς κρόκης. Ueber die polymita ist weiter unten die Rede.

und die mit den unteren Leisten der Schäfte in Verbindung gesetzt sind. So lange die Kette fest liegt, hängen beide Schäfte in gleicher Höhe. Wird der hintere Schaft getreten, so hebt sich der vordere, und die eine Hälfte der Kette geht nach unten, die andere nach oben. Die so entstandene Oeffnung der Kette heisst das Fach oder der Sprung, lat. *trama*, d. h. *trahima* von *trahere*[1353]), griechisch ἤεριον von διάσσω. Wird darauf der vordere Schaft getreten, so wechseln die Fäden der Kette, so dass der, welcher erst heraufgezogen wurde, nun heruntergeht oder, um technisch zu reden, dass, was erst Oberfach war, nun Unterfach wird, und umgekehrt.

3) In das geöffnete Fach (*trama*) wird nun der Eintragfaden, *subtemen*, κρόκη, ἐφυφή, eingeschossen. Das Instrument dazu war bei dem verticalen Stuhle der *radius*[83]), gr. κερκίς[84],

---

[1353]) Dass *trama* weder von *transere* (Varro de L. L. V, 113) noch von *trans* herkommt, ist offenbar. Die *Feminina* auf *ma* gehören der ältesten Sprachbildung an; ein Theil ist griechisch, wie *lacrima*, *lima*, *mamma*, *palma*, *parma*; ein Theil etymologisch unklar, wie *pluma*, *Roma*, *groma*, *ruma*, *turma*; aber *Uma* von *Uso*, *norma* von *nosco*, *spuma* von *spio*, *squama* von *squa*(*leo*), *struma* von *struo* sind genügende Analogien für die Ableitung *trama* von *traho*.

[83]) Ovid. Fast. III, 819:

Ilia etiam stantes radio percurrere telas
Erudit.

Ov. Met. VI, 56, wo der Ausdruck auf das Weberschiff übertragen ist.

Inseritur medium radiis subtemen acutis.

Dieser *radius* ist auch erkennbar in der Hand des ägyptischen Webers Wilkinson III p. 134 fig. 2.

[84]) Dass die κερκίς, mit welcher die griechischen Frauen weben und welche *pecten* übersetzt wird, nicht die Lade des horizontalen Webstuhls, sondern ein Instrument ist, das am verticalen Webstuhl in der Hand geführt wird, ist aus folgenden Stellen sichtbar. Erstens füllt sie aus der Hand. Hom. Il. 22, 448:

τῆς ἐλελίχθη γυῖα, χαμαὶ δέ οἱ ἔκπεσε κερκίς,

Virg. Aen. IX, 474:

excussi manibus radii revolutaque pensa.

Zweitens ist sie zugespitzt, so dass man sich damit erstechen (Anton. Liber. 16) und einem die Augen ausstechen kann (Sophocl. Ant. 964 =976. Apollodor II, 8, 1.) Drittens heisst sie die pfeifende oder sausende oder singende, weil sie durch das Hinfahren über die gespannten Fäden des *stamen* einen Ton erregt. Virg. Aen. VII, 14:

arguto tenuis percurrens pectine telas

Virg. Ge. I, 294:

arguto coniunx percurrit pectine telas.,

Aristoph. Ran. 1316:

Ιστοτόνα πηνίσματα
κερκίδος ἀοιδοῦ μελέτας,

Leonidas Tarent. 8, 4 (Jac. Anth. Gr. I p. 155) s. unten Anm. 1189.

lateinisch seltener auch *pecten*[755]), d. h. ein langer hölzerner oder metallner[58]), doppelspitziger Stab, es wurde aber auf dem horizontalen Stuble durch die Schütze oder das Weberschiffchen ersetzt, welches ebenfalls κερκίς[57]), aber auch *panus*[58]), πηνίον, πανουήλιον heisst, wobei zu bemerken ist, dass πηνίον eigentlich die Spule im Weberschiffchen bedeutet, um welche der Eintragfaden gewickelt ist[59]).

4) Endlich muss, damit das Gewebe Festigkeit bekommt, der Eintragfaden angedrückt werden. Hierzu dient die Lade, d. h. ein hölzerner Rahmen von etwas grösserer Breite als die Kette, welcher im oberen Theile des Stuhlgestelles (*iugum*) an zwei Stützpuncten so aufgehängt ist, dass er frei schwebend in fast senkrechter Stellung zwischen den Schäften und dem Brustbaume sich befindet. In den unteren Theil der Lade ist das Blatt oder der Kamm eingesetzt, durch dessen Zähne die Fäden der *trama* gehen. Der Kamm hat den doppelten Zweck, die Fäden der Kette auseinander zu halten und den jedesmal eingeschossenen Faden des Eintrags anzuschlagen; er heisst *pecten*[60]),

---

Antipater Sidonius 12, 3 (Jac. Anth. Gr. II p. 11):
κερκίδα δ' εὐποίητον, ἀήδονα τὰν ἐν ἐρίθοις,
Βαγχυλὶς εὐπρέκτους ᾧ δίκωροι μίτους
Idem. 9, 1 (Jac. Anth. II, p. 7.) 26, 1 (II p. 13.)

(883) Dieser Pecten ist, wie derjenige, womit man die Saiten der Lyra anschlägt, ein Zahn (dens) oder ein Stäbchen, nicht aber ein Kamm.

56) Hom. Od. 5, 62: χρυσείῃ κερκίδ' ὕφαινεν. 57) Ed D i o c l. XIII, 1, 2.

59) Nonius p. 149, 22: *Panus tramae involucrum, quem diminutive panuclam vocamus.* L u c i l. lib. XIIII. *Poris subteminis panus est.* Is i d o r Or. XIX, 30, 7: *Panuliae vel panuclae, quod ex iis panni texantur. Ipsae enim discurrunt per telam.* Y a r r o de L. L. V, 114: *panuvellium dictum a panno si volvendo fio.* P a p i a s gloss. bei D u C a n g e s. v. *panucula; Panus, lignum in quo trama componitur — dictum, quod ex eo panni texantur.* P a u l u s p. 220, 16: *panus facit diminutivum panucula.* Adhelm. de laud. virg. 15: *nisi paniculas — inter densa florum stamina ultro citroque decurrant.*

59) Hesychius: *Πηνίον (πανουήλιον) ᾗ ἄτρακτος, εἰς ὃν εἰλεῖται ἡ κρόκη.* Suidas. v.: *Πηνίον, ὁ ἄτρακτος, ἐν ᾧ εἰλεῖται ἡ κρόκη.* Leonidas Tarentinus 8, 5 (Jac. Anth. Gr I p. 155= Anth. Pal. VI, 288):
καὶ τὰν ἄτρια κρινομέναν
κερκίδα, τὰν ἱστῶν μολπάτιδα καὶ τα τροχνίη
πανία.

Die letztere Stelle unterscheidet die Spule (πηνίον) von dem Weberschiffchen (κερκίς) deutlich. *Πηνίσματα* sind die Eintragsfäden; ἀνηνίζεσθαι heisst diese Faden auf die Spule wickeln.

90) Ovid. Met. VI, 58. Ov. Fast. III, 820 *et raro pectine denset opus.* Wernsdorf P. L. M. IV p. 494 *densentur pectine texta.*

gr. κτείς¹²⁹¹), ist ein Vorzug des horizontalen Webstuhles und, wie dieser, in Aegypten erfunden⁹²).

Den ganzen Process des Wehens beschreibt Ov. Met. VI, 53:

*consistunt diversis partibus ambae,
Et gracili geminas intendunt stamine telas.
Tela iugo vincta est, stamen secernit arundo,
Inseritur medium radiis subtemen acutis,
Quod digiti expediunt, atque inter stamina ductum
Percusso feriunt insecti pectine dentes.*

Es wird also die Kette aufgezogen; der Webstuhl ist eine *tela iugalis*⁹³), d. h. ein horizontaler Stuhl, von dessen oberem Gestell (*iugum*) das Geschirr und die Lade hängt; entgegengesetzt der *tela pendula*⁹⁴); das Weben beginnt mit dem Treten, wodurch Fach gemacht wird (*arundo* — der Schaft — *secernit stamen*); der Faden wird mit dem Schiffchen (*radius*) eingeschossen und mit der Lade (*pecten*) angeschlagen. Lucret. V, 1353 braucht für die Theile des Webstuhls sonst wenig vorkommende Namen; er nennt die Schäfte *insilia*, die Spule *fusi*, das Schiffchen *radius*, die Lade *scapi sonantes*.

Wir haben bisher nur von den einfachen leinwandartigen Geweben gesprochen, müssen jedoch auch über die verschiedenen künstlicheren Zeuge wenigstens das Nötbigste hinzufügen.

Alle Wollengewebe sind entweder Zeuge oder Tuche. Die letzteren erfordern eine besondere Behandlung, welche dem Gewerbe der Walker (*ars fullonia*)⁹⁵) zufällt. Von diesen wird das fertige Gewebe zuerst gewalkt, d. h. in nassem Zustande unter Beimischung von Walkererde (*creta*)⁹⁶) und Urin⁹⁷) in Walkertrögen⁹⁸) oder Walkergruben (*lacunae*⁹⁹), *lacus*¹³⁰⁰),

---

1291) Hesychius: σπαθητὸν τὸ ὄρθιον ὕφος, σπάθη πιερούμενον, οὐ κτείς. Im Ed. Diocl. XIII werden als Theile des Webstuhls bezeichnet μεραίς und κτείς.   92) Pecten Niliacus Mart L XIV, 150. Vgl. Virg. Cer. 179: *Non Libyco molles plauduntur pectine telas*.
93) Cato de R. R. 10, 14.   94) Ovid. Her. 1, 10.
95) Plaut. Asin. 907.   Plin. N. H. VII § 196.
96) Plin. N. H. XVII § 46.   XXXV § 196. 197.
97) Plin. N. H. XXVIII § 66. 91. 174.
98) *pila fullonica* Cato de R. R. 14, 2.
99) *Lex collegii aquae* bei Mommsen in Zeitschr. für geschichtl. Rechtswiss. XV, 3 S. 346.   1300) Frontin. de aquae duct. § 95.

— 138 —

pilae) getreten (λακτίζειν)[1301], geschlagen (κόπτειν) und gezogen (ἕλκειν), durch welche Operationen sich die weichen Eintragfäden[2]) so verfilzen (*coguntur, conciliantur*)[3]), dass man die Fäden des Gewebes nicht mehr sieht. Darauf wird das Fabrikat gewaschen (λυμαίνεσθαι), geschwefelt[4]), getrocknet und gerauht, zu welcher Manipulation wir uns der Tuchkarden (*dipsacus fullonum*) oder einer aus feinem Eisendraht gemachten Bürste bedienen, die Alten aber die *spina fullonia*[5]) anwendeten. Zuletzt folgt das Bürsten, Scheeren und Pressen, obgleich man auch Decken und Kleider machte, die auf einer oder beiden Seiten ungeschoren und langhaarig blieben[6]. Diese verschiedenen Arbeiten, die zur Appretur des Tuches (*ad polienda vestimenta*)[7] dienen und auf den Bildern der Fullonica in Pompeji anschaulich dargestellt sind[8]), können sowohl an neuen Kleidungsstücken (*vestes rudes* oder *de tela*) als an alten (*vestimenta ab usu*)[9] vorgenommen werden. Ein

---

[1301] Die nachfolgend angeführten technischen Ausdrücke giebt Hippocrates de diaeta I, 14 Ermerius: Καὶ οἱ γναφεῖς τωὐτὸ διαπρήσσονται· λακτίζουσι, κόπτουσι, ἕλκουσι, λυμαινόμενοι ἰσχυρότερα ποιέουσι, κείροντες τὰ ὑπερέχοντα καὶ παραπλέκοντες καλλίω ποιέουσι. Das Treten heisst auch συμπατῆσαι, lateinisch *argulari peditus* (Nonius p. 215, 32). Den *fullonius saltus* erwähnt Seneca ep. 15, 4.
2) Plato Politic. p. 282°. S. oben Anm. 1303.
3) Varro de L. L. VI, 43: *vestimentum apud fullonem quom cogitur, conciliari dicitum*. 4) Plin. N. H. XXXV § 175.
5) γναφιστήν ἀνθῶδη Dioscor. M. M. IV, 160. Plin. N. H. XVI § 244. XXIV § 114. XXVII § 96. Das Instrument, in welchem die Dornen angebracht sind, heisst κτεις, bei Plinius *aena*. Statt dessen brauchte man auch die Stacheln des Igels (*erinaceus*). Plin. N. H. VIII § 135.
6) Die zottigen Haare eines solchen Zeuges heissen *villi*. Mart. XIV, 436. Sidon. Apoll. epist. V, 17 *Linteum villis anuatum*; Zeuge, die auf beiden Seiten zottig sind, *amphitapa* (Dig. XXXIV, 2, 33 § 1), oder *amphimalla*. Varro de L. L. V, 167. Schol Juv. 9, 283: *antiqui amphimallum lacnam appellabant*. Isidor Or. XIX, 26, 5 *Psila* (so ist zu lesen statt *sipla*) *tapete ex una parte villosa, quasi simpla, amphitapa ex utraque parte villosa tapeta. Lucilius:*
Psilae atque amphitapae villis ingentibus mollas.
Nonius p. 540, 23, der den Vs des Lucilius ebenfalls anführt und die Lesart sichert; zu dem auf einer Seite haarigen Zeugen gehören die *gausapa*. Plin. N. H. VIII § 193: *Gausapa patris mei memoria coepere, amphimallia nostra, sicut villosa etiam ventralia. Nam tunica lati clavi in modum gausapae texi nunc primum incipit.*
7) Gaius III, 143. Paulli Sent. II, 31, 29. Plin. VIII § 195.
8) S. *Museo Borbonico* IV tav. 49. 50. Das Treten und Ziehen, das Kratzen und die Presse bilden den Gegenstand dreier Bilder; das Gestell, welches tav. 49, 4 getragen wird, scheint zum Schwefeln bestimmt.
9) Diese Ausdrücke braucht das Ed. Diocl. VII, lin. 54—61.

Kleid, das aus der Appretur kommt und die volle Wolle hat, heisst *pexa vestis*[10], ein gebrauchtes, fadenscheiniges dagegen *trita* oder *defloccata*[11].

Da der Gebrauch wollener Kleider im Alterthum allgemein war, zur Appretur derselben aber ein Fabriklocal (*officina*)[12] und eine Kunstfertigkeit erfordert wurde, so bildeten die Walker, *fullones*[13], *lavatores*[14], *lotores*[15], nicht nur in den Städten ein eigenes Gewerbe, sondern auch auf dem Lande, wo nur reiche Gutsbesitzer ihre eigenen *fullones* hielten, die meisten aber ihre Kleider in die nächste Walke schickten[16]. Die *fullones* sind vereinigt in *collegia*[17] und *sodalicia*[18]; sie haben, wie alle *artifices*, zur Schutzgottheit die Minerva[19], deren Fest sie am 19. März begehen[20]; sie legen ihre Gruben entweder an öffentlichen Wasserleitungen an, für deren Benutzung sie in der Zeit der Republik eine Abgabe zahlten[21], oder an Quellen und Brunnen, von welchen eine Walkerinnung in Rom den Namen *collegium fontanorum*[22] und *collegium aquae*[23] führt; unter den Besitzern von Walkergruben, die

---

[10] Horat. Epist. I, 1, 95: *si forte rubicula pexae*
Trita subant tunicae.
Mart. II, 58:
Pexatus pulchre rides meas, Zoile, trita.
[11] Plautus Epid. V, 1, 10. Nonius p. 7, 19.
[12] *fullonum officinas* Plin. N. H. XXXV § 175.
[13] *Fullones* in Pompeji Orelli 3894 = Mommsen I. R. N. 2308; ein *magister artis fullonum* in Coela Brambach C. I. Rhen. n. 571.
[14] So heissen sie im Ed. Diocl. VII, 54.
[15] Orelli-Henzen n. 7240. Spon. Misc. p. 64.
[16] Varro de R. R. I, 16, 4: *Itaque in hoc genus coloni potius anniversarios (in jährlichem Contract) habent vicinos, quibus imperant medicos, fullones, fabros, quam in villa suos habeant: quorum nonnumquam unius artificis mors tollit fundi fructum; quam partem latifundii divites domesticas copias mandare solent.*
[17] So in Spoletum Orelli 4094.
[18] Ein *sodalicium fullonum* in Falaris (Falerone) Orelli 4056.
[19] Ovid. Fast. III, 821. Orelli-Henzen 4091. 7240. Mommsen in Zeitschr. für geschichtliche Rechtswiss. XV, S. 323.
[20] S. Th. IV S. 443. Jahresberichte der sächs. Gesellsch. d. Wiss. Hist. phil. Classe. 1850 S. 296.
[21] Frontin. de aquaed. § 94: *et haec ipsa (aqua) non in alium usum quam in balnearum aut fullonicarum dabatur, eratque vectigalis statuta mercede, quae in publicum penderetur.* Erst seit Agrippas Wasserleitungen reichlicher für den Bedarf sorgten, scheint dies aufgehoben zu sein. S. Frontin. § 98.
[22] Mommsen a. a. O. S. 229 f. [23] Mommsen a. a. O. S. 345 f.

entweder durch eigene Sclaven das Geschäft betrieben[1324]) oder die Gruben an Walker vermietheten[25]), findet sich auch eine vornehme Familie, die der Marcii Philippi[26]).

Was nun die verschiedenen Arten von Wollen-, Leinen- und Seidenzeugen betrifft, die bei den Alten vorkommen, so haben gestreifte, *virgatae*, und carrirte Zeuge, *scutulatae*[27]), in der Herstellung keine Schwierigkeit, da nur die Kette oder der Eintrag aus verschiedenfarbigen Fäden genommen wird, wobei der letzte so viele Weberschiffchen erfordert, als er Farben hat; bei Zeugen von schillernden Farben (*couleurs changeantes*), *versicolores*[28]), ist die Kette von anderer Farbe als der Eintrag; die Kunst des Alterthums erreichte aber ihren Höhepunct in den gemusterten, gewirkten (broschirten) Zeugen,

---

[1324] Dig. XXXIX, 3, 3 pr.: *Apud Trebatium relatum est, eum, in cuius fundo aqua oritur, fullonicas circa fontem instituisse.* So hat ein Besitzer zwei Sclaven, Flaccus fullo und Philonicus pistor (Dig. XXXIV, 3, 29); ein anderer einen *servus fullo* (Dig. XIV, 4, 4 § 1).

[25] Nach Dig. VII, 1, 13 § 8 darf Jemand, dem der Niessnutz eines Wohnhauses legirt ist, das Haus nur zum Wohnen vermiethen, nicht aber zu gewerblichen Zwecken. Er darf darin nicht eine *fullonica* oder ein *diversorium* oder *balneum* oder *pistrinum* anlegen.

[26] Mommsen a. a. O. S. 829, 830.

[27] *Scutulatus* ist nicht von *scutum*, sondern von σκυτάλη abzuleiten, kommt auch bei Mosaiken vor (Henzen Bull. d. Inst. p. 125) und wird von Censorinus p. 84, 14 Jahn erklärt: *scutula, id est rhombus, quod latera paria habet nec angulos rectos*. Genau verstanden sind *virgae* Längenstreifen, *trabes* Querstreifen, *scutulae* rautenförmige Muster. Indessen unterscheidet man nicht immer genau zwischen diesen Ausdrücken. So heisst es von den Galliern Plin. N. H. VIII § 196 *scutulis dividere Gallia* (*instituit*), was Diodor V, 30 so ausdrückt: ἐπιπορποῦνται δὲ σάγους ῥαβδωτοὺς ἐν μὲν τοῖς χειμῶσι δασεῖς, κατὰ δὲ τὸ θέρος ψιλούς, und Virg. Aen. VIII, 660:

Virgatis lucent sagulis.

Ueber die *scutulatae* vgl. Juv. 2, 97:

caerulea indutus scutulata aut galbina rasa.

Prudent. Hamartig. 289:

gaudent et durum scutulis perfundere corpus.

Im Ed. Diocl. XVI, 54 ist nach K. Keil im Rhein. Mus. N. F. XIX (1864) S. 619 zu lesen εἰς ὁλοσηρικῶν σκουτλάτων. Mehr bei Ritter ad Cod. Th. XV, 7, 11. Gewürfelte Stoffe auf Vasenbildern s. Gerhard Auserlesene Gr. Vasenbilder etruskischen Fundorts II, Taf. 101. IV Taf. 307, und *scutulatae* I Taf. 74. IV Taf. 307, 308. *Mon. d. Inst.* III, 44; *virgatae vestes* mit Sternen *Monumenti d. Inst.* I, 37. Athene in einem Kleide mit Querstreifen (*trabeata vestis*) Gerhard Anl. Bildw. I, 5.

[28] Liv. VII, 10, 7. Aristaenet. ep. I, 11: οὐ γὰρ ἐφ' ἑνὸς μένει χρώματος (τὸ χλανίδιον), ἀλλὰ τρέπεται καὶ μεταρδεῖ. Philostratus Imag. I, 10: καὶ ἡ χλαμύς — — οὐ γὰρ ἀφ' ἑνὸς τρέπει χρώματος, ἀλλὰ τρέπεται καὶ κατὰ τὴν ἴριν μεταρδεῖ.

— 141 —

polymita, pluribus liciis texta, zu welchen der Webstuhl einer complicirten Einrichtung und vieler Geschirre bedarf[1329]). Die *polymita* sind der Ruhm der alexandrinischen Webereien[30]); sie wurden aber auch in Judaea[31]) und Cypern[32]) gemacht, welches letztere noch im Mittelalter mit Alexandria in diesem Kunstzweige concurrirte[33]), und schon früh auch in Campanien nachgeahmt[34]); sie sind Malereien der Webekunst,

---

[1329] Isidor. Or. XIX, **12**, 21: *Polymita multi coloris. Polymitus enim textus multorum colorum est.* Das Wort hat schon Aesch. Suppl. 427 (455). Die Erklärung ist zweifelhaft. Ich habe μίτος, licium, für das Geschirr genommen; μίτος heisst aber auch der Faden, und so auch licium, wenigstens bei Dichtern, z. B. Auson. epigr. 38, 1: *Licia qui taxuit.* Lucan. X, 126:
Ut mox est Phariis miscendi licia telis.
Im Mittelalter sind Dimita und Trimita Stoffe, bei denen der Einschlag die doppelte und dreifache Stärke des Kettenfadens hat, *hexamita* aber werden für Sammt erklärt, der noch jetzt mit sechs Einschlagfäden gemacht wird, von denen drei durchgeschnitten werden, drei das Gewebe bilden. S. Hugo Falcandus in der Beschreibung der Seidenfabriken von Palermo am Ende des 12. Jahrh. (in Muratori Ant. Ital. med. aevi II p. 485°. Semper Die textile Kunst. Frankfurt a/M. 1860, S. 173, der aber richtig bemerkt, dass im Alterthum *polymita* bunte Stoffe bezeichnen. «Die bunten Fäden, sagt er, legen sich nämlich der Zeichnung entsprechend nur in Folge der mechanischen Vorbereitungen (dies sind die *licia*) über und unter das Gewebe, je nachdem sie sichtbar hervortreten oder sich verstecken sollen. Nur der Faden des Grundes bildet den regelmässigen Einschlag. Je mehr Farben in dem Dessin vorkommen, desto mehr Fäden zählt der Einschlag.» Vgl. hierzu Hieronymus ep. 128. Vol. I p. 907 ed. Colon. 1616, wo es von den Gürtel des jüdischen Hohenpriesters heisst: *Textum est autem sublegmine cocci, purpurae, hyacinthi et stamine byssino ob decorem et fortitudinem atque ita polymita arte distinctum, ut diversos flores ac gemmas artificis manu non textas sed additas arbitreris.* Prudentius Hamart. 290:
*Additur ars, ut fila herbis saturata recoctis
inludant varias distincto stamine formas.*
30) Plin. N. H. VIII, 196: *Plurimis vero liciis texere, quae polymita appellant, Alexandria instituit.* Mart. XIV, 150: *Cubicularia polymita:*
*Haec tibi Memphitis tellus dat munera: victa est
Pectine Niliaco iam Babylonos acus.*
Silius Ital. XIV, 660. Lucan. Phars. X, 126:
Ut mox est Phariis miscendi licia telis.
Die Fabriken sind auch im Mittelalter berühmt. S. Anastasius Bibl. de vitis pontif. Romae 1718 fol. Vol. I p. 316: *fecit velum Alexandrinum, habens phasianos duodecim* (Iro J. 687).
31) *Judaica vela* dieser Art erwähnt Claudian. in Eutrop. I, 357.
32) Aristophan. bei Pollux X, 38: παρηπέτασμα τὸ Κύπριον τὸ ποικίλον. Athen. p. 48b. *Accubitalia Cypria* erwähnt Trebell. Poll. Claud. 14, 10. *maniella Cypria* Vopisc. Aurel. 12, 1.
33) Bock I S. 299. 34) Plaut. Pseud. 115:
*Ita ego vostra latera loris faciam valide varia uti sint,
Ut ne peristromata quidem aeque picta sint Campanica
Neque Alexandrina beluata conchuliata tapetia.*

γραφαὶ ἀπὸ κερκίδος[35a]). Die Methode derselben hat sich, wie es scheint, unverändert im Mittelalter erhalten, da sogar die Muster wesentlich dieselben geblieben sind. Die Sorgfalt, welche man neuerdings darauf verwendet hat, diese Gewebe zu sammeln und in Abbildungen bekannt zu machen[36]), hat wenigstens zwei unzweifelhaft der früheren Kaiserzeit angehörige[37]) und eine grosse Anzahl mittelalterlicher *Polymita* ans Licht gefördert, und uns die Möglichkeit verschafft, von diesen Kunstproducten, auch insofern sie das Alterthum betreffen, eine Vorstellung zu gewinnen.

Die gewöhnlichen Muster waren Blumen, doch trugen die ἀνθινά[38]) in Athen nur Hetären; sodann Thiere[39]), zum Theil

---

[35a] Philostr. Imag. II, 3 p. 846. Aristaenet. ep. I, 17.

[36] Die wichtigsten Schriften hierüber sind: Muratori Ant. Italicae medii aevi Vol. II (1739 fol.) p. 400 ff. Jubinal, *Les anciennes tapisseries historiées*. Paris 1838. 1839. fol. Cahier et Martin *Mélanges d'archéologie, d'histoire et de littérature*. Paris 1848—56. 4 Voll. 4°. Michel: *Recherches sur le commerce, la fabrication et l'usage des étoffes de soi, d'or et d'argent en Occident — pendant le moyen âge*. Paris 1852—54. 2 Voll. 4°. Bock Geschichte der liturgischen Gewänder des Mittelalters. Bd. I. Bd. II. Lief. 1. Bonn 1856—64. 8°. Semper a. a. O. S. 134 ff.

[37] Das eine ist ein Fragment von Seidenstoff, in Sitten befindlich, abgeb. bei Semper S. 193; das andere ein Seidengewebe, darstellend Simson mit dem Löwen, welches Motiv, bandförmig übereinander sich fortsetzend, das Muster bildet; abgeb. bei Bock I. Lief. I Taf. II. Mittheilungen der antiq. Gesellsch. in Zürich XI S. 163 Taf. XIV und dazu Semper S. 132.

[38] ἀνθινὴ ἐσθής heisst auch allgemein ein buntes, gemustertes Kleid. Salmas. ad Vopisc. Aurel. 46 Vol. II p. 559 od. 1671.

[39] Eine Schilderung dieser Muster giebt Asterius, Bischof von Amasea um 400 p. Chr. Homil I in Combefis *Asterii — ahorumque patrum — orationes et homiliae*. Paris 1648. fol. p. 4. Οὐ δὲ μέχρι τῶν εἰρημένων ἔστησαν τῆς μωρᾶς ἐπινοίας τοὺς ὅρους, ἀλλά τινα κενὴν ὑφαντικὴν ἐξευρόντες καὶ περίεργον, ἥτις τῇ πλοκῇ τοῦ στήμονος πρὸς τὴν κρόκην τῆς γραφικῆς μιμεῖται τὴν δύναμιν καὶ πάντων ζῴων τοῖς πέπλοις τὰς μορφὰς ἐναργαίνει, τὴν ἀνθινὴν καὶ μυρίοις εἰδώλοις πεποικιλμένην φιλοτεχνοῦσιν ἐσθῆτα. -- — Ἐπεὶ λέοντες καὶ παρδάλεις, ἄρκτοι καὶ ταῦροι καὶ κύνες, ὕλαι καὶ πέτραι καὶ ἄνδρες θηρευτέρες καὶ πᾶσα ἡ τῆς γραφικῆς ἐπιτηδεύσις μιμουμένη τὴν φύσιν. Die Thiermuster sind die alten persischen; der Perserkönig trug sie in seinen Kleidern, Curt. III, 3, 18; *pallam auro distinctam aurei accipitres, velut rostris inter se conserent, adornabant*, und Philostratus Imag. II, 31 p. 858 erwähnt bei Beschreibung der Kleider der Babylonier θηρίων τεραταίδεις μορφάς, οἷα ποικίλλουσι βάρβαροι. Solche *tunicae — variatae liciorum effigiatae in species animalium multiformes* waren im vierten Jahrh. auch in Rom Mode (Ammian. Marc. XIV, 6); es sind dieselben, die im Cod. Th. XV, 7, 11 als *sigillata (vestimenta)* d. h. Zeuge mit Figurenmustern bezeichnet werden. Die schon dem Plautus (Pseud. 146) be-

fabelhafte Thiergestalten[34a]), Namen und Sprüche[41]), Porträts[42]), endlich grosse landschaftliche und historische Darstellungen. Schon Helena wirkt bei Homer in ein Gewand die Kämpfe der Trojaner und Griechen[43]), Ovid lässt die Pallas und die Arachne grosse mythologische Darstellungen weben[44]), wie sie in Alexandria verfertigt wurden[45]); Aristoteles erzählt von einem Teppich, den ein Syberit hatte machen lassen, hernach aber Dionysius der Aeltere für 120 Talente an die Karthager verkaufte, der auf purpurnem Grunde Thierfiguren, Götterbilder, das Portrait des Bestellers und Sybaris selbst darstellte[46]), und Dichter schildern ähnliche Kunstwerke[47]), obwohl man nicht immer sieht, ob von We-

kannten *bothuata tapetia* werden den Kranken, als aufregend für die Phantasie, verboten. Oribasius II p. 810 Daremb.: ἡ δὲ ποικίλη καὶ ἐνυφάσματα ἔχουσα ζῶων — ταραχῆς αἰτία γίγνεται, woraus zu erklären ist Lucrel. II, 34:

    nec callidae citius decedunt corpore febres,
    textilibus si in picturis ostroque rubenti
    iacteris, quam si in plebeia veste cubandum sit.

Beschrieben werden sie auch von Clem. Alex. Paed. II, 10 p. 235—237 Pott. und oft erwähnt in byzantinischer Zeit. S. Reiske ad Constantin. Porphyr. Vol. II p. 321 Bonn.

[140] Unnatürliche Thierfiguren auf jüdischen Stoffen beschreibt Claudian. in Eutrop. I, 350—357. Ueber phantastische Thierfiguren auf orientalischen Geweben s. Semper I S. 275, über ähnliche auf mittelalterlichen Geweben Bock I S. 5—10. 189. (Elephanten, Pfauen, Löwen, Greife, Adler, bilden hier die Muster) und dazu Taf. VII.

41) Plin. N. H. XXXV § 62. Vopiscus Carin. 20, 5. Auson. Epigr. 38, 4. Bei Ovid. Met. VI, 576 heisst es von der Philomela:
    Stamina barbarica suspendit callida tela
    purpureasque notas filis intexuit albis
    indicium sceleris.
Die *notae*, welche Vs. 582 *carmen* heissen, sind Buchstaben und Worte. Vgl. Auson. epist. 23, 40. Gewebe des Mittelalters mit Sprüchen und Worten s. bei Bock I S. 16.

42) Treb. Pollio trig. tyr. 14, 4 erwähnt *paenulas, quas Alexandri effigiem de fictis variantibus monstrent*. Auson. Grat. act. p. 294 ed. Bip. *Palmatam — in qua Divus Constantius parens noster intexuit est*. Macrob. Sat. V, 17, 5: *pictores fictoresque et qui figmentis lictorum contextas imitantur effigies*. Auch solche Gewebe machte man in Alexandria. Athen. p. 196f.: χιτῶνες χρυσοῦφεῖς ἱματίδες τε κάλλισται, τινὲς μὲν εἰκόνας ἔχουσι τῶν βασιλέων ἐνυφασμένας, αἱ δὲ μυθικὰς διαθέσεις.

43) Hom. II. III, 126. 44) Ov. Met. VI, 70—128.

45) Athen. p. 196f.

46) Aristoteles de mirab. auscult. 99. Dass von einem Gewebe die Rede ist, nicht von einer Stickerei, zeigen die Worte: *διπλῆντο ζῴοις ἐνυφασμένοις*. Den Teppich erwähnt auch Athen. p. 541ᵇ.

47) So Theocrit. 15, 78—86 den Teppich mit dem Bilde des Adonis.

bereien oder Stickereien die Rede ist[34]; in der christlichen Kunst, welche kostbare Zeuge dieser Art zu Vorhängen, Altardecken und andern kirchlichen Decorationen verwendete, nehmen Scenen des alten und neuen Testamentes die Stelle mythologischer und historischer Stoffe ein[49]); die Kunst aber erhielt sich durch das ganze Mittelalter.

Einen besondern ebenfalls orientalischen Kunstzweig machen die wollenen und seidenen mit Gold durchwirkten oder auch ganz aus Goldfäden gewebten Stoffe aus. Wenn Plinius diese Erfindung dem Attalus zuschreibt[50]), so hat dies wohl nur seinen Grund in dem technischen Ausdruck *Attalica peripetasmata*[51]) oder *aulaea*[52]), unter welchem diese Zeuge in Rom bekannt waren. Denn diese Gewebe, die schon im alten Testament vorkommen[53]), waren seit alter Zeit in Persien[54]) sowie in Vorderasien[55]) üblich; seit Alexander[56]) und den Diadochen[57]) wurden sie in Griechenland bekannt. In Unteritalien waren Goldkleider schon zu Pythagoras' Zeit vorhanden[58]), in Rom soll ein solches Tarquinius Priscus getragen haben[59]), und Goldstoffe sind nicht nur aus Gräbern römischer

---

[48]) So in der Beschreibung der Decke bei Catull. 64, 50—264.
[49]) Asterius. a. O: Ὅσοι δὲ καὶ ὅσαι τὴν πλουτούντων εὐλάβειαν ἀναλεξάμενοι τὴν εὐαγγελικὴν ἱστορίαν τοῖς ὑφανταῖς παρέδωκαν εἰσὶν λέγω τὸν Χριστὸν ἡμῶν μετὰ τῶν μαθητῶν ἁπάντων, καὶ τῶν θαυμασίων ἕκαστον. — Ὄψει τὸν γάμον τῆς Γαλιλαίας καὶ τὰς ὑδρίας, τὸν παραλυτικὸν τὴν κλίνην ἐπὶ τῶν ὤμων φέροντα κ. τ. λ. Stoffe dieser Art werden oft angeführt (Bock I S. 22 ff.) und sind noch aus der Zeit des Mittelalters vorhanden.
[50]) Plin. N. H. VIII § 196: *Aurum intexere in eadem Asia invenit Attalus rex, unde nomen Attalicis.*
[51]) Cic. in Verr. IV, 12, 27.
[52]) Silius Ital. XIV, 659 und sonst oft.
[53]) Moses II, 28, 5—8. II, 39, 2—8.
[54]) Der Perserkönig trägt *pallam auro distinctam*, Curtius III, 3. 18; In Persepolis fanden sich bei der Eroberung durch Alexander πολλαὶ καὶ πολυτελεῖς ἐσθῆτες, αἱ μὲν θαλαττίαις πορφύραις, αἱ δὲ χρυσοῖς ἐπιφάσμασι πεποικιλμέναι. Diodor. XVII, 70.
[55]) Die Lyder machten χρυσοστήμονας χιτῶνας und Peisandros nannte sie χρυσοχίτωνες. Lydus de mag. III, 64.
[56]) Bei der Hochzeit des Alexander war das Haus geschmückt ἱματίοις — πορφυροῖς καὶ φοινικοῖς χρυσούφέσι Athen. p. 539d.
[57]) Unter den Ptolemäern kommen in Alexandria χιτῶνες χρυσούφεῖς vor, Athen. p. 196f.; Demetrius Poliorketes kleidete sich χρυσοπαρύφοις ἀλουργίσιν, Plut. Demetr. 41.
[58]) Justin. XX, 4.
[59]) Plin. N. H. XXXIII § 63. 69.: *Aurum netur et texitur lanae*

Zeit[1340]), sondern auch aus etruskischen Ausgrabungen[61]) ans Licht gefördert worden. Wirklich verbreitet haben sich diese Gewebe aber erst mit dem asiatischen Luxus und namentlich zugleich mit der Seide. Schon die coischen Gewänder waren mit Gold gewirkt[62]), und seit den Dichtern der augusteischen Zeit[63]) werden Seidenstoffe mit Goldstreifen oder Goldmustern oft erwähnt[64]), während der Gebrauch ganz goldner Stoffe[65]) als vereinzelt dastehender Luxus der Kaiserzeit zu betrachten ist.

Ein besonderes Interesse erhalten diese Webereien dadurch, dass die Kunst, einen zum Weben geeigneten Goldfaden herzustellen, welche sich aus den Ueberlieferungen des Alterthums bis zum funfzehnten Jahrhundert erhalten hatte, jetzt ein Geheimniss ist. Der Goldfaden, den man heutzutage

---

modo vel sine lana. Tunica aurea triumphasse Tarquinium Priscum Verrius docet. Nos vidimus Agrippinam Claudii principis edmis eo novalis proelii spectaculum adsidentem et indutam paludamento aureo textili sine alia materia. Attalicis vero impridem intexitur invenio regum Arias.

1340) Bock I S. 9. »Im Museo Borb. zu Neapel und im städtischen Museum zu Lyon zeigt man heute noch Reste von schweren Goldgeweben, die aus einem feinen Gespinst von gezogenen Goldfäden angefertigt sind.« Solche fand man in Herculanum. S. Winckelmann, Gesch. der Kunst Buch VI, 1. Ueber andere Funde s. Raoul-Rochette in Mém. de l'Instit. XIII p. 641—650. In einem Grabe zu Arles fand man in einem Sarkophag une stoffe d'or et de soie très riche. Millin Voy. dans le midi de la France III p. 582.

61) In Perugia, Vermiglioli Ant. Inscr. Perugine. Vol. I p. 854 n. 1, in Caere, Bull. d. Inst. 1886 p. 60.
62) Tibull. II, 3, 58.
63) Eine Aurata vestis Ovid. A. A. 11, 299 vgl. Ovid. Met. III, 556:
Purpuraque et pictis intextum vestibus aurum
Virg. Ge. II, 464 illusasque auro vestes. Aen. III, 483:
Fert picturatas auri subtegmine vestes.
IV, 262, (wiederholt X, 75):
ardebat murice laena,
demissa ex humeris, dives quae munera Dido
fecerat et tenui telas discreverat auro.
VIII, 167:
Dixerat chlamydemque auro dedit intertextam.
64) So wurde Nero begraben stragulis albis auro intextis (Suet. Ner. 50) und Seneca ep. 90, 45 sagt nondum lacubatur aurum. Eine Sammlung der vielen anderen hierauf bezüglichen Stellen findet man bei Yates Textrinum antiquorum I p. 366—379, dem ich auch einen Theil der von mir gebrauchten Nachweisungen verdanke.
65) Eine aurea chlamys trug Caligula (Suet. Cal. 19), ein paludamentum aureum textile die jüngere Agrippina (Plin. N. H. XXXIII § 63), eine aurea tunica Heliogabal (Lampr. Hel. 23).

macht, ist ein starker, mit dünn gezogenem vergoldetem Silberdraht umsponnener Seidenfaden, in den Geweben des Mittelalters dagegen ein glatter, biegsamer, riemenförmiger, nur auf Einer Seite vergoldeter Streifen[1366]) einer zarten vegetabilischen Substanz, oder auch ein Leinenfaden, mit diesem platten Goldstreifen umsponnen, nie aber ein Seidenfaden[67]). Diese Goldstreifen werden als Einschlagsfäden gebraucht[68]) und müssen wohlfeiler gewesen sein als unsere Goldfäden, da sie nicht brochirt werden[69]), sondern der ganzen Breite des Gewebes nach durchgehn[70]). Silbergewebe, die im Alterthum seltner vorkommen[71]), sind im Mittelalter in gleicher Weise gemacht worden[72]).

3. Sticken und Nähen.

Wie die Kunstweberei, so ist auch die Stickerei, das *acu pingere*, eine Erfindung des Orients, die den Babyloniern und Phrygern zugeschrieben wird. Die schon im alten Testamente gerühmten[73]) bunten babylonischen Decken und Teppiche[74]) werden als gestickte Arbeiten den in der Wirkung ähnlichen

---

1366) Vgl. Hieronym. ep. 28. Vol. I p. 58ᵈ ed. Colon. 1616 fol. *in quorum vestibus alternata in filum auri metalla texuntur*. Claudian. in Prob. et Olybr. cons. 181:
*Et longum tenues tractus producit in aurum
Filaque concreto cogit squalere metallo.*
67) S. hierüber Bock I S. 42. 43. 43. 49. 50. Francesque-Michel *Recherches* etc. II p. 159 not. 2. Semper Die textile Kunst. S. 144. 162. Doch widerspricht sich Bock I S. 204, wo er bei einer Stickerei des 12ten Jahrh. einen mit Golddraht besponnenen Seidenfaden nachweist.
68) S. Bock I S. 66 und die Abb. Taf. XIV 8. 258 Taf. XVI.
69) Pariset p. 215 nol. 1: *Une étoffe brochée est celle, où le dessin est reproduit à l'aide de trames indépendantes de la trame du fond et appliquées partiellement dans le seul endroit où apparait le dessin.*
70) Bock I S. 49.
71) Josephus ant. XIX, 8, 2 beschreibt den Anzug des Herodes Agrippa ein στολὴν ἐξ ἀργύρου πεποιημένην πᾶσαν, ὡς θαυμάσιον ὑφὴν εἶναι, und Philo de vita contempl. 6 Vol. V p. 280 Tauchn. erwähnt στρώματα ἀλουργεῖς ἐνυφασμένον χρυσοῦ καὶ ἀργύρου.
72) Bock I S. 54 Taf. VIII.
73) Josua VII, 21.   74) Plaut. Stich. 378:
Tum Babylonica peristromata, conchuliata tapetia Advexit.
Solaria Babylonica Stuhldecken, Festus p. 305ᵇ, 19. *Babylonica* Bettdecken, Lucret. IV, 1029. 1123; Satteldecken, Dig. XXXIV, 2, 25 § 2.

alexandrinischen Webereien entgegengesetzt[375]); von den Phrygern aber, deren gestickte Gewänder auf Vasenbildern vielfach vorkommen, soll das römische Gewerbe der Kunststicker, *phrygiones*[76]), seinen Namen haben[77]).

So wie in den heutigen graphischen Künsten zwei Manieren zu unterscheiden sind, die punctirte Manier und die Linienmanier, so giebt es in der Stickerei zwei Methoden, die des Kreuzstiches, welche der punctirten Manier, und die des Plattstiches, welche der Linienmanier entspricht[78]). Die Stickerei in Kreuzstich ist alt in Aegypten und wahrscheinlich in Phrygien: die Stickerei in Plattstich dagegen in Babylonien[79]); bei den Römern ist die erste die Kunst der *phrygiones*, die letztere die Kunst der *plumarii*. Für den Namen *ars plumaria*[80]) oder *opus*

---

[375]) Mart. VIII, 28, 17:
Non ego praetulerim Babylonos picta superbae
Texta, Semiramia quae variantur acu.
Id. XIV, 150:
Haec tibi Memphitis tellus dat munera: victa est
Pectine Niliaco iam Babylonos acus.
Josephus B. Jud. VII, 5 § 5: τὰ εἰς ἀκριβῆ ζωγραφίαν πεποικιλμένα τῇ Βαβυλωνίων τέχνῃ (ὑφάσματα). Wenn Plin. N. H. VIII § 196 sagt: *colores diversos picturae intexere Babylon maxime celebravit et nomen imposuit*, und Silius Ital. Pun. XIV, 658:
fulvo certaverit auro
Vestis, spirantes referens subtemine vultus,
Quae radio caelat Babylon,
endlich Tertull. de cultu femin. I, 4: *Si ab initio rerum et Milesii oves tonderent et Tyrii tingerent et Phryges insuerent et Babylonii intexerent* so ist dies kein Widerspruch, da auch auf mittelaltrigen Kunstwerken dieser Art Buntweberei und Stickerei verbunden worden ist. S. Bock I S. 174. 175. 229.

76) Plaut. Aul. III, 5. 84. Men. II, 3, 72 (426):
Pallam illam, quam dudum dederas, ad phrygionem ut deferas
Ut reconcinnetur atque ut opera addantur, quae volo.
Andere Stellen s. bei Nonius p. 8, 16. Ein *phrygio* in einer römischen Inschr. Reines. XI, 108.

77) Plin. N. H. VIII § 195: *accipio — pictas vestes iam apud Homerum fuisse. — Acu facere id Phryges invenerunt, ideoque Phrygioniae appellatae sunt.* Serv. ad Virg. Aen. III, 484. IX, 614. Seneca trag. Herc. Oet. 665.:
Nec Maeonia distinguit acu
Quae Phoebeis subditus Euris
Legit Eois Ser arboribus.

78) Semper Die textile Kunst S. 193 ff.
79) Semper a. a. O. S. 196. 197.
80) Hieronym. ep. 29, 6. Aldhelm. de laud. virg. 15.

plumarum[136]) giebt es nur zwei annehmbare Erklärungen. Entweder ist diese Stickmethode geradezu entstanden aus der Federstickerei, d. h. der Kunst aus den Bärten oder gespaltenen Spulen von Vogelfedern bunte Muster auf einer beliebigen Unterlage auszuführen, welche Kunst bei allen Naturvölkern üblich und noch in Tyrol vorhanden ist[82]); oder sie ist benannt von den parallel aneinander gelegten bunten Fäden, die ihrer Lage[83]) und Farbe[84]) wegen auch von den Dichtern mehrfach den Vogelfedern verglichen werden. Stoffe aus wirklichen Federn haben die Römer niemals gehabt[85]).

---

[136]) So oft im Mittelalter, z. B. Chron. Farfense bei Murat. Rer. Ital. Scr. II, 2 p. 469: *ubi fuit antiquitus congregatio ancillarum, quae opere plumario ornamenta ecclesiae laborabant*. Bei Vopisc. Carin. 20, 5 kommen vor (*vestes*) *plumandi difficultate pernobiles*.

82. Dies ist Semper's Ansicht S. 196, wo eine tyroler Federstickerei abgebildet ist.

83) Zu Virg. Aen. XI, 770:
spumantemque agitabat equum, quem pellis aenis
in plumam squamis auro conserta tegebat,
wo also von einem Schuppenpanzer die Rede ist, sagt Servius: *Pluma est in armatura, ubi lamina in laminam se indit. Pluma* ist also ein technischer Ausdruck.

84) So wie bei Petron. 55 der Pfau genannt wird
plumato amictus aureo Babylonico,
so nennt Prudentius llamart. 290 ff. eine Stickerei geradezu einen Vogelfederstoff. Er spricht indessen von seidenen, leinen wollenen, gestreiften und gemusterten Kleidern:
Additur ars, ut fila herbis saturata recoctis
inludant varias distincto stamine formas.
Ut quaeque est lanugo fere mollissima tactu,
potitur: hunc videas lascivas praepete cursu
venantem tunicas, avium quoque versicolorum
indumenta novis texentem plumea telis
illum et q. s.
und gowiss hat Arevall richtig erklärt: *acu pingendo plumae avium referuntur*. Denn das *texere* ist blos ein poetischer, etwas verkehrter Ausdruck, so wie die ganze Stelle nur von jemandem richtig aufgefasst werden kann, der den schwülstigen Styl des Prudentius kennt.

85) Schon Muratori Ant. Ital. II p. 400 ist durch die angeführte Stelle des Prudentius in dies Missverständniss gerathen; noch mehr hat Becker Gallus II, 299 f. durch falsche Erklärung einiger aus dem Zusammenhange gerissenen Stellen die Frage in Verwirrung gebracht. *Pluma versicolor* bei Propert. IV (III), 7, 50 ist ein Kissen mit buntem oder gesticktem Ueberzuge, wie bei Mart. XIV, 146 und in anderen bereits von Hertzberg zu Propert. angeführten Stellen. Senec. ep. 90, 16 aber redet von der rohesten Bekleidung der Naturvölker, nicht von Luxusstoffen, die in Rom üblich waren, wenn er sagt: *Non pelles ferarum et aliorum animalium a frigore satis abundeque defendere queunt? non corticibus arborum pleraeque gentes tegunt corpora? non avium plumae in usum*

Nachdem seit Constantin dem Gr. Constantinopel der Hauptsitz der Stickkunst geworden war[85,86], erhielten beide Methoden sich durch das ganze Mittelalter, in welchem, wie im Alterthum[87] Muster der complicirtesten Art, mit Sprüchen[88]), Portraits[89], Medaillons[90]), einzelnen Figuren[91]) und grossen scenirten Darstellungen[92]) in Plattstich[93]) wie in Kreuzstich[94]) ausgeführt worden sind. Für Goldstickerei empfahl sich indessen vorzüglich die *ars plumaria*, indem man den Goldfaden entweder in Plattstich durch die Unterlage durchnähte[85]), oder, was sparsamer und leichter war, nur auflegte und, ohne ihn durchzuziehen, auf die Unterlage aufnähte[96]). Diese Art der Goldstickerei gehört daher zu dem Geschäft der *plumarii*[97], nicht der *phrygiones*.

In Rom selbst fand die Stickerei seit alter Zeit eine doppelte Anwendung, nämlich einerseits zur Herstellung von

---

vestis conservatur? non hodieque magna Scytharum pars turgis vulpium induitur ac murum? Diese Stelle also hat gar nichts mit der *ars plumaria* zu schaffen. Panofka in Gerhard Arch. Zeit. 1857 n. 109 p. 46 not. 1 will auf einem pompejanischen Wandgemälde (Taf. CII), welches ein wirkliches Brustbild mit phrygischer Mütze darstellt, in dem Umwurf sogenannte Pfauenfedern erkennen. Gesetzt, dies wäre richtig, so würde es auf römische Tracht ebenfalls keinen Bezug haben.
(86) Bock I S. 137, 148.
87) Bei den Römern hiessen Stickereien in Figuren *sigillata*. S. Virg. Aen. I, 648: *pallam signis auroque rigentem. Sigillata tentoria* erwähnt Treb. Poll. trig. tyr. 16. *sigillata serica* Cod. Theod. XV, 7, 11.
88) Einen Gürtel, ζώνιον ἐξ ἀνθέων ποικίλον — χρύσια γράμματ' ἔχον erwähnt das Epigr. des Asclepiades Anth. Gr. I p. 117 n. 16. Vgl. Aus. epigr. 94. Andere Nachweisungen giebt Garucci *Vetri ornati di figure in oro Roma* 1858 fol. p. 44 und aus dem Mittelalter Bock I S. 137.
89) Bock I S. 135, 187, 208. 90) Bock I S. 105.
91) Bock I S. 149 Taf. II. S. 194, Taf. VIII.
92) Solch eine Stickerei beschreibt Claudian de rapt. Pros. I, 244—267. Mittelaltrige s. bei Bock I p. 136.
93) Bock I S. 149 Taf. II. S. 194 Taf. VIII. S. 225, 228. 229. 245.
94) Bock I S. 175, 227. 95) Bock I S. 254.
96) Bock I S. 151, 176. 193. 204. 269.
97) Procop. de aedif. III, 1 p. 217 Bonn.: χιτὼν ἐκ μετάξης ἐγκαλλωπίσμασι χρυσοῖς πανταχόθεν ὡραϊσμένος, ἃ δὴ νενομίκασι πλουμμία καλεῖν. Lucan. Phars. X, 123:
Strata micant, Tyrio quorum pars maxima fuco
Cocta diu, virus non uno duxit aheno,
Pars auro plumata nitet.
Im Chronicon Pasch. p. 644 Bonn. erhält der König der Ἀβζοι von Justinus Thrax στιχάριον ἄσπρον παραγαύδιν καὶ αὐτὸ ἔχον χρυσᾶ πλουμμία βασιλικὰ ὡσαύτως ἔχοντα τὸν χαρακτῆρα τοῦ αὐτοῦ βασιλέως Ἰουστίνου.

Teppichen, Vorhängen und Decken[398], mit denen man Stühle[99], *lecti accubitorii*[400], Kissen[1] und Betten[2] belegte, und welche nicht blos eingeführt, sondern theils im Hause von Sclaven[3], theils von gewerbmässigen Stickern[4] angefertigt wurden, andererseits bei gewissen Staatskleidern, namentlich der *toga picta* und *tunica palmata*. Diese Prachtgewänder, welche aus

---

[398] *Stragula picta* Tibull. I, 2, 77.
99) S. Museo Borb. VIII, 20, darstellend zwei Stühle, darauf Kissen und über die Lehne ein Teppich gelegt. Vgl. X, 44. XII, 6. XIV, 4. Nach den verschiedenen Arten der Meubles haben die Decken ihren Namen. Dig. XXXIII, 10, 5: *De tapetis quaeri potest, quibus subsellia cathedraria insterni solent, utrum in veste sint, sicut stragula, an in supellectile, sicut toralia, quae propria stragulorum non sunt.*
[400] Virg. Aen. 1, 639. 700. Cir. 440. Hor. Sat. II, 6, 108. Die *toralia* erwähnt Horat. Sat. II, 4, 84. Epist. I, 5, 21. Vgl. Cic. Tusc. V, 21, 61: *collocari iussit hominem in aureo lecto, strato pulcherrimo textili stragulo, magnificis operibus picto*
1) *Pulvinaria picta* auf einer sicilischen Vase Gerhard Ant. Bildwerke I, 74.
2) Vgl. oben Anm. 499. Clemens Alex. Paed. II, 9 p. 216 sagt, zum Schlafen brauche man nicht τὴν πολυτέλειαν τῶν ὑποστρωννυμένων, τὰς χρυσοπάστους ταινίδας καὶ χρυσοποικίλτους ψιλοδάπιδας. Ueber die *picta toralia* handelt Marini Arval. p. 322. 323.
3. Unter den Sclaven werden erwähnt *phrygiones* und *plumarii*. Titinius in Ribbeck Com. Lat. Rel. p. 115:
   frygio sui primo benesque id opus sciri
   Reliqui acus aciasque ero atque erus nostrae.
Nonius p. 162, 25. Varro Cato vel de liberis educandis: *Etenim nulla, quae non didicit pingere, potest bene iudicare, quid sit bene pictum [a] plumario aut textore in pulvinaribus plagis.*
4) Ueber die *phrygiones* s. oben Anm. 4376. Ein *Artemidorus plumarius* Grut. p. 649, 8. C. Julius Euphrosinus *Aug. plumarius* Reines. XI p. 444. Ein πλουμάριος Ed. Diocl. XVI, 44. Wenn Vitruv. VI, 4, 2 sagt, nach Norden müssten liegen *pinacothecae et plumariorum textrina pictorumque officinae*, so hat er, da es ihm an einem Ausdruck für das Local des Stickers fehlte, ein verwandtes Wort gewählt. Wie schon Georges in seinem Lexicon bemerkt hat, wird bei Nonius p. 162, 25, Jul. Firmicus III, 13, 10 der *plumarius* vom *textor*, in Vulg. Exod. 26, 36 der *plumarius* vom *polymitarius* bestimmt unterschieden; nichtsdestoweniger brauchen Hieron. ep. 29, 6, Prudent. Hamart. 293 *texere* von dieser Art des Stickens, und in den Gloss. Labb. wird *plumaria* durch ἐφαντὴς erklärt, und Aldhelmus de laud. virg. c. 15 ed. Giles sagt: *stragularum textura nisi paniculae purpureis, immo diversis colorum varietatibus fucatae inter densa filorum stamina ultro citroque decurrant et arte plumaria omnis textrinum opus diversis imaginum toraciclis perornant — nec iocunda — nec — formosa videbitur.* Man könnte dies darauf beziehen, dass wirklich Buntweberei und Stickerei verbunden wurde s. Anm. 1375); vielleicht ist aber der Ausdruck ohne Kenntniss der Technik gewählt; das ist sicher, dass auch im Mittelalter unter *Plumarium* ein *opus acu pictum* verstanden wird. S. die Stellen bei Bock I S. 140.

Etrurien nach Rom kamen[10a]) und ohne Zweifel ursprünglich
etruskischer Fabrik waren[6]), gehören zu dem Ornat des capitolinischen Jupiter selbst; in der Republik bilden sie das Costüm der Triumphatoren[7]), denen sie aus dem capitolinischen
Tempel geliefert wurden; denn sie blieben Eigenthum des
Staates bis in die spätere Kaiserzeit[8]). Indessen wurden sie
als besondere Auszeichnung auch fremden Königen verliehen,
wie dem Syphax[9]), Masinissa[10]) und Ptolemaeus von Mauretanien[11]), und verschiedenen Magistraten bei feierlichen Aufzü-
gen gestattet, wie den Prätoren bei der *pompa circensis*[12]) und
den Volkstribunen bei den Augustalien[13]). Ebenso hatten die
Triumphatoren das Recht, auch nach dem Triumphe in der
vestis triumphalis öffentlich zu erscheinen[14]) und in der Kaiserzeit, in welcher Privatleute nicht mehr triumphirten, sondern nur die *insignia triumphalia* erhielten[15]), machte das
triumphalische Kleid einen wesentlichen Theil dieser Insignien

---

[1a] Nach Dionys. Hal. III, 61 überbrachten die Etrusker dem
Tarquinius Priscus γενεὰ τε πορφυρᾶν χρυσόσημον καὶ περιβόλαιον πορ-
φυροῦν ποικίλον. Vgl. Florus I, 5. Macrob. Sat. 1, 6, 7.
6) Müller Die Etrusker I S. 273 f.
7) Liv. X, 7, 10. Suet. Aug. 94. Serv. ad Virg. Ecl. 10, 27;
*Unde etiam triumphantes, qui habent omnia Jovis insignia, sceptrum, palma-
tam togam.*
8) Lamprid. Alex. Sev. 40, 8: *praetextam et pictam togam nunquam nisi consul accepit, et eam quidem, quam de Jovis templo sumtam alii
quoque accipiebant aut praetores aut consules.* Capitolin. Gord. tres 4:
*palmatam tunicam et togam pictam primus Romanorum privatus suam pro-
priam habuit, cum ante imperatores etiam vel de Capitolio acciperent vel de
Palatio.*
9) Liv. XXVII, 4.
10) Liv. XXX, 15, 11. XXXI, 11, 11.
11) Tac. Ann. IV, 26. Ueber diese Verleihungen handelt Cavedoni
Annali d. Inst. XXXVII (1865) p. 258 ff.
12) Juvenal. 10, 36:
    *Quid si vidisset praetorem curribus altis
    exstantem et medii sublimem pulvere circi
    in tunica Jovis, et pictae Sarrana ferentem
    ex humeris aulaea togae.*
13) Tac. Ann. I, 15. Dio Cass. LVI, 46.
14) So erschien Aemilius Paullus bei den *ludi circenses* in der *vestis
triumphalis*, Auct. de vir. ill. 37; ebenso Pompejus (Vell. II, 40. Dio
Cass. XXXVII, 21) und Caesar (Dio Cass. XLIII, 43. XLIV, 6. 11);
Metellus Pius auch bei gewöhnlichen Gastmählern. Macrob. Sat. III,
13, 9. Plutarch Sert. 22. Val. Max. IX, 1, 5.
15) S. Th. III, 2 S. 454.

— 152 —

aus[15]); dasselbe legten die Kaiser als Festornat an[17]) und etwa seit Aurelian alle Consuln bei ihrem Amtsantritte, dem *processus consularis*[18]).

Die Ausdrücke *tunica palmata* und *toga picta* beziehen sich offenbar auf verschiedene Arten der Stickerei[19]), es dürfte aber täuschend sein, aus den auf den Consulardiptychen erhaltenen Abbildungen der *toga picta* des fünften und sechsten Jahrhunderts[20]) einen Schluss auf die ursprüngliche Ornamentation dieser Kleidungsstücke zu ziehen; denn wie die Form der Toga damals eine ganz andere geworden war, so wird auch die Stickerei sich wesentlich verändert haben. Die *tunica palmata* war ohne Zweifel, um einen griechischen technischen Ausdruck zu brauchen, χρυσοποίκιλτος[21]), d. h. ein Werk der *ars plumaria*; die *toga picta* dagegen war mit goldenen Sternen verziert[22]), was die Griechen χρυσόπαστος, mit Gold bestreut, nennen[23]). Auf den griechischen Vasen etruskischen Fundortes besteht die Stickerei der Prachtgewänder fast durchgängig aus goldenen Sternen, Kreuzen, Puncten und runden Ornamenten (*oculi*) von Puncten umgeben[24]), zu deren Herstellung man nicht nur Goldfäden, sondern auch Flittern

---

[16]) S. Th. III, 2 S. 488.
[17]) So Augustus (Dio Cass. XLVIII, 16. 84), Caligula (Dio Cass. LIX, 7), Claudius (Dio Cass. LX, 6), Nero (Dio Cass. LXIII, 4. Tac. Ann. XII, 41. XIII, 8.)   [18]) S. Th. II, 2 S. 249.
[19]) Festus p. 209ᵃ 22 sagt zwar: *Tunica autem palmata a latitudine clavorum dicebatur, quae nunc a genere picturas appellatur*, allein schon Müller Etr. I S. 279 findet diese Ableitung zuerst von *palmus* und dann von *palma* unhaltbar.
[20]) Von den uns erhaltenen consularischen Diptychen, über welche ich auf Th. II, 2 S. 244. 245 verweise, ist das älteste von 437, das jüngste von 530. Zu der s. a. O. angeführten Litteratur ist jetzt hinzuzufügen 1) C. Gazzera *Dichiarazione di un dittico consolare inedito della chiesa cattedrale della città di Aosta.* Torino 1834. 4.   2) Das Diptychon aus der Sammlung Fejérwéry in Ungarn. Annali d. Inst. 1833 p. 116. Monumenti V tav. 51, 1. 3) Gerhard Arch. Anz. 1844 p. 46. 4) S. Vögelin *Das Zürcherische Diptychon des Consuls Areobindus.* Zürich. 1857. 4°.
[21]) Diodor. XVIII, 26. Athen. p. 198ᵉ.
[22]) Appian. Pun. 66 vom Triumph des Scipio, welcher trägt πορφυραν, αστέρων χρυσών ἐνυφασμένων.
[23]) Nero trug bei seinem Einzuge in Rom eine *chlamys distincta stellis aureis* (Sue L. Nero 25), wofür Dio Cass. LXIII, 20 sagt ἀλουργίδα χρυσόπαστον. Ebenso nennt Plutarch. Aem. Paul. 33 die *vestis triumphalis* ἀλουργίδα χρυσόπαστον.
[24]) S. Gerhard *Auserlesene Gr. Vasenbilder* etruskischen Fund-

und Goldblättchen von getriebener Arbeit anwendete, wie sie
nicht nur von den Orientalen gebraucht wurden[25] und in
Gräberfunden der Krimm häufig vorkommen[26], sondern auch
in etruskischen Gräbern als Reste der Todtenkleider erhalten[27] und noch im Mittelalter öfters bei Stickereien benutzt
worden sind[28]). Solche Art der Stickerei gehört in das Gewerbe der Phrygiones und hat wirklich eine Beziehung zu der
nationalen phrygischen Tracht, welche auf Vasenbildern mehrfach vorkommt[29]. Sie diente aber vornehmlich zum Schmuck
der Göttergewänder; und wenn man in solchen die Todten
begrub, so ist darin der Glaube massgebend gewesen, dass
dieselben als Heroen in den Himmel eingehn sollen[30]).

---

oris. Kleine kreisförmige Ornamente (*oculi*) und Puncte, auch Kreise mit
Puncten umgeben. II t. 128. IV t. 246. 250. 252. 262. 265. 254. 324. 396;
Kreuze und Puncte II t. 104. III t. 157. 172. 173. 214. 217. IV t. 396.
Dass diese Decorationen von Gold waren, zeigt besonders II t. 417. 418.

(125) Athen. XII p. 525ᵈ: *Ἴδοι δ' ἄν τις, φησί, καὶ τὰς καλουμένας
ἁπτοίας, ὅπερ ἐστὶ καὶ πολυτελέστατον ἐν τοῖς περσικοῖς περιβλήμασιν·
ἔστι δὲ τοῦτο σπαθητὸν ἰσχύος καὶ κουφότητος χάριν, καταπέπασται δὲ
χρυσοῖς κέγχροις* (eigentlich Hirsekörnern) *οἱ δὲ κέγχροι νήματι πορφυρῷ
πάντες εἰς τὴν εἴσω μοῖραν ὄμματ᾽ ἔχουσιν ἀνὰ μέσον*. Es sind also aufgenähte Flittern.

26) Aus einem Grabe in Kertsch, dem alten Panticapaeum, sind neun
solche Goldplättchen nach Paris gekommen. S. Raoul-Rochette im
Journal des Savans 1832 p. 45: *Ces objets consistent en feuilles d'or très
minces, pétales géroes, bractées, toutes travaillées au ornamento casto,
grés de relief.* Dargestellt sind darauf eine Gorgonenmaske, Bacchuskopf, Apollokopf, Hercules mit dem Löwen, ein Greif u. s. w. Alle diese
Goldplättchen haben Löcher zum Zweck des Aufnähens. Ueber einen
andern Gräberfund desselben Ortes, der hieher gehört, s. Raoul-Rochette *Journal des Sav.* 1885 p. 344, und über den ganzen Gegenstand
denselben in *Mémoires de l'acad. des Inscr.* XIII (1838) p. 549 ff. Auch
in Petersburg befinden sich aus diesen Ausgrabungen »*clipeoli omnis generis et formae e tenui lamina aurea cum figuris impressis ad ornandas vestes
destinati*.« S. Graefe in *Mém. de l'acad. de Petersbourg*. VI *Série. Polit.
hist. et philol.* Tome VI (1844) p. 1.

27) Raoul-Rochette (*Journal des Sav.* 1832 p. 47 n. 4) sah solche
Ornamente in den Sammlungen des Prinzen Canino und der Collection
Durand. 28) Bock I S. 206. 211. 218.

29) Auf dem Vasenbilde bei Gerhard Ant. Bildwerke I, 23, welches das Urtheil des Paris darstellt, haben alle drei Göttinnen *vestes stellatas*; phrygisches Costüm derselben Art s. in den Vasenbildern Monumenti d. Inst. I, 50. 57. Vgl. I, 24. II, 49. 59. III, 21. IV, 20, 42. 48. V,
12. 21. Ein Apollo in dieser Tracht bei Gerhard a. a. O. I, 27. Uebrigens waren diese *χρυσόπαστοι ἐσθῆτες* auch in Aegypten (Clem. Alex.
Paed. III, 2 p. 252 und Persien (Themistius 24 p. 369, 9 Dind.) als
Tempelschmuck und Ornat der Könige üblich.

30) Raoul-Rochette in *Mém. de l'acad. des Inscr.* XIII (1838) p. 648.

Wir haben endlich noch eine andere Verzierung sowohl
der Kleider als des Tischzeuges und der Decken[1431]) zu erwähnen, die dem ganzen Alterthum gemeinsam, aber für das römische von besonderem Interesse ist, nämlich die Besätze und
Einsätze, welche zum Theil eingewebt, zum Theil aber eingenäht, angenäht und aufgenäht wurden. Kleidungsstücke mit
Besätzen waren überall üblich[32]); und zwar dienen dazu theils
bandartige Streifen, wie die *instita*[33]), der *limbus*[34]) und die in
späterer Zeit vorkommenden *lora*[35]), die in zwei[36]), drei oder
mehreren Reihen aufgenäht wurden[37]), theils Franzen (*fimbriae*[38]), die auch an der männlichen Tunica vorkommen[39]).
Einen purpurnen Besatzstreifen hatte in Rom die *toga praetexta*, welche die curulischen Magistrate, ein Theil der
Priester und bei gewissen Gelegenheiten auch niedrige Magistrate[40], ausserdem aber die freigeborenen Knaben bis zur
Anlegung der *toga virilis* trugen[41]). Streitiger ist der Begriff
des *clavus* der Tunica, der ebenfalls eine politische Bedeutung
erhielt, indem für die Senatoren die *tunica laticlavia*, für die

---

[1431]) Man hatte nämlich auch *Mappae laticlaviae* Petron. 32. Martial. IV, 46, 1; *mantello cocco clavata* Lamprid. Alex.Sev. 27, 2; *linteo
torolia* mit zwei *clavi latissimi* Ammian. XVI, 8.
[32]) Um nur ein Beispiel von vielen anzuführen, so bei die bemalte
Statue der Diana von Herculaneum (Raoul Rochette *Peintures antiques*
Paris 1836. 4 pl. VII) einen Peplos mit rothem Saume, den noch eine
Goldborte umgiebt.
[33]) Hor. Od. I, 2, 29. Ovid. A. A. I, 32.
[34]) *Limbus* ist sowohl bei Geweben die Borte (Ovid. Met. VI, 127),
als bei Kleidern der aufgenähte Besatzstreifen. Virg. Aen. IV, 137 und
dazu Serv.: *limbus est fascia, quae ambit extremitatem vestium.* Derselbe
ad Aen. II. 616 *fimbus; est pars vestis extrema, quae instita dicitur.* Einen
aureus limbus erwähnt Ovid. Met. V, 51, und dass derselbe besonders
gemacht wurde, sieht man aus dem Gewerbe der Bortenmacher, *limbolarii*.
Plaut. Aul. III, 5, 45. Die Inschr. Orelli 4218 ist Bugirt.
[35]) Casaub. ad Treb. Poll. Claud. 17 p. 466 ed. 1671.
[36]) Solch ein Besatz ist der *Maeander* bei Virg. Aen. V, 250:
 *victori chlamydem auratam, quam plurima circum
 purpura Maeandro duplici Meliboea cucurrit*
[37]) Vopisc. Aurel. 46: *paragaudas vestes ipse primus militibus
dedit — et quidem aliis monolores, aliis diloves, triloves aliis et usque ad
pentelores.*
[38]) Franzen sind, wie Winckelmann bemerkt, unrömisch und zunächst der orientalischen Königstracht eigenthümlich. Eine Isispriesterin
im Oberkleid mit Franzen, s. Visconti *Musée Chiaramonti* tav. 8 und
p. 43 der Mailänder Ausg.
[39]) Suet. Caes. 45. [40]) S. Th. II, 2 S. 77. [41]) S. Th. V, 1 S. 127.

Ritter die *tunica angusticlavia* eine unterscheidende Standestracht ausmachte[1442]). Ueber die Form dieses *clavus* sind unglaublich weitläufige Discussionen geführt worden[43]). Wir gehen davon aus, dass der *clavus* nicht ein ursprünglich römisches, sondern ein etruscisches *insigne* ist, das nur in Rom zu einer besonderen Bedeutung gelangte, während es bei andern Völkern ein gewöhnliches Ornament war[44]). Im Orient wie in Griechenland heist ein Kleid mit Purpursaum περιπόρφυρος, ein Kleid mit einem vorn auf der Brust herabgehenden Streifen (παρυφή,)[45] μεσοπόρφυρος, ein Purpurkleid mit weissem Bruststreifen μεσόλευκος[46]). Aus der Mysterieninschrift von Andania aus der Zeit des Epaminondas, in welcher den Priesterinnen vorgeschrieben wird, dass die σημεῖα ihrer Kleider nicht breiter als einen halben Finger sein sollen, sieht man mit Bestimmtheit, dass σημεῖον der technische Ausdruck für einen Streifen ist und dass diese Kleider mehrere solcher Streifen hatten[47]). Nun ist aber σημεῖον der griechische Ausdruck für *clavus*[48]); die *tunica laticlavia* heisst πλατύσημος[49]), die *tunica angusticlavia* στενόσημος[50]), eine tu-

---

(1442) 8 Th. II, 1 S. 877 und meine Hist. equitum Rom. p 77. 80.
43) O. Ferrarii *de re vestiaria libri septem*. Patavii 1654. 4°. p 306 ff. L. Rubenii *de re vestiaria veterum, praecipue de lato clavo libri duo*. Antverpiae. 1665. 4. O. Ferrarii *analecta de re vestiaria*. Patavii. 1690. 4. 89 ff.
44) Plin. N. H. IX § 136: *Nam toga praetexta et latiore clavo Tullum Hostilium e regibus primum usum Etruscis devictis satis constat*. Nach Strabo III p. 168 trugen die Einwohner der Balearen zuerst χιτῶνας πλατυσήμους.
45) Pollux VII, 58: αἱ μέντοι ἐν ταῖς χιτῶσι πορφυραῖ ῥάβδοι (*virgae*) παρυφαὶ καλοῦνται.
46) S. die Stellen bei Reimarus zu Dio Cassius LXXVIII, 8 n. 14. Curtius III, 3, 16 sagt mit Bezug hierauf vom Perserkönig: *purpureae tunicae medium album intextum erat*.
47) Sauppe Die Mysterieninschrift von Andanis in den Abhandl. der k. Gesellsch. zu Göttingen. VIII (1860). Es heisst lin. 16: αἱ δὲ γυναῖκες (sollen tragen) μὴ διαφανῆ, μηδὲ τὰ σημεῖα ἐν τοῖς ἱματίοις πλατύτερα ἡμιδακτυλίου, und lin. 21: εἱμάτιον γυναικεῖον οὖλον, σαμεῖα ἔχον μὴ πλατύτερα ἡμιδακτυλίου. Ein Kleid mit einem solchen σημεῖον hat Iphigenia auf dem Vasenbilde *Monumenti d. Inst. I*, 48 und mit zwei Streifen auf dem Vasenbilde Monum. VI, 16. Kleider mit zwei herunterhängenden Streifen s. auch in Gerhard Antike Bildw. I, 49. 809.
48) Pollux. gloss. σημεῖα · *clavi*.
49) Diodor. Exc. p. 585. 69 und sonst oft.
50) Arrian. Epict I, 24, 12: λέγει σοι· δὲς τὴν πλατύσημον· ἰδοὺ στενόσημος· θὲς καὶ ταύτην· ἰδοὺ ἱμάτιον μόνον.

nica ohne *clavus* ἄσημος[54)], eine *tunica* mit *clavus* σημειω-
τός[52)] und es bestätigt sich auch hierdurch das Resultat,
zu welchem Rubenius gelangte[53)], dass nämlich der *clavus* ein
Streifen[54)], nicht ein runder oder rechteckiger Einsatz ist.
Der purpurne *clavus* wurde an die Tunica angewebt[55)] oder
angenäht[56)]; er ging vom Halse vertical herunter[57)], und zwar,
so viel man aus den wenigen hierüber Aufschluss gebenden
Stellen[58)] ersehen kann, zweimal parallel, so dass sowohl für

---

51) Pollux IV, 118: σωματή δὲ ἐσθὴς ἐξωμίς' ἔστι δὲ χιτὼν ἄσημος.
Lampr. Alex. Sev. 33: *tunicas aienas — ad usum revocavit suum*. Ed.
Diocl. XVI, 70: ἀσήμου καινοῦ ὁλοσηρικοῦ und dazu Kellim Rhein.
Mus. N. F. 1864. S. 142.

52) So erklärt wenigstens Sauppe a. a. O. die Stelle M. Antonin.
εἰς ἐαυτόν I, 17: ἐν αὐλῇ βιοῦντα μήτε δορυφορήσειεν χρῄζειν μήτε ἐσθῆ-
των σημειωτῶν μήτε λαμπάδων.

53) A. a. O. p. 18 ff.

54) Vgl. auch Serv. ad Aen. II, 616: *alii nimbum clavum transver-
sum in veste existimant*. Auch im Mittelalter hat *clavus* diese Bedeutung.
Isidor. Or. XIX, 22, 9: *Dalmatica — tunica sacerdotalis candida cum
clavis ex purpura*, wofür Rhabanus Maurus de institutione clericorum
19 sagt: *Haec vestis — habet — et purpureos tramites, ipsa tunica a summo
usque ad ima ante et retro descendentes, nec non per utramque manicam*. In
andern Stellen bei Rubenius p. 19 heissen diese *clavi* auch *coccineae
lineae* oder *virgulae* oder *zonae*.

55) Unbestimmt sagt Quintil. VIII, 6, 28: *clavus purpuras in loco
insertus* und Nonius p. 540, 4: *Patagium aureus clavus, qui pretiosis
vestibus immitti solet*. Auch Dig. X, 4, 7 § 2: *si — purpuram vestimento
intexueris* kann von der *praetexta* verstanden werden. Deutlicher sagt
Paulus p. 56, 9: *Clavata dicuntur — vestimenta clavis intertexta*.

56) Dig. XXXIV, 2, 23 § 11 *claviquē qui vestibus insuuntur* und
XXXIV, 2, 19 § 5: *quemadmodum clavi aurei et purpurae pars sunt
vestimentorum. Idem Pomponius libris epistolarum, etsi non sunt clavi
vestimentis consuti, tamen veste legata contineri*.

57) Horat. Sat. I, 6, 28:
latum demisit pectore clavum.
Quintilian. XI, 3, 138: *Cui lati clavi ius non erit, ita cingatur, ut tunicae prioribus oris infra genua paulum, posterioribus ad medias poplites
usque perveniant. — Ut purpurae recte descendant levis cura est*. Eu-
cherius Comm. in libros Regum ed. Basil. 1534 fol. p. 291 *Poenula est
quasi lacerna descendentibus clavis*.

58) Die meisten Stellen, in welchen nur von der Berechtigung zu
dieser Tracht die Rede ist, haben den Singular, aus dem indess nichts
zu schliessen ist, da *latus clavus* geradezu statt *tunica laticlavia* und *angusticlavia* gebraucht wird. s. Suet. Caes. 45. Vellei. II, 88, 2. Trebell. Pollio Claud. 14, 10. Lydus de mag. I, 17 hat keine genaue Vorstellung mehr von der alten Senatoren-Kleidung. Er nennt die χλαμὺς
statt χιτών. 'Επίσημα δὲ τοῖς πατράσιν ἤτοι πατρικίοις' ἦν δίπλαξις
μὲν ἤτοι χλαμύδες ἄχρι κνημῶν ἐξ ὤμων δήσουσαι — πορφύρᾳ κατὰ μέ-
σου διάσημοι (λατινιλαβίας αὐτὰς ὠνόμαζον).

die *tunica angusticlavia*[1459]) als für die *tunica laticlavia*[60]) zwei *clavi* anzunehmen sind; zweifelhaft ist dagegen, ob die *clavi* nur an der Vorderseite oder auch an der Rückseite der Tunica heruntergingen; indessen scheint Varro die letztere Annahme zu bestätigen[61]).

Bei Frauenkleidern kommen auch goldene, d. h. goldgestickte *clavi* oder *patagia*[62]) vor, von deren Beschaffenheit die Dresdner Statue der Athene[63]) eine Anschauung giebt. Das Unterkleid der Göttin hat einen breiten, von der Brust bis zum Saum herabgehenden Streifen, auf welchem Gigantenkämpfe gestickt sind; so hat man sich auch die goldverbrämten[64]), namentlich die als *auro clavatae vestes* bezeichneten Kleider[65]) zu denken, deren Ornamentation mit der *stola* selbst in der

---

1459) Dies hat man mit Recht aus der angeführten Stelle des Quintilian geschlossen, wo *purpurae* im Plural wohl zwei Streifen bezeichnen.

60) Festus p. 209ᵃ 23: *tunica autem palmata a latitudine clavorum dicebatur, quae nunc a genere picturae appellatur*. Die Stelle des Herodian V, 5, 9, aus welcher Rubenius auf einen Purpurstreif schliesst, scheint mir das Gegentheil zu beweisen. Bei dem dort beschriebenen Opfer des Elagabal waren anwesend die höchsten Magistrate, ἀνεζωσμένοι δὲ μὲν χιτῶνας ποδήρεις καὶ χειριδωτοὺς νόμῳ Φοινίκων, ἐν μίσῳ φέροντες μίαν πορφύραν. Sie hatten also ein phönicisches, nicht römisches Custüm, einen χιτὼν μεσοπόρφυρος, der grade darin von der römischen Tracht abwich, dass er nur einen breiten *clavus* hatte.

61) Varro de L. L. IX, 79: *Non, si quis tunicam in usu ita consuit, ut altera plagula sit angustis clavis, altera latis, utraque in suo genere caret analogia*. Die Tunica bestand aus einem Bruststück und einem Rückenstück, und war auf den Seiten zusammengenäht, wie weiter unten nachgewiesen werden wird; dass die *clavi* auch auf dem Rückenstück waren, bezweifelt man, weil sie dort nicht zu sehen waren. Indessen redet Varro bei Nonius p. 538, 33 von Leuten, *quorum vitreas togas ostentant tunicas clavos*.

62) Non. p. 540, 4: *patagium, aureus clavus, qui pretiosis vestibus immitti solet*. Tertull. de pall. 3. Apul. Met. II, 9. Paulus p. 221, 1: *Patagium est, quod ad summam tunicam assui solet, quae et patagiata dicitur* (vgl. Plaut. Epid. II, 47.) *et patagiarii qui eiusmodi faciunt*. Diese *patagiarii* erwähnt Plaut. Aul. III, 5, 35. Die Inschr. Doni VIII, 78, in welcher ein *manularius patagiarius* vorkommt, ist ligorianisch.

63) Becker Augusteum Taf. IX, X.

64) Paulus p. 115, 12: *Leria, ornamenta tunicarum aurea*. Hesychius: *Λῆροι· τὰ περὶ τοῖς γυναικείοις χιτῶσι πεχρυσωμένα*. Photius p. 221, 7. *Λῆροι· κόσμος γυναικεῖος χρυσοῦς*.

65) Juvenal 6, 482:
aut *latum pictae vestis considerat aurum*,
und dazu das Scholion: *aurociavas vestes miratur*. Vopiscus Tac. 11, 6: *auro clavatis vestibus idem interdixit. Nam et ipse auctor Aureliano fuisse perhibetur, ut aurum a vestibus — summoveret*.

alten christlichen Priestertracht sich erhalten hat[466]). Im Mittelalter heisst ein solcher in Gold gestickter Streifen *chrysoclavum* und ein damit versiertes Kleid *vestis chrysoclava*[67]).

Von den *clavi* zu unterscheiden sind die *segmenta*[68]), von denen die *vestes segmentatae*[69]), *toralia segmentata*[70]) ihren Namen haben. Dies sind Aufsatz- oder Einsatzstücke von rechteckigem, kreisförmigem[71]) oder streifenartigem Schnitt, meistens von Purpur, mit Gold gestickt, welche auf Zeuge aufgenäht oder so eingenäht werden, dass die Unterlage ausgeschnitten wird. Es ist noch eine ägyptische Tunica dieser Art vorhanden[72]), und ähnliche römische Kleider kommen auf Monumenten vor[73]); beachtungswerth ist es, dass die *toga*

---

(466) Bock a. a. O. I S. 416. 487. Auf der Taf. X abgebildeten Mosaik des 6ten Jahrhunderts befinden sich an der Stola der Kleriker zwei Streifen, die von den Schultern parallel heruntergehn.

67) Bei Anastasius De Vit. pont. Romae 1718. fol. Vol. I p. 273 stiftet Leo III im J. 795 *cortinas albas holosericas rosatas habentes in medio crucem de chrysoclavo*; p. 274 *vestem de chrysoclavo, habentem historiam nativitatis* (d. h. darstellend die Geburt Christi), p. 275 *vestem chrysoclavam pretiosis gemmis ornatam.*

68) Nach Valer. Max. V, 2, 1 wurde schon zu Coriolan's Zeit den römischen Frauen erlaubt *purpurea vesti et aureis uti segmentis*. Ovid. A. A. III, 169 *nec vos, segmenta, requiro*. Juven. 2, 124 *segmenta et longos habitus et flammea sumit.*

69) Isidor Or. XIX, 22, 18: *Segmentata zonis quibusdam et quasi praecisamentis ornata. Nam et particulas cuicunque materiae abscissas praesegmina vocant.* So kommen *segmentati amictus* vor Symmachus ep. IV, 42, und diese hat Horaz im Sinn, wenn er von den Dichtern sagt A. P. 15:

Purpureus, late qui splendeat, unus et alter
adsuitur pannus.

Ganz ähnlich sagt Symmachus ep. III, 12 *paginas Tulliano segmentatas auro.*

70) Oefters in den Arvaleninschriften bei Marini Atti XXVI, 10 *discumbentes toralibus albis segmentatis.* XXXII, 16 *discumbentes toralibus segmentatis.* XL, 19 *toralem segmentatum.* XLI*, 18 *super toralibus segmentatis discubuerunt.* Vgl. Juven. 6, 88 *et segmentatis dormisset parvula cunis.*

71) Tertullian de pud. 8 hat daher den Ausdruck *vestes purpura oculare.*

72) Sie ist gefunden 1861 in einem Grabe von Sakkara und abgebildet in *Histoire et Mémoires de l'acad. des inscr. et belles lettres.* V (1881) Hist. p. 69. Sie hat auf beiden Schultern ein gesticktes rechteckiges Einsatzstück; auf der Vorderseite zwischen Gürtel und Saum zwei eingesetzte Rechtecke; auf der Brust zwei parallele, vertical aufgenähte Streifen, an den Armen zwei aufgenähte Besatzstreifen.

73) Sieben Bilder, gefunden in einer Vigna bei dem Hospital S. Giovanni in Laterano, abirt in Cassini *Pitture antiche Roma* 1783 fol. stellen

consularis des fünften und sechsten Jahrhunderts, wie sie die Diptychen darstellen[1474]), ebenfalls eine *segmentata* und wahrscheinlich ganz verschieden von der *toga picta* der alten Triumphatoren war[75]).

C. Die männliche Kleidung.

In historischer Zeit bestand die Kleidung der römischen Männer aus einem Unterkleide, *tunica*, und einem Umwurf, *toga*. Ursprünglich sollen die Römer indess nur die *toga*[76]) und darunter statt der *tunica* einen Schurz (*subligaculum*[77]), *campestre*, *cinctus*[78]), getragen haben, und in diesem Anzuge erschienen noch später die Candidati bei der Amtsbewerbung[79]) und einige Liebhaber alter Sitten, wie der jüngere Cato[80]) und die Familie der Cethegi[81]). Aber wie es für unsauber galt, Tag

---

Diener oder Priester dar, die eine Schüssel mit Essen tragen, und alle thalich gekleidet sind. N. 7 hat eine Tunica mit Aermeln ohne Gürtel, auf den Schultern ein rundes Aufsatzstück mit Goldverzierung; um den Hals einen bandartigen Besatz mit Goldbuckeln, der in zwei Streifen herunterhängt; die Aermel haben einen gleichen Besatz, ebenso der untere Rand der Tunica; über dem Besatze aber befinden sich zwei runde Einsatzstücke mit goldenen knopfartigen Verzierungen. Andere Beispiele dieser Verzierungen s. bei Buonarruoti *Vetri* p. 98.
1474) S. oben Anm. 1430.
75) Bei Sid. Apoll. epist. VIII, 6 trägt der Consul Asterius bei seinem Amtsantritte eine purpurne Toga, welche *crepitantia segmenta* hat, und Ennodius Paneg. in Theodericum c. 1 braucht die Redensart *alteram in segmentis ponere* für *consulem facere*.
76) Gell. VII, 12, 3: *Viri autem Romani primo quidem sine tunicis toga sola amicti fuerunt*.
77) S. oben Anm. 941.
78) Glossae in Mai Class. Auct. Vol. VII p. 550: *Cinctus est lata zona ei minus lata homicinctium et utriusque minima cinctulus*. — *Cincto enim iuvenes in exercitatione campestri verecunda velabant, unde et campestris dicebatur*.
79) Plut. Coriol. 14: καὶ γὰρ ἔθος ἦν τοῖς μετιοῦσιν τὴν ἀρχὴν παρακαλεῖν καὶ δεξιοῦσθαι τοὺς πολίτας ἐν ἱματίῳ κατιόντας εἰς τὴν ἀγορὰν ἄνευ χιτῶνος. Plut. Q. R. 49. Vol. VII p. 117 R.: Διὰ τί τοὺς παραγγέλλοντας ἀρχὴν ἔθος ἦν ἐν ἱματίῳ τοῦτο ποιεῖν ἀχίτωνας.
80) Plut. Cat. M. 6: πολλάκις δ' ἀνυπόδητος καὶ ἀχίτων εἰς τὸ δημόσιον προῄει. Ascon. p. 80, 9 Or. Cato *praetor iudicium, quia aestate agebatur, sine tunica exercuit, campestri sub toga cinctus. In forum quoque sic descenderat itusque dicebat, idque repperera ex veteri consuetudine, secundam quam et Romuli et Tatii statuae in Capitolio et in rostris Camilli fuerunt togatae sine tunicis*. Val. Max. III, 6, 7.
81) Porphyr. ad Hor. A. P. 50:
Fingere cinctutis non exaudita Cethegis

und Nacht die Toga auf dem Leibe zu haben[1452]), so fand man es auch unanständig, ohne *tunica* zu gehn, zumal da man im Hause die *toga* ablegte[83]). Die Tunica war ein Hemde, bestehend aus zwei Theilen, einem Bruststück und einem Rückenstück, welche zusammengenäht wurden[84]). Aermel hatte sie entweder gar nicht, oder dieselben reichten nur bis zur Hälfte des Armes; denn die langärmelige *tunica manicata* oder *manuleata*[85]) (χειριδωτός), die allerdings schon in der Zeit der Republik vorkommt, wurde für eine weichliche und weibische Kleidung angesehn[86]) und ist erst im dritten und vierten Jahrhundert allgemeine Tracht geworden[87]). Gewöhnlich gürtete man die Tunica über den Hüften, so dass sie bis zu den Knieen reichte; wer den *latus clavus* hatte, über welchen kein Gurt gelegt wurde[88]), trug sie etwas länger; Soldaten[89]) und Reisende[90] auch kürzer. Aber ohne Gurt zu gehen[91]), oder

---

Omnes enim Cethegi unum morem servaverunt Romae — numquam enim tunica usi sunt, ideoque cinctutos eas dixit, quoniam cinctum est genus tunicas infra pectus aptatae. Lucan II, 543 *exsertique manus vagina Cethegi.* VI, 794 *nudique Cethegi.* Sil. Ital. VIII, 587:
 *Ipse humero exsertus gentili more parentum
 Difficili gaudebat equo.*
 [1452]) Mart. XI, 56, 6.
 82) Liv. III, 26, 9. Cic. pr. Mil. 10, 28.
 84) Varro de L. L. IX, 79 s. oben Anm. 84. Suet. Aug. 94: *Sumenti virilem togam tunica lati clavi resuta ex utraque parte ad pedes decidit.* Josephus Ant. III, 7, 4 vom jüdischen Priesterrock: ἔστι δ' ὁ χιτὼν οὗτος οὐκ ἐκ δυοῖν περιτμημάτων, ὥστε ῥαπτὸς ἐπὶ τῶν ὤμων εἶναι καὶ τῶν παρὰ πλευράν, φάρσος δ' ἓν ἐπίμηκες ὑφασμένον σχιστὸν ἔχει βροχωτῆρα.
 85) Plaut. Pseud. 738.
 86) Gellius VI, 12: *Tunicis uti virum prolixis ultra brachia et usque in primores manus ac prope in digitos Romae atque in omni Latio indecorum fuit. Eas tunicas Graeco vocabulo nostri chirodotas appellaverunt feminisque solis vestem longe lateque diffusam indecore existimaverunt.* Cic. in Catil. II, 10, 22: *quos pexo capillo nitidos — videtis, manicatis et talaribus tunicis.* In der Rede in Clod. et Curion. 5, 1 (Asconius p. 335 Or.) nennt er die *manicata tunica* einen *muliebris ornatus.* Suet. Caes. 45. Vopisc. Aurel. 46. Eine solche *tunica* s. Mus. Borb. VI, 5.
 87) Augustin. de doctr. Christ. III, 20. Vol. III, (p. 90 ed. Bened.: *Talares et manicatas tunicas habere apud Romanos veteres flagitium erat, nunc autem honesto loco natis, cum tunicati sunt, non eas habere flagitium est*
 88) Quintil. XI, 8, 138. Suet. Caes. 45.
 89) Quintil. a. a. O.
 90) Horat. Sat. I, 5, 6 *altius praecincti ac nos.*
 91) So pflegte *Maecenas discinctus* (Senec. ep. 114, 4), d. h. *solutis*

die *tunica* bis zu den Füssen hängen zu lassen[92]) war anstössig, wenn es nicht etwa bei geschäftlichen Verrichtungen[93]) oder im Hause geschah, wo man es sich bequem machte[94]). Schon zu Plautus' Zeit[95]) war es Sitte, unter der *tunica* noch ein Hemde, *tunica interior*[96]) oder *subucula*[97]), anzulegen, das gleichfalls von Wolle war[98]), so dass nunmehr zum regelmässigen Anzuge zwei Tuniken gehören[99]); aber leinene Hemden haben erst im vierten Jahrhundert Eingang gefunden[100]).

Während im Hause der Sclave[1]) wie der Herr, der Fremde wie der Bürger in der Tunica erscheint, legt der Letztere beim

---

tunicis (lb. 146, 6) einherzugehn. Auctor *Eleg. de obitu Maecen.* 24 in Wernsd. P. L. M. III p. 158. So ist auch zu verstehn *discinctus nepos* Hor. epod. I, 94.
(49?) Plaut. Poen. V, 5, 19:
Quis hic homo est cum tunicis longis quasi puer cauponius?
v. 24: *Sane genus hoc mulierosum est tunicis demissiciis.*
Propert. V, 2, 38:
mundus demissis institor in tunicis.
Cic. in Cat. II, 10, 22, wo *talares tunicae* genannt werden. Quintil. XI, 3, 138. Horat. Sat. I, 2, 25:
Maltinus tunicis demissis ambulat.
und dazu Porph.: *Tunicis demissis ambulare eorum est, qui se molles ac delicatos velint haberi.* Cic. pro Cluent. 40, 111: *Facile enim ut non solum mores et arrogantiam eius, sed etiam vultum atque amictum atque illam usque ad talos demissam purpuram recordemini.*
93) So erschienen namentlich die Verkäufer (*institores*) in Lüden *discincti et demissis tunicis*. S. O. Jahn Berichte d. ph. hist. Cl. d. S. Ges. d. W. 1861 S. 329.
94) Hor. Sat. II, 1, 76.
95) Plaut. Aul. IV, 4, 20 *ne inter tunicas habeas*. Doch sagt noch Varro bei Non. p. 155, 80: *Mihi puero modica una fuit tunica et toga.*
96) Val. Max. VII, 4, 5.
97) Hor. epist. I, 1, 95. Festus p. 309a 29. S. oben Anm. 949.
98) Hor. epist. I, 1, 95.
99) Varro bei Non. p. 542, 14: *Posteaquam binas tunicas habere coeperunt, instituerunt vocare subuculam et indusium.* Calpurn. Ecl. 3, 29:
nam protinus ambas
Diduxi tunicas et pectora nuda cecidi.
Bei Joseph. Ant. XVIII, 5, 7 hat ein Sclave einen Brief eingenäht in das Hemde (τὸν ἐντὸς χιτῶνα· ἐνδεδύκει γὰρ δύο). Daher braucht auch Quintil. XI, 3, 138 den Plural *tunicae*. Dass der Kaiser Augustus vier *tunicae* übereinander trug (Suet. Aug. 82), geschah aus Gesundheitsrücksichten.
(100) S. oben Anm. 909.
1) Die Tunica tragen die *praecincti recte pueri* bei Horat. Sat. II, 8, 69. Vgl. Ammian. XXVI, 6: *Sicili itaque —, nusquam reperto paludamento, tunica auro distincta ut regius minister indutus.*

Ausgehen in die Stadt und auf das Forum die Toga an[1a-2a]); sie wird ihm, wenn er das Mannesalter erreicht hat, in einem feierlichen Acte als Zeichen des erlangten Bürgerrechtes übergeben[3]); sie ist dem Verbannten untersagt[4]) wie dem Fremden[5]), und obgleich man seit dem Ende der Republik nicht nur im Auslande fremde Tracht anzunehmen[6]), sondern auch in Rom selbst die Toga mit bequemeren Kleidungsstücken zu vertauschen anfing[7]), so blieb dieselbe immer die officielle Tracht bei der *Salutatio*[8]), bei den Spielen[9]), bei Hofe[10]) und in allen amtlichen Geschäften, und die Ertheilung der Toga an junge Bürger ist noch am Ende des dritten Jahrhunderts nachzuweisen[11]).

In Betreff der Form dieses früher vielbesprochenen Kleidungsstückes ist es nicht nöthig, auf die sehr abweichenden Resultate älterer Untersuchungen zurückzugeben, nachdem es gelungen ist, mit Benutzung der vielen noch erhaltenen und jetzt durch Abbildung allgemein zugänglich gemachten Togastatuen[12]) sowohl den Schnitt als die Art des Umwurfs festzustellen[13]). S. die Abbildung Fig. 1.

[1a-2a]) Dio Cass. fr. 145, 3 von der Toga: ἦν δὲ ἡ ἀστική, ᾗ κατ' ἀγορὰν χρώμεθα, LIV, 31 φαιάν, τὸν ἀγοραῖον τρόπον πεποιημένην. Nonius p. 406, 15 *toga* — *vestimentum, quo in foro amicimur.*
3) S. Th. V, 1 S. 187 ff.
4) Plin. ep. IV, 11, 3: *carent enim togae iure, quibus aqua et igni interdictum est.* 5) Suet. Claud. 15.
6) Dass Rabirius in Alexandria und Verres in Sicilien ein *pallium* trug, wurde beiden zum grossen Vorwurf gemacht. Cic. pr C. Rab. Post. 9, 26. acc. in Verr. IV, 23, 55. V, 13, 31. 16, 40. 32, 86. 62, 137.
7) Schon Sulla und L. Scipio trugen eine *chlamys* im Felde (Cic. pr. Rab. 10, 27); unter August aber sah man die Leute auf dem Forum in der *lacerna* erscheinen. Suet. Aug. 40: *Etiam habitum vestitumque pristinum reducere studuit ac visa quondam pro contione pullatorum turba indignabundus et clamitans: En
Romanos rerum dominos gentemque togatam
aedilibus dedit, ne quem posthac paterentur in foro circave nisi positis lacernis togatum consistere.*
8) S. Th V, 1 S. 265. 9) Lamprid. Comm. 16.
10) Spart. Sever. I, 7. 11) Th. V, 1 S. 185.
12) Abbildungen von Togastatuen findet man in Garucci *Mus. Lateran.* I. 3. 13. 18. 43. *Museo Borbonico* VI, 9, 41. VII, 12. 19. Visconti *Museo Pio-Clem.* II, 45. III. 17. 23. 24. *Vetera Mon. Matthaeiorum* I, 78. 75 74. 77. 83. 85. III, 24. Becker *Augusteum* 118. 119. 124. *De' Bronzi di Ercolano* Vol. II. *Napoli* 1771 tav. LXXIX p. 318. LXXXIV p. 335: LXXXV p. 339. Labus *Museo di Mantova* III tav. 14.
13. S. Weiss Kostümkunde S. 930. Professor v. d. Launitz, dem

Die Toga ist ein weisses[13,14] wollenes Tuch, das zwar vom Webstuhl, wie es scheint, in rechteckiger Form kam, aber so zugeschnitten wurde, dass es die Form einer Ellipse erhielt[15], deren grosse Axe mindestens 15 Fuss, deren kleine Axe etwa 10 Fuss betrug, und sich durch diesen Zuschnitt wesentlich von dem griechischen Mantel unterschied, welcher viereckig (τετράγωνον ἱμάτιον)[16] war. Die Länge des Tuches konnte nicht geringer sein, da dasselbe ungefähr dreimal so lang sein musste, als der menschliche Körper; die Breite aber war sehr verschieden. Denn in alter Zeit, wo man die Toga der Wärme wegen trug[17] und selbst im Kriege nicht ablegte, nahm man dazu ein grobes Tuch, das man ohne alle Kunst nach Bedürfniss möglichst anschliessend um den Leib zog; und solche einfache Toga hatten auch noch später bescheidene Leute[18]; als man aber auch hierin Luxus zu treiben anfing, das feinste Wollenzeug wählte[19], auf die Faltenlegung so sorgsam be-

---

das wesentliche Verdienst gebührt, diese schwierige Frage aufgeklärt zu haben, hat in der Philologenversammlung 1865 seine Theorie durch practische Exemplificationen erläutert. Leider ist der Bericht hierüber (Verhandlungen 1865 S. 49—51) so unzureichend, dass ich nicht erklären kann, in wie weit ich mich mit den Ansichten des H. v. d. L. in Uebereinstimmung befinde. Ueber d e Bedeutung des *rinus* in der gleich anzuführenden Stelle des Quintilian glaube ich ihm nicht beistimmen zu können.
13,14) Mart. VIII, 28.
15) Quintil. XI, 3, 139: *Ipsam togam rotundam esse et apte caesam velim.* Isidor Or. XIX, 24, 3: *Est autem (toga) pallium purum forma rotunda effusiore et quasi inundante sinu, et sub dextro veniens supra humerum sintsirum ponitur.*
16) Posidonius bei Athen. p. 213b. Appian. B. C. V, 11. Vgl. Festus p. 274, 22: *Recinium omne vestimentum quadratum ii, qui XII interpretati sunt, esse dixerunt.* Petron. 185 *incincta quadrato pallio.*
17) Horat. Sat. I, 2, 14:
toga, quae defendere frigus
quamvis crassa queat.
Solch eine *toga* heisst auch *pinguis* Suet. Aug. 82.
18) Hor. epist. 1, 18, 30: *Arta decet sanum comitem toga*, wozu Acron.: *Habebant enim antiqui pro qualitate opum togas.* Von Augustus sagt Suet. Aug. 73: *togis neque restrictis neque fusis (usus est)*; Cato Uticensis trug eine *toga exigua* (Hor. epist. I, 19, 13) und *hirta* (Lucan. II, 386.)
19) Diodor Exc. I. XXXVI Vol. II, 2 p. 132 Dind.: ἀπολούδως δὲ τούτοις οἱ νέοι κατὰ τὴν ἀγορὰν ἐμφορούν ἐσθῆτας διαφόρους μὲν ταῖς μαλακότησι, διαφαινεῖς δὲ καὶ κατὰ τὴν λεπτότητα ταῖς γυναικείαις παραπλησίας. Varro bei Non. p. 448, 30: *Quam istorum vitreas togas osten-*

dacht war, dass man bei jedem Ausgange Gefahr lief, durch
Berührung eines Vorühergehenden die Kunst der Faltung zu
zerstören[20]), zugleich auch die Toga bis auf die Füsse schleppen
liess[21]), gab man ihr eine so übertriebene Weite (*laxitas*)[22]),
dass man sie fast kreisrund zuschnitt, wie z. B. die
toga des von Horaz verspotteten Freigelassenen 12 Fuss Weite
bei 15 Fuss Länge hat[23]).

tanl tunicae clavos. Solche feine Toga heisst *perlucida* Sen. ep. 114, 21;
auf sie geht Ovid. A. A. III, 445:
   nec toga decipiat filo tenuissima.
Man machte sie in den tarantinischen Fabriken. Lucian, rhet. praec. 16.

[20]) Macrob. Sat. III, 13, 4: *Hortensius, vir alioquin ex professo mollis
et in praecinctu ponens omnem decorem. Fuit enim vestitu ad munditiem
curioso, et ut bene amictus iret, faciem in speculo quaerebat, ubi se intuens
togam corpori sic applicabat, ut rugas non forte sed industria locatas artifex
nodus astringeret et sinus ex composito defluens modum lateris ambiret. Is
quondam cum incederet elaboratus ad speciem, collegae de iniuriis diem dixit,
quod sibi in angustiis obvius offensu fortuito structuram togae destruxerat.*
Die Sache bestätigt Gell. I, 5, 2, nach welchem Hortensius *circumspecte
compositusque indutus et amictus* einherging; schwierig ist dagegen der
Ausdruck *praecinctus*, der von der *tunica* richtig ist, nicht von der *toga*.
Denn obgleich die *toga* auch den *cinctus Gabinus* gestattet, so trug doch
diesen Hortensius nicht. Auch II, 9, 9 braucht Macrobius von der nachmaligen
Gürtung des Cäsar, den Sulla *puerum male praecinctum* nannte,
die Worte: *Ita toga praecingebatur, ut trahendo laciniam velut mollis incederet*,
während wir aus Suet. Caes. 45 wissen, dass Sulla dies auf die
tunica des Cäsar bezog. Macroblus, der unter Theodosius II (408—450)
lebte, scheint also von der alten Toga keine richtige Vorstellung mehr zu
haben.

[21]) Val. Max. VII, 5, 1: *notae insaniae Tuditanus, utpote qui populo
nummos sparserit togamque velut tragicam vestem in foro trahens maximo
cum hominum risu conspectus fuerit.*

[22]) Seneca Contr. II, 11 p. 156, 18 Burs.: *quod unguento coma
madet, tuum est: quod laxior usque in pedes demittitur toga, tuum est.* Tibull.
I, 6, 39:
   *tum procul absitis, quisquis colit arte capillos
   et fluit effuso cui toga laxa sinu.*
Cic. in Cat. II, 10, 22 *velis amictos, non togis.* Tibull. II, 3, 77:
   *nunc si clausa mea est, si copia rara videndi,
   heu miserum, laxam quid iuvat esse togam?*
Ovid. R. A. 679:
   *nec compone comas, quia sis venturus ad illam,
   nec toga sit laxo conspicienda sinu.*

[23]) Hor. Epod 4, 7:
   *Videsne Sacram metiente te viam
   Cum bis trium ulnarum toga
   Ut ora vertat huc et huc euntium
   Liberrima indignatio*
Mit Unrecht schliessen Porphyrio zu d. St., der Schol. Pers. 5, 14
und Isidor Or. XIX, 24, 3 aus dieser Stelle, 12 Fuss sei die gewöhnliche
Weite der Toga gewesen, es war vielmehr eine ungewöhnliche, die beinahe
der Länge gleich kam.

Das beschriebene elliptisch geschnittene Stück Zeug wurde der Länge nach zu einem Doppeltuche zusammengelegt, so indess, dass die Falte nicht in der grossen Axe der Ellipse lag, sondern die eine Hälfte etwas grösser genommen wurde als die andere[124]; so wurde es zuerst über die linke Schulter geschlagen, so dass es vorn bis auf die Erde reichte[25], hinten aber mit der doppelten Körperlänge herunterhing, darauf das hinten herabhängende Stück unter dem rechten Arm durchgeführt, wieder nach obenhin umgeschlagen und über die linke Schulter zurückgeworfen, auf welcher der Umwurf nun zweimal lag. Das zuletzt genannte Stück, welches, weil es von unten nach oben umgeschlagen wurde, der Umschlag oder Bausch, *sinus*, heisst, erforderte die meiste Sorgfalt, indem das Doppeltuch so aus einander gezogen werden musste, dass es die ganze rechte Seite bedeckte, der obere Rand des *sinus* unter der Achsel, der untere an dem Schienbeine lag und die so entstehenden breiten Falten sich beim Hinaufgehen zur linken Schulter wieder zusammenschlossen. War der Umwurf vollendet, so zog man unter der Brust das zuerst angelegte Drittel der Toga, welches nunmehr unter dem *sinus* lag, etwas hervor und über den *sinus* heraus, um der ganzen Lage Haltung zu geben, und dies hervorgezogene Stück des unter dem *sinus* liegenden Streifens der *toga* heisst *umbo* oder *nodus*[26].

---

[124] Aus dieser Art der Zusammenlegung erklärt sich, warum Dionysius III, 64 der Toga eine halbkreisförmige Gestalt beilegt. Er beschreibt die königliche Toga als ein περιβόλαιον περφυρούν ποικίλον, οἷα Λυδών τε καὶ Περσών ἐφόρουν οἱ βασιλεῖς, πλὴν οὐ τετράγωνόν γε τῇ σχήματι, καθάπερ ἐκεῖνα ἦν, ἀλλ' ἡμικύκλιον· τὰ δὲ τοιαῦτα τῶν ἀμφιεσμάτων Ῥωμαῖοι μὲν τόγας — καλοῦσι. Ein sonderbares Versehn ist es, dass Weiss p. 957 diese Stelle dem Horaz zuschreibt.

[25] Man konnte auf diesen, an allen Statuen sichtbaren, Zipfel der Toga treten und dann fallen. Suet. Cal. 35: *ita proripuit se spectaculis, ut calcata lacinia togae praeceps per gradus iret.*

[26] *Umbo* bei Pors. 3, 98, *nodus* bei Macrob. Sat. III, 13, 4. S. nach Tertull. de pallio 5: *Prius etiam ad simplicem capitatelam ejus (pallii), nullo taedio constat: adeo nec artificem nocesse est, qui pridie rugas ab exordio formet et inde deducat in tilias* (Heistreifen, d. h. Falten) *totumque contracti umbonis figmentum custodibus forcipibus assignet, dehinc diluculo tunica prius cingulo correpta — recognito rursus umbone et si quid exorbitarit reformato, partem quidem de laevo promittat, ambitum vero eius, ex quo rixus nascitur, iam deficientibus tabulis retrahat a scapulis et exclusa dextera in laevam adhuc congerat cum alio pari tabulato in terga devoto,*

Nach diesen Bemerkungen wird die Hauptstelle über die römische Männertracht, welche sich bei Quintilian. XI, 3, 137—141 findet, nur noch in wenigen Einzelheiten einer Erklärung bedürfen. Es liegt etwas, sagt er, in dem Umwurfe, und gerade dies ist durch die Zeitverhältnisse geändert worden. Denn in alter Zeit hatte man gar keinen Bausch (*sinus*); später war derselbe sehr eng. Daher muss man auch beim Beginne der Reden eine ganz andere Bewegung gebraucht haben, wenn man den Arm, wie die Griechen, innerhalb des Kleides hielt[127]. Aber wir reden von der Gegenwart. Wer das Recht des *latus clavus* nicht besitzt, muss sich so gürten, dass die Tuniken mit den Enden der Vorderseite ein wenig unter das Knie, mit den Enden der Hinterseite bis an die Kniekehlen reichen. Denn tiefer gürten sich Frauen, höher Centurionen. Dass die Purpurstreifen gradlinig herunterfallen, ist leicht zu machen. Zuweilen tadelt man hierin die Nachlässigkeit. Für die, welche den *latus clavus* (d. h. die *tunica laticlavia*)[28] haben, ist das Mass, dass er etwas tiefer, als die gegürteten Tuniken geht. Die Toga selbst muss abgerundet und passend

---

atque ita hominem sarcina vestiat. Tabulae und *tabulatum* ist die parallele Faltenlage, wie bei Apul. Met. XI, 8 p. 738, von der *palla* der *Isis*, *quae circumcirca remeans et sub dextrum latus ad humerum laevum recurrens, umbonis vicem deiecta parte laciniae, multiplici contabulatione dependula ad ultimas oras nodulis fimbriarum decoriter confluctuabat;* der Künstler aber, der die Toga Abends und Morgens zurecht legt, ist der *vestiplicus* S. Th. V, 1, S. 149.

127) Dies thaten in Rom namentlich junge Leute während des *tirocinium* (s. Th. V, 1 S. 138. Cic. pr. Coelio 5, 11: *Nobis quidem olim annus erat unus ad cohibendum brachium toga constitutus.* Seneca Exc. contr. V, 8 p. 397, 18 Burs.: *Apud patres nostros qui forensia stipendia auspicabatur nefas putabat brachium toga exserere*; in Griechenland die ältern Staatsmänner, Themistocles, Aristides, Pericles (Aeschin. c. Timarch. 25). Die verschiedenen Statuen, welche dieses Costum haben (Mus. Borb. I, 50 Becker August. 117. 118, es giebt aber in Dresden fünf solcher Statuen), geben zwar von der Art, wie man den rechten Arm im Kleide hielt, eine genügende Anschauung, sind aber als Togastatuen schwerlich anzusehn, da das zuerst umgelegte, vorn herunterhängende Stück nirgends sichtbar ist und der ganze Zuschnitt andern erscheint. Die Statue des Museo Borb. bei man Aristides benennt, und gegen Becker Gallus III, S. 148, welcher in den Dresdner Statuen die alte Form der römischen Toga zu finden glaubt, erklärt sich auch Weiss a. a. O. S. 960, der in ihnen das griechische, viereckig geschnittene Himation erkennt.

28) S. oben Anm. 1438.

zugeschnitten sein, sonst wird sie in vieler Hinsicht unverhältnissmässig. Der vordere Theil derselben reicht am besten bis auf die Mitte der Schienbeine. Der hintere in demselben Masse, wie die Gürtung der Tunica es mit sich bringt, tiefer hinab[129]. Der Umschlag (*sinus*) ist am anständigsten, wenn er ein Stück oberhalb des untersten Endes der Toga (dies ist das zuerst angelegte erste Drittel) gemacht wird, wenigstens muss er nicht tiefer liegen. Der obere Theil des Umschlags, welcher unter dem rechten Arme quer nach der linken Schulter geführt wird, wie ein Gurt (*balteus*), muss weder beengen noch zu weit sein; erst nach diesem muss der untere Theil desselben angeordnet werden, denn so sitzt und hält er sich besser. Auch muss man einen gewissen Theil der Tunica heraufziehen, damit er beim Gesticuliren nicht auf den Arm herunterfällt; dann wirft man den Umschlag auf die Schulter, von der man das letzte Ende auch wieder abwerfen kann. Die Schulter aber und zugleich den ganzen Hals zu bedecken ist nicht nöthig, sonst wird der Umwurf zu eng und thut dem würdigen Ansehn, das die breite Brust verleiht, Eintrag. Den linken Arm darf man so weit heben, dass er einen rechten Winkel macht. Ueber ihm müssen die beiden Enden der *toga* gleichmässig aufliegen.

Die älteren Römer, welche die *toga* nicht nur im Frieden, sondern auch im Kriege trugen, bedienten sich für den letzteren Fall einer besonderen Art, dieselbe anzulegen, nämlich des *cinctus Gabinus*[30], indem sie den Zipfel, welcher sonst zuletzt über die linke Schulter zurückgeschlagen wird, fest um den Leib herumzogen, so dass er selbst einen Gürtel bildete, beide Arme frei liess und das Herabfallen der Toga hinderte[31].

---

[129] *Pars ejus prior mediis cruribus optime terminatur, posterior eadem portione altius qua cinctura*, d. h. tiefer bei den Senatoren, die den *latus clavus* haben, weniger tief bei allen andern.

[30] Ueber den *cinctus Gabinus* handelt am Besten O. Müller Etrusker I S. 263 ff.

[31] Paulus p. 77, 3: *Bado procinctu, in procinctu. significat autem, quum ex castris in proelium exitum est, procinctos, quasi praecinctos atque expeditos. Nam opud antiquos togis incincti pugnitasse dicuntur.* Vgl. p. 46, 18: *Classis procincta, exercitus instructus.* Festus p. 189ᵃ 13. Paulus p. 225 5: *Procincta classis dicebatur, quum exercitus cinctus erat Ga-*

Diese Tracht kam bei den Soldaten ab[1632]), seitdem das *sagum* eingeführt war, welches nunmehr als Kriegstracht der Friedenstracht der Toga entgegengesetzt wird[33]), erhielt sich aber immer bei gewissen feierlichen Riten, wie bei den *testamentis in procinctu*[34]), der Devotion[35]), bei der Oeffnung des Janustempels[36]), bei Anlagen von Städten[37]), bei den *Ambarvalien*[38]) und bei Opferhandlungen verschiedener Art[39]). Wenn Cato sagt, bei dem *ritus Gabinus* habe man auch das Haupt mit einem Theile der Toga verhüllt[40]), so scheint dies doch nur bei den religiösen Handlungen vorgekommen zu sein[41]), bei welchen man auch sonst, ohne den *cinctus Gabinus* anzuwenden, die

---

bino cinctu confestim pugnaturus. Serv. ad Aen. VII, 612: *Gabinus cinctus est toga sic in tergum rejecta, ut una (lies ima) ejus lacinia a tergo revocata hominem cingat*. *Hoc autem vestimenti genere veteres Latini cum necdum arma* (lies mit Müller *saga*) *haberent, praecinctis togis bellabant, unde etiam milites in procinctu esse dicuntur*. Isidor Or. XIX, 24, 7: *Cinctus Gabinus est, cum ita imponitur toga, ut togae lacinia, quae postea cus relicitur, attrahatur ad pectus*.

(1633) Wenn nach später den Ueeren *togae* geliefert werden, so ist deren Anzahl eine beschränkte, wie z. B. 1200 *togae* auf 12000 *tunicae* (Liv. XXIX, 36, 2) oder 6000 *togas* auf 30,000 *tunicas* (Liv XLIV, 16, 3), so dass sie nicht als gewöhnliche Kleidung, sondern zu besonderen Zwecken, die uns unbekannt sind, verwendet sein müssen.

33) Daher oft *saga sumere, ad saga ire, in sagis esse*, d. h. in den Krieg ziehn. Dagegen heisst die Toga ἐσθὴς εἰρηνική. Dio Cass. XLI. 17. Bekannt ist Cicero's Vers (in Pison. 30, 73):
 Cedant arma togae, concedat laurea laudi.
vgl. Cic. de or. III, 42, 167.
34) S. Th. II, § S. 89 Anm. 338 und Paulus.p. 169, 7.
35) Liv. VIII, 9, 9. X, 7, 3.
36) Virg. Aen. VII, 612:
 *Ipse Quirinali trabea cinctuque Gabino
 insignis reserat stridentia limina consul*.
37) S. Th. III, 1 S. 342.
38) Lucan. I, 596.
39) Liv. V, 46, 2. Val. Max. I, 1, 11. Darauf beziehen sich auch die Stellen des Appian Pun. 43: Σκιπίων δὲ νίκην ἀρίστην νενικηκώς τὰ μὲν ἄχρηστα τῆς λίας ἐνέπρησε διαζωσάμενος αὐτός, ὥσπερ εἰώθασι Ῥωμαίων οἱ στρατηγοί. Mithr. 45: Σύλλας δὲ πολλὴν μὲν αἰχμαλώτων πόλιν δ᾽ ὅλων καὶ λίας κρατῶν τὰ μὲν ἄχρεια εὑρισκόμενα διαζωσάμενος, ὡς ἔθος ἐστὶ Ῥωμαίοις, αὐτὸς ἐνέπρησε τοῖς ἐνυαλίοις θεοῖς. Pisanische Inschr. Orelli 642: *dum ii, qui immolaverint cincti Gabino ritu, struem lignorum succendant*.
40) Serv. ad Aen. V, 755: *Quem Cato in originibus dicit morem fuisse. Conditores enim civitatis taurum in dextram, vaccam intrinsecus cingebant et inctincti ritu Gabino, id est togae parte caput relati, parte succincti tenebant stivam incurvam*.
41) Dies nimmt auch Müller Etr. I S. 260 an.

— 169 —

Toga über das Haupt zog[1342]), um jede Störung bei der Handlung abzuwehren[43]). Die Erwähnungen des *cinctus Gabinus* bei Schriftstellern des vierten Jahrhunderts und noch späterer Zeit können hier ganz übergangen werden, da sie nur einen alten Namen auf die damalige seidene, gestickte consularische Toga anwenden, welche, wie man aus den bildlichen Darstellungen der consularischen Diptychen[44]) ersieht, seinem modernen Umschlagetuch gleicht, das unter dem rechten Arme hervorkommend über die linke Schulter zurückgeht, dann von rechts wieder hervorkommt, in weiten Falten die Mitte des Leibes bedeckt und von dem linken Arme aufgenommen hinter diesem mit freiem Ende herabhängt. Unter dieser Toga liegt das Schultertuch, *Superhumerale*, *Omophorion*, zwei breite Streifen von beiden Schultern her auf der Brust sich vereinigend und dann als einer bis zu den Füssen herabhängend, die bekannte Form der späteren bischöflichen Messkleidungs[45]). Dies ist der *cinctus Gabinus*, von dem Claudian, Prudentius und Isidor reden[46]).

Aus dem bisher Erwähnten ist ersichtlich, dass die Toga, so lange sie ein einfaches und kunstloses Kleidungsstück war, für alle Bedürfnisse genügte, so dass sie bei Nacht und Tage, von Frauen und Männern[47]), in Krieg und Frieden getragen werden konnte, sobald sie aber ein Gegenstand des Luxus und der Mode wurde, sich als unpraktisch bewies und immer mehr auf den officiellen Gebrauch beschränkte, während die neben der privilegirten Tracht der römischen Bürger seit alter Zeit in Ita-

---

1342) Dies ersieht man aus häufigen bildlichen Darstellungen. So z. B. Visconti M. P. C. III tav. 19. IV tav. 45 und das Relief einer *ara* von Caere in Monum. d. Inst. VI tav. XIII fig. 1.
43) Virg. Aen. III, 405 und über den *ritus Romanus*, nach welchem *velato capite* geopfert ward, Th. IV S. 828. 466.
44) S. Th. II, 2 S. 245.
45) Ich entlehne diese richtige Beschreibung aus Vögelin Das Zürcherische Diptychon des Consuls Areovindus S. 11.
46) Claudian. *de tertio cons. Honorii* 3. *De quarto cons. Honorii* 6. *De sexto cons. Honor.* 194. Prudentius *Peristephanon* X, 1015, wo ein Priester ein *taurobolium* (vgl. Th IV S. 97) vollzieht
   cinctu Gabino sericam fultus togam.
Isidor Or. XIX, 24, 7, wo die *picturae* auf die *toga picta* dieser späten Zeit zu beziehen sind. Alle diese Stellen hat Müller unrichtig beurtheilt.
47) T. Th. V, 1 S. 49.

lien und den Provinzen üblichen Costüme der Fremden und Sclaven sich für den praktischen Gebrauch aller Stände immer mehr empfahlen, und je weiter sich das römische Reich ausdehnte, desto mehr fremde Moden in Rom Eingang fanden.

Die arbeitende Classe, welche nur die Tunica, nicht die Toga brauchte, bediente sich zum Schutze gegen Regen, Wind, Schnee und Kälte[48]) der *paenula*. Sie ist die Tracht der Maulthiertreiber[49]), der Sclaven[50]), welche im Freien zu thun haben, namentlich der Sänftenträger[51]), und kommt auch bei Soldaten vor[52]); aber nicht nur Männer aller Stände, Reisende im Wagen[53]), Städter bei schlechtem Wetter[54]), in der Kaiserzeit selbst Volkstribunen[55]) und Redner[56]), sondern auch Frauen fanden sie auf Reisen und auf dem Lande bequem[57]). Die *paenula* ist ein Mantel von zottigem Fries (*gausapa*)[58]) oder Leder[59]), dunkelfarbig[60]) und dick[61]), ohne Aermel, eng an den Körper anschliessend und vorn der Länge nach zugeknöpft und geheftelt, so dass er die freie Bewegung der Arme hindert[62]) und dem einkehrenden Gaste von dem ihn empfangen-

---

[48]) Varro bei Non. p. 517, 12. Horat. epist. I, 11, 18. Senec. N. Q. IV, 6, 2. Quintil. VI, 3, 66. Juven. 5, 79. Mart. VI, 49. Lamprid. Al. Sev. 27.
[49]) *mulionia paenula* Cic. pr. P. Sest. 38, 82.
[50]) Plaut. Most. IV, 2, 74.
[51]) Sen. de benef. III, 28, 5. Vgl. Mart. IX, 22, 9.
[52]) Sen. de benef. V, 24, 1. Suet. Galb. 6.
[53]) Cic. pr. Milone 20, 54.
[54]) Lampr. Al. Sev. 27: *paenulis intra urbem frigoris causa ut senes uterentur permisit, cum id vestimenti genus semper itinerarium aut pluviale fuisset.*
[55]) Spart. Hadr. 3, 5.   [56]) Dial. de or. 39.
[57]) Die *paenula* ist ein *commune vestimentum*, d. h. Männern und Frauen gemeinsam. Dig. XXXIV, 2, 23 § 2. Ueber die *paenulae matronales* s. Treb Poll. trig. tyr. 14, 4. Cic. bei Quintil. VIII, 3, 54. Lampr. Al. Sev. 27.
[58]) Mart. XIV, 145. Plin. N H. VIII § 193.
[59]) *scortea*. Mart. XIV, 130. Sen. N. Q. IV, 6, 2.
[60]) Mart. XIV, 129, wo unter den *Canusinae* der Ueberschrift *paenulae* zu verstehen sind:
    Roma magis fuscis vestitur, Gallia rufis,
    Et placet hic pueris militibusque color.
[61]) *spissa et crassa est*. Acron. ad Hor. epist. I, 11, 18. Auch gegen Schläge ist sie ein guter Schutz. Plautus Most. IV, 2, 74: *Liberatus paenula est tergo tuo.*
[62]) Milo war, als er *in rheda paenulatus veheretur*, und von Clodius angegriffen wurde, *paenula irretitus*. Cic. pr. Mil. 20, 54.

den Wirthe aufgeknöpft werden muss[63]). Für Soldaten im Dienste und Arbeiter auf dem Lande, welche die Arme brauchen, war er in dieser Form nicht anwendbar[64]), für beide[65]) kam ein weiter Tuchmantel, das *sagum*, in Gebrauch, welches nicht ursprünglich römisch ist[66]), sondern als Nationaltracht der Spanier[67], Gallier[68]), Ligurer[69]) und Deutschen[70]) vorkommt, bei diesen verschiedenen Nationen an Stoff, Farbe und Schnitt verschieden war und auch bei den Römern wechselnde Moden unter wechselnden Namen durchgemacht hat. Die Spanier trugen es schwarz[71]), die Gallier gestreift[72]); gallische Tuche[73]) für diesen Zweck, namentlich *saga Atrebatica*[74]) und *Nervica*[75]) sind noch im vierten und fünften Jahrhundert gesuchte Fabrikate. Das römische *sagum* hatte, wie man aus vielfachen bildlichen Darstellungen von Soldaten z. B. auf der

[63] Cic. ad Att. XIII, 33, 4: *De Varrone loquebamur; lupus in fabula. Venit enim ad me, et quidem id temporis, ut retinendus esset. Sed ego ita egi, ut non scinderem paenulam. Memini enim tuum: „et multi erant neque imparati". Quid refert? Paullo post C. Capito cum P. Carrinate. Horum ego vix attigi paenulam: tamen remanserunt.*

[64] Unter den vielen Abbildungen von Soldaten auf der Trajans- und Antoninussäule, sowie auf den Triumphbogen kommt, so viel ich gefunden habe, die *paenula* gar nicht vor, sondern überall das *sagum*; auf dem berliner Relief, edirt von Hübner im 36. Programm zum Winckelmannsfest, Berlin 1866 I° ist ein Soldat in der *paenula* dargestellt, aber dieselbe hat ein Aermelloch für den rechten Arm; der Soldat bei Clarac *Musée de sculpture* II pl. 146 n. 819 hat beide Hände frei. Einige andere Beispiele weist Hübner a. a. O. S. 11. 12 nach. In wieweit und wie lange die *paenula* als Soldatentracht vorkam, ob vielleicht nur für Wachposten oder für besondere Truppentheile, wissen wir nicht.

[65] Dass auch die Sclaven auf dem Lande ein *sagum* trugen, geht hervor aus Dig. XXXIV, 2, 24. Colum. I, 8, 9, wo statt *sagis cucullis* vielleicht mit Ferrarius II p. 16 *sagis cucullatis* zu lesen ist.

[66] Isidor. Or. XIX, 24, 15: *Sagum autem Gallicum nomen est. Dictum autem sagum quadrum eo, quod apud eos primum quadratum vel quadruplex esset.*

[67] Val. Max. III, 2, 21. Appian. bell. Hisp. 42. 48. Liv. XXIX, 3, 5.

[68] Caes. B. G. V, 42. Strabo IV p. 196. Polyb. II, 28, 30.

[69] Strabo IV p. 202.

[70] Tac. Germ. 17. Illst. V, 23. Mela III, 8, 2.

[71] Strabo III p. 165.

[72] *virgata* Virg. Aen. VIII, 660; *ῥαβδωτοί* Diodor. V, 30.

[73] Vopisc. Prob. 4, 5. Ed. Diocl. XVI, 2.

[74] Trebell. Poll. Gall. duo 6, 6. Vopisc. Carin. 20, 6. Lydus de mag. I, 17. Suidas s. v. Ἀτρεβατικάς. Die Hauptfabrik war, wie Mommsen Ed. Diocl. S. 85 bemerkt, Turnacum, welches auch die Not. Dign. Occ. X p. 49, 19 erwähnt.

[75] Mommsen a. a. O. S. 87.

Trajanssäule ersieht, die Form der macedonischen Chlamys[1676]), die auf der rechten Schulter durch eine *Fibula* zusammengehalten wird[77]), obwohl auch *saga* ohne *Fibula* vorkommen[78]). Mit dem *sagum* ursprünglich identisch ist das *paludamentum*, das in älteren Quellen ebenso wie das *sagum* Tracht der gemeinen Soldaten[79]) wie der Lictoren[80]) im Felde ist. Gewöhnlich aber unterscheidet man es von dem *sagum gregale*[81]) und versteht darunter das *sagum purpureum*[82]) oder *album*[83]), welches der Feldherr trägt[84]).

Besondere Formen des *sagum* sind ferner der *byrrus*[85]), die *lacerna* und die *laena*, vielleicht auch die *abolla*[86]).

[1676]) Auch heisst sowohl das *sagum* wie das *paludamentum* χλαμύς, Non. p. 538, 91 *paludamentum est vestis, quae nunc clamys dicitur*. So wird das *paludamentum*, welches Agrippina bei einer Naumachie trug (Plin. N. H. XXXIII, §49), von Tacitus Ann. XII, 56 und Dio Cass. LX, 33 *chlamys* genannt; ebenso das *sagum* des Antonius von Porphyr. ad Hor. epod. 9, 28 und das kaiserliche *paludamentum* Dio Cass. LX, 17. LXV, 5. LXV, 16. LXXII, 17. LXXV, 6. LXXVII, 4, so heisst das *sagum Atrebaticum* bei Lydus de mag. 1, 17 und Suidas χλαμύς Ἀτρεβατική. Vgl. Etym. M. s. v. χλαμύς δὲ τὸ περιφερὶς τὸ ἐν συνηθείᾳ λεγόμενον σαγομαντίον. Ein gewisser Unterschied mag indessen zwischen *sagum* und *chlamys* immer noch gewesen sein, da es auch *sagochlamydem* gab. Treb. Claud. 14, 8.

77) Eine *fibula* hat sowohl das römische *Sagum* (Liv. XXX, 17, 13. Varro bei Non. p. 538, 98. Appien. Pun, 109 und die vielfach vorhandenen Büsten, Statuen und Reliefs) als das spanische (Liv. XXVII, 19, 19. Strabo III p. 155. Appian de r. Hisp. 46. 48), gallische (Diodor V, 30. Vop!sc. Prob. 4. 5) und deutsche (Tac. Germ. 17).

78) Treb. Poll. trig. tyr. 10, 12 *duo saga ad me velim mittas, sed fibulatoria*. Aus diesem Zusatz ist ersichtlich, dass es auch *saga* ohne *fibulae* gab.

79) So der *rorarii*, Lucilius bei Nonius p. 552, 4; der *equites* und *pedites*, Sabidius in den veronensischen Schol. ad Aen. X, 241; der einen der Curiatier, Liv. 1, 26, 2.

80) Livius lässt zweimal, XLI, 10, 7. LIV, 50, 11 die Consuln in den Krieg ziehen *paludatis lictoribus*, während diese nach Cic. in Pis. 23, 55 und Silius Ital. IX, 420 ein *sagulum*, und zwar nach der letzteren Stelle ein *sagulum rubens*, tragen. 81) Liv. VII, 34, 15.

32) Hirtius de B Afr. 57. So trägt auch Metellus ein *sagum* bei Sallust. 6. Non. p. 538, 92, und Masinissa erhält vom Senat *sagula purpurea duo*, Liv. XXX, 17, 13. Ein *sagum purpureum* erwähnt auch der römische Zolltarif in Gerhard Arch. Anz. 1858 N. 110 p. 187 f.

83) Vel Mex. I, 6, 11. Hirtius B. Afr. 57.

84) Ueber das purpurne *paludamentum imperatoris* s. Apulei. Apol. 22. Varro de L. L. VII 37 und die Sammlung bei Gronov und Drakenb. zu Liv. XLI, 10, 5. Abg. Mus. Pio-Clem. III t. XI. Mus. Borb. II, 99 und sonst oft.

85) Im Ed. Diocl et. XVI, 9. 10. 12—13 ist βίρρος Λαοδικηνός ἐν

— 173 —

Der *byrrus* scheint seinen Namen von seiner rothen Farbe (πυῤῥός) zu haben[86]); während er aber ein grober[87], und steifer[88], wie es scheint, mit einer Kappe oder Kapuze versehener[89] Umwurf war, ist die *lacerna*, obgleich ebenfalls eigentlich zum Schutze gegen den Regen bestimmt[90]) und ebenfalls mit einer Kappe (*cucullus*) versehen[91]), wiewohl sie mit dem *byrrus* öfters identificirt wird[92]), doch dadurch von ihm verschieden, dass sie als ein leichter[93]), eleganter[94]),

---

ὁμοιότητι Νερβινοῦ und βίῤῥος Νερβινός des griechischen Textes dasselbe mit dem *sagum Gallicum* des lateinischen (s. Mommsen A. 87); ebenso sind die *saga Atrebatica* (Vopisc. Gallieni duo 6, 6) und die *birri ab Atrebatis petiti* (Vopisc. Carin. 20, 6) identisch.
[86] Alle diese Fabrikate scheinen in das Geschäft der *sagarii* zu gehören, da für die Fabrikanten keine speciellen Namen vorkommen.
87) Paulus p. 31, 6: *byrrum dicebant antiqui quod nunc dicimus rufum.* Probus bei G. Valla zu Juven. 2, 283: *Quod Graeci coccum, latini teres* (lies *veteres*) *byrrum vocarunt.* S. hierüber Salmas. ad Vopisc. Carinum 16 p. 868 ed. 1671. Als *Adjectivum* kommt das Wort noch vor in den *Acta S. Cypriani* bei Ruinart *Acta primorum mart.* p. 215: *Idem S. Cyprianus in agrum Sexti productus est et ibi se lacernas burro* (lies burra oder *lucerno burro*) *exspoliavit et genu in terram flexit.* Ueber den *byrrhus* handelt ausführlich Salmasius ad Tertull. de pallio p. 81 ff.
88) In dem Epigramm der Eucheria, Burmann Anth. L. II p. 187 = Meyer Anth. n. 266, 5, heisst es in einer Aufzählung widerstreitender und nicht zusammenpassender Dinge:
Nobilis horribili iungatur purpura burrae,
Nectatur plumbo fulgida gemma gravi.
89) Daher *byrrus rigens* bei Sulpicius Severus Dial. I, 44.
90) Juvenal 8, 145: *Tempora Santonico velas adoperta cucullo* und dazu der Schol.: *Cucullo de byrro Gallico scilicet. Nam apud Santonos oppidum Galliae conficiuntur.* Cod. Th. XIV, 10, 1 *Servos — aut byrris uti permittimus aut cucullis.*
91) Plin. N. H. XVIII § 225: *Hoc ipso Vergiliarum occasu fieri putant aliqui a. d. III Idus Novembris — servantque id sidus etiam vestis militares, et est in coelo notatu facillimum: — Nubilo occasu pluviosam hiemem denuntiat, statimque augent lacernarum pretia, sereno asperam, et reliquarum vestium accendunt.*
92) Mart. XIV, 132:
Si possem, totas cuperem misisse lacernas,
Nunc tantum capiti munera mitto tuo.
Horat. Sat. II, 7, 55 *odoratum caput obscurante lacerna.* Ein *sagum* mit *cucullus*, also vielleicht eine *lacerna* s. S. Bartoli Arcus tab. 39.
93) Schol. Pers. 1, 54: *Scis comitem horridulum trita donare lacerna; id est Scis et byrrum attritum comiti condonare.*
94) Mart. VI, 39, 5:
Quid fecere mali nostrae tibi, saeve, lacernae,
Tollere de scapulis quas levis aura potest?
95) *nobilis purpura* in dem Anm. 1388 angeführten Epigramm ist die *lacerna*.

flatternder[1596]) Mantel über der *toga*[97]) getragen und nicht sowohl der Wärme[98]), als des Schmuckes wegen bei Spielen[99]) und sonstigem öffentlichem Erscheinen angelegt wurde, bei welchen Gelegenheiten man statt der auf das Bedürfniss berechneten groben[1600]) und dunkelfarbigen[1]) *Lacernen* weisse[2]), bunte[3]), coccusfarbige[4]) und purpurne[5]) wählte. Noch zu Cicero's Zeit war die *lacerna* ein ungewöhnliches Kleidungsstück[6]), und Augustus verbot sie auf dem *forum* über der *toga* zu tragen[7]); allein als militärische Kleidung wird sie von Schriftstellern des augusteischen Zeitalters oft erwähnt[8]), so dass das *sagum* durch diese elegantere Tracht damals ersetzt zu sein scheint; etwas später wird sie auch in der Stadt ge-

---

1596) Sulpicius Severus Dial. I, 14: *Atque haec caris viduis ac familiaribus mandat tributa virginibus, illa ut byrrum rigentem, haec ut fluentem texat lacernam.* Dasselbe lehrt die corrupte Stelle Ammian. XIV, 6: *Sudant sub ponderibus lacernarum* (dies ist ironisch gesagt), *quas collis insertas singulis (fibulis?) ipsis annectunt, nimia sublimitate tremulae perflabiles, expectantes crebris agitationibus, maximeque sinistra, ut longiores fimbriae tunicaeque perspicue luceant varietate liciorum effigiatae in species animalium multiformes.*
97) Mart. II, 29. VIII, 28, 22. XIV, 137. Juven. 9, 29 nennt sie daher *munimenta togae*.
98) August in. Serm. 161 § 10 sagt von einem Liebhaber, der sich ganz nach dem Willen seiner Geliebten richtet: *illa dixerit: Nolo habeas talem byrrum. Non habet. Si per hiemem illi dicat: In lacerna te anno, eligit tremere quam displicere.*
99) Suet. Claud. 6. Mart IV, 2. XIV, 137.
1600) *pingues* Juven. 9, 28; *rudes* Mart. VII, 86, 8.
1) *tristes* Mart. I, 96, 4; *nigras* IV, 2; *pullas* Suet. Aug. 40.
2) Suet. Claud. 6. Mart. IV, 2. XIV, 137.
3) Mart. II, 46, 3. 4) Mart. XIV, 131.
5) Mart. II, 29, 3. II, 57. V, 8, 44. VIII, 10. IX, 22, 10. Juv. 1, 27.
6) Cic. Phil. II, 30, 76 wirft dem Antonius vor, dass er als *Magister equitum* und Bewerber um das Consulat in Gallien in der *lacerna* umhergereist sei.
7) Suet. Aug. 40.
8) Propert. IV, 13, 7. V, 8, 18. Ovid. Fast. II, 744 Cornelii Galli Eleg. 59 in Wernsd. P. L. M III p. 199. Bei Vellejus II, 70 trägt Cassius in der Schlacht bei Philippi eine *lacerna*, und Octavian geht in das Lager des Lepidus ebenfalls in der *lacerna*. II, 80. Auch die späteren halten sie für ein ursprünglich militärisches Kleidungsstück. Schol. Pers. I, 54: *Lacerna pallium fimbriatum, quo olim soli milites velabantur.* Isidor. Or. XIX, 24, 14 *Lacerna pallium fimbriatum, quo olim soli milites utebantur. Unde et in distinguenda castrensi urbanaque turba hos togatos, illos lacernatos vocabant.* Dass in beiden Stellen statt *fimbriatum* mit Buonarroti zu lesen ist *fibulatum*, ist wahrscheinlich, da die *lacerna* wie das *sagum* eine *fibula* gehabt haben wird.

wöhnlich, wiewohl sie für Senatoren noch unter Hadrian nicht recht anständig war[10]).

Auch die *laena* wird als ein *sagum* bezeichnet, dessen Eigenthümlichkeit in einem dicken, langhaarigen Wollenzeuge besteht, das, wie alle diese Zeuge, besonders in Gallien fabricirt wurde[10]). Aber sie ist kein gallischer, sondern ein altrömischer Mantel, der von dem *flamen carmentalis* getragen und mit einer *fibula* zusammengehalten wurde[11]); er entsprach der griechischen χλαῖνα[12]), die ebenfalls von dickem[13]), zottigem[14]) Stoffe und für den Schutz gegen das Wetter berechnet[15]) war, und hat mit dieser namentlich das gemein, dass sie als Doppeltuch umgelegt werden konnte[16]). Die Helden erscheinen, wie bei Homer in der χλαῖνα, so bei den lateinischen Dichtern in der *laena*[17]); in der Kaiserzeit ist dieselbe aber ein sehr ge-

---

[10]) Gellius XIII, 22.
10) Strabo IV p. 196 λεγι von den Belgiern: ἡ δὲ ἐρέα τραχεῖα μὲν ἀκρόμαλλος δέ, ἀφ' ἧς τοὺς δασεῖς σάγους ἐξυφαίνουσιν, οὓς λαίνας καλοῦσιν. Martial XIV, 136. *Laena.*
Tempore brumali non multum levia prosunt,
Calfaciunt villi pallia vestra mei.
11) Cic. Brut. 14, 56. Paulus p. 118, 5: *infibulati sacrificabant flamines propter usum aeris antiquissimum aereis fibulis.* Serv. ad Aen. IV, 262: *Laena, genus vestis. Est autem proprie toga duplex, amictus auguralis — Graece χλαῖνα. Alii amictum rotundum, alii togam duplicem, in qua flamines sacrificant infibulati. Quidam tradunt bene filio Veneris habitum laenae datum, quia hunc sibi amicium genus Veneris vindicavit. Unde Popilii Laenates propter hunc habitum. — Quidam pontificalem ritum hoc loco expositum putant. Veteri enim religione Pontificum praecipiebatur inaugurato flamini, vestem, quae laena dicebatur, a flaminica texi oportere.*
12) Plut. Num. 7: καὶ γὰρ ἃς ἐφόρουν οἱ βασιλεῖς λαίνας. ὁ Ἰόβας χλαίνας φησὶν εἶναι. Servius a. O.
13) χλαῖνα παχεῖα Pollux X, 123. 124.
14) οὔλη Hom. Od. IV, 50 und sonst oft.
15) ἀνεμοσκεπής Hom. Il. XVI, 224, sie heisst bei Hesychius *ἱμάτιον χειμερινόν.*
16) Hom. Il. X, 133:
Ἀμφὶ δ' ἄρα χλαῖναν περονήσατο φοινικόεσσαν
διπλῆν, ἐκταδίην, οὔλη δ' ἐπενήνοθε λάχνη.
Pollux VII, 47: εἰσὶ δὲ χλαῖναι αἱ μὲν ἁπλοῖδες, ὡς Ὅμηρος "δοίδεκα δ' ἁπλοίδας", αἱ δὲ διπλαῖ. — ταύτας δὲ οἱ Ἀττικοὶ ἁπληγίδας καὶ διπληγίδας καὶ διβόλους ὠνόμαζον. Paulus p. 117, 10 *Laena vestimenti genus habitu duplicis.* Varro de L. L. V, 133: *Laena, quod de lana multa duarum etiam togarum instar. — Ut antiquissimum mulierum ricinium, sic hoc duplex virorum.*
17) Aeneas bei Virg. Aen. IV, 262; Hannibal bei Silius Ital. XV, 421.

wohnlicher, von Reichen und Armen[19]), Männern und Frauen[19]) in verschiedener Weise[20]) getragener, zuweilen auch in Coc-cus[21]) und Purpur[22]) gefärbter Umwurf, den man in diesen Farben zum Putze, namentlich wenn man zur *Cena* ging[23]), anlegte.

Dick und und doppelt[24]), wie die *Laena*, aber eine ausländische Tracht[25]), war die *abolla*. Auch sie ist ein *vestimentum militare*[26]), also ein *sagum*, ebensowohl zum Schutze gegen die Witterung[27]), als zum Prunke dienend. Denn es gab purpurne *abollae*, in denen Könige[28]) und vornehme Leute[29]) erschienen, und *abollae cenatoriae*, die aus Afrika eingeführt wurden.

Als gewöhnliches Kleid beim Essen (*vestis cenatoria*[30]), *cenatorium*[31]) (*vestimentum*), στολὴ δειπνῖτις)[32]) diente indessen die *Synthesis*[33]), von deren Beschaffenheit wir nichts

---

18(R) Juv. 3, 158.
19) So trägt bei Hieronymus ep. 22. Vol. I p. 59ᵃ ed Col. 1616 fol. ein coquettes Weib eine *hyacinthina laena mavorte*. (Vielleicht cum *mavortis*). Ueber den letzten Ausdruck s. unten S. 179.
20) So erwähnt Mart. XII, 36, 8 eine *brevis laena*.
21) Juv. 3, 283.
22) *hyacinthina* Pers. 1, 30. Hieronym. a. a. O. *Tyria* Virg. Aen. IV, 264.   23) Mart. VIII, 59, 10.
24) Serv. ad Aen. V, 421: *Duplicem amictum i. e. abollam, quae duplex est sicut chlamys.* Horatius (Epist. I, 17, 25):
 Contra, quem duplici panno patientia velat.
25) In dem römischen Zolltarif von *colonia Julia Zarai* in *Mauretania Caesarensis* vom Jahre 202 p. Chr. [s. Gerhard Arch. Anz. 1853 N. 109 p. 257. 258] ist ein Abschnitt *Lex vestis peregrinae*, in welchem eine *abolla cenatoria* aufgeführt wird.
26) Non. p. 538.
27) Juven 4, 76 und dazu Madvig Opusc. p. 11. Zu diesem Zweck trugen auch die Cyniker die *Abolla* (Mart. IV, 53), d. h. den τρίβων διπλοῦς (Diog. Laert. 6, 22), den Horaz a. a. O. bezeichnet.
28) So Ptolemaeus bei Sueton. Cal. 35.
29) Mart. VIII, 48, 1.
30) Capitolin. Max. duo 30, 5.
31) Atti d. Arvali XL, 15 *magister lotus cenatorio albo ac pueri — consederunt*. XLIᵃ 11 *cenatoria alba sumpserunt et in tricliniaribus discubuerunt et epulati sunt*. Petron. 21 *cenatoria repetimus*. 56 *cenatoria et forquila*. Mart. X, 87, 12. XIV, 135. Von denselben ist wohl zu verstehen Petron. 30: *vestimenta mea cubitoria perdidit — Tyria sine dubio, sed iam semel lota*.
32) Dio Cass. LXIX, 18.
33) Atti d. Arvali XXIV, 7: *ibique in Tetrastylo (discumbentes prosternium deposuerunt et) cum synthesibus epulati sunt*. Mart. V, 79 u. ö.

weiter wissen, als dass sie ein bequemes, daher besonders an
den *Saturnalien*[34]) allgemein getragenes, in verschiedenen
Farben, weiss[35]), grün[36]), purpurn[37]) und bunt[38]) vorkommendes, wie es scheint, anziehbares Kleidungsstück (*indumentum*) war[39]), das beim Mahle öfters gewechselt wurde[40]),
und seinen Namen davon zu haben scheint, dass davon immer
eine ganze Garnitur vorhanden war. Denn *synthesis* ist eine
bestimmte Anzahl gleichartiger Kleidungsstücke oder Gefässe[41]), also *synthesis tunicarum* oder *palliolorum*[42]), eine Garnitur von Tuniken und Mäntelchen, *synthesis calicum*[43]), *septenaria synthesis* ein Satz von sieben saguntinischen Bechern[44]).

D. Die weibliche Kleidung.

Wenn schon die männliche Kleidung der Mode unterworfen war, so war dies in viel höherem Grade der Fall bei der
weiblichen[45]), abgesehen davon, dass neben der Tracht der
römischen Matronen (*habitus matronalis*)[46]) für Mädchen, Sclavinnen[47]) und Buhlerinnen[48]) eigne Costüme üblich waren,
und fremde Frauen und Libertinen ausländische und besonders griechische Moden mit vollster Freiheit und nach eignem
Geschmacke annahmen. So ist das Coïsche wegen seiner
nichts verhüllenden Durchsichtigkeit berüchtigte Kleid wenigstens anfangs eine Libertinentracht gewesen[49]), bis es allmählich, freilich noch im ersten Jahrhundert, auch bei römi-

---

[34]) Mart. XIV, 1, 1. XIV, 141.
[35]) *Atti d. fr. Arvali* XL, 15. XLI 11.
[36]) *prasina* Mart. X, 29, 1.   [37]) Petron. 30.
[38]) Mart. II, 16.
[39]) Von Nero sagt Sueton. Ner. 51: *ut — plerumque synthesinam
indutus — prodierit in publicum sine cinctu et discalceatus*, woher Dio
Cass. LXIII, 13 sagt: γιτώνιον τι ἐνδεδυκώς ἄνδινον.
[40]) Bei Martial. V, 79 wechselt sie Zoilus während der *cena* elfmal.
[41]) Salmasius ad Vopisci Bonosum 15 p. 771 ff.
[42]) Dig. XXXIV, 2, 38 § 1.
[43]) Statius Silv. IV, 9, 44.   [44]) Mart. IV, 46, 15.
[45]) Schon Plautus spottet über den Wechsel der Moden in der
Frauentracht. Epid. II, 2, 39—49. Vgl. Varro de L. L. IX, 22.
[46]) Dig. XLVII, 10, 15 § 15.
[47]) *vestis ancillaris* Dig. a. a. O.   [48]) S. Th. V, 1 S. 48.
[49]) S. besonders Horat. Sat. 1, 2, 101 ff.

schen Frauen Eingang fand⁴⁹) und der decenten und würdevollen Kleidung Concurrenz machte, welche für die römische Matrone in demselben Grade vorschriftsmässig war, als die Toga für die Männer. Diese Kleidung besteht ausser der allen Frauen gemeinsamen *fascia*⁵¹) und *tunica interior*, *subucula*⁵²), *interula*⁵³), in der *stola*⁵⁴), über welche beim Ausgehn⁵⁵) noch ein Umwurf gelegt wird.

Die *stola* ist eine bis auf die Füsse reichende⁵⁶) *tunica* mit halben Aermeln⁵⁷), am unteren Rande mit einem Besatze (*instita*)⁵⁸) versehn, und in der Taille gegürtet⁵⁹).

Als Umwurf diente in ältester Zeit das *ricinium* oder *recinium*, ein viereckiges Tuch, das schon in den XII Tafeln erwähnt wird⁶⁰) und dort einen Teppich bezeichnet, mit dem

---

50) Die ältesten Zeugnisse dafür sind S e n e c a contr. II, 15 p. 139, 10. II, 15 p. 174, 16. exc. contr. II, 7 p. 238 Burs., sodann S e n e c a de benef. VII, 9, 5.
51) S. oben Anm. 943 ff. T e r e n t. Eun. II, 3, 23. H i e r o n y m u s ep. 39 (47) ed. Paris 1706 Vol. IV p. 839: *Papillas fasciolis comprimuntur et crispanti cingulo angustius pectus artatur.*
52) S. oben S. 95.
53) A p u l. Met. VIII, 9 p. 675. Florid. I, 9 p. 28. Hild. V o p i s c. Bonos. 15, 8: *interulas diloros duas et reliqua matronae convenient.*
54) *muliebris stola* V a r r o de L. L. VIII, 28. X, 27; *muliebram stola* ib. IX, 48; den Matronen besonders zugeschrieben P a u l u s p. 125, 13: *Matronas appellabant eas fere, quibus stolas habendi ius erat.* D i g. XXXIV, 2, 23 § 8. C i c. Phil. II, 18, 44. H o r a t. Sat. I, 2, 29. 94—100. M a r t. I, 35, 8. Corp. I. L. I n. 1191.
55) T i b u l l. IV, 9, 11.
56) *ad talos demissa* H o r. Sat. I, 2, 99; *stola longa* O v. ep. ex Ponto III, 3, 51; T i b u l l. I, 6, 67.
57) S. unten Anm. 1680.
58) H o r. Sat. I, 2, 30. O v i d. A. A. I, 32:
Quaeque tegit medios instita longa pedes.
Dass die *stola* eine wirkliche Schleppe hatte, scheint anzunehmen. Auf einem Bilde der Titusbäder (S. B a r t o l i Admiranda t. 83) sind zwei Frauen dargestellt, von denen die eine mit einem Krieger eindringlich redet. Man erklärt sie für Veturia, die Mutter des Coriolan. Beide Frauen tragen Schleppen. Dies scheint auch E u s t a t h. II. p. 409, 4 zu sagen: ταρύπεπλον τὴν Ἑλένην λέγει — ὡς τανύουσιν Ῥωμαϊκῶς καὶ ἐπισύρουσαν κάτω τὸν πέπλον, obgleich sich diese Notiz auf eine viel spätere, aber charakteristisch römische Sitte beziehen wird. Allein dass unter dieser Schleppe die *instita* zu verstehen sei, wie Rich s. v. *palla* annimmt, ist damit noch nicht bewiesen.
59) E n n i u s bei Non. p. 198, 1:
*et quis illaec est, quae lugubri
Succincta est stola?*
60) C i c. de leg. II, 23, 59, nach S c h o e l l's (*legis XII tabularum re-*

man den Scheiterhaufen schmückt[61]). Die Frauen befestigten dasselbe am Kopfe und hüllten sich in dasselbe ein, indem sie es über den linken Arm oder die linke Schulter zurückschlugen[62]. Sowohl das *ricinium* als die damit im Ganzen identische *rica*[63]) erhielt sich im religiösen Gebrauche bis in die Kaiserzeit; die letztere trägt die *Flaminica*[64]); das erstere tragen die Frauen bei Begräbnissen[65]) und die Opferknaben der *fratres arvales*[66], und wie es scheint, überhaupt die Camilli[67]). Als gewöhnliche Kleidung kam es dagegen schon frühe ab und wurde durch die *Palla* ersetzt[68]), über deren

---

équies p. 57) etwas kühner, aber dem Sinne entsprechender Verbesserung: *Extenuato igitur sumptu, tribus reciniis relictis et uno clavo purpurae — tollit etiam lamentationem.* Vgl. II, 23, 64.

[61]) S. Th. V, 1 S. 278, wo ich Anm. 2131 Indess die *ricinia* als Kleider erklärt habe, während es ohne Zweifel Tücher, *vestes stragulae*, sind, mit denen der Rogus geschmückt wurde. S. hierüber jetzt Semper I S. 944 ff.

[62]) Festus p. 274[b] 31: *Recinium omne vestimentum quadratum id, qui XII interpretati sunt, esse dixerunt; Verrius togam, qua mulieres utebantur, praetextam clavo purpureo.* Varro de L. L. V, 132: *Antiquissimis amictui ricinium. Id, quod eo utebantur duplici, ab eo, quod dimidiam partem retrorsum iaciebant, ab reiciendo ricinium dictum.* Isidor Or. XIX, 25, 4 *Eadem stola*, es wird aber richtiger auf *palla* bezogen, von der § 2 die Rede ist) *et ricinium Latino nomine appellatum eo quod dimidia eius pars retro reiicitur, quod vulgo mavortem dicunt.* Nonius p. 542, 1: *ricinium, quod nunc mafurtium dicitur, palliolum femineum breve.* Serv. ad Aen. 1, 282: *Ricinus autem dicitur ab eo, quod post tergum reiicitur, quod vulgo mavorte dicunt.* Vgl. Th. V, 1 S. 43 Anm. 208.

[63]) Paulus p. 288, 16: *Rica est vestimentum quadratum, fimbriatum, purpureum, quo Flaminicae pro palliolo utebantur.* Festus p. 277[a] 5: *Ricae et riculae vocantur parva ricinia, ut palliola ad usum capitis facta.* Doch steht *rica* neben *ricinium* in dem Verse des Novius bei Ribbeck p. 224, 71:

Molicinam crocotam chirodotam ricam ricinium.

[64]) Th. IV, S. 274. Auch das *suffibulum* der Vestalinnen (Th. IV S. 188 ist ein ähnliches Kopftuch.

[65]) S. Th. V, 1 S. 262 Anm. 2107.

[66]) *Atti d. fr. Arvali*, XXIV col. 2, 9. 21. XXXII col. 1, 12. XXXVII, 7.

[67]) Ueber die *camilli* s. Th. IV S. 177. Auf dem Relief einer Ara von Caere, abgeb. in *Monum. d. Inst.* VI tav. XIII fig. 4 und erörtert von Henzen *Annali* XXX (1858) p. 9, opfert ein Mann in der Toga vor einem Altare, während ein *camillus* das *praefericulum* trägt. Der letztere hat über der linken Schulter ein Tuch mit Franzen (*fimbriatum*, worin liessen das *ricinium* erkennt. Einen ähnlichen kurzen Umwurf mit Franzen hat der Camillus auf dem Relief bei Clarac II pl. 218 n. 816.

[68]) Dass das *ricinium* nicht zugleich mit der *palla* angelegt, sondern durch dieselbe ersetzt wurde, was Becker Gallus III, S. 191 zu verkennen scheint, lehrt Varro bei Non. p. 549, 22: *Ut, dum supra terram essent, ricinis lugerent; funere ipso, ut pullis pallis amictae.*

12*

Form viel gestritten worden ist[1869]. Von den Alten selbst wird die Palla als ein weites und langes Kleidungsstück beschrieben, entsprechend dem griechischen πέπλος[70]; wie dieser anzuziehen und umzunehmen[71], für Frauen und für Männer zu brauchen war[72], so wird auch die Palla zum Theil von denselben Schriftstellern als *indumentum*[73]) und als *amictus*[74]), und wie wir sehen werden, von Dichtern wenigstens als gemeinsame Tracht beider Geschlechter bezeichnet. Aber auch als Frauenkleid ist sie nicht, wie die *stola*, den Matronen eigenthümlich, sondern wird auch von Fremden[75]), Libertinen und Bublerinnen[76] getragen, so dass die Vermuthung nahe liegt, dass sie für diese verschiedenen Personen auch verschiedene Formen gehabt habe. Die Palla war nämlich, wie das *ricinium*, ein viereckiges, vielleicht quadratisches Tuch, das auch als Vorhang dienen konnte[77]. Von dem *ricinium* unterschied es sich hauptsächlich durch viel grössere Dimensionen, da dieselbe Mode, welche die Toga weit und faltenreich gestaltete, eine gleiche Veränderung in der Frauentracht herbeiführte. Getragen aber wurde es in der That auf zwei ganz verschiedene Arten.

Frauen, welche die Stola trugen, also römische Matronen, legten es um, wie das griechische Pallium[78]), indem sie das

---

[1869] Rubenius de re vest. p. 444 ff. Ferrarius Analecta p. 88 ff. O. Müller Archaeol. her. v. Welcker S. 496. Böttiger Sabina S. 597. 446 f. Becker Gallus III S. 186 ff. Visconti M. Pio-Clem. Mus. 1818. I p. 459 ff. Weiss Kostümkunde I S. 974 ff. Rich Dictionnaire des Ant. Rom. Paris 1859. 8 unter den Worten *stola* und *palla*.

[70] Serv. ed. Aen. I, 479: *unde post Minervae palla peplum appellata est*. Glossae *Palla*, πέπλος.

[71] Pollux VII, 50: πέπλος· ἔσθημα δ' ἐστὶ διπλοῦν τὴν χρείαν, ὡς ἐνδῦναί τε καὶ ἐπιβαλέσθαι. Gewöhnlich ist er indessen ein περίβλημα Eustath. ad. Od. p. 1550, 19. 1570, 56.

[72] Eustath. ad Il. p. 170, 7. 599, 4. Od. p. 1550, 19.

[73] Varro de L. L. V, 131. Auct. ad Herenn. IV, 47, 60. Ov. Met. IV, 481; XIV, 263.

[74] Varro bei Non. p. 549, 22.   [75] Plautus Menaechm. 205.

[76] Plautus Menaechm. 426. Tibull. IV, 2, 41.

[77] Seneca de ira 22, 2 erzählt, Antigonus habe in seinem Zelte zwei daneben gelagerte Soldaten reden hören, *utpote cum inter dicentem et audientem palla interesset. Quam ille leviter commovit et: longius, inquit, discedite, ne vos rex audiat*.

[78] Von der Matrone Hor. Sat I, 2, 94:
   ad talos stola demissa et circumdata palla.

eine Drittel über die linke Schulter nach vorn fallen liessen, den übrigen Theil aber über den Rücken legten und dann entweder über die rechte Schulter nach vorn nahmen, in welchem Falle das Tuch den ganzen Körper bedeckt[79]) (S. die Abbild. Fig. 2) oder unter dem rechten Arm durchzogen, in welchem Falle der halblange Aermel der Stola oder der *tunica interior* sichtbar bleibt[80]), in beiden Fällen aber das Ende des Tuches über den linken Arm oder die linke Schulter zurückschlugen. Es war dabei möglich, die Palla ebenso wie die Toga über den Kopf zu ziehen, was namentlich bei Opferhandlungen geschah[81]), oder sie in der Taille straff um den Leib zu legen[82]), wie die Toga im *cinctus Gabinus*, und wirklich ist zuweilen von einer Gürtung der Palla die Rede[83]), wobei es freilich zweifelhaft bleibt, ob nicht die andere Form der Palla zu verstehen ist.

Wer nämlich keine Stola trug, also Mädchen und fremde Frauen, drappirte dieses Tuch in der Form des griechischen doppelten Chiton (διπλοΐδιον[84]), πέπλος[85]), welcher Unter-

---

Ganz übereinstimmend mit den gleich zu erwähnenden bildlichen Darstellungen beschreibt Apulejus Met. XI, 3 eine *palla, quae circumcirca remeans et sub dexteram latus ad humerum laevum recurrens umbonis vicem deiecta parte laciniae, multiplici contabulatione dependula, ad ultimas oras nodulis fimbriarum decoriter confluctuabat*..

(179) S. die Statue der jüngeren Agrippina in Dresden. Becker Augusteum III, 126. Die Statue M. P. Cl. III, 95 = Müller u. Oesterley Denkmäler I t. 68 n. 373.

80) S. *Mus. Borb.* II, 40 = Müller u. Oesterley Denkm. I t. 68 n. 371. Mus. P. Cl. III, 18. Visconti *Mon. Gabini* t. 6 n. 15. *Monumenti Borghesiani* t. 18 n. 2. Statue der Faustine *Mon. d. Inst..* VII tav. 13, der Livia *Mus. Later.* tav. 7. Die Abbildung ist aus dem Relief bei S. Bartoli Admiranda 14.

81) S. die beiden Statuen von Herculaneum in Becker's August. I, 19—22, 23—24; die Statue der Livia *Mus. Borb.* III, 37 = Müller u. Oesterley I t. 68 n. 373; *De' Bronzi di Ercolano* Vol. II Napoli 1771 fol. tav. LXVII; LXXXI p. 321; LXXXII p. 325; LXXXIII p. 329; Weiss a. a. O. S. 975—977.

82) Becker August. II, 30; *Bronzi di Ercol.* t. IV p. 15; t. XXVII.

83) Hierauf bezieht sich möglicher Weise Hor. Sat. I, 8, 23:
Vidi egomet nigra succinctam vadere palla Canidiam.
Seneca Troad. 94:
Cingat tunicas palla solutas.
Verg. Aen. VI, 555:
Tisiphoneque sedens palla succincta cruenta.

84) Pollux VII, 49.

85) Müller Handbuch der Archaeologie § 340.

kleid und Umwurf aus einem Stücke bildete (s. Fig. 3) und in
folgender Art angelegt wurde[1686]). Das quadratische Tuch
A B C D (s. Figur 4) wird in der Linie *E F* so zusammengelegt, dass das Stück *E G F H* doppelt liegt; darauf wird das
Tuch nochmals in der Linie *I K L* zusammengelegt, so dass
es nun die Form *E D L I* hat und auf der einen Seite (*I K L*) geschlossen, auf der andern Seite (*E G D*) aber offen übereinander liegt. Von dem so zusammengelegten Tuche wird die eine
Hälfte über den Rücken, die andere über die Brust gezogen
und beide Hälften werden auf den Schultern mit Spangen (*fibulae*) zusammengesteckt; für den linken Arm ergiebt sich dann
eine Oeffnung zwischen der Spange und der Falte, der rechte
Arm bleibt frei; über Brust und Rücken liegt das Tuch doppelt, bis zu den Füssen fällt es einfach herab, auf der rechten
Seite ist es offen oder wird ebenfalls durch Spangen zusammengehalten. Löste man die Nadeln auf der Schulter, so fiel
es ganz herunter[87]), insofern man es nicht gürtete, was allerdings üblich war. Dieser griechische Chiton, den die
dorischen Mädchen allein, die Römerinnen aber über der *tunica interior* trugen, deren Aermel sichtbar sind, ist wahrscheinlich auch durch den Namen von der *Palla matronalis*
unterschieden und als *tunicopallium*[88]) oder *tunica palliolata*[89])
bezeichnet worden. Jedenfalls sind die beiden beschriebenen

1686) Die Sache ist zwar bekannt, aber gut beschrieben von Finati
im *Museo Borbon.* II tav. 4, dem ich die Zeichnung entlehne. Beispiele
dieser Tracht sind sehr häufig. So z. B. *Mus. Borb.* II, 3. 6. 7. *Bronzi di
Ercol.* tav. LXX p. 273; LXXI p. 277; LXXII bis LXXVI.

87) Eustath. ad Il. p. 509, 48: Ἔστι δὲ πέπλος καὶ ἐνταῦθα γυναικεῖος χιτών, ὃν οὐκ ἐνεδύοντο ἀλλ' ἐπιερονῶντο, καὶ τῆς περόνης ἀφαιρεθείσης κατάρρῆον αὐτὸς εἰς τὸ ἔδαφος φαίνεται. p. 1347, 31: Πέπλοι δὲ
γυναικεῖον φόρημα κατὰ τοὺς παλαιούς, ἃ ἐπιερονῶντο αἱ γυναῖκες. ad
Od. p. 1347, 51: πέπλον δέ φασί τινες τὸν ἐνταῦθα μέγαν καὶ περιπαλλῆ
καὶ ποικίλον περιβόλαιον εἶναι, ἐκᾶπερ τὸν ἀρισταρον ὠμον καὶ ἐμπρόσθεν καὶ ὀπίσθεν συνάγον τὰς δύο πτέρυγας εἰς τὴν δεξιὰν πλευράν, γυμνὴν ἐῶν τὴν δεξιὰν χεῖρα καὶ τὸν ἄμον. Bei der Statue in Becker's August. II, 48 sieht man die eine Spange gelöst und den Chiton halb heruntergefallen.

88) Serv. ad Aen. I, 613: *Pallam rigentem: significat autem tunicopallium.* Nonius p. 537, 31: *palla est honestas mulieris vestimentum, hoc est tunicae pallium.* Es ist auch hier wohl *tunicopallium* zu lesen, welches
Wort auch Acron ad Hor. Sat. I, 2, 99 ohne Variante hat.

89) Vopisc. Bonos. 15, 8.

Trachten, von welchen die erste an Stattlichkeit und Würde der männlichen Toga entsprechend, die zweite für die freie Bewegung junger Mädchen geeignet ist, wenn auch nicht die einzigen[100]), so doch die gewöhnlichen Frauencostüme in Rom gewesen. Auch die zahlreichen Bronzen von Herculanum, die alle der Zeit vor 79 angehören, haben fast ausschliesslich diese beiden weiblichen Kleidungen.

Von beiden verschieden ist indessen diejenige Palla, welche von Dichtern sowohl weiblichen[91]) und männlichen[92]) Gottheiten, als Sehern, Sängern[93]) und Personen der Heroenzeit[94]) beigelegt wird, und in welcher auf der Bühne die Citheröden auftraten. Dieses aus Statuen und Beschreibungen bekannte Costüm[95]) besteht aus einer einfachen *tunica talaris* (griechisch $\chi\iota\tau\dot{\omega}\nu\ \dot{o}\varrho\vartheta o\sigma\tau\acute{a}\delta\iota o\varsigma$[96]) und einer griechischen *Chlamys*; die erstere, welche angezogen wird[97]), hat mit der römischen Palla nichts gemein[98]), als die Länge des Kleides, das

[90]) Es findet sich z. B. noch ein ganz verschiedener Umwurf eines Tuches über dem doppelten Chiton, bei welchem eine Ecke des Tuches, mit einer Quaste versehen, grade vorn herunterhängt. S. die Statue der Agrippina im Mus. Lateran. t. 18; eine andere in Gerhard's Ant. Denkm. I Cent. t. 78 und die weibliche Figur auf dem Sarkophag in Petersburg *Mém. de la Société d' Archéologie de S. Petersbourg*. Vol. VI (H. XVI) pl. 18.
[91] Die *palla* trägt Juno Tibull. IV, 6, 18; Minerva Claud. de rap. Pros. II, 26. Sidon. Apoll. Carm. 15, 14; Discordia Verg Aen. VIII, 702; Circe Ovid. Met. XIV, 263; Thetis Val. Flacc. Arg. I, 130.
[92] Sie trägt Bacchus Prop. IV, 17, 32. Statius Achill. I, 262; Apollo Tibull. III, 4, 35. Ovid. Met. XI, 165; Mercur Stat. Theb. VII, 39; Tiberinus Claudien. in Prob. et Olybr. cons. 224; Osiris Tibull. I, 7, 46; Boreas Ovid. Met. VI, 704.
[93] Dem Mopsus Val. Flacc. Arg. I, 385; dem Arion Ovid. Fast. II, 107.
[94] So dem Jason Val. Flacc. Arg III, 715; dem Polynices Statius Theb. XII, 312. Medea schickt der Creusa eine *palla*, Senec. Med. 570. Die Helden der Tragödien (Horr. A. P. 278. Ovid. Am. II, 18, 15) und die Tragödie selbst (Ovid. Am. III, 1, 12; erscheinen in ihr.
[95] In diesem Costüm ist der Apollo *citharoedus* im *Mus. Pio-Clem.* abg. bei Visconti *M. P. Cl.* I tav. 13. Mit demselben stimmen genau die Beschreibungen. Auct. ad Herenn. IV, 47, 60: *Uti citharoedus, cum prodierit optime vestitus, palla inaurata indutus cum chlamyde purpurea*; Apulejus Florid. II, 15: *tunicam picturis variegatam deorsum ad pedes dejectus ipsos, graecanico cingulo, chlamyde velat utrumque brachium adusque articulos palmarum*.
[96] Dio Cass. LXIII, 17. Pollux VII, 49.
[97] So sagt Ovid. Met. XIV, 263 von der Circe:
    pallamque induta nitentem
    insuper aurato circum velatur amictu.
[98] Apulejus, der sowohl die *palla* als den *ornatus* der Citheröden

bis auf die Erde schleppt[1699]), um die Hoheit der Gestalt zu
mehren[1700]), und wird, da es für sie der römischen Sprache an
einem Namen fehlt, nicht nur *palla*, sondern auch *syrma*[1]) und
stola[2]) genannt.

Zu derselben Zeit, in welcher die Toga den Männern lästig
zu werden anfing, d. h. schon unter den ersten Kaisern, fingen
auch die Frauen an, Stola und Palla abzulegen; unter Tiberius
wurde im Senat ein Strafantrag gegen die Matronen gestellt,
welche öffentlich ohne Stola erschienen[3]); Ulpian, welcher
228 starb, erwähnt in einer Aufzählung der weiblichen Kleidungsstücke noch die Stola, nicht aber die Palla[4]); im Edict
des Diocletian von 301 kommen beide nicht mehr vor, sondern
statt der Stola die Tunica[5]) unter zwei neuen Namen, Dalmatica und Colobium[6]). Von diesen ist die Dalmatica eine Tunica mit Aermeln (*manicata*), welche etwa seit Commodus[7])

---

beschreibt, stellt die Differenz beider genügend fest. Wenn daher Livius
XXVII, 4, 10 erzählt, die Römer hätten der Cleopatra eine *palla picta
cum amiculo purpureo* geschenkt, so ist hier nicht an eine römische *palla
matronalis*, sondern an einen griechischen *πέπλος* zu denken.

(1699) S. Statius Achill. I, 263. Prop. IV, 17, 82. Tib. III, 4, 35.
Ovid. Met. XI, 165. Val. Flacc. Arg. I, 385.

(1700) Hieronym. ep. 69 ed. Paris. 1706 fol. Vol. IV p. 782: *si (vestis)
per terram, ut altior videaris, trahatur.*

1) Senec. Herc. fur. 475; Sidon. Apoll. Carm. 15, 16.

2) Varro de R. R. III, 13, 3: *Quintus Orpheus vocari iussit. Qui
cum eo vestitus cum stola ad cithara et coturno esset iussus, buccinam inflavit.*

3) Tertullian. de pall. 4: *Converte et (hes te) ad feminas; habes
spectare, quod Caecina Severus graviter senatui impressit, matronas sine
stola in publico. Denique Lentuli auguris consultis, quae illa sese exauctorasset, pro stupro erat poena, quoniam quidem indices custodesque dignitatis
habitus, ut lenocinii facilitandi impedimenta, sedulo quaedam desuefecerant.
At nunc in semet ipsas lenocinando, quo planius adeuntur, et stolam et supparum — eiuravere.* Diese historische Notiz, zu deren Erklärung Salmasius nichts beibringt, betrifft zwei Anträge im Senat, herrührend von
Caecina Severus, der bei Tac. Ann. III, 33 im J. 21 p. Chr. gegen den
Luxus der Frauen redet, und von Cn. Lentulus augur, der bei Seneca
de benef. II, 27. Suet. Tib. 49 (vgl. Lips. ad Tac. Ann. IV, 44) erwähnt
wird.

4) Dig. XXXIV, 2, 23 § 2. Nach Tertullian, der etwa gleichzeitig
ist, war auch die Stola schon ausser Gebrauch.

5) Ed. Diocl. VII, 51.

6) Wenn es XVII, 1 heisst *Δελματικῶν ἀνδρείων ἤτοι κολοβίων γόρ.
α'*, so kann daraus nicht geschlossen werden, dass *Dalmaticae* und *Colobia* identisch sind, wie Mommsen zu thun scheint, sondern nur, dass sie
gleichen Preis haben.

7) Lampr. Comm. 8: *Dalmaticatus in publico processit.* Lampr.

für Männer und Frauen[1706]) üblich wurde, das Colobium eine Tunica ohne Aermel[9]). Beide haben sich in dem kirchlichen Costüm noch lange, wenn auch mit einigen Veränderungen erhalten[10]). Als Ueberwurf für beide Geschlechter kommen im Edict des Diocletian ἀναβολεῖς[11]), d. h. palliola[12]), vor und ausserdem eine neue Art von Kaputzen (caracallae)[13]), welche nicht, wie die cuculli, an tunicae, lacernae und saga angebracht, sondern als besondere Kopf- und Schulterbedeckung[14]), grösser oder kleiner[15]) geschnitten, verwendet wurden und zu unterscheiden sind von der caracalla talaris oder Antoniniana, einem eigenthümlichen langen Kleidungsstücke, von welchem der Kaiser Caracalla seinen Namen hat[16]).

Wir schliessen diesen Abschnitt mit einer Uebersicht der hauptsächlichsten Berufsthätigkeiten, welche sich aus dem Manufacturgeschäft entwickelten. Hieher gehören

---

Heliog. 26. Eine tunica manicata für Männer erwähnen Treb. Poll. Gall. duo 16. Vopisc. Aurel. 48.

[1706]) Ed. Diocl. c. XVII unterscheidet Δελματικαὶ ἀνδρεῖαι und γυναικεῖαι.

9) Die Zeugnisse hierfür s. bei Goth. ad Cod. Theod. XIV, 10, 1. Vgl. Salmas. ad Tertull. de pall. p. 84 f.

10) Sulp. Boisserée in Abh. d. phil. hist. Classe der Bayerischen Acad. III p. 536: »die ursprüngliche Dalmatica, ein bis auf die Knöchel hinabreichendes, rundes, geschlossenes Gewand mit langen anliegenden Aermeln findet sich noch bei den Diakonen der griechischen Kirche unter der Benennung στοιχάριον. Die Dalmatica der Katholiken aber besteht aus zwei viereckigen Stücken, welche blos durch Schulterblätter verbunden, an den Seiten offen sind und den Körper vorn und hinten gleichmässig bis unter die Knie bedecken. Die Schulterblätter hängen über die Achsel herunter, so dass sie gewissermassen kurze Aermel bilden.«

11) Ed. Diocl. XVII, 28 ff.

12) Hieronymus (331—420) beschreibt in der Anm. 1706 angeführten Stelle den Anzug eines Mädchens, welcher aus einer langen tunica, der fascia und dem palliolum besteht. Auch früher schon erwähnen die Dig. XXXIV, 2, 26 § 1 tunicas cum palliolis.

13) Ed. Diocl. XVII, 20 ff.

14) Solche Kaputzen findet man abgebildet Müller Denkm. d. alten Kunst II, Taf. LXI, 769ᵃ. Mus. Borb. IV Lav. A. O. Jahn in Ber. d. ph. hist. Cl. der S. Ges. d. Wiss. 1861 S. 309 hält den cucullus oder bardocucullus für ein eignes Kleidungsstück, das bis an die Knie reicht, also für eine Tunica mit Kaputze.

15) Daher caracalla maior, caracalla minor. Ed. Diocl. VII, 44. 45.

16) Aurel. Vict. Caes. 21, 1. Epit. 21, 2. Spart. Carac. 9, 7: hoc Caracallae nomen accepit a vestimento, quod populo dederat, demisso usque ad talos, — unde hodieque Antoninianae dicuntur caracallae huiusmodi,

1. die Lieferanten des Rohstoffes, namentlich die Producenten von Wolle, Ziegenhaar und Flachs, die Purpurfischer (πορφυρεῖς, murileguli, conchylioleguli) und die Fischer der pinna.

2. Die Händler mit Rohstoffen und die Importeurs fremder Waaren; die Wollhändler, negotiatores lanarii, die Haartuchhändler, ciliciarii[1717], die Leinenhändler, lintearii[18], die Malvenstoffhändler, molochinarii, die Seidenhändler, sericarii, holosericarii.

3. Die Fabricanten, nämlich:
   a. die Filzmacher, coactiliarii;
   b. die Wollkrempler, carminatores, pectinarii;
   c. die Färber, infectores, offectores und zwar:
      Blaufärber, violarii,
      Wachsfärber, cerinarii,
      Safranfärber, crocotarii,
      Braunfärber, spadicarii,
      Purpurfärber, purpurarii;
   d. die Weber, textores[19]) und zwar:
      Wollweber, lanarii,
      Leineweber, linteones[20],
      Weber gemusterter Zeuge, polymitarii;
   e. die Walker, fullones, lavatores, lotores;
   f. die Sticker, phrygiones, plumarii;
   g. die Goldschläger, bractearii[21];

---

in usu maxime Romanae plebis frequentatae. Spart. Sever. 24, 11. Dio Cass. LXXVIII, 8. Paulus Diacon. Histor. Misc. X, 23. Jornandes de regn. success. 78. 17) Orelli n. 4168.
1718) Orelli 3, 4213 und andere Beispiele bei Marini Atti p. 314 n. 73. Dass ibicarius ein Händler, nicht ein Weber ist, zeigen Dig. XIV, 1. 3 § 15: duas negotiationes exercebat, puta sagariam et lineariam. Dig. XIV, 3, 5 § 4: Sed etiam eos institores dicendos placuit, quibus vestiarii vel lintearii dant vestem circumferendam, quos vulgo circitores appellamus. Erst im Cod. Th. X, 20, 16 kommen gynaeciarii, lintearii und linyfarii als synonyme Ausdrücke vor. Vgl Goth. ad Cod. Th. X, 20, 8. Der linarius Or. 4314 in einer mailänder Inschr. scheint auch ein Händler zu sein.
19) Orelli 2663.
20) Henzen n. 7289. Grut. 23, 13. Plaut. Aul. III, 5, 38. Serv. ad Aen. VII, 14: apud maiores stantes texebant, ut hodie linteones videmus.
21) Ueber diese s. den Abschnitt über die Goldschmiede. Ueber die von ihnen gemachten Kleiderdecorationen s. oben S. 183. 138.

h. die Borten- und Besatzmacher, *limbolarii*, *segmentarii*[722]), wozu vielleicht auch die *manulearii*[23]) und *lorarii*[24]) zu rechnen sind;

i. die Brustbindenmacher, *strophiarii*[25]);

k. die Hemdenmacher, *indusiarii*[26]);

l. die Schneider, *sartores*[27]), *sarcinatores*[28]) und Schneiderinnen, *sarcinatrices*[29]);

m. die *centonarii*, d. h. Verfertiger von Kleidern aus alten Flicken (*centones*), welche die Sclaven trugen[30]), und Decken derselben Art, die man zum Feuerlöschen und für militärische Zwecke[31]) brauchte.

i) Die Händler mit Zeugen und fertigen Kleidern, *negotiatores vestiarii*[32]) und speciell *paenularii*[33]), *sagarii*[34]) und *vestiarii tenuarii*[35]). Die *vestiarii* haben theils ein Ladenge-

---

[722]) Henzen n. 7278. Vgl. oben S. 118.

[23]) Plaut. Aul. III, 5, 37.

[24]) Für einen Bortenmacher (über *lora* Borten s. A. 4437) halte ich den *lorarius* bei Maffei *Mus. Ver.* p. 295, 3.

[25]) Plaut. Aul. III, 5, 42. Vgl. oben S. 95.

[26]) Plaut. Aul. III, 5, 35. [27]) Non. 7, 28.

[28]) Plaut. Aul. III, 5, 41. Honzen n. 7274. Man sagt: *sarcinatori sarcienda vestimenta dare*. Gaius III, 143 152. 205. Paul. Sent. II, 81, 29 u. ö.

[29]) Orelli-Henzen n. 646 3372. 7275 u. ö.

[30]) Columella d. R. R. I, 8, 9. Nach Cato d. R. R. 135 kauft man die besten *centones* in Rom.

[31]) S. Th. III, 2 S. 476 Anm. 2849. Die in Inschriften oft erwähnten *collegia centonariorum* oder *collegia fabrum et centonariorum* (s. Henzen Index p. 171. 178) scheinen nur für diesen letzteren Zweck bestimmt zu sein. Zum Unterschiede von ihnen heisst der Verfertiger von Kleidern dieser Art *vestiarius centonarius* Orelli 4297.

[32]) Dig. XXXVIII, 1, 45. Cod. Just. X, 47, 7. Orelli n. 3643. 4719. Mommsen I. R. N. 1554. 4549

[33]) *negotiator paenularius* in Germania Henzen n. 7059; *paenularius* in Puteoli Mommsen I. R. N. 3099.

[34]) *negotiator sagarius* in Puteoli Or. 4254 = Mommsen I. R. N. 2124; *negotiator sagarius* und *mercator sagarius* Febr. p. 495 n. 169; *sagaria negotiatio* Dig. XIV, 4, 5 § 15; *sagarius* Reines. XI, 168. Febr. p. 84 n. 167. Orelli 4175; *collegium sagariorum Romanorum* Reines. X, 9.

[35]) Henzen n. 7285. Unter *vestes tenuarias* hat man nicht grade *Coae vestes* zu verstehen, sondern wohl hauptsächlich leichte Wollen- und Leinenzeuge. Eine *tunica tenuaria* kommt in dem Zolltarif von Nordafrica (Gerhard Arch. Anz. 1858 n. 120 p. 239) vor; zu feinen Togen aber lieferten das Zeug die tarentinischen Fabriken s. A. 1519.

schaft, weshalb sie in ihrer Firma die Wohnung angeben[736]), theils vertreiben sie die Waare durch Hausirer (*circitores*)[37]). Einen solchen Laden und zwar einen doppelten für Männer- und Frauenkleider stellen zwei in Florenz befindliche Marmor- reliefs dar, welche wahrscheinlich als Ladenschilder dien- ten[38]). Dass als Waaren überall nicht nur Zeuge und Tücher, sondern fertige Togen, Tuniken, *saga*, *paenulae* u. s. w. ge- führt wurden, wird ausdrücklich berichtet[39]).

Die bedeutendste Thätigkeit muss indess den *vestiarii* die Decoration, d. h. das Tapeziergeschäft gewährt haben. Einen wesentlichen Theil der häuslichen Einrichtung machten bei den Alten die Vorhänge (*vela*) Decken und Teppiche (*vestes stragulae*, *plagulae*, *tapeta*, *aulaea*), aus, welche theils in Pri- vathäusern zur Bekleidung der Stühle, Sophas und Betten, zum Schutze des Atriums gegen die Sonne (S. Th. V, 1 S. 213), zu Portièren (V, 1 S. 244), zum Verhängen der Interco- lumnien in offenen Säulenhallen, zur Decoration der Zimmer- wände (V, 1 S. 349) und zu Fussteppichen, theils zum Schutz und Schmuck der innern Räume von Tempeln und öffentlichen Gebäuden, ganz besonders aber als Mittel vorübergehender Ornamentation bei Spielen, Pompen, Triumphen und Lei- chenfeierlichkeiten, bei letzteren namentlich zur Umkleidung des *rogus* (s. oben A. 166f) zur Anwendung kamen. Die Lieferung der dazu nöthigen Stoffe wie auch die Anbringung und Drapirung derselben werden in Rom sowohl von Privaten als vom Staate die *vestiarii*, d. h. also die Tapeziers, über- nommen haben, und man darf dieselben nicht nur als Inhaber bedeutender Geschäfte, sondern auch als Vertreter einer Kunst betrachten, deren Wichtigkeit für das Alterthum neuerdings

---

[736] *L. Sempronius Menander*, *vestiarius a compito* Orelli n. 4294; *L. Naevius Amphio*, *vestiar. a compito Allario* Henzen n. 7236; *M. Li- vius Hermeros*, *vestiarius de horreis Agrippinianis* Orelli 3961; *A. Cal- vius, G. l vestiar. ab luco Lubitinae* Henzen n. 6648; *P. Fannius, P. L. Apollophanes de vico Tusco vestiarius* Orelli 4295; *M Valerius, M. L. Chresimus vestiar. ab aede Cerer*. Mur. p. 485, 2; *C. Terentius, C. l. Pamphilus sagarius post aedem Castoris* Grut. p. 658, 1.
37] Dig. XIV, 2, 5 § 1.
38) O. Jahn Ber. d. ph. hist. Cl. d. S. G. d. Wiss. 1861. S. 871 ff.
39) Cato de R. R. 135.

von Semper Die textile Kunst S. 276—322 in erschöpfender Weise gewürdigt worden ist.

E. Pelz- und Lederwaaren.

1. Kürschner- und Gerberarbeiten.

Unter den Kleiderstoffen haben wir die Pelze nicht erwähnt, weil sie in guter römischer Zeit nur wenig in Anwenwendung kamen. Hirten zwar haben zu allen Zeiten Schafpelze getragen und für Sclaven auf dem Lande empfiehlt Columella Pelze mit Aermeln (*pelles manicatae*)[1740], aber feine Pelze werden zuerst von Cato[41], Pelzhandlungen von Varro[42] erwähnt[43]; in der Kaiserzeit kamen Anziehpelze (*pelles indutoriae*[44]) und Pelzdecken[45] so wie feine Ledersorten immer mehr in Aufnahme, und es gab eigene Stapelplätze für Waaren dieser Art, wie Tanais an der Mündung des Don[46]. Das Edict des Diocletian macht als Hauptartikel namhaft Felle von Rindern, Ziegen, Schafen, Lämmern, Rehen, wilden Schafen, Hirschen, Mardern, Bibern, Bären, Wölfen, Füchsen, Leoparden, Hyänen, Löwen und Robben[47], ferner fein zubereitete Saffiane, unter denen die babylonischen, phönicischen, lakonischen[48], die serischen[49] und später die rothen parthischen[50] die gesuchtesten sind. Im fünften Jahrhundert

---

[1740] Columella de R. R. I, 8, 9.
[41] Bei Festus p. 265ᵃ 2 s. v. Ruscum.
[42] Varro de L. L. VIII, 55.
[43] Ueber den Gebrauch der Pelze im Alterthum überhaupt s. Böttiger Griech. Vasengemälde I, 3 S. 184—192.
[44] Paulus Sent. III, 6, 79. Dig. XXXIV, 2, 23 § 1: *Vestis etiam ex pellibus constabit.*
[45] Dig. XXXIV, 2, 24 *stragula pellicia.* [46] Strabo XI, p. 493.
[47] Ed. Diocl. VIII und dazu Mommsen S. 64.
[48] Ed. Diocl. VIII lin. 1—5. Ueber die *babylonicas pellas* s. Dig. XXXIX, 4, 16 § 7 Orbis descriptio sub Constantino Imperatore c. 28 in Mai Coll. class. auct. e codd. Vat. Vol. III (1831. 8.) p 399: *In qua (Cappadocia) est civitas maxima, quae vocatur Caesarea. — Haec ubique leporinam vestem emittit et Babylonicarum pellium et divinorum animalium pulchritudinem.* Beckmann Gesch. d. Erfind. V S. 62 ff.
[49] Σηρικὰ δέρματα Peripl. Mar. er. § 39. Plin. N. H. XXXIV § 145.
[50] *pelles Parthicae* Dig. XXXIX, 4, 16 § 7. Corippus Joann. IV, 499; *Parthica cingula* Claudian. de raptu Pros. II, 94; *Parthica vellera* Corippus de laud. Justini min. II, 406; *Zancae Parthicae* (Schuhe)

beginnt dann mit der germanischen Einwanderung die eigentliche Verbreitung der Pelzröcke, *rhenones*[1751]), *mastrucae*[52]), *sisyrae*, welche bereits 116 in Rom verboten werden[53]) mussten, im Mittelalter aber gewöhnliche Tracht blieben[54]). In diesen Artikeln arbeiteten damals die Gewerbe der Kürschner (*pelliones*)[55]), Pelzhändler (*pellarii*[56]), *pellionarii*)[57]) und Saffianhändler (*parthicarii*)[58]), während die Bereitung des einheimischen Leders für den Gebrauch der Schuster und Sattler und für militärische Zwecke[59]) den Gerbern (*coriarii*)[60]) zufiel.

2. Fussbekleidung[61]).

Die Fussbekleidung war nicht nur in den verschiedenen Theilen des römischen Reiches, sondern auch in Italien und

---

Treb. Poll. Claud. 17; τὰ Παρθικὰ τὰ χλωροβαφῆ δέρματα Lydus de mag. II, 13. Cramer Comm. Vet. in Juven. 5, 103 p. 136.
[1751]) Als germanische und gallische Tracht schon erwähnt Varro de L. L. V, 167. Caesar B. G. VI, 21. Sallust bei Serv. ad V. Ge. III, 383. Ueber die spätere Tracht Isidor. Or. XIX, 23, 4. Sid. Ap. Epist. IV, 20.
52) Schon Cicero brauchte das Wort. S. Isidor. Or. XIX, 23, 5. Quintil. I, 5, 8. Cic. de prov. cons. 7, 15.
53) Cod. Th. XIV, 11, 4 und das. Gothofr.
54) Muratori Antiq. Italicae II (1739) p. 400 ff.
55) Plaut. Men. 404. Lampr. Al. Sev. 24. Dig. L, 6, 6, wo ohne Zweifel *pelliones* zu lesen ist. Cod. Theod. XIII, 4, 2. Grut. 648, 7. Sie machten namentlich die Zelte für das Lager der Heere.
56) Firm. Mat. Math. IV, 7.
57) Ein *collegium pellionariorum* Reines. cl. I n. 283=Donicl. II n. 1=Donati p. 235, 2. Reines. X n. 6.
58) Cod. Just. X, 17, 7.
59) Leder und Felle brauchte man beim Militär nicht nur zur Ausrüstung der Soldaten und Gespanne, sondern auch zur Bedeckung der hölzernen Belagerungs- und Vertheidigungsapparate. S. Th. III, 2 S. 474. 476.
60) Ein *coriarius subactarius* in Rom Orelli 4170. Ein *corpus coriorum magnariorum talatariorum* aus Constantins Zeit Orelli n. 4074, wo zu lesen ist *soleariorum*. *Magnarius* ist ein Grosshändler. *Coriariorum officinae* Plin. N. H. XVII § 51; der technische Ausdruck für das Bereiten des Leders ist *coria perficere* Plin. N. H. XIII § 69. XVI § 96. oder *subigere* Cato de R. R. 18, 7; für das Weissgerben *depsere*, Cato de R. R. und dazu Schneider.
61) Die älteren Schriften über die Fussbekleidung der Alten sind vereinigt in einer Sammlung unter dem Titel: *B. Balduinus de calceo antiquo et Jul. Nigronus de caliga veterum. Accesserunt ex Q. Sept. Fl. Tertulliani, Cl. Salmasii et Alb. Rubenii scriptis plurima eiusdem argumenti. Praefatus est C. G. Joecherus. Lipsiae*, 1736. 12. S. auch Becker Gal-

Rom sehr verschieden; man trug nach Bedürfniss Sandalen, Schuhe und Stiefel und nach Geschmack und Mode bald in dieser bald in jener Form; zur eigentlich römischen Tracht aber gehörten Schuhe[162]) und zwar für jeden Stand und jedes Geschlecht besondere. Noch bis zum Jahre 300 n. Chr. unterschieden sich die Stände wie durch die Kleidung so durch die Schuhe[63]), deren es vier bestimmte Arten gab. Dem höchsten Stande kommt der *mulleus* zu, ein Schuh von rothem Leder, mit hoher, dem Cothurn ähnlicher Sohle, hinten am Fuss hinauf gehend und an diesem Theile mit Häkchen (*malleoli*) versehn, an welche die Schnürriemen befestigt wurden[64]). Vgl. die Abbild. F. 5. Er gehörte zur königlichen[65]), hernach zur triumphalischen Tracht[66], ist mit dieser auf die spätere consularische Tracht

---

bus III S. 164—171. Weiss Kostümkunde I S. 967. 1068, wo Abbildungen gegeben sind. In der *Histoire de Cordonniers par Lacroix, Duchesne und Seré Paris* 1852. 8. findet man ebenfalls eine Zusammenstellung der verschiedenen Formen römischer Schuhe und Sandalen, auf welche die vorhandenen Namen ohne weiteren Beweis angewendet werden.
1762) Cic. Phil. II, 30, 76: (*rediit*) *cum calceis et toga, nullis nec gallicis nec lacerna.* Plin. ep. VII. 3: *Quia ergo aliquando in urbem redis? — quousque calcei nusquam, toga feriata, liber totus dies?* Tertull. de pall. 5: *calceus nihil dicimus, proprium togae tormentum.* Suet. Aug. 73: *forensia autem et calceos nunquam non intra cubiculum habuit ad subitos repentinosque casus parata.* Artemidor. Oneir. IV, 72: ἔδοξε τὸν Πᾶνα βλέπειν ἐν τῇ ἀγορᾷ καθεζόμενον ἔχοντα ἱματιάν ἐσθῆτα καὶ ὑποδήματα (*calceos*).
63) Apul. Flor. 8: *ex innumeris hominibus pauci senatores, ex senatoribus pauci nobili genere: — sed ut loquar de solo honore, non licet insignia eius vestitu vel calceatu temere occupare.* Das Ed. Diocl. erwähnt c. IX, 6—8 *calcei patricii, calcei* (so ist zu lesen) *senatorum, calcei equestres.*
64) Isidor. Or. XIX, 34, 10. *Mullei similes sunt cothurnorum solo alto; superiore autem parte cum ansulis vel aeneis malleolis, ad quos lora deligabantur. Dicti autem sunt a colore rubro, qualis est mulli piscis.* Das Letztere sagt auch Plinius N. H. IX § 65. Die Form dieser Schuhe hat sich einigermassen in dem Kostüm der Feldherrn der Kaiserzeit erhalten. S. Weiss a. a. O. S. 1066 Fig. 444. Auf sie geht Sen. de ir. an. 11, 9: *quae (est, dignitas, cuius non praetextam — et lora patricia sordes conteriunt?* Hohe Schuhe trug Augustus immer. Suet. Aug. 73: *calceamentis altiusculis (usus est) ut procerior, quam erat, videretur.*
65) Festus p. 142b 24: *Mulleos genus calceorum aiunt esse, quibus reges Albanorum primi, deinde patricii sunt usi. M. Cato originum li. VII: Qui magistratum curulem cepisset, calceos mulleos aluta laciniatos, ceteri perones.* Zonaras VII, 4 p. 15 Pinder. von Romulus: ἀλουργῆ μὲν γὰρ ἐνέδυτο χιτῶνα καὶ τήβεννον ἡμισχιστο περιπόρφυρον καὶ πεδίλοις ἐκέχρητο ἐρυθροῖς.
66) Elogieninschrift C. I. L. I p. 290 n. XXXIII von Marius: *Honori*

übergegangen und heisst in guten Quellen *calceus patricius*. Den zweiten Rang nimmt der *calceus senatorius* ein, der schwarz war, mit vier Riemen hinauf geschnürt wurde[1767], und mit einer Agraffe[68]) in Form eines Halbmondes geschmückt war[69]).

---

si Virtuti victor facit, vesto triumphali calceis patriciis (in Senatum venit.) Dio Cass. XLIII, 49 von Caesar: αὐτὸς δὲ τὴν τε στολὴν τὴν ἐπινίκιον ἐν πάσαις ταῖς πανηγύρεσι κατὰ δόγμα ἐνεδύετο — — καὶ τῇ ὑποδέσει καὶ μετὰ ταῦτα ἐνίοτε καὶ ὑψηλῇ καὶ ἐρυθροχρόῳ κατὰ τοὺς βασιλέας τοὺς ἐν τῇ Ἄλβῃ ποτὲ γενομένους, ὡς καὶ προσήκων σφίσι διὰ τὸν Ἴουλον, ἐχρῆτο.

[1767] Horat. S. l, 6, 27:
Nam ut quisque insanus nigris medium impediit crus
Pellibus et latum demisit pectore clavum
Audit continuo: Quis homo hic est? quo patre natus?
Schol. Juv. I, 111: *ostendit plus honoris videri in calceis quam in persona. in illo enim tempore necdum senatores nigris calceis utebantur*. Isidor. Or. XIX, 34, 4: *Patricios calceos Romulus reperit quatuor corrigiarum assutaque luna. Iis soli patricii utebantur. Luna autem in iis non sideris formam, sed notam centenarii numeri significabat, quod initio patricii senatores centum fuerint.* Isidor versteht unter patricii die Senatoren. Vgl. Schol. Juv. 7, 192 *patricius senator est*. Auch Lydus de mag. I, 17 giebt den *patres,* d. h. den Senatoren, ein ὑπόδημα μέλαν.

68) Solche Agraffen in anderer Form, an dem Schienbein angebracht, sieht man noch an Feldherrnstatuen. Weiss a. a. O. S. 1068 Fig. 444.

69) Isidor a. a. O. Plut Q. R. 76 Vol. VII p. 137 R. Philostr. V. Soph. II, 1, 8: Βραδούας — εὐδοκιμώτατος ὢν ἐν ὑπάτοις καὶ τὸ ξύμβολον τῆς εὐγενείας περιηρτημένος τῷ ὑποδήματι, τοῦτο δέ ἐστιν ἐπισφύριον ἐλεφάντινον, μηνοειδές. Weiter unten sagt Herodes zu ihm: σύ, ἔφη, τὴν εὐγένειαν ἐν τοῖς ἀστραγάλοις ἔχεις.
Mart. I, 49, 31.

Lunata nusquam pellis et nusquam toga.
II, 29, 7: *Non hesterna sedet lunata lingula planta.*
Coccina non laesum pingit aluta pedem.
wo planta natürlich nicht die Fusssohle sein kann, sondern den Fuss überhaupt bedeutet, übrigens aber ein rother Schuh bezeichnet wird, der wohl nur ein besonderer Luxus der geschilderten Person war. Juv. 7, 192:

adpositam nigrae lunam subtexit alutae,
wozu der Schol.: *hac lunula nam assuta calceis discernuntur patricii a novicits*. Stat. Silv. V, 2, 27:

Sic te, clare puer, genitum sibi curia sensit,
Primaque patricia clausit vestigia luna.
Visconti *Iscrizioni Greche Triopee*. Roma. 1794 fol. p. 94; C. I. Gr. 6280 D 27-29.

Παμφανόων ἐπέκειτο σεληναίης κύκλος αὐγῆς,
Τὸν δὲ καὶ Αἰνεάδαι ποτ' ἀνεθήψαντο πεδίλῳ
ἱμέραται ὀψιγόναις εὐηγετέεσσαι γέρατα.

Ioannes Antiochenus in Müller. Fragm. hist. Gr. p. 558 n. 38: Νουμᾶς ὁ βασιλεὺς ἐπέτευσεν ἐν τοῖς ὑποδήμασι Ῥωμαίων τῶν πατρικίων τυποῦσθαι τὸ Ῥωμαϊκόν κάππα (nämlich C) — οἳ διὰ [τὸ] τῶν κοινῶν ἐπιμελεῖσθαι πατέρων ἔσχον ἐπωνυμίαν (also Senatoren.) Ἐφόρουν οὖν οἱ πατρίκιοι τὰ καππάγια. Mit dem letzten Worte meint er wohl die

Er wird in späteren Quellen mehrfach mit dem *patricius* verwechselt. Die dritte Art ist dem *ordo equester*, die vierte den Bürgern eigenthümlich; von beiden wissen wir nur, dass sie schwarz waren, und dass der gewöhnliche römische Schuh, den Cato *pero*[170]) nennt, bis an die Knöchel hinaufging und dort einfach zugebunden wurde[71]). Die eigentlichen Bauernschuhe, welche auch die Sclaven trugen[72]), sind die *sculponeae*[73]), d. h. Holzschuhe.

Für die Frauen gilt es überhaupt für anständig, Schuhe, nicht Sandalen zu tragen[74]), insbesondere aber für römische Frauen, für die der Schuh ein wesentliches Stück der Toilette ist. Man macht ihn von feinem Leder (*aluta*), weiss oder farbig[75]), er muss zierlich sitzen[76]) und kann mit Seidenstickerei[77], Perlen[78]) und Edelsteinen[79]) decorirt werden. In

---

compagi (Ed. D. IX, 11), denn auch Lydus de mag. 1, 17 nennt den Senatorenschuh κάμπαγος und Capitolin. Maximini duo 28, 8 erwähnt das *calciamentum Maximini senioris*, id est *compagum regium*. Die Bezeichnung der *lunula* als 'Ρωμαϊκόν κάττυμα findet sich auch bei Suidas v. γλαμύν.

[170]) Cato bei Festus p. 142b 29. *Pero* ist ein hoher ordinärer Bauernschuh; *crudus pero* Virg. Aen. VII, 690; *setosus pero* Sidon. Apoll. epist. IV, 20; man trägt ihn im Schnee (Juven. 14, 186) und Schmutz (Apul. Met. VII, 10, wo indessen die Handschr. *pedibus habens*); Isidor. Or. XIX, 34, 13 *Perones et sculponeae rustica calceamenta sunt*; Pers. 5, 102 *peronatus arator*.

71) Sidon. Apoll. epist. 4, 20 beschreibt die Tracht der Gothen: *quorum pedes primi perone setoso talos adusque vinciebantur. Gemma, crura, suraeque sine tegmine*. Id. Carm. 7, 457:
ac poplite nudo
Peronem pauper nodus suspendit equinum.

72) *calceamenta servilia* Trebell. Poll. trig. tyr. 32, 2.
73) Cato de R. R. 59. 135. Varro bei Non. p. 164, 23. Plaut. Cas. II, 8, 39. 74) Clemens Alex. Paed. II, 11.
75) Ovid. A. A. III, 271:
Pes malus in nivea semper celetur aluta
Arida nec vinclis crura resolve suis.
Apul. Met. VII, 8: *calceis femininis albis illis et tenuibus indutus*. Clemens Alex. Paed II, 11: γυναιξί μέν οὖν τὸ λευκὸν ὑπόδημα συγχωρητέον. Vopisc. Aurel. 49, 7: *Calceos mulleos et cereos et albos et hederaceos viris omnibus tulit, mulieribus reliquit*.
76) ὑποδήματα ἀπηρτισμένα der Frauen. Joh. Chrysost. Vol. XI p. 591a Montf.   77) Joh. Chrysost. Vol. VII p. 510a: ὅταν γὰρ τὰ νήματα τὰ χρυσᾶ, ἅ μηδὲ ἐν ἱματίοις ὑφαίνεσθαι καλόν, ταῦτα ἐν ὑποδήμασι διαδράττητε, πόσης ὕβρεως — ταῦτα ἄξια;
78) Plin. N. H. IX § 114. Tertull. de cultu fem. I, 6: *in peronibus uniones emergere de luto cupiunt*.
79) Lampr. Heliog. 4, 4. *facta sunt senatus consulta ridicula — — quae cur um vel gemmas in calciamentis haberent*.

der Kaiserzeit wetteiferten in dem Geschmack an auffallender Fussbekleidung beide Geschlechter, und während es Frauen gab, welche sich in Männerschuhen gefielen[1760]), so erschienen Männer in weissen[81]) und rothen[82]), die Kaiser und die hochgestellten Personen in vergoldeten und mit Juwelen besetzten Schuhen[83]). Unter diesen Umständen fanden viele ausländische Fabricate Eingang, die sicyonischen Frauenschuhe[84]), welche weiss waren[85]) und in Griechenland auch von Männern beim Tanzen gebraucht wurden[86]), die *Phaecasia* (φαικάσια), welche in Athen und Alexandria Priester und Gymnasiarchen[87]), sonst aber auch Philosophen[88]), Bauern[89]), junge Leute[90]) und Frauen[91]) zum Pallium[92]) anlegten, und wahrscheinlich noch andere griechische Sorten, die Pollux VII, 85 —94 verzeichnet; die *baxeae*[93]), und in späterer Zeit die par-

---

1760) Aelian. V. H. VII, 14: *Ῥωμαίων δὲ αἱ πολλαὶ γυναῖκες καὶ ὑποδήματα ταὐτὰ φορεῖν τοῖς ἀνδράσιν ἐθισμέναι εἰσίν*.
81) Mart. VII, 38. Auch den *mulleus* trug man weiss. Placidi glossae bei Mai Auct. Class. III p. 483: *mulleo, calceamenti genus, a colore albo*. 82) Mart. II, 29, 7. Vgl. A. 8.
83) *Calcei auratu* trugen die Consuln der spätern Zeit. Cassiod. Var. VI, 1. Lamprid. Hel. 23, 4: *habuit et in calciamentis gemmas et quidem sculptas*. Lampr. Al. Sev. 4, 2: *gemmas de calciamentis et vestibus tulit*. Vopisc. Carin. 17, 1: *habuit gemmas in calceis*. Jornandes de regn. succ. 87: *Diocletianus adorari se ut deum praecepit et gemmas vestibus calciamentisque inseruit*.
84) Hesych.: *Σικυώνια· ὑποδήματα γυναικεῖα*. Pollux VII § 93. Steph. Byz. s. v. *Σικυών*. Cic. de or. I, 54, 231.
85) Lucian. rhet. praec. 15.
86) Athen. IV p. 155c.
87) Plut. Ant. 33. Appian B. C. V, 11. Pollux VII § 90. Clem. Alex. Paed. II, 11 p. 244 Pott.
88) Seneca de benef. VII, 21.
89) Theognostus Can. in Cramer Anecd. Oxon. II p. 12, 23 *γαικήσιον γεωργικόν*.
90) Petron. 82. 91) Petron. 67.
92) Senec. ep. 113, 1: *puto quaedam esse, quae deceant phaecasiatum palliatumque*.
93) Plaut. Menaechm. 391 erwähnt sie schon; Apuleius beschreibt sie als ordinäre Philosophenschuhe Met. II, 28: *iuvenem quempiam linteis amiculis iniectum pedesque palmeis baxeis inductum — producit*. XI, 8: *nec ille deerat, qui pallio baculoque et baxeis — philosophum fingeret*. Florid. I, 9: *fateorque me — vestem de textrina emere, baxeas istas* (Apuleius trug sie also) *de sutrina praestinare*; Tertullian dagegen als luxuriöse, mit Gold verzierte Fussbekleidung de pall. 4. de idol. 8: *Soccus et baxa quotidie deaurantur, Mercurius et Serapis non quotidie*. Auch Isidor Or. XIX, 34, 13 nennt sie *calceamenta mulierum* und § 6 *calceamentum comoedorum*.

thischen *sancae*[1794]), d. h. Stiefeln von rothem Leder, die bis ans Knie hinaufgehn[95]), durch welche die späteren Kaiser den *mulleus* ersetzten[96]). Hiezu kamen endlich die schweren Stiefeln der Jäger[97]), Soldaten (*caligae militares*)[98]), Fuhrleute, Bauern und Weiber[99]), deren Sohlen mit starken Nägeln beschlagen waren[1800]).

Sandalen (*sandalia*[1]) oder *soleae*) mit Bändern und Pantoffeln (*socci*) ohne Bänder[2]) gab es ebenfalls von sehr verschiedenen Sorten. Zu ihnen gehörten die griechischen[3]) *crepidae*[4]), welche für beide Füsse gleich[5]), nicht, wie die Schuhe, für den linken und rechten Fuss verschieden waren[6]),

---

1794) Treb. Poll. Claud. 17, 8. Cod. Theod. XIV, 10, 2 und dazu Gothofr. Acron. ad Hor. Sat. I, 6, 28. Das Wort *zanga* ist baktrisch, d. h. Zend; s. Lagarde Gesammelte Abhandlungen, Leipzig 1866. 8. S. 24, 10.
95) Procop. de aed. III, 1 p. 247 Bonn. ὑποδήματα μέχρι ἐς γόνυ φοινικοῦ χρώματος, ἃ δὴ βασιλέα μόνον Ῥωμαίων τε καὶ Περσῶν ὑποδεῖσθαι θέμις. Chron. Paschale p. 614, 5 Bonn. τὰ δὲ τζαγγία αὐτοῦ ἦν ἀπὸ τῆς χώρας αὐτοῦ Φουσαία, Περσικῷ σχήματι, ἔχοντα μαργαρίτας.
96) Corippus de laud. Justini min. II, 104:
  Purpureo suras resonant fulgente cothurno,
  cruraque puniceis induxit regia vinclis,
  Parthica Campano dederant quae vellera fuco,
  sanguineis praelata rosis, laudata rubore.
  Augustis solis hoc cultu competit uti,
  sub quorum est pedibus regum cruor.
97) Die hohen Schnürstiefel der Jäger beschreibt Galen. XVIII, 1 p. 682 Kühn. Diese meint Vergil Ecl. VII, 32, wo zur Diana gesagt wird: *puniceo stabis suras evincta cothurno.* vgl. Aen. I, 337.
98) *caliga militaris* Plin. N. H. VII § 135. *Caligatus* ist so viel als *miles gregarius.* Suet. Aug. 25 u. ö.
99) *Caligas mulionicas sive rusticas, militares, muliebres.* Ed. Diocl. IX, 5, 6. 10
1800) Die *clavi caligares* werden oft erwähnt. Plin. N. H. IX, § 69; Ed. Diocl. l. l. Josephus B. Jud. VI, 8, 1 erzählt von einem Centurio Julianus: Τὰ γὰρ ὑποδήματα πεπαρμένα πυκνοῖς καὶ ὀξέσιν ἥλοις ἔχων, ὥσπερ τῶν ἄλλων στρατιωτῶν ἕκαστος, καὶ κατὰ λιθοστρώτου τρέχων ὑπολισθαίνει.

1) Turpilius Com. 81. 117. Ter. Eun. V, 7, 4. Schol. Juv. 8, 175.
2 Isidor. Or. XIX, 34, 12: *Nam socci non ligantur, sed tantum intromittuntur.*
3) *crepidae Graiorum* Persius 1, 127; κρηπῖδες Ἀττικαί Clem. Alex. Paed. II, 11.
4) Dass dies *soleae* sind, sagt Gellius XIII, 22. Sie wurden gebunden und die Bänder konnten mit Perlen besetzt werden. Plin. N. H. IX § 114. 5) Isidor. Or. XIX, 34, 3.
6) Suet. Aug. 92.

die tyrrhenischen *sandalia*[807]), die gallischen *gallicae*[8]), die patareusischen[9]) und babylonischen[10]) *soleae*, und im Edict des Diocletian[11]) werden unter diesen Sorten wieder unterschieden *gallicae* für Männer mit doppelter und einfacher Sohle, Reisesandalen, rindslederne einfache und doppelte Frauensandalen, purpurne, coccusfarbige und weisse Männer- und Frauenpantoffeln, vergoldete[12]) und gefütterte[13]) Sandalen. Aber alle diese Sorten trug man in älterer Zeit in Rom nur im Hause, der Bequemlichkeit wegen, oder wenn man zum Mahle ging, bei welchem man die Fussbekleidung ablegte[14]), was leichter mit den Sandalen geschah, als mit dem durch Schnürriemen künstlich befestigten Schuhe. Es wird dem älteren Scipio[15]), dem Verres[16]), dem Germanicus[17]) und dem Kaiser Caligula[18]) zum Vorwurf gemacht, dass sie im Pallium und in Sandalen öffentlich erschienen, dem Antonius, dass er in der *lacerna* und in *gallicis* in Rom ankam[19]), und noch unter Hadrian war es anstössig, Leute senatorischen Ranges in Sandalen einhergehn zu sehen[20]), obwohl damals diese Sitte schon allgemein geworden war[21]).

---

(807) Pollux VII, 87. Clem. Alex. Paed. II, 11.
8) S über diese Gellius XIII, 22.
9) Lucian. Dial. meretr. 14: *ἐν Πατάρων σανδάλια ἐπίχρυσα*.
10) Ed. Diocl. IX, 17, 28.
11) Ed. Diocl. IX, 12 ff.: *gallicae viriles rusticanae bisoles, gallicae viriles monosoles, gallicae cursoriae, latrinae muliebres bisoles und monosoles, socci purpurei, phoenicei* (d. h. *coccinei*), *albi, viriles, muliebres, inauratae*.
12) Clem. Alex. Paed. II, 11.
13) *ianatae*. Ed. Diocl. IX, 25. Mart. XIV, 65. Vielleicht sind dies die Filzsohlen, *impilia*. S. oben Anm.
14) S. Th. V, 1 S. 834.
15) Er ging in Sicilien *cum pallio et crepidis* Liv. XXIX, 19, 2. So auch Tiberius in Rhodus. Suet. Ti. 13.
16) Cic. acc. in Verr. V, 33, 86: *Stetit soleatus praetor populi Romani cum pallio purpureo tunicaque talari*.
17. Tac. Ann. II, 59.   18) Suet. Cal. 52.
19) Cic. Phil. II, 30, 76.
20) Gellius XIII, 22. *T. Castricius, — cum — discipulos quosdam suos senatores vidisset die ferialo tunicis et lacernis indutos et gallicis calceatos: equidem, inquit, maluissem, vos togatos esse. — Sed si hic vester hujusmodi vestitus de multo iam usu ignoscibilis est, soleatos tamen vos, populi Romani senatores, per urbis vias ingredi aequaquam decorum est.*
21) Es sind noch römische *soleae* verschiedener Art in Sammlungen vorhanden, so in Mainz (s. Rein in Beckers Gallus III S. 165) und in

Die Schuster bilden wie die Gerber eines der ältesten, angeblich von Numa eingesetzten, Collegien[22]), welches seinen Vereinigungspunct in dem *atrium sutorium*[23]) hat; sie sind nicht Sclaven, sondern Bürger[24], und betreiben ihr Geschäft theils in Buden, *sutrinae*[25]) oder *tabernae*[26]), und zwar in einzelnen Zweigen des Gewerbes, als Schuhmacher, *sutor*[27], *calceolarius*[28]) oder als Sandalen- und Stiefelmacher, *solearius*[29]), *sandaliarius*[30]), *gallicarius*[31]), *crepidarius*[32]), *caligarius*[33]), *baxearius*[34]), oder als Schubflicker, *sutor cerdo*[35]), *sutor veteramentarius*[36]), theils aber auch in grossen Handlungen, namentlich

---

London. S. W. Tite *A descriptive catalogue of the antiquities found in the excavations at the new royal Exchange, preserved in the Museum of the Corporation of London.* 8vo. Ich kenne nur die Anzeige dieses Catalogs im *Archaeological Journal* 1864 p. 115—117.

22) Plutarch. Num. 17. S. Th. IV S. 132.
23) S. Festus p. 352ᵃ 22. vgl. Th. IV S. 169. V, 1 S. 220.
24) Dies ist auch in der Kaiserzeit der Fall. Dig. IX, 2, 5 § 3: *Sutor puero discenti, ingenuo, filio familias, parum bene facienti quod demonstraverat, forma calcei cervicem percussit.*
25) Plin. N. H. § 121. 192 a. 5.
26) Sen. de benef. VII. 21. Einen Schuhmacherladen vergegenwärtigt das Bild in *Pitt. d'Ercol.* I tav. 35 p. 187. Ueber ein mailändisches Relief, einen Schuster bei der Arbeit vorstellend, s. O. Jahn Ber. d. ph. hist. Cl. der S. G. d. Wiss. 1861 S. 371.
27) *M. Vipsanius Maior sutor* in Rom. Henzen n. 7271. Ein *collegium sutorum* finde ich nur in der spanischen Inschr. Mur. p. 329, 7.
28) Plautus Aul. III, 5, 38.
29) Plaut. Aul. III, 5, 40. Grut. p. 648, 13.
30) Von ihnen hat der *vicus Sandaliarius* und der *Apollo Sandaliarius* (Suet. Aug. 57) seinen Namen. S. Orelli n. 18; Gallius XVIII, i. I. Galen. Vol. XIV p. 624. 625 nennt die Strasse τὰ Σανδαλιάριον. Uebrigens vgl. Jordan *De vicis Urbis Romae* in *Memorie dell' Instituto* II p. 230. 234. Becker I p. 493 nimmt mit Unrecht an, dass der *vicus* erst von der Statue des Apollo seinen Namen erhalten habe.
31) Hieronymus praef. in Regulam S. Pachomii c. 6 (ed. Ben. Vol. IV.)
32) *Sutor crepidarius* Gell. XIII, 22, 5.
33) *Caligarius* Isidor. Or. XIX, 34, 2. *C. Attilius C. f. Justus sutor caligarius* in Mailand Orelli n. 4356, Henzen n. 7221. *C. Gavius i. l. Domus — qui caliculis lana pelliculis vitam toleravit suam.* Nach Mommsen in Gerhard's Arch. Zeitschr. 1846 n. 46 p. 357 war dies ein Pelzstiefelfabrikant. Ich denke, es war ein *institor*, der *caligas*, Wolle und Pelze verkaufte.
34) Orelli n. 4085 *L. Trebio Fido, Quinquennali collegii perpetuo fabrum, soliarium, baxiarium* = *III* (d. h. *centuriarum trium*) zu Rom.
35) *sutor cerdo* Mart. III, 16. III, 59.
36) Suet. Vitell. 2.

mit fremden Fabricaten¹⁶³⁷); die Tabernen sind öfters im Besitze von Hauseigenthümern oder Capitalisten und von den Schustern nur gepachtet³⁸). Einen reichen Schuster in Bononia, welcher Spiele geben konnte, erwähnt Martial³⁹); der Schuster Vatinius aus Benevent wurde freilich durch seine anderweitigen Eigenschaften unter Nero ein einflussreicher Mann⁴⁰) und der Kaiser Vitellius stammte nach einigen Nachrichten ebenfalls aus einer Schusterfamilie⁴¹).

F. Haartracht.

Wir schliessen die Aufzählung der Gewerbe, welche sich auf die Bekleidung des Menschen beziehen, mit den Haarkünstlern, insofern diese theils wirklich künstliche Kopfbedeckungen lieferten, theils für die Toiletten überhaupt unentbehrlich waren. Die Geschichte der römischen Bart- und Haartracht ist nicht nur für die Kenntniss des Costüms von unmittelbarem Interesse, sondern auch für die chronologische Bestimmung von Münzen und Kunstwerken zu verwerthen, und ist zu diesem Zwecke von Numismatikern und Archäologen mehrfach erörtert worden⁴²). Die Römer haben vier und ein halbes Jahrhundert lange Haare und lange Bärte getragen⁴³), bis sie durch die im J. 300 v. Chr. aus Sicilien nach

---

37) Der Orelli n. 4468 erwähnte C. Julius Alcimus Ravennas, *comparator mercis sutoriae*, scheint ein reicher Mann gewesen zu sein, da er *liberti* und *libertas* hat.
38) Ein *manceps sutrinae*, Plin. N. H. X § 121.
39) Mart. III, 59. Vgl. 16.
40) Tac. Ann. XV, 34. Juv. 5, 46.   44) Suet. Vitell. 2.
42) Die ausführliche Schrift von Krause Plotina oder die Kostüme des Haupthaares bei den Völkern der alten Welt, Leipzig 1858 ist für die chronologische Bestimmung der Haartrachten ohne das gewünschte Resultat geblieben. Eine kurze Zusammenstellung der wesentlichen Notizen geben Becker Gallus III S. 172—175. J. Becker u. W. Teuffel in Pauly's Realenc. I, 2 (2te Aufl.) S. 1368—1365. Die Hauptquellen für das Studium der Haartracht sind Visconti *Iconographie Romaine*, fortges. von Mongez. IV Bde. 4°. Paris 1817—33 mit Atlas in fol. und *Clarac Musée de Sculpture* Vol. VI (Iconographie) Paris 1853. 4° nebst Tafeln in Querfol.
43) Liv. V. 44, 9. Cic. pr. Cael. 14, 33: *illa horrida (barba), quam in statuis antiquis atque imaginibus videmus*. Senec. N. Q. I, 17, 7: *Tunc quoque, cum antiqui illi viri incondite viverent, satis nitidi, si speculorum opere collectum adverso flumine elueremt, cura comere capillum fuit et*

Rom gekommenen Haarschneider den Gebrauch der Scheere (*forfex*) kennen lernten[44]). Das Rasirmesser (*novacula*) scheint eine noch spätere Erfindung zu sein, da der jüngere Scipio der erste war, der sich täglich rasiren liess und noch von Augustus besonders bemerkt wird, dass er sich immer des Messers bediente[45]). Später kam ausser dem Schneiden des Haares und Bartes mit der Scheere (*tondere*) und dem Rasiren mit dem Messer (*radere*) auch das Ausrupfen der Haare mit einer Zange, *volsella*, (*vellere*)[46]) und das Haarvertilgungsmittel, *psilothrum*[47]), von dem weiter unten die Rede sein wird, zur Anwendung. Mit der Sitte des Haarschneidens scheint auch der Gebrauch, das erste den Kindern abgeschnittene Haar[48]) und den ersten Bart den Göttern zu weihen[49]), und den Tag dieses Actes durch Opfer und Feste zu begehen, von den Griechen nach Rom gekommen zu sein; wenigstens findet er sich nicht vor der Kaiserzeit. Be-

---

prominentem barbam depectere. Daher *intonsi avi* Tibull. II, 1, 34. Ovid. F. II, 30; *intonsi regia magna Numae* Ov. F. VI, 264; *nosco crines incanaque menta Regis Romani* Virg. Aen. VI, 809; *intonsus Cato* Hor. Od. II, 15, 11; *incomptis Curius capillis* Hor. Od. I, 12, 41. Der ältere Scipio trägt eine *promissa caesaries* bei Liv. XXVIII, 35, 6 und die Künstler stellen, wie man aus Münzen und Büsten sieht, die Könige und die alten Helden, wenn auch nicht ohne Ausnahme, so doch in der Regel in dieser Tracht dar. Visconti Iconogr. Rom. I pl. 1. 2. 3.
[44]) Varro de R. R. II, 11, 10: *Omnino tonsores in Italiam primum venisse ex Sicilia dicunt post R. c. a. CCCCIIII, ut scriptum in publico Ardeae in litteris exstat, eosque adduxisse P. Ticinium Menam. Olim tonsores non fuisse adsignificant antiquorum statuae, quod pleraeque habent capillum et barbam magnam.* Plin. N. H. VII § 211. Varro kommt auf diese Mittheilung durch die Schafschur: er sagt, früher sei dies eine *tonsura* gewesen, damals sei die *tonsura* erfunden worden. Man kannte also bis dahin die Scheere überhaupt nicht.
[45]) Plin. N. H. VII § 211: *primus omnium radi cotidie instituit Africanus sequens, divus Augustus cultris semper usus est.*
[46] Suet. Caes. 45: *Circa corporis curam morosior, ut non solum tonderetur diligenter ac raderetur, sed velleretur etiam.* Mart. VIII, 47:
Pars maxillarum tonsa est tibi, pars tibi rasa est,
Pars vulsa est. Unum quis putat esse caput.
[47]) Lamprid. Heliog 31.
[48]) Hierauf beziehen sich die Epigramme des Euphorion Anth. Gr. I p. 159 n. 1; des Rhianus das. I p. 223 n. 10; des Theoridas I p. 43 n. 8. Flavius Earinus, Freigelassener des Domitian, dedicirt bei seinem Austritt aus dem Knabenalter seine Haare dem Askleplos in Pergamum, seinem Geburtsorte. Statius Silv. III, 4. Vgl. Mart. IX, 17. Mehr bei Jahn ad Pers. 2, 70 p. 183. [49]) Apollonidas Anth. Gr. II p. 120 n. 3. Crinagoras das. II p. 130 n. 13.

kannt ist, dass Octavian, als er bereits 24 Jahre alt, Triumvir und schon verheirathet war, die *depositio barbae* durch ein dem Volke gegebenes Fest feierte[1650], dass Caligula an dem Tage der *toga virilis*[51]) und später Nero[52]) und Heliogabal[53]) diesen Act festlich begingen; aber diese Sitte war damals keineswegs auf die Prinzen des kaiserlichen Hauses beschränkt, sondern eine allgemeine geworden[54]). Indessen ist nicht sofort anzunehmen, dass man nach der *depositio barbae* ohne allen Bart gegangen sei[55]); vielmehr ist aus den Münzen des siebenten Jahrhunderts[56]) und aus mehrfachen bestimmten Zeugnissen[57]) zu ersehen, dass zu Ciceros Zeit und wahrscheinlich auch vorher und nachher namentlich jüngere Leute einen zierlich geschnittenen Bart noch immer zu tragen pflegten und nur Personen über 40 Jahre den ganzen Bart rasirten[58]). Einen langen Bart wachsen zu lassen (*barbam*

1650) Dio Cass. XLVIII, 34. Dies geschah 39 v. Chr. Octavian war aber geboren 63 v. Chr.
51) Suet. Cal. 10. 52) Dio Cass. LXI, 10. Suet. Ner. 12.
53) Dio Cass. LXXIX, 14.
54) Censorin. d. d. n. I, 18 betrachtet die Sitte als alt: *nostrorum ceterum sanctissimorum hominum exempla sum secutus. Illi enim, quod alimenta, patriam, lucem, se denique ipsos deorum dono habebant, ex omnibus aliquid deis sacrabant, — quidam etiam pro cetera corporis bona valetudine crinem deo sacrum pascebant.* Wir finden sie nur in der Kaiserzeit erwähnt. Juv. III, 186. Petron. 29.
55) Man schloss dies aus Dio Cass. XLVIII, 34, der, nachdem er von Octavian's erster *depositio barbae* erzählt, hinzufügt: καὶ ὁ μὲν καὶ ἔπειτα ἐπιλαιοῦτο τὸ γένειον, ὥσπερ οἱ ἄλλοι. S. Eckhel D. N. VI p. 76 ff. Die Notiz des Dio ist aber in dieser Allgemeinheit nicht richtig.
56) Borghesi Oeuvres I p. 93—98.
57) Cic. pr. Cael. 14, 33: *aliquis mihi ex inferis excitandus est ex barbatis illis, non hac barbula, qua ista (Clodia) delectabatur, sed illa horrida, quam in statuis antiquis atque imaginibus videmus.* Die *barbatuli iuvenes* erwähnt er ad Att. I, 14, 5. I, 16, 11; vgl. in Catil. II, 10, 22; *postremum autem genus est — quos pexo capillo nitidos aut imberbes aut bene barbatos videtis.* Ovid A. A. I, 517:
   Nec male deformet rigidos tonsura capillos,
   Sit coma, sit docta barba recisa manu.
Sen. ep. 114, 21: *Quod vides istos sequi, qui aut vellunt barbam aut interveliunt, qui labra pressius tondent et abradunt servata et submissa altera parte?* Pers. 4, 37:
   Tu cum maxillis bolanatum gausape pectas.
Dass die in diesen Stellen bezeichneten *barbatuli iuvenes* nicht junge Leute unter 20 Jahren sind, die noch überhaupt nicht den Bart abgelegt hatten, ist gegen Eckhel von Borghesi a. a. O. p. 101 f. bewiesen.
58) Gellius III, 4 erklärt die Thatsache, dass der jüngere Scipio schon vor dem 40sten Jahre sich ganz rasirte, als eine zwar auffallende,

promittere) pflegten[1839]) nur Personen, die sich in Trauer befanden, also auch Angeklagte[60]), Verurtheilte[61]) und politische Parteiführer, die ihre Trauer um das Vaterland mit Ostentation an den Tag zu legen wünschten, wie Caesar nach der Niederlage seines Legaten Titurius im gallischen Kriege[62]), Cato nach der Schlacht bei Thapsus[63]), Brutus im Jahr 49[64]), Antonius nach der Schlacht bei Mutina[65]), Octavian im Kriege mit S. Pompeius vom Frühjahr 38 bis Ende 37[66]) und später nach der Niederlage des Varus[67]). Erst Hadrian brachte wieder den starken vollen Bart in Mode[68]), den seine Nachfolger mit sehr wenigen Ausnahmen[69]) tragen, darunter auch die bejahrten, wie der sechzigjährige Pertinax und der 56jährige Didius Julianus[70]; von Constantin an dagegen erscheinen die Kaiser mit alleiniger Ausnahme des Julianus ganz ohne Bart bis auf Mauritius († 602).

Auch in dem Schnitt der Haare lässt sich wenigstens ein sehr merklicher Modewechsel chronologisch feststellen. Denn

---

aber durch andere Beispiele derselben Zeit bestätigte Ausnahme von der Regel. Auf diese Regel geht Juven. 6, 105
     Nam Sergiolus iam radere guttur
             coeperat
(d. h. er war nicht mehr jung), und 6, 214
     ille excludatur amicus
    iam senior, cuius barbam tua ianua vidit
(d. h. der, so lange er jung war, bei dir Zutritt hatte), und mit ihr sind auch die Darstellungen auf Münzen in Uebereinstimmung. S. Borghesi a. a. O. p. 102—109.

1839] Wenn Livius II, 23, 4; VI, 16, 4; Dionys. VI, 26 diese Sitte schon in einer Zeit erwähnen, in welcher der lange Bart allgemein getragen wurde, so ist das ein durch die rhetorische Ausschmückung veranlasster Anachronismus.

60) *barba reorum* Mart. II, 86, 3.   61) Liv. XXVII, 84, 5.
62) Suet. Caes. 67. Polyaen. VIII, 13, 28. Vgl. Suet. Caes. 25. Caes. B. G. V, 24—37.
63) Plut. Cat. Min. 53.
64) Lucan. II, 374. Seine Münzen bestätigen dies. Eckhel D. N. VI p. 23. Drumann IV p. 28.   65) Plut. Anton. 18.
66) Borghesi *Oeuvres* I p. 111; II p. 67.
67) Suet. Oct. 28.
68) Dio Cass. LXVIII, 15. Spartian. Hadr. 26, 1 vgl. 2, 8. Julian. Caes. 9 und von M. Antoninus c. 17.
69) Dass L. Verus in Syrien ohne Bart ging, wurde bespöttelt (Capitol. Ver. 7, 10); Caracalla liess sich in Antiochia das Kinn rupfen (ψιλίζεσθαι, Dio Cass. LXXVII, 20, und Heliogabal that dies gewöhnlich. Dio Cass. LXXIX, 11.
70) Vgl. Borghesi *Oeuvr.* I p. 103.

während sich, seitdem man einmal das Haar abschnitt, lange Zeit eine einfache und natürliche Haartracht wenigstens bei den Männern erhielt, die nur an Festtagen sorgfältiger behandelt[1971]) und von Stutzern vermittelst des Brenneisens und der Haaröle verschönert wurde[72]), künstliche Lockenfrisuren aber den zur Aufwartung bestimmten Sclaven vorbehalten blieben[73]), begann zuerst vorübergehend unter M. Aurel[74]), dann aber seit Macrinus (217 p. Chr.) bei den Kaisern selbst das ganz kurz geschorne Haar ($\mathring{\eta}$ κουρά $\mathring{\eta}$ ἐν χρῷ)[75]), welches sonst die Athleten und die Stoiker zu tragen pflegten[76]), Mode zu werden, und auch diese Mode hat bis zu Constantin dem Gr. gedauert[77]). Clemens von Alexandria, der zwischen 211 und 218 n. Chr. starb, schreibt auch als christliche Tracht das kurzgeschorene Haar (ψιλὴ κεφαλή) und das bärtige Kinn (λάσιον γένειον) vor[78]); auch wer den Bart abschneidet, soll es mit der Scheere thun, nicht mit dem Messer. Denn schimpflich und weibisch ist für einen Mann, sagt er, das glatte Kinn; und wer um den Mund den Bart abschneidet, um nicht beim Essen gehindert zu sein, soll doch den übrigen Bart stehen lassen, der dem Manne das Ansehn (σεμνότητα) verleiht.

Was die weibliche Haartracht betrifft, so muss diese in älterer Zeit möglichst einfach gewesen sein. Bei Plautus we-

---

[1871]) Das nennt man *pectere capillos* und *pexi capilli*. Juv. 8, 86; 11, 150; Pers. 1, 15 und das. Jahn; Cic. in Catil. 11, 10, 22. Hor. Od. I, 15, 14.

[72]) Cic. pro Sest. 8. 18: *alter unguentis affluens, calamistrata coma*; Cic. p. red. in Sen. 5, 13 *cincinnatus ganeo*; in Pison. 11, 25 *fronti de compti capilli et madentes cincinnorum fimbriae*; pr. Rosc. Am. 46, 135 *quemadmodum composito et delibuto capillo — per forum volitet —, videtis.*

[73]) S. Th. V, 1 S. 132 Anm. 891.

[74]) Galen. XVII, 2 p. 130 Kühn: καθάπερ ἐπ' Ἀντωνίνου τοῦ Κομμόδου πατρὸς ἐπάσιν οἱ φωνῆτες ἅπαντες ἐν χρῷ κειρόμενοι. λοιπὸν δὲ μιμολόγους αὐτοὺς ἀπεκάλει· καὶ διὰ τοῦτο πάλιν ἰσόμεν οἱ μετ' ἐκείνου.

[75]) Aretaeus de acut. morb. curat. 1, 2 extr.

[76]) Jahn zu Persius 3, 54 p. 135.

[77]) Auf den Münzen erscheinen so Macrin und die folgenden Kaiser mit Ausnahme des Heliogabal; Gallienus und seine nächsten Nachfolger haben wieder gewöhnliches Haar (s. ausser den Münzen auch Visconti I. R. III p. 269.); aber von Claudius Gothicus (268) bis Constantin ist das kurz geschorene Haar wieder regelmässig. Mongez in Visconti II Icon. Rom. III p. 181 datirt diese Mode von Heliogabal an, was nicht genau ist. [78] Clem. Al. Paed. III, 11 p. 289.

nigstens gelten die *ficti, compositi, crispi, concinni, unguentati crines* als Kennzeichen einer Buhlerin[79]) und noch viel später sind derselben Ansicht die christlichen Kirchenlehrer, welche für Mädchen das einfache Zusammennehmen des Haares in einen *nodus* am Hinterkopfe als anständige Tracht empfehlen, alle künstlichen Frisuren aber als buhlerisch bezeichnen[80]). Die Matronen des alten Roms und zunächst die *flaminica* banden das Haar mit einer *Vitta* zu einem thurmartigen Aufsatz zusammen, der *tutulus* heisst[81]) und noch in der Kaiserzeit vorkommt, vielleicht aber in einer mit der Mode selbst veränderten Bedeutung[82]). Denn seit dem Ende der Republik wird, wie die Kleidung, so auch die Haartracht allen griechischen Toilettenkünsten zugänglich, in welchen einen Unterschied der Zeiten nachzuweisen weder versucht worden ist noch gelingen möchte. Denn einerseits brauchte man, wie Ovid ausführlich schildert, unzählige Coiffuren, wie sie eben kleidend waren oder dem individuellen Geschmack zusagten, gleichzeitig[83]), so dass eine und dieselbe Frau sich bald so bald so frisirte, wie z. B. die Tochter des Titus, Julia, auf Münzen in zwei sehr verschiedenen Frisuren erscheint[84]); andererseits kehren gewisse Haartrachten in den verschiedensten Zeiten wieder, wie z. B. die hochaufgebauten Frisuren, die bereits Juvenal[85]) und Statius[86]) beschreiben, noch von

[1879] Plautus Truc. II, 2, 31.
80) Clemens Alex. Paed. III, 11 p. 290: ταῖς γυναιξὶ δὶ ἀπόχρη μαλάσσειν τὰς τρίχας καὶ ἀναδεῖσθαι τὴν κόμην εὐτελῶς περόνῃ τινὶ ὑπὸ παρὰ τὸν αὐχένα ἀφελεῖ θεραπείᾳ συναυξούσαις εἰς κάλλος γνήσιον τὰς ὀφρυσιν κόμας. καὶ γὰρ αἱ περίπλοκαι τῶν τριχῶν αἱ ἑταιρικαὶ καὶ αἱ τῶν σειρῶν ἀναδέσεις πρὸς τὸ εὐδιέχυτις αὐτὰς δεικνύναι. Solche einfache Frisur s. *Mus. Borb.* IX, 84.
81) Festus p. 355ᵃ, 29: *Tutulum vocari aiunt Flaminicarum capitis ornamentum, quod fiat vitta purpurea innexa crinibus et exstructum in altitudinem*. Varro de L. L. VII, 44: *Tutulati dicti ii, qui in sacris in capitibus habere solent ui metam; id tutulus appellatus ab eo, quod matres familias crines convolutos ad verticem capitis quos habent uti (lies vitta) velatos dicebantur tutuli*. Serv. ad Aen. II, 683. Tertull. de pall. 4. Röper M. *Terentii Varronis Eumenidum reliquiae* II (1861) p. 14.
82) Eine *ornatrix a tutulis* in einer röm. Inschr. Henzen n. 6243.
83) Ovid. A. A. III, 133—168.
84) Vgl. Mongez Iconogr. Rom. II p. 311. 85) Juv. 6, 501.
Tot premit ordinibus, tot adhuc compagibus altum aedificat caput.
86) Statius Silv. I, 2, 113:

Tertullian[1557]), Prudentius[88]) und Hieronymus[89]) getadelt werden. Zu diesen Haaraufsätzen bediente man sich grossentheils fremder Haare. Denn die Perücken (*capillamentum, galerus, galericulum, corymbion*) sind eine sehr alte Erfindung; sie waren in Aegypten ganz gewöhnlich[90]) und gehörten zur medischen Königstracht[91]); in Rom kommen sie wenigstens seit dem Beginne der Kaiserzeit bei Männern und Frauen vor[92]). Man trug sie theils um den Mangel des Haares zu verdecken[93]), theils um sich unkenntlich zu machen, wie Caligula[94]), Nero[95]) und Messalina[96]) bei ihren nächtlichen Ausschweifungen, theils aber auch der Mode wegen, namentlich im Anfang des ersten Jahrhunderts, als blonde Haare Mode wurden[97]), die als Handelsartikel aus Deutschland bezogen wurden und in Rom zu kaufen waren[98]), sodann später, als für

---

Celsas procul aspice frontis honores
Suggestumque comas.
Beispiele dieser Coiffure sind mehrfach vorhanden. Die Büste im *Mus. Borb.* VII, 27, 4, dort als Plotina bezeichnet, hat diese hohe Frisur, die in sieben Lagen über einander in der Form eines Diadems construirt ist; eine andre, XIII, 25, 4, als Julia Domna bezeichnet, hat eine ähnlich geformte, aus lauter Locken bestehende Coiffure.

1687) Tertull. de cultu fem. II, 7: *Affigitis praeterea nescio quas enormitates capillamentorum, nunc in galeri modum, quasi vaginam capitis et operculum verticis, nunc in cervicum retro suggestum*. Und weiter: *frustra peritissimas quosque structores capillaturae adhibetis. Comam struere nemo er dies da pall.* 4 *(πυργοῦσθαι κορύμβοις τις αὐτήν*. S. Salm. ad Tert. de pall. p. 287.)

88) Prudentius *Psychomachia* 188 von der Superbia:
   Turritum tortis caput accumularat in altum
   orinibus, exstructos augeret ut addita cirros
   congeries celsumque apicem frons ardua ferret.

89) Hieronym. de virgin. serv. ep. 8 Vol. I p. 19b G. ed. Colon. 1616: *ornare crinem et alienis capillis turritam cervicem struere*.

90) Wilkinson *Manners and Customs*. London 1837. 8. III p. 353 vgl. Krause a. a. O. S. 35.

91) Xenoph. Cyrop. I, 3, 2.

92) Böttiger Sabina S. 104. 131. 141. 148. 252 Becker Gallus III 6. 131. Krause a. a. O. S. 194 ff.

93) So erschien der Kaiser Otho *galericulo capiti propter raritatem capillorum adaptato et adnexo, ut nemo dignosceret*. Suet. Oth. 10.

94) Suet. Calig. 11.   95) Suet. Nero 26.

96) Juven. 6, 120.

97) Ovid. Am. I, 14, 45. Mart. V, 68. Petron. 110 *ancilla Tryphaenae Gitona in partem navis inferiorem ducit corymbioque dominae puri adornat caput — — sevocalumque me non minus decoro exornavit capillamento: immo commendatior vultus exitit, quia flavum corymbion erat*.

98) Ovid A. A. III, 163. Mart. VI, 12, 1. XII, 23, 1.

die hohen Aufsätze das eigne Haar nicht ausreichte[1899]). Von den Frauen des kaiserlichen Hauses scheinen insbesondere die aus der Familie des Heliogabal Perücken geliebt zu haben[1900]). Wie allgemein aber die Tracht war, sieht man daraus, dass selbst in den Gräbern der Katakomben neben Kämmen und andern Toilettenapparaten ganze oder theilweise Perücken gefunden werden[1]). Entsprechend dieser Sitte machte man auch Statuen und Büsten mit abnehmbaren Frisuren, offenbar um der wechselnden Mode durch zeitweise Erneuerung des Kopfputzes der Statue gerecht zu werden[2]).

Aus der Wichtigkeit, welche die höheren Stände in Rom diesem Zweige der Toilettenkunst beilegten, ist es erklärlich, dass das Geschäft des Tonsor's sich immer mehr gewerbsmässig ausbildete, so dass, wer sich im Hause von seinen Sclaven frisiren liess, seine *tonsores*, *tonstrices* und *ornatrices*[3]) einem Meister von Fach in die Lehre geben musste[4]) und trotzdem auch die Damen ausser ihren Sclavinnen den gewerbsmässigen Haarkünstler in Anspruch nahmen[5]). Für die Männer war ohnehin das gewöhnliche Local für diesen Theil der Toilette die *tonstrina*, in welcher man den Bart entweder über den Kamm (*per pectinem*)[6]) mit der Scheere abschneiden (*tondere*)[7]) oder mit dem Messer (*novacula*, ξυρόν) rasiren[8]), das Haar

---

[1899] Tertull. de cultu fem. II, 7: *Si non pudet enormitatis, pudeat inquinamenti, ne exuvias alieni capitis forsan immundi, forsan nocentis — sancto et Christiano capiti supparetis.*

[1900] Mongez Iconogr. Rom. III p. 181.

[1] Raoul-Rochette Mém. de l'acad. XIII p. 712.

[2] Beispiele sind die von Visconti als Julia Soaemis, Mutter des Elagabal, bezeichnete Statue im Mus. Pio-Clem. II tav. 51 p. 247 der Mailänder Ausg.; die Julia Mammaea Mus. Pio-Cl. VI tav. 57 und die sogenannte Lucilla des Berliner Museums.

[3] S. Th. V, 1 S. 130. Eine *tonstrix Domitiae Bibuli* Henzen n. 6186.

[4] Petron. 94: *rudis enim novacula et in hoc retusa, ut pueris discentibus audaciam tonsoris daret.* Dig. XXXII, 1, 65 § 3: *Ornatricibus legatis Celsus scripsit eas, quas duos tantum menses apud magistrum fuerint, legato non cedere.*

[5] Tertull. de cultu fem. II, 7: *peritissimos quaeque structores capillaturae adhibetis.* [6] Plaut. Capt. 263.

[7] Das heisst griechisch κείρειν οὐ ξυρῷ, ἀλλὰ ταῖς δυοῖν μαχαίραις ταῖς κουρικαῖς. Clem. Alex. Paed. III, 11 p. 290.

[8] Das Rasirmesser verwahrte man in einem Futteral. ξυροδόχη, ξυροθήκη, lateinisch *theca*, Petron. 94.

schneiden, künstlich frisiren[9]), auch wohl brennen[10] und die
Nägel zierlich beschneiden liess[11]). Da dies Geschäft viele
Leute regelmässig zusammenführte, die sich zum Theil war-
tend unterhielten, so galten die Barbierstuben für einen Versammlungsort müssiger Plauderer, denen der geschwätzige[12])
und neugierige Barbier zum Mittelpuncte der Unterhaltung zu
dienen bemüht ist[13]). Uebrigens muss das Geschäft zuweilen
einträglich gewesen sein, da zu verschiedenen Zeiten reiche
tonsores erwähnt werden[14]).

---

(9) Sen. de br. VII, 1, 2: *Quid? illos otiosos vocas, quibus apud tonsorem multae horae transmittuntur, dum decerpitur, si quid proxima nocte
succrevit, dum de singulis capillis in consilium itur, dum aut disiecta coma
restituitur aut deficiens hinc atque illinc in frontem compellitur? quomodo
irascuntur, si tonsor paulo negligentior fuit, tanquam virum tonderet? quomodo excandescunt, si quid ex iuba sua decisum est, si quid extra ordinem
iacuit, nisi omnia in anulos suos reciderunt? — — hos tu otiosos vocas inter
pectinem speculumque occupatos?*
10) Acron. ad Hor. Sat. I, 2, 98: *cinifiones et cinerarii eadem signi-
ficatione apud veteres habebantur ab officio calamistrorum i. e. ferrum in
cinere calefaciendorum, quibus matronae capillos crispabant.*
11) Plaut. Aul. II, 4, 33. Mart III, 74. Vgl. Tibull. I, 8, 12.
und mehr bei Böttiger Sabina p. 331 f. Die Werkzeuge des tonsor (ferramenta tonsoria) zählt auf Mart. XIV, 36:
Tondendis haec arma tibi sunt apta capillis
Unguibus hic longis utilis, illa genis,
wo gemeint ist der *cultellus tonsorius* (Val. Max. III, 2, 12 *cultellum ton-
sorium quasi unguium radendorum causa poposcit.* Horat. epist. I, 7,
51, und die *novacula*, und Plautus Curc. 577:
At illa meas volsellas pecten speculum calamistrum meum
Bene me amassint meaque axicia linteumque extersui.
12) Plut. de garrulitate 13 Vol. I p. 613 Dubner.
13) Hor. Sat I, 7, 2:
opinor
Omnibus et lippis notum et tonsoribus esse
und dazu Porphyr. *Adeo ait divulgatum esse. — ut et in tonstrinis haec
et in medicinis narrata sint. Fere autem in his officinis otiosi solent considere
ac res rumoribus frequentatas fabulis celebrare.*
14) Juven. I, 24. 10, 225. Mart. VII, 64. Der Hoffriseur des Kaisers Constantia war ein vornehmer Mann, der ein grosses Gehalt bezog.
Ammian. Marc. XXII, 4. a. E.

III. Wohnung und häusliche Einrichtung.

Die Herstellung einer sicheren, bequemen und würdigen Wohnung für Menschen und Götter (denn auch der Tempel ist ein Wohnhaus des Gottes) ist die Veranlassung zu so vielen und verschiedenen handwerksmässigen und künstlerischen Thätigkeiten geworden, dass dieselben nur von einem bestimmten Gesichtspuncte aus und in einer durch diesen gebotenen Beschränkung erörtert werden können. Eine solche legt man sich auf, wenn man die Geschichte der alten Kunst als eine eigene Disciplin behandelt, um die Entwickelung der höchsten Leistungen auf diesem Gebiete im Zusammenhange zur Anschauung zu bringen; denn im Alterthum selbst wird die Kunst im engeren Sinne von dem Handwerke niemals streng unterschieden[1915]), was einerseits die günstige Folge hat, dass bei allen, selbst den untergeordnetsten Gegenständen der häuslichen Einrichtung geschmackvolle Formen zur Anwendung kommen, andererseits aber die ungünstige, dass zwischen der idealen Kunstleistung und der handwerkermässigen Production höchstens ein relativer Unterschied statuirt wird. Doch geschah diese Identification von Kunst und Handwerk bei Griechen und Römern in wesentlich verschiedener Weise. Bei den Griechen ist jedes Handwerk eine Kunst[16]);

[1915]) O. Jahn Beschr. der Vasensammlung K. Ludwig's. München 1854 S. CXLII ff. So war z. B. der Oheim des Lucian λίθων ξοχίτης καὶ ἀγαλματοποιός καὶ ἑρμογλυφεύς, d. h. Steinhauer, Decorateur von Wänden und Fussboden und Bildhauer.

[16]) Es giebt eine τέχνη der ἀρτοποιοί Libanius Vol. II p. 331. 5. * R.:, der τραπεζοποιοί, ὀξοπωλαι, λαχανοπωλαι, νευροῤῥάφοι (Liban. Vol. VII p. 839, 1', und überhaupt wird jedes Handwerk τέχνη genannt

bei den Römern jede Kunst ein Handwerk: daher erklärt Seneca die Malerei und die Bildhauerei für eben so illiberale Gewerbe als das Handwerk der Steinmetzen[1917]: im Codex Theodosianus werden die *statuarii* mit den gewöhnlichen Bauhandwerkern in eine Kategorie gestellt[18]), und Vitruv, selbst ein Künstler, findet zwischen der Schusterkunst, Walkerkunst und Baukunst keinen andern Unterschied als den der grösseren oder geringeren Schwierigkeit[19]). Für unsere Darstellung, deren Aufgabe es ist, die charakteristischen Züge römischen Denkens und Lebens zusammenzustellen, wird es unerlässlich sein, von diesem specifisch römischen Standpunct auszugehn und Handwerk und Kunst ausschliesslich von der praktischen Seite, d. h. als Mittel des Erwerbes einerseits und der Befriedigung des Bedürfnisses andererseits zu betrachten. Der Grund der sehr verschiedenen Stellung, welche Kunst und Künstler bei Griechen und Römern einnehmen, liegt zunächst in dem Umstande, dass in Griechenland die Kunst sich an dem Cultus entwickelte, in Rom aber nicht. Wie der Dichter den Griechen als gottbegeisterter Seher gilt, so mussten die idealen Conceptionen der Maler und Bildhauer, deren höchste Aufgabe die Vergegenwärtigung der Götter selbst war, als religiöse Offenbarungen und die Künstler als Vermittler derselben betrachtet werden[20]). Malerei und Sculptur waren daher in hoher Achtung, ein ehrenwerther Beruf freier Leute, nicht eine Beschäftigung für Sclaven[21]). Die römische Religion hatte dagegen ursprünglich gar keinen Zusammenhang mit künst-

---

(1917) Senec. ep. 88, 18: *non enim adducor, ut in numerum liberalium artium pictores recipiam, non magis quam statuarios aut marmorarios aut ceteros luxuriae ministros.*

18) C. Theod. XIII, 4, 1.

19) Vitruv VI pr. 7: *Itaque nemo artem ullam aliam conatur domi facere, uti sutrinam vel fullonicam aut ex ceteris quae sunt facilioras, nisi architecturam.*

20) Cic. Or. 2, 9. Seneca Contr. X, 34 p. 538, 45 Burs.: *Non vidit Phidias Jovem, fecit tamen velut tonantem; nec stetit ante oculos eius Minerva, dignus tamen illa arte animus et concepit deos et exhibuit.*

21) Plin. N. H. XXXV § 77: *semper quidem honos ei [picturae] fuit, ut ingenui eam exercerent, mox ut honesti, perpetuo interdicto ne servitia docerentur. ideo neque in hac neque in toreutice ullius qui servierit opera celebrantur.*

lerischer Darstellung[22]), und als im Laufe der Zeit griechische
Göttergestalten auch in Rom Eingang fanden[23]), so waren dies
eben fertige Kunstformen, an denen die römische Production
keinen Theil hatte. Wie deutlich sich die Römer noch am
Ende der Republik, ja noch im Beginne der Kaiserzeit bewusst
waren, weder Verständniss der Kunst noch Beruf zu derselben zu besitzen, lehren die merkwürdigen Aeusserungen des
Cicero, der, obwohl er auf seinen Reisen in Griechenland,
Kleinasien, Rhodus und Sicilien mit griechischer Kunst bekannt
geworden war und eifrig Kunstwerke sammelte und in seinen
Häusern aufstellte[24]), doch dem Volke gegenüber den Verdacht
der Kunstkennerschaft entschieden von sich abweist[25]), und
die bekannte Stelle des Virgil, in welcher er, die Grösse Roms
in das Herrschertalent setzend, die Begabung zur Kunst seinen Landsleuten geradezu abspricht[26]). Den Römern wurde
die griechische Kunst durch ganz äusserliche Veranlassungen
und ohne ihr Zuthun gleichsam aufgedrungen. Die siegreichen
Kämpfe in Unteritalien, Sicilien, Macedonien, Griechenland
und Kleinasien, insbesondere die Eroberung von Syracus durch
Marcellus (212)[27], von Capua durch Fulvius (211)[28], von
Tarent durch Fabius (209)[29], die Triumphe des Flamininus
über Philipp (194)[30], des Scipio Asiaticus über Antiochus
(189)[31], des M. Fulvius Nobilior über Aetolien (187)[32], des

[22]) S. Th. IV S. 5 ff.   [23]) S. Th. IV S. 43 ff.
[24]) Drumann Gesch. Roms VI S. 665.
[25]) Cic. acc. in Verr. IV, 59, 138. 60, 124: *Etenim mirandum in modum Graeci rebus istis, quas contemnimus, delectantur.* Ib. II, 35, 87: *Etiam, quod paene praeterii, capella quaedam est, ea quidem mire, ut etiam nos, qui rudes harum rerum sumus, intelligere possimus, scite facta et venuste.* Aehnlich äussert er sich IV, 2, 4. IV, 2, 5. 11, 53. 13, 91.
[26]) Virg. Aen. VI, 847 sqq. Weiteres über diesen Gegenstand s.
bei Friedländer Ueber den Kunstsinn der Römer in der Kaiserzeit,
Königsberg 1852. 8. Die Gegenschrift von K. Fr. Hermann Ueber den
Kunstsinn der Römer, Göttingen 1856. 8. hat kein Argument beigebracht,
wodurch Friedländers Ansicht widerlegt würde.
[27]) Liv. XXVI, 21, 8 vgl. XXV, 40: *inde primum initium mirandi
Graecarum artium opera licentiaeque huic sacra profanaque omnia vulgo
spoliandi factum est.* Auch Plutarch. Marcell. 21 behauptet, dass bis
dahin Rom gar keine nennenswerthen griechischen Kunstwerke besessen
habe.   [28]) Ueber diese Beute s. Liv. XXVI, 31, 19.
[29]) Liv. XXVII, 16, 7.   [30]) Liv. XXXIV, 52, 4 vgl. XXXII, 16, 17.
[31]) Liv. XXXVII, 59, 5. Plin. N. H. XXXIII § 148, 149.
[32]) Liv. XXXIX, 5, 13. Vgl. XXXVIII, 9, 13. 13, 6.

L. Aemilius Paulus über Perseus (167)[1933], des Q. Caecilius
Metellus über den Pseudophilippus (146)[34], endlich die Eroberung
Corinths durch Mummius (146)[35], führten nach Rom
eine unglaublich grosse Anzahl hervorragender Kunstwerke
aller Art, welche auch in der Folge namentlich durch Sulla,
Lucullus, Pompejus, zuletzt durch Augustus, Caligula und
Nero immer neuen Zuwachs erhielt[36]. Man kann annehmen,
dass die Masse der Römer für diese erbeuteten Schätze anfangs
kein besseres Verständniss hatte, als der durch seinen
gänzlichen Mangel an Kunstinteresse bekannte Eroberer von
Corinth selbst; allein es gab schon damals Männer, die hierüber
anders dachten, wie z. B. der jüngere Scipio es that[37];
und bald wurde zuerst der Geldwerth[38], sodann aber auch
der Kunstwerth dieser Eroberungen allgemeiner einleuchtend.
Jeder Triumph, der neue Kunstgegenstände vorführte, erweiterte
den Kreis der Kunstkenntniss[39]; in dem stolzen Bewusstsein,
diese Kostbarkeiten zu besitzen, schmückte man

[1933] Plutarch. Aem. Paul. 33.
[34] Vellej. 1, 11.
[35] Nach Strabo p. 381 rührten die besten Kunstwerke, welche
Rom besass, aus Corinth her. Vgl. Plin. N. H. XXXIII § 149; XXXIV
§ 36; XXXVII § 12.
[36] Man findet über diesen Gegenstand, den ich nur kurz erwähnen
kann, vollständige Nachweisungen in Voelkel Ueber die Wegführung
der Kunstwerke aus den eroberten Ländern nach Rom. Leipzig 1798.
Sickler Geschichte der Wegnahme und Abführung vorzüglicher Kunstwerke
aus den eroberten Ländern in die Länder der Sieger. Gotha 1803.
8. und am besten in F. C. Petersen Allg. Einleitung in das Studium der
Archäologie. Aus dem Dänischen von P. Friedrichsen. Leipzig 1829. 8.
[37] S. den Vergleich zwischen Scipio und Mummius bei Vellejus
1, 13.
[38] Plin. N. H. XXXV § 24: *Tabulis autem externis auctoritatem
Romae publice fecit primus omnium L. Mummius. — namque quum in
praeda vendenda rex Attalus X VI emisset tabulam Aristidis, Liberum
patrem, pretium miratus suspicatusque aliquid in ea virtutis, quod ipse nesciret,
revocavit tabulam Attalo multum quaerente et in Cereris delubro posuit,
quam primum arbitror picturam externam Romae publicatam.* Noch Plinius
XXXV § 4 sagt: *pinacothecas — consuunt — ipsi honorem non nisi
in pretio ducentes.*
[39] Plin. N. H. XXXVII § 12: *Victoria tacum illa Pompei primum
ad margaritas gemmasque mores inclinavit, sicut L. Scipionis et Cn. Manli
ad caelatum argentum et vestis Attalicas et triclinia aeraia, sicut L. Mummi
ad Corinthia et tabulas pictas.* Statuen wurden schon seit Marcellus gewürdigt;
Bilder erst seit Mummius. Vgl. Plin. N. H. XXX § 149.
XXXIV § 36.

damit Tempel, Hallen und öffentliche Plätze[1940]) und entfaltete in der Ornamentation der Theater[41]) und dem Apparat der Festspiele den ganzen Reichthum dieser Erwerbungen. Allmählich entwickelte sich, so reiche Gelegenheit man auch hatte, seine Schaulust an öffentlichen Orten zu befriedigen, auch eine persönliche Liebhaberei, welche sich zu einer Sammelwuth steigerte[42]); man häufte in den Häusern und Villen Kunstgegenstände aller Art an, die man durch Kauf in Rom selbst, durch Benutzung von Geldverlegenheiten in den griechischen Communen[43]), auch wohl durch Raub und Gewalt[44]) an sich brachte; man begann Kunstreisen zu machen[45]), Pinakotheken[46]), Dactyliotheken[47]), Sammlungen von Statuen[48]) und Gefässen anzulegen; man freute sich, die Schöpfungen

---

[1940]) Cic. acc. in Verr. I, 21, 55. Ausführliche Nachweisungen giebt Petersen a. a. O.
41) Das hölzerne Theater, welches Scaurus in seiner Aedilität im J. 58 erbaute, und welches nur einen Monat stand, war mit 360 Marmorsäulen, 3000 Statuen und vielen griechischen Gemälden geschmückt; Plin. N. H. XXXVI § 5. § 114. Das erste steinerne Theater, das in Rom Pompejus baute, erhielt ebenfalls viele Statuen, deren Aufstellung Atticus übernahm. Cic. ad Att. IV, 9. Diese Statuen werden erwähnt Plin. XXXVI § 41. Suet. Ner. 46.
42) Hor. Sat. II, 3, 64:
Insanit veteres statuas Damasippus emendo,
Hor. epist. II, 2, 180:
Gemmas, marmor, ebur, Tyrrhena sigilla, tabellas —
sunt qui non habeant, est qui non curat habere.
Seneca ep. 115, 8: *circa tabulas et statuas insanimus*.
43) Plin. N. H. XXXV § 127: *Sicyone et hic (Pausias) vitam egit, diuque illa fuit patria picturae. Tabulas inde e publico omnis propter aes alienum civitatis addictas Scauri aedilitas Romam transtulit*. Ebenso zwangen die Publicani vor der Ankunft Luculls in Asien die Bürger der Städte sowohl ihre eignen Kinder als die Statuen und Bilder der Tempel zu verkaufen. Plutarch. Luc. 20.
44) Das bekannteste Beispiel hiefür ist Verres. Eine Zusammenstellung der von ihm geraubten Statuen und Büsten in Bronce und Marmor, Elfenbeinarbeiten, Gemälden, Arbeiten in Edelsteinen und getriebenem Silber und corinthischen Gefässen giebt Facius Collectaneen zur griechischen und römischen Alterthumskunde, Coburg 1844. 8. S. 150—170.
45) S. Friedländer Darstellungen II S. 101—104.
46) Plin. N. H. XXXV § 4: *pinacothecas veteribus tabulis consuunt*. Vgl. § 148.
47) Die erste legte Scaurus (Praetor 56) an, Oeffentliche Dactyliotheken stifteten Pompejus und Cäsar. Plin. XXXVII § 11.
48) Wir haben bekanntlich noch die Beschreibung einer Bildergalerie in Neapel in den *Εἰκόνες* des ältern Philostratus und ähnliche Beschreibungen von Statuen in den *ἐκφράσεις* des Callistratus.

berühmter Künstler als eigenen Besitz aufzuweisen[1949]), und gefiel sich in dem Bewusstsein der Kennerschaft, wenn man namenlose Werke einem namhaften Künstler vindicirte[50]).

War nun gleich auf diese Weise die Theilnahme an der Kunst in Rom insofern eine passive, als man hauptsächlich auf den Erwerb und das Sammeln von Werken anerkannter Bedeutung ausging, so war doch auch dieser ganz äusserliche Zweck hinreichend, auf die letzte Entwickelung der antiken Kunstthätigkeit einen unverkennbaren Einfluss auszuüben. Die Zeit der Diadochen war für die griechische Kunst keine günstige gewesen. Bei der finanziellen Erschöpfung, welche bereits seit dem Ende des peloponnesischen Krieges eintrat und von da an in stetem Zunehmen begriffen war, und der völligen Leerheit und Inhaltlosigkeit des religiösen Lebens, welche die nachalexandrinische Periode characterisirt[51]), fehlte es ebenso an äusseren Mitteln als an innerem Antrieb zu grossen Schöpfungen, und die Conception wendete sich in Ermangelung höherer Aufgaben kleinen und zierlichen Gegenständen zu, wie wir sie ebenso in der Litteratur als in der bildenden Kunst dieses Zeitalters reichlich vertreten finden. Erst in Rom selbst fand die Kunst, nachdem einmal der Geschmack an derselben erwacht war, einerseits unerschöpfliche Mittel, andererseits grossartige Aufgaben, und es ist unzweifelhaft das Verdienst der Römer, dass alle bildenden Künste noch einmal in eine Periode allseitigen Schaffens eintraten, welche bis Hadrian fortdauerte und, wenn sie gleich nur als ein Nachleben griechischer Kunst, nicht als eine fortschritt-

---

[1949] Plin. XXXVI § 82: *Pollio Asinius, ut fuit acris vehementiae, sic quoque spectari monumenta sua voluit.*
[50] Statius Silv. IV, 6, 22:

> quis namque oculis certaverit unquam
> Vindicis, artificum veteres cognoscere ductus
> Et non inscriptis auctorem reddere signis?
> Hic tibi quae docto multum vigilata Myroni
> Aera, laboriferi vivant quae marmora coelo
> Praxitelis, quod ebur Pisaeo pollice rasum,
> Quod Polycleteis iussum est spirare caminis,
> Linea quae veterem longe fateatur Apellem,
> Monstrabit.

[51] S. Th. IV S. 64. 70.

liche Entwickelung zu betrachten sein dürfte, doch bei allem
Mangel an originaler Leistung den Ruhm für sich in Anspruch
nimmt, die vollendete Meisterschaft griechischer Technik noch
für lange Zeit unvermindert erhalten zu haben[1932]). Die seit
dem Ende der Republik erwachende Baulust und das Bestreben, Tempel, öffentliche Gebäude und Privathäuser mit allem
Luxus zu schmücken, machte Rom selbst zum Mittelpunct
aller bildenden Künste und zum Vereinigungsort aller Künstler der damaligen Welt, und das um so mehr, als die Römer
selbst sich ausübend bei diesen Unternehmungen wenig betheiligten. Von allen bildenden Künsten scheint nur die Architektur ihnen eine würdige Aufgabe geschienen zu haben;
es war dies natürlich, da der Hausbau von Anfang an zu den
Geschäften des *pater familias*[53]), die Leitung und Abnahme
öffentlicher Bauten aber zu den Obliegenheiten des Beamten
gehört hatte. In dieser haben sie nicht nur eine bewunderungswürdige Technik ausgebildet, sondern auch eigenthümliche Kunstformen entwickelt. Beweise dafür sind der
Gewölbebau, der Rundtempel, das Kuppeldach, die Verbindung des Bogenbaus mit dem Säulenbau, das sogenannte römische Capital und der ganze reiche und massenhafte Baustil,
welcher uns in der Anlage der Tempel, Basiliken, Fora, Thermen, Theater, Amphitheater und Circi, der Wohnhäuser und
Villen und der den Römern speciell angehörigen Triumphbogen, Siegessäulen und Grabmonumente entgegentritt[54]). Ueber

---

[1932] Eine ausführliche Begründung dieser Sätze findet man bei Overbeck Geschichte der griechischen Plastik. Leipzig 1853. 8. Bd. II. S. 215 ff.

53) Vitruv. VI pr. 6: *Cum autem animadverto ab indoctis et imperitis tantae disciplinae magnitudinem iactari et ab his, qui non modo architecturae sed omnino ne fabricae quidem notitiam habent, non possum non laudare patres familias eos, qui — per se aedificantes (ita iudicunt, si imperitis si committendum, ipsos potius digniores esse ad suam voluntatem quam ad alienam pecuniae consumere summam.*

54) Ueber den Character der römischen Baukunst s. Hirt Geschichte der Baukunst bei den Alten. Berlin 1821 — 27, 3 Bde. 4°. Kugler Handbuch der Kunstgeschichte. 2. A. Stuttgart 1848. S. 265 ff. Kugler Gesch. der Baukunst. Stuttg. 1856. Bd. I S. 277 ff. Schnaase Gesch. der bildenden Künste Bd. I, 2te A. 1866. 8. S. 234 ff. Lübke Gesch. der Architektur. Leipzig 1855. 8. S. 98 ff. Lübke Grundriss der Kunstgeschichte. Stuttgart 1860. 8. S. 170 ff. Mommsen R. G. I (4. A.) S. 478 ff.

die Meister, welche diese Werke schufen, haben wir eine
sehr dürftige Ueberlieferung; auch sie sind grossentheils als
Handwerker betrachtet[1855]) und einer Erwähnung selten gewürdigt worden. Aus einer Inschrift der republikanischen
Zeit ersieht man, dass die Duumvirn von Caiatia in Campanien
ein öffentliches Gebäude, nämlich ein Stadtthor, durch einen
Sclaven bauen lassen[56]): seit dem Beginne des siebenten
Jahrh. der St. finden sich auch unter den Architekten Griechen, wie Hermodorus von Salamis, durch den um 132 Brutus Callaecus den Tempel des Mars am Circus Flaminius bauen
liess[57]); aber neben diesen unfreien und fremden Architekten
behaupten sich in diesem Kunstzweige bis in die spätere Kaiserzeit auch römische Bürger[58]). Viel geringeren Antheil

---

[1855]) Aurel. Vict. Epit. 14, 5: *(Hadrianus, ad specimen legionum militarium fabros, perpendiculatores, architectos, genusque cunctum extruendorum moenium seu decorandorum in cohortes centuriaverat.* In dem Verzeichniss der Handwerker Cod. Theod. XIII, 4, 2 befinden sich auch
die *architecti*.

56) Mommsen I. R. N. 8918. Er nennt sich *Architectus Harper Appiai serv.(us)*.

57) Wie schwer Bücher ohne Quellennachweisungen zu benutzen
sind, davon giebt bei Gelegenheit dieser Frage Overbeck Gesch. der
griech. Plastik II S. 228 ein lehrreiches Beispiel. Er nimmt nach Brunn
Künstlergeschichte I S. 585 ff. an, dass die Notiz des Plinius XXXIV
§ 52 *Cessavit deinde ars ac rursus Olympiade CLVI revixit* sich auf das
Wiederaufblühen griechischer Kunst in Rom beziehe, und führt dann fort:
»In diese Zeit fallen nun die ersten von griechischen Architekten aufgeführten Bauten in Rom, nicht allein die verschiedenen Tempel, welche die
Porticus des Metellus vereinigte, sondern wenig später (614 d. Stadt, 140 v.
Chr.) auch der Marstempel des Brutus Callaecus — beide Bauten besorgt
von dem Architekten Hermodorus.« Von diesen Angaben ist eine richtig,
nämlich dass Hermodorus dem Brutus Callaecus den Tempel des Mars
baute. S. Corn. Nep. fr. bei Priscian. VIII, 4 p. 270 Kr. *Aedis Martis
est in circo Flaminio architectata ab Hermodoro Salaminio.* Vgl. Th. I S.
919. Die Angabe des Jahres 140 halte ich dagegen für falsch, da D. Junius Brutus Callaecus erst 132 aus Spanien zurückkehrte, triumphirte, und
zu bauen anfing. S. Drumann G. R. IV S. 9. Die dritte Angabe endlich, dass Hermodorus die *porticus Metelli* oder die daran liegenden Tempel (s. über diese sehr schwierige Frage Th. I S. 609) gebaut habe, beruht
auf einer sehr zweifelhaften Lesart bei Vitruv III, 2, 5, in welche
Stelle der Name Hermodorus durch eine Conjectur des Turnebus gekommen ist, welche von Brunn Gesch. d. gr. Künstler I S. 529 II S. 331.
337 f. gebilligt, von den neuesten Herausgebern, Schneider und Lorentzen aber verworfen wird. Hier war wenigstens eine Verweisung
auf Brunn unerlässlich.

58) Das bekannteste Beispiel ist Vitruv, der auch öfters römische
Baumeister erwähnt. In der Vorrede des 7ten Buches § 14 gedenkt er

haben die Römer selbst an der Ausübung der plastischen Kunst und der Malerei genommen. Zwar fehlte es auch hierin nicht an eigenthümlichen und versprechenden Anfängen: die *imagines* in den Atrien waren Werke einheimischer Künstler[1959]; die pränestinischen *cistae*, von denen weiter unten die Rede sein wird, beweisen das glückliche Gedeihen der Metallarbeit in Latium, aber die eigentliche statuarische Kunst war zuerst in den Händen der Etrusker, später der Griechen[60]; nur wenige römische Namen, wie es scheint, von Männern geringen Standes, sind unter den uns bekannten Bildhauern nachzuweisen[61], was um so auffallender hervortritt, wenn man einerseits das Bedürfniss der Stadt Rom an Kunstgegen-

---

der Schriften des Fuficius, Varro und P. Septimius über die Baukunst und führt § 13 fort: *Amplius vero in id genus scripturas adhuc nemo incubuisse videtur, cum fuissent et antiqui cives magni architecti, qui potuissent non minus eleganter scripta comparare.* So heute nach Vitruv der römische Bürger Cossutius für den König Antiochus in Athen den Tempel des Zeus Olympius, C. Mutius für Marius in Rom die *aedes Honoris et Virtutis* (Vitr. a. a. O. und III, 2, 5), und am Schlusse der Vorrede heisst es § 18: *Cum ergo et antiqui nostri inveniantur non minus quam Graeci fuisse magni architecti et nostra memoria satis multi, — non putavi silendum etc.* Auf Inschriften finden wir *ingenui* und *liberti* als Baumeister. Zu den ersten gehören C. Octavius C. f. Pal. *Fructus architectus August*; in Rom, Doni p. 816, 5; *Sex. Veranius Sex. f. Quir. Vitellianus architectus* in Rom, Doni p. 817, 6; *M. Alfenius M. f. architectus* in Rom, Doni p. 817, 7 (alle drei bei Brunn nachzulragen); *C. Postumius C. f. Pollio architectus* in Tarracina Murat. p. 973, 6; zu den letzteren *L. Vitruvius L. l. Cerdo architectus* in Verona Orelli 4145; *M. Artorius M. l. architectus* in Pompeji Mommsen I. R. N. 2836; *Lucius Cocceius Lucii Cocceii l. Auctus arquitectus* in Puteoli Mur. p. 947, 5 (von ihm rührt der noch jetzt benutzte Durchgang durch den Posilipp bei Neapel her. Schnaase Gesch. d. bild. Künste I S. 848); *C. Autistius Isochrysus architect.* in Frigento, Mommsen I. R. N. 1322, u. andere, welche man bei Brunn Gesch. d. gr. Künstler II S. 337—394 findet.

1959) Plin. XXXV § 6. 60) Plin. XXXV § 154. 157.

61) S. Brunn Geschichte der griechischen Künstler. Stuttgart 1857. Bd. I S. 589 ff. Die vorkommenden Namen sind: Volca aus Veji unter Tarquinius Priscus, Plin XXXV § 157; C. Ovius auf einer kleinen Medusenbüste von Bronce im Museum Kircherianum; C. Pomponius auf einer Erzfigur in demselben Museum (Brunn I S. 583); C. Avianius Euander, den Antonius aus Athen nach Alexandria brachte und der von dort als Gefangener nach Rom kam (Porphyrion ad Hor. Sat. I, 3, 90. Brunn I S. 847); Decius um 57 v. Chr. Plin. XXXIV § 44; Aurelius Nicephorus, dessen Name sich in Sparta findet C. I. Gr. 1499; M. Cossutius Cerdo auf zwei römischen Statuen (Brunn I S. 609); P. Cincius P. l. Salvius, vielleicht aus Hadrian's Zeit, daselbst S. 610; Ingenuus; T. Grae[cinius?], Trophimus; Q. Lollius Alcamenes; Nonianus Romulus auf verschiedenen Sculpturwerken, Brunn I S. 612.

stunden dieser Art, andererseits die grosse Zahl der uns bekannten griechischen Künstler in Rom in Betracht zieht. Die Anzahl der Statuen, welche sich in der Hauptstadt anhäuften, war schon zu Cato's des Aelteren Zeit eine sehr erhebliche[1962]; sie wuchs aber in dem Grade, dass sie unter Theodorich dem Grossen, also nach dem Falle des weströmischen Reiches, der Anzahl der Einwohner gleichgesetzt wurde[63]). Nur ein kleiner Theil der Sculpturwerke war für den Cultus bestimmt; den grössten Theil verdankte die Stadt der Sitte, dass der Staat selbst verdienten Personen theils als besondere Ehrenbezeugung theils als regelmässige Anerkennung, welche letztere z. B. bei den Triumphatoren stattfand[64]), eine Bildsäule decretirte, historisch bedeutende Männer nach ihrem Tode durch Monumente ehrte und jedes öffentliche Gebäude »zum Schmucke der Stadt«[65]) mit Reliefs und Bildsäulen ausstattete, dass ferner Privatleute theils ihre Verwandten durch eine Statue zu verewigen, theils sich selbst in ihrem Testamente eine Bildsäule anzuordnen, theils in ihren Bibliotheken Portraitbüsten, clipei[66]), oder Statuen von literarisch berühmten Männern zu vereinigen[67]), theils auch Bildnisse grosser Männer

---

[1962]) Plutarch. praec. gerend. reip. Vol. II p. 1090, 50 Dübner: Ὁ δὲ Κάτων ἤδη ποτὲ τῆς Ῥώμης ἀναπιμπλαμένης ἀνδριάντων, οὐκ ἐᾶν αὑτοῦ γενέσθαι, μᾶλλον, ἔφη, βούλομαι πυνθάνεσθαι τινας, διὰ τί μου ἀνδριὰς οὐ κεῖται, ἢ διὰ τί κεῖται;
[63]) Cassiodor. Var. VII, 15: has (statuas) primum Tusci in Italia invenisse referuntur, quas ampleza posteritas paene parem populum urbi dedit, quam natura procreavit.
[64]) S. Th. III, 2 S. 452.
[65]) Dig. XLIII, 9, 2: concedi solet, ut imagines et statuae, quae ornamento reipublicae sint futurae, in publicum ponantur.
[66]) S Th V, I S. 248.
[67]) Plin. XXXV § 9: Non est praetereundum et novicium inventum. siquidem nunc ex auro argentove aut certe ex aere in bibliothecis dicantur illis, quorum immortales animae in locis iisdem locuntur, quin immo etiam quae non sunt finguntur, pariusque desideria non traditos vultus, sicut in Homero id evenit. — Asini Pollionis hoc Romae inventum, qui primus bibliothecam dicando ingenia hominum rem publicam fecit. Vgl. VII § 115. Horat. Sat. I, 4, 21. Tiberius stiftete imagines von Dichtern in öffentlichen Bibliotheken Suet. Ti. 70), und in der Bibliotheca Ulpia hatte später der Kaiser Numerian eine Statue unter den rhetores (Vopisc. Numer. 11, 1 und Sidonius Apollinaris unter den Dichtern (Sidon. Apoll. epist. IX, 16). Ebenso schmückten Privatleute ihre Bibliotheken mit den Portraits von Dichtern und Schriftstellern. Martial. IX praef. Senec. de tranq. animi 9, 7. Juvenal. 2, 1—6. Plin. ep. I, 16, 8; III, 7, 3; IV, 28, 1.

der Vergangenheit[1868]) oder einflussreicher Personen der Gegenwart[69]), insbesondere der Kaiser[70]), in Häusern, Gärten und Hallen aufzustellen pflegten[71]). Diese Werke zu liefern war also seit dem Anfange des siebenten Jahrhunderts der St. die Aufgabe der in Rom lebenden griechischen Künstler. Der idealen Richtung altgriechischer Kunst war darin nur ein beschränktes Feld der Thätigkeit gestattet, während das massenhafte Bedürfniss an Portraitstatuen, Büsten und Medaillons sowie an historischen Reliefdarstellungen und der Wunsch der Sammler, Copien berühmter Werke zu besitzen, eine grosse Anzahl fabrikmässiger Arbeiter und Copisten[72]) in Beschäftigung hielt; nichtsdestoweniger ist das erste Jahrhundert der Kaiserzeit reich an hervorragenden Werken, welche für uns nach dem Verluste der höchsten griechischen Kunstleistungen bester Zeit noch immer als Hauptrepräsentanten der alten Sculptur gelten dürfen[73]). Die Malerei endlich ist in Rom eine vollkommen griechische Kunst geblieben, und die wenigen Notizen, welche wir von römischen Malern haben, bestätigen nur die Thatsache, dass sie unter die römischen Kunstübungen nicht zu rechnen ist[74]).

Es war nöthig, diese einleitenden Bemerkungen voraus-

1968) Plin. ep. I, 17, 8.
69) Dem Sejan z. B. wurden unzählige Statuen an öffentlichen Orten und in Häusern von Privatleuten errichtet. Dio Cass. LVII, 21. LVIII, 2. 4.
70) Tac. Ann. I, 78. Ovid. ep. ex Ponto IV, 9, 105.
71) Ueber die verschiedenen Veranlassungen zur Errichtung von Statuen handelt sehr ausführlich Figrelius *de statuis illustrium Romanorum. Holmiae 1636.* 8. p. 61 ff.
72) Vgl. Overbeck G. d. Plast. II S. 178.
73) Ich verweise hierüber auf Overbeck a. a. O. II S. 215 ff.
74) Plinius XXXV § 19: *Apud Romanos quoque honos maturo huic arti contigit, siquidem cognomina ex ea Pictorum traxerunt Fabii clarissimae gentis, princepsque eius cognominis ipse aedem Salutis pinxit anno V. C. CCCCL (304 v. Chr.), quae pictura duravit ad nostram memoriam aede ea Claudi principatu exusta. Proxime celebrata est in foro boario aede Herculis Pacuvii poetae pictura. — Postea non est spectata honestis manibus.* Ueber die Maler in Rom, unter denen sich nur wenige römische Namen finden, ist alles gesammelt bei Brunn Gesch. der griech. Künstler II S. 181—311. Den M. Plautius, *Asia oriundus,* welcher den Tempel in Ardea gemalt hatte (Plin. N. H. XXXV § 115), hält M. Hertz *De M. Plautio poeta ac pictore commentatio* im *Ind. lect. Vratislav. Sommer 1867* für identisch mit dem gleichnamigen Dichter.

ausschicken, da die nachfolgende Darstellung den wesentlichen Kern der Archäologie, d. h. die theoretische Erörterung der alten Baukunst, Bildhauerei und Malerei ausschliessen, sich auf eine allgemeine Uebersicht der kunstgewerblichen Thätigkeit römischer Zeiten nach der im Altertbum selbst üblichen, dem Material der Arbeit entnommenen Anordnung beschränken und höchstens auf einige Grenzgebiete näher eingehen wird, welche zu besprechen auch nach der vortrefflichen Behandlung, welche der Archäologie der Kunst zu Theil geworden ist, von einem andern Standpuncte aus und mit Berücksichtigung eines neuen Materiales von Interesse sein dürfte.

1. Arbeiten in Stein.

Das gewöhnliche Baumaterial in Rom und Italien war in der ganzen Zeit der Republik zuerst ungebrannter, dann auch gebrannter Ziegel. Nur bei Wallmauern, Wasserwerken und Substructionen gebrauchte man gehauene Steine zur Errichtung von Quaderwänden, deren Füllwerk Bruchsteine (caementa) bildeten[1875]. Zu diesem Zweck verwendete man den grüngrauen Peperin von Alba, den Travertin von Tibur und was sonst an Steinen die Brüche von Fidenae, Gabii, Amiternum, des Berges Soracte, von Campanien, Umbrien, Picenum und Venetia lieferten[76]), während Marmor, selbst der aus dem nahen Etrurien auf dem Wasserwege leicht zu beziehende lunensische oder carrarische[77]), erst seit dem Ende der Republik zu baulichen Zwecken in Gebrauch kam. Die um diese Zeit sich vollendende Weltherrschaft der Römer verlieh aber ihrer Architectur einen neuen Character[78]), den die Kaiserzeit immer deutlicher hervortreten lässt, und zu dessen wesentlichen Merkmalen der asiatische Luxus gehört, der bereits

---

[1875] Semper Der Stil in den technischen und tektonischen Künsten. Frankfurt a/M. 1860. 8. Bd. I S. 488.
76) Vitruv. II, 7. Ueber Gabii Strabo p. 338; über Tibur Plin. N. H. XXXVI § 48.
77) Strabo p. 222.
78) Ueber die römische Architectur s. ausser den Handbüchern der Geschichte der Baukunst Semper a. a. O. 478—505.

unter den Diadochen in der griechischen Kunst sichtbar wird und durch deren Vermittelung für die römische massgebend wurde. Seit Alexander dem Gr. begann die im Orient von den ältesten Zeiten her übliche[1979] Incrustation der Architectur mit Marmortafeln, welche in Griechenland der polychromen Decoration gewichen war, und ebenso die Ausschmückung von Gefässen und Geräthen von Metall, Holz und Elfenbein mit Edelsteinen und Gemmen in Gebrauch zu kommen. Gleichzeitig scheinen Säulen von edlem Stein ohne Farbenbekleidung und nackte Marmorwände, bei denen das Quaderfugenwerk selbst zur Decoration diente, das in der Blüthezeit der griechischen Kunst durchgängig vorhandene System der Wandbekleidung verdrängt zu haben[66]). Beides fand in Rom, und zwar nicht nur in Tempeln und öffentlichen Gebäuden, sondern auch in Privathäusern Eingang. L. Licinius Crassus der Redner, Cs. 95, war der erste, der sechs freilich nur 12 Fuss hohe Säulen hymettischen Marmors in seinem Hause setzte[81]); M. Lepidus, Cs. 78, legte Schwellen von numidischem Marmor, Lucullus gab einer Marmorart den Namen, der aus Melos kam und zwar in 38 Fuss hohen Säulen[82]); M. Aemilius Scaurus errichtete in seiner Aedilität im J. 58 ein Theater, dessen Scene im untern Theile aus Marmorquadern bestand, im mittleren Theile mit Glasplatten und im oberen Theile mit Goldplatten verkleidet und mit 360 Säulen geschmückt[83]) war; der Ritter Mamurra liess zu Caesars Zeit zuerst seine Wände mit Marmor täfeln und hatte in seinem ganzen Hause nur Säulen von carystischem und lunensischem Marmor aus einem Stücke[84]). Der Tempel des Jupiter Tonans, den Augustus baute (S. Th. I S. 407), war aus Marmorquadern[85]); das Pantheon des Agrippa hatte monolithische Säulen gelben Marmors von 32 Fuss Höhe und prangte ehedem in dem Schmuck farbiger Marmorplatten, und Augustus rühmte sich bekanntlich

[1979] Hierüber verweise ich auf Sempers Ausführungen.
[80] Semper a. a. O. S. 478.
[81] Plin. N. H. XXXVI § 7. Val. Max. IX, 4, 4.
[82] Plin. a. a O. § 49. 50 und § 6.
[83] Plin. a. a. O. § 114 und § 5. [84] Plin. a. a. O. § 48.
[85] Plin a. a. O. § 50.

— 220 —

damit, dass Rom unter ihm aus einer Ziegelstadt eine Marmorstadt geworden sei[86]). Dieser Geschmack erhielt sich bis in die byzantinische Zeit[87]; noch unter Justinian waren die Zimmer der Privathäuser mit Marmor incrustirt[88]), und die im Jahre 563 vollendete Sophienkirche ist für uns das lehrreichste Monument zur Veranschaulichung dieses luxuriösen Decorationsstiles[89]). Obwohl sie im Ganzen aus Bocksteinen gebaut ist, sind doch zur Decoration nur drei Mittel angewendet, Sculptur in Marmor, Bekleidung sämmtlicher Wände mit verschiedenfarbigen Steinplatten, und Mosaik. Eigentliche Malerei kommt gar nicht vor; sie war schon im Beginne der Kaiserzeit der Steinbekleidung gewichen[90]); die Kunst der Decoration kehrt am Ende des Alterthums zurück zu dem Standpuncte, den sie in vorgriechischer Zeit im Orient eingenommen hatte.

---

86) Suet. Aug. 28: *marmoream se relinquere, quam latericiam accepisset.*

87) Von den vielen hierher gehörigen Stellen führe ich nur einige aus verschiedenen Perioden der Kaiserzeit an. Seneca contr. II p. 111 Burs.: *In hos ergo exitus varius ille secatur lapis, ut tenui fronte parietem tegat.* Sen. de ben. IV, 6, 2: *tenues crustas et ipsa, qua secantur, lamina graciliores.* Idem ep. 86, 6: *pauper sibi videtur ac sordidus, nisi parietes magnis et pretiosis orbibus refulserunt, nisi Alexandrina marmora Numidicis crustis distincta sunt — nisi Thasius lapis, quondam rarum in aliquo spectaculum templo, piscinas nostras circumdedit.* Ulpian. Dig. XIX, 1, 17 § 3 *crustae marmoreae aedium sunt.* Hieronym. ad Demetriad. de virg. serv. Vol. I p. 91ª ed. 1616 = Vol. IV, 2 p. 793 Ben.: *Alii aedificent ecclesias, vestiant parietes marmorum crustis, columnarum moles advehant earumque deaurent capita — ebore argentoque valvas et gemmis nurata distinguant altaria.* Sidon. Apoll. ep. II, 2 p. 101 Savarn: *Iam si marmora inquiras, non illis quidem Paros, Carystos, Proconnesos, Phryges, Numidae, Spartiatae rupium variarum posuere crustas, neque per scopulos Aethiopicos et abrupta purpureo genuino fucata ornachylio 'er meint den Porphyr) sparsum mihi saxa furfurem moliuntur*

88) Agathias V, 2 p. 232 Bonn.

89) J. Altchristliche Baudenkmale von Constantinopel vom 5.—12ten Jahrhundert, aufgenommen und erläutert von W. Salzenberg. Im Anhange des Silentiarius Paulus Beschreibung, übers. von C. W. Kortüm. Berlin 1884 fol.

90) Plin. N. H. XXXV § 2: *Primumque dicemus quae restant de pictura, arte quondam nobili — nunc vero in totum a marmoribus pulsa, iam quidem et auro, nec tantum ut parietes toti operiantur, verum et interraso marmore vermiculatisque ad effigies rerum et animalium crustis. Non placent iam abaci nec spatia montis in cubiculo dilatantia, coepimus et lapide pingere. Hoc Claudii principatu inventum, Neronis vero maculas, quae non essent in crustis inserendo unitatem variare, ut ovatus esset Numidicus, ut purpura distingueretur Synnadicus, qualiter illas nasci optassent deliciae.*

Bei diesen Bauten haben wir zweierlei Geschäfte in Betracht zu ziehen, das der Lieferanten und das der Arbeiter.

Was die Lieferanten betrifft, so lässt sich der Umfang ihres Geschäftes aus einer Zusammenstellung der Steinarten ermessen, welche in Rom selbst und später in Constantinopel in gewöhnlichem Gebrauche waren[1991]. Man bezog weissen Marmor zunächst aus Luna in Etrurien[92], sodann vom Hymettos[93] und Pentelicon[94], von den Inseln Paros[95], Thasos und Lesbos[96], aus Sidon und Tyrus[97]: schwarz und weiss gefleckten (*marmo bianco e nero antico*) von Proconnesos in der Propontis[98], aus Gallien[99] und aus Aegypten[1000]); grüngeäderten Cipollino aus Carystus in Euboea[1]), grünen Serpentino aus Laconien[2]), den *verde antico* aus Atrax in Thessalien[3]), eine

---

[1991] S. Caryophilus *de antiquis marmoribus*. Vindob. 1718 fol. Utraiect 1743. 4°. Faustino Corsi *Delle pietre antiche*. Roma 1828. 8 u. in dritter Aufl. 1845. und danach Platner in Beschreibung der Stadt Rom I S. 335—354. Vgl. Du Cange und Kortüm zu Paulus Silentiarius Descr. S. Sophiae.
[92] Strabo p. 222. Plin. N. H. XXXVI § 48. § 14. § 135. Stat. Silv. IV, 2, 29. Dennis Die Städte und Begräbnissplätze Etruriens übers. v. Meissner S. 414 ff. [93] Plin. N. H. XXXVI § 7. Hor. Od. II, 18, 3.
[94] Cic. ad Att. I, 8. öfters in Rom gebraucht. z. B. von Domitian bei dem Aufbau des Capitols. Plut. Poplic. 15. Platner S. 338. Ueber die Brüche Strabo p. 699.
[95] Plin. N. H. IV § 67 XXXVI § 14 sqq. Strabo p. 487. Prudent c. Symm. II, 246. Sidon. Apoll. Carm 22, 440. Isidor. Or. XVI, 5, 8. [96] Plin. N. H. XXXVI § 44. Stat. Silv. II, 2, 92.
[97] Stat. Silv. I, 5, 89.
[98] Proconnesischer Marmor (Strabo p. 588. Meine Schr. Cyzicus und sein Gebiet S. 84) wird zunächst in Asien, z B. in Carien (Plin. XXXVI § 47), Lydien (C. I. Gr. 3268, 3231), ferner in Byzanz verwendet, er kommt aber auch in Rom vor. Platner S. 341.
[99] Der celtische Marmor, den Paulus Silent. Descr. S. Soph. 631—668 erwähnt, scheint der *bianco e nero di Francia* zu sein.
[1000] Platner S. 341. Vielleicht gehört hieher das *Marmor Augusteum* und *Tiberum* Plin. XXXVI § 55.
[1] Strabo p. 446. Seit Cäsars Zeit oft in Rom gebraucht. Plin. XXXVI § 48. Mart. IX, 75, 7. Stat. Silv. II, 2, 93. Capitolin. Gord. 32, 2. Sidon. Ap. Carm. 22, 140. Isid. Or. XVI, 5, 15. Paul. Sil. 620—203.
[2] Die Brüche sind bei *Agostae*. Pausan. III, 21, 4. Curtius Peloponn. I S. 84, II S. 206. Vgl. Mart. IX, 75, 9. Plin. XXXVI § 55. Stat. Silv. I, 5, 40. I, 2, 148. II, 2, 90. Prudent c. Symm. II, 247. Sidon. Apoll. Carm. 5, 36. Isidor. Or. XVI, 5, 2. Paul. Sil. 618—611. Ueber den lakonischen und den thessalischen Marmor s. Tafel *de marmore viridi* in Abh. d. baierischen Acad. Philos. philol. Classe II, 1, (1837) S. 181 ff. [3] Paulus Silent. 641—664 ff. Er dient besonders zu Säulenschaften. Salzenberg Altchr. Baudenkmale. S. 28.

andere grüne Sorte aus Koptos in Aegypten[2004]); schwarzen vom Taenarus in Laconica (*nero antico*)[5], von der Insel Melos[6] und von Alabanda[7]); gelben (*giallo antico*) aus Numidien[8], rothen, gelbgeäderten aus Lydien[9] und Carien[10]). Aus Phrygien kam weisser mit violetten Adern, der in dem Dorfe Dokimia bei Synnada gebrochen wurde und *Δοκιμίτης, Δοκιμαῖος*, bei den Römern *Synnadicus* oder *Phrygius*, jetzt *Paonazzetto* heisst[11]); den bunten Marmor lieferten Chios[12] und Skyros[13], den Alabaster (*onyx alabastrites* der Alten), aus dem man grosse Säulen gewann, Syrien und andere Gegenden Asiens[14], den rothen Granit Syene[15], endlich den purpurroth und weiss gesprenkelten Porphyr (*porfido rosso*) die ägyptischen Gruben zwischen Myos Hormos und Koptos[16]). Die Brüche dieser Steine waren durchschnittlich zur kaiserlichen Domaine gehörig[17]), den Ankauf und die Anfuhr gab man bei vorkommenden Bauten einem *redemptor* in Entreprise[18]), dessen Geschäft bedeutende Geldmittel und ausgedehnte Verbindungen erfordert haben muss, da der Import[19]) grosser Mar-

---

2004) S. Th. III, 2 S. 202.
5) Strabo p. 367. Plin. XXXVI § 135.
6) Plin. XXXVI § 56.   7) Plin. XXXVI § 62.
8) Plin. XXXV § 3, XXXVI § 49. Hor. Od. II, 48, 4. Mart. IX, 75, 8. Stat. Silv. I, 5, 36. II, 2, 92. Capitolin. Gord. 22, 2. Sidon. Ap. Carm. 5, 37; 22, 136. Isidor. Or. XVI, 5, 16. Paul. S II. 584=117.
9) Paulus S II. 632=145.
10) Paulus S II. 680=213.
11) Strabo p. 577. Hor. Od. III, 1, 44 mit Fea's Anm. Mart. IX, 75, 8. Stat. Silv. I, 5, 37. II, 2, 89. Capitolin. Gord. 32, 2. Sidon. Ap. Carm. 5, 37. 22, 136. Prudent. c. Symm. II, 247. Paul. S II. 623=205.
12) Strabo p. 645. Stat. Silv. II, 2, 93. IV, 2, 88. Isidor. Or. XVI, 5, 17.   13) Strabo p. 487.
14) Plin. XXXVI § 59. Platner S. 347.
15) S. Th. III, 2 S. 202. Stat. Silv. II, 2, 86. IV, 2, 27. Plin. XXXVI § 63. Isidor. Or. XVI, 5, 14.
16) S. Th. III, 2 S. 202. Plin. XXXVI § 57. Prudent. c. Symm. II, 246. Sidon. Apoll. Carm. 22, 144. 5, 35. Isidor. Or. XVI, 5, 5. Paul. S II. 627=210. Dies sind die *columnas Claudianas*, Capitolin. Gord. 32, 2, so genannt von dem *mons Claudianus*, wo sie gebrochen wurden.
17) S. Th. III, 2 S. 202.
18) Horat. Od. II, 18, 17 *in secunda marmora locas*. Ein *redemtor marmorarius* in Neapel Mommsen I. R. N. 2588. Vgl. Bull. Nap. I (1843) p. 82.
19) *invehi marmora* Plin. XXXVI § 4.

morblöcke und namentlich der für die Säulen bestimmten Monolithen eigene Transportschiffe nöthig machte[2020]), die *crustae* aber, wie wir sehen werden, anfangs fertig zugeschnitten aus ausländischen Fabriken bezogen wurden.

Was zweitens die Arbeiter betrifft, so zerfallen diese, wenn man von den Steinbrechern (*exemtores*)[21]) und den für den Strassenbau bestimmten Steinsetzern (*silicarii*)[22]) absieht, in zwei Classen, in welchen alle Stufen der Technik von der niedrigsten bis zur höchsten vertreten sind.

In die erste gehören alle Arten von Steinarbeitern, zunächst die Handwerker, welche die Bausteine nach Anweisung des Baumeisters zuhauen, worauf diese zuweilen mit einer Nummer versehen werden[23]), nach der sie zur Verwendung kommen. Da man den *lapis* oder *lapis quadratus*, den gewöhnlichen Haustein, der bei Kunstbauten mit Stuck und Farbe bekleidet wurde, im technischen Ausdruck bestimmt von dem Marmor unterscheidet[24]), so sind auch diese Handwerker entweder *lapidarii*[25]) (*quadratarii*)[26]) oder *marmorarii*[27]). Zu ihnen kommen, weil einige italische Steinsorten mit der Säge geschnitten werden, wie der venetianische Stein[28]) und der

---

[2020]) S. oben Anm. 78; *lapidaria navis* Petron. 117.
[21]) Plin. XXXVI § 135.   [22]) Frontin. de aq. 117.
[23]) Henzen Bull. d. Inst. 1868 p. 62.
[24]) Semper I S. 177, der die Hauptstellen anführt. Plin. XXXVI § 48 *fuit tamen inter lapidem atque marmor differentia iam et apud Homerum*. Vitruv. II, 9, 2: *e marmore seu lapidibus quadratis*. II, 8, 16: *non modo caementitio aut quadrato saxo sed etiam marmoreo*. IV, 4, 1: *quadrato saxo aut marmore*. Lamprid. Heliog. 25, 9: *parasitis in secunda mensa saepe coronam cenam — nonnumquam vel marmoream vel lapideam exhibuit*.
[25]) *opifices lapidarii* Orelli 4208; *marmorarius et lapidarius* Orelli 4210; *lapidarius*, ein Sclave, in den *fasti Antiatini* Henzen 6445; *lapidarius* in Padua, ein Freier, Grut. 640, 5. Dig. XIII, 6, 5 § 7 *si servus lapidario commodatus sub machina perierit, imeri fabrum*. Dig. L, 6, 6. Cod. Th. XIII, 4, 2.
[26]) Das Wort ist erst spätüblich. Cod. Th. XIII, 4, 2 und andere Nachweisungen aus kirchlichen Schriftstellern bei Savaro ad Sidon. Ap. ep. III, 12 p. 211. *Opus quadratarium* Orelli 4229.
[27]) Senec. ep. 88, 16; 90, 15. Vitruv. VII, 6. Orelli 1219 = Mommsen I. R. N. 2610; Orelli 2507; 2524 = Mommsen I. R. N. 1295; Mommsen I. R. V. 6633; Bull. 1844 p. 135. Ein *sodalicium marmorariorum* in Turin. Marm. Taurin. II p. 126 n. 431. Ueber den Begriff des *marmorarius* s. O. Jahn Villa Pamfili S. 7, Ber. d. phil. hist. Cl. d. k. sächs. G. d. W. 1861 S. 298.
[28]) Vitruv. II, 7, 1: *in Venetia albus, qui etiam serra dentata uti lignum secatur*.

Marmor von Luna[29/30]), drittens die *sectores serrarii*[30]), deren Handwerk, im Orient seit alten Zeiten geübt, erst unter den Kaisern seinen Höhepunct erreichte. Denn die *crustae marmorum*, deren Herstellung ihre schwierigste Aufgabe wurde, kamen anfangs fertig aus dem Orient[31]).

Eine höhere Stufe der Technik repräsentiren die Fabrikanten von Stein- und Marmorwaaren, welche theils selbständige Geschäfte mit Altären, Grabmonumenten, Brunnenverzierungen, Haus- und Grabgeräthen und ähnlichen Gegenständen, die sich fabrikmässig herstellen liessen, machten, theils auch die Steinarbeiten bei der inneren Decoration der Gebäude übernahmen. Auch sie nennen sich *lapidarii*[32]) oder *marmorarii*[33]), insofern sie Inschriften machen, *lapicidae*[34]), auch wohl *inscriptores* oder *scriptores*[35]); wenn sie in Hausgeräthen oder Decoration von Gebäuden arbeiten, *marmorarii subaedani*[36]). In ihren Niederlagen, die mit Ladenschildern

---

29/30) Plin. XXXVI § 135.
30) Schon in der Zeit der Republik gab es in Rom ein *collegium sectorum serrariorum*, C. I. L. I n. 1108. Eine *statio serrariorum* in Italica in Spanien s. Hübner Monatsberichte der Berl. Acad. 1861 S. 93.
31) Plin. XXXVI § 47. 51, und über das Verfahren bei dem Schneiden § 51—52.
32) So derhei Petron. 65 vorkommende *Habinnas uxor idemque lapidarius, qui videtur monumenta optima facere*. Trimalchio selbst hat bei ihm sein Grabmonument bestellt. Ib. 71. Er ist ein wohlhabender Mann (o. 57) und bekleidet die Würde eines *sevir augustalis*.
33) Orelli 1283 und dazu O. Jahn Die Wandgemälde des Columbariums in der Villa Pamfili München 1857. 4. S. 7.
34) Varro de L. L. VIII, 62. Sidon. Apoll. ep. III, 12: *Sed vide ut vitium non faciat in marmore lapidicida (lapicidae?), quod factum sive ab industria seu per incuriam mihi magis quam quadratorio lividus lector adscribet*. Die *ars characte (raria)*, welche die Inschr. bei Donati II, p. 316, 1 erwähnt, könnte ebenfalls auf den Steinhauer bezogen werden. Boissieu *Inscr. de Lyon* p. 186 versteht darunter die Kunst des Graveurs, der namentlich Stempel und Siegelringe schneidet (*typos scalpit* Plin. XXXV § 128).
35) *Inscriptor* (Henzen 6875) und *scriptor* (Henzen 6586. 6976. Orelli 4751) sowie *inscribere* und *scribere* sind nicht nur die technischen Ausdrücke für die mit Farbe angeschriebenen *tituli*, worüber Zangemeister C. I. L. IV p. 10 die Beweise zusammengestellt hat, sondern auch für Steininschriften. So steht über der Inschrift Renier *Inscr. d' Alg.* 1995 *ESCVLPsit ET Scripsit DONATVS*, und in einer christlichen Inschr. des Vatican bei Mommsen Ueber den Chronographen vom Jahre 354 S. 617 an der Seite: *SCRIBSIT PVRIVS DIOI......* Ein drittes Beispiel führt Mommsen a. O. an.
36) Henzen 7145. Ein *corpus subaedianum* in Florenz. Mural 1143, 1.

versehen waren[2037]), fand man fertige Grabmonumente, in welchen nur für die Inschrift Platz gelassen worden war[38]), Sarcophage, soweit vollendet, dass nur etwa noch der Deckel oder das Portrait des Todten hinzugefügt werden durfte[39]), Aschenurnen[40]), Todtenkisten nach etruskischem Muster, Salbfläschchen und Lampen. Auch die schönen und kunstvollen Hausgeräthe von Marmor, deren die Alten sich bedienten und von denen noch viele unsere Museen schmücken[41]), Tische[42], Tischplatten, Tischfüsse (*trapezophori*)[43]), Dreifüsse (*tripodes, delphicae*)[44]), Sitze (*sellae*), Candelaber[45], Becken, Badewannen, Prachtvasen und Gebrauchsgeschirre werden wonigstens zum Theil für den Verkauf gearbeitet worden sein.

Zu den Decorationsarbeiten, die hier in Betracht kommen, gehört die Täfelung der Wände mit Marmorplatten, das Legen der Fussböden und die eigentliche Mosaik (opus musivum[46]). Die Bekleidung des Fussbodens (*parimenti marmo-*

[2037] Zwei solcher s. bei Orelli 4922: *Tituli haic ordinantur et sculpuntur aidibus sacreis cum operum publicorum.* 4229: *D. M. titulos scribendos vel si quid operis marmorari opus fuerit hic habet.* Bildliche Darstellungen der Ateliers solcher Steinarbeiter sind mehrfach vorhanden und besprochen von O. Jahn Ber. d. phil. hist. Classe d. K. Sächs. G. d. W. 1861 S. 295—307.

[38] Ein solcher auf Speculation angefertigter Grabcippus befindet sich im Lateran. E. Braun Die Ruinen und Museen Roms S. 784.

[39] Dennis die Städte und Begräbnissplätze Etruriens S. 493.

[40] S. Th. V, 1 S. 379.

[41] S. namentlich Piranesi *Vasi candelabri cippi sarcofagi tripodi lucerne ed monumenti antichi.* 2 Voll. 1778 fol.; in der Gesammtausgabe der Werke der Brüder Piranesi (1800) Bd. XII. XIII, worin man alle angeführten Gegenstände vertreten findet. Die andere Literatur s. bei O. Müller Archaeol. § 401, 4. Ich füge im Folgenden nur einzelne Beispiele hinzu.

[42] Hor. Sat. I, 6, 116: *et lapis albus Pocula cum cyatho duo sustinet* und dazu Porphyrion: *Marmoream mensam delphicam significat, quae scilicet pretii non magni est.* S. auch Th. V, 1 S. 244. 247. Marmortische aus Pompeji s. bei Overbeck Pomp. II p. 51 fig. 248. 249.

[43] Th. V, 1 S. 239 Anm. 2027. 2028.

[44] Th. V, 1 S. 228. 229.

[45] *Descript. of anc. marbles in the British Museum* I, t. 5.

[46] Orelli 3388; *opus museum* Orelli 1239. Henzen 6599. Ueber die verschiedenen Arten von Mosaik s Müller Archaeol. § 322, wo man die Literatur findet, und von Neueren besonders G. P. Secchi *Il musaico Antoniniano rappresentante la scuola degli Atleti trasferito dalle Terme di Caracalla al Palazzo Lateranense.* Roma 1843. 4. Vgl. Henzen Bull. 1843 p. 123 ff.

ratio)²⁰⁴⁷) geschieht entweder mit grossen Marmorplatten⁴⁸), oder mit geometrisch zugeschnittenen, dreieckigen, viereckigen, sechseckigen Scheiben verschiedener Steinarten, wovon die *pavimenta sectilia*⁴⁹), oder mit kleinen unter sich gleichen quadratischen Stücken, welche schachbrettartig in beliebigen Mustern componirt werden, wovon die *pavimenta tessellata* (*opus quadratarium*)⁵⁰) ihren Namen haben⁵¹); auch sie ist die Aufgabe der *marmorarii*⁵²), die von der speciellen Arbeit auch *pavimentarii*⁵³) und *tessellarii*⁵⁴) heissen. Die *pavimenta*

---

47) Apul. Florid. IV, 18 p. 69. O. Jahn *Villa Pamfili* S. 7.

48) Ueber römische *pavimenta* dieser Art s. Visconti M. P. Cl. VII p. 238 Milan. Einen schön erhaltenen Fussboden aus *verde antico* in der Kirche des Hagios Johannes in Constantinopel s. in Salzenberg Altchristl. Baudenkm. von Constantinopel Taf. IV. Auf derartige *pavimenta* sind die grossen runden Einsatzstücke von kostbarem Marmor (*orbes*, zu beziehen bei Juv. 11, 173. vgl. Sen. ep. 86, 6.

49) Vitruv. VII, 4, 2, 4: *pavimenta struantur sive sectilia seu tesseris. Cum ea extructa fuerint — ita fricentur, ut, si sectilia sint, nulli gradus in scutulis aut trigonis aut quadratis seu favis extent, sed coagmentorum compositio planam habeat inter se directionem, si tesseris structa erit, ut eae omnes angulos habeant aequales.* Zu den *sectilia* gehören der Form nach auch die *spicata*, welche aber von Thon sind. S. A. 2448.

50) Murat. 2042, 2. LeoOstiensis in der Anm. 2069 angeführten Stelle.

51) Suet. Caes. 46: (*multi prodiderunt eum*) *in expeditionibus tessellata et sectilia pavimenta circumtulisse,* in welcher Stelle ebenso wie bei Vitruv nur zwei Arten erwähnt werden.

52) S. die von Jahn *Villa Pamfili* angef. Stellen: Acron ad Hor. S. I, 5, 82: *ad unguem factus homo; Translatio a marmorariis, qui juncturas marmorum tum demum perfectas dicunt, si unguis superductus non offendat.* Vgl. Serv. ad Verg. Ge. II, 277. Schol. Pers. 1, 63. Cassiodor. Var. I, 6: *de urbe nobis marmorarios peritissimos destinetis, qui ex his divisa coniungant et venis colludentibus illigata naturalem faciem laudabiliter mentiantur: ut de arte venial, quod vincat naturam, discolorea crusta marmorum gratissima picturarum varietate texantur.* Auch aus Lucian Somn. 2 sieht man, dass ein und derselbe *marmorarius* zugleich λιθογλύφης und συναρμοστής καὶ ἑρμογλύφεύς war, wo unter συναρμοσταί der *coagmentator crustarum* zu verstehen ist.

53) *Pavimentarii* waren in Rom schon vorhanden, ehe man marmorne Fussböden legte; sie machten den Estrich im Hause, namentlich das *opus signinum*, welches aus Töpferscherben und Kalk bestand (Plin. XXXV §165), und die *testacea spicata* aus ährenförmig zusammengefügten Thonstücken, Vitruv. VII, 1, 4. Plin. XXXVI §187; *spicam sternere* Orelli 1840. Allein wie die *porticus pavimentata* bei Cic. de domo s. 44. 416 und die *pavimenta Poenica* des Cato bei Festus p. 248ᵇ 28 als Marmorfussböden zu verstehen sind, so werden auch die *pavimentarii* der Kaiserzeit (Henzen 6148; *corpus pavimentariorum* Mur. 527, 6) zu den *marmorarii* zu rechnen sein.

54) Cod. Th. XIII, 4, 2.

tessellata, die nicht blos in bedeckten Räumen, sondern auch auf freien Plätzen gelegt wurden[55]), scheinen am frühesten vorzukommen[56]); sie sind verschieden von den *lithostrota*[57]), dem *opus vermiculatum*[58]), d. h. der eigentlichen Mosaik, die, im Orient seit den ältesten Zeiten bekannt[59]), etwa seit Alexander dem Gr. in Griechenland üblich wurde[60]), nach Rom aber, wie Plinius annimmt, unter Sulla[61]), wie wir indess aus einem Fragment des Lucilius[62]) ersehen, schon etwas früher gelangte und seitdem nicht nur für Fussböden, son-

---

55) Vitruv. VII, 1, 5 *pavimentum e tessera grandi* im Freien.
56) Auf ein solches *pavimentum* bezieht sich die Inschrift aus der Zeit der Republik C. I. L. I, 575.
57) Die ursprüngliche Bedeutung von λιθόστρωτος (Soph. Ant. 1204, ist für den technischen Begriff nicht massgebend. Dieser ist nicht ein allgemeiner, wie Visconti M. P. Cl. VII p. 332 annimmt, sondern ein ganz specifischer. Plin. N. H. XXXVI § 184. 189. Arrian. Epictet. IV, 7, 37: σοὶ μέλει, πῶς ἂν ἐν λιθοστρώτοις οἰκήσῃς. Varro de R. R. III, 1, 10: *villam — parietibus nobilibus lithostrotis spectandam*. III, 2, 4: *Nescubi hic vides citrum aut aurum? num minium aut Armenium? num quod emblema aut lithostrotum?* Auch bei Capitolin. Gord. 32, 6 wird das *lithostrotum* bei dem Project eines luxuriösen Bauwerks erwähnt. Aus allen diesen Stellen sieht man, dass es die künstlichste Art der Mosaik bezeichnet.
58) Plin. N. H. XXXV § 2: *vermiculatisque ad effigies rerum et animalium crustis*. Orelli 4240 *vermiculum straverunt; vermiculatum pavimentum* Augustin. de ordine I, 2. Der Ausdruck *opus vermiculatum* kommt, so viel ich weiss, nicht vor, ist aber nach der Analogie von *opus pilarum* (Orelli 844), *opus tectorium, opus quadratorium* (Orelli 4239), *opus musivum* richtig gebildet. Secchi will ihn von der rothen Farbe erklären, da *vermiculus* Coccusroth ist; weil indessen in Mosaiken alle Farben vorkommen, so wird die Metapher von dem Vergleich der vielen kleinen Stifte mit Würmchen herzuleiten sein.
59) Eine assyrische Mosaikwand von Thonstiften s. bei Semper I S. 427.
60) Die Zeitbestimmung ist streitig. Nach der gewöhnlichen Annahme, welcher Raoul Rochette *Peintures antiques inédites*. Paris 1836. 4. p. 392 folgt, kamen in Griechenland erst unter den Diadochen Mosaikfussboden in Gebrauch. Athenaeus XII p. 541e erwähnt als einen Beweis der Verschwendung des Demetrius von Phaleron, dass er ἐνύφη πολλὰ τῶν ἴσων ἐν τοῖς ἀνδρῶσι κατεσκεύαζε διαπεποικιλμένα ὑπὸ δημιουργῶν. Dagegen wird allerdings in einer Anekdote, die Galen. Protrept. 6. Vol. I p. 19 Kühn erzählt, schon zur Zeit des Cynikers Diogenes, welcher 324 starb, ein Mosaikfussboden in einem Privathause, ἔδαφος ἐκ ψηφῶν πολυτελῶν — θεῶν εἰκόνας ἔχον ἐξ αὐτῶν διατετυπωμένας, erwähnt. Ich möchte auf diese ganz beiläufige Erwähnung nicht zu viel geben, um wenigstens mit Letronne *Lettres d'un antiquaire à un artiste*, Paris 1836. 8. p. 808 aus ihr schliessen, dass die Griechen schon seit dem fünften Jahrh. v. Chr. Mosaiken gehabt hätten.
61) Plin. N. H. XXXVI § 189.
62) Lucilius bei Cic. Or. 44, 449. Plin. N. H. XXXVI § 185:

dern auch für Decoration von Säulen[2063]) und Gewölben[84]) in Anwendung kam[85]). Sie hat den besondern Zweck, eine

Quam lepide λέξεις compostae, ut tesserulas omnes arts pavimento atque emblemate vermiculato

wofür zu lesen sein möchte:

arte pavimentatae emblemate vermiculato.

Da Plinius den Vers kennt und dennoch die Einführung der *lithostrea* unter Sulla setzt, so macht er zwischen *opus vermiculatum* und *lithostrotum* wieder einen Unterschied, welcher indess nur in dem Material liegen kann, so dass *lithostrotum* eine Composition von edlen Steinen oder Glas ist (vgl. Brunn Gesch. d. gr. Künstler II S. 311). Denn in Hinsicht auf die Technik ist das Characteristische beider Arten dasselbe, nämlich die nach einer freien Handzeichnung, nicht nach geometrischen Formen gemachte Composition, bei welcher die Stifte nicht gleiche geometrische Formen haben, sondern nach Bedürfniss zugeschliffen worden. Vgl. Augustin. de ordine I, 2 (Vol. I p. 235 Ben.): *Sed hoc pacto si quis tam minutum cerneret, ut in vermiculato pavimento nihil ultra unius tesselae modulum acies eius valeret ambire, vituperaret artificem velut ordinationis a compositionis ignarum, eo quod varietatem lapillorum perturbatam putaret a quo illa emblemata in unius pulchritudinis faciem congruentia simul concollustrarique non possent.*

2063) Ueber die *casa delle quattro colonne a musaico* in der *via dei sepolcri* in Pompeji s. Breton Pompeia (ed. 2) p. 222: *Au centre de la grande cour était une treille portée par quatre colonnes revêtues de marques d' un travail assez fin et dont les ornements se composent d' arabesques et d' écailles de poissons, les chapiteaux manquent. Ces colonnes ont été portées au musée.* Vgl. *Mus. Borb.* XII Relasione p. 8. Annali 1838. p. 191

84) Plin. N. H. XXXVI § 189. Statius Silv. I, 5, 41. Senec. ep 86, 6. Spätere Stellen zieht Salmas. ad Script. H. A. I p. 658.

65) Eine Uebersicht der bedeutendsten vorhandenen Mosaiken giebt Laborde *Descr. d'un pavé en mosaique découvert dans l'ancienne ville d'Italica, suivie de recherches sur la peinture en mosaique chez les anciens et les monumens en ce genre qui n'ont point encore été publiés.* Paris 1541 fol. Müller Archäol. § 322. Von neueren Publicationen erwähne ich:

Italische Mosaiken: von Capri *Mus. Borb* XV, 24. *Musaico Marforchi*, jetzt in Berlin, *Mon. d. inst.* IV, 30. E. Braun *Annali* 1843 p 193 ff.; über römische s. E. Braun die Ruinen und Museen Rom Braunschweig 1854. 8.

Französische M: von Autun. *Annali* 1834 p. 45; und über viele neuerdings entdeckte E. Fleury *La civilisation et l'art des Romains dans*

eigentliche Malerei (pictura)²⁰⁶⁶) vermittelst kleiner farbiger Stifte von Stein, Thon und Glas herzustellen, und ist die besondere Kunst der musivarii⁶⁷) oder ψηφοθέται⁶⁸), welche in Italien bald nach dem Untergange des weströmischen Reiches mehr und mehr aufhörte, aber in Constantinopel fortblühte, von wo sie wieder zurück in das Abendland gelangte⁶⁹).

Wir übergehen aus den in der Einleitung zu diesem Abschnitte angeführten Gründen die eigentlichen Meister der Bildhauerei in Marmor (*scalptores marmoris*)⁷⁰), um noch kurz der zweiten Classe der Bauleute, nämlich der Maurer und Decorateure, zu gedenken. Die Aufführung des Baues ist das

---

Die römische Villa zu Nennig und ihr Mosaik, erläutert von v. Wilmowski, Bonn 1865. fol. Salzburger Mosaiken in Arneth Archäologische Analekten Tef. 5. 6ᵃ, 6ᵇ, 6ᶜ, 6ᵈ, 7, 8, 9.
Siebenbürgische: Arneth Arch. Anal. Taf. 15—18.
Byzantinische. S. oben Anm. 1989.
66) Spartian. Pesc. Nig. 6, 8: *Hunc (Pescennium) — pictum de musio inter Commodi amicissimos videmus.* Trebell. Poll. trig. tyr. 25, 1 *pictura est de museo.* Augustin. de civ. d. XVI, 8: *et cetera hominum vel quasi hominum genera, quae in maritima platea Carthaginis musivo picta sunt.*
67) *Musivarius* Cod. Th. XIII, 4, 2, vielleicht auch Orelli 4288, wo jetzt *musicario* steht; *museiarius*) Grut. 388, 8. Andere Beispiele giebt Du Cange in *Gloss. med. Lat.*
68) ψηφοθέτης und ψηφοθετέω haben die Glossae. Im C. l. Gr. 1143 kommt ein ψηφοθέτης vor, wofür Letronne *Lettres d'un antiq.* p. 313 ψηφοθέτης lesen will. Gregorius Nyss. Orat. de S. Theodoro martyre. Opp. ed. Paris. 1613. Vol. II p. 1011: *καὶ ὁ τῶν ψηφίδων συνδιηγίαν ἀξιόν ἐποίησεν τὸ πατούμενον ἔδαφος.* Gregor. Nazianz. Or. 18 ed. Colon. 1690 p. 288: *οἰκίας ὑπερλάμπρους λίθοις παντοίοις διηρμοσμένας — καὶ ψηφίδος λαμπρᾶς διαθέσει.*
69. Eine merkwürdige Notiz hierüber giebt Leo Ostiensis, welcher um 1115 starb, in der *Chronica Mon. Casinensis* III, 27 in Pertz *Monum. Script.* VII p. 718: *Legatos interea Constantinopolim ad locandos (ut mentis ad conducendos) artifices destinat, peritos utique in arte musiaria et quadrataria, ex quibus videlicet alii absidam et arcum atque vestibulum maioris basilicae musivo comerent, alii vero totius ecclesiae pavimentum diversorum lapidum varietate consternerent. Quarum artium tunc ei destinati magistri cuius perfectionis exstiterint, in eorum est operibus estimari, cum et in musivo animatas fere autumet se quisque figuras et quaeque virentia cernere et in marmoribus omnigenum colorum flores pulchra putet diversitate vernare. Et quoniam artium istarum ingenium a quingentis et ultra iam annis magistra Latinitas intermiserat, — ne sane id ultra Italiae deperiret, studuit — plerosque de monasterii pueris diligenter eisdem artibus erudiri.* Ueber mittelalterige Mosaiken und die Composition der Mosaikmasse s. Muratori *Antiquitates Italicae* II p. 362—390.
70 Pliaius XXXVI § 9. 11. 15. 11 unterscheidet die *scalptores marmoris* von den *statuarii*, deren Kunst mit Phidias beginnt (§ 15). Die letzteren sind also die Verfertiger der chryselephantinen Bildwerke.

— 230 —

Geschäft der *structores*, *structores parietarii*[2071]) oder *instructores*[72]) (Maurer)[73]), unter denen sich Sclaven[74]), Freigelassene[75]) und freie Leute[76]) finden; sie werden auch mit dem allgemeinen Namen *fabri* bezeichnet[77]). Alle Bauwerke indess, welche nicht, wie die oben besprochenen Prachtgebäude der Römer, aus Marmor errichtet wurden, also Bauten aus behauenen Steinen oder Ziegeln, erhielten im ganzen Alterthum, sowohl im Orient, als in Griechenland und Italien, regelmässig einen Abputz und eine Decoration in Stuck und Farben[78]), weshalb einen wesentlichen Theil des Baupersonals die *tectores*[79]), *albarii*[80]), *dealbatores*[81]), *gypsarii*[82]), *gypso*-

---

2071) C. Julius Salvus, *structor parietarius*, Reines. XI, 143. Cod. Just. X, 64, 1 *structores i. e. aedificatores*.
72) Cassiodor. Var. VII, 5: *Quidquid enim aut instructor parietum aut scalptor marmorum aut aeris fusor aut camerarum rotator aut gypsoplastes aut musivarius ignorat, te prudenter interrogat*.
73) Dig. L, 6, 6. Cod. Th. XIII, 4, 2. Cic. ad Q. fr. II, 6, 2: *in aream tuam veni; res agebatur multis structoribus. Longitum redemtiorem cohortatus sum. — Domus erit egregia*. Auch beim Militär kommen *structores* für die *castra hiberna* vor. Vegel. II, 11. In Rom giebt es ein collegium structorum Grut. 106, 3.
74) Mommsen I. R. N. 3137. 6832 col. III. 6849. 6859.
75) Grut. 1002, 1. Orelli 4263. Mural. 947, 10. 968, 9. Mommsen I. R. N. 2990.
76) C. Canfuius Rufus *structor*, *magister vici* in Pisaurum. Oliver Marm. Pisaur. 9, 10. 11.
77) Varro bei Non. p. 9, 18: *Amussis est asquamen (vel?) laeramentum: id est apud fabros tabula quaedam, qua utuntur ad saxa congmentata*.
78) Ueber diesen vielbesprochenen Gegenstand verweise ich auf Semper der Stil I S. 325, 398, 431—458.
79) Augustin. de c. d. IV, 22: (*Varro dicit*) *vivere omnino neminem posse, si ignorat, quisnam sit faber, quis pictor, quis tector*. Tertull. de idol. 8: *Scit albarius tector et tecta sarcire et tectoria inducere et cisternam Nare et cymatia distendere et multa ornamenta — parietibus inscripere* (also ein Stucateur). Ueber diese Kunst, das *opus tectorium*, das bei vielen Bauten besonders erwähnt wird (Mur. 809, 2. Orelli 4631; s. Vitruv. VII, 2. Darauf scheint auch zu gehen Cic. ad Att. I, 11, 1 *praeterea typos tibi mando, quos in tectorio atrioli passim includere*; de leg. II, 26, 65: *neque id (sepulcrum) opere tectorio exornari — licebat*. Ueber die *tectores* s. ausser dem bei Orelli ad Cic. pro Planc. § 62 Angeführten noch folgende Beispiele: *Altabus Fulvian. tect.* und *Agathopus tec.* im Calend. Antiat. C. I. L. I p. 337. Col. II, 10. 80; P. Marcius P. f. Philodamus *tector* in Beneventi Mommsen I. R. N. 1858 = Orelli 4391; C. Putfidius ↄ L. Nicia *tector* Mommsen I. R. N. 5102; Pompeius Caleno civis Sequanus *tector* in Lugdunum. Boissieu p. 429 = Orelli 4001. Ein *servus tector* Dig. XIII, 6, 5 § 7.
80) Orelli 4112. Ed. Diocl. VII, 7. Vgl. Vitruv. VII, 2. Tertull. de idol. 8.

plastae[2083], sowie die *pictores parietarii*[84] und *coloratores*[85] ausmachen. Auch an diesen Theil der Arbeit knüpften sich die Geschäfte der Lieferanten von Kalk und Farben, der Kalkbrenner, Kalkhändler[86] und Farbenhändler (*pigmentarii*), endlich für Ziegelbauten die Fabrication der Backsteine, welche wir im folgenden Abschnitt besprechen.

2. Arbeiten in Thon[87].

Die vielfältigen Thonfabricate, welche zu den gesuch-

---

82) Cod. Just. X. 64, 1. In den pompejanischen Graffiti nennt sich mehrmals der Schreiber und der Tüncher, der die Wand zum Zwecke der Inschrift geweisst hat. S. Zangemeister C. I. L. IV p. 19. n. 222 *dealbatore Onesima*. n. 1190 *dealbante Victore*, und in der Inschrift C. I. L. I, 574 *hanc aram ne quis dealbet* ist ebenfalls das Verbot gegen Beschreiben des Altars gerichtet.
82) *plastae gypsarii* Ed. Diocl. VII, 36.
83) Cassiodor. Var. VII, 5.
84) Es ist zu bemerken, dass bei dem mit grosser Gelehrsamkeit geführten Streit über die Wandmalerei und Staffeleimalerei der Alten das Material noch keinesswegs erschöpft ist. Weder Raoul-Rochette *Peintures antiques*, Paris 1836. 4, noch Letronne *Lettres d'un antiquaire à un artiste*, Paris 1836. 8. gedenken der bereits von Sillig (*Catalogus artificum. Dresdae* 1827. 8.) benutzten Stelle des Steph. Byz. p. 133 Mein. *ἐν ταύτης* (aus Bura in Achaia) *ἦν Πυθέας ζωγράφος, οὗ ἔστιν ἔργον ὁ ἐν Περγάμῳ Ἑλένης, ἀπὸ τοιχογραφίας ὧν ὡς Φίλων*, über welchen von Brunn Gesch. d. gr. Künstler II S. 293 nicht verstandenen Ausdruck Meineke nachzusehen ist. Während Raoul-Rochette bezweifelt (p. 458), dass die Griechen überhaupt ein Wort für Wandmalerei gehabt haben, sieht man aus dieser Stelle, dass zwei Arten der Malerei unterschieden werden, die *τοιχογραφία* und die *πινακογραφία*, ebenso wie das Ed. Diocl. VII, 8, 9 den *pictor parietarius* von dem *pictor imaginarius* unterscheidet. Den ersteren wird man zu verstehen haben bei Varro de R. R. III, 2, 9: *villa — quam neque pictor neque tector vidit unquam*. Calend. Antiat. in C. I. L. I p. 327 col. III, 19. *Myro Aug. f. pictor*; Veget. II, 9: *Habet praeterea legio fabros lignarios, structores — ferrarios, pictores reliquosque artifices ad hibernorum aedificia fabricanda*.
85) Henzen n. 7343.
86) Hierher gehört der *negotians calcariarius* Grut. 644, 1, nach dessen Analogie der *exonerator calcariarius* Grut. 1117, 5, den ich Th. V, 1 S. 133 von *calcar* abgeleitet habe, richtiger für einen Kalkablader zu erklären sein wird, der *calcarius* Cato de R. R. 16; der *calcariensis* Cod. Th. XII, 1, 87, der *calcis coctor* Ed. Diocl. VII, 4.
87) Benutzt sind in dem folg. Abschnitt: S. Birch *History of ancient pottery. London* 1858. 2 Voll. 8; C. P. Campana *Antiche opere in plastica. Roma* 1841. fol.; D'Agincourt *Recueil de fragmens de sculpture antique en terre cuite. Paris* 1814, 4; T. Combe *A description of the collection of ancient terracottas in the British Museum. London* 1810, 4; Th. Panofka Terracotten des K. Museums zu Berlin. Berlin 1842 fol.; (Avolio) *Delle antiche fatture di argilla che si ritrovano in Sicilia. Palermo* 1839. 8.; De

testen Handelsartikeln gehörten[208b]), unterscheidet die Sprache selbst, wenn gleich nicht consequent[89], in zwei Hauptclassen: grobe Waare (*opus doliare*), wozu namentlich Ziegel und robe Töpfe für Keller und Küche gerechnet werden, und feine Waare (*opus figlinum*) aus gereinigter Thonerde (*argilla* oder *creta figularis*)[90], von welcher wieder die glasirten Geschirre eine eigene Abtheilung bilden. Für unsern Zweck wird es indessen nöthig sein, die wesentlichen Gattungen der Fabricate im Einzelnen aufzuführen. Es sind dies:

1. Ziegel, und zwar a) Mauerziegel (*lateres*), b) Fussbodenziegel, c) Dachziegel (*tegulae*)[91]. Mauerziegel gab es

Caumont *Cours d'antiquités monumentales* II p. 159—217; Janssen *Terracotta's uit het Museum van Oudheden te Leiden*. Leiden 1862. fol.; Jos. v. Hefner Die römische Töpferei in Westerndorf. München 1861. 8. abgedruckt aus dem XXII. Bande des Oberbayerischen Archivs; Abeken Mittelitalien vor den Zeiten römischer Herrschaft. Stuttgart 1843. 8. S. 355—370; O. Jahn Ueber ein Vasenbild, welches eine Töpferei vorstellt, in Ber. d. sächs. Gesellsch. d. Wiss. Phil. - Hist. Cl. 1854 S. 27 ff.; Krause Angeiologie. Halle 1854. 8.; Brongniart *Traité des arts céramiques ou des poteries considérées dans leur histoire, leur pratique et leur théorie* 2me ed. Paris 1854. 2 Vol. 8. av. Atlas; G. Semper Der Stil in den technischen und tektonischen Künsten. Bd. 2. München 1863. 8.

89) Nicht nur die feinen Geschirre von Arellum fanden weithin Absatz, worüber unten die Rede sein wird, sondern auch Ziegel und Röhren mit römischen Stempeln finden sich in Unteritalien und Sicilien (Avolio p. 56 ff.) und lassen entweder auf römische Fabriken auch in griechischen Ländern oder auf Ausfuhr dieser Gegenstände schliessen.

89) Da nämlich *figulus* der generelle Name des Handwerkers und *figlina* die allgemeine Bezeichnung der Werkstätte ist, so redet Plinius N. H. III § 82 von *figulinae doliorum*; Varro d. R. R. III, 15 sagt: *Bi (gittres) sagiemmtur in dollis — quae figuli faciunt multo aliter atque alia*, und während Ziegel auf den Fabrikstempeln regelmässig *opus doliare* genannt werden, kommt statt dessen auch *opus figulinum* vor, Marini Arv. p. 144.

90) Columella III, 11, 9 *creta, qua utuntur figuli, quamquam nonnulli argillam vocant*. Diese *creta figularis* (Colum. VI, 17. Plin. N. H. XXXI § 47), *creta figlinarum* (Plin. N. H. XIV § 128; XV § 60), *creta figlina* (Plin. N. H. XV § 81), ist wohl der Pfeifenthon, aus dem nach Isidor. Or. XX, 4, 3 die samischen Gefässe gemacht wurden. Freilich ist bei Varro de R. R. I, 7, 8 *agros stercorarent candida fossicia creta Mergel* zu verstehen, und bei Vitruv II, 3 und Pallad. VI, 12 auch Ziegelerde, aber das feine Fabricat belast mit technischem Ausdruck *ars cretaria* und ein Händler mit demselben *negotiator artis cretariae*, wie Boissieu *Inscr. ant. de Lyon* p. 130 ff. bemerkt hat. Der dort handelnde Grabstein des Granius - *negotiator vinarius, negotiator artis cretariae* zeigt über der Inschrift drei Töpfe, offenbar Symbole des Gewerbes; und der Name Granius kommt auf Stempeln von erhaltenen Thonwaaren dieser Gegend vor. Andere *negotiatores artis cretariae* s. Boissieu p. 103 = Orelli 4486; Or.-Henzen n. 7258. 7259.

91) Zu den letzteren gehören auch die Flach- und Hohlziegel, aus

nach Vitruv drei Arten: die in Rom gebräuchlichen, $1\frac{1}{2}$ röm. Fuss, d. h. 17" preuss. langen, 1 röm. Fuss = 11, 31" pr. hreiten (lateres sesquipedales), von den Griechen genus Lydium genannt, und zwei in Griechenland übliche, πεντάδωρον, 5 Palmen = 14, 73" pr. im Quadrat, und τετράδωρον, 4 Palmen = 11, 79" pr. im Quadrat[2092]): auf den Stempeln werden ausser den sesquipedales[93]) auch bipedales[94]) erwähnt. Die in verschiedenen Gegenden noch vorhandenen römischen Ziegel haben verschiedene Dimensionen[95]), Mauerziegel gewöhnlich 8" im Quadrat bei 3" Dicke[96]); in Trier aber auch 15" im Quadrat bei $1\frac{1}{4}$" Dicke[97]), in Frankreich 15" Länge bei 8—10" Breite[98]); Deckziegel für Fussböden (tegulae) dagegen $1\frac{1}{2}$' und 2' im Quadrat bei $1\frac{1}{2}$" und 2" Dicke[99]). Ausserdem kommen runde Ziegel, von 6" bis 1' 3" Durchmesser, zum Bau niedriger Säulen, namentlich in den Hypokausten[2100]) vor[1]). Die Ziegel wurden aus gereinigter, dann mit Hecksel zusammengekneteter Ziegelerde entweder gestrichen[2]) (ducere)[3]), oder in einer Form geformt[4]), an der Sonne getrocknet und darauf gebrannt (coquere)[5]). Gebrannte Ziegel wurden in grosser Masse fabrizirt und zu Gebäuden, welche auf lange

---

denen man dachförmige oder sargförmige Ziegelgräber construirte, welche im römischen Reich wie in Griechenland vorkommen. So in Gallien: Caumont II pl. 26 flg. 7 p 237; in Hellas: v. Stackelberg Die Gräber der Hellenen 1837. fol. S. 41 Taf. VII. Andere Fundorte dieser Gräber führt an Hefner S. 69.
2092) Vitruv. II, 3, 3 und daraus Plin. N. H. XXXV § 170. 171.
90) S. die Stempel bei Marini Arv. p. 844[b]. Vgl. Vitruv. V, 11, 2 resquipedalibus tegulis solum sternatur.
94) Stempel mit BIPedalis Marini Arv. p. 241[b]. 243[a]; tegulae bipedales Vitruv. VII, 4, 2. VII, 1, 5. Vgl. Palladius I, 40. 4: solum igitur omne bipedis sternatur vel minoribus laterculis. I, 40. 4. VI, 12: sint vero lateres longitudine pedum duorum, latitudine unius, altitudine quattuor unciarum.   95) Caumont II, p. 161.
96) Dorow Denkmale I S. 10. II S. 66.
97) Quednow Beschreibung der Alterthümer in Trier II S. 4.
98) Caumont a. a. O.
99) Overbeck Katalog des k. rheinischen Museums. Bonn 1851. 8. S. 86. In Westerndorf waren die Ziegel 2' lang, $1\frac{1}{4}$' br., 1—$1\frac{1}{2}$" dick. Hefner S. 68.
2100) S. Th. V, 1 S. 293.   1) Overbeck a. a. O. S. 16.
2) Dies beschreibt Isidor. Orig. XV, 8, 16.
3) Plin. N. H. XXXV, § 170. Vitruv. II, 3, 2.
4) Palladius VI, 12.
5) Cato de R. R. 89. Daher lateres coctiles.

Dauer berechnet waren, vorzugsweise verwendet: Tempel, Festungsmauern, Brunneneinfassungen, Cisternen, Wasserleitungen, Bäder, Theater, Amphitheater und Grabkammern wurden von Backsteinen errichtet[106]), und die ganze Stadt Rom enthielt bis auf Augustus zum grössten Theil Ziegelbauten[7]). Unter den Dachziegeln lassen sich fünf verschiedene Arten unterscheiden. Zunächst wurden Flachziegel (*tegulae*)[8]), an beiden Längenseiten mit einem $2^{1}/_{4}$ Zoll hohen Rande versehen und so eingerichtet, dass der höher liegende in den tieferliegenden passte, reihenweise nebeneinander gelegt, sodann die zusammenstossenden Seitenränder mit Hohlziegeln (*imbrices*[9]) gedeckt, welche die Form eines halben Cylinders haben, 3' lang, 3" im Durchmesser und $1^{1}/_{4}$" dick sind[10]), und von denen der unterste als Stirnziegel mit einer plastischen Verzierung versehen ist[11]). Das Wasser läuft nicht unmittelbar von den *tegulae* ab, sondern jede *tegula* hat ein Loch, durch welches es auf eine darunter liegende, breit geformte, mit zwei erhöhten und nach unten zusammenlaufenden Rändern versehene *deliciaris tegula*[12]) träufelt, von dort eine Reihe der *deliciares tegulae* herunterfliesst und endlich durch eine *colli-*

2106; A v o l i o p. 1—68.
7) Augustus rühmte sich, *urbem marmoream se relinquere*, *quam latericiam occepisset*. S. A. 1986.
8) Birch II p. 229.
9) Overbeck s. a. O. §. 87. Bull. Nap. N. S. 1858 p. 28.
10) Birch II p. 229—233.
11) Sie heissen *tegulorum extremi imbrices* Plin. N. H. XXXV § 151, aber nicht *frontati*, was man nach einer ganz unsicheren Lesart bei Plin. XXXV § 159 früher annahm. Dagegen gehört die Frontseite des *imbrex* zu den öfters erwähnten *antefixa*. Paulus p. 8 *Antefixa, quae ex opere figulino tectis affiguntur sub* (Müller will *super*) *stillicidio*. Liv. XXVI, 23, 4: *in aede Concordiae Victoria, quae in culmine erat, fulmine icta decussaque ad Victorias, quae in antefixis erant, haesit.* XXXIV, 4. 4 *iam nimis multos audio Corinthi et Athenarum ornamenta laudantes miraeque et antefixa fictilia Deorum romanorum ridentes.* Stirnziegel, welche in vielen und vortrefflichen Exemplaren erhalten sind, stellen ganz gewöhnlich Götterköpfe (Panofka t. X. LII. Campana t. III fig. 1—3. XI, 1. 2. 8. VI, 2. XXVIII, 1.2, 3), Götterfiguren (Campana VI, 1. 2. III, 2.; D'Agincourt pl. 19, 7. 9. 31, 2), oft auch Masken ;Campana VIII. D'Agincourt 34, 7. 9) dar; zuweilen sind sie gemalt. Panofka taf. X. Campana L XI, 0.
12) *tegulae deliciares* erwähnt Paulus p. 73 s. v. *Delicia*. Auf Stempeln sind dieselben bezeichnet *DOLiaris DELICia*; drei Stempel dieser Art s. bei Marini Arv. p. 667, einen vierten bei Janssen *Musei Lugd.*

ciaris tegula[2][13]), die mit einem *antefixum* unterhalb des Daches verziert ist, zum Ausfluss gelangt. Ein in Ostia erhaltenes Dach eines Bades[14]) veranschaulicht diese Construction (Fig. 7), während ein in der *casa* N. 57 in Pompeji erhaltenes Dach auch die Form der *colliciares tegulae* erkennen lässt[15]). (Fig. 8.)

2. Röhren zur Luftheizung, namentlich in Bädern (s. Th. V, 1 S. 291. 292); sie haben die Form eines Parallelepipidums, $16\frac{1}{2}''$ lang, $6\frac{1}{4}''$ breit, $5''$ tief[16]).

3. Wasserröhren, *tubuli*, am Rhein $1'\,9''\,6'''$ lang, wovon $9'''$ in die nächstfolgende Röhre hineinreichen, oben $4''$ $5'''$, unten $3''\,6'''$ Durchmesser[17]).

4. Thonstücke zu ordinären Mosaikfussböden, entweder in kubischer Form (*tesserae*) oder längliche, ährenförmig zu legende Stücke (*spicae*)[18]), endlich Thonstifte in verschiedenen Farben zu feinen Mosaiken (*opus vermiculatum*); denn auch diese Stifte wurden nicht nur aus Stein und Glas, sondern auch aus Thon gemacht[19]).

5. Architectonische Verzierungen an Säulen[20]), Fenstern[21]), Gesimsen und Dachrinnen[22], Friese zur Decora-

---

Bat. Inscr. Graec. et Lat. Lugd. Bat. 1842. 4. tab. XXVII, 2 p. 182, der indessen diesen Ausdruck nicht verstanden hat.

[13]) Cato de R. R. 14: *colliciares (tegulas) quae erunt, pro bialis putabuntur*. Paulus s. v. *Illicium* p. 114 M. *Colliciae tegulae, per quas aqua in vas defluere potest.*

[14]) Campana a. a. O. tav. VI.

[15]) Niccolini *Le case ed i mon. di Pompei. Casa Numero* 57 p. 5. Vgl. Bötticher Tektonik Taf. 21 fig. 7. 8.

[16]) Abbildung bei Birch II p. 196.

[17]) Dorow Denkmale II S. 63.

[18]) Vitruv. VII, 1 extr.: *supra autem sive ex tessera grandi sive ex spica testacea struantur 'pavimenta'* und vorher § 4: *Item testacea spicata Tiburtina sunt diligenter exigenda.* Plin. N. H. XXXVI § 187: *Similiter sunt spicata testacea.*

[19]) Plin. N. H. XXXVI § 184. Statius Silv. I, 3, 54:
et nitidum referentes aëra testae
Monstrarere solum, varias ubi picta per artes
Gaudet humus superare novis asarota figuris.

[20]) D'Agincourt pl. 29, 1.

[21]) D'Agincourt pl. 29, 3.

[22]) Rinnenausgüsse in Form von Thier-, Menschen- oder Götterköpfen sind noch in grosser Zahl vorhanden. S. D'Agincourt pl. 29, 1. 6. Campana tav. XI. 6.

tion der inneren und äusseren Wände[21][23]). Die letzteren wurden in Tafeln geformt[24]), welche beispielsweise 1 1/2 F. lang, 9 Zoll hoch sind[25]), mit Löchern zum Annageln versehen[26]) und oft bemalt, entweder mit einem Farbenton, roth, blau, schwarz, oder auch in verschiedenen, den dargestellten Gegenständen angemessenen Farben[27]). Auch Trapezophoren, d. h. Tischfüsse von Thon, kommen vor[28]).

6. Sarcophage[29]), Brunnenschalen und Badewannen[30]).

7. Die Statuen, welche das älteste Rom schmückten, waren ausschliesslich von gebranntem Thon[31]), und die Kunst, diese zu formen und zu brennen, war in Etrurien heimisch[32]);

---

[21][23]) Ueber die Bedeutung der Thonbekleidung für den Character des Baustils selbst handelt vortrefflich Semper I S. 446 ff.
[24]) Formen solcher Basreliefs sind noch erhalten. S. D'Agincourt pl. 83. 84.
[25]) Die Masse sind natürlich nach der Höhe des Frieses verschieden. Tafeln 1' 1½" hoch, 11" br. Panofka t. 38; 11½" h. 1' 3" br. Panofka 43; 11½" h. 1' 1½" br. Panofka 44. Andere Masse findet man bei Campana.
[26]) S. z. B. Panofka t. 30; Campana t. I II. V. VII und sonst gewöhnlich.
[27]) Einen schönen Fries dieser Art giebt Campana tav. XVIII. Ein anderes Relief dieser Art beschreibt Becchetti *Bassorelievi Volsci in terra cotta, dipinti à vari colori, trovati nella citta di Velletri*. Roma 1765. fol. vgl. D'Agincourt t. II p. 42.
[28]) Mart II, 43, 10:
  Tu Libycos Indis suspendis dentibus orbes:
  Fulcitur testa fagina mensa mihi.
[29]) Einen *fictilis sarcofagus* zur vorläufigen Beisetzung eines Todten, dessen Grabmal noch nicht fertig ist, erwähnt die Inschr. Orelli 4370. Eine etruskische Todtenkiste von Thon s. D'Agincourt Recueil pl. II, 1. Un *sarcofago di terra con scheletro coperto con tre tegolini* Bull. 1858 p. 104 bei Rom gefunden). Vgl. Plin. N. H. XXXV § 160: *quin et defunctos saxe multi Actilibus solitis condi maluere*.
[30]) Semper. a. O. II S. 89.
[31]) Plin. N. H. XXXV § 157: *Praeterea elaboratam hanc artem Italiae et maxume Etruriae (auctor est Varro) Volcam Veiis accitum, cui locavet Torquinius Priscus Iovis effigiem in Capitolio dicandam; fictilem eum fuisse et ideo miniari solitum; fictiles in fastigio templi eius quadrigas, de quibus saepe diximus. Ab hoc eodem factum Herculem, qui hodie materiae nomen in urbe retinet (or hiess Hercules fictilis* Mart. XIV, 178); *Hae enim tum effigies deorum erant laudatissimae*. Die *fictiles dii* der alten Römer werden oft erwähnt, Cic. de div. I, 40, 16. Ovid. Fast. I, 202. Prop. V, 4, 5. Juven. 11, 115. 116. Senec. cons ad Helv. 10, 7. ep. 31 extr. Plin. N. H. XXXIV § 34.
[32]) Müller Die Etrusker II S. 243 ff. Plin. a. a. O. Tertull. Apol. 25: *Nondum enim tunc ingenia Graecorum atque Tuscorum fingendis simulacris urbem inundaverant*.

die Giebelfelder der etruskischen Tempel waren mit Thonbildern geziert und der von Tarquinius Superbus erbaute capitolinische Tempel hatte eine Statue des Jupiter von Thon[33]; und im Giebelfelde ein thönernes Viergespann aus Veji[34]. Ebenso wurde der im Jahre 496 v. Chr. vovirte Tempel der Ceres[35] von den sicilischen Künstlern Damophilus und Gorgasus in dem Giebelfelde mit Thonstatuen decorirt[36]. Als nach dem Bekanntwerden griechischer Kunst in Rom[37] die Thonfiguren den Statuen von Marmor und Bronce wichen, erhielt sich dennoch die alte Kunstübung bis in das erste Jahrhundert der Kaiserzeit[38]. Theils machte man das Modell zu jeder Statue (proplasma) in Thon[39], theils arbeitete man Figuren von beschränkter Grösse noch immer aus diesem Material, indem man sie stückweise formte und dann zusammensetzte[40]; selbst lebensgrosse Statuen aus Thon, wie die von Winckelmann als Aesculap und Hygiea bezeichneten in Pompeji[41], gehören dieser späteren Zeit an; aber die überwiegende Masse des Fabricates besteht in kleinen Figürchen (sigilla), welche auf einem Holzstock (crux oder stipes) geformt[42] und oft bemalt[43] wurden und theils zu Geschenken bei den Saturnalien[44], theils zum Kinderspielzeug[45] Verwendung fanden.

---

33) Plin. a. a. O., der indess zum Erbauer des capitolinischen Tempels fälschlich den Tarquinius Priscus macht. Ovid. Fast. I, 202.
34) Plin. a. a. O. und XXVIII § 16. Plut. Publ. 13. Festus p. 274b s. v. Ratumena porta. Serv. ad Aen. VII, 188.
35) Tac. Ann. II, 49. Dionys. VI, 17. 94 und mehr Th. 1 S. 474.
36. Plin. N. H. XXXV § 154. Vitruv. III, 3, 5. Lor.
37) Cato bei Liv. XXXIV, 4, 4 datirt diese Epoche von 212 vor Chr.; Plin. N. H. XXXIV § 34 von der Besiegung Asiens und der seit dieser Zeit eingetretenen luxuria, d. h. von 187 v. Chr. S. Liv. XXXIX, 6, 7.   38) Plin. N. H. XXXV § 155 f.
39) Plin. a. a. O.
40) Dies Verfahren beschreibt Phaedrus IV, 15 in der Fabel von Prometheus.
41) Overbeck Pompeji 2te A. S. 97. 98. Fig. 73. Winckelmann G. d. K. I, 2, 2. VI, 1, 32.
42) Tertull. Apol. 13. und ausführlicher ad Nat. I, 12. Griechisch heisst dieser Stock σταυρός. Jahn Berichte d. S. G. d. W. 1854 h. ph. Cl. S. 42.
43) Panofka a. a. O. Taf. 2. 19. 31.
44) S. Th. IV S. 461.   45. S. Th. V, 1 S. 113 A. 623.

8. Zu den belehrendsten und interessantesten Gegenständen der Thonplastik sind ferner die Lampen zu rechnen, von denen eine grosse Zahl, den drei ersten Jahrhunderten der römischen Kaiserzeit angehörend, in fast allen Sammlungen zur Betrachtung vorliegt[246]. Dieser Fabrikzweig ist in Italien nicht ganz frühe zur Blüthe gekommen, da man in alter Zeit dort Oel nicht baute[47] und wie in Griechenland[48] Lichter, nicht Lampen brannte[49]; einen wirklichen Aufschwung erhielt er erst theils durch den sich immer mehr verbreitenden Geschmack an eleganter Hauseinrichtung, in Folge dessen auch die Provinzen, während sie andere Thongeräthe in eigenen Fabriken nachbildeten, doch Lampen in grosser Masse aus Italien importirten[50]; theils durch den grossen Verbrauch im Cult[51],

---

246) Ueber die alten Lampen handeln: Liceti *de lucernis antiquorum reconditis libri VI*. *Utini* 1652 fol. *Patavii* 1662 fol. Die Abbildungen, welche Montfaucon *Ant. Expl.* Vol. V zum Theil reproducirt hat, sind unzuverlässig und unbrauchbar. *Le antiche lucerne sepolcrali figurate, — designate ed intagliate nelle loro forme* da P. Santi Bartoli con osservazioni di Gi. P. Bellori. Roma 1691 und 1729 2 Bde. fol.; zweimal ins Lateinische übersetzt: *Veterum lucernas sepulcrales — delineatas a P. S Bartolo c. obs. Bellorii in lat. serm. transtulit A. Dukerus. Lugd. Bat.* 1702 fol., auch in Gronov. Thes. Vol. XII, und L. Begeri *Lucernae veterum sepulcrales iconicae*. Colon. March. 1702 fol. Die Hauptwerke sind: *Lucernae fictiles Musei Passerii, Pisauri*, 1739—1751 3 Voll. fol. und *Antichità di Ercolano* Vol. VIII *Le Lucerne ed i Candelabri*. Napoli 1792 fol. Ausserdem s. D'Agincourt *Recueil* p. 68 ff. Boettiger Amalthea III S. 168 ff. Boettiger Kl. Schr. III S. 807 ff. Millin *Monumens ant. inédits* II p. 180—188. Pauly Realenc. IV S. 1162 ff. Museo Borb. II, 13. IV, 14. 38, VI, 30. 47. VII, 15. 22. VIII, 31, XIII, 56. Becker Gallus II S. 341. Birch II S. 271 ff. F. Kenner Die Ant. Thonlampen des k. k. Münz- u. Antiken-Cabinets und der k. k. Ambraser Sammlung. Wien 1858. 8.

47) Nach Fenestella bei Plin. N. H. XV, 1, 4 gab es unter Tarquinius Priscus in Italien noch kein Oel.

48) Hom. Odyss. VII, 100. Athen. XV p. 700*f*: οὐ παλαιὸν δ' εὕρημα λύχνος, ψλογὶ δ' οἱ παλαιοὶ τῆς τε ἀφόδε καὶ τῶν ἄλλων ξύλων ἐχρῶντο.

49) Varro de L. L. V, 119: *Candelabrum a candela; ex his enim funiculi ardentes figebantur. Lucerna post inventa, quam dicta a luce, aut quod id vocant Graeci λύχνον.* 50) So namentlich Gallien. S. Mommsen *Inscr. Conf. Helveticae Latinas* p. 85 n. 850.

51) Zum häuslichen Cult der *Lares* und der *Tutela domus* gehören Lichter und Lampen, Th. V, 1 S. 345 A. 1532. Cod. Theod. XVI, 10, 12 pr., und bei allen Festen bekränzt man die Thür und zündet die Lampe an der Thür an. Juvenal. 12, 92. Tertull. de idolatr. 15 *Ergo, inquis, honor dei est lucernae pro foribus et laurus in postibus*. Id. Apol. 35 *cur die laeto non laureis postes obumbramus nec lucernis diem infringimus*. Bei

bei Begräbnissen, Todtenfeiern[2,52]; und namentlich durch die in der Kaiserzeit üblich werdende Beleuchtung von Bädern[53]), Theatern[54]), Amphitheatern[55]), Plätzen[56]) und ganzen Städten[57]).

Die Form der Lampen ist verschieden, je nachdem sie bestimmt sind, aufgestellt, aufgehängt oder herumgetragen zu werden. Lampen zum Stehen haben nur zwei Haupttheile, den Oelbehälter und die vorspringende Tülle, den Dochthalter ($\mu\acute{\upsilon}\xi\alpha$[55]), *rostrum*)[59]). Der Oelbehälter hat auf der oberen Seite ein Loch zum Eingiessen des Oeles, das durch einen Deckel verschlossen werden kann[60]), zuweilen auch noch eine zweite Oeffnung, durch welche man vermittelst einer Nadel[61]) den Docht aufschiebt; sein unterer Theil kann flach,

---

ländlichen Festen werden Bäume mit Binden geschmückt und mit Lampen illuminirt. Prudentius c. Symm II, 1010 *Et quae fumificas arbor vittata lucernas Servabat, caedit ultrici succisa bipenni;* im Cult der Isis brauchte man Lampen am hellen Tage, Sen. de v. beata 26, 8; zur gewöhnlichen Tempeleinrichtung aber gehören $\lambda\acute{\upsilon}\chi\nu o\iota$, Callim. ep. in Jacobs Anth. Gr. I p. 248 n. 23, *lychnuchi* Orelli n. 2341) und *candelabra*; Cic. acc. in Verr. IV, 28; im Tempel des Apollo Palatinus stand ein Leuchter in Form eines Baumes, auf dem die Lampen als Früchte angebracht waren, Plin. N. H. XXXIV, § 14, ähnlich dem im Prytaneum von Tarent, der 365 Lampen trug. Athen. XV p. 700d.

51) S. Th. V, 1 S. 469. 52) S. Th. V, 1 S. 878.

53) Suet. Cal. 18. Tac. Ann. XIV, 21, wo von dem musischen Agon des Nero im Theater die Rede ist. Vgl. Friedländer Darstellungen II S. 387.

55; So unter Domitian. Statius Silv. I, 6, 85—90. Suet. Domit. 4. Dio Cass. LXVII, 8 extr.

54) Das Forum wurde schon zur Zeit der Republik bei Spielen erleuchtet. S. Friedländer a. a. O. II S. 144 und die dort ang. St. Lucilius Sat 1, 28. *Romanis ludis forus olim ornatu lucernis*.

57) In der Nacht, in welcher Cicero gegen die Catilinarier einschritt, beleuchtete man die Stadt. Plut. Cic. 22. Caligula liess, wenn er Abendvorstellungen im Theater veranstaltete, die Stadt erleuchten. Suet Cal. 18. Bei den Saecularspielen, welche drei Tage und drei Nächte dauerten (Th. IV. S. 389), ist ebenfalls eine Beleuchtung der Stadt anzunehmen. Bei dem Einzuge des Nero in Rom 819 = 56 n. Chr. war die Stadt illuminirt. Dio Cass LXIII, 4. Constantinopel wurde von den Christen am Osterfeste erleuchtet, Eusebius de vita Const. IV, 22.

58) Callim. ep. in Jacobs Anth. Gr. I p. 218 n. 23. Suidas s. v.

59) Plin. N. H. XXVIII, § 163. Vielleicht auch *nasus*, wie bei Topfen und Bechern gesagt wird.

60) Diese Deckel oder Stöpsel sind selten erhalten. S. Passeri I p. VII. *Antichità di Ercolano*. Vol. VIII. *Lucerne* p. IX. p. 69. 107. 181. 169. 265. 269. 299.

61) Gerade oder gebogene Nadeln dieser Art finden sich in Bronce-

convex, oder auch mit einer Höhlung zum Aufstecken auf eine Spitze versehen sein[1165], je nachdem die Lampe auf einem Tische, einem hohlen Lampenuntersatze[63]) oder einem stehenden oder hängenden[64] Leuchter *(lychnuchus)* aufgestellt werden soll. Lampen zum Hängen sind mit einem, 2 oder 3 Oehren versehen, an welchen Ketten befestigt werden[65]); Lampen zum Tragen endlich haben ausser dem Oelbehälter und dem Dochthalter noch einen dritten Theil, den Henkel, ansa. Schon diese einfachen Lampen bieten eine grosse Varietät der Formen dar, indem der Oelbehälter theils rund, theils oval, theils eckig ist; noch andere Varietäten führte das Bedürfniss oder der Geschmack herbei. Neben den kleinen Lampen mit einem Dochte finden sich grössere mit zweien ($δίμυξοι$[66]), *lucernae bilychnes*[67]), dreien ($τρίμυξοι$)[68]), vieren[69], fünfen, sieben[70], ja selbst zwölfen und zwanzigen[71]), welche, an der Decke aufgehängt, ein ganzes Zimmer vollständig erleuchteten[72]); neben den

---

lampen durch eine Kette befestigt. M i l l i n a. a. O. II p. 178. *Antich. d' Erc.* Vol. VIII. *Lucerne* p. 143.
2168) Beispiele der letzteren Art s. bei P a s s e r i u s I p. XXIII
63) P a s s e r i II, Tafel zu praef. p. II: *Antich. di Ercol.* VIII. *Lucerne* p. 273. 277. 261. 265. 291. M a z o i s *Les ruines de Pompei* II p. 31. 30. O v e r b e c k Pomp. II S. 58.
64) *Lychnuchi pensiles* (P l i n. N. H. XXXIV § 44). Einen bronceren hängbaren Lampenuntersatz s. bei G r i v a u d de la V i n c e l l e *Arts et metiers anciens représentés par les monumens.* Paris 1819 fol. pl. 127 und daraus abgebildet bei K e n n e r a. a. O. S. 44. Einen hängenden Leuchter sieht man auch auf dem Bilde *Ant. di Ercol.* III pl. 36.
65) Solche Lampen s. *Ant. di Ercol.* VIII. *Lucerne* p. 37. 173. 231. 235. 267. 241. P a s s e r i I, 49 (mit einem Oehr in der Mitte,. Sie werden öfters erwähnt. V e r g. Aen. I, 727: *dependent lychni laquearibus aureis.* P e t r o n. 30: *etiam lucerna bilychnis de camera pendebat.* C l a u d i a n. X, 207 *Plurima venturae suspendite lumina nocti.* S t a t i u s Theb I, 534: *tendunt auratis vincula lychnis.* S i d o n. A p o l l. ep. IX, 18. *Veniente nocte nec non Numerosus erigatur Laquearibus coruscis Camerae in superna lychnus.*
66) A t h e n a e u s XV p. 700f.
67) P e t r o n. 30. O r e l l i *inscr.* 3678.
68) P o l l u x VI. 103.   69) P a s s e r i I, 1. 9. 27 II 1. 30.
70) P a s s e r i III t. 79.
71) Neun hat die Lampe *Ant. di Ercol.* VIII. *Lucerne* p. 197; zehn dns. p. 489; vierzehn die Lampe p. 81; 20 die von C a l l i m a c h u s in J a c o b s Anth. Gr. I p. 218 n. 23 besungene Lampe. Lampen mit 10, 14, 16 Dochten s. in C a y l u s *Recueil* VII p. 132 pl. 37.
72) M a r t i a l XIV, 44 mit der Ueberschrift *Lucerna polymyxos:*
Illustrem cum tota meis convivia flammis
Totque geram myxos, una lucerna vocor.

glatten und einfachen Lampen zierliche Fabrikate mit Reliefs auf der oberen Seite, welche durch grosse Mannichfaltigkeit der Gegenstände und zum Theil vortreffliche Ausführung ein besonderes Interesse erregen. Es sind zum Theil Götterbilder, auf den Cult bezügliche Embleme, mythologische Scenen und Darstellungen aus der Heldensage; seltener geschichtliche Gegenstände; einigemal äsopische Fabeln; zum grossen Theil Bilder aus dem Leben, bezüglich auf Spiele des Circus und Amphitheaters, obscöne Situationen und Beziehungen auf die Gelegenheit, bei welcher die Lampe zum Geschenk gegeben wurde[73]), zu welcher Classe insbesondere die Neujahrslampen gehören[74]). Zuletzt bemächtigt sich die Kunst der Lampe ganz als eines Gegenstandes plastischer Bildung und findet eine besondere Aufgabe darin, die künstlichen Formen von Götter-, Menschen- und Thiergestalten oder irgendwelche Gestaltungen auf den einfachen Beleuchtungsapparat anzuwenden[75]).

Obgleich Lampen oft aus Bronce, seltener aus Alabaster[76]), Glas[77]), Silber[78]), Gold[79]), Blei[80]) und Eisen[81]) gemacht wurden, so sind sie doch ursprünglich und zu allen Zeiten überwiegend Fabrikate der Töpferwerkstätten gewesen; ihr gewöhnlicher Stoff ist ein feingeschlemmter, weisser oder lichtbrauner, grauer oder schwarzer, am häufigsten ein rother Thon, je nachdem er in der Nähe der Fabriken sich darbot[82]). Die rothe Farbe stellte man auch künstlich her

---

[73]) Eine Zusammenstellung dieser Gegenstände giebt Birch II p. 279—204.

74) Diese haben nicht nur die Inschrift Anno novo faustum felix tibi oder eine ähnliche (s. Th. V, 1 S. 257. Anm. 1598. Passeri I p. 8. Kenner S. 37 n. 59. S. 107 n. 6), sondern als Emblem des Neujahrsfestes ein oder mehrere Asstücke (Passeri I t. 5. 6).

75) Lampen in Form menschlicher Figuren Kenner n. 181; Passeri I, 69; in Form eines Kopfes, Fusses, Phallus Kenner n. 183—136, eines Thierkopfes Passeri I, 99.

76) Passeri III, 108. Eine marmorne in Wien, Kenner S. 25 Anm. 10. 77) Passeri I, 1. Liceto VI, 94. p. 1186.

78) In Wien. Kenner S. 24 A. 10.

79) Eine goldene Lampe in Pompeji gefunden. Bull. 1863 p. 99. 80; Passeri I p. 13.

81) Ant. di Ercol. VIII. Lucerne p. 2 nol. 8.

82) Weissen Thon fand man an der Via Nomentana bei Rom; die

durch Beimischung von rothem Thon[218], von *rubrica*[84]), d. h. Eisenoxyd[85]), oder Färbung mit Mennig (μίλτος[86]), andere Farben durch Anstrich, der sich im Wasser auflöst[87]). Fast alle Lampen sind in der Form gemacht und zwar so, dass der untere und der obere Theil separat geformt, und dann beide zusammengesetzt wurden[88]).

9. Den umfangreichsten Productionszweig der Töpfereien bildeten endlich die Gefässe selbst, deren sehr verschiedene Gattungen man etwa in folgende Kategorien bringen kann.

a. Vorrathsgefässe zum Aufbewahren von Wein, Oel oder Korn[89]) in den Niederlagen. Hieber gehört das *dolium* (πίθος), ein Stückfass von Thon, so gross, dass ein Mann bequem darin Platz hatte. Nicht nur Diogenes wohnte in einem πίθος[90]), sondern auch arme Leute in Athen fanden darin ein Unterkommen[91]), und obwohl die noch erhaltenen Gefässe dieser Art von verschiedener Grösse sind, so findet sich darunter doch eines, das 4' 4'' hoch, 2' 2'' im Durchmesser[92] ist, andere sind von 18 Amphorae, d. h. c. 100 pr. Quart oder fast 7 pr. Eimern[93]), von 20, 30 und 36 Amphorae Inhalt[94]). We-

---

von Juvenal 6, 344 erwähnten *Vaticano fragiles de monte patellas* waren hellgelb, wie noch jetzt; rothen und weissen Thon lieferte Pisaurum, rothen Cumas (Mart. XIV, 114), Aretium, Perusia. S. Passeri I prol. p. XIII. In Westerndorf machte man weisse, gelbe, röthliche, graue und auch corallenrothe Waare. Hefner S. 47. 48.

[218]) Geopon. VI, 8: τῆς κεραμίτιδος γῆς οἱ μὲν προαιρούσι τὴν πυρρὰν τὸ χρῶμα, οἱ δὲ τὴν λευκήν, οἱ δὲ ἀμφοτέρας συμμιγνύουσι.
[84]) Plin. N. H. XXXV § 158.
[85]) S. hierüber Hefner S. 48.
[86]) Suidas s. v. Κωλιάδος κεραμῆς sagt, die Thonerde von Kolias in Attika sei die beste, ὥστε καὶ βάπτεσθαι ὑπὸ τῆς μίλτου.
[87]) Passeri I p. XIV. Hefner S. 48.
[88]) Kenner S. 94. Birch II p. 277.
[89]) Digest. L, 16, 206.
[90]) Abbildungen des Diogenes mit dem πίθος s. in dem Relief der Villa Albani Winckelmann Mon. ined. n. 174 und auf einer Lampe des brittischen Museums, abg. bei Birch I p. 168.
[91]) Aristoph. Eqq. 792. Jahn Berichte d. S. G. 1854. S. 10. Auch das Fass der Danaiden, des Eurystheus, des Pholos wird in solcher Grösse gedacht. S. Jahn a. a. O. und Vasensamml. K. Ladwig p. XC. [92]) Bei Sebastopol gefunden. Birch I p. 169.
[93]) Von den vier *dolia* in der Villa Albani hat eines die Inschrift AMP. XVIII. S. Fea *Indicazione antiquaria per la villa Albani*. Roma 1843. 4. n. 898. 834 und p. 22 n. 25. Marini Iscr. Albane p. 39 n. 83.

gen ihrer sehr grossen Dimensionen[2195]) werden diese *dolia*, welche in den Kellern überdies eingegraben wurden, zu den Immobilien gerechnet[96]), wie auch die *seriae*, eine, wie es scheint, kleinere[97]) Art der *dolia*[98]), welche nicht nur für den Wein[99]) und das Oel[2200]), sondern auch zum Aufbewahren von Getreide[1]) und zum Einsalzen des Fleisches[2]) gebraucht wurden. Aus den Stückfässern füllte man den Wein zum Zweck des Verbrauchs und Verkaufs in *amphorae* oder *cadi*[3]). Die *amphora* (ἀμφορεύς) ist ein zweihenkliges, unten spitzes Gefäss (Fig. 9. 10)[4]), welches in der Vorrathskammer in den Sand gegraben wird[5]) und beim Gebrauch in einen Korb, ein Kühlgefäss[6]), oder auf einen hohlen Untersatz

---

[194]) Birch II p. 309. Die *sesquiculearia dolia*, welche Colum. XII, 18 extr. erwähnt, hielten 1½ *culeus*, d. h. 80 *amphorae*.
[95]) Bull. 1846 p. 84, vgl. Brongniart *Traité* I p. 407—409. Wegen dieser Grosse sind die *dolia* am schwersten zu machen, da eine Töpferscheibe dabei gar nicht oder doch nicht in der gewöhnlichen Weise zur Anwendung kommen konnte (s. Geopon. VI, 3. Jahn Ber. d. Sächs. G. d. W. h. ph. Classe 1854 p. 40), und die Schwierigkeit der Fabrication des *dolium* ist sprichwörtlich. Zenob. prov. III, 65 Leutsch: ἐν πίθῳ τὴν κεραμείαν μανθάνω· ἐπὶ τῶν τὰς πρώτας μαθήσεις ὑπερβαινόντων, ἁπτομένων δὲ εὐθέως τῶν μειζόνων. Vgl. Acro ad Hor. A. P. 21.
[96]) Digest. XXXIII, 7, 8. pr. *Dolia, licet defossa non sint, et cupas.* Ib. XXXII, 1, 93 § 1: *vasa vinaria, id est cupas et dolia, quae in cella defixa sunt.* XXXIII, 6, 3 § 1: *In doliis non puto eorum, ui vino legato et dolia debeantur, maxime si depressa in cella vinaria fuerint aut ea sint, quae per magnitudinem difficile moveantur.* Plut. Symp. VII, 9. Vol. VIII p. 444 R. *διὸ καὶ κατορύττουσι τοὺς πίθους.*
[97]) Bei Columella XII, 28, 1 hat eine *seria* 7 Amphorae.
[98]) *Dolia et seriae* werden oft zusammen erwähnt, Colum. XII, 28, 3. Terent. Heaut. III, 1, 51. Liv. XXIV, 10, 8. Eine Satire des Varro hatte den Titel *Dolium aut Seria* (Probus ad Verg. Ecl. VI, 31).
[99]) Dig. L, 16, 206.
[2200]) Varro de R. R. III, 9, 5.
[1]) Dig. L, 16, 206. [2]) Colum. XII, 55, 4.
[3]) Dig. XXXIII, 6, 15: *vinum enim in amphoras et cados hac mente diffundimus, ut in his sit, donec usus causa probetur; — in dolia autem alia mente coniicimus, scilicet ut ex his postea vel in amphoras et cados diffundamur, vel sine ipsis doliis veneat.* Dass in den *dolia* junger Wein lag, sagt auch Senec. ep. 36, 3 (*vinum*) *non pati aetatem, quod in dolio placuit.*
[4]) Die Abbildung ist genommen aus D'Agincourt *Rec.* pl. XIX.
[5]) Im J. 1789 wurde bei der Porta Flaminia ein Keller entdeckt, in welchem eine grosse Anzahl *amphorae* stehend im Sande, in einer geraden Linie geordnet, vorgefunden wurde. D'Agincourt *Rec.* p. 46 pl. XIX fig. 29.
[6]) Vier spitze Amphoren in einem, wie Jahn zu erkennen glaubt,

16*

gestellt werden muss²²⁰⁷); sie hat zu Ciceros Zeit die normale Grösse des Quadrantal, d. h. fast 23 pr. Quart⁸); der *cadus*, welcher, wenn er als bestimmtes Mass vorkommt, dem griechischen μετρητής entspricht, d. h. 34, 40 pr. Quart, also 3 *urnae* hat⁹), während auf die *amphora* 2 *urnae* gehen, ist eigentlich das Gefäss für griechischen Wein¹⁰), dient aber auch zur Aufbewahrung von Oel, Feigen, Hülsenfrüchten und gesalzenen Fischen und ist, wo nicht von ausländischer Waare die Rede ist¹¹), als identisch mit der *amphora* zu betrachten.

b. Verbrauchsgefässe zum Tragen und Ausgiessen eingerichtet, die *urna* (ὑδρία oder κάλπις, Fig. 11), oft mit drei Henkeln, zwei kleinen zum Heben und einem hinten angebrachten grösseren zum Giessen¹²), das Wassergefäss¹³), welches man auf Kopf¹⁴) oder Schulter¹⁵) trug, zugleich auch bei gerichtlichen Abstimmungen¹⁶) und als Aschentopf in Gräbern vorkommend, und in seiner normalen Grösse einer halben Amphora gleich¹⁷); der *urceus*, ein Henkeltopf¹⁸), vielleicht kleiner¹⁹), ebenfalls zum Wasserholen²⁰), aber auch

---

gläsernen Kühlgefäss (ψυκτήρ) stehend, auf einem Bilde der Villa Pamfili. S. Jahn die Wandgemälde der Villa Pamf. S. 42. I. V, 15.
2207) Passeri *Luc.* II t. 99. Doni *Inscr.* p. LXXXIX.
8) S. Th. III, 2 S. 88. Hultsch Metrologie S. 89.
9) Isidor. Or. XVI, 26, 18: *Cadus Graeca amphora est, continens urnas tres.* Priscian. de pond. et mens. 84:
Attica praeterea dicenda est amphora nobis
Seu cadus: hanc facies, nostrae si adieceris urnam.
10) So spricht Plin. N. H. XIV § 97 von *amphorae Falerni* und *cadi Chii.*
11) Mart. I, 18: *In Vaticanis condita musta cadis.* IV, 46, 9: *Vina ruber fudit non peregrina cadus.*
12) Jahn a. a. O. S. XCII. Eine mit der Ueberlieferung ganz im Widerspruch stehende Ansicht hat Semper II S. 13 f.
13) Varro de L. L. V, 126.
14) Propert. V, 4, 16 und sonst. 15) Prop. V, 11, 28 und sonst.
16) S. Th. II, 2 S. 105 A. 116.
17) Hultsch a. a. O. S. 90. Die *urnae aereae*, welche in einer *isorna* erwähnt werden, Dig. XXXIII, 7, 13 pr., scheinen Masse zum Verkauf zu sein.
18) *panda ruber urceus ansa* Mart. XIV, 106 vgl. XI, 56, 8.
19) Cato de R. R. 13, 3 unterscheidet *urceus fictilis* und *urnales*, die letzteren scheinen also nicht von Thon und grösser gewesen zu sein. Solche *urcei* kommen auch zur Aufbewahrung des Getreides vor. Dig XXXIII, 7, 18 § 1.
20) *urceus aquarius* Cato de R. R. 13, 3. Matius bei Gell. X, 24. 10; vgl. Mart. XIV, 106. Plin. N. H. XIX § 71.

rum Küchengebrauch²²²¹); die *lagoena* (λάγυνος), eine Weinkanne mit engem Halse (στεναύχην)²²), etwas erweiterter Mündung²³) und einem Henkel²⁴), welche als Aushängeschild vor der Weinhandlung hing²⁵) und bei Tische den Gästen vorgesetzt wurde²⁶). Die Form ist uns sicher bekannt aus einem Exemplar, das die Inschrift hat *Martiali soldam lagonam* (Fig. 12)²⁷); und eine ähnliche werden wir auch bei den allgemeinen Bezeichnungen *vinarium*²⁸), *vas vinarium*²⁹), *acratophoron*³⁰), *oenophoron*³¹) vorauszusetzen haben. Namentlich ist wohl das letztere kein Flaschenkorb, sondern ein Henkelgefäss³²), das man umkehrte, um es ganz auszugiessen³³). In dieselbe Kategorie gehört die Wasserkanne, *aquiminarium*³⁴), die Milchkanne³⁵), die enghalsige Oelflasche λήκυθος¹⁶) (Fig. 13), lateinisch *ampulla*³⁷), mit welcher in der Form übereinstimmt

---

21) In der Küche hängt der Kessel über dem Feuer; vgl. Dig. XXXIII, 7, 12 § 10. In den Kessel giesst man das Wasser mit dem *urnus*, Dig. XXXIII, 7, 18 § 9.
22) Antth. Pal. VI, 248, 4.
23) Apul. Met. II, 15: *lagena — orifacio cessim dehiscente patescens*.
24) Jacobs Anth. Gr. IV p. 132 n. 77 = Anth. Pal. V, 135 *Εἰς λάγυνον. στρογγύλη, εὐτόρνωτε, μονούατε, μακροτράχηλε ὑψαύχην, στεινῷ φθεγγομένη στόματι*.
25) Mart. VII, 61, 5.
26) Hor. Sat. II, 8, 41. Quintil. VI, 3, 10.
27) Der hier abgebildete Krug von grauem Thon befindet sich im Museum zu Saintes und ist edirt zuerst in der *Revue archéol.* XII p. 175, dann von O. Jahn in Ber. üb. d. Verhandl. d. k. Sächs. Ges. d. Wiss. Phil. Hist. Classe. 1857 S. 197.
28) Hor. Sat. II, 8, 39.   29) Cic. acc. in Verr. IV, 27, 62.
30) Das Wort war zu Cicero's Zeit in Rom eingebürgert. Cic. de fin. III, 4, 15. Varro de R. R. I, 8, 5.
31) Horat. Sat. I, 6, 109. Pers. 5, 140.
32) Bei Apul. Met. II, 24 wird verlangt *calida cum oenophoris*, also Wasser allein und Wein allein und ein *calix* zum Mischen und Trinken.
33) Dies beweist namentlich der Vers des Lucilius bei Nonius p. 178, 16 *Vertitur oenophoris fundus, sententia nobis*. Auch in den angeführten Stellen des Horaz und Persius wird das *oenophorum* von Sclaven getragen, nicht verpackt, und Isidor. Or. XX, 6, 1 erklärt: *vas ferens vinum*, sowie der Schol. Juv. 6, 426: *oenophorum prendit, quod urnam capit et sic bibit*.
34) Das silberne *aquiminarium* wird Dig. XXXIV, 2, 19 § 12 zu dem *argentum escarium* gerechnet, vgl. Dig. XXXIV, 2, 21 § 2.
35) Einen Milchtopf, dessen Bestimmung die am Henkelansatz befindliche Katze erkennen lässt, s. im Mus. Greg. I, 6.
36) Jahn Beschr. d. V. S. K. Ludwig's p. XCIV.
37) Apulei. Flor. I, 9: *praedicavit, fabricatum semel sibi ampullam*

der *guttus*, aus dem man Oel[223], und Wein, den letzteren bei Opfern[39], tropfenweise ausgoss, endlich das Salbenfläschchen, ἀλάβαστρον oder ἀλάβαστον (Fig. 44)[40], das, da es nicht stehen kann, eines Untersatzes (ἀλαβαστοθήκη) bedarf[41].

c. **Mischgefässe**, κρατῆρες, lateinisch *crateres* oder *craterae*, grosse, oben weit geöffnete Gefässe, entweder mit Fuss und zwei Handhaben (Fig. 45. 46) oder in der Form des δῖνος, der unten spitz zulief und deshalb einen Untersatz. ὑποκρατήριον, brauchte[42].

d. **Schöpfgefässe**, der *cyathus*, ein Mass von 2½ pr. Cubikzoll oder 1/12 Sextarius, womit man den gemischten Wein aus dem Crater in den Becher füllte (Fig. 47)[43], und das ähnlich gestaltete, bei Opfern in Anwendung kommende *simpulum*[44]. Von Metall machte man auch Schöpflöffel mit langem Stiele, die für Thonformen nicht wohl anwendbar waren (Fig. 18)[45].

e. **Trinkgefässe** von dreierlei Form, nämlich Schalen, Becher und Hörner.

Zu den ersten sind zu rechnen die *phiala* (φιάλη), eine runde flache Schale ohne Handhabe[46], oft von Gold[47] und Silber[48], identisch mit der römischen *patera*[49], die u-

---

quoque olearium, quam gestabat, lenticulari forma, toreti ambitu, praevia rotunditate. Den engen Hals der *ampulla* beschreibt Plin. ep. IV, 11, 1. Ausser den *ampullae olearies* giebt es auch *ampullae potoriae* (Mart. XIV 40), aus denen man Wein (Mart. a. a. O. Suet. Dom. 21) oder Wasser trinkt. Mart. VI, 85, 4.   2238; Gellius XVII, 8, 8.
39) Plin. N. H. XVI § 188, wo ein *guttus fagineus* erwähnt wird. Varro de L. L. V, 124. Hor. Sat. I, 6, 118.
40) Nach Jahn Vasens. K. Ludw. Taf. II, 76.
41) Suidas. v. ἀλαβαστοθήκας. Jahn a. a. O. S. XCV.
42) S. die Stellen bei Jahn a. a. O. S. XCVI und über den Gebrauch des *crater* Th. V, 4 S. 344. Die Abbildung nach Jahn a. a. O. Taf. II, 55. 54.
43) S. Th. V, 4 S. 345. Abbildung nach Jahn a. a. O. Taf. I, 11.
44) Paulus p. 337 M.: *Simpulum vas parvulum non dissimile cyatho quo vinum in sacrificiis libabatur.* Varro de L. L. V, 124. Schol. Juven. 6, 343.
45) Thiersch Ueber die hellenischen bemalten Vasen in Abh. der I. Cl. der Bayr. Acad. d. Wiss. Bd IV. Taf. I, 45. Eine silberne Schöpfkelle bei Visconti *Mus. Chiaramonti* T. A III 8.
46) Jahn a. a. O. S. XCVIII.
47) Plat. Critias p. 420 A. Juven. 5, 39. Mart. XIV, 95.
48) Mart. III, 41. VIII, 51. VIII, 33. Plin. N. H. XXXIII § 136.
49) Isidor. Or. XX, 5, 2.

sprünglich als Trinkgefäss[2250]), später hauptsächlich als Opferschale[51]) diente und ebensowohl von Thon[52]) als von Silber[53]) sein konnte; das *cymbium* (κύμβη, κυμβίον), eine längliche tiefe Schale ohne Henkel, von der Aehnlichkeit mit einem Nachen benannt[54]), thönern[55]), auch silbern[56]), wohl nicht verschieden von dem *scaphium*[57]) und *gaulus*[58]); der *calix* (κύλιξ)[59]), die gewöhnliche[60]) irdene[61]) Trinkschale mit Henkel und Fuss (Fig. 49;[62]), welche auch für Speisen, z. B. *puls*[63]), *fabae* und *olus*[64]), diente, endlich die bei Plautus erwähnte *batiaca*[65]).

Zu den Bechern gehört der *scyphus*[66]), ein grosser ursprünglich hölzerner[67]), zum Gebrauch der Hirten bestimmter[68]), dann auch irdener oder silberner[69]), unten abgerundeter oder auch abgeflachter Napf ohne[70]) und mit Handha-

---

[2250]) Macrob. S. V, 21, 4. Varro de L. L. V, 123. Verg. Aen. I, 739.
[51]) Varro de L. L. V, 123. Ovid. Met. IX, 100. Auf Münzen ist die *patera* das *insigne* der VII *viri epulones*. Borghesi Oeuvres 1 p. 350.
[52]) Hor. Sat. I, 6, 118.
[53]) Plin. N. H. XXXIII § 152.
[54]) Festus p. 61, 10. Varro bei Non. p. 545, 30. Macrob. Sat. V, 21, 9. Verg. Aen. III, 86. Ueber ihre Form s. Jahn a. a. O.
[55]) Mart. VIII, 6, 2. [56]) Verg. Aen. V, 267.
[57]) Plaut. Stich. 693. Cic. in Verr. Act. II, IV, 17, 37. IV, 24, 54.
[58]) Plaut. Rud. 1319.
[59]) Macrob. S. V, 21, 18: *ἀπὸ τῆς κύλικος, quod poculi genus nos littera immutata calicem dicimus*.
[60]) Häufig erwähnt, z. B. Hor. Sat. II, 6, 79, 11, 8. 85. II, 6, 68. epist. I, 5, 19.
[61]) Plaut. Capt. 915: *dulas calicesque omnis confregit*.
[62]) Jahn a. a. O. Taf. I, 12. [63]) Varro de L. L. V, 127.
[64]) Ovid. F. V, 509.
[65]) Plaut. Stich. 693; βατιάκη bei Athen. p. 484°, auch βατιάκιον Ath. p. 480°, 497f. Isidori gloss. p. 5 *batioca pateri argenti*. Gloss. Labb. in dem Londoner Stephanus IX p. 204 *baticca patera*. Placidi gloss. ib. p. 444 ποτήριον φιαλοειδές.
[66]) Oft erwähnt, z. B. Hor. Od. I, 17, 1. Epod. 9, 33.
[67]) *φαγρίνιον σκύφος* Phaidimos bei Athen. p. 498°, *faginus scyphus* Tibull. I, 10, 6. Nach Serv. ad Aen. VIII, 278 ist der *scyphus* ein *ingens ligneum poculum*.
[68]) Athen. p. 498f.
[69]) Athen. p. 500°: ὕστερον δὲ κατὰ μίμησιν εἰργάσαντο κεραμέους τε καὶ ἀργυροῦς σκύφους. *Scyphus argenteus* Varro bei Gell. III, 14, 3.
[70]) Auf dem Relief bei Visconti M. P. Cl. V, 14 hält Hercules einen Scyphus ohne Henkel, den runden Boden mit voller Hand fassend, was ganz der Schilderung des Vergil Aen. VIII, 278 entspricht: *Et sacer in-*

ben²²⁷¹), wie er regelmässig dem Hercules beigegeben wird (Fig. 20)⁷²); ferner der *cantharus*⁷³), ein Becher mit hohem Fuss⁷⁴) und Henkeln (Fig. 21)⁷⁵), dem Dionysos eigen⁷⁶); das *carchesium*⁷⁷), eine ähnliche Form, aber in der Mitte der Höhlung sich verengend und mit bis zum Fusse hinabgebenden Henkeln⁷⁸); endlich das *ciborium* (κιβώριον), eine ägyptische Form, dem Fruchtgehäuse der ägyptischen Pflanze κολοκασία ähnlich⁷⁹).

Unter den Trinkhörnern (κέρατα) kommen verschiedene Formen vor, unter denen zu erwähnen ist das ῥυτόν, aus dessen spitzem Ende man den Wein in einem feinen Strahle ausgoss⁸⁰).

Die meisten der angeführten Trinkgefässe sind, wie die Namen zeigen, griechische und wurden, da nach Alexanders des Gr. Zeit die Fabrication irdener Gefässe immer mehr zurücktrat und der Gebrauch edler Metalle überhand nahm, damals, als sie in Rom in Mode kamen, grossentheils aus Silber gefertigt. Aber ursprünglich gehören alle Formen der Ess- und Trinkgeschirre der Töpferkunst an; in Griechenland heisst noch in späterer Zeit alles Tischgeräth κέραμος, auch wenn es von Silber und Gold ist⁸¹), und in Italien haben sich die

---

pirvit dextram scyphus. Ebenso hält der Silen bei Visconti Mus. Chiaramonti I. 41 den scyphus, und Hercules bei Zoega Bass. I. 69. 70.
2271) Athen. p. 500ª. Hercules mit Henkel-Scyphus Visconti Mus. Chiar. I. 42. Zoega Bass. lav. 57. 68. 78.
73) Athen. p. 500ª. Serv. ad Verg. Aen. VIII, 278. Seneca ep. 81, 23. Macrob. S. V, 21, 16 *Scyphus Herculis poculum est.* Die Abbildung nach Thiersch a. a. O. Taf. I, 1.
75) Oft vorkommend, z. B. Plaut. Asin. 941. Stich. 710. Hor. Od. I, 20, 2.
74) Athen. p. 488f.
75) Verg. Ecl. 6, 17. Abbildung nach Jahn a. a. O. Taf. 1, 28.
76) Macrob. S. V, 21, 16. Plin. N. H. XXXIII § 150. Abbildungen des Dionysos mit dem Cantharus weist nach Jahn a. a. O. S. XCIX Anm. 791.
77) Macrob. S. V, 21, 8: *est autem carchesium Graecis tantummodo notum.* Horaz erwähnt es nie, wohl aber Verg. G. IV, 380. Aen. V, 77 bei einer Libation, Ovid. M. VII, 246 bei einem Opfer, XII, 318 als Trinkgefäss.
78) Athen. p. 474ᵉ: *ποτήριόν ἐστιν ἐπίμηκες, συνηγμένον εἰς μέσον ἐπιεικῶς, ὦτα ἔχον μέχρι τοῦ πυθμένος καθήκοντα.* Macrob. S. V, 21, 4.
79) Athen. XI p. 477ᵃ. Hor. Od. II, 7, 21 und dazu die Schol.
80) S. Jahn a. a. O. S. XCIX f. Mus. Borb. V, 20; VIII, 14. Panofka Die griechischen Trinkhörner und ihre Verzierungen. Berlin, 1851. 4. 81) Athen. VI p. 229ᵉ.

irdenen Gefässe der alten Zeit im sacralen Gebrauche[82]) wie im Volke erhalten[83]). Zu diesem altitalischen Opfer- und Hausgeräth gehören die *patera*, die *capis* oder *capedo*, ein irdener oder hölzerner Henkelbecher[84]), das *simpulum*, die *obba*, eine dialectische Bezeichnung[85]) eines unten breiten[86]), nach oben sich verengenden Napfes von Holz oder Thon, der im Volke und bei Leichenbegängnissen in Anwendung blieb[87]); die *trulla*[88]) (Maurerkelle)[89]), ein flaches Gefäss mit langem Stiel (*manubrium*)[90]), der *modiolus*[91]), der *sinus*[92]), die

---

[82]) Tibull. I, 4, 39:
  Fictilia antiquus primum sibi fecit agrestis
   pocula, de facili comparuitque luto.
Isidor. Or. XX, 4, 3. Dies sind die *vasa Numae Pers.* 2, 59 oder das *Tuscum fictile* ib. Mart. XIV, 98. *Tuscus catinus* Juv. 11, 109. Pers. 6, 842:
    aut quis
  simpuvium ridere Numae nigrumque catinum
  et Vaticano fragiles de monte patellas
  ausus erat?
Plin. N. H. XXXV § 158. Apul. de mag. c. 18. Senec. ep. 95, 72. 73. 98, 18.
[83]) Juven. 10, 25 und dazu das Schol. Juv. 3, 168. Plin. N. H. XXXIII § 142.
[84]) Varro de L. L. V, 121: *capis et minores capulae, a capiendo, quod ansatae, ut prehendi possent, id est capi. Harum figuras in vasis sacris ligneas ac fictiles antiquas etiam nunc videmus.* Varro bei Non. p. 547, 16. Paulus p. 48, 9 s. v. *capis.* Liv. X, 7, 10. Eine *myrrhina capis* kaufte Nero für eine Million Sesterzen. (Plin. N. H. XXXVII § 20) und Trimalchio bei Petron. 52 besitzt 1000 *capides. Capedines* oder *capudines* Cic. Parad. 1, 11. *capeduncuIae* Cic. N. D. III, 17, 43. Cic. de rep. VI, 2, 2 *Oratio Laeli, quam omnes habemus in manibus, quam simpula pontificum diis immortalibus grata sint, Samiaeque, ut scribit, capedines.*
[85]) Gell. XVI, 7. [86]) Daher *sessilis obba* Pers. 5, 148.
[87]) S. die Stellen bei Jahn ad Pers. 5, 148.
[88]) Sie gehört zu den gewöhnlichen Trinkgefässen, Dig. XXXIV, 2, 32. Mart. IX, 96, und ist von Holz (Cato de R. R. 13) oder Thon (*Campana trulla* Hor. S. II, 3, 144); aber es gab auch silberne (Orelli Inscr. 2838), murrhinische (Plin. N. H. XXXVII § 20), aus edlen Steinen geschliffene, Cic. in Verr. Act. II, IV, 27, 62.
[89]) Palladius I, 13. Isidor. Or. XIX, 18, 2.
[90]) Paulus p. 31 s. v. *Bacrionem*. Cic. in Verr. Act. II, IV, 27, 62.
[91]) Als Trinkgefäss erwähnt Digest. XXXIV, 2, 36.
[92]) Varro de L. L. IX, 21: *inusitatis formis vasorum recentibus ex Graecia allatis obliteratas antiquas consuetudinis sinorum et capularum species.* Der *sinus* ist ursprünglich ein Milchnapf (Non. 547, 20. Verg. Ecl. 7, 33. Anth. Lat. Vol. II p. 363 Burm.), in dem man aber auch Wein herbeibringt, Plaut. Curc. I, 1, 82. Valgius bei Philargyrius ad Verg. G. 3, 177, weshalb Varro de L. L. V, 123 ihn *vas vinarium grandius* erklärt.

lepesta[2293]) und die *galeola*[94]), Näpfe, in denen der Wein auf die Tafel kam, bevor das *acratophoron* üblich wurde[95]).

f. Essgeschirr, Schüsseln und Teller (*lances*) von verschiedener Form und zu verschiedenem Gebrauche[96]), namentlich *catinum*, tiefe Suppen- und Gemüseschüssel[97]), *patina* oder *patella*, tiefe verdeckte[98]) Schüssel, in welcher gekocht[99]), aber auch aufgetragen wird[2300]), *paropsis* (παροψίς), viereckige Schüssel[1]) zu Beisätzen[2]), obwohl das Wort auch in allgemeiner Bedeutung für jede Art von Schüsseln gebraucht wird[3]), *apsis*[4]), wahrscheinlich eine halbrunde Assiette, *gabata*[5]), ein tiefes Gefäss[6]). In diesen Geschirren, selbst wenn sie irden waren, trieb man grossen Luxus; schon Aristoteles hinterliess 70 *patinae*, Aesopus besass eine Schüssel von 100,000 Sesterzen Werth, und Vitellius

---

2293) Nach Varro de L. L. V, 123. Non. p. 547 im sabinischen Cult üblich; griechisch λεπαστή, ein grosser Napf. Athen. p. 485° und daraus Eustath. ad II. p. 1246, 31.
94) Varro bei Non. p. 547.
95) Varro bei Priscian. VI p. 711. Non. p. 547, 21. Serv. ad Verg. Buc. VI, 13: *Ubi erat vinum in mensa positum, ante lepastam ant galeolam aut cinum dicebant: iria enim pro quibus nunc acratophoron.*
96) Tiefe (*cavas*) Mart. XI, 31, 18; zu Gemüse, Cic. ad Att. VI, 1, 13; runde Bratenschüsseln Hor. S. II, 4, 40. Plaut. Curc. II, 3, 44. 43; viereckige Dig. VI, 1, 6. XXXIV, 2, 19 § 4; zu einem Hummer (*squilla*) Juven. 5, 84; zu Oksi Ovid. ep. ex P. III, 5, 20.
97) Hor. S. I, 6, 115: *inde domum me ad porri et ciceris referens ganique catinum.* Varro de L. L. V, 120: *Vasa in mensa escaria, ubi pullum aut turistenti quid ponebant, a capiendo catinum nominarunt. Catinas aquas* erwähnt Varro de R. R. 1, 63, *Actile catinum* Cato de R. R. 81.
98) Plaut. Ps. 840:
   Ubi omnes patinae fervont, omnis aperio;
   is odos dimissis manibus in coelum volat.
99) Plin. N. H. XXIII § 68. In einer *patina* wird das *pulmentarium* gekocht. Dig. XXX, 7, 10 § 3.
2300) Plaut. Mil. gl. 759; *patina tyrotarichi* Cic. ad Att. IV, 8°. Eine *muraena* in einer *patina* aufgetragen Hor. S. II, 8, 48.
1) *Quadrangulum et quadrilaterum vas.* Isidor. Or. XX, 4, 10; von Silber Dig. XXXIV, 2, 19 § 6.
2) Athen. IX, 5 p. 367°; daher metaphorisch: καὶ ταῦτα μὲν ὡς τῶν καλῶν παροψίδες Ib. p. 367f; eine kleine Assiette zu Fischsaucen (ἀλικές) von rothem Thon Mart. XI, 27, 5. Bei Artemidor 1, 74 scheinen die *πίνακες καὶ παροψίδες* Hauptschüsseln und Beisätze zu sein.
3) Ev. Matth. 23, 25. Juven. 3, 141.
4) Dig. XXXIV, 2, 19 § 6. XXXIV, 2, 32 § 1.
5) Mart. VII, 48. XI, 31, 18.
6) Isidor. Or. XX, 4, 11.

liess einen eigenen Ofen bauen, um eine Schüssel herzustellen, die ihm eine Million Sesterzen kostete[2307]).

g. Waschgefässe, namentlich Waschbecken, *malluvium*[8]), *pollubrum*[9]), *trulleum*, griechisch *lebes*[10]), Waschkanne, *gutturnium*[11]), *urceolus*, *aquaemanalis*[12]) oder *aquimanile*[13]), Becken zum Fusswaschen, *pelvis*[14]), *pelluviae*[15]).

h. Küchen- und Wirthschaftsgeräthe, *olla*, ein bauchiger Kochtopf mit zwei Ohren[16]), von Thon oder Kupfer[17]), womit wohl *cacabus*[18] und *coculum*[19]) identisch sind; *patina* oder *patella*, die Casserole[20]), identisch mit *sartago*[21]); *hirnea*, ein Napf[22]), der auch als Kuchenform dient[23]), die Giesskanne, *nassiterna*[24]), und der Eimer, *situla*, ursprünglich für den Ziehbrunnen bestimmt[25]), aus dem man

---

2307) Plin. N. H. XXXV § 160. Suet. Vitell. 13. Eine ähnliche grosse Schüssel lässt bei Juven. 4, 37—135 Domitian für einen Rhombus machen.
8) Festus p. 164ᵃ 13. 9) Non. p. 544 a. v.
10) Servius ad Aen. III, 456 legt bei seiner Erklärung: *lebes pro vase capitur, in quod aqua, dum manus abluuntur, decidit*, die Stelle Hom. Od. 1, 136 zu Grunde.
11) Paulus p. 98 s. v. 12) Varro bei Non. p. 547.
13) Pauli Sent. III, 6, 86.
14) Juven. 3, 277 und dazu das Scholion: *pelves, conchas, in quibus pedes lavant, aut vasa fictilia, ποδάνιπτρα.*
15) Festus p. 161ᵇ. Paulus p. 207.
16) Das Räthsel des Symposius bei Wernsdorf P. L. M. VI p. 578, welches diese Beschreibung giebt, hat in dem besten Codex die Ueberschrift *Olla*, nicht *Lagena*.
17) Avian. fab. 11. Plin. XXXIV § 98.
18) Varro de L. L. V, 127. Dig. XXXIII, 7. 18 § 3. 7, 13 pr. gewöhnlich irden, *fictilis*, aber auch von Kupfer, Col. XII, 18, 4, und Silber Dig. XXXIV, 2, 19 § 12.
19) Nach Isidor. Or. XX, 8, 4 heissen so *omnia vasa coquendi causa parata*; nach Paulus p. 39 s. v. *cocula* sind es *vasa aenea, coctionibus apta*.
20) Isidor. XX. 8, 2 *olla oris patentioribus.*
21) Plin. XVI § 83. Isidor. XX, 8, 3.
22) Plaut. Amph. 429 431. 432. 23) Cato de R. R. 81.
24) Festus p. 169ᵃ: *Nassiterna est genus vasi aquari ansati et patentis, quale est, quo equi perfundi solent.*
25) Dig. XVIII, 1, 40 § 6: *Hoia quoque, per quam aqua traheretur, nihilominus aedificii est, quam situla.* Burmann Anth. L. I p. 493. *Extractam puteo situlam cum ponit in horto.* Diese Eimer waren in Aegypten ursprünglich von Thon, nicht von Holz, und wurden ihrer zwei an einem Joche getragen. Semper II S. 4. Römische Eimer sind von Bronce. Semper II S. 45. 46.

auch beim Kehren sprengte[226]). Was wir von diesen Gefässen haben, ist grossentheils von Kupfer, wie der schöne Eimer im Museo Gregoriano[27]).

Gemalte Vasen haben die Römer und Latiner weder unter ihrem Hausgeräthe gehabt, noch zum Schmuck ihrer Gräber verwendet; sie gehören entweder dem eigentlichen Griechenland an, oder Unteritalien oder Etrurien und können bei der Besprechung römischer Thonfabrication ganz übergangen werden. Diese hat es nur mit Hausgeräthe zu thun, das dem Material nach zerfällt 1) in gelbgraue ordinäre Waare, wozu *dolia* und *amphorae* gehören, 2) in rothe Waare, unter welcher sich das Essgeschirr befindet, das vom hellsten bis zum dunkelsten Roth und von sehr verschiedener Feinheit des Thons vorkommt, 3) graue Waare, 4) schwarze Waare. Rothe und schwarze Gefässe erhielten auch Glasur und Reliefverzierungen, welche letztere indess erst Mode wurden, als die Metallgeschirre in allgemeinen Gebrauch gekommen und für die Form der Thonarbeiten mustergültig geworden waren.

Das sind also die Sorten, deren man sich in römischen Zeiten in der Wirthschaft bediente. Auch unter ihnen ist indessen eigentlich römisches und ausländisches Fabrikat zu unterscheiden. Was das erstere betrifft, so gab es in Rom Töpfer seit ältester Zeit; auf dem Vatican[28]) und in der Stadt selbst[29]) waren Töpfereien: Ziegeleien lagen in der nächsten Umgebung, z. B. an der am östlichen Ufer des Tiber nach Norden hinaufgehenden *via Salaria*[30]): von Geräthen indess scheint Rom selbst nur gröbere Waare geliefert zu haben, da

---

[226]) Plaut. Stich. 352.
[27]) *Mus. Gregor.* I tav. 3.
[28]) Juv. 6, 344: *et Vaticano fragiles de monte patellas*. Mart. I, 19.
[29]) Von einem *figulus in Esquilina regione* und dessen *fornax plena vasorum* wird bei Festus p. 344ᵇ s v. *mūinum* berichtet. Eine Lampe bei Passeri *Luc.* III t. 7 hat den Stempel: *EX OFficina P. VETTI AD PORTam TRIGeminam*; eine andere Mura l. 508, 18: *EX OFF P. IVL TAR AD PORTAM TRIG.* Zu des alten Cato Zeit kaufte man *dolia* am besten in Rom; *tegulas* in Venafrum, Cato de R. R. 185.
[30]) Hier lagen die hernach zu erwähnenden *figlinae Terentianae* (Borghesi *Annali* 1840 p. 140 n. 27) und verschiedene andere, Marini *Atti* p. 159ᵇ. wie die Stempel bezeugen Oderici Syll. p. 158. Fabr. 517, 350 Marini *Atti* p. 507. Avolio t. I, 7.

Plinius wenigstens das ausserrömische Fabrikat ganz entschieden vorzieht[31]). Wir haben ausserdem Grund anzunehmen, dass, wie die ersten plastischen Kunstwerke in Thon[32]), so auch die ersten kunstvoller gearbeiteten Gefässe aus Etrurien nach Rom gelangten[33]). Es sind noch neun sacrale Gefässe vorhanden, alle aus dem Ende des fünften Jahrhunderts der Stadt und aus dem südlichen Etrurien herrührend, die einerseits, da sie noch zum Theil gemalt sind, als die letzte Nachbildung griechischer Vasenfabrication erscheinen, andererseits durch ihre lateinischen Inschriften sich als älteste Produkte römisch-etruskischer Gefässkunst zu erkennen geben[34]). Dass gleichzeitig in Norditalien dieser Industriezweig blühte, kann man aus dem Schwerkupfer dieser Gegenden schliessen, das, ebenfalls dem fünften Jahrhundert der Stadt angehörig[35]), zwei Serien mit Henkelkrug und Amphora enthält[36]). In den letzten Jahrhunderten der Republik[37]) und in den drei ersten Jahrhunderten der christlichen Zeitrechnung ist für Tafelgeschirr der Hauptfabricationsort Arretium; die *vasa Arretina*, welche oft erwähnt werden[38]) und uns aus reichen,

---

31) Plin. N. H. XXXV § 160 ff.
32) S. oben Anm. 2139 ff.
33) Juba Vasens. K. Ludw. p. CCXXXIII—CCXXXVII.
34) Nämlich ein Napf mit Henkel und acht Schalen (*pateras*), alle *pocula* genannt. Von ihnen sind eines in Tarquinii, zwei in Volci, zwei in Orte gefunden. Der Fundort der anderen ist unbekannt. Ueber alle handelt Ritschl *De fictilibus litteratis Latinorum antiquissimis*. Berolini 1853. 4. und *Priscae latinitatis epigraphicae supplementum* V. Die Inschriften der 9 Gefässe sind: SAIITVRNI· POCOLOM — VOLCANI· PUCOLOM — AECETIAI (d. h. *aequitatis*) POCOLOM — KERI (d. h. *genii*) POCOLOM — LAVHRNAI· POCOLOM — SALVTES· POCOLOM — BELOLAI· d. h. Bellonae) POCOLOM — COTRA· POCOLO (vielleicht *Coerai*, d. h. *Curae pocolom*) — AISCLAPI· POCOCOLOM (sic).
35) Mommsen G. d. R. Münzw. S. 237.
36) *L'aes grave del Mus. Kirch.* Cl. III tav. 5. 6. Mommsen G. d. R. M. S. 266. Nach Gamurrini *Le iscr. degli ant. vasi Aretini* p. 9 not. 4, werden solche Asse in Arezzo gefunden.
37) Dass unter den noch erhaltenen arretinischen Gefässen ein Theil dem sechsten Jahrh. der Stadt angehört, beweisen die in den Inschriften vorkommenden Buchstabenformen, wie λ (Gamurrini p. 19 n. 83 p. 80 n. 127), V (ders. p. 17 n. 10. 18).
38) Mart. I, 53, 6, XIV, 98. Plin. N. H. XXXV § 160. Schol. Pers. 1, 130. Isidor. Or. XX, 4, 5: *Arretina vasa ex Arretio municipio Italiae dicuntur, ubi fiunt. Sunt enim rubra. De quibus Sedulius:*
   Rubra quod appositum testa ministrat olus.

am Orte selbst gemachten Funden hinlänglich bekannt sind[239]), zeichnen sich aus durch corallenrothe Farbe, haben meistens Glasur und sind mit zierlichen Reliefs versehen. Bemalte Vasen sind nur ausnahmsweise in Arezzo gefunden worden[40]. Ausserdem ist in Norditalien durch Töpferwaaren berühmt Mutina, in welchem schon im Jahre 577=177 v. Chr. die Ligurer eine Masse irdener Gefässe erbeuteten[41]), Töpfereien von Ruf nicht nur zu Plinius Zeit[42]), sondern auch das ganze Mittelalter hindurch existirten[43]), und theils rothe, den arretinischen gleiche, theils schwarze Schalen und Becher gefunden werden[44]); Pisaurum, dessen Waaren in der Umgegend Absatz fanden[45]), Adria, dessen Gefässe sich durch Haltbarkeit auszeichneten und mit dem adriatischen Wein in den grossen Handel kamen[46]); in Ligurien Asta, Pollentia[47]) und Velleia[48]), in Unteritalien Allifae[49]), Cumae[50]), Cales[51]), Capua[52],

[239]) A. Fabbroni *Storia degli antichi vasi fittili Aretini*, Arezzo 1841, 1. G. Gamurrini *Le iscrizioni degli antichi vasi fittili Aretini*. Roma 1859. 2.
40) Jahn Vascos. K. Ludwigs S. LXXXII.
41) Liv. XLI, 14, 3. Sie fanden daselbst *vasa omnis generis, uno magis quam ornamento in speciem facta*. Vgl. Liv. ib. c. 18, 4.
42) Plin. N. H. XXXV § 161.
43) Cavedoni *Marmi Modenesi* p. 64—67.
44) Bull. d. Inst. 1837 p. 10; 1841 p. 144. Schwarze Thongefässe mit Reliefs haben sich auch in Chiusi (Clusium) gefunden. Noel des Vergers *L'Étrurie et les Étrusques*, Paris 1862—64. Vol. III fol. pl. 17. 18. 19.
45) Passeri *Luc.* I p. XV.
46) Plin. a. a. O. § 161. Dass, da die Kerkyräer den Handel des adriatischen Meeres in alter Zeit hauptsächlich betrieben, Κερκυραῖοι ἀμφορεῖς und Ἀδριανὰ κεράμια identisch sind, ist die Ansicht von Jahn Ber. der sächs. Gesellsch. d. Wiss. 1854 Ph. Hist. Cl. p. 34.
47) Plin. a. a. O. § 160. Mart. XIV, 157.
48) Ueber die dortigen Funde s. Bull. de Inst. 1837 p. 15. Die *figlinae* von Velleia werden mehrfach erwähnt in der *Tabula alimentaria Veleiatium* (s. Desjerdins *de tabulis alim*. Paris 1854. 4.) Tab. VII, lin. 37. C. *Coelius Verus professus est saltus Avegam Vaccium Debelos cum figlinis*. Ferner II, 89 *fundus Julianus cum figlinis*. Die Ziegeleien von Velleia gehören zu den ältesten, welche aus Stempeln mit Angabe der Consulate bekannt sind.
49) Hor. S. II, 8, 39 und dazu Schol. Cruq. *Est autem Allifanum dictum ab Allife oppido Samnii, ubi maiores calices fiebant*.
50) *Cumanae calices* erwähnt Varro bei Non. p. 545, 4; eine *patella Cumana* von rothem Thon Mart. XIV, 114, eine *Cumana patella* Apicius IV, 2 p. 34 Bernh. V, 4: *accipies Cumanam mundam, ubi coques pisum*, und weiter: *in Cumana ad ignem ponis*. VI, 9 p. 47 *in Cumana ponis*. VII 11 p. 58 *in Cumana colas*. Die *patinae Cumanae* erwähnt als berühmt Plin. N. H. XXXV § 164, und mit den samischen Gefässen zusammen Tibull. II, 3, 46.

Surrentum[53]) und Rhegium[54]). Von der griechischen sehr verschiedenartigen Waare[55]) ist in Rom hauptsächlich eine Sorte gangbar, nämlich das samische Geschirr. Es ist von fein geschlemmtem, mit *rubrica* (Eisenoxyd) roth gefärbtem Thon so hart gebrannt, dass es hell klingt und im Bruche scharf schneidet, von dünner Form, mit glänzendem Firniss versehen, sehr zierlich in der Arbeit, zum grossen Theil mit Reliefs geschmückt und war vorzugsweise als Tischgeräth[56]) unständiger Leute, die nicht von Silber assen, beliebt. Die samischen Geschirre scheinen nicht nur für die italische Fabrication das Vorbild geworden zu sein, — denn die *vasa Samia* sind ein Gattungsname, bei welchem man nicht nothwendig an ächte, in Samos gemachte Gefässe zu denken hat[57]) — sondern auch im ganzen römischen Reich Verbreitung und viel-

---

[53]) Ein Fragment einer *patera* von rötlichem Thon, mit schwarzem Firniss und einer Reliefdarstellung hat die lateinische Firma *K. ATI VIO* und wird von Ritschl etwa 590 d. St. gesetzt. S. Ritschl *Priscae latinitatis* op. suppl. II p. 10. III p. 14. IV p. 17, und über andere Funde der Art in Cales Guidobaldi bei Ritschl a. a. O. III p. 14. Neuerdings sind in einem Grabe von Tarquinii schwarze Thongefässe calenischer Fabrik gefunden, eines mit der Inschrift: *V· CANOLEIOS. V· F. FECIT· CAVENOS*. S. Beondorf Bull. 1866 p. 241—266.

[54]) *Campana supellex* Hor. S. I, 6, 118. *Campana trulla* ib. II, 3, 144. Ueber Funde schönen rothen Thongeschirrs daselbst s. Riccio *Notizie degli scaramenti del suolo dell' antica Capua*. Napoli 1855. 4° p. 13. Tav. IV. V. VIII.

[53]) Ueber die *calices Surrentini* s. Plin. N. H. XXXV § 160. Mart. XIII, 110; XIV, 102.

[54]) Plin. a. a. O. § 164.

[55]) Plinius a. a. O. führt in seiner Aufzählung der Fabrikorte an erster Stelle Samos an, dann Erythrae und Cos, in Asien Pergamum und Tralles. Vollständiger zählt die griechischen Fabrikorte auf Jahn Ber. d. Sächs. Gesellsch d. W. 1844. Ph. hist. Cl. S. 28—36.

[56]) Plin. a. a. O. § 160 : *Samia etiamnunc in esculentis laudantur*.

[57]) S. Jahn Ber. d. S.G. d. W. 1844. Ph. hist. Cl. S. 30 Anm. 24, der die Stellen bereits angeführt hat. Isidor. Or. XX, 4, 3 : *Fictilia vasa in Samo insula prius inventa traduntur, facta ex creta et indurata igne, unde et Samia rasa*. Die irdenen Gefässe, deren sich die Römer beim Opfer bedienten, und die gewiss ursprünglich nicht aus Samos kamen, heissen *Samiae capedines* bei Cic. de rep. VI, 2, 11 (Non. p. 398 s. v. *Samium*), und wenn es als ein Beweis des Geizes (Plaut. Capt. 291. Cic. pr. Mur. 36, 75), der Dürftigkeit (Lucil. bei Non. p. 396 s. v. *Samium*. Plaut Stich. 694), oder der Genügsamkeit (Cic. ad Her. IV, 51, 64. Tibull. II, 3, 37. Auson. epigr. 9. Lactant. Inst. I, 13, 22. Vgl. Mart. XIII, 7) gilt, dass man samisches Geräth braucht, so sieht man hieraus, dass nicht von einer feinen, sondern sehr gewöhnlichen Waare die Rede ist, welche Italien selbst reichlich lieferte.

leicht Nachahmung gefunden zu haben. Töpfereien nämlich finden sich überall, wohin die Römer ihre Cultur verbreitet haben, in Spanien in Sagunt, dessen Fabrikate auch in Rom gekauft wurden[2358], in Frankreich[59], Deutschland[60], Britannien[61]); aber neben den einheimischen Erzeugnissen[62] dieser Gegenden kommen überall auch die feinen rothen glasirten Geschirre vor, die also entweder durch den Handel aus den berühmten Fabriken, z. B. Arretiums[63], in diese Gegenden gelangten, oder auch der glücklichen Nachahmung ihre Entstehung verdankten.

Es ist bereits an einer andern Stelle (Th. V, 1 S. 166. 167) auf die interessanten Aufschlüsse hingewiesen worden, welche die Geschichte der Thonfabrication über die Entwickelung der römischen Industrie, namentlich der Kaiserzeit,

---

2358) Mart. IV, 46, 13.
Et crasso figuli polita coelo
Septenaria synthesis Sagunti
Hispanae luteum rotae toreuma,
d. h. ein Satz von sieben ineinanderpassenden Bechern. VIII, 6, 1 *Fidi Saguntino cymbia — luto.* XIV, 108 *Calices Saguntini.* Ju v. 5, 29 *Saguntina lagona.* Gefunden werden in der Gegend des alten Sagunt vier verschiedene Gattungen von Gefässen, darunter auch rothe, wie die arretinischen. Birch II p. 278. Valcarcel *Barras Saguntinos, Valencia* 1779. 8°. (mir nur aus der Anführung bei Birch bekannt).
59) In Frankreich finden sich neben den einheimischen Fabrikaten, welche theils schwarz, theils bronzefarben, theils roth und grau sind, in Nancy, Paris, Nimes, Lyon, Clermont auch die feinen rothen Tischgefässe mit Reliefs, die, da auch die Formen zu den Reliefs gefunden worden sind, zum Theil wenigstens an Ort und Stelle fabricirt sein müssen. S. Caumont *Cours d'antiquités monumentales, Tome II* p. 185—217. Brongniart *Traité* p. 441 ff. Birch II p. 369—371.
60) In den Töpfereien von Westerndorf an der Strasse von Salzburg nach Salzburg wurden im 2ten und 3ten Jahrhundert n. Chr. neben andern Gattungen von Geschirr auch rothe (samische) Gefässe gemacht (v. Hefner a. a. O. S. 4; 11); in Rheinzabern wurden 77 Töpferöfen und 36 Ziegelöfen gefunden nebst vielem, darunter auch feinem rothen Geschirre. S. Hefner Münchener gelehrte Anzeigen. 1855 n. 17. 1866. a. 21 bis 24. Jung im *Bulletin de la Société pour la conservation des Monuments historiques d'Alsace.* 1837 p. 117—138. Die übrigen Orte der Schweiz, Frankreichs, Englands, Deutschlands und der römischen Donauprovinzen, in welchen Töpfereien gefunden worden sind, lernt man am bequemsten und vollständigsten kennen aus der Schrift: *Inscriptiones terrae coctae vasorum intra Alpes Tisam Tamerin repertas conlegit* Guil. Froehner (Supplementheft zum XII. Jahrg. des Philologus), Göttingen 1857. 8vo. 61) Birch II p. 373 ff. 62) Birch II p. 364 ff.
63) Arretinische Gefässe in Velleia gefunden, Cavedoni Bull. 1837 p. 13.

überhaupt giebt. Die noch wenig ausgebeutete Quelle dieser Geschichte bilden die Stempel der Fabricate. Denn nicht nur Ziegel, sondern auch Röhren und grobe und feine Geschirre sind mit der Firma bezeichnet; die letzteren wenigstens mit dem Namen des *figulus*, auch wohl des Sclaven, der die Arbeit gemacht hat; die ersteren dagegen mit dem Namen des Gutsherrn, auf dessen *praedium* die *figlina* liegt, dem Namen des Besitzers oder Pächters oder Werkführers der Officin, und endlich dem Jahre, in welchem der Ziegel gemacht ist[64].

Die Zeitbestimmung, d. h. das Consulat, findet sich auf Ziegeln römischer Fabrik erst vom Jahre 110 p. Chr.[65] und dauert nach Marini's Beobachtung bis in die ersten Jahre des M. Aurel und L. Verus, d. h. bis kurz nach 161 p. Chr.[66]: in den Municipien ist dieser Gebrauch aber viel älter. Die Ziegel von Velleia haben die Consulatsbezeichnung schon in den Jahren 678—743 (76—10 v. Chr.)[67], die von Tifernum von 7—15 p. Chr.[68], die von Perusia von 93—101 p. Chr.[69]. Nach dem Jahre 162 kommen die Stempel noch immer vor, doch enthalten sie die Angabe des Jahres nicht. Aus dieser Quelle nun ergeben sich einige merkwürdige Thatsachen, deren Begründung eine kurze Erörterung rechtfertigen dürfte.

Die *figuli* bildeten in Rom seit Numa ein Collegium[70]; wie lange dies aber bestanden hat, ist gänzlich unbekannt, da

---

[64] Ueber die Stempel der Ziegel s. Tb. V, 1 S. 166 Anm. 989. Auch die Legionsziegel, über deren Marken man eine Uebersicht findet bei Janssen *Musei Lugduno-Batavi Inscr. Gr. et Lat. Lugd. Bat.* 1842. 4. p. 114 ff. Birch *H. of Pott.* II p. 404 ff., wurden nicht allein für die Legion, sondern auch von der Legion gemacht und unter Aufsicht eines Centurionen gebrannt. S. die Inschr. bei Overbeck Katal. des K. Rhein. Museums. Bonn. 1851. 8. S. 58 n. 129 und Mommsen *Inscr. Conf. Helo.* p. 79. Ueber die Stempel der Gefässe u. Lampen s. Birch II p. 406—115 und oben Anm. 236.

[65] Mommsen C. I. L. I p. 202.

[66] Marini *Atti* p. 621[b]. In unseren Sammlungen kommen allerdings *tegulae* mit späteren Consulaten vor, z. B. Doni p. 99 zwei vom Jahr 199 und 193. Auf der ersten ist das Consulat jedenfalls insofern falsch, als statt *Dionysio* zu lesen sein würde *Dione*. Marini muss aber beide *tegulae* für falsch gehalten haben.

[67] Borghesi *Annali* 1840 p. 225—246 = *Oeuvres* IV p. 357—388. Mommsen C. I. L. I n. 777—800.

[68] Mommsen C. I. L. I p. 202. [69] Mommsen a. a. O.

[70] Plut. Num. 17. Plin. N. H. XXXV § 159.

später ein solches Collegium nirgends nachweisbar ist[71]). Die Fabrication grober Waare, nämlich von Ziegeln, Röhren, *dolia* und *amphorae*, war, so viel unsere Quellen lehren, ein Geschäft der Gutsbesitzer geworden, welche, wenn sie auf ihren Gütern Thonerde fanden[72]), Ziegeleien und Töpfereien anlegten und entweder durch ihre Sclaven selbst betrieben, oder durch Pächter betreiben liessen[73]). Der ganze Industriezweig war in den Händen von Capitalisten; nicht nur Leute aus der Nobilität, in höchsten Aemtern stehende Personen[74]), und römische Ritter[75]), sondern die Kaiser selbst, die Mitglieder der kaiserlichen Familie, insbesondere die weiblichen Mitglieder derselben, setzten sich in Besitz der früher von Gewerbsleuten angelegten Oefen, deren Namen noch ihren Ursprung nachweisen. Vielleicht schon Augustus, sicher aber Tiberius, Caligula, Claudius und Nero waren im Besitz der *officina Pansiana*, welche zwischen Pesaro und Rimini lag[76]), und von

---

[71]) Die einzige Erwähnung eines solchen finde ich in einer von Forcellini s. v. *figulus* ohne Angabe der Quelle angeführten Inschrift von Spalatro in Dalmatien: *A. Servilio V. C. prov. Dalmatiae praesidi clarissimo integerrimoque coll. figul. d. d.* In der Verordnung des Valentinian Cod. Theod. XIII, 1, 11: „*Colonos rei privatae vel ceteros rusticanos pro speciebus, quae in eorum agris gigni solent, inquietari non oportet. Eas etiam, qui manu victum rimantur aut tolerant (figulos videlicet aut fabros), alienos esse a praestationis molestia decernimus*" werden diese Handarbeiter gerade von den handeltreibenden Handwerkern unterschieden, so dass man über diese nichts erfährt.

[72]) Dig. XXXIII, 7, 23 § 1: *Quidam, quum in fundo figlinas haberet, figularum opera maiore parte anni ad opus rusticum utebatur.*

[73]) S. Th. V, 1 S. 187.

[74]) So besitzt M. Rutilius Lupus, ein Mann, dessen Familie einen Consul des Jahres 864 und viele hohe Beamten aufweist, die *figlinae Brutianae*, welche 853 bis 876 in Thätigkeit war, und stempelt seine Fabricate mit seinem eigenen Wappen, dem Wolfe (Borghesi *Annali* 1840 p. 335); eine andere Thonfabrik bei Q. Asinius Marcellus (Marini *Atti* p. 193. 194. 195), ebenfalls aus consularischer Familie (M. Asinius Marcellus ist Cos. 54 p. Chr.), und hinterlässt dieselbe seiner Tochter *Asinia Marcella f.* (Fabr. 501, 51) oder *Asinia Quadratilla* (Marini a. a. O.), die im 147 p. Chr. Ziegel arbeiten liess. Dasselbe Geschäft betrieb L. Plautius Aquilinus, Cos. 162 (Visconti *Annali* 1864 p. 183 ff.). Dem C. Fulvius Plautianus, *praefectus praetorio* unter Severus, gehörten die *figlinae Bucconianae* (Orelli 935) *in agro Sabino* (Marini *Atti* p. 345), welche nach seinem Tode (956=203) an die kaiserliche Familie kamen. Murat. 496, 21: *EX PRaediis AVGG NN FIGulina BVCCONIANa.*

[75]) Fabr. 547, 150: *OPVS DOL· IVLI· THEODATI· EQ· R· FIG SAL· EX· Praediis· FL· TITIANI C· V.*

[76]) Borghesi bei Furlanetto *Lapidi Patavine* p. 338 und *Bull.* 1858 p. 27. 28.

deren erstem Eigenthümer C. *Lutatius C. f. Pansianus, figulus ab imbricibus*, noch der Grabstein erhalten ist[2377]). Die Fabricate dieser Officin wurden seewärts ausgeführt[78]) und finden sich an vielen Orten[79]), woraus zu ersehen ist, dass sie nicht blos für den Bedarf der kaiserlichen Bauten, sondern für den Handel bestimmt waren. Dem Domitian gehörten die *figlinae Genianae*[80]), dem Trajan die *figlinae Quintianae*, welche auf seine Frau Plotina vererbten[81]), dem Hadrian die *figlinae Septimianae*[82]), die *Oceanae maiores* und *Oceanae minores*[83]), ferner die *Rhodinae*[84]); einige seiner Oefen scheinen hernach in den Besitz der Faustina, Gemahlin des Kaisers Antoninus Pius, übergegangen zu sein[85]). L. Aelius Caesar, der Adoptivsohn Hadrians[86]), und Antoninus Pius selbst[87]) trieben diese Geschäfte ebenfalls, M. Aurel besass *figlinae novae*[88]) und *figlinae Port(us) Lic(inii)*[89]), sein Bruder L. Aurelius Verus[90]) und

---

77) Orelli n. 4190. Borghesi *Bull.* 1858 p. 26.
78) Borghesi a. a. O.
79) Ausser in Pisaurum finden sie sich in Ariminum, Ferraria, Mediolanum, Hadria am Padus und in Luceria, Mommsen I. R. N. 6366. n. 417.
80) Fabr. 514, 197. Honzen *Bull.* 1858 p. 18. Hefner Denkschr. d. Münchner Acad. IV p. 295.
81) Fabretti 581, 110: *IM CAES TRAIANI AVG O D QVINTIANA*. Hiernach ist zu lesen bei Fabr. 517, 256: *PLOTINAE AVG QVINtiana*, nicht, wie Fabretti will, *Quinta*.
82) Borghesi *Annali* 1840 p. 239 n. 91. *EX FIG. CAEsaris Nostri SEPTIMIANis* vom Jahr 867=124.
83) Marini *Atti* p. 240b: *EX FIGulinis OCeanis Minoribus CAEsaris Nostri PAETino COS*. Vgl. Marini *Atti* p. 241, wo auch die Stempel mit *Oceanae maiores* zusammengestellt sind.
84) Fabr. 506, 195: *HIBero ET SISENna COS* (168 p. Chr.) *PEDVCaei LVPVLi EX FIGulinis RHODINis CAEsaris Nostri*. Dabei eine Rose.
85) Wenigstens findet sich der Werkführer des Hadrian, L. Brutlidius Augustalis, nach Hadrians Tode im Dienste der Faustina. Borghesi *Annali* 1840 p. 240 n. 23. 66) Marini *Atti* p. 248b.
87) Fabr. 810, 151 *EX PR CAESaris* vom Jahr 146.
88) Borghesi *Annali* 1840 p. 249 n. 26.
89) Fabr. 319, 297: *OP DOL EX PR M AVRELI ANTONINI AVG N PORT LIC*. Derselbe Stempel Murat. 500, 9. Die Ortsbestimmung kommt öfters vor: Mur. 500, 17: *EX F TEReNTianis DOMitiae LVCillae PORT LIC OP DOL STAT PRIM.* Fabr. 519, 298: *OPVS DOLIARE EX FIG FVLVIANIS POR LIC*. Marini *Atti* p. 667ª: *EX PR DOM. LVC. PORT LIC. FIGL. KANINianis OPVS STATü PRIMVLi*. Vgl. Preller Regionen S. 103.
90) Fabr. 504, 64. Borghesi *Annali* 1840 p. 241 n. 28.

später Commodus[2391]) hatten gleichfalls *figlinae*. Was die weiblichen Mitglieder der kaiserlichen Familie betrifft, so erscheinen diese schon seit Augustus[92], viel häufiger und umfangreicher aber in der folgenden Zeit an diesem Industriezweige betheiligt. Domitia Longina, die Frau des Domitian, welche ihren Gemahl um mehr als vierzig Jahre überlebte[93], bezog einen Theil ihrer Revenüen aus *figlinae*[94]); ebenso Plotina, Trajans Wittwe[95]), Arria Fadilla[96]), die Mutter des Antoninus Pius[97]), Annia Cornificia Faustina[98]), Schwester des M. Antoninus[99] und Frau des Ummidius Quadratus, Cos. 920 = 167[2100]), endlich Faustina, die Gemahlin des Antoninus Pius[1]). Das grösste Geschäft machten aber die beiden Lucillae[2] und namentlich die jüngere, deren Güter (*praedia Luciliana*)[3] eine grosse Anzahl von Thonöfen enthielten, nämlich die *figlinae Domitianae maiores* und *minores*, die *figlinae Augustanae*, *Caninianae*, *Terentianae* und *Fulvianae*. Die *Domitianae*, deren Ziegel in Rom gebraucht worden sind[4]), scheinen angelegt worden zu sein von dem Redner C. Domitius Afer, welcher 812 = 59 starb[5]) und zwei Adoptivsöhne, Cn. Domitius

---

[2391] *Bull.* 1858 p. 19.

[92] Eine *tegula*, gefunden in Hipponium (Mommsen I. R. N. 6366 n. 8., hat die Marke *LEPIDAES ET AGRIPPINAES*; die Lepida ist Aemilia Lepida, Frau des Drusus, Sohnes des Germanicus (Tac. Ann. VI, 40;; eine andere hat den Stempel: *HYACINTHI IVLIAE AVGVSTAE* (Mommsen ib. 6306 u. 4).

[93] Domitian wurde 96 ermordet, sie lebte noch kurz vor 140. Eckhel D. N. VI p. 599. Borghesi *Annali* 1840 p. 344.

[94] Borghesi a. a. O. p. 343 n. 43. Sie besass im Jahre 123 die *figlinae Sulpicianae* (Fabr. 512, 163), welche bei Rom lagen (Borghesi a. a. O. p. 346 n. 57). [95] S. oben A. 2381.

[96] Stempel ihrer Fabriken s. Murat. 495, 15. 16. Orelli 888. Fabr. 501, 46. 506, 124. 511 u. XV.

[97] Capit. Ant. P. 1. Orelli 4876.

[98] Ueber ihren Namen und ihre Verwandschaft s. Orelli-Henzen 5475. 5476.

[99] Capitol, M. Anton. ph. 1.

[2100] Borghesi *Oeuvres* III p. 344. Capit. Ant. pb. 7.

[1] S. A. 2825.

[2] Ueber beide hat zuerst Borghesi *Oeuvres* III p. 23 — 47 Aufschluss gegeben, welchen ich im Folgenden benutze.

[3] Grut. p. 594, 1.

[4] S. Th. I S. 438—440. Die Annahme Beckers, dass die *Domitianae figulinae* in Nero's Besitz waren, ist nicht erwiesen.

[5] S. Bernhardy R. L. G. p. 746.

Tullus und Cn. Domitius Lucanus hinterliess[2406]), die öfters auf Ziegelstempeln erwähnt werden und auch die *figlinae Caninianae* besassen[7]). Tullus war kinderlos und adoptirte die Tochter des Lucanus, Domitia Cn. f. Lucilla, welche mit dem grossen Vermögen der drei genannten Personen[8]) auch die *figlinae* erbte. Sie heirathete den P. Calvisius Tullus und hinterliess eine Tochter, ebenfalls Lucilla genannt, welche mit Annius Verus vermählt war und Mutter des Kaisers M. Aurel wurde. Diese Frau, mit vollem Namen Lucilla P. f. Veri, ist nun im Besitze aller dieser Fabriken[9]), deren Stempel aus den Jahren 876—908 (123—155 p. Chr.) vorhanden sind; als sie bald nach 155, noch vor der Thronbesteigung ihres Sohnes starb, kamen die *figlinae* durch Erbschaft an den Kaiser M. Aurel selbst. Neben den Namen dieser hochgestellten Personen finden sich auf den Fabriksstempeln indessen auch zahlreiche Firmen von Bürgern gewöhnlichen Standes[10]) und Freigelassenen[11]), namentlich aber wieder von Frauen, welche nicht nur als Besitzerinnen von Grundstücken[12]), sondern als Inhaberinnen der Fabriken selbst bezeichnet werden[13]).

Während so die Fabrication des *opus doliare*, d. h. der

2406) Ueber beide s. Plin. ep. VIII, 18. Mart. IX, 51.

7) Bei Marini *Atti* p. 769 finden sich die Stempel: *FALARNI DVOrum DOMITIORum, LVCANI ET TVLLI Servi*; und *AMOENI, Duorum Domitiorum, LVCANI ET TVLLI EX FIGLINIS CANINIANis*. So scheint Marini zu lesen, während in dem Stempel *AMOENI Opus Doliare* gelesen werden könnte. 8) Plin. l. l.

9) Fünf Werkmeister des Cn. Domitius Tullus finden sich noch auf ihren Stempeln. Borghesi s. a. O. p. 48.

10) Auch diese Namen sind nicht ohne Interesse. Die von Borghesi *Annali* 1840 p. 244 zusammengestellten Firmen von Veleja z. B. zeigen, dass dort dieser Fabrikszweig von freien Leuten betrieben wurde, wie M. Belutius, L. f., P. Cominius Priscus, M. Ennius Januarius, L. Herennius Eupralus u. a.

11) Diese sind häufig. Es genüge hier als Beispiel C. Calpetanus Musophilus, ein *libertus* der Calpetani, einer im ersten Jahrh. angesehenen Familie, Borghesi s. a. O. p. 242 n. 38.

12) Z. B. *Ex praediis Sasiae Isauricae*, Marini *Atti* 289*; *Cosiniae Gratillae*, Marini p. 144; *Pomponiae*, Murat. 498, 19; *Aemiliaes Severaes*, Fabr. 496, 4; *Magiae Marcellae*, Fabr. 517, 280, *Stertiniae Basuilae*, Fabr. p. 520 n. XXI.

13) Hieher gehören die Stempel: *Titiaes Rufinaes Opus doliare ex praediis Dom. nn. Augg.* Murat. 500, 44; *Opus doliare Statiae Primillae, ex fig. Domiliae Lucillae*, Marini p. 667; *Opus figlnum Iuliae Saturn.* Fabr. 510, 449. u. a.

Bauziegel, Dachziegel, Röhren[24,14]) und ordinären Gefässe[15]), dem Handwerk, dem sie anfänglich angehörte[16]), entzogen und von den Capitalisten betrieben wurde, blieb die feine Waare in den Händen der Handwerker. Unter den arretinischen Firmen ist z. B. *Aulus TITIus FIGVLus ARRETINVS*[17]), *SENTIus FIGVLus*[16]), in Pisaurum finden wir einen Freigelassenen als Modelleur, *figulus sigillator*, bezeichnet[19]), und der einmal vorkommende *fictiliarius*[20]) und *ampullarius*[21]) wird ebenfalls zu den Töpfern zu rechnen sein. Viele dieser Geschäfte, besonders in Arretium, hatten indess einen bedeutenden Umsatz, da feine Gefässe in Masse ins Ausland gingen[22]) und in den Provinzen von den *negotiatores artis cretariae* auf dem Lager gehalten wurden[23]). Ueber die Preise haben wir nur wenige Nachrichten[24]); ordinäre Waare war wie in Griechenland so in Rom sehr wohlfeil; einen *calix* kaufte man für einen halben

---

14, 15) S. die Inschr. einer Röhre Marini *Atti* p. 348.

15) Die Stempel selbst haben als Marke öfters ein Henkelgefäss. Fabr. 506, 131. Marini *Atti* p. 343. Ein *dolium* hat die Inschr.: *EX OFICIna FORTunati DOMITiae LVCillae* (Borghesi *Oeuvres* III p. 37); eine ähnliche Inschr. s. b. D'Agincourt *Recueil* pl. 12 n. 7. p. 37; *M· PETRON· VETERANI LEO SERvus FECIT (sur le bord d'un vase)*. Ein *dolium* hat die Inschr. Fabr. 512, 83 *L CALPVRNI'S EROS F*; ein anderes Fabr. 508, 99 *T COCCEI FORTVNATI*.

16) Wie die *figulina Pansiana* zuerst von einem *figulus ab imbricibus* betrieben wurde, hernach aber in kaiserlichen Besitz kam (A. 2377), so wird es mit den meisten andern gewesen sein. Virgil's Vater war ein *opifex figulus* (Reifferscheid *Suetonii reliq.* p. 34. 69) auf dem Lande, weshalb er auch *rusticus* heisst p. 58; er betrieb offenbar selbst auf seinem Gütchen eine Ziegelei. Auch später kommt noch ein L. Aurelius Sabinus Dollarius, auf dessen Grabsteine drei grosse Gefässe abgebildet sind (Doni tab. XI ad p. 289 n. 4), und eine *officina dolearia M. Publici Ianuarii* (Orelli n. 4889) vor. Die *tegularii*, welche in Inschriften vorkommen (Henzen 6443, 7879, 7280), sind Sclaven oder Freigelassena und wie die *laterarii*, Ziegelstreicher (Nonius 443, 22), wohl nur Arbeiter in der *officina lateraria* (Plin. N. H. VII § 194).

17) Gamurrini s. a. O. p. 22 n. 61, 62.

18) Ders. p. 53 n. 148.

19) Orelli n. 4191.

20) Orelli. 4189.   21) Orelli n. 4148.

22) Plin. N. H. XXXV, § 161: *et haec quoque per maria terras ultro citro portantur insignibus rotae officinis*. Dasselbe geht hervor aus den Funden feiner Gefässe in Gallien, Deutschland und England.

23) S. oben A. 2090.

24) Ueber diese s. O. Jahn Ber. d. Sächs. Ges. d. Wiss. Hist. ph. Cl. 1854 S. 37. 38.

As[25]) oder wenige Asse[26]), aber grosse Schüsseln kamen sehr theuer zu stehen[27]).

3. Arbeit in Metall.

Der Gebrauch der Metalle bildet ein unterscheidendes Merkmal der drei Culturgebiete des Alterthums. Sowie das Münzsystem des Orients auf dem Golde, Griechenlands auf dem Silber, Italiens auf dem Kupfer beruhte, so stand auch die Entwickelung der Metalltechnik unter dem Einflusse des vorhandenen Materiales. Das Gold, nicht nur das edelste, sondern auch das für die Bearbeitung bequemste Metall, hat in dem goldreichen Orient[28]) von den ältesten Zeiten an nicht nur für die bildende Kunst überhaupt[29]), sondern auch für das Hausgeräth den Stoff geliefert[30]). Ess- und Trinkgeschirre von Gold, mit Edelsteinen besetzt, kamen in Masse in den Besitz Alexanders[31]), prangten in der Diadochenzeit an allen Höfen[32]) und gelangten endlich wieder als Beutestücke nach Rom; silberne Gefässe bilden einen hervorragenden Gegenstand griechischer Technik, welcher in Rom ebenfalls die leidenschaftliche Bewunderung der Sammler erhielt, während die ältere italische Kunst sich vornehmlich in Broncearbeiten hervorthat. Allerdings wurden auch in Rom seit den ältesten

---

[25], Mart. IX, 59, 21.
[26] Juv. 11, 143 ; *plebeios calices et paucis assibus emptos*.
[27] S. oben A. 2307.
[28] Ueber den Gold- und Silberreichthum Assyriens, Babyloniens, Syriens, Aegyptens und Phöniciens, dessen sich Alexanders Expedition bemächtigte, s. Movers Die Phönicier II. 3, 1; über den Goldreichthum Aegyptens Birch *Upon an historical Tablet of Ramesses II, relating to the Gold mines of Aethiopia*, in *Archaeologia* XXXIV p. 887—891.
[29] Ueber die goldene Statue des Zeus oder Belus in Babylon s. Herodot I, 183; Diodor. II, 9; über die goldene Statue der *dea Syria* in Hierapolis Lucian. ded. Syr. 88; eine goldene Statue des Alexander erwähnt Athen. V p. 202ᵃ; eine massive Goldstatue von 8 Ellen Höhe erbeutete Pompejus im mithridatischen Kriege. Appian Mithr. 116; eine andere Antonius im parthischen Kriege, Plin. N. H. XXXIII § 82. 83.
[30] Goldene Gefässe kommen nach Wilkinson *Manners and Customs* II p. 148 in Aegypten schon um 1490 v. Chr. vor.
[31] Athen. p. 782ᵃ.
[32] Hauptstellen sind über den Goldluxus des Hofes in Alexandria Athenaeus p. 197 ff; des Hofes in Antiochia Athen. p. 194. 195.

Zeiten Schmucksachen von Gold getragen: goldene Ringe, *bullae*, Kränze, Halsketten und Armbänder[32)33)]; aber oft wird von späteren Schriftstellern die gute alte Zeit der Samniterkriege und des Pyrrhus gepriesen, in welcher es als böses Beispiel galt, zehn Pfund verarbeitetes Silber zu besitzen[34)], und höchstens das Salzfass von Silber gestattet war[35)]), und die Zeit des alten Cato als der Wendepunct bezeichnet, von welchem an die alte Einfachheit gegen den asiatischen Luxus zurücktrat. Die *lex Oppia* des Jahres 215 v. Chr., welche den Goldschmuck der Frauen auf eine halbe Unze Gewicht beschränkte, wurde 20 Jahre nachher (195) aufgehoben[36)]; zu Plautus Zeit gingen die Frauen im Goldschmuck[37)], und bald darauf beginnt auch in dieser Beziehung asiatischer Reichthum und griechische Kunst Einfluss zu gewinnen. Die Masse des durch die Eroberungskriege der Römer in der Hauptstadt angehäuften Goldes und Silbers (s. Th. III, 2 S. 160. 161), die Erwerbung von Gold- und Silberbergwerken in den Provinzen[38)], die erwachende Liebhaberei für griechische Silberarbeiten und orientalische Schmucksachen, endlich die Gele-

---

32) S. Plin. N. H. XXXIII § 8 ff. § 37. 38; über die goldenen Ringe Th. II, 1 S. 273; über die *bullae* Th. V, 1 S. 83 f.; über die *torques*, *coronae* und *armillae* Th. III, 2 S. 440 ff.
34) Cornelius Rufinus wurde wegen dieses Luxus von dem Censor des J. 175 v. Chr., Fabricius Luscinus, aus dem Senat gestossen. Valer. Max. II, 9, 4; Liv. ep. XIV; Plutarch. Sulla 1; Gell. IV, 8, 7; XVII, 21, 39.
35) S. Th. V, 1 S. 327.   36) Liv. XXXIV, 1 ff.
37) Plautus Epid. II, 2, 38.
38) Gold wurde gewonnen in Gallia Transpadana bei Vercellae, zwischen Turin und Mailand, Plin. XXXIII.§ 78. Strabo p. 218; in dem Gebiet der Taurisci nördlich von Aquileja, Strabo p. 208; bei Noreja in Noricum, Strabo p. 214; in Macedonien und Thracien, Strabo p. 331; Plin. XXXIII § 66; in Vorderasien, Strabo p. 591, 626, 680, in Armenien, p. 529; in Colchis, p. 43, 499; besonders aber in Spanien, Strabo p. 146, 156; demnächst in Gallien, Strabo p. 187. 188. 190. 198. 203. 208 und Britannien p. 199. Die Bergwerke Galliens und der Alpen lieferten bereits in vorrömischer Zeit das Material zu den celtischen Goldmünzen, über deren schwierige Beurtheilung ich für jetzt auf Mommsen Die nordetruskischen Alphabete (Mittheilungen der antiq. Ges. in Zürich, Bd. VII S. 242 ff.) verweise. Von Silbergruben waren, nachdem die attischen aufgehört hatten betrieben zu werden (Strabo p. 399), die ergiebigsten die in Spanien, Strabo p. 147—149. 154; ausserdem gab es solche in Macedonien und Thracien (Strabo p. 331., in Gallien (Strabo p. 191), Britannien (Str. p. 199) und Epirus (Str. p. 329).

genheit, die ganze Kunsterfahrung der Orientalen und Griechen
in Rom selbst zu verwerthen, veranlassten einen gleichmäs-
sigen Aufschwung in allen diesem Gebiete angehörigen Kunstzweigen, deren nähere Betrachtung uns nicht allein einen
Einblick in die römische Metalltechnik eröffnen, sondern auch
das Gesammtresultat der antiken Leistungen dieses Faches
überhaupt vorführen wird.

Die Metalle, welche im Alterthum vorzugsweise in Gebrauch sind, Gold, Silber, Kupfer, Eisen und Blei, sind darin
gleichartig, dass sie eine dreifache Art der Bearbeitung gestatten[2139]. Sie können behandelt werden erstens als dehnbare Körper, welche durch Hämmern, Pressen, Ziehen und
Biegen ihre Form erhalten, zweitens als schmelzbare Körper,
die sich in eine Form giessen lassen, drittens als harte Körper, welche durch Abnahme von Theilen, d. h. durch Schneiden, Drehen und Schleifen gestaltet werden. Diese Gleich-
artigkeit hatte zur Folge, dass, wenn auch für die ordinäre,
handwerksmässige Technik der Stoff das Unterscheidende
blieb, Künstler von Talent in den verschiedenen Metallen ihre
Virtuosität bewährten, und dass, wie in der Renaissancezeit
Goldschmiede, wie Ghiberti, Luca della Robbia, Donatello,
Benvenuto Cellini, in allen Zweigen der Metallplastik sich versuchten, so auch bereits in Griechenland diese verschiedenen
Thätigkeiten in einem und demselben Künstler vereinigt vorkommen. Wir werden daher, bevor wir zu der Besprechung
der einzelnen Handwerke übergehen, die Methoden der Metallarbeit überhaupt in Betracht zu ziehen haben.

I. Methoden der Arbeit.

1. Metall als dehnbarer Bildstoff. Blech- und Drahtarbeiten.

Die Blecharbeit ist bekanntlich älter als der Guss. Die
ältesten Broncestatuen bestanden aus einem Kern von Holz

[2139] Ich entnehme diese Disposition aus Semper II S. 479 f., welcher leider in diesem letzten Theile seines Werkes sich auf kurze Andeu-
tungen beschränkt.

und Lehm, bekleidet mit Kupferblechen, welche zusammengenagelt wurden[2440]). Denn auch das Löthen ist eine spätere Erfindung[41]). Statuen dieser Art werden nicht allein im Orient und in Griechenland erwähnt[42]), sondern namentlich Colosse von Erz wurden immer, auch noch in Rom, hohl gearbeitet und aus Stücken zusammengenietet[43]). Auf demselben Princip beruht die Kunst der Goldelfenbeincolosse[44]), die, nachdem sie durch Phidias ihren Höhepunct erreicht hatte, noch in römischer Zeit, und zwar in Rom selbst, in Ausübung blieb. Die Statue des Jupiter Capitolinus war in späterer Zeit, vielleicht seit der Restitution in Folge des Brandes vom J. 83 vor Chr., eine elfenbeinerne[45]); Pasiteles, ein Zeitgenosse des Pompejus, machte eine elfenbeinerne Statue des Jupiter im Tempel des Metellus[46]); dem Cäsar wurde eine elfenbeinerne Statue vom Senat decretirt[47]), und noch Germanicus und Britannicus erhielten nach ihrem Tode elfenbeinerne Standbilder[48]). Eine nicht geringere Bedeutung hat aber das Beschlagen mit Metallen und die Blecharbeit als allgemeines Ornamentationsmittel erhalten. Schon der Nagel an sich kann als Ornament gebraucht werden[49]), und Nagelköpfe[50]) oder Buckeln

---

2440) Semper I S. 884.

41) Sie wird dem Glaucos von Chios zugeschrieben. Brunn I S. 11.

42) So heisst es vom Bel zu Babel v. 6: Dieser Bel ist inwendig nichts, denn Leimen, und auswendig ehern. In Lacedämon gab es eine Statue der Minerva, aus Kupferstücken zusammengenagelt (Pausa. III. 17, 6), ein Werk des Learchos oder, wie Brunn I, S. 19 will, Clearchos, von Rhegium.

43) Ueber diese Colosse s. Plin. N. H. XXXIV § 39—47.

44) Man findet hierüber eine gründliche Untersuchung in Quatremère de Quincy *Le Jupiter Olympien ou l'art de la sculpture antique*. Paris, 1815. fol.

45) S. Brunn Gesch. der gr. Künstler I S. 548 und des dort angeführte Zeugniss, *Chalcidii Timaeus, de Platonis translatus et in eundem commentarius* (herausg. von Fabricius in S. *Hippolyti Opera*, Hamburg 1716 fol.) c. 338 p. 400: *Ut enim in simulacro Capitolini Jovis est una species eboris, est item alia, quam Apollonius artifex auxit animo, ad quam directa mentis acie speciem eboris poliebat* (auxit animo heisst: er stellte sich die vollkommene, ideale, Wirkung des Elfenbeins vor. Der ganze Ausdruck ist Imitation von Cic. Or. 2, 9).

46) Plin. XXXVI § 40. Brunn I S. 593.

47) Dio Cass. XLIII, 45.

48) Tac. Ann. II, 83. Suet on. Titus 2.

49) Dies kommt selbst auf Schuhsohlen vor. Clem. Alex. Paed. II, 11 p. 240: αἰσχρὸν γοῦν ἀληθῶς τὰ σανδάλια ἔξωθεν, ἐφ' οἷς ἐστι τὰ

(ἧλοι, γόμφοι, *bullae*) sind seit Homers Zeiten als Verzierungen von Stöcken (Sceptern)[51], Wehrgehenken[52], Riemenzeug, Geschirren aller Art und Thüren[53] angewendet[54] worden und immer in Anwendung geblieben[55]. Man ersetzte aber auch diese einfachste Decoration durch kreisrunde in Relief gearbeitete Metallbeschläge, welche auf Kästchen, Meubelstücken und namentlich auf den Wehrgehenken, Schwertgriffen, Degenscheiden[56], Rüstungen und dem Riemenzeuge angebracht werden konnten[57]. In die letzte Kategorie gehören die *phalerae*, welche theils das Riemenzeug der Pferde an Kopf und Brust decorirten, theils bei den Römern als militärisches Ehrenzeichen verliehen wurden[58]. Sie waren von Bronce, Silber oder Gold[59] und bildeten schon bei den Griechen einen Gegenstand der Kunstübung[60]. Die im Jahre 1858 auf dem Gute Lauersfort bei Crefeld gefundenen, von A. Rein

---

χρυσᾶ ἄνθεμα· ἀλλὰ καὶ τοὺς ἥλους ἐλικοειδῶς ταῖς καττύμασιν ἐγκατακρούειν ἀξιοῦσιν, πολλοὶ δὲ καὶ ἐρωτικοὺς ἀσπασμοὺς ἐγχαράττουσιν αὐταῖς.

[50]) Nägel mit zierlich gearbeiteten Köpfen s. bei Grivaud de la Vincelle *Recueil* pl. 4 n. 7. 10. 11.

[51]) σκῆπτρον — χρυσείοις ἥλοισι πεπαρμένον Hom. Il. I, 246. Spätere Beispiele s. bei Lobeck ad Soph. Ai. 847.

[52] Verg. Aen. IX, 357 *aurea bullis cingula*; XII, 942 *fulserunt cingula bullis*.

[53] Plaut. Asin. 426: *iussine in splendorem dari has bullas foribus nostris?*

[54]) S Lobeck a. a. O.

[55] Ein δέπας περικαλλές — χρυσείοις ἥλοισι πεπαρμένον bei Hom. Il. XI, 633. Im J. 1861 ist in Palestrina mit der *cista Castellani* und andern Gefässen eine broncene tiefe Schale gefunden, die weiter keine Verzierung hat, als einen Rand von horizontallaufenden Nagelköpfen. Auch die Gehenke sind mit Nägeln aufgesetzt. S. Schoene in *Annali* XXXVIII (1866) p. 189. Tav. d'agg. GH, n. 10.

[56] S. die Beschreibung des τελαμών des Heracles Hom. Od. XI, 610 ff. und Plin. N. H. XXXIII § 152: *et quid attinet haec colligere, cum capuli militum ebore etiam fastidito caelentur argento, vaginae catellis, baltea laminis crepitent.*

[57] Solche *bullas* sind in Masse in Kertsch (Panticapaeum) gefunden. Einige s. b. Arneth Gold- und Silbermonum. S. 22 n. 20. Taf. I n. 20. [58] S. Th. III S. 440.

[59] S. Jahn in der sogleich anzuführenden Schrift S. 5. S. 8; *phalerae aureae* erwähnt auch Apul. Met. X, 18. Ein Pferd mit *phalerae* s. *Mus. Borb.* VI, tav. 23

[60] Cic. acc. in Verr. IV, 12, 29: *phaleras pulcherrime factas, quas regis Hieronis fuisse dicuntur, — abstulisti.*

und O. Jahn beschriebenen *phalerae*[2461]) sind kleine Schildplatten von dünnem Silberblech mit Reliefs, deren hohle Rückseite mit Pech ausgegossen ist, und die auf einer untergelegten Kupferplatte, und mit dieser auf einem Riemen befestigt wurden.

Zu einer umfangreicheren Anwendung gelangte die Bekleidung mit Metallblech bei allen Defensivwaffen, d. h. Panzerstücken, Schilden und Helmen. Schon der alte römische Riemenpanzer (*lorica*)[62] hatte einen Beschlag von Metall: künstlichere Formen sind der Schuppenpanzer, *lorica squamata*[63]), und der griechische, den Körperformen genau angepasste, in Relief gearbeitete Metallpanzer, von welchem uns die zugänglichsten Beispiele in den Statuen römischer Kaiser vorliegen[64]). Die in derselben Art gearbeiteten Reliefs griechischer Schilde sind ein bekannter Gegenstand poetischer Beschreibungen[65]); den Schild der Athene Promachos des Phidias hatte der berühmte Toreut Mys ausgeführt[66]), und mit welcher vollendeten Kunst Waffenstücke hergestellt wurden, sehen wir aus den berühmten Broncen von Siris. Es sind dies zwei Schulterstücke eines griechischen Panzers, deren zwei, Amazonenkämpfe darstellende, Reliefs aus einer kaum eine halbe Linie dicken Kupferplatte so stark herausgetrieben sind, dass die Platte in den Köpfen der männlichen Figuren nur noch die Dicke des Papiers hat[67]). Nicht gleich an Schönheit, aber zu derselben Art der Technik gehörend, sind die

---

2461) A. Rein *de phaleris*, in *Annali* XXXII (1860) p. 161—201. O. Jahn Die Lauersforter Phalerae, Bonn 1860. 4°.
62) S. Th. III, § S. 230.
63) S. Th. III, § S. 231. Eine Büste des Trajan in der *lorica squamata* s. Righetti *Descr. del Campidoglio* t. 218.
64) So z. B. im *Museo Lateranense* die Statue des Germanicus (av. 9) und des Britannicus (tav. 12); die Statue des Titus im Louvre Müller u. Oesterley Denkm. I, 866; die Statue des Cäsar, Righetti *Descrizione del Campidoglio* I tav. 154; eine Zusammenstellung solcher Panzer bei Clarac *Musée de sculpture* III pl. 853, 856.
65) Der Schild des Agamemnon Hom. II. XI, 32 ff.; des Achill Hom. II. XVIII, 478 ff. Auch der Gallier bei Livius VII, 10, 7 bei *arma auro caelata*.
66) Brunn G. d. gr. K. II S. 409.
67) Bründsted Die Bronzen von Siris. Kopenhagen. 1837. f.

zahlreichen etruskischen und römischen Waffenstücke, welche sich noch erhalten haben[2468]).

Das gleiche Incrustationsverfahren findet sich bei allen Gegenständen häuslicher Einrichtung, namentlich den Holzarbeiten. Die *lecti inargentati* oder *inaurati*[69]), die silbernen Wagen (*carrucae argento caelatae*)[70]), die Schränke (*armaria*) und Kasten (*arcas, arculas*) hatten ganz gewöhnlich diese Ornamentation von *laminae* oder *bracteae* in Relief gearbeitet. Die grosse Masse von Reliefplatten, welche unsere Museen enthalten, rührt zum Theil von solchen Geräthen her, unter denen für uns die Kasten und Kästchen, welche noch zur Anschauung vorliegen, von besonderem Interesse sind. Das kunstgeschichtliche Prototyp dieser Arbeit ist der Kasten des Kypselos, dessen Reliefs indessen aus Holz, Elfenbein und Gold bestanden[71]). Geldkasten (*arcas ferratas*)[72]) haben sich in Pompeji erhalten, wie namentlich der von Avellino beschrie-

---

[2468] Ueber etruskische Waffen s. Braun Ruinen S. 786; über einen aus Goldblech getriebenen Brustschild des. S. 790; Helmstücke und Panzer von Bronce abgeb. *Mus. Greg.* I tav. 84; ein Bronceschild aus Tarquinii, der indessen wohl nur zur Decoration einer Wand oder eines Geräthes bestimmt war, bei Micali *Ant. Mon.* tav. 44, 4 = Müller und Oesterley Denkmäler I n. 808. In Bomarzo wurde gefunden „un ampio scudo circolare intatto di circa un metro di diametro, foderato internamente di legno di noce grosso circa 3 linee e coperto di pelle." *Bull.* 1830 p. 438. Von römischen Waffenstücken sind für unsern Zweck erwähnenswerth die bronzenen Beschläge von Schwertscheiden in dem Funde von Vindonissa, deren Reliefs fabrikmässig mit Stanzen hergestellt sind. S. O. Jahn Röm. Alterthümer aus Vindonissa in Mittheilungen der antiq. Gesellsch. in Zürich XIV, 4 (1862) Taf. I. 4—6: Brustplatte aus Gold gefunden in Essex, abg. *Archaeologia* XXVI p. 429. Ueber griechische und römische Waffenstücke in dem Museum von Neapel giebt eine Uebersicht mit Abbildungen Overbeck Pomp. II S. 80—85; römische Waffen, jetzt in Deutschland befindlich, s. bei Lindenschmit Die Alterthümer unserer heidnischen Vorzeit. Mainz 1858. 4°. Heft III Taf. 4. 2. I. H. V Taf. 5. II. XII, Taf. 4.

69] S. Th. V, 4 S. 818.

70] Plin. N. H. XXXIII § 440. Vopisc. Aur. 46, 8: *dedit praeterea potestatem, ut argentatas privati carrucas haberent, quum antea aerata et eburata vehicula fuissent.* Bronceplatten von der Verzierung eines Wagens, aus einem Grabe von Perugia, abgeb. Micali *Ant. Mon.* tav. 18, 4. 2. 3. = Müller und Oesterley Denkm. I n. 297. 298. Ein bronzener Wagen Visconti *M. P. Cl.* V tav. B. II, 9. B. III n. 3. 4. 3. 6.

74] Müller Handb. d. Arch. § 87. O. Jahn Archaeol. Aufs. Greifswald 1845. S, 3 ff.

78] Juven. 44, 26.

bene²¹⁷³), der von Holz, mit Eisen beschlagen, mit Bronce-
reliefs bekleidet und mit broncenen *bullae* verziert war; in viel
grösserer Anzahl und Mannichfaltigkeit sind aber Toilettenkästchen vorhanden, an welchen die Funde der letzten Jahre
besonders ergiebig gewesen sind. Von diesen Kästchen, die
man mit einem unpassenden Namen *cistae*⁷⁴), und zwar anfänglich *cistae mysticae* zu nennen beliebte, wurde das erste,
die Ficoronische *cista*, um das Jahr 1737 in Präneste gefun-
den⁷⁵), in welcher Stadt, wie sich schon aus diesem Funde,
später aus den an derselben Stelle gemachten zahlreichen
Ausgrabungen ergab, seit dem fünften Jahrhundert Roms dieser
Kunstzweig von einheimischen Künstlern betrieben wurde⁷⁶.
Jetzt sind nach dem verdienstlichen Verzeichniss von R. Schoene
70 *cistae* und ausserdem viele Stücke von *cistae* bekannt⁷⁷), zum
grossen Theile in Präneste, zum Theil aber auch in Etrurien und
Picenum gefunden⁷⁸). Die meisten haben die Form eines Cylinders von 1 bis 2½ Palmen Höhe und sind darin ähnlich den
Bücherschachteln (*scrinia*), in welchen man Rollen aufbe-
wahrte und transportirte⁷⁹), und welche häufig am Fusse von
Statuen vorkommen⁸⁰); viele sind von ovaler Form. Beide Ar-

2173) Avellino *Descrizione di una casa Pompejana con capitelli figu-
ran.* Napoli 1837. 4. p. 45—59. Vgl. Th. V, 1 S. 345 Anm. 1393.
74) *Cista* ist nämlich ein Korb. S. Th. II, 2, S. 102 Anm. 401.
75) S. O. Jahn Die Ficoronische Cista. Leipzig 1852. 4, wo auch
über die Benennung *cista mystica* S. 47 Aufschluss zu finden ist. Abbildung bei Braun *Die Ficoronische Cista des collegio Romano.* Leipz. 1861.
fol.; auch in Müller u Oesterley Denkm. I n. 309.
76) In Betreff der Ficoronischen Cista nimmt Mommsen C. I. L. I
p. 85 an, dass Novius Plautius, von dem die Zeichnungen derselben herrühren, in Rom gearbeitet habe, ein *libertus* der Plautii, und vielleicht
ein griechischer Künstler gewesen sei. Vgl. Schoene an dem in der folgenden A. angef. O. p. 208. 209.
77) R. Schoene *Le ciste Prenestine*, in *Annali* XXXVIII (1866) p.
130—209, wodurch die älteren Verzeichnisse bei Abeken *Mittelitalien*
S. 388 ff. und Gerhard *Etruskische Spiegel* I (Berlin 1848. 4.) S. 1 ff.
ersetzt sind.
78) Ueber die Fundorte Schoene a. a. O. p. 197.
79) Dies sind die κιβώτια γραμματοφόρα bei Pollux X, 61. Sie
heissen mit Recht *cistae* bei Juven. 3, 206:
  iamque vetus Graecos servabat cista libellos,
weil sie von Holzgeflecht waren. Plin. N. H. XVI § 209.
80) Visconti *Mon. Gab.* n. 24. 44. 45. 46. 47, Clio mit dem *scrinium Pitture d'Ercol.* II p. 13; Statue des Sophocles mit einem *scrinium*,
das an einem Henkel zu tragen ist. *Monum. d. Inst.* IV tav. 27.

ten sind mit Füssen versehen und haben einen flachgewölbten Deckel, auf welchem freistehende Figuren eine Henkelgruppe bilden. Auch konnten die Kästchen an Ketten, die in Ringen befestigt waren, in der Hand getragen werden. Was den Stoff betrifft, so waren sie entweder von Holz, mit Reliefplatten von Kupfer oder Silber[245)] bekleidet, auch inwendig und auswendig mit Leder überzogen und nur an den Rändern mit Bronce beschlagen, oder sie waren ganz von Bronce; in beiden Fällen war die Metallbekleidung gewöhnlich mit eingeschnittenen (gravirten) Zeichnungen geschmückt, auf die wir weiter unten zurückkommen.

Wir übergehen den Gebrauch der Metallplatten zur architektonischen Decoration[62)] von Festgerüsten, Scheiterhaufen, Theatern, Bädern und Zimmern, namentlich von Thüren, die nicht blos in Bronce gegossen, sondern auch mit Blech beschlagen wurden[63)], endlich den Höhepunct, den dieser Luxus in dem goldenen Hause des Nero erreichte[64)], um noch einen Hauptzweig dieser Kunst in Betracht zu ziehen, nämlich die broncenen und silbernen in Relief gearbeiteten Opfer- und Tischgeräthe, welche zu den frühesten Gegenständen römischer Kunstliebhaberei gehörten. Von den gepriesenen Werken griechischer Toreuten der besten Zeit[65)] sind uns viele nur aus römischen Notizen und aus römischem Besitze bekannt geworden; so die Hydria des Boethus, welche Verres[66)], die beiden Becher des Calamis, welche Germanicus[67)] besass, die scyphi des Mentor, welche der Redner L. Crassus für 100,000 HS kaufte[68)], die beiden Becher des Zopyrus, den Rechtsspruch

---

[145)] Von Silber ist die *Cista Castellani*, bei S c h o e n e N. 70. Auch die von Birch beschriebene, in Tarent gekaufte kreisförmige Silberplatte, welche in getriebener Arbeit eine Schmückung der Venus darstellt, ist wahrscheinlich der Deckel eines Kästchens. S. Birch *Description of a Silver Disc from Tarentum. London* 1852. 4°.
[62)] S e m p e r I S. 366 ff. 370. 375. 402.
[63)] So waren die Thüren des capitolinischen Tempels mit Goldplatten bekleidet. Z o s i m u s V, 81: καὶ οὗτος γὰρ (Stilicho) θύρας ἐν τῷ τῆς Ῥώμης Καπιτωλίῳ χρυσῷ πολὺν ἔλκοντι σταθμὸν ἠμφιεσμένας ἀπολέσθαι προστάξαι (λέγεται). [64)] P l i n. N. H. XXXIII § 61.
[65)] Ueber diese findet man alles gesammelt bei B r u n n G. d. gr. Künstler II S. 397—413. [66)] C i c. acc. in Verr. IV, 14, 32.
[67)] P l i n. N. H. XXXIV § 47. [68)] P l i n. N. H. XXXIII § 147.

des Areopag über Orestes darstellend, welche auf 1,200,000 HS. geschätzt wurden[2159]. Allerdings führte diese Liebhaberei zu Täuschungen: man sammelte nicht allein altes Silberzeug überhaupt, *argentum vetus*[90]), bei dem die durch den Gebrauch abgeriebenen Formen den Werth erhöhten[91]), sondern vorzugsweise Werke benannter Meister (*antiquis nominibus artificum argentum nobile*)[92]), was denn dazu führte, dass die Besitzer selbst ihre alterthümlichen Gefässe (*archetypa*)[93] den berühmtesten Meistern zuschrieben[94]), Copien verfertigt[95] und moderne Werke mit absichtlicher Täuschung als alte verkauft wurden[96]); allein zur Erhaltung alter Kunstwerke hat diese Liebhaberei, die bereits damals auch zu Ausgrabungen Veranlassung gab[97]), wesentlich genützt, und wir besitzen

---

2159) Plin. N. H. XXXIII § 156 nach der Lesart des Bambergensis HS |XII|.
90) Juven. I, 76.
91) Plin. N. H. XXXIII § 157: *subitoque ars haec ita excrevit, ut sola iam vetustate aestumetur, usuque attritis caelaturis, ne figura discerni possit, auctoritas constet.*
92) Seneca ad Helv. 11, 3. Vgl. Sen. de tr. an. 1, 7: *argentum grande rusticis patris sine ullo nomine artificis.* Mart. IX, 59, 15 pueris *Mentorea nobilitata manu.*
93) Mart. VIII, 6, 1, XIV, 93.
94) Diese Sitte verspottet Horat. SaL I, 3, 90:
    Comminxit lectum potus mensave catillum
    Euandri manibus tritum deiecit.
Vgl. II, 3, 20 und Martial. IV, 39:
    Argenti genus omne comparasti,
    Et solus veteres Myronos artes,
    Solus Praxitelus manum Scopasque,
    Solus Phidiaci toreuma caeli,
    Solus Mentoreos habes labores.
    Nec desunt tibi vera Gratiana,
    Nec quae Callaico linuntur auro,
    Nec mensis anaglypta de paternis.
(Ueber den technischen Ausdruck *anaglypta* vgl. die *trulla argentea anaglypta* Orelli 2563; *metallum anaglypticum*, Sidon. Apoll. ep. 9, 13 und dazu Savaro p. 603.
95) So copirte Zenodorus, der Verfertiger des Neronischen Colosses, zwei Becher des Calamis, Plin. N. H. XXXIV § 47.
96) Phaedrus V prol. 4:
    Ut quidam artifices nostro faciunt seculo,
    Qui pretium operibus maius invenient, novo
    Si marmori adscripserunt Praxitelem suo,
    Trito Myronem argento.
97) Strabo VIII p. 381: πόλιν δὲ χρόνον ἐρήμη μείνασα ἡ Κόρινθος ἀνελήφθη πάλιν ὑπὸ Καίσαρος — ἐποίκους πέμψαντος· — ὅ τε ἐπι-

vielleicht noch in dem gleich zu erwähnenden corsinischen Silbergefäss eine Copie eines der Becher des Zopyrus. Auch erhielten sich durch den Geschmack für alterthümliche Kunst sowohl alte Kunstformen, wie die thericleischen Becher[98]), als alte Kunstübungen, wie der Guss der corinthischen Gefässe, während das gewöhnliche Silbergeschirr, wie alle Luxusgegenstände, den Veränderungen der Mode unterworfen war, welche von verschiedenen rivalisirenden Fabriken ausgingen[99]).

κτε κινοῦντες καὶ τοὺς τάφους συναρπακάπτοντες εὕρισκον ὀστρακίνων᾿ ἱδρυμάτων πλήθη, πολλὰ δὲ καὶ χαλκώματα· θαυμάζοντες δὲ τὴν κατασκευὴν οὐδένα τάφον ἀσκευώρητον εἴασαν, ὥστε εὐπορήσαντες τῶν τοιούτων καὶ διαττιθέμενοι πολλοῦ νεκροκορινθίαν ἐπλήρωσαν τὴν Ῥώμην· οὕτω γὰρ ἐκάλουν τὰ ἐκ τῶν τάφων ληφθέντα.
[98]) Dass die oft genannten *Thericlea* ein Gattungsname sind, geht hervor aus Cic. acc. in Verr. IV, 18, 39, wo im Besitz des Lilybaeaners Diodorus erwähnt werden *pocula quaedam, quae Thericlea nominantur, Mentoris manu summo artificio facta*. Von welcher Art sie waren, ist streitig. Nach Bentley, Briefe des Phalaris, deutsch von Ribbeck, S. 161, bestand ihre Eigenthümlichkeit in einer von dem corinthischen Töpfer Thericles erfundenen Form, nach Welcker, Kleine Schriften III S. 499—518, bei welchem man das Material am vollständigsten findet, in den Thierfiguren der Becher, von welchen der fingirte Name des Töpfers abzuleiten sei; nach Schwenck im Philologus XXIV, 3 (1886) S. 331—334 in der schwarzen Glasur. Mit der Ueberlieferung ist nur Bentley's Ansicht übereinstimmend, für die ich noch eine unbenutzte Stelle anführe. Zu Clemens Alex. Paed. II, 3 p. 188: ἰοφῶσιν τοίνυν θηρίκλειοί τινες κύλικες καὶ Ἀντιγονίδες sagt das von Klotz Vol. IV p. 121 edirte Scholion: Θηρίκλειοι ἀπὸ Θηρικλέους τοῦ τοῦτο ἐφευρόντος. Ἀντιγονίδες ὁμοίως. — λακωμάτων εἴδη, Θηρίκλειον τὸ σφαιρικῷ τῷ πυθμένι τὸ ἐπικείμενον χωρητικῶς, ἀφ᾽ οὖ πιεῖν ἔστιν εὐπετές. Ἀντιγονίτος, ἡ ἄνευ τοῦ σφαιροειδοῦς πυθμένος τὶς ὀξὺ ἀπολήγουσα. Beide Becher, von Männern benannt, hatten also bestimmte, trichterartige Form, also die eines Spitzglases, der erste mit Fuss, der andere ohne Fuss. Das Material ist nicht characteristisch für die Thericlea; denn sie werden von Thon, Holz, Glas, Gold und Silber gemacht. Der älteste thericleische Becher, von dem wir wissen, wird in einer athenischen Inschrift, die c. 405 v. Chr. zu setzen ist, erwähnt: er war von Holz, mit Goldblech bekleidet. C. I. Gr. 150 lin. 8. 9 und dazu Boeckh. Von späteren Erwähnungen finde ich noch nicht angeführt Philo de vita contempl. 6, wo unter den römischen Tafelgeschirren aufgeführt werden: ἐκπωμάτων πλῆθος ἐπιτετμημένων καθ᾽ ἕκαστον εἶδος, ῥυτὰ γὰρ καὶ φιάλαι καὶ κύλικες, καὶ ἕτερα πολυειδῆ τεχνικώτατα θηρίκλεια καὶ ὀρφίαις ἐπιστημονικῶν ἀνδρῶν ἠκριβωμένα.
99) Plin. N. H. XXXIII § 139: *Vasa ex argento mire inconstantia humani ingenii variat nullum genus officinae diu probando: nunc Furniana, nunc Clodiana, nunc Gratiana — etenim tabernas mensis adoptamus — nunc anaglypta asperitatemque exciso circa lineas picturas quaerimus*. Die *Gratiana* erwähnt Martial. IV, 39, 6; und in einer römischen Inschr.

— 274 —

Die Verfertigung dieser Kunstgefässe gehört nur theilweise in diesen Abschnitt, da bei ihr die verschiedenen Methoden der Arbeit benutzt wurden, auf welche wir später noch zurückkommen, namentlich der Guss und die Ciselirung: es wird indessen zweckmässig sein, den vorhandenen Zusammenhang dieser Operationen nicht zu zerreissen.

Metallgefässe mit Reliefs wurden entweder im Ganzen gearbeitet, oder Gefäss und Relief wurde besonders hergestellt. Im ersten Falle kann das Gefäss gegossen oder aus einer Platte gehämmert werden. Bei dem Guss wird zuerst ein Modell, vermuthlich von Wachs über einem festen Kern, gemacht ($\pi\lambda\acute{a}\sigma\sigma\varepsilon\iota\nu$, *fingere*), darüber eine hohle Form oder ein Mantel ($\lambda\acute{\iota}\vartheta o \varsigma$, $\chi\tilde{\omega}\nu o\varsigma$) verfertigt, das Wachs ausgeschmolzen, und in den so entstandenen leeren Raum das Metall gegossen, so dass also auch die Ornamente massiv waren.«[2500]). Bei kleinen Objecten fällt indessen der Guss durchschnittlich so unvollkommen aus, dass die Bearbeitung desselben durch Ciselirung der Kunstform erst den Werth giebt[1]). DasCiseliren geschah mit dem $\tau o\varrho\varepsilon\acute{\nu}\varsigma$, *caelum*, *cilio*, d. h. einem Stifte, der nach dem Bedürfniss der Arbeit in eine Spitze, einen Bart oder eine Scheibe ausläuft und durch ein nach Art eines Spinnrades eingerichtetes Tretrad in Bewegung gesetzt wird[2]). Von solchen in massivem Silber ciselirten Reliefs geben das Silbergefäss des Antiquariums in München[3] und der Becher aus Herculaneum mit der Apotheose Homers[4] eine Anschauung. Wird dagegen das Gefäss aus einer Platte gearbeitet, so wird das Relief durch den Hammer und die Bunze von der Rückseite aus herausgetrieben, wobei es dann

---

Grut. 689, 12 heisst es von einem M. Canuleius Zosimus: *hic artis in caelatura Clodiana evicit omnes.*

2500) Ich entlehne diese Stelle aus Michaelis Das Corsinische Silbergefäss. Leipzig 1859. 4. S. 4, wo über diese Technik ausführlich gehandelt ist. 1) Vgl. Brunn II S. 397 f.

2) S. Thiersch Ueber ein — silbernes Gefäss mit Darstellungen aus der gr. Heroengeschichte in Abh. der I Cl. d. k. baierischen Acad. V, 2 S. 111. 112.

3) Thiersch a. a. O.

4) Millingen anc. uned. mon. II pl. 12. Zahn Gem. u. Orn. III Taf. 98. Ein anderes Beispiel von gegossener und cisalirter Arbeit ist der Centaur der Wiener Sammlung. Arneth G. u. S. M. p. 73 n. 19.

auf der Vorderseite ebenfalls noch durch Ciselirung überarbeitet werden kann[5303]). Im zweiten Falle, d. b., wenn die Reliefs besonders gearbeitet werden, können auch diese entweder massiv oder in Blech getrieben sein. Die massiven Einsätze (*emblemata*[6]), *sigilla*)[7], die auch bei silbernen Bechern zuweilen von Gold sind[8]), werden eingelassen[9]), die getriebenen Bleche, *crustae*, aufgesetzt[10]); beide mit Blei angelöthet[11]) oder auch mit Stiften befestigt; die noch vorhandenen sogenannten silbernen *disci* sind nichts anderes, als die aus der Bleilöthung gelösten inneren Flächen (*crustae*) von Silberschalen[12]).

Wir sehen, dass die Gefässarbeit eine complicirte Technik voraussetzt, welche auch sprachlich besonders bezeichnet wird. Die Kunst des Beschlagens nämlich, d. h. des Befestigens von Metallornamenten auf einem Grunde (Incrustationsarbeit, *doublure*, *placage*), ist die Empaestik (ἐμπαι-

---

[5303] Quintil. II, 4, 7: *Multum inde decoquent anni, multum ratio limabit, aliquid velut usu ipso deterretur; sit modo, unde excidi possit et quod excuipi; erit autem, si non ab initio tenuem nimium laminam duxerimus et quam caelatura altior rumpat.*

[6] *Emblemata* und *crustae* unterscheidet Cic. acc. in Verr. IV, 12, 52: *Cibyratas fratres vocantur: pauca improbant; quae probarunt, iis crustae aut emblemata detrahebantur. Pocula cum emblematis* Ib. 21, 49: *scyphia cum emblematis* Ib. 17, 37; und ähnlich öfters.

[7] Cic. acc. in Verr. IV, 22, 48: *apparuit patellam, in qua sigilla erant egregia. Ista — sigillis avulsis reliquum argentum sine ulla avaritia reddidit.*

[8] *emblemata aurea* Dig. XXXIV, 2, 19 § 4. § 6. Dig. XXXIV, 2, 34 § 1. Vgl. Senec. ep. 5, 8: *non habemus argentum, in quod solidi auri caelatura descenderit*; und die von Michaelis angeführten Inschriften Henzen 5905 *phialam argent.* p. 11 *embl. Nereias aurea uncias duas*; 6140 *scyphi dependentes auro illuminati N. VI, Cantharum auro intumiratum.*

[9] *emblemata illigare, includere.* Cic. acc. in Verr. IV, 24, 54. *dona incusa auro.* Pers. 2, 52.

[10] Dig. XXXIV, 2, 22, 1: *symbia argentea crustis aureis illigata.*

[11] Dies heisst *plumbare*, Plin. N. H. XXXIV § 164; Dig. XLI, 1, 27 pr.; die Löthung losmachen dagegen *replumbare*, Dig. XXXIV, 2, 22, 1: *aurea emblemata, quae in apsidibus argenteis essent et replumbari possent.*

[12] Müller H. d. Arch. S. 435. Semper II S. 24. 25. Solch ein Boden einer Schale ist z. B. die runde *laminetta d'argento Ant. di Ercol.* V p. 267, und wohl auch der schöne Discus oder *clipeus* von Aquileja, *Annali* 1838 p. 78. *Mouum. d Inst.* III 1, 4. Arneth Gold- u. Silbermonumente Taf. 5. V.

σφιπή²⁵¹³), die hohle, in Blech getriebene, Arbeit (*ouvrage au repoussée*) heisst σφυρήλατον¹⁴), die complicirte Kunst der Gefässarbeit dagegen ist die τορευτική, *caelatura*. Dass dieser Ausdruck ursprünglich die Ciselirkunst, d. h. die Bearbeitung des harten, massiven Metalls mit schneidenden Instrumenten bezeichnet, lehrt die Etymologie desselben¹⁵), und in der That wird *caelare* auch vom Schneiden der Gemmen gebraucht¹⁶); allein es ist ausdrücklich bezeugt, dass auch die erhobene Arbeit Sache des *caelators* ist¹⁷), und es werden auch Schilde, deren Verfertigung entschieden der Empaestik angehört, *caelati clipei* genannt¹⁸). Das lateinische Wort also bezieht sich unzweifelhaft auf alle die Operationen, die wir besprochen haben¹⁹), die Incrustationsarbeit, die hohle getriebene Arbeit und die ciselirte Arbeit; über den Umfang der griechischen Toreutik sind die Kunsthistoriker uneinig; im

---

2513) Athenaeus XI p. 488ᵇ redet von dem Becher des Nestor, der von Hom. Il. XI, 631 δίπας περικαλλές, χρυσείοις ἥλοισι πεπαρμένον genannt wird, und fügt hinzu: *οἱ μὲν οὖν λέγουσιν ἔξωθεν δεῖν ἐμπεπαῖσθαι τοὺς χρυσοῦς ἥλους τῷ ἀργυρῷ ἐκπώματι κατὰ τὸν τῆς ἐμπαιστικῆς τέχνης τρόπον*). Eustath. ad Il. XI, 773 p. 883, 58: ἀλεῖσιν — τὸ μὴ λεῖον, ἀλλὰ τραχὺ τοῖς ἐμπαίσμασιν. Ebenso erklärt derselbe ad Il. XXIV, 429 p. 1337, 40: ἄλεισον — οἱονεὶ τὸ μὴ ὂν λεῖον, ἀλλὰ περιφερὶς ἡ ἐμπαιστόν.
14) Dem σφυρηλατεῖν entspricht *excudere* Verg. Aen. VI, 847.
15) Isidor. Or. XX, 4, 7: *caelata vasa argentea vel aurea sunt signis eminentioribus intus extrace expressa: a caelo vocata, quod est genus ferramenti, quem vulgo cilionem vocant*. Tertull. de Idol. 8 *caelator sculpit*. Ein pränestinischer Spiegel mit *graffiti* hat die Inschrift VIBIS PILIPVS CAIIAVIT, Bull. d. Inst. 1867 p. 58.
16) Plin. N. H. XXXIII § 89; Apulei. Flor. 7: *(Alexander) edixit — ne quis effigiem regis temere assimilaret aere, colore, caelamine; quum saepe solus tam Polycletus aere duceret, solus Apelles coloribus delinearet, solus Pyrgoteles caelamine excuderet.* Der technische Ausdruck vom Gemmenschneiden ist indessen *scalpere*. Plin. N. H. VII § 125. XXXVII § 4.
17) Placidi gloss. in Mai Auct. Class. III p. 443: *caelator argentarius, qui argento puro extrinsecus facta signa deprimit.*
18) *clipei caelamina* Ov. Met. XIII, 291; *clipeus caelatus* ib. 110, *arma caelata* Liv. VII, 10.
19) Quintilian. II, 21, 9 nennt die gesammte Metalltechnik *caelatura: Caelatura, quae auro, argento, aere, ferro opera efficit. Nam sculptura etiam lignum, ebur, marmor, vitrum, gemmas — complectitur* Was den technischen Ausdruck *terere* und *tritor argentarius* betrifft (Il c. 9 T* 7264), so versteht diesen Müller Handb. d. Arch. § 311, 4 vom Treiben, Michaelis a. a. O. vom Poliren. Nach Plin. N. H. XXXV § 193, der vom Glase sagt: *aliud flatu figuratur, aliud torno teritur, aliud argenti modo caelatur,* kann es nur drehen oder drechseln (*tornare*) bedeuten.

eigentlichen Sinne ist sie ebenfalls von der Gefässarbeit zu verstehen, doch dürfte auch ihrem Begriffe ein weiterer Umfang nicht gern !ezu abzusprechen sein[20]), zumal da die Alten in dem Gebrauch technischer Ausdrücke nur insofern genau sind, als sie Sachkenntniss besitzen, was häufig nicht der Fall ist[21]).

Wir werden später sehen, dass von der Gefässarbeit die eigentliche Goldschmiedearbeit praktisch getrennt war. Allein auch diese letztere ist überwiegend Blech- und Drahtarbeit. Zu der ersteren gehören namentlich die Kränze und Diademe[22]), deren Blätter aus dünnem Bleche geschnitten und theils aus der Hand geformt, theils mit dem Stempel gearbeitet werden konnten; die Goldverzierungen von Kleidungsstücken, welche theils gepresst, theils in Relief einzeln gearbeitet wurden (s. S. 133), endlich die Fabrication der Goldblättchen (*bracteae*) theils zu diesen Zwecken, theils zum

---

[20]) Quatremère de Quincy *Le Jupiter Olympien* p. 90—938 hat der Toreutik, über die er ausführlich handelt, den weitesten Umfang gegeben; er rechnet dazu die ganze Schmiedekunst, die erhobene Arbeit, die Incrustation mit Blechen, den Guss, die Mischung der Metalle dabei, das Emailliren, die Fassung von Edelsteinen, das Schleifen und Schneiden der Steine, die künstliche Holz- und Elfenbeinarbeit und namentlich die Herstellung der Statuen von Gold und Elfenbein, und herrschtet die *caelatura* als einen einzelnen Zweig dieser Kunst. Gegen diese Definition erklärt sich entschieden Welcker in seiner Ausgabe des Müller'schen Handb. d. Arch. § 85, 8 und öfters, und sie wird in dieser Ausdehnung nicht zu halten sein, doch scheint Welcker wieder den Begriff zu eng zu fassen. Ich verweise auf Brunn G. d. gr. K. II S. 397 ff., wo die entgegengesetzten Auffassungen mit Umsicht vermittelt werden.

[21]) So ist mir zweifelhaft, ob Plin. XXXIII § 82 *holosphyraton* richtig von einer massiven Statue erklärt, da Phrynichus p. 308 Lob. sagt: τὸ ὁλοσφύρατον Inhalt καὶ ἧτοι σφυρηλάτων λέγε ἢ ὁλόσφυρον, also zwischen den Begriffen des σφυρήλατον und ὁλοσφύρατον gar nicht unterscheidet.

[22]) Kränze und Kronen dienten sowohl zur officiellen Decoration verdienter Männer (s. Th. III, 2 S. 441 ff.), als zu Geschenken (Suet. Cal. 13, Galb. 12. Plin. N. H. XXI § 8 XXXIII § 54) und zum Apparat des Gastmahls (Tac. Ann. II, 37); von den vorhandenen Goldkränzen ist der schönste in München. S. Gerhard Ant. Bildw. Cent. III Taf. 60. Arneth Monumente dos k. k. Münz- und Antikencabinets II, Wien 1856 fol. I. XIII In mehreren Gräbern von Vulci hatte jeder Todte einen goldenen Eichenkranz. *Bull* 1833 p. 203—205. Goldene Eichen-, Lorheer- und Olivenkränze aus etruskischen Funden *Annali* XXXII (1860) p. 474. *Monum. d. Inst.* VI t. 47 a. c. *Mus. Greg.* I t. 68—91; aus Kertsch s. *Annali* XII tav. B n. 11 Einen Blätterkranz von vergoldetem Kupfer bei Noel des Vergers *L' Etrurie et les Étrusques*, Paris 1862—68. pl. 91, 1. Andere Goldkränze haben die Funde von Panticapaeum ergeben.

Zweck der Vergoldung[23]); zu der letzteren gehören die Filigranarbeiten, welche schon sehr früh in Assyrien, Aegypten und Etrurien gemacht wurden[24]) und noch in reicher Auswahl vorhanden sind[25]); die Ketten und bandartigen Schmuckgegenstände, und auch bei der Einfassung von Edelsteinen kam Goldblech und Golddraht zur Anwendung.

2. Metall als schmelzbarer Bildstoff; Gussarbeit.

Die Erfindung des Metallgusses[26]) schrieben die Griechen dem Rhoecus und Theodorus zu[27]); er war aber bereits in Assyrien und Aegypten bekannt[28]); und gehört auch in Italien zu den frühesten und am glücklichsten betriebenen Kunstzweigen. Kupfer fand sich in der nächsten Nähe an mehreren Orten, z. B. in Elba[29]), und scheint in Rom früher als Eisen in Gebrauch gewesen zu sein[30]). Den Erzguss betrieben in Italien zuerst die Etrusker[31]), deren Bronzestatuen nicht nur im

---

23) Plin. N. H. XXXIII § 61 vom Golde: *nec aliud (metallum) lacius dilatatur aut numerosius dividitur, utpote cuius unciae in septingenas quinquagenas plurasque brattaes quaternum uirogue digitorum spargantur.* Vo-plac. Aurel. 46. Man sagt *bracteam exprimere* (schlagen) (Tertull. de idol. 8), und der Goldschläger heisst *bractearius*, Orelli 4158, oder *bracteator* Firm. Mat. Math. 8, 16. Einen *aurifex brattiarius*, auf einer vaticanischen Basis (*gall. della statua* N. 102) dargestellt, s. bei Jahn Ber. d. phil.-hist. Cl. der sächs. G. d. W. 1861 S. 307 Taf. VII, 2, wo über *brattae* und *brattearii* (denn so ist nach Lachm. Lucret. p. 253 L zu schreiben) noch andere Nachweisungen gegeben sind.

24) S. Semper II S. 190 ff.

25) Ich führe beispielsweise an die Filigransachen im Museo Gregoriano, *Abulas* (I t. 68), Armband (I t. 76), Kopfschmuck (I, 84), im Wiener Münz- und Antikencabinet, Arneth II p. 40 n. 267—276; zwei Ohrringe von Halbkugeln in Filigranarbeit bei Gerhard und Panofka Neapels ant. Bildwerke I p. 436; Ringe von Filigranarbeit aus später Kaiserzeit, in England gefunden, Archaeol. Journal III p. 169.

26) Ueber das Verfahren beim Gusse verweise ich auf Müller H. d. Arch. § 306.

27) Pausan. VIII, 14, 5, und über die Zeit Brunn I S. 30 ff.

28) Semper I S. 338.

29) Müller Die Etrusker I S. 241 f. Ueber die später gebrauchten Kupferbergwerke s. Plin. N. H. XXXIV § 2—4.

30) Dies geht aus verschiedenen Gebräuchen des Cultus hervor, s. Th. IV S. 164 A. 1005, vgl. Rossignol *Les métaux dans l'antiquité*. Paris 1863. 8. p. 244, und ist schon bemerkt worden von Lucretius V, 1285:

Et prior aeris erat, quam ferri, cognitus usus,
Quo facilis magis est natura et copia maior.

31) Cassiodor. Var. VII, 15: *statuas primum Tusci in Italia invenisse referuntur.*

Inlande in grosser Anzahl vorhanden waren[32]), sondern, wie alle Metallarbeiten derselben[33]), im Auslande anerkannt[34]) und in späterer Zeit von Sammlern gesucht wurden[35]). Auch in Rom werden Broncestatuen sehr früh erwähnt[36]) und haben sich Bildwerke dieser alten Kunstperiode noch erhalten, wie die im Jahre 296 v. Chr. aufgestellte capitolinische Wölfin[37]), die Chimära von Arretium und andere[38]). Wir wissen nicht, ob diese von etruskischen oder römischen Künstlern herrühren; dass aber auch ausserhalb Etruriens die Kunst des Ergusses mit Glück geübt wurde, ist aus dem Umstande ersichtlich, dass unter den gegossenen Kupfermünzen, die etwa um die Zeit der Decemvirn sowohl in Latium als in Etrurien ihren Anfang nehmen[39]), die des südlichen Latiums die schönsten sind[40]). Gegossen wurde hauptsächlich Kupfer und Silber, wovon die Geschäfte der *flaturarii*[41]) und *fusores*[42]), die aber auch unter der allgemeinen Bezeichnung der *fabri aerarii*[43])

---

32) Volsinii hatte 2000 Statuen. Plin. N. H. XXXIV § 34.
33) Kritias bei Athen. I p. 28^b:
Τρφςενή δὲ κρατεῖ χρυσότυπος φιάλη
Καὶ πᾶς χαλκὸς ὅτις κοσμεῖ δόμον ἐν τινι χρείᾳ.
34) Plin. N. H. XXXIV § 34 : *Signa quoque Tuscanica per terras dispersa, quae quin in Etruria factitata sint non est dubium*.
35) Hor. epist. II, 2, 180.
36) So die εἰκὼν χαλκῆ des Attus Navius, Liv. I, 36, 5, Dionys. III, 71; der Cloelia, Dionys. V, 35; der Juno in Aventino, Liv. XXI, 62, 6; der χαλκοῦς ταῦρος Dionys. V, 39.
37) Liv. X, 23, 11.
38) S. die Abbildungen in Müller und Oesterley Denkm. I Taf. 38 n. 187. 288. 289. 290. 291—294. Müller H. d. Arch. § 172.
39) Mommsen Gesch. d. R. Münzw. S. 175. 188 227.
40) Mommsen Röm. Gesch. I (4. A.) S. 482.
41) Orelli 4199 *flaturar(ius) de via sacra*); ein anderer *flaturarius* Orelli 4198; ein *faber flaturarius sigillarius* Orelli 4280; *flaturarii* Cod. Th. IX, 21, 6. Das Wort *flare* ist bekanntlich auch für das Münzwesen technisch; Dig. I, 2 § 30 werden die *triumviri monetales aeris argenti auri flatores* genannt, und bei Grut. p. 638, 4 kommt ein M. Ulpius Aug. lib. Symphor(us) *flaturarius auri et argenti monetar(ius)* vor.
42) Cod. Th. XIII, 4, 2, *fusor ollarius*, Topfgiesser, Grut. 638, 9.
43) Vitruv. II. 7, 4 : *Non minus etiam fabri aerarii de his lapidicinis in aeris flatura formis comparatis habent ex his ad aes fundendum maximas utilitates*. Diese bereits von Numa eingesetzten *fabri aerarii* (Plin. N. H. XXXIV § 1) scheinen verschieden zu sein von den *aerarii*, die in den Kupferbergwerken und Hütten arbeiteten und auch *confectores aeris* (Orelli 158) heissen. Varro de L. L. VIII, 62 : *Ubi lavatur aes, aerarias, non aeralavinas nominari*. Nach dieser Definition sind die *officinae aerariorum* Plin. XVI § 38, der *P. Claudius P. f. Iustus manceps offici-*

mitbegriffen werden, sowie der *exclusores artis argentariae*[24], ihren Namen haben[45]. Eine besondere Aufgabe der Giesser war die Herstellung der corinthischen Bronce[46]. Alle Gefässe von *aes Corinthium* bildeten einen Hauptgegenstand der Kunstsammlungen[47], und man hüllte den Ursprung und die Mischung dieser Bronce in das Geheimniss des Mythus ein[48]; nichtsdestoweniger gab es in Rom *fabri a Corinthiis*[49], welche nicht nur Gefässe, sondern auch Statuen machten[50]. Eine ganz specielle Beschäftigung bei dem Gusse der Broncestatuen hatten die *fabri ocularii*[51]; denn die Augen wurden besonders, und zwar aus Silber, Stein oder Glas verfertigt, und in die Broncestatuen, zuweilen auch in Marmorstatuen eingesetzt[52].

3. Metall als harter Körper.

Alle Metalle können endlich, wie der Stein, Gegenstand der *sculptura* werden, entweder durch Eingraben (*intaglio*), oder durch Herausarbeiten von Reliefs (*cameo*). Von der Reliefarbeit in kaltem Metall haben wir oben bei der Erörterung des Begriffes der *caelatura* gesprochen; unter denselben Be-

---

narum aerariorum quinque item flaturae argentariae Orelli 4217, der *aerarius* Orelli 4449, Mur. 167, 7, vielleicht auch das *collegium aerariorum* Orelli 4040 und die *sodales aerarii* Oderici diss. 2 p. 37 von Kupferhütten und Hüttenarbeitern zu verstehen.

[44] S. die Inschr. bei Boissieu *Inscr. de Lyon* p. 414 = Henzen 7229. Augustin. enarr. in Psalm. LXVII, 99 B.: *In arte argentaria exclusores vocantur, qui ex confusione massae noverunt formam variis exprimere.*

[45] Eine Erzgiesserei ist dargestellt auf einer Kylix des berliner Museums, Gerhard Trinkschalen des k. Museums, Taf. 12. 13. Panofka Bilder antiken Lebens Taf. VIII, 5.

[46] Hirt in Böttiger's *Amalthea* I S. 245 ff. Müller II. d. Arch. § 306.

[47] Unter der Dienerschaft hatte man Sclaven und Freigelassene *a Corinthiis*, Henzen 6285; 6308; 6445; und die *Corinthia* erwähnen als besonderen Luxusgegenstand Cic. Parad. I, 2, 13; Seneca de tr. an. 9, 6; de br. vit. 12, 2; ad Helv. 11, 3. Eine *pelvis aerea corinthia* Orelli 2885.

[48] Plin. N. H. XXXIV § 1—3; Plutarch. de Pythiae orac. 2 p. 553 R.= 192 Dübner.

[49] Orelli 4484. 50) Müller H d. Arch. § 308, 1.

[51] *faber ocularius* Orelli 4485, Vgl. n. 4224 M. *Rapilius Serapio. Hic ab ara marmor[ea] oculos reposuit statuis*

[52] Ausführlich handelt hierüber Buonarroti *Osservazioni is-*

griff werden indessen auch die übrigen Operationen zu subsumiren sein, die wir noch aufzuzählen haben. Es sind dies

a. Das Schneiden von Siegelstempeln, zu welchen man nicht blos Steine, sondern auch Metall verwendete[33]), von Pressstempeln zur fabrikmässigen Herstellung getriebener Arbeiten[34]) und von Münzstempeln[35]).

b. Die Grabstichelarbeit, welche die Alten zwar nicht zum Zwecke des Abdrucks, wohl aber als Decoration der verschiedensten Geräthe verwendeten. Solche Arbeiten waren zwar auch in Griechenland nicht unbekannt[36]), am häufigsten und schönsten wurden sie aber in Etrurien und Latium verfertigt. Zu ihnen gehören zuerst die Spiegel; denn Glasspiegel werden erst spät und ganz vereinzelt erwähnt; in classischer Zeit brauchte man als Spiegel gegossene und geschliffene Metallplatten, gewöhnlich von Kupfer, vermischt mit Zinn, Zink und andern Stoffen, öfters versilbert oder vergoldet[37]), später von massivem Silber[38]) Es waren dies Hand-

---

ricke sopra alcuni medaglioni antichi. Roma. 1698. 4°. p. XII. Quatremère de Quincy Le Jupiter Olympien p. 48. 49. Winckelm. Werke V S. 136; VI S. 998. Eine Bronzestatue mit noch erhaltenen silbernen Augen s. Jahrb. d. V. v. A. I. Rheinl. XXVII p. 91; eine Marmorstatue der Hygiea mit Augen von Email Wieseler Denkmäler d. a. K. Taf. 61 n 780.

[33]) Offenbar war der annulus ferreus, den alle Römer ausser den Rittern und Senatoren trugen (Plin. N H. XXXIII § 30), ohne Stein; allein auch von den Inhabern goldner Ringe sagt Plinius a. a. O. § 23: multi nullas admittunt gemmas auroque ipso signant. Metallstempel dienten ausserdem für die verschiedensten andern Zwecke, namentlich zum Stempeln der Waare und Etiketten.

[34]) So sind die Reliefs auf der Volcentinischen Cista des Museo Gregoriano Vol. I tav. 97, Gerhard Etrusk. Spiegel Taf. 9–11, Schoene n. 9 (in Annali 1866 p. 163), durch einen mehrfach wiederholten Stempel hervorgebracht. Vgl. Jahn Ficor. Cista S. 49. Dasselbe ist der Fall bei den Goldblechen und Bullen von Volci, über welche s. Braun Ruinen und Museen Roms S. 791 n. 10, und bei der Goldarbeit Mus. Greg. I, 82.

[35]) Ueber das sonstige Verfahren beim Munzen s. G. Friedländer La coniazione delle monete antiche in Annali XXXI (1859) p. 107–113.

[36]) Müller Handb. d. Arch. S. 74. S. namentlich den bronceenen Discus aus Aegina. Annali IV p. 75 tav. B; den Spiegelgriff aus Aegina, Annali IX p. 143.

[37]) Das Hauptwerk ist E Gerhard Etruskische Spiegel, Berlin 1843–1866. 4°, wo von der Form und dem Stoff derselben I p. 78 die Rede ist.

[38]) Plin. N. H. XXXIV § 160: specula etiam ex eo (stanno) lauda-

spiegel von runder Form, *orbes*[3359]), theils flach, theils hohl
geschliffen, mit Griff aus demselben Stücke oder auch ohne
Griff; auf der Vorderseite blank polirt, auf der Rückseite mit
gravirten Umrissen (*graffiti*), welche meistens mythologische,
zuweilen erotische Gegenstände darstellen, verziert. Nach
Gerhards Angaben beträgt die Zahl der noch erhaltenen Spiegel dieser Art etwa 50; das in Rom vorkommende Gewerbe
der *speculariarii*[60]) scheint sich indessen nicht auf die Fabrication von Metallspiegeln, sondern von Glasfenstern zu beziehen, von welchen unten die Rede sein wird.

Ebenso decorirt sind die bereits oben erwähnten Toilettenkästchen (*cistae*), in denen und mit denen der grössere
Theil der uns erhaltenen Spiegel gefunden ist. Sie haben
selten Reliefs, durchschnittlich gravirte Zeichnungen, und
selbst wo Reliefs angewendet sind, fehlt die Gravirung nicht.
»Der bildliche Schmuck der ficoronischen Cista, sagt Jahn
S. 2, ist eine mit dem Grabstichel in die glatte Metallplatte
eingegrabene Umrisszeichnung; nur hie und da ist durch eine
leichte, äusserst geschickt angebrachte Schraffirung das für
das Verständniss der Form nothwendige Detail angedeutet.«

Ausser an den Spiegeln und Cisten findet sich die Gravirung an den verschiedensten Geräthen und Ornamenten angewendet, an Bronceschilden, Pilastern, Silberplatten, goldenen
fibulae und Halsbändern[61]), namentlich aber an silbernen Gefässen[62]) und den Basen von Candelabern[63]).

c. Das Nielliren, welches bekanntlich am Beginne der
Neuzeit zur Erfindung des Papierabdrucks von gravirten Me-

---

*issima, ut diximus. Brundisi temperantur, donec argenteis uti corpore et
ancillas.*
3359) M a r t. IX, 17, 5.
60) Orelli 4234 *C. Pomponius Apollonius speclar.*; Henzen n. 6999
specular(ius); n. 6251 *C. Julius Divi Aug. l. Cosmus speclaria(rius)*, n
6931 derselbe nochmals; n. 6353 *Ti. Claudius Epictetus praeporiti ti
speclariariorum domus Palatinar(um)*. *Speculari* heissen sie Dig. L. 6.
6. Cod. Th. XIII, 4, 2.
61) *Mus. Greg.* I, 48; I, 87 n. 7. 8. I, 69. 5; I, 62 I. 77.
61, So auf dem Silbergefäss von Clusium. Müller und Oesterley Denkm. Taf. 40 n. 301.
63) *Mus. Borb.* XVI tav. 21 und besonders *Le Lucerne ed i Candelabri
d' Ercolano.* Napoli 1799, wo im Text p. 214 über diese eingelegte Arbeit
gehandelt wird.

tallplatten, d. h. der Kupferstichkunst, geführt hat, ist ebenfalls eine im Alterthum bekannte Kunstübung gewesen. Niello nennt man eine leichtflüssige Metallcomposition, gewöhnlich eine Mischung von Silber, Kupfer, Blei, Schwefel und Borax, die erst zusammengeschmolzen, dann, wenn sie abgekühlt ist, pulvorisirt wird. Das Pulver streut man auf die gravirte Metallplatte, erhitzt diese im Feuer und füllt so durch das wieder in Fluss kommende Niello die gravirten Taillen aus, welche durch diese Füllung auf dem blanken Metall deutlicher hervortreten. Es ist fraglich, inwieweit dies Verfahren bei allen gravirten Arbeiten befolgt worden ist; Bröndsted glaubte z. B. auf der ficoronischen Cista Spuren von Ausfüllung der *graffiti* mit Gold zu entdecken, welche gegenwärtig nicht vorhanden sind[25a]; ein sicheres Beispiel giebt indessen eine in Vindonissa gefundene, aus Bronce gegossene Gürtelschnalle, deren Verzierungen tief eingeschnitten und dann mit einer schwarzen, glänzenden und harten Masse, also eigentlichem Niello, ausgefüllt sind[65].

d. Im Princip identisch mit der Niellirung, aber in der Ausführung verschieden ist die eingelegte Arbeit. Wir lesen von einem Broncebilde, das eine Inschrift von eisernen Buchstaben[66] hatte, von goldenen Buchstaben auf silbernen Säulen[67], von einem goldenen Ringe mit eisernen Sternen[68], und wir haben noch zahlreiche Beispiele von Bronce mit Silber und von Silber mit Gold eingelegt. Zu den ersten gehören die in Turin befindliche Tabula Isiaca[69], das von Martorelli in einem weitläufigen Werke behandelte Tintenfass[70],

---

[64a] Schoene s. a. O p. 155.
[65] O. Jahn Röm. Alterthümer aus Vindonissa, in Mittheilungen der antiq. Ges. in Zurich XIV, 4 (1862) p. 94 (4) Anm. 4. Taf. V, 7—11.
[66] Suel. Aug. 7.
[67] Dio Cass. XLIV, 7; und über die Sitte, die *orationes principis* nicht auf Broncetafeln, sondern in dieser Weise zu verewigen Fabricius ad Dion. LXI col 16.
[68] Petron. 32.
[69] Pignori mensa Isiaca. Romae 1605. Amstelod 1669. 4. Lessing Werke her. v. Lachmann XI S. 107 ff.
[70] Martorelli de regia theca calamaria libri II. Neapoli 1756. (2 Voll. 4.) II p. 377.

verschiedene Gebrauchsgefässe[2571]), die merkwürdigen am
Rhein gefundenen Arzneikästchen[72]) und insbesondere die
pompejanische zierliche Broncevase bei Roux und Barré VI
laf. 72; zu den letzteren das silberne mit Gold eingelegte Tintenfass in Neapel[73]) und verschiedene Tischgeräthe[74]). Die
Arbeit wird in einem griechischen Papyrus, dessen Inhalt sich
auf Metalltechnik bezieht, χρυσογραφία genannt[75]), und auch
die Römer erwähnen *scuta chrysographata*[76]); auf sie bezieht
man auch die Kunst der *barbaricarii*[77]), welche in der späteren Kaiserzeit mehrfach erwähnt[78]) und allerdings als eine
χρυσογραφία beschrieben wird[79]). Erwägt man indess, dass
der von der Metallarbeit[80]) erst in byzantinischer Zeit ver-

[2571] Ein eingelegtes Broncegefäss s. *Mus. Borb.* II, 82; verschiedene in
Pompeji gefundene Candelaberbaben auf der Platte der Basis eingelegte Arbeit; s. Overbeck II S. 63. 838, der auf diese fälschlich den Namen des
Empaestik bezieht; ein Erzgefäss, gefunden in Avenches im Canton Waadt
(Gerhard Denkm. und Forschungen 1864 n. 199 p. 194). Ist mit Reliefs
versehen; den Hals aber umgiebt ein Epheukranz von eingelegter Arbeit, u
welchem die Zweige von Silber, die Blätter von häutlichem Email sind;
andere Gefässe dieser Art s. *Archaeologia* XXVI p. 308 pl. 24; Jahrb. d.
V. v. A. im Rheinlande XIV S. 87. Eine Kanne aus geschlagenem Kupfer,
das zuerst mit glänzendem Silber, dann mit einer schwarzen Glasur
überzogen ist, beschreibt Arneth Archaeol. Analecten in Sitzungsber
der Wiener Acad. Phil. Hist. Classe 1862 S. 836 ff. Sie ist gravirt und
die Figuren sind mit goldenen und silbernen Fäden und Plättchen ausgelegt 73. Jahrb. d. V. v. A. im Rheinl. XIV p. 83. Taf. 1. 2
73) *Bull. Nap.* 1848 p. 124 f.
74) Eine silberne Casserole oder Sauclère, die auf dem Stiel die in
Gold eingelegte Inschrift *MATR. FAB. DVBIT* hat, s. *Archaeological Journal* VIII p. 86; eine silberne Schöpfkelle mit goldner Inschrift Gerhard
Archaeol. Zeit. VII p. 177*. Ein Löffel mit einem Monogramm, den mi
Paula ausgefüllt ist, Arneth Monuments des k. k. Münz- und Ant.-Cab
in Wien. II S. 79 n. 98. 75) Reuvens *Lettres à M. Letronne* p. 67
dh Letronne *Lettres d'un antiquaire* p. 517. Welcker in Müllers
Handb. d. Arch. § 311, 8. 76) Trebell. Poll. Claud. 14, 5.
77) Müller Handb. d. Arch. § 311, 8. Semper II S. 502.
78) Im Cod. Theod. X, 22, 1 werden kaiserliche *barbaricarii* in
Antiochia und Constantinopel erwähnt, welche Helme (*cassides*) mit Gold
und Silber verzieren, ebenso in der *Notitia Dign. Or.* p 19. p. 313.
Boecking. Vgl. Corippus Justin. Min. III, 181.
ipse triumphorum per singula vasa suorum
Barbarico historiam fieri mandaverat auro.
79) Zu Verg. Aen. XI, 777: *Pictas acu tunicas et barbara tegmen*
crurum sagt Donatus ed. Basil. 1584 fol. p 803: *Tegebantur autem*
crura eius barbarico opere tegminibus factis, et hoc nomen est: nam qui hanc
artem) exercent, barbaricarii dicuntur, exprimentes ex auro et coloribus
plus hominum formas et diversorum animalium, et specierum imitatam imi-
tantes (liest Boecking) *subtilitate veritatem.*
80) Der *barbaricarius ministrator* auf einer römischen Inschrift

kommende Name der *barbaricarii* auf eine fremdländische Kunstübung hinweist, während die eingelegte Arbeit in Aegypten, Griechenland und Italien lange vorher in Uebung war, dass ferner diese neue Kunst besonders von Waffenschmieden getrieben wurde, so möchte man doch vorziehen, unter dem *barbaricum opus* die von der Stadt Damaskus benannte damascirte Arbeit zu verstehen, d. h. die Kunst, durch Zusammenschweissen von Metallbändern oder von Stiften verschiedener oder gleichartiger Metalle zierliche Muster hervorzubringen. Diese Kunst ist dem früheren Alterthum fremd und berechtigte zu dem Namen, den sie führt.

e. Endlich ist noch zu erwähnen die durchbrochene Arbeit, *opus interrasile*[551]), von welcher die Cista Castellani eine Anschauung giebt, in deren Silberbekleidung die Figuren so ausgeschnitten sind, dass in ihnen das darunter liegende Holz sichtbar wird[52]).

II. Die Gewerbe.

Wir haben gesehen, dass das Verfahren bei der Arbeit in Metallen im Wesentlichen dasselbe ist und dass eigentliche Künstler, welche eine selbstständige Stellung einnahmen, in den verschiedensten Stoffen arbeiteten: in der fabrikmässigen Thätigkeit, welche wir besonders ins Auge fassen, theilen sich dagegen die Geschäfte vornehmlich nach den Bedürfnissen, zu deren Befriedigung die einzelnen Metalle vorzugsweise bestimmt sind, und während im Geschäfte selbst die Arbeit in Silber, Gold, Kupfer, Eisen und Blei getrennt wird, sind in allen diesen Officinen die Methoden der Arbeit durch besondere Arbeiter vertreten, die bei einem und demselben Fabricat zusammen wirken. So sind die *cistae* in der Art fabrik-

---

Orelli 4159 ist von ungewisser Erklärung. Forcellini versteht einen Lieferanten von phrygischen Stickereien. Von diesen *barbaricae vestes*, deren charakteristisches Merkmal das bunte Muster ist, konnte der Name sehr wohl auf die Damascinirung übertragen werden.

2551) S. die Stellen bei Forcellini. Ueber das Verfahren bei dieser Arbeit s. Theophilus Hieromonachus *Diversarum artium schedula*, herausg. von C. de l'Escalopier. Paris 1843. III c. 71

52) Schoene in *Annali* XXXVIII (1866) p. 187.

mässig angefertigt, dass ein Arbeiter die Zeichnung, einer
das Einschneiden, einer den Guss oder das Treiben der
Reliefs, ein anderer die Ciselirung besorgte[2583], und wir dürfen annehmen, dass ein grosser Theil der Arbeiter, welche
von der Methode der Arbeit ihren Namen haben, in Fabriken
beschäftigt war, wie die Modelleure (*figuratores*)[84], die Giesser (*flaturarii* oder *fusores*), die Dreher oder Polirer (*tri-
res*)[85], die Künstler in getriebener Arbeit (*crustarii*)[86], die
Vergolder (*inauratores*, *deauratores*)[87] und die Bildhauer
(*scalptores*)[88] und Ciseleure (*caelatores*)[89]. Dass namentlich
die letzteren im Hause und in Officinen fabrikmässig beschäftigt wurden, ist ausdrücklich überliefert[90]. Die Hauptge-
schäfte in Metallwaaren lassen sich demnach etwa folgendermassen classificiren.

1. Silberarbeiten und zwar vornehmlich Ess- und
Trinkgeschirre bilden das Geschäft der *argentarii vascularii*[91],
die durchschnittlich als Fabrikanten, *fabri argentarii*[92] oder
argentarii[93], zu betrachten sind, deren Waaren nach der Offi-

---

[2583] Braun *Cista praenestina del museo Napoleone* in *Annali* 1861 p. 1
—22. Von durchbrochener Arbeit ist auch die goldene *fibula*, Arneth
G. u. S. Monumente p. 32 n. 116, und das Diadem Jahrb. d. V. v. A. i.
Rheinlande XXIII p. 132 T. IV.
[84] Arnobius VI, 16.
[85] Henzen 7381. Ueber beide ist bereits vorher gesprochen worden.
[86] Plin. N. H. XXXIII § 157. Vgl. Paulus p. 53, 3: *Crustariae
laborans a vasis potoriis crustatis dictae*.
[87] Orelli 4204. Firm. Mat. Math. 4, 15. Cod. Just. X, 64, 1.
[88] Ein *scalptor velarius*, d. h. *vascularius* Orelli 1275—2457.
[89] Orelli 4014; ein eignes Geschäft muss der *caelator de sacra via*
Orelli 4156 gehabt haben.
[90] Cic. acc. in Verr. IV, 24, 54: *Palam artifices omnes, caelatores
ac vascularios, convocari iubet, et ipse suos habebat.* Orelli 4116 *Ama-
ranthus Germanic(i) Caesar(is) caelator*. Bei Juvenal 9, 145 wünscht sich
Jemand:
Sit mihi praeterea curvus caelator et alter,
qui multas facies pingit cito.
[91] Ueber diese s. Marini Atti p. 149; O. Jahn Berichte d. Sächs.
G. d. W. phil. hist. Cl. 1861 S. 305. Ein *argentarius vascularius* Dig.
XLIV, 7, 61 pr. und in den Inschriften Orelli—Henzen 4447. 7617.
Murat. 961, 8.
[92] Marini nimmt mit Recht an, dass diese ganz identisch mit den
argentarii vascularii sind. Sie finden sich ebenfalls in Inschriften, Orelli
n. 7; 5085—5735; Doni VIII, 10. Vgl. Dig. XXXIV, 2, 39 pr. *vascularius aut faber argentarius*.
[93] Dass *argentarii* nicht immer Banquiers, sondern auch Silber-

ein selbst *vasa Furniana*, *Clodiana*, *Gratiana* benannt werden[259a]), während die Inhaber von Niederlagen silberner Gefässe, wie sie in Rom ebenfalls vorhanden waren[95]), *negotiatores argentarii vascularii*[96]) brissen und von den *vascularii*[97]) zu unterscheiden sind, welche wahrscheinlich sehr verschiedenartige Waaron führten. Denn Handlungen von Gebrauchsgeschirren aller Stoffe gab es natürlich überall: Martial beschreibt indessen auch elegante Läden, in welchen man corinthische und alterthümliche cälirte Silbersachen, Crystall-, Glas- und murrinische Gefässe zur Auswahl vorfand[98]); nur zuweilen ist unter dem *vascularius* mit Sicherheit der Goldschmied zu verstehen[99]).

Das Geschäft der *argentarii vascularii* kam in Rom zwischen dem zweiten und dritten punischen Kriege in Blüthe, in welcher Zeit das thönerne Essgeschirr von dem silbernen verdrängt wurde[260a]). Seit dieser Zeit wird oft von dem Luxus des *argentum escarium* und *potorium*[1]) berichtet, von Silberschüsseln im Gewicht von 100 Pfund, wegen welcher schon unter Sulla Leute auf die Proscriptionslisten gesetzt wurden, und welche später bis zum Gewichte von 250, ja 500 Pfund gebracht wurden, so dass sie nur mit Hülfe vieler

---

arbeiter sind, zeigt Lampr. Al. Sev. [24, Cod. Th. XIII, 4, 2, wo sie in einer Aufzählung von Handworkern vorkommen; ebenso der *Antigonus Germanici Caesaris argentarius*, Orelli 4144; der *aurarius et argentarius de basilica vascularia*, Henzen 7218 und die *corpora aurariorum* (so ist statt *pousariorum* mit Marini s. a. O. zu lesen) *et argentariorum* Orelli 4896.

259a) Plin. N. H. XXXIII § 139.

95) Solche Verkaufslocale waren in der *basilica vascularia* (Henzen 7818), welche wohl identisch ist mit der in der 8ten Region erwähnten *basilica argentaria*. Marini s. a. O. Preller Regionen S. 143.

96) Ein *negotiator argentar(ius) vascularius* Mur. 959, 2 = Boissieu *Inscr. de Lyon* p. 199. 97) Grut. p. 648, 4. 5. 6. 7.

98) Mart. IX, 59, 11—16.

99) Cic. acc. in Verr. IV, 24, 54. Dig. XIX, 5, 20, 2: *si, cum emere argentum velles, vascularius ad te detulerit et reliquerit, et cum displicuisset tibi, servo tuo referendum dedisti et sine dolo malo et culpa tua perierit, vascularii esse detrimentum, quia eius quoque causa sit missum.*

260a) Dies bespricht ausführlich Plin. N. H. XXXIII § 139—150.

1) Es wird erwähnt im Testament des Dasumius lin. 17. S. Rudorff in Zeitschr. f. gesch. Rechtswissenschaft XII, 2 (1845) S. 345. 348. Paulus Sent. III, 6, 67 nennt es *vasa escaria* und *potularia*; § 86 *vasa potoria* und *escaria*. Dig. XXXIV, 2, 32, 2.

Leute in das Speisezimmer getragen werden konnten²⁰⁰²); von
Schüsseln mit besonderen Blattverzierungen, *filicatae*³) oder
*felicatae*⁴) *lances* und *paterne*, *disci corymbiati argentei*, *lances
pampinatae*, *patenae hederaciae*⁵), oder mit Goldrändern (*vasa
chrysendeta*)⁶), und von massiv goldenem Essgeschirr, das
z. B. Trajan brauchte⁷), und das unter Tiberius Privatleuten
verboten werden musste⁸). Von dem eigentlichen Tafelservice (*ministerium*)⁹) ist noch verschieden das Trinkgeschirr,
welches nicht auf die Tafel kam, sondern auf einem *abacus*
besonders aufgestellt wurde (Th. V, 1 S. 327). Dazu gehören nicht nur die kunstvoll gearbeiteten Becher, sondern auch
die grossen Trag- und Mischgefässe¹⁰). Ausserdem ist unter
das gewöhnliche Silberzeug zu rechnen das Waschgeräthe,
namentlich das, welches beim Essen gebraucht wird, und in
reichen Häusern selbst das Küchengeschirr¹¹), das sonst von

2002) Plin. a. a O. § 145. Lamprid. Heliog. 19, 8. Treb. Poll.
trig. tyr. 32, 6.
3) Cic. ad Attic. VI, 1, 13.
4) Cic. Parad. I, 2, 11. Paulus p. 86, 3 Müller.
5) Trebell. Poll. Claud. 17, 5 Beispiele solcher Silbergefässe aus
Blattverzierungen sind die bei Faleril gefundene patera, ber. von Visconti Atti dell' Accademia Rom. d'archaeol. Vol. I, 2 S. 307, der Becher im Mus. Borb. XI, 43, die silberne Schale in der Sammlung Strogaoff,
Köhler Gesammelte Schriften VI S. 43 Taf. 8
6) Die *chrysendeta* bei Mart. II, 43, 11; II, 53, 3; *lances chrysendetae* Mart. XIV, 97; *phialae chrysendetae* Herzog *Narbon. prov. Appendix*
p. 30 n. 11 und die *vasa quae Callaico linuntur auro* (Mart. IV, 39, 7
scheinen identisch zu sein mit dem, was bei Athenaeus p. 129° *ubi*
ἀργυροῦς — ἀσηλχρυσος genannt wird.
7) Orelli 2897 *M. Ulpio Eridano Aug. l. ab auro escario*. Unter dem
Augustus ist, wie der Name des Freigelassenen zeigt, wohl Trajan zu
verstehen.
8) Tac. Ann. II, 31.
9, Pauli Sent. III, 6, 86. *Vasis argenteis legatis ea omnia continentur, quae capacitati alicui parata sunt, et ideo tam potoria quam escaria,
item ministeria omnia debebuntur, veluti urceoli, pateras, lances pipertoria; cochlearia quoque, itemque trullas, calices, scyphi et his similia.* Lamprid. Al. Sev. 34, 1: *ducentarum librarum argenti pondus ministerium
eius nunquam transiit.* Vgl. c 41, 4.
10) Pauli S. R. III, 6, 89. 90; κρατῆρες ἀργυροῖ Plut. Aem.
Paul. 33.
11) Plin. N. H. XXXIII § 140: *vasa coquinaria ex argento fieri Calvus orator quiritat, at nos carrucas argento caelare invenimus.* Dig.
XXXIV, 2, 19 § 11: *Si cui escarium argentum legatum sit, id solum debitur, quod ad epulandum in ministerio habuit. Id est ad esum et potum
unde de aquiminario dubitatum est. Et puto contineri; nam et hoc propter*

Thon oder Kupfer zu sein pflegt. Von diesen verschiedenen Silbergefässen ist uns ein nicht unbedeutender Vorrath noch erhalten, über welchen wir in der Anmerkung die Nachweisungen geben²⁶¹²).

---

escam paratur. Ceris si cacabos argenteos habebat vel miliarium (einen Kochofen) *argenteum, vel sartaginem vel aliud vas ad coquendum, dubitari poterit, an escario contineatur. Et haec magis coquinatorii instrumenti sunt.* Lampr. Heliog. 19, 3: *primus deinde authepsas argenteas habuit, primus etiam cacabos.*

2612) Eine Uebersicht der vorhandenen Sammlungen von Gold- und Silberarbeiten giebt Arneth Gold- und Silbermonumente des Münz- u. Antiken-Cabinets in Wien. Wien 1850. fol. S. 10—18. Krause Angelologie S. 88—100. Dieselbe lässt sich wesentlich erweitern. Ich führe nur einige Hauptsachen an. Schalen, Becher, Kannen und Reliefplatten etruskischen Fundortes s. *Museo Gregor.* I. tav. 68—66; ein etruskisches Silbergefäss von Clusium mit eingegrabenen Figuren bei Müller und Oesterley Denkm. I, n. 808; das in Antium gefundene corsinische Gefäss ist neuerdings her. v. Michaelis D. Cors. Silbergefäss. Leipzig 1859. 4°; das silberne, aus der späten Kaiserzeit herrührende, im J. 1793 in Rom gefundene Toilettenkästchen s. in Visconti *Opere varie* I p. 210—233; Bottiger Sabina Taf. 3. 4. Ueber den Fund von Vicarello, in welchem sich verschiedene Silbergefässe, darunter drei mit Itinerarien, befanden, s. Marchi *La stipe tributata alle divinità delle Acque Apollinari.* Roma 1852. 4. Henzen im Rhein. Museum N. F. IX (1854) S. 21—36 und in Orelli Inscr. ad n. 5110; über die pompejanischen Silberfunde s. Quaranta: *Di quattordici Vasi d'argento dissotterrati in Pompei nel* 1835, Napoli 1837. 4°. Die beiden schönsten, der Becher mit der Apotheose Homers und der Becher mit den Centauren, sind abg. *Museo Borb.* XIII, 49 u. bei Zahn Die schönsten Ornamente aus Pompeji u. s. w. III taf. 88. Ueber andere in Neapel befindliche Silberarbeiten Gerhard u. Panofka Neapels antike Bildwerke I. Stuttgart 1828 S. 438—448. Von französischen Funden sind zu erwähnen: der Fund von Bernay in der Normandie, jetzt in Paris, bestehend aus mehr als 100 Gegenständen, alle in getriebener Arbeit. Die Becher sind gefüttert mit einem inneren Becher von gehämmertem, nicht gegossenem Silber, s. Raoul-Rochette im *Journal des Savans* 1850. Juillet p. 417—430, Août p. 459—473; die goldene Schale von Rennes in der Bretagne, her. v. Millin *Monumens ant.* I p. 227—238; der silberne Eimer von Vienne, her. v. Wieseler *Annali* XXIV (1852) p. 210—230; die Silberschale von Avignon, her. v. Millin *Mon. ant.* I p. 89—98.

Eine silberne, theilweise vergoldete Schale aus Portugal s. Arneth Arch. Anal. taf. 20; Berichte der Wiener Academie, ph. hist. Cl. VI S. 193; über Silberfunde in Spanien Hübner Die ant. Bildwerke in Madrid, Berlin 1862. 8; darunter Schalen n. 544, 915, 936, 941, 943, Silberstatuetten, und der im Jahre 1847 gefundene Silberschild des Theodosius n. 479.

Von den in Deutschland befindlichen Silbergefässen sind die berühmtesten das Münchener (Thiersch Ueber ein silbernes Gefäss. Abh. d. I Cl. d. Münchener Acad. V, 3 S. 107—140 und die Wiener Schale bei Arneth n. 4. Taf. S. III; der Discus von Aquileja (Arneth n. 16. Taf. 5 V.) und das Gefäss taf. XI. Ueber Silbergeräthe in Russland s. Köhler Ueber die Denkmäler des Alterthums aus Silber in der Sammlung

2. Das Gold ist das eigentliche Material zu Schmucksachen[13]). Wenn es auch in römischer Zeit zu Gefässen und Statuen[14]) verwendet wurde, so war dies ebenso eine Ausnahme, wie der Gebrauch des Silbers zu Bildsäulen[15]). Goldschmuck zu fabriciren ist also die wesentliche Aufgabe der *aurifices*, χρυσοχόοι oder *fabri aurarii*[16]), deren in der Königszeit gegründetes[17]) und bis in die Kaiserzeit erhaltenes Collegium[18]) aus römischen Bürgern bestand[19]), während das kaiserliche Haus eigene Goldschmiede unter der Dienerschaft hatte[20]) und in den Städten Italiens und der Provinzen Personen verschiedener Stände an dem Gewerbe Theil nahmen[21]). Zu dieser Fabrication gehört insbesondere die Verfertigung von Ringen[22]), die Arbeit der *anularii*[23]), das Fassen von Perlen

---

Stroganow, in Köhlers gesammelten Schriften VI (Petersb. 1858. 8.) S 11—53; v. Koehne Die beiden grossen Silbergefässe d. k. Museums der Eremitage, Petersb. 1847. 8. Es sind dies ein silberner Eimer mit Bügel und ein bauchiges Gefäss mit zwei Henkeln. 13 Silbergefässe aus Kertsch s. *Annali* XII (1840) *tav. d'agg. A. B. C.*

13) Paul i S. R. III, 6, 85: *factum (aurum) ornamentorum genere continetur*.

14) Treb. Poll. Claud. 8: *Illi (Claudio) — populus Romanus — statuam auream decem pedum collocavit*; *illi — posita est columna palmata statua superfixa librarum argenti mille quingentarum*.

15) Goldene Gefässe, die, wie wir vorhin bemerkten, im Orient und an den Höfen der Diadochen üblich waren, erbeutete Aemilius Paulus auch in Macedonien (Plut. Aem. Paul. 33); sie kommen als besonderer Luxus in Rom, vorzüglich aber in den Ländern vor, in welchen Goldbergwerke waren. So finden sich goldene und silberne Statuetten in Spanien (s. Hübner in der gleich anzuführenden Schrift S. 347), und die grossen Goldgefässe der Wiener Sammlung, von denen eins 611 Ducaten wiegt, stammen aus Ungarn.

16) *De basilica vascularia aurario et argentario* Henzen n. 7210; *P. Fulvius Phoebus aurar(ius)* Orelli 4096. 17) S. Th. IV S. 152. 18) *Collegium aurificum* in Rom Grut. p. 358, 7. 488, 9. Donati p. 325, 2.

19) *M Caedicius Iucundus aurifex de sacra via* Gr. 638, 7 = Mommsen I. R. N. 6832.

20) *Protogenes Caesaris aurifex* Orelli 2785; *Stephanus Ti. Caesaris aurifex* Bianchini Camera p. 67 n. 230; *Eumolpus Caesaris a supellectile domus aurif(ex)* Grut. p. 31. 11.

21) In Capua: *Philodamus Baivus aurifex* Grut. p. 638, 10 = Mommsen I. R N. 3784; *L. Titius Optatus aurifex* Mommsen I. R. N. 3811; in Pompeji kommen *aurifices* einmal vor Orelli 2708 = C. I. L. IV n. 710; ein *Amilius Polynices, natione Lydus, artis aurifex*, welcher in das *corpus fabrum lignuariorum* von Aventicum aufgenommen war, bei Mommsen *Inscr. Confoed. Helvet.* n. 241 = Orelli 417.

22) Cic acc. in Verr. IV, 25, 56.

23) Cic. Acad. II, 26, 86. Orelli 4144.

und Edelsteinen[2624]) und das ganze Juweliergeschäft, ein Industriezweig, in dem das Alterthum noch immer unerreicht dasteht. Erst in den letzten Jahren hat man angefangen, in Neapel nach antiken Mustern zu arbeiten, und in den französischen Goldarbeiten der diesjährigen Pariser Ausstellung zeigte sich zum erstenmal der Einfluss, den die dem Musée Napoleon III einverleibte Campana-Sammlung auf die Form der Bijouterien zu üben anfängt.

Wollen wir die Gegenstände einigermassen übersehen, welche in das Gebiet der Schmuckarbeit fallen, so haben wir zuerst den Schmuck der Männer von dem der Frauen zu unterscheiden. Was zu dem ersteren gehört, die mit Gold verzierten Staatskleider (s. oben S. 152. 153), die kriegerischen Decorationen, *torques, armillae* und *coronae*, die *bullae* und die goldenen Ringe der Ritter und Senatoren, ist bereits in anderm Zusammenhange früher besprochen worden[24]) ; nur in Betreff der Ringe, die man ursprünglich zu dem practischen Zwecke des Siegelns, und zwar gewöhnlich am vierten Finger[26], trug, haben wir hinzuzufügen, dass dieselben später zu einer luxuriösen Liebhaberei wurden. Der ältere Scipio Africanus soll der erste gewesen sein, welcher eine geschnittene Gemme in seinem Ringe führte[27]) ; nachher trugen auch Männer Ringe an allen Fingern[28]), deren Werth theils in dem Steine, theils in der Kunst des Gemmenschnittes bestand, und man legte schon am Ende der Republik Dactyliotheken an,

---

2624) S. die römische Grabinschrift auf einen jungen Sclaven Burmann Anth. Lat. IV n. 109=Henzen n. 7234:
*Noverat hic docta fabricare monilia dextra
Et mollis in varias aurum disponere gemmas.*
Ein *inclusor auri et gemmarum* Hieronym. in Jerem. V, 24.
25) Ueber die Decorationen s. Th. III, 2 S. 489 ff.; über die *bullae* Th. V, 1 S. 88 f.; über die Ringe Th. II, 1 S. 278 ff.
26) Plin. N. H. XXXIII, 24; Gellius X, 10; Macrob. Sat. VII, 13, 14; Isidor. Or. XIX, 32, 2. Bildwerke bestätigen dies, wie schon Plinius bemerkt. Auf dem Relief bei Visconti *M. P. Cl.* V tav. 39, welches eine Pompa von 44 Personen darstellt, tragen zwei den Ring auf dem vierten Finger der linken Hand.
27) Plin. N. H. XXXVII § 85.
28) Quintilian. XI, 3, 142. Mart. V, 11. XI, 59. Ausführlich handelt hierüber Krause Pyrgoteles S. 189—198. Raoul-Rochette *Mém. de l'acad.* XIII p. 634.

theils zum Verwahren der vielen Ringe²⁹), in deren Gebrauch man wechselte, theils als wirkliche Kunstsammlungen³⁰).

Viel complicirter ist der Goldschmuck, in welchem nicht nur die römischen Frauen sich gefielen, sondern auch Statuen theils orientalischer Göttinnen³¹), theils verstorbener Römerinnen erscheinen. In letzterer Beziehung sind insbesondere belehrend zwei von Hübner in Spanien gefundene und erläuterte Inventarien, bezüglich auf eine silberne Statue der Isis und eine wahrscheinlich broncene Statue einer Frau, Namens Postumia Aciliana Bexo³²). Zu dem weiblichen Schmuck gehören namentlich erstens der Kopfputz, d. h. goldene Haarnadeln³³), Haarnetze (*reticula*)³⁴) und Binden (Diademe)³⁵), zu denen das königliche Diadem, $\beta\alpha\sigma\iota\lambda\epsilon\iota o\nu$, *basilium*, zu rechnen ist, das die erwähnte Isisstatue hatte³⁶); zweitens die Ohrgehänge³⁷) (*inaures*, *pendentes*)³⁸), theils einfach, theils mit Perlen und Juwelen³⁹), drittens die Halsgeschmeide, welche in

---

29) Mart. XIV. 123. Digest. XXXII, 1, 52 § 9.
30) Plin. N. H. XXXVII § 11. Auch Verres sammelte Ringe. Cic. acc. in Verr. IV, 26. 57. Dig. XXXII, 1, 88: *anulis legatis dactyliothecae non cedunt*.
31) Den Schmuck der *dea Syria* in Hierapolis beschreibt Lucian. de dea Syria 31—32.
32) Hübner *Ornamenta muliebria* im Hermes I, 3 (1866, S. 345 —360.
33) Haarnadeln hatte man von Elfenbein, Knochen, Bronce, Silber und Gold; sie waren auch mit Edelsteinen und Perlen geschmückt. Dig. XXXIV, 2, 33 § 10: *acus cum margaritis, quam mulieres habere solent*. Goldene Nadeln dieser Art im Wiener Cabinet, s. Arneth Gold- u. Silbermonumente p. 30 n. 106. p. 40 n. 282. 283. 284; mit Stein p. 33 n. 199.
34) Petron. 67.
35) Lamprid. Heliog. 23, 5: *voluit uti et diademate gemmato, quo pulchrior fieret et magis ad feminarum vultum aptus, quo et usus est domi*. Seneca Med. 574 *aurum, quo solent cingi comas*. Aber schon die Büste des Augustus, Visconti M. P. Cl. VI pl. 40, hat eine Stirnbinde mit einer grossen Gemme. Verschiedene Golddiademe s. Mus. Greg. I, 31. 33. Jahrb. d. V. v. A. im Rheinlande XXIII S. 132.
36) S. Wesseling ad Diodor. I, 47. Hübner a. a. O. p. 348f.
37) Sie sind in grosser Varietät vorhanden. S. beispielsweise Mus Greg. I, 71. 78; Arneth a. a. O. p. 35. 39.
38) S. Bartholini *de inauribus veterum syntagma*. Amstelodami 1676 11. und über *pendentes* Salmasius ad Capitolin. Max. duo 5. Vol. II p. 33. Hübner p. 349.
39) Hieronym. de virg. servand. ap. 9. Vol. I p. 198 ed. Col. 1616 *Ut taceam de inaurium pretiis, candore margaritarum, rubri maris pro-*

den verschiedensten Formen erhalten sind. Es befinden sich darunter Bandgeflechte[2640]), Drahtgewinde[41]) und Ketten aus einzelnen Gliedern[42]), Schnüre (*fila, lineae*) von Perlen[43]), Steinen, Glasperlen und goldenen Gliedern in der Form von Kugeln[44]), Cylindern[45]) und doppelten Kegeln[46]), welche entweder auf einen Faden gezogen oder durch Gehenke unter einander verbunden sind, endlich Schnüre und Ketten mit Anhängen, welche theils beerenförmig (*monile bacatum*)[47]), theils in der Form von *bullae*[48]), oder kleinen Geräthen und Figürchen (*crepundia*)[49]) gebildet sind. Im Jahre 1841 wurde bei Lyon ein vollständiger Schmuck einer Dame gefunden, der

funda testantium, smaragdorum virore, ceraeuniorum flammis, hyacinthorum pelago, ad quae ardent et insaniunt studia matronarum.
1840: Z. B. in dem Funde von Kertsch, *Annali* XII (1840) p. 9 tav. A 17, B 7; eine andere bandartige Golddrahtkette griechischer Arbeit *Archaeologia* XXXV p. 190—93; eine dritte Jahrb. d. V. v. A. i. Rheinlande XXV S. 126 Taf. V, 1.
41) Seneca Med. 572 *et auro textili monile fulgens*. Zu diesen möchte ich rechnen die *murenae* [Arculphus bei Salmas. ad Capitol. Max. duo 6 p. 83] oder *murenulae* Hieronym. op. 22 Vol. IV, 2 p. 54 Bened.: *Aurum colli tui, quod quidem murenulam vulgus vocat, quo sciticet, metallo in virgulas lentiscente, quaedam ordinis flexuosi catena contexitur, — vendidit.*
42) *Mus. Greg.* I tav. 77. 79. 80. Arneth Gold- und Silbermon. p. 35 n. 38. *Annali* XII p. 9 tav. A 13; Kette im britischen Museum: *Archaeological Journal* VIII (1851) p. 38.
43) *lineas duas ex margaritis* erwähnen die Dig. XXXIV, 2, 40 § 2.
44. Arneth a. a. O. p. 32 n. 123 Taf. XI. Eine Schnur von Goldperlen *Annali* XII tav. H. n. 12.
45) Wo *cylindri* als technischer Ausdruck vorkommt, z. B. in den spanischen Inschriften, Hübner a. a. O. S. 846 n. 1 *in basilio unio et margarita* n. VI, *smaragdi duo, cylindri* n. VII, S. 855 n. 2: *septentrionem cylindr(orum) XXXII, marg(aritarum) VII, item lineam cylindrorum XXII, item fasciam: cylindr(orum) LXIII; marg(aritarum) C*, und in der Inschr. von Ariminum Henzen 6141 *fila II ex cylindris* n. XXXIII *auro clusi(is)*, will Hübner immer Edelsteine verstanden wissen, welche nicht einzeln als Solitaire verwendet wurden, sondern in Menge, sich also zu den *gemmae* verhielten, wie die *margaritae* zu den *uniones*. Dass Steine zu verstehen sind, glaube ich ebenfalls; der Ausdruck wird aber doch immer von der Form zu verstehen sein, wie auch die *bacae* ihren Namen von der Form haben.
46) *Mus. Greg.* I, 77.
47) Lamprid. Alex. Sev. 41, 1. So auch *quadribacium*, s. Hübner S. 850. Beispiele solcher *monilia bacata* s. *Mus. Borb.* II, 14. *Annali* 1855 p. 54 tav. X.
48) S. den Schmuck aus Tarquinii *Annali* XXXII (1860) p. 472 ff. *Monumenti d. Inst.* VI t. 46.
49) S. das Halsband aus Kertsch *Annali* XII tav. C n. 13 und den Halsschmuck bei Arneth a. a. O. Taf. I.

wahrscheinlich aus der Zeit des Septimius Severus herrührte und sich jetzt im Museum von Lyon befindet[2630]; er besteht aus 7 Armbändern, zwei Ringen, sechs Ohrgehängen, verschiedenen einzelnen Anhängestücken (*coulants*), Brochen, Schlössern *(clusurae)*[51], Nadeln und 7 Halsbändern (*colliers*). Von diesen besteht das erste aus fünf Smaragden in Form sechsseitiger Prismen und zwei Perlen à jour gefasst; zwischen den sieben Gliedern ist immer ein Glied von Goldarbeit, an welchem sechs Prismen von Smaragd hängen; das zweite hat 11 oval geschliffene Granaten, an deren Einfassung 11 birnenförmige Granaten (*bacae*) hängen; das dritte 10 ovale Amethysten, an deren Fassung 10 andere ebenfalls ovale Amethysten herabhängen; das vierte besteht aus olivenförmigen blauen Glasperlen, durch die ein Golddraht gezogen ist, der auf beiden Seiten einen Ring bildet und mit diesem in den nächsten Ring eingreift; das fünfte aus 14 Saphiren auf einem Goldfaden, der sie mit den zwischen ihnen befindlichen Goldplättchen verbindet; das sechste aus 22 Goldperlen auf einem Faden, das siebente aus kleinen Cylindern von Corallen, Malachit und Gold in 11 Doppelfäden geordnet, welche durch 12 Goldglieder zusammengehalten werden. Wir finden in diesem Schmucke auch Ringe und Armbänder, über welche noch eine Bemerkung hinzuzufügen ist. In dem Tragen vieler Ringe scheinen die römischen Frauen weder den Männern noch den Griechinnen[52] nachgestanden zu haben[53]), und die Formen derselben sind ausserordentlich mannichfach[54]); auch

---

2630) *Description de l'ecrin d'une dame Romaine, trouvé à Lyon en* 1844. par A. Comarmond. Paris et Lyon 1844. fol.
51) Das Wort kommt in der Isis-Inschrift vor. Hübner S. 316.331.
52) In einem der Gräber von Kertsch, deren Funde in den *Annali* XII (1840) p. 5—21 verzeichnet sind, und das einer Frau gehörte, befanden sich 3 Ringe, darunter 3 von solcher Grösse, dass sie am Finger nicht wohl getragen werden konnten. Indessen liebte man auch in Rom so colossale Ringe. S. Martial. XI, 37:
Zoile, quid tota gemmam praecingere libra
Te iuvat et miserum perdere sardonycha?
Anulus iste tuis fuerat modo cruribus aptus.
Non eadem digitis pondera conveniunt.
53) Clem. Alex. Paed. III, 11, 57 p. 287. Tertull. Apol. 6
54) Im *Archaeological Journal* VII (1850) p. 199 ist ein Ring edirt, be-

Armbänder trug man verschiedenartig und mehrfach, nämlich am Handgelenk, περικάρπια[55]), armillae[56]), spatalia[57]), oder am Oberarm (spinther[58]), brachiale[59]); entweder an beiden Armen, oder an einem[60]), wie z. B. der spinther am linken, das dextrocherium[61]) am rechten Arme angelegt wurde; zu Plinius Zeit war endlich die griechische Sitte aufgekommen, auch die Fussknöchel mit Ringen (περισφύρια, περισκελίδες[62]; und selbst die Schuhe und Sandalen mit Perlen und Edelsteinen zu schmücken[63]). Unter den unendlich verschiedenen Formen der Armbänder ist besonders häufig die einer Schlange, die entweder einmal um den Arm geht, oder als Spirale denselben mehrfach umwindet[64]). Ebenso mannichfaltig sind die Brochen oder Spangen, fibulae, die Knöpfe und andere kleinere Schmuckstücke.

stehend aus 15 kleinen Platten, die durch Gehenke verbunden sind. Auf jeder Platte steht ein Buchstabe. Die so entstehende Inschrift, die der Herausgeber nicht entziffert hat, heisst: ΕΤΕ ΧΙΑΙΑ ΖΕΣΕΣ, d. h. ἔτη χίλια ζήσῃς.
1655; Pollux V, 99 unterscheidet περικάρπια und περιβραχίονα.
56) Dies scheint der allgemeine Ausdruck zu sein, der auch von der kriegerischen Decoration gebraucht wird. S. Bartholinus de armillis veterum. Amstelod. 1676. 12.
57) Dass das spatalium, welches bei Plin. N. H. XIII § 142 und mehrmals in den von Hübner herausgegebenen Inschriften vorkommt, an dem Handgelenk getragen wurde, nicht am Oberarm, wie Hübner S. 130 annimmt, lehrt Tertull. de cultu fem. II, 13: nescio an manus spatalio circumdari solita in duritiam catenae stupescere sustineat.
58; Festus p. 336b 8 sicher ergänzt aus Paulus: spinter vocatur armillae genus, quod mulieres antiquae gerere solebant brachio summo sinistro. Plautus Menaechm. 587); lubeasque spinter aurum recocinnarier. Liv. II, 11, 8: quod Sabini aureas armillas magni ponderis brachio laevo — habuerint.
59; 9. die von Haupt bei Hübner p. 833 angeführte Stelle des Ambrosius epist. I, 18, 9. Bei Trebell. Poll. Claud. 14, 3 schwankt die Lesart zwischen brachialem unam (sc armillam) und brachiale unum. Bei Vopiscus Aurel. 7 scheint das femininum zu stehen und so zu lesen: torquem, brachialem, anulum adponat.
60 In dem Lyoner Schmuck befinden sich 7 Armbänder, drei Paare und ein einzelnes.
61) Capitolin. Maxim. duo 27, 6. Isidor. Gloss. IV p. 1347 Mums: Dextralia, brachialia. Ein Armband auf dem rechten Arme hat die Statue der Venus bei Visconti Mus. P. Cl. tav. 10 p. 104 der Mail. Ausg. 62. Plin. N. H. XXXIII § 39. 40. Petron. 67.
63) Plin. N. H. IX § 114 und mehr bei Hübner S. 354. Vgl. oben S. 193. 194.
64; solche Armbänder, die griechisch ὄφεις heissen, s. Mus. Borb. VII, 46. Annali XII (1840) tav. C n. 9. Arneth Gold- und Silbermon. G. IX n. 116.

Der Gebrauch der Edelsteine im Alterthum hat zu einer Reihe von interessanten und noch keineswegs abgeschlossenen Untersuchungen Veranlassung gegeben, welche, da sie entweder in das Gebiet der Mineralogie oder in das Gebiet der Kunstgeschichte fallen, in unserer Darstellung nur kurz angedeutet werden können[2665]). Er begann in Rom in der letzten Zeit der Republik, als sich die Verbindung mit dem Orient leichter gestaltete, nahm in demselben Grade zu, als die eigentliche Kunst der Metallarbeit, namentlich die Caelatur, in Verfall gerieth[66]), und gewann immer weitere Ausdehnung bis in die byzantinische Zeit und das Mittelalter hinein. Zuerst gab man den Ringen ihren Werth entweder durch eine kunstvoll geschnittene Gemme, oder durch einen kostbaren, nur geschliffenen Edelstein; der ältere Scipio war, wie bereits bemerkt ist, der erste, der mit einer Gemme siegelte; bei Juvenal wird zuerst ein Diamantring erwähnt, den Berenice, die Schwester des Königs Agrippa von Judäa, hatte[67]); sodann begannen die Frauen sich mit Perlen und Juwelen (*gemmosa monilia*[68]) zu schmücken und zwar in solchem Uebermasse, dass Lollia Paulina, die Frau des Caligula[69]), bei gewöhnlichen Gelegenheiten von Smaragden und Perlen an Kopf, Hals, Ohren, Armen und Fingern einen Schmuck im Werthe von 40 Millionen Sesterzen, d. h. beinahe drei Millionen Thaler trug[70]). Es ist dies ein Costüm, welches sein Analogon nur in orientalischen Götterstatuen findet, welche ebenfalls mit Edelsteinen bedeckt waren[71]). Desselben orientalischen Ursprungs[72]) sind ferner die mit Edelsteinen decorirten Trink-

---

2665) Den ganzen Stoff hat zu behandeln versucht Krause Pyrgoteles oder die edlen Steine der Alten. Halle 1856. 8.
66) Plin. N. H. XXXIII § 157: *subloque ars haec ita exolevit, ut sola iam vetustate censeatur*.
67) Juvenal. 6, 158. Vgl. Pinder de adamante. Berolini 1829. 8. p. 39
68) Apul. Met. IX, 8 p. 829 Hildebr.; *monile gemmeum* Orelli 1874. 69) Suet. Cal. 25.
70) Plin. N. H. IX § 117.
71) Lucian. de Syria dea 32.
72) Plin. N. H. XXXVII § 12: *Victoria tamen illa Pompei* (über den Mithridates) *primum ad margaritas gemmasque mores inclinavit.* Cic. acc. in Verr. IV, 27, 62: *exponit suas copias omnes, multum argentum, non*

gefässe (ποτήρια λιθοκόλλητα, gemmata potoria) [2073] und Hausgeräthe, für deren Beaufsichtigung man eigene Sclaven hielt[74]; das merkwürdigste Stück dieser Art ist der Candelaber *e gemmis clarissimis*, den die Söhne des Antiochus Eusebes von Syrien als Weihgeschenk auf das Capitol bringen wollten und der dem Verres in die Hände fiel[75]). In der späteren Kaiserzeit wurde die Anwendung von Edelsteinen indessen eine viel allgemeinere; der kaiserliche Ornat[76]), selbst die Schuhe[77]), glänzten von Juwelen; die Waffenstücke[78]), selbst der Gladiatoren, die Wehrgehenke (*baltei*)[79]), der Pferdeschmuck[80]), ja auch die Sänften[81]) und Wagen[82]) erhielten ihre Decoration in kostbaren Steinen.

Dass das Juweliergeschäft grossentheils in den Händen der Goldschmiede war[83]), liegt in der Natur der Sache; dies hindert aber nicht zuzugeben, dass der Handel mit Perlen[84]), das Schleifen der Edelsteine[85]) und namentlich die Kunst des

---

pauca etiam pocula ex auro, quae, ut mos est regius, et maxime in Syria, gemmis erant distincta clarissimis.
1679) *vasa ex auro et gemmis* Plin. N. H. XXXVII § 14. vgl. XXXIII
§ 5: *turba gemmarum potamus et smaragdis teximus calices. Calices gemmati* bei Mart. XIV, 9; *scyphi aurei gemmati* bei Treb. Poll. Claud. 17, 5; *gemmata vasa* Treb. Poll. Gallieni duo 16, 1.
74) Grut. p. 582, 5 *Philetaero Aug. lib. praeposito) ab auro gemmato*.
75) Cic. acc. in Verr. IV, 28, 61—80, 69.
76 Die Beschreibung dieses Staatskleides bei Claudian. de IIII cons. Honor. 585—601 findet man erklärt in Beckmann Vorrath kleiner Anmerkungen über mancherlei gelehrte Gegenstände III (Göttingen 1806. 8.) S. 108—116.
77) Trebell. Pollio Gall. duo 16, 4.
78) Capitolin. Pertin. 8, 8.   79) Treb. Pollio Gall. duo 16, 4.
80) Suet. Calig. 55.   81) Herodian. V, 3, 6.
82) Ammian. XVI, 10 p. 144 Gron.
83) So z. D. Orelli 4148 *Marcia T. f. Severa auraria et margaritaria de sacra via.*
84) Moobius Die echten Perlen, ein Beitrag zur Luxus-, Handels- und Naturgeschichte derselben. Hamburg 1857, 4, wo S. 3—8 von den Römern die Rede ist. Perlenhändler kommen vor: Orelli 1603 *M. Poblicius Hilarus margar;itarius,*; Orelli 1076 *Tullichylas margaritarius*; Orelli 1818 *C. Aspasius Clymenus margaritarius*; Henzen 7914 *L. Euhodus margaritarius de sacra via*.
85) Ein *politor gemmarum* Firm. Mat. IV, 7; gewöhnlicher kommt *gemmarius* vor: Orelli 2661 *Anthus gemmarius;* auch n. 4195 liest Henzen *L. Canidius Euelpistus gemmarius;* Mur. p. 944, 9 *C. Babbius D. L. Regillus, Q. Plotius Q. l. Nicepor., Q. Plotius Q. l. Anteros, Q. Plotius*

Gemmenschneidens[26,54]) daneben ein eigenes Gewerbe ausmachte, das theils für Goldschmiede, theils auf directe Bestellung arbeitete. Die Steinschneider, *cavatores*[87]), *gemmarum sculptores*[88]), gehören ganz der griechischen Kunstgeschichte an: unter den Namen, welche die in grosser Anzahl erhaltenen Gemmen[89]) überliefern, sind überhaupt wenig römische, und nur einer von anerkannter Aechtheit, der indessen ebenfalls griechisch (Φῆλιξ) geschrieben ist[90]).

Am Schlusse dieser Erörterungen über die antike Gold- und Silberarbeit möge es mir gestattet sein, noch einmal auf eine Bemerkung zurückzukommen, zu welcher uns bereits im vorhergehenden Abschnitte die Betrachtung der Weberei und Stickerei der Alten Veranlassung gab. Sowie nämlich diese Kunstübungen im Orient entstanden, in Rom bis zum Ende des weströmischen Reiches erhalten, dann nach Constantinopel übergesiedelt, von hier aus dem Mittelalter überliefert worden sind, so ist auch in der Metallarbeit, nachdem die Blüthe der griechischen Kunstperiode längst vorüber war, die handwerksmässige Technik zuerst in Rom, dann in Byzanz fortwährend in Ausübung geblieben und von Byzanz aus auf das ganze Mittelalter vererbt worden. Ein Beispiel von vielen genüge, dies zu erläutern. Der um das Jahr 973, oder nach v. Quast's Annahme[91]) zwischen 985—991 vollendete, von

---

Q. l. *Felix gemari de sacra via*. Ueber das Schleifen s. Krause Pyrgoteles S. 122 ff.

[2656]; Raoul-Rochelle hatte angenommen, dass Stempelschneider, Steinschneider und Goldarbeiter ein Gewerbe bildeten. Hiegegen s. Stephani Ueber einige angebliche Steinschneider des Alterthums in *Mém. de l'Académie de Petersbourg*. VI Serie. *Sciences pol. hist. philol*, Tom. VIII (1855) p. 214.

[87] Orelli 4133 *cabatorus de via sacra*.

[88] Plin. N. H. XX § 121, XXIX § 132, XXXVII § 64, 88.

[89] Von dem grossen Reichthum an geschnittenen Steinen geben schon die Verzeichnisse einzelner grösserer Sammlungen, z. B. Telken Erklärendes Verzeichniss der antiken vertieft geschnittenen Steine der k. preuss. Gemmensammlung. Berlin 1835. 8. und Arneth Die antiken Cameen des k. k. Munz- und Antikencabinettes, Wien 1849. fol. eine Anschauung.

[90] Bruno G. d. gr. Künstler II S. 445, 503, der über die Gemmenschneider S. 441—667 handelt.

[91] In den Zusätzen zu der Abh. von Fr. Bock: Der Einband des Evangeliencodex aus dem Kloster Echternach in der herz. Bibliothek des

Theophania, Tochter des byzantinischen Kaisers Romanus II. und Gemahlin Kaiser Otto des II, dem Kloster Echternach geschenkte, jetzt in der herz. Bibliothek zu Gotha befindliche Codex eines Evangeliariums repräsentirt in seinem noch gut erhaltenen Einbande, der, wenn nicht geradezu einem byzantinischen Künstler zuzuschreiben, doch wenigstens ganz der byzantinischen Kunst angehörig ist, fast alle so eben besprochenen Zweige der Metalltechnik. Der obere Deckel ist von Holz, belegt mit einer dünnen, aufgenagelten Goldplatte. Dies ist die Kunst der Empaestik. Die Goldplatte enthält acht Reliefs in getriebener Arbeit. Dies ist das Sphyrelaton. Das Mittelstück des Deckels bildet ein viereckiges Elfenbeinrelief; dies ist das Emblema; die Inschrift des Reliefs H C NAZAREN ist in das Elfenbein eingeschnitten und war mit Gold ausgelegt, von dem noch Spuren vorhanden sind; dies ist die eingelegte Arbeit; sowohl um das Elfenbeinrelief, als um den äusseren Rand des Deckels läuft eine Einfassung von 48 geschliffenen Steinen und 50 in Gold gefassten rechteckigen Emaillen; von den vier Ecken der inneren Einfassung zu den vier Winkeln der äusseren Einfassung sind Schnüre von Perlen auf Golddrähten gezogen; dies ist die Arbeit des Juweliers.

3. Das Kupfer, zu welchem wir nunmehr übergehen, hat seine wesentliche Bestimmung einmal für den Guss von Statuen, Büsten und *clipei*, über welchen wir, soweit dies für unsern Zweck nöthig war, bereits oben gesprochen haben, und zweitens für die Anfertigung der verschiedenartigsten Geräthe, welche wir hier noch zu erwähnen haben. Von der Eleganz einer römischen Hauseinrichtung und der Rücksicht, welche man selbst in den untergeordnetsten Theilen derselben neben der Zweckmässigkeit auch der geschmackvollen Form zuwendete, ist nichts so geeignet, eine Vorstellung zu geben, als die reichen Sammlungen von Broncen, welche theils aus den Funden von Etrurien, Herculaneum und Pompeji, theils aber auch aus den entlegensten Theilen des römischen Rei-

---

Schlosses Friedenstein zu Gotha, in Zeitschr. für christliche Archäologie und Kunst her. v. F. v. Quast u. H. Otte II, 6 (1860) S. 251.

ches vorliegen. Zu ihnen gehört zuerst das Küchen- und Wirthschaftsgeräth, Töpfe und Kannen[2692]), Kessel und Kochgeschirre[93]), Eimer[94]) und Amphoren[95]), Siebe, Durchschläge und *cola vinaria*[96]), Feuerbecken, Herde und tragbare Kochöfen (*clibani*)[97]), Feuerzangen und Feuerhaken[98]), Maschinen zur Bereitung heissen Wassers[99]), Crateren[2700]) und Schöpfkellen[1]), Tragbretter (*repositoria*)[2]) zum Auftragen der Speisen[3]); aber auch für die Zimmereinrichtung gewann die Bronce immer grössere Bedeutung. Dreifüsse, ursprünglich zum Tragen des Kessels bestimmt, wurden mit Tischplatten versehen, um als *delphicae* zur Aufstellung von Prachtgefässen zu dienen[4]); zu gleichem Zwecke wurden die *abaci* und *monopodia* verwendet[5]): Sessel (*sellae*)[6] und Doppelsessel (*bisellia*)[7]), die man in Municipien als eine besondere Auszeichnung namentlich den Augustalen verlieh[8], wurden von Bronce gearbeitet, Sophas und Betten (*lecti*) seit den asiatischen Kriegen entweder mit broncenen Reliefplatten bekleidet (*lecti aerati*,[9])

2692) *Mus. Greg.* I, 4—12. *Mus. Borb.* II, 47.
93) *Mus. Borb.* V, 53. *Mus. Greg.* I, 1.
94) *Mus. Greg.* I, 4. Overbeck Pompeji II S. 68. 74. Roux und Barré VI, 1. 71. 74. 95) *Mus. Greg.* I, 2. 8.
96) *Mus. Borb.* II, 60. III, 31; Overbeck Pompeji II S. 70. Roux und Barré VI 1. 46. Ueber den Gebrauch des *colum* s. Th. V, 1 S. 844.
97) *Mus. Borb.* II, 46 IV, 59 VI, 15. *Mus. Greg.* I, 14. Overbeck Pompeji II S. 69. 65. Roux und Barré VI 1. 57.
98) Braun Ruinen und Museen Roms S. 795.
99) Overbeck Pompeji II S. 67.
2700) *Mus. Greg.* I, 6. 7. 9. Overbeck Pomp. II S. 75.
1) *Mus. Greg.* I, 1.
2) S. Th. V, 1 S. 349. 3) *Mus. Greg.* I, 45.
4) S. Th. V. 1 S. 329. Abbildungen von Dreifüssen *Mus. Greg.* I, 57, 3. *Mus. Borb.* VI, 13. 14. Overbeck Pomp. II S. 53.
5) Plin. N. H. XXXIV § 14. Vgl. Th. V, 1 S. 329.
6) Overbeck Pomp. II S. 50.
7) Varro de L. L. V, 128. Abgeb. *Mus. Borb.* II, 31. Overbeck Pompeji II S. 46.
8) S. Chimentellius *Marmor Pisanum de honore bisellii. Bononiae* 1666. 4°. Die Inschr. s. Orelli 4049. Der *honor bisellitatus* kommt vor in einer Inschr. von Monte Casino, Orelli 4043 = Mommsen I. R. N. 4309; ebenso *honor bisellii* in einer Inschrift von Pompeji, Orelli 4044 = Mommsen I. R. N. 2346. Vgl. die Inschr. von Veji, Orelli 4045; von Suessa, Orelli 4047.
9) S. Th. V, 1 S. 818 Anm. 1968. Nach dem Edictum Diocletiani VII, 24—28 ist die Arbeit eines *faber aerarius* eine dreifache: *in vasculis diversi generis, in sigillis vel statuis* und die des *inductile aeramentum*.

oder auch massiv in Metall gefertigt[2710]). Ein besonders dankbares Gebiet für die Broncearbeit war aber der Erleuchtungsapparat, die Lampen, Leuchter und Candelaber. Für Lampen war das ursprüngliche Material der Thon gewesen, für Leuchter das Holz[11]; für die schlanken Formen des Holzcandelabers eignete sich besonders die Bronce, da Marmorcandelaber, welche ebenfalls in grosser Anzahl erhalten sind, ihrer grösseren Dimensionen und massiveren Form wegen mehr für den architectonischen Schmuck von Tempeln, als für den Hausgebrauch passend waren[12]). Wir haben bereits früher bemerkt, dass der Gebrauch des Oeles und der Lampen in Italien nicht ursprünglich ist; man brannte vielmehr zuerst allein, und später noch immer neben den Lampen Fackeln und Lichte (*candelae, funiculi*) von Wachs, (*cereae*) oder Talg (*sebaceae*)[13]), und von diesen haben die Leuchter nicht nur ihre Namen, *candelabra*[14]),

---

[2710]; Ein broncener *lectus* für einen Todten wurde 1828 in einem Grabe in Corneto gefunden. Raoul-Rochette in *Mém. de l'acad.* XIII p. 649. Vgl. über diese Bettstellen Braun Die Ruinen und Museen Roms, S. 784.

11) Hölzerne Leuchter kommen noch später öfters vor. Caecilius bei Nonius p. 202, 15; bei Ribbeck Com. lat. Rel. p. 45 v. III.
*Memini ibi fuisse; candelabrum ligneum
Ardentem.*
Cic. ad Q. fr. III, 7, 2: *Hanc scripsi ante lucem ad lychnuchum ligneolum, qui mihi erat perincundus, quod eum te aiebant, cum esset Sami, curasse faciendum.* Petron. 95: *Eumolpus contumeliae impatiens rapit ligneum candelabrum.* Mart. XIV, 44. Candelabrum ligneum:
*Esse vides lignum; servus nisi lumina, flat
De candelabro magna lucerna tibi.*

12) Die beiden in der Villa Hadriani gefundenen, von Visconti M. P. Cl. IV p. 34—64, tav. 1—8 herausgegebenen Marmorcandelaber sind 10 Palmen hoch und von massiven Formen; andere Marmorcandelaber s. Visconti M. P. Cl. V tav. 1. 2. 3. 4. VII tav. 37. 38. 39. 40, und eine reiche Auswahl bei Piranesi Vasi, candelabri, cippi, sarcofagi, tripodi, lucerne ed ornamenti ant. Roma 1778. 2 Voll. fol.

13) Alle diese Beleuchtungsmittel zählt auf Apulejus Met. IV, 19: *Taedis, lucernis, cereis, sebaceis et caeteris nocturni luminis instrumentis clarescunt tenebrae.*

14) Plin. N. H. XXXIV § 11. Varro de L. L. V, 119: *Candelabrum a candela, ex his enim funiculi ardentes figebantur. Lucerna post inventa quas dicta a luce, aut quod id vocant Graeci λύχνον.* Paulus p. 46, 7 *Candelabrum dictum, quod in eo candelae figantur.* Mart. XIV, 43. Candelabrum Corinthium:
*Nomina candelae nobis antiqua dederunt.
Non norat parcos uncta lucerna patres.*

ceriolaria[17,15]), *sebacearia*[16], *funalia*[17]), sondern auch ihre ursprüngliche Einrichtung erhalten. Sie waren nämlich oben mit einem Stifte versehen, auf welchen die Kerze aufgesteckt wurde[18]), und Leuchter von dieser Form, bestimmt zum Tragen in der Hand, sind sowohl in Etrurien als in Pompeji gefunden worden[19]). Nachdem indessen der Gebrauch der Lampen allgemeiner geworden war, übertrug man den Namen des Candelabers auf den Lampenhalter (*lychnuchus*), welcher, je nachdem er bestimmt ist, auf dem Tische oder dem Fussboden zu stehen, zwar in der Höhe verschieden ist, im Allgemeinen aber aus drei Theilen besteht, dem Fuss, dem Schaft (*scapus*)[20] und der Platte, auf welche die Lampe gestellt wird. Ausserdem giebt es allerdings noch andere Formen, namentlich Candelaber zum Anhängen von Lampen, welche dann keine Platte haben, sondern in so viele Zweige oder Arme auslaufen, als sie Lampen tragen sollen, Candelaber zum Aufschieben und Drehen, um die Lampe beliebig hoch zu stellen, endlich Kronleuchter, die von der Decke herunterhingen (*lychnuchi pensiles*)[21]). Von der Mannichfaltigkeit und Eleganz dieser Formen erhält man die vollständigste An-

---

17[15]) Orelli 2503. 2506. 2513. 4065.

16. Dieses Wort ist erst neuerdings bekannt geworden aus einer Anzahl gleichzeitiger Inschriften, welche im *Bull. d. Inst.* 1867 p. 8—11 edirt sind.

17) Verg. Aen. I, 727:
dependent lychni laquearibus aureis incensi et noctem flammis funalia vincunt.

Funalis (Cic. de sen. 13, 44) oder *funalis cereus* (Valer. Max. III, 6, 1) ist, wie *funiculus*, ein Wachslicht; *funale* erklärt dagegen Varro bei Servius zu der angeführten Stelle des Vergil als Leuchter, und das heisst es auch bei Ovid. Met. XII, 247.

18) Servius ad Verg. l. l.: *Nonnulli apud veteres candelabra dicta tradunt quae in capitibus uncinos habebant, quibus affigi solebant vel candelae vel funes pice deliluti: quae interdum erant minora, ut gestari manu et proferri magistratibus a coena revocantibus possent.* Isidor. Or. XX, 10, 3 *Funalia candelabra apud veteres, quibus funiculi cera vel huiusmodi alimento luminis obliti figebantur. Idem itaque et stimuli praeacuti funalia dicebantur.* Vgl. Donat. ad Terent. Andr. I, 1, 88, wo indessen die Lesart unsicher ist.

19) Schulz *Bull. d. Inst.* 1841 p. 114—116.

20) Plin. N. H. XXXIV § 11.

21) Plin. N. H. XXXIV § 14. Vgl. Verg. Aen. I, 726; Prudentius Cathemer. V, 141—144. Einen solchen Hängeleuchter von Marmor s. Visconti *M. P. Cl. V* p. 209 tav. A IV, 5.

schauung aus dem 6ten Bande der *Antichità d' Ercolano*: *Le lucerne ed i candelabri d' Ercolano*. Napoli 1792 fol.[1722]). Die hier abgebildeten Candelaber sind durchgängig von Bronce, nur einige von Eisen[23]). In derselben Sammlung befinden sich auch Laternen[24]), deren Gestell von Bronce und mit einer Handhabe zum Tragen versehen ist. Statt des Glases, das erst spät erwähnt wird[25]), bediente man sich in alter Zeit anderer durchsichtiger Stoffe, des Hornes[26], der Blase (*vesica*)[27] und der geölten Leinwand[28]).

Wir übergehen unserm Plane gemäss die Anwendung der Bronce zu architectonischen Zwecken, namentlich zu Schwellen, Thürflügeln und Säulencapitälen[29]), ferner zu Weihgeschenken[30]), zu Schmucksachen, besonders *fibulae* und Schnallen[31]), endlich zur Herstellung von Waffen, vornehmlich Helmen, Schilden und Schwertscheiden[32]); erwähnen müssen wir dagegen noch ihren vielfältigen Gebrauch für die verschiedensten Werkzeuge. Nägel[33]), Nähnadeln und Stockna-

---

[1722]) S. auch Herculanum und Pompeji. Vollständige Sammlung der daselbst entdeckten Malereien, Mosaiken und Broncen, gestochen von H. Roux. Mit Text von Barré und Kayser, Bd. VI, t. 1—29. *Museo Borb.* IV, 57. 58. VII, 22. VIII, 21. Overbeck Pomp. II S. 38 ff. Etruskische Broncecandelaber, *Mus. Greg.* I tav. 18—36.
[23]) S. *Le lucerne* p. 223.
[24]) Daselbst p. 239. 269. Roux und Barré VI L. 69.
[25]) Isidor. Or. XX, 10, 7: *Laterna inde vocata, quod lucem interius habeat clausam. Fit enim ex vitro, intus recluso lumine, ut venti flatus adire non possit et ad praebendum lumen facile ubique circumferatur*.
[26]) Plautus Amphitr. 341. Plin. N. H. XI § 126. Mart. XIV, 61.
[27]) Mart. XIV. 62
[28]) Plaut. Bacch. 446. Cic. ad Att. IV, 3, 5.
[29]) Plin. N. H. XXXIV § 18. Vgl. Th. V, § 6. 240.
[30]) Zu diesen ist wohl die broncene *biga* bei Visconti *M. P. Cl. V lav. d'agg. B* zu rechnen, wiewohl Braun Die Ruinen und Museen Roms S. 808 solche mehrfach erhaltene Wagen für Rennwagen in den Circusspielen hält. Broncene Wagenräder s. bei Arneth Arch. Anal. t. 19. *Archaeological Journal* VIII (1851) p. 102 ff.
[31]) S. die Sammlung broncener *fibulae* bei Grivaud de la Vincelle *Recueil de Monumens antiques.* Paris 1817. 2 Voll. 4° pl. 2, 3, 4 n. 6; von Gürtelschnallen des. pl. 7 n. 1. 9. 12; von Ringen des. pl. 7; von Amuletten zum Anhängen pl. 10. Eine broncene Schnelle von einem Pferdegurt s. Jahrb. d. Vereins v. A. i. Rheinlande XLII S. 78.
[32]) Ein eiserner Dolch mit broncenem Griff und broncener Scheide bei Simony Die Alterthümer vom Hallstätter Salzberg, Sitzungsberichte der ph. hist. Cl. der Wiener Acad. IV (1850) taf. V, 1*, Schwerter, Speerspitzen und Pfeilspitzen von Bronce das. t. V, 2. 4. 6.
[33]) S. Jahrb. d. V. v. A. i. Rheinlande IX, S. 83.

deln[34]), *stili* zum Schreiben[35]), nebst der Büchse zu ihrer Aufbewahrung[36]), Bretsteine und Würfel zum Spielen[37]), chirurgische Instrumente in reicher Auswahl[38]), Messinstrumente, Cirkel und Perpendikel[39]), Schnellwaagen, Wagschalen und Gewichte[40]), endlich das Toiletten- und Badegeräth, die *strigilis*[41]), der Spiegel, der Kamm[42]), wurden vorzugsweise aus Kupfer gearbeitet.

Nach diesen sehr verschiedenen Fabricaten theilte sich das Gewerbe der *fabri aerarii* in viele besondere Zweige, von denen sich die Handwerker mit den speciellen Namen der Topfgiesser (*fusores ollarii*)[43]), Candelabermacher (*candelobrarii*)[44]), Laternenmacher (*lanternarii*)[45]), Gewichtmacher (*sacomarii*)[46]), Fabricanten von Helmen (*cassidarii*)[47]) und Schilden (*parmularii*)[48]) benannten, und in denen gewisse Orte besonderen Ruf halten. So empfiehlt Cato de R. R. 135, *urnas oleariae, urcei aquarii, urnas vinariae, alia vasa ahenea* in Capua zu kaufen; und dass römische Broncefabricate in auswärtigen Handel gelangten, beweist ein in Pompeji gefundenes Fragment eines Broncebeschlages mit Relief und der Inschrift *C. CALPVRNIVS ROMAE Fecit*[49]). Aber auch die zierlichen Gefässe, welche in ganz entlegenen Gegenden hie und da ge-

---

[34]) Daselbst S. 92. Simony u. a. O. Taf. V, 7.
[35]) Von diesen wird noch später die Rede sein. Sie sind in grosser Anzahl vorhanden. S. z. B. *Mus. Greg.* I lav. 46.
[36]) Jahrb. d. V. v. A. i. Rheinlande a. a. O. S. 33.
[37]) Ebend. S. 38.
[38]) Ebend. S. 39. Ueber die in Pompeji gefundenen s. *Mus. Borb.* XIV, 36; Overbeck Pompeji II S. 88.
[39]) *Mus. Borb.* VI, 15.
[40]) S. die verschiedenen Funde dieser Art bei Roux und Barré VI t. 96. *Mus. Borb.* I, 55. VIII, 16. Overbeck Pompeji II S. 72; Jahrb. d. V. v. A. i. Rheinlande XXVII p. 94. *Archaeologia* X pl. 18 und über alle Waagen überhaupt Saggi *di dissertazioni della accademia di Cortona* I p. 92—102. [41]) S. Tb. V, 1 S. 296.
[42]) Kämme werden gewöhnlich von Elfenbein, Buchsbaum oder von Bronce gemacht. Broncene s. bei Roux und Barré VI 1. 93. *Annali* 1855 p. 65[a].
[43]) Grut. 680, 9. vgl. Plin. N. H. XXXIV § 98.
[44]) Orelli 4157; Doni VIII, 96.
[45]) Henzen 6292. [46]) Orelli 4274.
[47]) Orelli 4160 und mehr bei Marial *Atti* I p. 251.
[48]) Orelli 4505=2466.
[49]) Overbeck Pompeji II S. 50.

funden werden, bestätigen die Annahme, dass die Broncewaaren, ebenso wie die Thonwaaren, überallhin ausgeführt wurden. Im Jahr 1858 wurden in Teplitz zwei Broncegefässe gefunden, von denen das grössere, eine Casserole mit flachem Boden und geradem, horizontalem Stiel, welcher in einen mit schönen Schwanenköpfen verzierten Griff ausläuft, auf der obern Fläche des Griffes zwei römische Stempel, *TI· ROBILI· SI.* und *C. ATILI. HANNON*, hat. In einem ähnlichen, bei Hagenow im Mecklenburgischen gemachten, Funde befand sich ebenfalls eine Casserole mit dem Stempel *TI. ROBILI. SITA*. Nach Mommsens Ansicht, der diese Funde veröffentlicht hat[275b)], ist unter dem *Tiberius Robilius Sitalces* der Kupferschmied, *faber aerarius*, unter dem *C. Atilius Hanno* der Modelleur (*plasta imaginarius*) zu verstehen; möglicherweise kann, wie dies bei den Stempeln der Thonwaaren vorkommt, der Eigenthümer der Fabrik und der Fabricant verstanden werden. Jedenfalls zeigt dieser Fund, wie weit römische Broncewaaren exportirt wurden[51)].

4. Das Eisen, von dem wir viertens zu reden haben, war sowohl in Italien[52)], z. B. auf der Insel Elba[53)], als in allen Provinzen, in Spanien[54)], Gallien[55)], Britannien[56)], Noricum, Pannonien, Illyrien, Moesien[57)] und den übrigen Theilen des römischen Reiches[58)] in Fülle vorhanden. In ihm arbeiteten die Grobschmiede (*fabri ferrarii*)[59)], welche an vielen Orten allein[60)] oder mit andern Bauhandwerkern zusammen[61)] Colle-

---

275b) In Gerhard's Arch. Anz. 1858. N. 115—117 S. 122.
51) Eine fleissige Sammlung über diesen Gegenstand ist Wiberg Der Einfluss der klassischen Völker auf den Norden. Aus dem Schwedischen von J. Mestorf, Hamburg 1867. 6. S. besonders S. 75. S. 96 —180.   52) Plin. N. H. XXXVII § 203.
53) Müller Etrusker I S. 240.
54) Strabo p. 158.   55) Strabo p. 191.
56) Strabo p. 199.
57) Strabo p. 214 und über die römischen Eisenwerke in diesen Provinzen Th. III, 2 S. 201. 202.
58) Strabo p. 203. 447. 549.
59) Plautus Rud. 531. Orelli 4088. Grut. 640, 5. Renier Inscr. d'Alg. n. 1650. Ed. Dioclet. VII, 11.
60) *Corporati ferrarii* in Ostia Grut. 15, 8; *collegium ferrariorum* in Rom Orelli 4066.
61) Ein *praefectus corporis fabrum ferrariorum, lignariorum et tabu-

gieu bildeten, und die Schlosser und Zeugschmiede, welche *ferramentarii* heissen[2762]), insofern sie sich nicht auf einen besonderen Fabricationszweig beschränken, wie die eigentlichen Schlosser (*claustrarii*)[63]), die Messerschmiede (*cultrarii*)[64]), die Verfertiger von Aexten und Hacken (*dolabrarii*)[65]), die Sichelmacher (*falcarii*)[66]) und die Schwertfeger (*gladiarii*)[67]). Den grössten Theil dieser Eisenwerkzeuge (*ferramenta*) wird man auch in Handlungen fertig gekauft und daher die *negotiatores ferrarii*[68]) für Eisenwaarenhändler zu halten haben; auch Waffenhändler kommen an einzelnen Orten vor[69]). Von allen Fabricaten antiken Kunstfleisses haben nächst den Holzarbeiten die Eisenarbeiten am meisten durch die Zeit gelitten, so dass wir über sie viel weniger zu urtheilen im Stande sind, als über die andern Metallfabricate. Ueber die Construction der alten Schlösser und Schlüssel haben wir bereits Th. V, 1 S. 235—240 das vorhandene Material zusammengestellt; unter den Waffenstücken, welche hierher gehören, sind die für die Technik der Eisenarbeit interessantesten die in nicht bedeutender Anzahl vorhandenen Schwerter, welche man in den Jahrbüchern des Vereins von Alterthumsfreunden des Rheinlandes XXV S. 113 ff. und bei Lindenschmit, Die Alterthümer unserer heidnischen Vorzeit, Heft III Taf. 3, zusammengestellt findet.

5. Um endlich noch des Bleies zu erwähnen, so ist dies zwar im Alterthum sowohl von Künstlern zu toreutischen Arbeiten benutzt worden, wie das in Pompeji gefundene, bei

---

lariorum Portuensium Grut. 585, 7; ein *corpus fabrum ferrar. lignar. dendroph. et cention.* Grut. 261, 1.
[2762] Firm. Mat. Math. 3, 18 extr. *Ferramenta* sind Werkzeuge; z. B. *ferramenta tonsoria* Mart. XIV, 36.
63) *Claustrarius artifex* Lamprid. Heliog. 11, 2.
64) C. I L. I n. 1818. Orelli 4175. Sonst heisst *cultrarius* auch der Schlächter des Opferthiers. Suet. Cal. 32. Die Werkstätte und der Laden eines Messerschmieds ist dargestellt auf einem Cippus des Vaticans, den man abgebildet und erläutert findet bei O. Jahn Berichte der ph. hist. Cl. d. Sächs. G. d. W. 1861 S. 826 ff.
65) Orelli 4071. 4081.
66) Cic. in Cat. I, 4, 8; pr. Sull. 18, 52. 67) Orelli 4107.
68) Grut. 640, 2 und 4. Der *negotiator ferrariarum et vinariarius* bei Henzen 7361ᵃ wird ebenso zu verstehen sein, so dass man *tabernarum* und *tabernae* ergänzt.
69) *Negotiator gladiarius* in Mainz. Brambach C. I. Rh. 1076.

Overbeck II S. 232 n. 327 abgebildete Gefäss und andere
noch erhaltene Reliefarbeiten[770]) in Blei beweisen, als auch
hat man es zu Siegeln, Münzen und Marken[71]), zu Gewichten
und Wurfgeschossen[72]) verwendet; allein das bedeutendste
Fabricat aus diesem Metall sind die Wasserröhren, *fistulae*,
tubi[73]), welche für uns ein dreifaches Interesse haben. Einmal nämlich sind sie in nicht minderem Grade als die gemauerten Aquaeducte ein schlagender Beweis für die vortreffliche
Verwaltung der römischen Communen, und Boissieu findet sich bei Gelegenheit der von ihm herausgegebenen Inschriften der alten Röhren von Lyon[74]) veranlasst, die bittere
Bemerkung zu machen, dass unsere Zeit, so stolz auf den
Fortschritt der Mechanik und im Besitz ganz anderer Mittel,
als die Alten hatten, z. B. der Dampfkraft, selbst für grosse
Städte in dieser Hinsicht bei weitem nicht das leiste, was die
Römer selbst für die kleinsten Orte unter den erheblichsten
Schwierigkeiten geleistet haben. Das alte Lyon, sagt er, lag
auf einer Höhe und war reichlich versorgt mit reinem und gesundem Quellwasser; das neue Lyon liegt in der Ebene, zwischen zwei Flüssen, die es überschwemmen, ohne ihm Trinkwasser zu gewähren, und muss sich mit stinkendem Wasser,
unreinen Gräben und ungesunder Luft begnügen. Zweitens sind diese Röhren lehrreich durch die Fabrikstempel,
welche wenigstens zum Theil ebenso, wie die der Ziegel, mit
der Angabe des Consulates versehen sind, und endlich gehört
die Fabrication dieser Röhren wenigstens in der Kaiserzeit zu
den grossen Geschäften, in welchen Capitalisten ihr Vermögen

---

[770]) S. die im Amphitheater zu Metz gefundene Bleiplatte, darstellend die von einer Victoria bekränzte Büste der Roma, abgeb. bei Grivaud de la Vincelle *Recueil* pl. 90.
[71]) Ueber diese ist das Hauptwerk Ficoroni *I piombi antichi*. Roma 1740. 4°, lateinisch unter dem Titel Ficoronii *De plumbeis antiquorum numismatibus diss. latine vertit Contagallus*. Romae 1750. 4°. Ausserdem s. Garrucci *I piombi antichi raccolti dall' Princ. Altieri*. Roma 1847, 4° u. über griechisch-sicilische Bleie dieser Art Salinas in *Annali d. Inst.* 1864. p. 343—355; 1866 p. 18—29.
[72]) Die mit Inschriften versehenen Schleuderkugeln (*glandes*) findet man C. I. L. I p. 188—194.
[73]) *fistulas ponere, tubas ponere*. *Annali* 1854, 7.
[74]) Boissieu *Inscr. Ant. de Lyon*. Lyon 1854. fol. p. 446.

anlegten. Leider liegen die Inschriften der *tubi* noch nicht in einer vollständigen Sammlung gedruckt vor, indessen lässt sich aus den zugänglichen Stempeln erkennen, dass sie angefertigt wurden theils für Rechnung der Communen selbst[75], welche Wasserleitungen anlegten und unterhielten, in welchem Falle die Fabricanten (*plumbarii*[76]), *fistlatores*)[77] *servi publici*[78]) sind; theils für kaiserliche Rechnung[79]), in welchem Falle der Auftrag gebende und Aufsicht führende Beamte[*], oder der Ort, für den die Röhre bestimmt ist[81]), und der Vorsteher der Fabrik (*officinator*)[82] auf dem Stempel genannt wird, theils endlich von Privatleuten[83]), die auf Bestellung

---

2775) So hat eine Rohre bei Marini *Atti* p. 686 den Stempel *publ. Valerianorum*.
76) Orelli 4287 = Mommsen I. R. N. 2874; Mommsen a. a. O. 2836. Dig. L, 6, 6. Cod. Th. XIII, 4, 2. Just. Cod. X, 64, 1.
77) *Annali* 1856 p. 16.
78) S. die Stempel bei Gerhard Arch. Anz. 1862 n. 162 p. 316. *Felix ser(vus) municipi Falisci*; *September ser(vus) reipubl. Faliscor. fec.*
79) Z. B. in Lyon. Stempel mit *Ti Claudius CAES*. Boissieu p. 449.
80) Stempel bei Marini *Iscr. Alb.* p. 85: *Imp. CaesaRIS. NERI. TRAIAN. AVG. GER. DACICI sub cVRa ALYPI. L. PROC HERACLA. SERvu*. *FEC*; zwei and·re bei Marini *Atti* p. 96: *IMP. CAESAR. DOMITIANI AVG. SVB. CVRA ALYPII PROC. FEC. ESYCHVS ET HERMIAS* und do.*MITIANI. CAES AVG. GERM. SVB CVRA ... PROC PRIMIGENIVS SERvus FEC*. Marini *Atti* p. 96 und 404 hält diesen *procurator* für den *procurator aquarum*, der ein kaiserlicher Freigelassener und verschieden von dem *curator aquarum* (Frontin. de aq. 97—403) ist. Auf einem *tubus* Grut. 162, 7 ist der Besteller *curator thermarum Varianarum*.
84) So z. B. *Castrum praetorium* Grut. p. 183, 4. 2. 3. 4.
82) Henzen 6348, nach Mommsen's Lesung: *Imp. Caes. M Aur. Ant. Aug. n. sub Capitolino procuratore officinator Felix, Aug. libertus*. Ein solcher *officinator* ist der in der Inschr. Marini *Iscr. Alb.* n. 440 = Orelli 4266 vorkommende *C. Iulius Thallus, qui egit officinas plumbarias Transtiberina et Trigari* (d. h. *regione Transtiberina et Trigarii*, das letztere liegt auf dem *Campus Martius*, s. Preller Regionen S. 174). denn *agere officinam* sagt man, wie *agere imperium, potestatem, arcam, publicum quadragesimae*, worüber Marini a. a. O. die Beweise beibringt.
83) So auf den Stempeln von Lyon bei Boissieu p. 448 f.: *S. Itius Apollinaris L(ugduni) fecit*; *L. Vibius Belleus V(iennae) fecit*; *Iulius Paulus Lugduni faciebat*; von Bologna (Marini *Atti* p. 231): *T Flavius Primio fec.*; von Gabii (daselbst): *T. Statilius Felicio fecit*; in der Nähe von Rom: *Q. Servilii Pudentis* und *Pardus Servilii Pudentis* (Marini *Atti* p. 245); am Rhein: *Cassius Na. turnus pl(umbum) fecit, Tutor Servatius plumbum fecit*. Brambach C. I Rh. 854. 842.

— 309 —

auch nach auswärts hin Röhren lieferten[2764]) und unter welchen, wie bei den Thonfabriken, die Frauen des kaiserlichen Hauses vertreten sind[84]).

4. Arbeit in Holz.

Nach der verschiedenen Anwendung, welche das Holz zum Bauen, zum Brennen und zu den Fabricaten der Tischler und Stellmacher findet, unterschieden sich sowohl die Lieferanten des Holzes als die Gewerbe, welche in Holz arbeiten. Unter den Holzhändlern[85] werden das bedeutendste Geschäft die *negotiatores materiarii*[87]) gehabt haben, welche das Holz zum Haus- und Schiffbau zum Theil aus fernen Gegenden bezogen[86]) und auf ihren Holzfeldern verarbeiteten[89]). Daneben wird der Brennholzhandel und der Handel mit fremden Hölzern für den Gebrauch der Schreiner ein besonderes Gewerbe gebildet haben. Zu den Arbeitern in Holz gehören namentlich die Zimmerleute, die Tischler und die Stellmacher.

1. Das Geschäft sowohl der Zimmerleute für den Hausbau, *fabri tignarii* oder *tignuarii*[90]), als der Schiffszimmer-

---

2764) So finden sich in Sicilien *tubi* römischer Fabrik; z. B. mit dem Stempel T. *Flavius Primio f.* Torremuzza Cl. VII n. 13.
35) Fahretti p. 198 n. 13, auf einem *tubus* von den Thermen des Titus: *Zosimus Faustinaes ser(vus) fec.*
86) *negotiatio lignaria* Capitolin. Pertin. 1. Es gab in Rom eine Strasse *inter lignarios extra portam Trigeminam.* Liv. XXXV, 11, 10; *lignarii plostrarii*, welche die Anfuhr besorgten, in Pompeji. Henzen 7241 = C. I. L. IV n. 931, 960.
87) *negotians materiarius* Or e l l i 4248; *materiarius*, ein Schiffsholzlieferant Plaut. Mil. 920; *C. Epidius, C. l. Alexander materiarius* in Capua, Bull. Nap. N. S. V (1853—56) p. 97; *T. Claudius Probus materiarius* Doni VIII n. 93.
88) Schiffsbauholz bezog man z. B. vom Ida (Strabo p. 606) oder vom Pontus Euxinus (Hor. Od. I, 14, 11).
89) Auf dem Grabstein des *negotians materiarius* in Florenz, Orelli 4243, abgeb. bei Gori *Inscr. Etr.* III p. 112 n. 178, finden sich alle Instrumente der Arbeit, die Axt, die Säge und das Winkelmaas, so dass man sieht, der Verstorbene liess das Holz verarbeiten; zu den Arbeitern auf dem Holzfelde gehört wohl der *faber materiarius* Grut. 642, 6; der *faber lignarius* Mur. 984, 1; die *sectores materiarum* Orelli 4278, und es gab auch Händler mit einzelnen Fabricaten, z. B. Holznägeln, *clavarii materiarii*, Orelli 4164.
90) Dig. L, 16, 235 § 1: *fabros tignarios dicimus non eos duntaxat, qui ligna dolant, sed omnes, qui aedificant.*

leute, *fabri navales*[279)1)], *naupegi*[2)], gehört ganz der Baukunst an, welche ausser den Grenzen unserer Darstellung liegt[92)]; wir haben über sie nur die Bemerkung zu machen, dass die *fabri tignarii* in den meisten Städten eigne Collegia bilden[94)], und auch zu Communalzwecken verwendet werden, namentlich als Feuerlöschcorps, zu welchem ausser ihnen auch die *centonarii*[95)] und *dendrophori* zu gehören scheinen. Von diesen haben die *centonarii* ihren Namen von dem Gebrauch der *centones*, die zu dem Löschapparat gehören[96)]; die *dendrophori* sind von unsicherer Bedeutung[97)]. Denn einerseits erscheinen sie als Collegien von Holzarbeitern, welche in Inschriften entweder neben den *fabri* und *centonarii* vorkommen[98)], oder auch die *fabri* in sich schliessen[99)]; im Theod. Cod. XIV, 8. welcher Titel die Ueberschrift hat: *De centonariis et dendroforis*, heisst es in der ersten, von Constantin im Jahr 315 erlassenen Verordnung: *Ad omnes iudices litteras dare Tuam convenit gravitatem, ut in quibuscunque oppidis dendrofori fuerint, centonariorum atque fabrorum collegiis adnectantur, quoniam haec corpora frequentia hominum multiplicari expediet,*

[2791)] So gab es ein *corpus fabrum navalium* in Ostia, Orelli 3140. Henzen 7400; in Pisaurum Orelli 4034; *fabri navales* in Portu Orelli 3140; in Ravenna Grut. 640. 1. Das Monument, auf welchem die letzte Inschr. steht, ist abgebildet und besprochen von Jabn Ber. d. pb. h. Cl. d. Sächs. G. d. W. 1861 S. 334 Taf. X, 2.

[92)] Dig. L, 6, 6.

[93)] Ueber die Schiffsbaukunst der Alten s. namentlich Graser *de veterum re navali*. Berolini 1864. 4. und desselben Untersuchungen über das Seewesen des Alterthums im Philologus Supplementband III H. 2. Göttingen 1865. 8.

[94)] So in Ostia, Orelli 3317; 4087=M. I. R. N. 120; Henzen 6310. 7300, und vielen anderu Orten. S. z. B. Orelli 60. 117. 330. 3133. 4038. Henzen 3631. 6743. 7231. 7160=Boissieu *Inscr. de Lyon* p. 111.

[95)] S. die Inschriften in Henzens Index p. 172 und oben S. 197.

[96)] S. Th. III, 2 S. 476 Anm. 2849.

[97)] S. Gothofr. ad Cod. Th. XIV, 8, 1. Orelli ad n. 2385. Wallon *Histoire de l'esclavage dans l'antiquité*, Paris 1847. 8. Vol. III p. 301 f.; am besten handelt über sie Boissieu *Inscr. de Lyon* p. 412—444. Die Schrift von M. J. Rabanis *Recherches sur les Dendrophores*, Bordeaux 1841. 8. kenne ich nur aus den Anführungen bei Boissieu.

[98)] Ein *patronus collegiorum fabr. cent. dendr.* in Feltria Orelli 3031; ebenso scheinen Orelli 3819 *coll'egia, fabr. cent. dend.* im Plural zu verstehen zu sein; Henzen 5118 *PRAE Collegiorum faBR. ET DENdr.*

[99)] Henzen 7013 *collegium dendroforum atque fabrum*; 7198 *praef. collegi fabr. et dendr.*; Orelli 4180 C. *Iulius Felix, faber tign. collegii dend.*

woraus sich ergiebt, dass die *dendrophori* als Holzarbeiter einen Nutzen für die Commune haben. Andererseits aber sind die *dendrophori* die Träger des heiligen Baumes im Dienst der Magna mater[3500]); ein *taurobolium* wird in Lyon dieser Göttin dargebracht von *L. Aemilius Carpus, IIIIII vir Augustalis, item dendrophorus*[1]), und in einer andern Inschrift von Lyon heisst es: *taurobolium fecerunt dendrophori Lugduni consistentes*[2]). Man hat früher auf Grund dieser sich scheinbar widersprechenden Quellenzeugnisse ein doppeltes Collegium der Dendrophoren, nämlich ein religiöses und ein gewerbliches, unterschieden[3]), und ich bin Th. IV S. 317 Anm. 2102 dieser Ansicht gefolgt. Indessen scheint mir jetzt für die entgegengesetzte Annahme der Umstand zu entscheiden, dass, nachdem im Jahr 415 Honorius und Theodosius die Fonds und Liegenschaften der Dendrophori als eines heidnischen Collegiums eingezogen hatten[4]), auch das Handwerkercollegium desselben Namens aufhört; denn die Verordnung von 315 (Theod. Cod. XIV, 8, 1) ist in den Codex Justinianeus nicht aufgenommen worden, und man darf daher als wahrscheinlich bezeichnen, dass seit der Mitte des 2ten Jahrhunderts[5]) bis zum Jahre 415 die Dendrophoren als ein Handwerkercollegium bestanden, welches unter dem Schutze der Mater magna und in deren Dienste war.

2. Die Holzarbeit im Innern des Hauses (*opus intestinum*)[6])

2500) S. hierüber Th. IV p. 846. 847, wo man die Beweisstellen findet.
1) Inschr. bei Boissieu p. 24. 2) Boissieu p. 81.
3) S. Goth. ad Th. Cod. XIV, 8, 1. Orelli ad n. 2885.
4) Diese Verordnung steht im Theod. Cod. in dem Titel: *De paganis, sacrificiis et templis* XVI, 10, 20 § 2: *Ea autem, quae multiplicibus constitutis ad venerabilem ecclesiam volumus pertinere, Christiana sibi merito religio vindicabit, ita ut omnis expensa illius temporis ad superstitionem pertinens, quae iure damnata est, omniaque loca, quae Fredoni, quae Dendrophori, quae singula quoque nomina et professiones gentilicias tenuerunt epholis* (d. h. *epulis*) *vel sumptibus deputata, fas sit, hoc errore summoto, compendia nostras domus sublevare.* Der Ausdruck *professio* scheint in dieser Stelle ebenfalls das Handwerk zu bezeichnen.
5) S. Th. IV S. 96.
6. Plin. N. H. XVI § 215: *Firmissima in rectum abies, eadem valvarum paginis et ad quaecunque libeat intestina opera aptissima.* Varro de R. R. III, 1, 10: *Cum enim villam haberes opere tectorio et intestino ac*

ist die Aufgabe der *fabri intestinarii*[?][3607]) oder *subaedani*[6]), zu welchen die besonderen Beschäftigungen der *laquearii*[7], *lectarii*[10], *armariarii*[11], *arcarii*[12] und der Bildschnitzer[13] zu rechnen sind. Von der Holzarbeit des Alterthums selbst ist ausserordentlich wenig erhalten, wir wissen indess, dass auch diese, bereits im Orient zu grosser Vollkommenheit gelangte Kunst[14] bei den Römern mit Glück betrieben wurde. Ausser den Fenstern, den Thüren, die aus einzelnen Holzplatten (*paginae*)[15] zusammengesetzt wurden[16], und den Galerien in den Intercolumnien[17], boten namentlich die getäfelten Zimmerdecken (*lacunaria* oder *laquearia*)[18] der Schreinerkunst ein reiches Feld der Thätigkeit dar. Diese Decken wurden theils mit Holz, theils mit Elfenbein[19] ausgelegt und mit Bildhauerarbeit versehen[20], theils gemalt[21], theils vergoldet oder

---

pavimentis nobilibus lithostrotis spectandam. Vitruv. IV, 4, 1 : *intercolumnia tria, quae erunt inter antas et columnas, pluteis marmoreis sive ex intestino opere factis intercludantur.*

3607) Orelli 4182 = Mommsen I. R. N. 3671; Mommsen s. a. O. n. 2877. Theod. Cod. XIII, 4, 2. Die Hauptarbeiten der Tischlerwerkstätte sind dargestellt auf einem auf Goldgrund gemalten Boden eines Glasgefässes, das herausgegeben ist von O. Jahn in Ber. d. ph. h. Cl. d. Sächs. G. d. W. 1861 S. 338 Taf. XI, 1.

8) *Fabri subaedani Narbonenses* Henzen 7215.

9) Theod. Cod. XIII, 4, 2. Glosse bei Salmas. ad Vopisci Aurel. 46 : *laquearii : lectorum tignarii.*

10) *faber lectarius ab cloaca maxima* Orelli 4189.

11) Den *armararius* bei Henzen 7219 möchte ich nicht für einen *armarius*, welcher nicht zu erklären ist, sondern für einen *armariarius*, Schreiner, halten.

12) *arcarius* ist gewöhnlich ein Kassenführer; bei Orelli n. 2611 dürfte indess ein Verfertiger von *arcae* zu verstehen sein.

13) Tertull. de idol. 8 : *Qui de tilia Mortem exsculpit, quanto citius armarium compingit?*

14) S. Semper s. a. O. I S. 374, 376.

15) Plin. N. H. XVI § 225.

16) S. das in Gyps abgegossene Fragment einer pompejanischen Thür bei Overbeck II S. 125 fig. 281.

17) Vitruv. IV, 4, 1.

18) Isidor. Or. XIX, 12 : *Laquearia sunt, quae cameram subtegunt et ornant, quae et lacunaria dicuntur, quod lacus quosdam quadratos vel rotundos ligno vel gypso vel coloribus habeant pictos cum signis intervenientibus.*

19) *Lacunaria ebore fulgentia* Sen. N. Q. 1 prol. 7. Horat. Od. II, 18, 1.

20) *Caelata laquearia* Sen. ep. 90, 42.

21) Plin. N. H. XXXV § 124.

mit Goldblechen (*bracteae*) überzogen²¹˒²²), theils, namentlich in den Triclinien, aus beweglichen Stücken construirt, welche in ihrer Lage verändert²³) und auseinandergeschoben werden konnten, um Geschenke (*apophoreta*) auf die Gäste herabfallen zu lassen²⁴). Natürlich war auch für das Ameublement, dessen zierliche Formen uns nur in bildlichen Darstellungen und den erhaltenen broncenen und marmornen Geräthen vorliegen, zunächst das Holz der Stoff, und man war nicht nur sorgfältig in der Beurtheilung einheimischer Hölzer für die verschiedenen Gebrauchszwecke, sondern auch wählerisch in fremden und kostbaren Holzarten, die man theils massiv verarbeitete, theils zum Zweck der Furnirung in dünne Blätter (*bracteae ligni*) schnitt²⁵); man machte endlich eingelegte Arbeit aus verschiedenen Holzsorten²⁶), wendete Elfenbein, Schildpatt und Metallplatten zur Bekleidung der Flächen und Elfenbein und Bronce für die Füsse von Tischen und Betten an. Die theuerste und gesuchteste Holzart²⁷) war das Holz des Lebensbaums, *citrum*²⁸), welches aus Mauretanien bezogen wurde²⁹). Man verwendete es theils für die Construction der

---

22) Verg. Aen. I, 726:
  dependent lychni laquearibus aureis.
Seneca Contr. II p. 121, 4 Burs. *ut—tecta auro fulgeant.* Seneca ep. 90,
¹ *lacunaria auro gravia.* Plin. N. H. XXXIII § 57: *laquearia, quae nunc et in privatis domibus auro teguntur, post Carthaginem eversam primo in Capitolio inaurata sunt censura L. Mummi. Inde transiere in cameras quoque et parietes, qui iam et ipsi tanquam vasa inaurantur.* Sidon. Apoll. ep. II, 10 p. 153. Savaro nennt eine solche Decke *bractealum lacunar*. Vgl. Senec. ep. 115, 9: *Nec tantum parietibus aut lacunaribus ornamentum tenue praetenditur; omnium istorum, quos incedere altos vides, bracteata felicitas est.*

23) Sen. ep. 90, 15: *versatilia coenationum laquearia ita coagmentant, ut subinde alia facies atque alia succedat et totiens tecta quam fericula mutentur.*

24) S. Th. V, 1, S. 320.

25) Plin. N. H. XVI § 222—233.

26) Einige merkwürdige Reste solcher Arbeiten sind in der Krim entdeckt worden. S. Semper II S. 262.

27) Plin. N. H. XXXVII § 204.

28) S. oben S. 37 Anm. 304.

29) Plin. N. H. XIII § 96. Strabo p. 826: τὰς γοῦν μονοξύλους τραπέζας ποικιλωτάτας καὶ μεγίστης ἐστὶν (ἡ Μαυροισία) τοῖς Ῥωμαίοις χορηγεῖ. Daher bei Mart. XII, 66, 5.
  Et Maurusiaci pondera rara citri.
Vgl. Mart. XIV, 89. Lucan. IX, 426—430; X, 144.

lacunaria[30]), theils zu Furnirungen[31]), namentlich der *lecti*[32], theils zu Schnitzereien[33]) und eingelegten Arbeiten, z. B. den Tragbrettern (*repositoria*) zum Auftragen der Speisen[34]), die mit Ahorn und Citrum furnirt und mit Silber und Schildpatt eingelegt wurden[34]): am kostbarsten aber waren die massiven, gemaserten Tischplatten von *citrum* (*mensae citreae*)[35] auf einem Fusse von Elfenbein[37]), welche zu Ciceros Zeit in Mode kamen[38]) und für die Männer einen ähnlichen Luxusartikel ausmachten, wie für die Frauen die Perlen. Nach Plinius Angabe kostete der Tisch, welchen Cicero besass, 500,000 HS. oder 36,000 Thlr.; ein Tisch des Asinius Pollio 1,000,000 HS. oder 72,000 Thlr.; ein Tisch des Königs Juba 1,200,000 HS. oder 87,000 Thlr.; ein Tisch der Cethegi 1,400,000 HS. oder 101,000 Thlr.[39]), und solcher Tische soll der Philosoph Seneca nicht weniger als 500 gehabt haben[40].

Die alte Zimmereinrichtung war bei weitem einfacher als die heutige; ausser den Tischen, deren verschiedene Formen, *mensae, abaci, delphicae, monopodia*, wir schon öfters zu erwähnen Gelegenheit gehabt haben[41]), gehören dazu regelmässig nur die Sophas und Betten (*lecti*), die Stühle und Bänke und die Schränke und Kasten.

2830) Hiervon ist zu verstehen Horat. Od. IV, 1, 20, wo nach den beiden Cod. Blandinii zu lesen ist *sub trabe citrea*. S. Meineke ad Horat. p. XX. 81) Plin. N. H. XVI § 231.
82) Mart. XIV, 88 *lectus pavoninus*:
Nomina dat spondae pictis pulcherrima pinnis
Nunc Iunonis avis, sed prius Argus erat.
Lecti citrei auch bei Pers. I, 58.
83) S. Meineke *Analecta Alexandr.* p. 131.
34) S. Th. V, 1 S. 339.
35) Plin. N. H. XXXIII § 146.   36) Petron. 119, 27.
37) Mart. II, 48, 9.
Tu Libycos Indis suspendis dentibus orbes
Mart. IX, 22, 5:
Ut Mauri Libycis centum stent dentibus orbes.
Lucan. X, 144; Juven. 11, 122. Dies sind die Ἐλεφαντόποδες τράπεζαι bei Lucian. Gall. 14.
38) Plin. N. H. XIII § 102.
39) Plin. N. H. XIII § 92.   40) Dio Cass. LXI, 10.
41) S. Th. V, 1 S. 327. 328 und besonders Livius XXXIX, 6, der von dem Triumph des Cn. Manlius über die Galater im J. 567=187 sagt *Luxuriae peregrinae origo ab exercitu Asiatico invecta in urbem est; ii primum lectos aeratos, vestem stragulam pretiosam, plagulas et alia textilia. al.*

Unter den *lecti* sind zu unterscheiden die *lecti tricliniares*, auf denen man bei der *cena* lag, und über deren Einrichtung Th. V, 1 S. 310 gesprochen ist, die *lecti lucubratorii*, auf denen liegend man zu lesen und zu schreiben pflegte[42]), und die *lecti cubiculares*[43]). Alle diese Arten von Betten und Ruhebetten waren in der Regel hölzerne Gestelle, zum Theil bekleidet mit Elfenbein, Schildpatt, Bronce und Silber, zum Theil auch mit elfenbeinernen Füssen[44]) und bespannt mit Gurten, *fasciae*[45]), *institae*[46]), *lora*[47]). Auf diesen lag das Polster, *torus*, und das Kissen, *culcita*, *cervical*, deren Stopfung (*tomentum*[48]) ursprünglich aus Stroh[49]), Heu[50]), oder Schilf oder Seegras[51], hernach aus Wolle[52]), Baumwolle (s. S. 101) oder Federn[53]) bestand, weshalb *pluma* geradezu ein Federkissen bedeutet[54]); über das Polster aber wurden Decken, *vestes stragulae*, gelegt[55]), über welche ich auf S. 130 verweise, und zwar doppelte, eine, worauf man lag (*stragulum*), und eine, womit man sich zudeckte (*opertorium*[56]). Die Schlafbetten (*lecti cubiculares*) pflegten ausser der Lehne am Kopf-

---

quae tum magnificae supellectilis habebantur, *monopodia et abacos Romam advexerunt.* Plin. N. H. XXXIV § 14: *Nam triclinia aerata abacosque et monopodia Cn. Manlium Asia devicta primum invexisse triumpho suo, quem duxit anno urbis DLXVII, L. Piso auctor est.*

42) Suet. Aug. 78 nennt dieses Meuble *lectica lucubratoria*; *lectulus* heisst es bei Ovid. Trist. I, 11, 37; *lectus* bei demselben A. A. III, 511, bei Sen. ep. 71, 9. Pers. I, 53.

43) Varro de L. L. VIII, 32. Cic. de div. II, 65, 134. Lamprid. Heliog. 20. 44) S. Th. V, 1 S. 318.

45) Cic. de div. II, 65, 134. Mart. V, 62, 6.

46) Petron. 97.

47) Cato de R. R. 10, 5 *lectos loris subtentos*. Ebenso *lenta cubilia* bei Horat. Epod. 12, 12.

48) Tac. Ann. VI, 24. Suet. Ti. 34.

49) Plin. N. H. VIII § 198: *antiquis enim torus e stramento erat, qualiter etiamnunc in castris.*

50) Senec. de v. b. 25, 2. 51 Mart. XIV, 160.

52) Plin. N. H. VIII § 192. XIX § 13.

53) Plin. N. H. X § 54; *culcita plumea* Cic. Tusc. III, 19, 45; Isidor. Or. XIX, 26, 4.

54) Juven. VI, 88. Mart. XIV, 161. Vgl. oben S. 118 Anm. 1385.

55) Dig. XXXIII, 10, 5 pr.: *De tapetis quaeri potest, quibus subsellia cathedraria insterni solent, utrum in veste sint, sicut stragula, an in supellectile, sicut toralia?*

56) Seneca ep. 87, 2. Vgl. Nonius p. 537, 20: *Plagae, grande linteum tegmen (ein Laken), quod nunc torale vel lectuariam sindonem dicimus.*

ende²⁵⁵⁷) auch eine Lehne an der Wandseite zu haben⁵⁸), und oft wird die Wandseite des Bettes (*pluteus*) von der offenen Seite (*sponda*) unterschieden⁵⁹); auch standen sie, wenigstens in alter Zeit, hoch, so dass man auf einer Stufe oder Bank zu ihnen hinaufstieg⁶⁰).

Geräthe zum Sitzen, die mit einem allgemeinen Ausdruck *sedilia* genannt werden⁶¹), sind schon im Orient⁶²) und später in Griechenland in so vielfachen Formen construirt worden, dass hierin die Römer nichts Neues erfunden, sondern sich namentlich an den griechischen Mustern begnügt zu haben scheinen. Zu unterscheiden sind bei ihnen die Bänke, die Sessel, die Throne und die Stühle. Von den Bänken (*scamna, subsellia*), d. h. Brettersitzen auf vier Füssen⁶³), zuweilen auch mit Lehnen⁶⁴), die in allen Haushaltungen vorhanden waren, und auf denen z. B. die Sclaven bei dem Mahle sassen (s. Th. V, 1 S. 309), sind uns drei in Bronce gearbeitete von zierlicher Form in den ältern Bädern von Pompeji erhalten⁶⁵); Sessel ohne Lehnen (*sellae*), von der einfachsten Form bis zur reichsten Ausstattung, dienten nicht allein den Handwerkern⁶⁶), den Soldaten⁶⁷) und den Schülern in den Lehr-

---

57) Einen Gypsabguss von einer solchen s. Overbeck Pomp. II S. 48.   58) S. z. B. den etruskischen *lectus* bei Semper II S. 267.
59) Isidor. Or. XX, 11, 5: *sponda autem exterior pars lecti, pluteus interior.* Ovid. Am. III, 14, 26. Mart. III, 91, 9:
    Excidantque senem, spondas cum parte iaceret,
    Namque puer pluteo vindice tutus erat.
Vgl. Artemidor. Oneir. I, 74: τῶν δὲ ἐνηλάτων τὸ μὲν ἴσω ἰδίως τὴν γυναῖκα, τὸ δὲ ἔξω τὸν ἄνδρα (σημαίνει). Hieraus erklärt sich der Ausdruck des Dolabella bei Suet. Jul. 49, der den Cäsar *pellicem reginae, spondam interiorem regiae lecticae* nannte, und der Scherz des Horat. Epod. 8, 19.
60) Varro de L. L. V, 166; Serv. ad Aen. IV, 685; Lucan. II, 356.
61) Gellius II, 9.
62) Assyrische Sessel s. bei Semper I, 378; ägyptische bei demselben II S. 256. 257.
63) S. Abbildungen *Museo Borb.* VII, 58; IX, 18; XI, 5. 47. *Pitture d'Ercol.* II p. 167. III p. 221. Zahn III, 109.
64) *subsellia cathedraria* Dig. XXXIII, 10, 5 pr.
65. Overbeck Pomp. I S. 193.
66) S. z. B. den Schreiner auf einem Sessel mit kreuzweise gelegten Füssen bei Jahn in Ber. d. pb. hist. Cl. d. Süchs. Ges. d. W. 1861 Taf. 10. Fig. 1. Taf. 11 Fig. 1. und die Malerin *Mus. Borb.* VII, 9. Eine *sella tonsoris* Dig. IX, 2, 11 pr. Vgl. *Mus. Borb.* IV, 50.
67. *sella castrensis* Suet. Galb. 18.

zimmern[266b]) zum Sitze, sondern gehörten auch zur Zimmereinrichtung[69]) und zu den Insignien der Magistrate, wie die *sella curulis*[70]), die *sella imperatoria*[71]) und das *bisellium* (s. oben S. 300). Auf dem *solium*, entsprechend dem griechischen θρόνος, der bei sitzenden Götterstatuen regelmässig vorkommt[72]), sass in Rom der *pater familias*, wenn er des Morgens seinen Clienten Audienz gab[73]): es war ein hoher Stuhl mit geraden Füssen, gerade stehender Rücklehne und Armlehnen und seiner Höhe wegen mit einer Fussbank versehen. Der den modernen Formen am meisten entsprechende Stuhl endlich ist die *cathedra*, d. h. ein Stuhl mit Rücklehne, ohne Armlehnen[74]), welcher vorzugsweise von Frauen[75]) und Kranken[76]) gebraucht, aber auch Besuchenden dargeboten wurde[77]; und daher ebenfalls zur gewöhnlichen Zimmereinrichtung gehörte[78]). Alle diese Arten von Sesseln und Stühlen kommen in sehr mannichfaltigen Formen vor; die Sessel mit geraden, gebogenen, auch mit kreuzweise gelegten Füssen, zuweilen zum Zuklappen eingerichtet und dann mit einem Ledersitze versehen, die Stühle mit weniger oder mehr zurückgebogener, zuweilen mit halbkreisförmig construirter[79]) Rücklehne;

---

268) Cic. ad fam. IX, 18, 4.
69) *Pitture d'Ercol.* III p. 35. *Mus. Borb.* VI, 28. Einfache vierfüssige Sessel auf den Sculpturen des Parthenon Müller und Oesterley Denkm. I Fig. 113. 113e (115f; etruskische daselbst Fig. 283.
70) Zwei *sellas curules*, von Bronce und Marmor, bei Piranesi *vasi, candelabri, cippe, etc.* pl. 86. 87. Gewöhnlich waren sie aber von Elfenbein. S. Th. II, 2 S. 77.
71) Spart. Sever. 1, 9. Vgl. *Mus. Borb.* IV, 26. 27.
72) Götterstatuen auf solchen θρόνοι s. bei Müller und Oesterley Denkmäler I Fig. 38, 40, 113f, 275a; II Fig. 13, 16, 76, 98, 257, 925. Zahn II, 84, 82, 89 III, 14 (Jupiter auf einem θρόνος), III, 15, 58, 92, 93. 95. I, 70. *Mus Borb.* VII, 20; IX, 9; XI, 89; XIV, 4. *Pitture d'Ercol.* II p. 183; III p. 98.
73) Cic. de leg. I, 3, 10: *cum praesertim non recusarem, quominus more patrio sedens in solio consulentibus responderem.* Vgl. Th. V, 1 S. 80.
74) S. *Mus. Borb.* III, 22; IV, 31; IV, 97.
75) Hor. Sat. I, 10, 91; Mart. III, 63, 7. XII, 38, 4. Phaedrus III, 8, 4. Propert. V, 5, 37.
76) Galen. Vol. XIV p. 639 Kuhn.
77) Sen. de clem. I, 9, 7. Plin. ep. VIII, 24.
78) So sagt Plin. ep. II, 17, 21 von einem Zimmer seines Laurentinum: *Lectum et duas cathedras capit.*
79) *Mus. Borb.* I, 21. IV, 18; XIII, 21. 36: Müller und Oesterley Denkm. I Fig. 145.

ausserdem gab es auch Stühle zu besonderen Zwecken und aus besonderen Stoffen, wie die aus einem Stück Holz oder Stein gearbeiteten *sellae solidae*, welche der Augur bei der Beobachtung brauchte (s. Th. II, 3 S. 77 Anm. 282), und Stühle von Bronce und Korbgeflecht[2&59]. Gepolstert waren alle diese Sessel und Stühle nicht, sondern man legte, um weich zu sitzen, auf den Sitz ein Kissen, und über die Lehne eine Decke[61]). Von den Vorzügen einer römischen *cathedra* giebt eine Anschauung die Statue der älteren Agrippina im Museum Capitolinum; sie ist dargestellt sitzend auf einem Kissen, sich bequem zurücklehnend, den linken Arm über die Lehne legend und die Füsse auf eine Fussbank stützend[12].

Die dritte Arbeit des Schreiners bilden endlich die Schränke (*armaria*)[63], in welchen man im Hause Kleider[64], Bücher[65], Geld[66] und Wirthschaftsgeräthe, in den Kaufläden die verkäuflichen Waaren[67] verschloss, und Kasten und Kästchen (*arcae*[68], *capsae*[69], *loculi*)[70] für Geld[91] und Schmucksachen, Bücher, Kleider und Geräthe[92]), welche, wie wir oben gesehen haben, die verschiedensten Künste zu ihrer Anfertigung in Anspruch nahmen. Natürlich gab es ausser den aufgezählten Gegenständen noch mancherlei Stücke häuslicher Einrichtung, von deren Existenz wir zufällig Kunde erhalten; dahin gehört der merkwürdige Bettschirm aus Pompeji, dessen von einem Gypsabguss genommene Abbildung man bei Overbeck Pompeji II S. 18 findet.

2&59) *Mus. Borb.* IX, 16.
64) Ein *solium*, auf dem Sitze ein Federkissen, auf der Rücklehne und der Armlehne Decken, s. abgebildet *Pitture d' Ercol.* I p. 155; einen Sessel mit einem Kissen darauf daselbst II p. 159; eine *cathedra* mit Decken *Mus. Borb.* XII, 48.
82) *Museum Capitolinum* III, Tav. 53 = Müller und Oesterley Denkm. I Fig. 071.
88) Pauli Sent. rec. III, 6, 38. Isidor. Or. XV, 5, 4. Dig. XXXII, 1, 52 § 9. Petron. 29.
84) Pauli Sent. rec. III, 6, 67. 85) Plin. ep. II, 17, 8.
86) Plaut. Epid. II, 2, 3. Cic. pr. Cluent. 64, 179. pr. Cael. 21, 52.
87) S. den Laden eines Messerschmieds Jahn in Ber. d. ph. hist. Cl. d. Sachs. G. d. W. 1861 Taf. IX Fig. 9ª und den Schusterladen *Pitture d' Ercolano* I p. 187. 88) Varro de L. L. V, 128.
59) Dig. XXXIII, 10, 8 § 1. 2.
90) Mart. XIV, 12. 18. Dig. XXXII, 1. 52 § 9.
91) Juven. 11, 26. 92) Dig XXXIII, 10, 8 § 2.

3. Es ist noch übrig, das Gewerbe der Stellmacher und Wagenbauer zu erwähnen, mit welchem auch die Arbeiten der Wagenlackirer[2693]), Polstermacher[94]), Sattler und Lederarbeiter in Verbindung gestanden haben werden. Die von den Arten der Wagen hergenommenen Bezeichnungen sind zum Theil doppelsinnig, da sie ebenso von den Fabricanten wie von den Fuhrleuten gebraucht werden, die sich dieser Wagen bedienen; indessen sind mit Sicherheit von den ersteren zu verstehen die *carpentarii*[95)], *rhedarii*[96)], *essedarii*[97)] und vielleicht die *cisiarii*, während *cisiarii*[98)], *plostrarii*[99)] und *redarii*[700)] auch die Kutscher der *cisia*, *plostra* und *redae* bezeichnen.

Wagen hielt man im Alterthum theils zu wirthschaftlichem Gebrauche, theils zur Anfuhr von Baumaterialien, theils zu militärischen Zwecken, theils zum Reisen, nicht aber zum Personenverkehr in den Städten. In Rom selbst ist von den ältesten Zeiten bis zum Beginne des dritten Jahrhunderts nach Christi Geburt darauf gehalten worden, dass Wagen nur zum Zwecke des Gottesdienstes und öffentlicher Feierlichkeiten gebraucht wurden; sie werden benutzt von den Vestalinnen, dem *rex sacrorum*, den *flamines*[1]), im Cult der *Mater ma-*

[2693)] *pictor quadrigularius* Orelli 4264.
[94)] *culcitrarius* Diomedes p. 313 P. ap. 326 Keil.
[95)] *Carpentarius* Dig. L, 6, 6; *artifex carpentarius* Lampr. Al. Sev. 33, 1; *carpentarius faber* Doni VIII, 94; *carpentarius a vico trium ararum* Reines IX, 401; *carpentarius fabricae* Plin. N. H. XVI § 34.
[96)] *rhedarius vehicularius fabricator*, Capitolin. Max. et Balb. 5.
[97)] C. *Iulius Secundus essedarius* in Rom, Murat. 959, 8.
[98)] L. *Tampius L. f. Peccio cisiarius*, Orelli 4163, wird für einen Fabricanten zu halten sein; Fuhrleute sind dagegen gemeint Dig. XIX, 2, 13 pr.: *item quaeritur, si cisiarius, id est corrucarius, dum celeres transire contendit, cisium overtit et servum quassavit vel occidit*, und in Pompeji, wo sie eine Station vor dem Thore haben. S. Henzen n. 5163: *olim a milliario ad cisiarios, qua territorium est Pompejanorum, sua pecunia muniverunt*. Ebenso wird in Cales, Henzen n. 6988, eine Localität *ad cisiarios* erwähnt. Zweifelhaft ist die Bedeutung der *cisiarii Praenestini* C. I. L. I n. 1499, welche ein Collegium aus Freigelassenen, unter welchem *magistri* und *ministri* unterschieden werden, bilden.
[99)] Inschr. von Pompeji Orelli 4265. Dass *plaustrarius* ein Fuhrmann ist, geht hervor aus Dig. IX, 2, 27 § 33.
[700)] Cic. pr. Mil. 10, 29.
[1)] Hierüber verordnet die *lex Iulia municipalis* vom Jahr 709=45, Corp. Inscr. L. I n. 206; Dirksen Civilistische Abhandlungen B. II. Ber-

*gna*²⁰⁰²), des Liber³) und der Ceres⁴), sowie von allen Frauen, welche priesterliche Functionen ausüben⁵); im Triumphzuge, bei welchem nicht nur der Triumphator selbst fuhr, sondern auch die Beutestücke auf Wagen einhergeführt wurden⁶), endlich an den Tagen der circensischen Festspiele, bei welchen in der Procession, *pompa circensis*, mit der die Spiele begannen, die Götterbilder in *thensis*, die Magistratspersonen in zweispännigen Wagen, die Kaiser zuweilen in sechsspännigen Wagen auffuhren⁷). Einem Privatmanne ist nur einmal und aus ganz besonderen Gründen das Privilegium zum Gebrauch eines Wagens ertheilt worden; es war dies der Pontifex Metellus, der, nachdem er bei dem Brande des Vestatempels im Jahr

---

lin 1530. 0. S. 273, No. 62—63: *Quibus diebus virgines Vestales, regem sacrorum, flamines, plostreis in urbe sacrorum publicorum populi Romani causa vehi oportebit, quaeque plostra triumphi causa, quo die quisque triumphabit, ducei oportebit, quaeque plostra ludorum, quei Romae aut urbe Romae propius passus M publice feient, in*ve *pompam ludeis circensibus dum agei opus erit, quo minus earum rerum caussa eisque diebus plostra interdiu in urbe ducantur, agantur, eius hac lege nihil rogatur.* Ueber das Opfer der *Fides publica,* zu deren *sacellum* die drei *flamines* in einem zweispännigen Wagen fuhren, s. Th. IV S. 179; über das Fahren der Vestalinnen Th. IV S. 334. 2002) S. Th. IV S. 519.
1903. Augustin. de c. d. VII, 21 : *Nam hoc membrum per Liberi dei festos cum honore magno plostellis impositum, prius rure in compitis et usque in urbem postea vectabatur.*
4) Verg. Ge. I, 163:
    tardaque Eleusinae matris volventia plaustra
und dazu Servius: *Romae quoque sacra huius deae plaustris vehi consueverant.*
5) Livius V, 25 sagt, nachdem er erzählt hat, wie nach dem Triumph des Camillus (864=390) die römischen Frauen ihren Goldschmuck zum Zwecke eines Weihgeschenks an den Apollo ausgeliefert: *Grata ea res, ut quae maxime senatui unquam, fuit, honoremque ob eam munificentiam ferunt matronis habitum, ut pilento ad sacra ludosque, carpentis festo profestoque uterentur.* Festus p. 245ᵃ 4: *pilentis et carpentis per urbem vehi matronis concessum est, quod cum aurum non reperiretur, ex voto, quod Camillus voverat Apollini Delphico, contulerunt.* Ovid. Fast. I, 619:
    Nam prius Ausonias matres carpenta vehebant.
Vgl. Liv. I, 48, 5. Diese Erlaubniss scheint die *lex Oppia* des Jahres 539=215 (Livius XXXIV, 1, 3, beschränkt zu haben, welche verordnete: *ne qua mulier plus semunciam auri haberet; neu vestimento versicolori uteretur; neu iuncto vehiculo in urbe oppidove, aut propius inde mille passus, nisi sacrorum publicorum causa veheretur.* Dies Gesetz ward zwar 20 Jahre nachher aufgehoben (Liv. XXXIV, 8), aber die Bestimmung wegen des Fahrens der Frauen scheint in Geltung geblieben zu sein.
6) S. Th. III, 2 S. 447. 448.
7) S. Th. II, 3 S. 272. IV S. 489. Liv. XLV, 1, 6.

513=241⁹⁰⁸) und der Rettung der Heiligthümer der Vesta erblindet war, in Anerkennung seiner aufopfernden Dienste und in Berücksichtigung seiner Blindheit die Erlaubniss erhielt, in den Senat zu fahren⁹). Wenn hochgestellte Frauen, wie Claudia¹⁰), die Schwester des P. Claudius Pulcher, Cos. 505=249, und später die Kaiserinnen Messalina¹¹) und Agrippina¹²) in Rom sich eines Wagens bedienten, so geschah das nur bei religiösen Veranlassungen¹³) und feierlichen Gelegenheiten, bei den Kaiserinnen mit ausdrücklicher Genehmigung des Senates: denn im Allgemeinen war in den ersten Jahrhunderten nach Chr. das Fahren in allen Städten verboten¹⁴). Erst um 200 n. Chr. wurde der Gebrauch des Wagens ein Vorrecht der höchsten kaiserlichen Beamten; schon unter Septimius

---

2908) Liv. epit. XIX; Val. Max. I, 4, 4; Dionys. II, 66; Ovid. Fast. VI, 437 ff; Orosius IV, 11.
9) Plin. N. H. VII § 141: *tribuit ei populus Romanus, quod nulli alii ab condito aevo, ut, quoliens in senatum iret, curru veheretur ad curiam. Magnum et sublime, sed pro oculis datum.* Hienach scheint die Notiz des Gavius Bassus bei Gellius III, 18, 4: *Senatores enim dicit in ceterum aetate, qui curulem magistratum gessissent, curru solitos honoris gratia in curiam vehi, in quo curru sella esset, super quam considerent, quae ob eam causam curulis appellaretur; sed eos senatores, qui magistratum curulem nondum ceperant, pedibus itavisse in curiam,* keine historische Ueberlieferung, sondern ein etymologischer Versuch zur Erklärung des Ausdrucks *pedarii senatores* zu sein, welchem Gellius selbst entgegentritt.
10) Suet. Ti. 2: *quae nova more iudicium maiestatis apud populum mulier subiit, quod in conferta multitudine aegre procedente carpento palam optaverat, ut frater suus Pulcher revivisceret atque iterum classem amitteret, quo minor turba Romae foret.* Nach Liv. ep. XIX fuhr sie *a ludis reversa,* nach Val. Max. VIII, 1 Damn. § 4 *a ludis domum rediens.*
11) Dio Cass. LX, 22: καὶ τῇ Μεσσαλίνῃ τὴν προεδρίαν, ἣν καὶ ἡ Λιουία ἐσχήκει, καὶ τὸ καρπέντῳ χρῆσθαι ἔδοσαν. Suet. Claud. 17 *triumphavitque* (Claudius) *maximo apparatu —. Currum eius Messalina uxor carpento secuta est.*
12) Tac. Ann. XII, 42: *suum quoque fastigium Agrippina extollere altius: carpento Capitolium ingredi, qui mos sacerdotibus et sacris antiquitus concessus venerationem augebat feminae.* Dio Cass. LX, 33: καὶ τὸ καρπέντῳ ἐν ταῖς πανηγύρεσι χρῆσθαι παρὰ τῆς βουλῆς ἔλαβεν.
13) Artemidor. Onir. I, 56: φημὶ δὲ ἀγαθὸν ἐλευθέραις γυναιξὶν ἅμα καὶ παρθένοις πλουσίαις τὸ διὰ πόλεως ἅρμα ἐλαύνειν. Ἀγαθὰς γὰρ ἱερωσύνας αὐταῖς περιποιεῖται.
14) Suet. Claud. 25: *Viatores ne per Italias oppida nisi aut pedibus aut sella aut lectica transirent, monuit edicto.* Capitolin. M. Ant. ph. 23: *idem Marcus sederi in civitatibus vetuit in equis sive vehiculis.* S. über die ganze Frage Friedländer Ueber den Gebrauch der Wagen in Rom. In Darstellungen aus der Sittengesch. Roms I S. 41—48.

Severus (193—211) hatten dies in den Provinzen die *legati* der Statthalter[2015]) und ohne Zweifel ebenfalls die Statthalter selbst; im Jahr 203 fuhr der *praefectus praetorii* Plautianus zum Kaiser in einem Wagen[16]), und seitdem wird das Fahren in der Stadt oft als ein Privilegium nicht nur des *praefectus praetorii*[17]), sondern aller hohen Beamten[18]) erwähnt. Wenn Alexander Severus (222—235) den Senatoren die Berechtigung ertheilte, silberbeschlagene Wagen (*carrucas et redas argentatas*) in Rom zu halten[19]), so wird man schliessen dürfen, dass das Fahren überhaupt auch ihnen damals bereits zustand. Allein ein Privilegium blieb der Wagen immer, so dass noch Aurelian, als er vor seiner Thronbesteigung (270) verwundet nach Antiochia kam, doch den Wagen, in dem er lag, verliess und ein Pferd bestieg, weil es als eine Anmassung erschienen sein würde, wenn er zu Wagen in die Stadt eingefahren wäre[20]).

Aus der *lex Iulia municipalis* des J. 45 v. Chr. ersehen wir, dass in Rom auch Lastwagen nur Abends und Nachts, nicht aber in der Zeit von Sonnenaufgang bis zur 10ten Stunde fahren durften. Ausgenommen werden nur die Fuhren, welche für öffentliche Bauten und Demolirungen geleistet wurden, und die Wagen, die, in der Nacht angekommen, am Tage leer oder mit Mist beladen zurückfuhren[21]). Es war dies verordnet im Interesse des ungeheuren Verkehrs der Stadt, der

---

[2015] Spartian. Sever. 2.
[16] Dio Cass. LXXVI, 4.   [17] Vopisc. Aurelian. I.
[18] S. die Stellen bei Bethmann-Hollweg Handb. des Civilprocesses I, 1. Bonn 1864. 8. S. 59, besonders Cassiodor. Var. VI, 8. 4. 15. 20.
[19] Lamprid. Al. Sev. 48: *carrucas Romae et redas senatoribus omnibus ut argentatas haberent, permisit, interesse Romanae dignitatis putans, ut his tantae urbis senatores uterentur.*
[20] Vopisc. Aurelian. 5, 4: *quia invidiosum tunc erat, vehiculis in civitate uti*
[21] C. I. L. I n. 206 lin. 56—61; 66, 67: *Quas vias in urbem Romam sunt erunt intra ea loca ubi continenti habitabitur, ne quis in ieis vieis post Kalendas Ianuarias primas plostrum interdiu post solem ortum neve ante horam X diei ducito agito, nisi quod aedium sacrarum deorum inmortalium caussa aedificandarum operisve publice faciundei caussa advehei portari oportebit, aut quod ex urbe exve ieis loceis earum rerum, quas publice demoliendas locatae erunt, publice exportarei oportebit, et quarum rerum caussa plostra hac lege certeis hominibus certeis de causeis ducere licebit. —*

schon durch die öffentlichen Bauten mancherlei Unbequemlichkeiten erlitt[22]), während die spätere Verordnung des Hadrian, welche das Anfahren sehr schwerer Lasten in die Stadt verbot[23]), in Rücksicht auf die Erhaltung des Pflasters und der Cloaken erlassen zu sein scheint.

Die Arten der alten Wagen, ihre Construction und Bespannung sind der Gegenstand weitläufiger Untersuchungen nicht nur gelehrter Antiquare, sondern auch sachverständiger Liebhaber geworden[24]), bei welchen man über viele hier nicht weiter zu erörternde Einzelheiten Belehrung findet, ohne dass es gelungen wäre, das Resultat zu erreichen, welches für unsern Zweck das wünschenswerthe sein würde, nämlich eine sichere Beziehung der überlieferten Namen von Wagen auf die in Kunstdarstellungen erhaltenen Formen derselben. Wer Gelegenheit gehabt hat, von den vielfältigen und sonderbaren Moden Notiz zu nehmen, welche die Wagenconstruction in den drei letzten Jahrhunderten durchgemacht hat, wird von vorn herein annehmen, dass auch bei den Römern die Gestalt der Fuhrwerke im Laufe von Jahrhunderten viele Veränderungen erfahren hat, und den Umfang dieser zwar an sich vielleicht unwichtigen, aber nichts desto weniger sehr schwierigen Untersuchungen nicht unterschätzen.

So viel ich sehe, lassen sich, wenn man die für die circensischen Spiele bestimmten Rennwagen ausschliesst, unter den Gebrauchswagen drei Hauptarten unterscheiden: die Lastwagen, Reisewagen und Staatswagen.

Die Lastwagen heissen im Allgemeinen *plaustra* oder *plostra*. Es giebt kleinere und grössere[25]), zwei- und vier-

---

Quae plostra noctu in urbem inducta erunt, quominus ea plostra inania aut stercoris exportandi caussa post solem ortum horis X diei bubus iumentisve iuncta in urbe Roma et ab urbe Roma passus M mille liceat, eius hac lege nihil rogatur

[22]) Die Stellen s. bei Friedländer a. a. O. S. 11.

[23]) Spartian. Hadr. 22: *vehicula cum ingentibus sarcinis urbem ingredi prohibuit.*

24. Die Hauptschriften sind: Scheffer *De re vehiculari veterum* libri duo. Francofurti 1671. 4°. Ginzrot Die Wagen und Fahrwerke der Griechen und Römer, München 1817. 2 Bde. 4°.

25) Cato de R. R. 10, 2. Varro de R. R. 1, 22, 3.

rädrige²⁶²⁶) ; sie werden durchschnittlich mit Ochsen, Eseln oder Mauseseln bespannt²⁷) und haben, wenn sie für schwere Lasten bestimmt sind, nicht Speichenräder (rotae radiatae, sondern massive Scheibenräder, *tympana*²⁸). Besondere Arten sind das *sarracum*, ebenfalls zwei- und vierrädrig²⁹), auf welchem man ländliche Producte³⁰), Baumstämme³¹) und schwere Lasten überhaupt³²) anfuhr, bei einer Pest die Leichen forttransportirte³³), und auch wohl eine Menge Menschen aufpacken konnte³⁴); ferner der *carrus*, ein offener, zwei- oder vierrädriger³⁵) Packwagen zu militärischem Gebrauche³⁶), und die *arcera*, ein kastenartiger, verschlossener Transportwagen³⁷), auf welchem man auch kranke und schwache Personen fortschaffte³⁸).

2626) Isidor. Or. XX, 12, 2 *plaustrum vehiculum duarum rotarum Plostra* mit zwei Rädern und zwar Scheibenrädern s. abgeb. bei Ginzrot I T. 6; das *plaustrum* mit dem Weinschlauch auf dem pompejanischen Bilde (*Mus. Borb.* V, 4x; Overbeck II S. 196; hat vier Speichenräder.
27) Cato de R. R. 62
28. Probus in Verg. Ge. I, 163: *Sunt enim (plaustra) vehicula, quorum rotae non sunt radiatae, sed tympana cohaerentia axi et iunctis centis ferreo Axis autem cum rota volvitur, nam rotae circa eiusdem cardinem adhibentur.* Ueber *tympanum*, ein Rad aus einem Stück, und *rota radiata* vgl. Varro de R. R. III, 5, 13 und besonders Ginzrot I S. 166 ff.
29) Das Edict. Diocl. XV, 23—28 handelt zuerst von dem *sarracum*, dann speciell von den σαράγαρα βίσωτα, wofür zu schreiben ist βίρωτα.
30) Vitruv. X, 1, 5: *portationesque eorum (ciborum) non exsequi nisi plaustrorum seu sarracorum — inveniens essent machinationes.*
31) Juven. 3, 255.
32. Sidon. Apoll. epist. IV, 12 init.
33) Capitolin. M. Ant. ph. 13, 8. *tanta autem pestilentia fuit, ut vehiculis cadavera sint exportata sarracisque.*
34. Quintil. VIII, 3, 21: *An, cum dicis in Pisonem Cicero, „Cum tibi tota cognatio sarraco advehatur", incidisse videtur in sordidum nomen, non eo contemptum hominis, quem destructum volebat, auxisse?*
35) Solche Carri von der Trajans- und Antoninussäule s. abgebildet bei Ginzrot I T. IX. Wenn Ginzrot I S. 199 aber behauptet, sie seien immer zweirädrig gewesen, so wird dies widerlegt durch das Edict Diocl. XV, 29. welches κάρρον τετράτροχον erwähnt.
36) Sisenna bei Nonius p. 195, 29: *Impedimentum collocari omne, construunt carros et sarraca crebra disponunt.* Caesar B. G. I, 6. 4. 24.
37) Placidi gloss. in Mai Auct. Class. III p. 484 *arcera vehiculum in arcae modum confectum.* Nonius p. 55, 2: *Arcera plaustrum est rusticum tectum undique quasi arca. — Hoc autem vehiculi genere senes et aegroti vectari solent.*
38) Gell. XX, 1, 25: *Verba sunt haec de lege: Si in ius vocat, si morbus aevitasve vitium escit, qui in ius vocabit iumentum dato; si nolet, arceram ne sternito. § 29. Arcera autem vocabitur plaustrum tectum undique*

Zu den Reisewagen gehört zunächst die *reda*[39]), ein gallisches[40]), vierrädriges[41]), starkes und tragfähiges[42]) Fuhrwerk, dessen man sich bediente, wenn man mit Familie und Gepäck, oder in Gesellschaft reiste[43]). Es wurde zwei- und vierspännig gefahren[44]) und war der gewöhnliche Miethswagen zum Reisen[45]) und der Postwagen der späteren Kaiserzeit[46]). Leichte, zwei- oder höchstens dreispännig zu fahrende, zweirädrige Wagen[47]) sind dagegen das *cisium*, ein Cabriolet, das man zu schnellen Reisen brauchte[48]), und das *essedum*,

---

et munitum, quasi arca quaedam magna, vestimentis instrata, qua nimis aegri aut senes portari cubantes solebant.
3939) Cic. ad Att. V, 17, 1: *Hanc epistolam dictavi sedens in reda, cum in castra proficiscerer.* Helvius Cinna bei Gellius XIX, 13, 5:
*At nunc me Genumana per salicta
Bigis reda rapit citata nanis.*
40) Caes. B. G. I, 51, 2. Der Name selbst ist gallisch. Quintil. I, 5, 57.
41) Isidor. Or. XX, 12, 2: *reda, genus vehiculi quatuor rotarum.*
42) Eine *reda* kann 1000 Pfund tragen. Cod. Th. VIII, 5, 8.
43) Cic. pr. Mil. 10, 28; 20, 54: *cum uxor veheretur in reda paenulatus, una sederet uxor.* Juven. 3, 10:
*sed cum tota domus reda componitur una,
substitit ad veteres arcus madidamque Capenam.*
Man steigt am Thore ein, und beim Zurückkommen wieder aus; Galen. XI p. 399 Kühn; Friedländer Darstell. I S. 46. Bei Mart. III, 47, 5 fährt aus demselben Thore Bassus in einer mit Victualien beladenen *reda*. Bei Horat. Sat. II, 6, 42 reist Maecenas nebst Begleitung in einer *reda*.
44) Gellius XIX, 13, 5; Venantius Fortunatus poem. III, 19 12 in *Collectio Pisaurensis* VI p. 206; in *Maxima bibliotheca patrum* X p. 344:
*Curruculi genus est, memorat quod Gallia redam,
Molliter incedens orbita sulcat humum.
Essiliens duplici biiugo volat axe citato,
Atque movet rapidas iuncta quadriga rotas.*
45) Suet. Caes. 57: *Longissimas vias incredibili celeritate confecit, expeditus, meritoria reda.*
46) Sulpicius Severus dial. II, 4: *Interim per aggerem publicum plena militantibus viris fiscalis reda veniebat.*
47) Nonius p. 86, 20: *Cisium, vehiculi biroti genus.* Auson. epist. 8, 6:
vel cisio triiugi, si placet, insilias.
48) Cic. Phil. 2, 77: *Cum hora diei decima fere ad Saxa rubra venisset, delituit in quadam cauponula, — inde cisio celeriter ad urbem advectus domum venit.* Verg. Catal. 8, 1:
*Sabinus ille quem videtis, hospites,
ait fuisse mulio celerrimus
neque ullius volantis impetum cisi
nequisse praeterire, sive Mantuam
opus foret volare sive Brixiam.*
Dig. XIX, 2, 13 pr.: *si cisiarius, id est carrucarius, dum celeros transire contendit, cisium evertit —.*

ursprünglich ein gallischer Streitwagen[29][49]), der aber im römischen Reiche für Behörden und Privatleute[50]), Männer und Frauen[51]) als Reisewagen diente, auf den Stationen gewechselt[52]), und auch von den Kaisern auf Feldzügen benutzt wurde[53]). Die *esseda* konnte man selbst fahren[54]), da sie einen Sitz für den Kutscher nicht hatten, und auch von dem *covinus*, einem ähnlichen Fuhrwerk, das von dem britannischen Streitwagen[35]) Form und Namen entlehnt hat, rühmt Martial, dass in ihm zwei Freunde unbelauscht und ungestört von dem Diener sich unterhalten können[56]). Ebenfalls fremden und zwar gallischen Ursprungs ist das *petoritum*[57]), welches vierrädrig war und mit Mauleseln bespannt zu werden pflegte[58]). Bei Triumphzügen fuhr auf ihm die Dienerschaft der besiegten Könige, und für die Reisebegleitung scheint es überhaupt gedient zu haben[59]).

[49]) Caes. B. G. IV, 33; *Belgica esseda* Verg. Ge. III, 204.
[50]) So Antonius bei Cic. Phil. II, 24, 53; Vedius bei Cic. ad Att. VI, 1, 25.
[51]) Ovid. Am. II, 16, 49. Sen. fr. 48 Haase = Hieronym. adv. Jovinian. Vol. IV, 2, p. 190 ed. Ben.: *multa esse, quae matronarum usibus necessaria sint: pretiosas vestes, aurum, gemmae — lecticas et essedas deaurata*.
[52]) Dies schliesse ich aus Mart. X, 104:

*I nostro comes, i libelle, Flavo, —
Hispanae pete Tarraconis arces.
Illinc te rota tollet et citatus
Altam Bilbilin et tuum Salonem
Quinto forsitan esseda videbis.*

[53]) Suet. Calig. 51; Galb. 6. Dass Sidonius Apoll. epist. IV, 18 „*nullas graves sarcinae ad praedium ex oppido ductae, nulla serraca, nulla esseda subvehendis oneribus attrahebantur*" das *essedum* zu den Lastwagen rechnet, scheint eine blosse Sonderbarkeit seiner Ausdrucksweise zu sein.
[54]) Ovid. Am. II, 16, 49:

*Parvaque quamprimum rapientibus esseda mannis
Ipsa per admissas concute lora iubas.*

[55]) Pompon. Mela III, 6 p. 74. Parthey. Sillus Ital. XVII, 415. Tac. Agr. 35. Nach Lucan. Phars. I, 426 ist auch der *covinus* belgisch.
[56]) Mart. XII, 24.
[57]) Varro bei Gell. XV, 30, 7; Quintil. I, 5, 57; Festus p. 206b 29: *Petoritum et Gallicum vehiculum esse et nomen eius dictum existimant a numero IIII rotarum; alii Osce, quod hi quoque petora quatuor vocent*.
[58]) Auson. epist. 8, 35; 8, 5.
[59]) Horat. epist. II, 1, 192 und dazu Acro: *Esseda Gallorum vehicula sunt, quibus victi reges ab aliis regibus captivi, pilenta, quibus vehuntur reginae cupitivae, petorrita vehicula familiarum captivarum, quae iam ad*

— 327 —

Zu den Staatswagen endlich sind zu rechnen die altrömischen *pilenta et carpenta* und die in der Kaiserzeit oft erwähnten *carrucae*. Das *pilentum* ist ein vierrädriger[2060]), zweispänniger, verdeckter Wagen (*currus arcuatus*), in welchem die *flamines*, Vestalinnen und Matronen zu Opfern und Spielen fuhren[61]). Das *carpentum*, das ebenfalls, wie wir gesehen haben, den Frauen für den Zweck der Festfeier gestattet war, unterschied sich von ihm nur dadurch, dass es zwei Räder hatte, denn ein *currus arcuatus*, der zweispännig gefahren wurde, war es ebenfalls. Seine Form lernen wir kennen aus den Münzen der Frauen des kaiserlichen Hauses, denen das Ehrenrecht, bei der *pompa circensis*[62]) auf einem *carpentum* zu erscheinen, aus verschiedenen Gründen bei ihrem Leben oder zur Erhaltung ihres Gedächtnisses nach ihrem Tode vom Senat bewilligt wurde. Bei Lebzeiten erhielten dies Privilegium, wie schon erwähnt ist, die Kaiserinnen Messalina und Agrippina; nach ihrem Tode die ältere Agrippina[63]); aus den Münzen indessen geht hervor, dass dieselbe Ehre bereits vorher der Livia[64],

---

spectaculum ducebantur. Auch aus Sat. 1, 6, 104 geht hervor, dass vornehme Leute auf Reisen für ihre Begleitung *petorrita* mitführten.
2060) Isidor. Or. XX, 12, 4: *pilentum vel petoritum, contexta(lies contecta) qualuor rotarum vehicula, quibus matronas olim utebantur.*
61) Die *flamines* fahren *bigis, curru arcuato*, Liv. I, 21, 4; so auch die Vestalinnen; s. Th. IV S. 284 Anm. 1305, und besonders Prudent. c. Symm. II, 1089 von der Vestalin:
*fertur per medias ut publica pompa plateas
pilenta residens molli.*
Die *arca pilenti* erwähnt auch Macrob. S. I, 6, 13. Die Frauen fuhren darin *ad sacra ludosque*, Liv. V, 23. Verg. Aen. VIII, 665:
*castae ducebant sacra per urbem
pilentis matres in mollibus.*
Sie kommen noch später vor. Lamprid. Heliog. 8, 4: *facta sunt senatusconsulta ridicula de legibus matronatibus: — quae pilento, quae — carpento uteretur, quae equo, quae sella veheretur.* Treb. Poll. trig. tyr. 30, 17 von der Zenobia: *usa vehiculo carpentario, raro pilento.*
62) Isidor. Or. XX, 12, 3: *carpentum, pompalicum vehiculi genus, quasi carrum pompalicum.*
63) Caligula holte bei seinem Regierungsantritte die Asche seiner Mutter Agrippina nach Rom und ordnete ihr zu Ehren jährliche *ludi circenses* an, *carpentumque, quo in pompa traduceretur*. Suet. Cal. 15. Dieses *carpentum* haben die Münzen der Agrippina. S. Morelli Thes. I p. 385 n. 6. 10. 13.
64) S. Eckhel D. N. VI p. 147—153: abgebildet Morelli Thes. I p. 478 n. 2.

und später der Domitilla, Frau des Vespasian[65]), der jüngeren Domitilla, Tochter des Vespasian[66]), der Sabina, Frau des Hadrian[67]), und der Faustina junior, Frau des M. Aurel, zu Theil geworden ist[68]). Uebrigens kommt auch das *carpentum* als Reisewagen vor; in ihm lässt Livius I, 34, 8 den Tarquinius Priscus mit der Tanaquil aus Tarquinii nach Rom reisen, und noch in der Kaiserzeit reiste man *in carpento*[69]); es war dies aber ein Luxus, denn diese *carpenta* waren nicht gewöhnliche Reisewagen, sondern kostbar ausgestattete Equipagen[70]). Was endlich die *carruca*, Carosse, betrifft, so war dies, wie man aus Martial schliessen kann, ein der *reda* ähnlicher, vierrädriger Wagen[71], der, da er zunächst zu Fahrten über Land bestimmt war[72], auch zum Schlafen eingerichtet wurde (*carruca dormitoria*)[73]; schon zu Plinius Zeit beschlug man ihn mit Reliefplatten von Silber[74]), und diese *carrucae argentatae* sind es, welche im dritten Jahrhundert den Behörden[75]), den Senatoren[76]) und zuletzt auch den Privatleuten[77]) zum Gebrauch in der Stadt zugestanden wurden.

Je weniger vor dieser Zeit in Rom gefahren wurde, desto mehr bediente man sich der Sänften[78]), zunächst für Kranke[79]

2965) Eckhel D. N. VI p. 845—848, abgeb. Morelli Thesaur. II p. 332 n. 14, 16, 18.
66) Eckhel D. N. VI p. 849.   67) Eckhel D. N. VI p. 533.
68) Eckhel D. N. VII p. 80.
69) Juven. 8, 147; 9, 132. Mart. IV, 64, 19.
70) So führt Cynthia bei Propert. V, 8, 23 in einem *sericum carpentum*, dessen Verdeck also seidene Vorhänge hatte, nach Lanuvium.
71) Mart. Ial. III, 47, 5 und 13 scheint *carruca* und *reda* geradezu identificiren.
72) Nero soll nach Lamprid. Hel. 31, 5 mit 500 *carrucae*, nach Suet. Ner. 30 mit 1000 *carrucae* gereist sein.
73) *carruca dormitoria cum mulis* für eine Frau, Dig. XXXIV, 2, 13; ἁρμιτώριον Ed. Diocl. XV, 28 27.
74) Plin. N. H. XXXIII § 140; eine *aurea carruca* bei Mart. III, 62, 5.
75) Ammian. XIV, 6, 9 p. 25 Gron. Cod. Th. XIV, 12, 1. Cod. Just. XI, 19.
76) Lampr. Al. Sev. 43, 1.   77) Vopisc. Aurel. 46, 3.
78) S. über diese Lipsii *Electa* I, c. 19. Scheffer *de re vehiculari* II c. 5. Alstorphius *De lecticis et lecticiis veterum*. Amstelod. 1704. II. Giozroli II, S. 254 ff.
79) So heisst es Liv. II, 36, 7 von dem Kranken Ti. Atinius: *ad consules lectica adfertur*. Suet. Ti. 30 *lectica quondam introlatus aeger*. Zwei andere Beispiele Dio Cass. LVII, 15. 17, Suet. Cal. 87.

und Frauen, unter welchen die Frauen der Senatoren eine ihnen besonders verstattete Art von Sänften hatten[2080]); sodann auch für Männer, sowohl auf dem Lande[81]), als in der Stadt; aber auch sie blieben ein Privilegium gewisser Stände, das gegeben und entzogen wurde[82]). Man hielt in vornehmen Häusern eigene Sünften nebst Sänftenträgern, *lecticarii*, zu denen man grosse und starke Leute wählte[83]), konnte sie aber auch miethen[84]), und es gab in Rom in der 12. Region *castra lecticariorum*, die, wenn auch nicht für das Publicum, so doch für den Dienst der Behörden bestimmt sein mussten[85]). Die Sänften waren zum Liegen oder zum Sitzen eingerichtet, *lecticae* oder *sellae*[86]); im ersten Falle hatten sie die Form eines wirklichen *lectus*, der mit Gurten bespannt und mit einem Polster (*torus*) und Kissen (*pulvinar, cervical*) belegt war[87]), im zweiten Falle den eines Stuhles für eine oder zwei Personen[88]), *sella gestatoria*[89]), *sella portatoria*[90]), auch eines Frauen-

---

2080) Dio Cass. LVII, 15: *Λούκιον Σαριβώνιον Λίβωνα — νοσήσαντα ἐπὶ θανάτῳ ἐν σιμπνοδίῳ κατασπέγῳ, ὁποίῳ αἱ τῶν βουλευτῶν γυναῖκες χρῶνται, ἐς τὴν γερουσίαν ἐςεκόμισε.*
81) Cic. ad fam. VII, 1, 5: *Tu modo istam imbecillitatem valetudinis tuae sustenta et tuere, — ut nostras villas obire et mecum simul lecticula concursare possis.* Gracchus bei Gell. X, 3, 5.
83) Suet. Caes. 43: *Lecticarum usum — nisi certis personis et aetatibus perque certos dies, ademit.* Claud. 28: *Harpocran, cui lectica per urbem vehendi spectaculisque publice edendi ius tribuit.* Domit. 8: *probrosis feminis lecticae usum ademit.*
33) S. Th. V, 1 S. 151.   84) Juven. 6, 353.
85) Preller Regionen S. 212.
86) Suet. Claud. 25: *viatores ne per Italias oppida nisi aut pedibus aut sella aut lectica transirent, monuit edicto.* Dom. 2: *sellamque eius — lectica sequebatur.* Senec. de br. v. 12, 6 *sella se et lectica huc et illuc ferunt.* Mart. X, 10, 7 *lecticam sellamve sequar?* XI, 98, 11. 13.
87) Cic. acc. in Verr. V, 11, 27: *Nam, ut mos fuit Bithyniae regibus, lectica octophora ferebatur, in qua pulvinus erat perlucidus Melitensis, rosa fartus.* Senec. cons. ad Marciam 16, 2: *equestri insidens statuae in sacra via — Cloelia exprobrat iuvenibus nostris pulvinum accedentibus, in ea illos urbe sic ingredi, in qua etiam feminas equo donavimus.* Juven. 1, 158:
qui dedit ergo tribus patruis aconita, vehatur
pensilibus plumis, atque illinc despiciat nos?
88) Plin. ep. III, 6, 15 vom älteren Plinius: *qua ex causa Romae quoque sella utebatur,* nämlich um einen Schreiber (*notarius*) bei sich zu haben. Auch bei Tacit. Ann. XI, 88 sitzen in dem *gestamen*, d. h. der *sella gestatoria*, zwei Personen.
89) Suet. Ner. 26. Caelius Aurelianus Morb. chron. I, 5, 168.
90) Caelius Aurelianus Morb. chron. I, 1, 15; er unterscheidet hernach I, 1, 18 *fertorium vel sella*.

stuhles (*cathedra*)[2991]). Verdeckt waren sie, wie es scheint, in allen Fällen; denn wenn *opertae*[92]) und *apertae*[93]) *lecticae* und *sellae* unterschieden werden, so heisst dies wohl nur, dass die Vorhänge des bogenförmigen Verdecks (*arcus*)[94]), die *vela*[95]), zu- oder aufgezogen, oder die Fenster desselben[96]), die aus *lapis specularis* und ohne Zweifel auch aus Glas gemacht wurden, geschlossen oder geöffnet waren. Dass Frauen sich offener Sünften bedienten und ihre Männer dies erlaubten, erklärt Seneca für einen Scandal seines Zeitalters[97]). Getragen wurde die Sänfte auf Tragstangen, *asseres*[98]), entweder niedrig; so dass die Stangen in Riemen hingen[99]), oder hoch auf der Schulter[3000]), und zwar von zwei, vier, sechs oder acht *lecticarii*, welche vornehme Leute in gleichmässige und zierliche Livreen zu kleiden liebten[1]). Eine eigene Art Sänfte

---

[2991]) Von dieser Form wird die *muliebris sella* sein, welche bei Suet. Oth. 6 vorkommt. Vgl. Lampr. Hel. 4, 4, wo unter diesen *sellae* unterschieden werden *sella pellicia, ossea, eborata, argentata.*
[92]) Cic. Phil. II, 41, 106. de div. II, 26, 77; φορεῖον κατάστεγον Dio Cass. XLVII, 10; δίφρος κατάστεγος Dio Cass. XLVII, 23; LVI, 43; die *sella* mit Verdeck zu construiren, soll Claudius erfunden haben. Dio Cass. LX, 2: δίφρῳ κατάστεγῳ πρῶτος Ῥωμαίων ἐχρήσατο.
[93]) *aperta lectica* Cic. Phil. II, 24, 58; *adaperta sella* Suet. Aug. 53.
[94]) An dem *arcus sellae* erhängt sich eine Frau. Tac. Ann. XV, 57. Eine solche *sella arcuata*, die von zwei Männern getragen wird, stellt das in der Casa di Lucrezio in Pompeji gefundene Kinderspielzeug bei Niccolini Fasc. VIII tav. IV n. 2 dar.
[95]) Mart. XI, 98, 11:
*Lectica nec te tuta pelle velogue
nec vindicavit sella saepius clusa.*
Zum Transport von Gefangenen diente eine *obruta lectica*, deren Vorhänge also zusammengenäht waren. Suet. Ti. 64. Von der Ermordung des Cicero sagt Livius bei Seneca Suasor. 6, 17 p. 33 Burslen.: *Prominenti ex lectica praebentique immotam cervicem caput praecisum est.*
[96]) Juven. 3, 242 *clausa lectica fenestra*; 4, 20 :
*Est ratio ulterior, magnae si misit amicae,
quae vehitur cluso latis specularibus antro.*
[97]) Sen. de benef. I, 9, 3: *Rusticus, inhumanus ac mali moris — est, si quis coniugem suam in sella prostare ostult ei vulgo admissis inspectoribus vehi perspicuam undique.*
[98]) Suet. Cal. 58; Juven. 3, 245; 7, 132.
[99]) So auf der angeführten pompejanischen *lectica*. Diese Riemen heissen *struppi*, Gracchus bei Gell. X, 3, 5.
[3000]) *in collo*, Catull. 10, 25.
[1]) Zwei Träger hat die pompejanische *sella*, zwei erwähnt auch Juven. 9, 142; über die *lectica hexaphoros* oder *octaphoros* s. Th. V. 1 S. 154.

ler späteren Kaiserzeit ist die *basterna*, die von zwei vor und
hinter derselben gehenden Maulthieren getragen wurde³⁰⁰²).

5. Arbeiten in Leder.

Nachdem wir im zweiten Abschnitte bereits die Verwendung des Leders für den Zweck der Kleidung hesprochen haben, müssen wir an dieser Stelle noch einmal auf den Gebrauch dieses Materials für wirthschaftliche und militärische Zwecke, d. h. namentlich für das Pferdegeschirr, die Wagenbedeckung, die Waffenrüstung, die Zelte und die Schläuche, zurückkommen. Die Art der Bespannung war in Rom dieselbe, welche sich bei den Griechen findet und schon von Homer oft beschrieben wird; die Pferde zogen nicht an Strängen, sondern an einem an der Deichsel befestigten Joche, von dessen verschiedenen und zum Theil zierlichen Formen zahlreiche Darstellungen vorliegen³); die Sattlerarbeiten des Alterthums aber sind ziemlich dieselben, die noch jetzt gebraucht werden, Riemenwerk aller Art (*loramenta*)⁴), Sättel (*scordusci*²) und *sellae*), Maulthier- und Packsättel⁶), Candaren⁷),

---

²⁰⁰²) Burmann Auth. Lat. III, 183 = Meyer Auth. Lat. n. 938:
    Aurea matronas claudit basterna pudicas,
    Quae radians latum gestat utrumque latus.
    Hanc geminus portat duplici sub robore burdo
    Provehit et modico pendula sepia gradu.
    Provisum est caute, ne per loca publica pergens
    Fuscetur viris casta marita viris.
Amites basternarum bei Palladius VII, 2, 3 und mehr bei Forcellini s. v. Salmasius ad Lamprid. Heliog. 21. Ginzrot II S. 260 ff.

2) Ginzrot I S. 46—77. Zu den dort gegebenen Abbildungen sind jetzt zu vergleichen: Gerhard Auserlesene griechische Vasenbilder hauptsächlich etruskischen Fundortes. Berlin 1839 ff. 4°. Taf. 123. 125. 151, 196, 197, 198, 199, 176, 198, 230 bis 255, 269, 310, 311, 319, 323, 326 und dazu die Erklärung Band IV S. 19. Niccolini Fasc. XXIII tav. VII n. 3.

4) Ed. Diocl. VIII, 8.

3) *scordiscus militaris* Ed. Diocl. X, 2; *scordiscum malacum* in dem Zolltarif von Julia Zarai in Mauretanien, Gerhard Arch. Anz. 1858, N. 129.

6) Ed. Diocl. X, 8 *parammos mulares cum flagello*, welches Wort Mommsen wenigstens vom Sattel versteht; daselbst XI, 4. 5. 6 *sagma burdonis, sagma asini, sagma camelli*.

7) *frenum equestre cum salivario instructum*, Ed. Diocl. X, 3. Dies meint Horat. Od. I, 8, 6:

Trensen und Halfter[300]), Peitschen (*flagella, corrigiae aurigales*)[9], Verdecke von Sänften und Wagen, *segestria*[10], Staubdecken (*pulvicaria*) an den Wagen[11] und Mantelsäcke (*avertae*). Eine allgemeine Bezeichnung für das Sattlerhandwerk in unserm Sinne finde ich nicht, es müssten denn die *pellimea* (s. oben S. 190) sowohl diese Fabricate, als die Lederpanzer (*loricae*), Gürtel (*zonae*)[12] und Achselbänder (*subalaria*)[13], sowie die Futteralarbeiten[14] geliefert haben; dagegen kommen als besondere Gewerbe vor die Halftermacher (*capistrarii*)[15], die Zeltmacher, *tabernacularii*[16]), und die sehr verschieden erklärten Collegien der *utricularii*. Der Umstand nämlich, dass diese Collegien vorzugsweise in gallischen, an Flüssen oder an der See gelegenen Städten vorkommen, wie in Lugdunum, Arelate und Narbo, hat zu der Meinung geführt, dass die *utricularii* eine Art Schiffer seien, welche Waaren auf einem von Schläuchen getragenen Flosse transportirten[17]). Allein wenn

---

Ovid. Trist. IV, 6, 3:
Cur neque militaris
inter aequales equitat, Gallica nec lupatis
Temperat ora frenis?

Tempore paret equus lentis animosus habenis
Et placido duros accipit ore lupos.

Ovid. Am. I, 2, 15:
Asper equus duris contunditur ora lupatis.

Verg. Ge. III, 206:
namque ante domandum
ingentis tollent animos prensique negabunt
verbera lenta pati et duris parere lupatis.

und Servius zu dieser Stelle.

8) *frenum mutare, capistrum mutare* Ed. Diocl. X, 6. 7.
9) Ed. Diocl. X, 15. 19.
10) Ed. Diocl. VIII, 42 *segestrae de caprinis*. Die gewöhnliche Form ist *segestre*, *σέγεστρον*. Varro bei Non. p. 11, 16 *segestria*, und so ist wohl auch zu lesen Varro de L. L. V, 166: *Qui lacticam involvabant — segestria appellarunt*. *Segestre* hat auch Lucilius Sat. 15, 4. Martial nennt das Verdeck *pellis* XI, 98, 11.
11) Ed. Diocl. VIII, 43. 12) Ed. Diocl. X, 8. 9. 11. 12.
13) Ed. Diocl. X, 10.
14) Eine *theca cassarum* von Leder, also ein Pennal, Ed. Diocl. X, 17. 15) Orelli 4158.
16) Ein *collegium tabernaclariorum* Grut. p. 642, 8. Henzen 6111. Vgl. Annali 1856 p. 33.
17) S. Chr. G. Schwarz De *collegio utriculariorum* in dessen Opuscula academica, coll. Harles, Norimbergae 1793. 4°. p. 88—60; Calvet *Dissertation sur un monument singulier des Utriculaires de Cavaillon*. Avignon. 1766. 8; übersetzt in Martini *Antiquorum monimentorum syloge altera*. Lipsiae 1737. 8.

man im Alterthum auch beim Schwimmen Schläuche und Blasen zu Hülfe nahm[2018]), so lässt sich doch eine Schiffahrt der genannten Art, die im Orient einigemal erwähnt wird, für das römische Gallien durch nichts beweisen[19]), und es ist nach der Ausführung von Boissieu[20]) nicht zweifelhaft, dass die *utricularii* Fabricanten von Schläuchen waren, die man in Gallien zunächst zur Versendung von Oel und Wein brauchte, wie dies auch in Italien geschah[21]). Zwar ist in Lugdunum ein Ehrenmitglied der Corporation zugleich *nauta Araricus*[22]), aber ein Patron derselben erscheint als *negotiator vinarius*[23]), so dass das ganze Collegium aller Wahrscheinlichkeit nach mit dem Weinhandel in Verbindung stand. Schläuche waren übrigens auch ausserdem zu verschiedenen Zwecken nöthig, wie z. B. zum Fortschaffen des Trinkwassers auf Feldzügen[24]), zur Besprengung der Arena im Amphitheater[25]) und für die Sackpfeifer, welche ebenfalls *utricularii* heissen[26]).

6. Arbeit in Elfenbein und Knochen.

Elfenbein ist im ganzen Alterthume einer der dankbarsten und beliebtesten Stoffe sowohl für die plastischen Künstler als für die Drechsler (*tornatores*) gewesen, welche letzteren ausserdem auch geringere Materialien, wie Knochen[27]) und Horn[28]), verarbeiteten. Wir wollen nicht noch einmal auf die wichtigste Verwendung zurückkommen, welche nicht nur in

---

[2018]) Florus III, 6; Frontin. Strateg. III, 13, 6; Suet. Caes. 57. Caes. B. G. I, 48, 6.
[19]) Auch was Strabo p. 155 von den Lusitaniern sagt: διφθέροις πλοίοις έχρωντο, kann nicht von Schläuchen verstanden werden.
[20]) Boissieu *Inscriptions antiques de Lyon* p. 401. Vgl. Mommsen *Annali* 1855 p. 78.
[21]) S. oben S. 68. Vgl. Ed. Diocl. X, 13—15.
[22]) Boissieu p. 389.   [23]) Boissieu p. 207, 898.
[24]) Sallust. Jug. 91.   [25]) Petron. 34.
[26]) Suet. Nero 54.
[27]) Von Knochen ist z. B. die Berliner *cista*, s. Gerhard Etrusk. Spiegel I S. 47 Tav. 14; ausserdem wurden daraus Nadeln (Schoene in *Annali* 1866 p. 155 ff. n. 9), Kämme (*The Journal of British Archaeological Association* Vol. XIV (1858) p. 305. *Bullett.* 1846 p. 87) und andere kleine Sachen gearbeitet.
[28]) Eine Oelflasche von Horn, *guttus corneus*, Mart. XIV, 52. Galen. Vol. XIII p. 610 K.

der Blüthezeit der griechischen Kunst, sondern noch in Rom das Elfenbein für chryselephantine Statuen fand, sondern verweisen auf das S. 266 Erwähnte; die Elfenbeinschnitzer, *eborarii*[29]), fanden in Rom und im ganzen römischen Reiche bis in das Mittelalter hinein für öffentliche und Privatzwecke noch ausserdem vielseitige Aufgaben[30]). Dahin gehört die architectonische Decoration[31]) der Tempel- und Zimmerdecken (*lacunaria*)[32]) und Thüren[33]), sowie die Ornamentation der *lecti*[34]) und *sellae*, namentlich der *sella curulis*[35]); ferner der Wagen[36]) und anderer Holzfabricate, die entweder ganz mit Elfenbeinreliefs bekleidet, oder nur mit Elfenbein eingelegt wurden[37]); endlich waren aus Elfenbein der Stab (*scipio*), den der Triumphator und später der Consul beim *processus consularis* trug[38]), die plastischen Darstellungen von eroberten

---

29) *eborarius* Orelli 4180; Reines. p. 642, 93=Fabr. 69, 166; Cod. Theod. XIII, 4. 2; Cod. Just. X, 64, 4. Murat. p. 947, 6.
30) Ueber die Elfenbeinarbeiten handelt Raoul-Rochette *Peintures antiques*. Paris 1836. 4. p. 373—379.
31) Dio Chrysost. VII, Vol. I p. 262 R.: Ἔστι δέ ἐν οἴκοις ὁρισμοῖς καὶ τοίχοις καὶ ἐδάφεσι τὰ μὲν γράμματα, τὰ δὲ λίθοις, τὰ δὲ χρυσῷ, τὰ δὲ ἐλέφαντι ποικιλλόντων, τὰ δὲ αὐτῶν τούτων γλυφαῖς.
32) Sen. N. Q. I prol. 7. Hor. Od. II, 18, 1.
33) Von den Thuren des Tempels der Athena in Syracus sagt Cic. acc. in Verr. IV, 56, 124: *Confirmare hoc liquido, iudices, possum, valvas magnificentiores, ex auro atque ebore perfectiores, nullas' unquam ullo tempore fuisse. — Ex ebore diligentissime perfecta argumenta erant in valvis: ea detrahenda curavit omnia. Gorgonis os pulcherrimum, cinctum anguibus, revellit atque abstulit.* Aehnliche Thüren werden öfters erwähnt; Alben. V p. 205ᵇ. Diodor. V, 46; auch der Tempel des Apollo Palatinus in Rom hatte *valvas*, *Libyci nobile dentis opus*, wie Properl. III, 31, 13 berichtet. Vgl. Verg. Ge. III, 26—36. Noch von den christlichen Bauten sagt Hieronymus ad Demetriadem de servanda virginitate Vol. IV, 2 p. 793 Ben.: *Alii aedificant ecclesias, vestiant parietes marmorum crusta, columnarum moles advehant earumque deaurent capita, — ebore argentoque valvas et gemmis aurata distinguant altaria.*
34) Ueber *lecti eborati* s. Th. V, 1 S. 313. Vgl Suet. Caes. 84.
35) S. Th. II, 2 S. 77. Ovid. ep. ex Ponto IV, 9, 27:
Signa quoque in sella nossem formata curuli,
et totum Numidas sculptile dentis opus.
36) *currus eburnus* Ovid. ep. ex Ponto III, 4, 35, Elfenbeinreliefs von einem etruskischen Wagen s. bei Vermiglioli *Bronzi Etruschi* p. XXIII—XXV. 37) Verg. Aen X, 135:
vel quale per artem
inclusum buxo aut Oricia terebintho
lucet ebur.
Beide Methoden unterscheidet auch Plin. N. H. XVI § 229: *lignum ebore distingui, mox operiri (coepit).* 38) S. Th. II, 2 S. 263; III, 2 S. 431.

Städten, welche bei Triumphzügen aufgeführt wurden[3039]), die Füsse von Betten und Tischen[40]) und viele kleine Haus- und Toilettengeräthe.

Das, was wir von diesen Arbeiten übrig haben, besteht einerseits aus Stücken der erwähnten Reliefbekleidungen von Holzwerk aus sehr verschiedenen Zeiten[41]), andererseits aus kleinen Geräthen, Kästchen und Büchsen[42]), Messer- und Schwertgriffen, *capuli, manubria*[43]), Kämmen[44]), Nadeln[45]), Würfeln[46]) und verschiedenen ihrem Zwecke nach nicht mehr zu bestimmenden Fragmenten[47]), den *tesserae consulares* oder *gladiatoriae*, die zum grösseren Theil von Elfenbein, zum kleineren Theil von Knochen sind[48]), und endlich den consularischen Diptychen[49]), welche zum Beweise dienen, dass die Sculptur in Elfenbein bis in die späteste Kaiserzeit in Ausübung geblieben ist.

[3039]) Quintil. VI, 3, 61: *Chrysippus, cum in triumpho Caesaris eborum oppida essent translata, et post dies paucos Fabii maximi lignea, thecas eas oppidorum Caesaris dixit.* Ovid. ep. ex Ponto III, 4, 103:
*Oppida turritis cingantur eburnea muris,
fictaque res vero more putetur agi.*
[40]) S. oben S. 313. 313.
[41]) Vier Elfenbeinreliefs dieser Art s. Mouum. d. Inst. VI tav. 46 n. 1—4; eine grössere Anzahl findet man besprochen in Buonarroti *Osservazioni istoriche sopra alcuni medaglioni antichi.* Roma 1698. 4. p. XXII—XXVIII und abgebildet daselbst auf der Titelvignette und p. 1, p. 4; 79; 252; 294; 314; 326; 336; 349; 362; 365; 382; 402; 431. Darunter ist ein christliches Relief p. 893. Anderes s. in Caylus Recueil IV pl. 76, 2. 3; pl. 88, 3; V pl. 84, 1. 2. 3.
[42]) Ein Toiletteukästchen von Elfenbein, in Vulci gefunden, s. bei Micali *Monumenti.* tav. XLI n. 10. 11. 12. 13.
[43]) Plin. N. H XXXIII § 152. Juven. 11, 181—189. Einen solchen Messergriff s. *Archaeologia* XXVII p. 443. Vgl. Clem. Alex. Paed. II, 8 § 87 p. 189 Pott.: τί γὰρ, εἶπέ μοι, τὸ μαχαίριον τὸ ἐπιτραπέζιον, ἢν μὴ ἀργυρόηλον ᾖ ἢ ἐξ ἐλέφαντος πεποιημένον τὴν λαβὴν, οὐ τέμνει;
[44] Bull. 1833 p. 34. Annali 1866 p. 160. Raoul-Rochette *Mém. de l'acad.* XIII p. 710. 711. Sonst giebt es auch Kämme aus Metall, Knochen und Buchsbaum.
[45]) Eine Elfenbeinnadel mit einem Greifenkopfe, dessen Augen Granaten sind, s. Arneth Gold- und Silbermonumente p. 34 n. 162.
[46]) Häufig gefunden; ein *artifex artis tessellariae lusoriae* Orelli 4289.
[47]) Einen merkwürdigen Fund von Elfenbeingegenständen, in Palestrina gemacht, findet man beschrieben im *Bullettino* 1855 p. XLV.
[48]) Ueber diese verweise ich auf Ritschl Die *tesserae gladiatoriae* der Römer. München 1864. 4, aus den Abhandl. der k. bayer. Akademie I Cl. X Bd. II Abth. S. 293—336, und Mommsen C. I. L. I p. 193—101. p. 309. [49]) Ueber diese s. oben S. 133 u. Th. II, 3 S. 244. 245.

7. Arbeit in Glas; Gefässarbeit in halbedlen Steinen.

Später, als alle die Industriezweige, welche wir bisher besprochen haben, ist in Rom die Glasfabrication einheimisch geworden, welche, seit den ältesten Zeiten in Aegypten, Persien und Phönicien betrieben, auch in römischer Zeit und bis ins Mittelalter[3050]) in dieser ihrer ursprünglichen Heimath ihren Sitz behielt. In Aegypten ist sie schon in der achtzehnten Dynastie nachweisbar[51]); das Blasen des Glases ist dargestellt auf den Bildern von Beni Hassan, die Wilkinson etwa 1800 v. Chr. setzt[52]); farbige Gläser, Nachahmungen von Edelsteinen, Glasflüsse aller Art und Glasmosaiken scheinen nicht weniger alt zu sein[53]); die Glasarbeiten gehörten immer zu den berühmtesten Ausfuhrartikeln von Aegypten, namentlich von Alexandria[54]), kamen von da nach Rom[55]) und wurden

---

3050) Das schöne Glas von Tyrus erwähnt um das Jahr 1173 der *** Boissieu *hscr. de Lyon* p. 127 angeführte Benjamin von Tudela in seiner Reise, ed. Paris. 1630. I. p. 32.
51) Wilkinson *The Egyptians in the time of the Pharaons*. London 1837. 3. p. 48—86.
52) Wilkinson *Manners and Customs of the ancient Egyptians.* London 1837. 3. III p. 88.
53) Wilkinson a. a. O. III p. 90—108. Boudet *Notice historique de l'art de la verrerie* in Description de l'Égypte, Tome IX p. 213—130; Pettigrew *On Egyptian Glass*, in The Journal of the British Archaeological Association XIII p. 311—329; A. Pellatt *Curiosities of Glass Making*. London 1849. 4; v. Minutoli Ueber die Anfertigung und die Nutzanwendung der farbigen Gläser bei den Alten. Berlin 1836. fol.
54) Arrian Peripl. mar. Erythr. c. 6 p. 261 Müller: Προχωροῦσι δὲ εἰς τοὺς τόπους τούτους ἱμάτια βαρβαρικὰ ἄγναφα τὰ ἐν Αἰγύπτῳ γινόμενα — καὶ λιθίας ὑαλῆς πλείονα γένη καὶ ἄλλης μονόφνης, τῆς γινομένης ἐν Διοσπόλει. Strabo p. 758. Brief des Hadrian bei Vopiscus Saturn. 8, 6 von den Aegyptern: *alii vitrum conflant, alii charta conficiunt, alii linificant, omnes certe cuiuscunque artis et videntur et habentur.* - *Calices tibi alassontas versicolores transtuli, quos mihi sacerdos templi obtulit, tibi et sorori meae specialiter dedicatos, quos tu velim festis diebus conviviis adhibeas.* Trebell. Poll. Claud. 17, 5: *misi autem ad cum - calices Aegyptias operisque diversi decem.* Athenaeus XI, 31 p. 784 c p. 358 Meineke: καταπενάζουσι δέ, φησίν, οἱ ἐν Ἀλεξανδρείᾳ τὴν ὕαλον μεταρρυθμίζοντες πολλαῖς καὶ ποικίλαις ἰδέαις ποτηρίων, παντὸς τοῦ πανταχόθεν καταπομπιζομένου κεράμου τὴν ἰδέαν μιμούμενοι.
55) Cic. pr. Rab. Post. 14, 10; Mart XII, 74:
Dum tibi Niliacus portet crystalla catopius,
Accipe de circo pocula Flaminio.

unter Aurelian einer besonderen Abgabe unterworfen[1056]. In Babylon bewahrte man den Leichnam des Belus in einem Sarge von Glas[57]; in Phönicien endlich, welchem die Erfindung des Glases zugeschrieben wurde, hat Sidon in diesem Industriezweige einen dauernden Ruhm behauptet[58]; in Griechenland hatte man gläserne Becher schon zur Zeit des Aristophanes[59] und gab es später auch Fabriken für dieselben[60]; in Rom aber ist die Einführung alexandrinischen Glases, so viel ich weiss, erst aus Cicero nachweisbar, und dass es noch einige Zeit nachher als ein edles Material galt, ersieht man aus dem Sprachgebrauch der Dichter des augusteischen Zeitalters, welche für die krystallhelle Quelle, den glänzenden Thautropfen und das Wasser überhaupt kein poetischeres Bild haben, als *fons splendidior vitro*, *ros vitreus*, *unda vitrea*, *pontus vitreus*, *Circe vitrea*. Von da an wird aber das Glas gewöhnlich; man fabricirte es in Italien selbst und zwar zuerst in Campanien[61], dann in Rom, wo man die alexandrinische Technik nicht allein zu erreichen, sondern zu übertreffen suchte[62], und endlich auch in Gallien und Spanien[63]; zu des älteren Plinius Zeit hatten die Trinkgläser bereits die

---

XIV, 115 *Culices vitrei*:
  Aspicis ingenium Nili: quibus addere plura
  Dum cupit, ah quoties perdidit auctor opus.
1056. Vopisc. Aur. 45: *Vectigal et Aegypto urbi Romae Aurelianus vitri, chartae, lini, stuppae atque anabolicas species aeternas constituit.*
57) Aelian. Var. Hist. XIII, 8.
58) Strabo p. 758. Plin. N. H. V §. 75. 76; XXXVI § 191; Isidor. Or. XVI, 16; Tac. Hist. V, 7; Josephus B. Jud. II, 10, 2. Von sidonischen Glasfabricaten sind noch Reste vorhanden, wie das Fragment eines Glases mit dem Stempel: *ARTAS. SIDONius*, Fabretti p. 690 n. 84, und ein in Catania gefundener Henkel eines Glases mit der Inschrift: ΕΙΡΗΝΑΙΟC ΕΠΟΙΗCΕΝ CΙΔΩΝΙΟC. Bull. 1866 p. 16.
59) Aristoph. Acharn. 73:
  ἐπίνομεν
  ἐξ ὑαλίνων ἐκπωμάτων καὶ χρυσίδων
  ἄκρατον οἶνον ἡδύν.
60) Hedylus, ein Zeitgenosse des Callimachus, bei Athen. p. 486b: καίτοι παρὰ ὑαλῆς λάφυρον ἐξ ὑέλου.
61) Plin. N. H. XXXVI § 194.
62) Strabo p. 758: καὶ ἐν Ῥώμῃ δὲ πολλὰ παρευρίσκεσθαί φασι καὶ πρὸς τὰς χρόας καὶ πρὸς τὴν ῥᾳστώνην τῆς κατασκευῆς, καθάπερ ἐπὶ τῶν κρυσταλλοφανῶν. Ueber den Kunstbetrieb unter Tiberius und Nero berichtet Plin. N. H. XXXVI § 195.
63) Plin. a. a. O. § 194.

Privatalterthümer II.

silbernen und goldenen Becher aus dem Gebrauch verdrängt[3064]; seitdem gehören Glassachen, *vitreamina*[65]), *vitrea*[66], zu der gewöhnlichen Hauseinrichtung, und kommen Glasbläser[67]) und Glaskünstler[68]), zu denen die gleich zu besprechenden *diatretarii*[69], zu rechnen sind, öfters vor. Auch lassen die massenhaft erhaltenen Glassachen, die nicht nur in Herculanum und Pompeji[70]), sondern auch in Modena[71]) , in Velleia[72]) , in Sardinien[73]) , wohin vielleicht schon die Carthager die Glastechnik eingeführt hatten, und in den Gräbern Roms, Italiens und selbst der entlegenen Provinzen zu Tage gekommen sind, erkennen, welche Verbreitung dieser Industriezweig durch die Römer gefunden hat.

Es sind unter diesen Gegenständen theils ordinäre oder zierlicher gearbeitete Geschirre, Flaschen, Kannen und Töpfe, kleine Amphoren, Schüsseln, Teller, Trinkgläser, Lampen, Trichter, Durchschläge, kleine Figuren von Göttern, Menschen und Thieren, Amulette, Spielsteine (*calculi*)[74], Salbenfläschchen, welche man früher als Lacrimatorien bezeichnete.

3064) Plin. a. a. O. § 199: *usus vero ad potandum argenti metalla et auri pepulit*.
65) Dig. XXXIII, 7, 13 § 13.
66) Dig. XXXIII, 7, 11 § 16.
67) Senec. ep. 90, 31: *Cuperem Posidonio aliquem vitrearium videre, qui spiritu vitrum in habitus plurimos format*.
68) Eln *opifex artis vitreae (vitriariae)*, *natione Afer*, *civis Carthaginiensis*, in Lugdunum Orelli 4299 = Boissieu inscr. de Lyon p. 11. Die Inschrift beweist, dass nach Lyon das Gewerbe nicht aus Rom, sondern aus Carthago verpflanzt wurde, wo ohne Zweifel die phönicische Kunsttechnik in Uebung war.
69) Cod. Theod. XIII, 4, 2.
70) S. *Musée Royal Bourbon par Michel D. Naples* 1837. 8. p. 113 Collection des verres antiques. Elle contient environ 3000 morceaux trouvés presque tous à Herculanum, à Pompéi et à Stabiae. Ils consistent en cornes, vases, petites amphores, tasses cannelées ou lisses, plats, verres à boire lacrimatoires, lampes, entonnoirs, passoirs, graines pour collier etc. Vr Gerhard und Panofka Neapels ant. Bildwerke I S. 443 ff.
71) Cavedoni *Bull*. 1837 p. 11.
72) De Lama *iscrisioni antiche collocate ne' muri della scala Farnese* Parma 1818. 4. p. 25. 29.
73) In Sardinien wurden 1861 dreihundert ganz erhaltene Glasgefässe, urne cinerarie, prefericoli, fiale, scodelle, bicchieri, calici, tasse e guttarnuistens von farbigem Glase, gefunden, darunter zwei Becher mit griechischen Inschriften. *Bull*. 1864 p. 219 ff.
74) Vgl. Ovid. A. A. II, 207; Mart. VII, 72, 8.

Aschenurnen, Büchsen (*pyxides*), Schmucksachen, wie namentlich Glasperlen[75b]), theils aber auch Fabricate von kunstvoller Technik, welche ein besonderes Interesse in Anspruch nehmen.

Das Glas ist ein sehr bildsamer[76]) und in Hinsicht auf die Vielseitigkeit der Bearbeitung dem Metalle vergleichbarer Stoff; es kann erstens in hartem Zustande geschnitten und geschliffen, sodann in flüssigem Zustande in Formen gegossen, drittens als zähe und dehnbare Substanz behandelt, d. h. geblasen, in Fäden gezogen und gesponnen[77]), endlich in den schönsten Farben dargestellt werden. Alle diese Methoden der Arbeit sind dem Alterthume bekannt gewesen.

Von geschnittenen und geschliffenen Arbeiten sind die am häufigsten vorkommenden die Glasperlen, die Imitationen von Edelsteinen, welche in Rom ein sehr lucratives Geschäft ausmachten[78]), und die Glaspasten, welche als Cameen oder Intaglios geschnitten, statt ächter Gemmen als Ringsteine verwerthet wurden und einen grossen Theil der heutigen Gemmensammlungen bilden. Man schliff indessen auch convexe Linsengläser[79]), über deren Gebrauch uns eine sichere Notiz

---

[75b]) Eine Zusammenstellung der Fundberichte giebt Raoul-Rochette *Troisième Mémoire sur les antiquités chrétiennes des Catacombes*, in *Mém. de l' Institut royal de France*, Tome XIII (1835) p. 604—605, 668. 713, 744. Ueber röm. Glasgefässe, gefunden in Caerleon, s. *Archaeologia Cambrensis* Vol. III (1848) p. 157. Ausserdem s. Minutoli s. a. O. S. 8. 9; über ungarische Glasfunde *Cimeliotheca Musei nationalis Hungarici*, Budae 1825. 4. p. 158.
[76]) Plin. N. H. XXXVI § 198: *nec est alia nunc sequacior materia*.
[77]) Plin. N. H. XXXVI § 198: *aliud flatu figuratur, aliud torno teritur, aliud argenti modo caelatur*. Ueber die Technik s. Minutoli s. a. O. Semper Der Stil in den technischen Künsten II S. 187 ff.
[78]) Man färbte theils ächte Krystalle (Plin. XXXVII § 197 und dazu Semper II S. 189 Anm. 2), theils Glas; Plin. XXXVI § 196; XXXVII § 82. § 80; Isidor. Or. XVI, 15, 27: *Nam et pro lapide pretiosissimo smaragdo quidam vitrum arte inficiunt, et fallit oculos subdola quaedam falsa viriditas, quandusque non est, qui probet simulatum et arguat; sic et alia alio atque alio modo*. Einen negotiator, welcher *gemmas vitreas pro veris verkaufte*, erwähnt Trebell. Poll. Gallieni duo 12. 5. Vgl. Nögerath Ueber die Kunst, Gemmen zu färben, in Jahrb. d. Vereins v. A. im Rheinlande IX S. 35; X S. 83 ff.
[79]) Im J. 1834 wurde in einem Grabe von Nola ein planconvexes Glas, zwei Zoll drei Linien im Durchmesser, in Gold gefasst, gefunden; Minutoli S. 4; ein ähnliches im Jahr 1834 in Pompeji; ein dop-

fehlt[30,0]), und machte auch bei der Gefässarbeit von der eigentlichen Caelatur die umfangreichste Anwendung: Gläser mit Reliefs, *vitrum fabre sigillatum*[81]), wurden zwar gewöhnlich gegossen, aber nach dem Gusse ciselirt[82]); andere Gläser waren vertieft (als *intaglio*) geschnitten, wie der von Achilles Tatius beschriebene Crater, in welchem ein Ornament von Weinreben und Weintrauben so eingeschliffen war, dass die Trauben, wenn der Crater leer war, unreif, wenn er aber gefüllt wurde, dunkelroth erschienen[83]); ferner wurden Inschriften und Zeichnungen vertieft eingeschnitten und dann mit Gold ausgefüllt[84]) und dünne, geblasene Gefässe mit eingravirten Darstellungen geschmückt. Noch aus später Zeit haben wir Arbeiten dieser Art, mehr merkwürdig als von künstlerischem Werthe, wie den in Cöln gefundenen, den Prometheus als Menschenschöpfer darstellenden Becher, dessen Relief ganz mit dem Dreheisen gearbeitet ist[85]), und die beiden dem vierten Jahrhundert n. Chr. angehörigen Caraffen, in welche lineare Zeichnungen in der Art, die bei uns üblich ist, eingeschliffen sind; die eine, 1812 in Populonia gefunden, mit einer Ansicht mehrerer Gebäude, die mit den Bezeichnungen *STAGNT, OSTRIARIA, PALATIV, RIPA, PILAE* versehen sind, auf dem Halse die Inschrift: *ANIMA FELIX VIVAS*; die andere, im Museo Borgiano in Rom befindlich, ebenfalls eine Reihe von Gebäuden

---

peliconvexes Glas in England; s. Cuming in *The Journal of the British Archaeological Association*. XI (1855) p. 146—159.
3080) Den Gebrauch einer Krystallkugel als Brennglas erwähnt Plin. N. H. XXXVII § 28: *invenio apud medicos, quae sint urenda corporum, non aliter utilius uri putari, quam crystallina pila adversis opposita solis radiis.* Vielleicht führte dies zur Erfindung einer convex geschliffenen Linse.
81) Apul. Met. II, 19 p. 118 Hild.
82) Minutoli a. a. O. S. 5. Auch die Alten erwähnen dies. Quintil. II, 21, 9: *caelatura, quae auro, argento, aere, ferro opera efficit. Nam sculptura etiam lignum, ebur, marmor, vitrum, gemmas — complectitur* Toreumata vitri Mart. XII, 74, 3; XIV, 94, 1.
83) Achilles Tatius II, 3: ὕαλου μὲν τὸ πᾶν ἔργον ὀρωρυγμένης κύκλῳ δὲ αὐτὸν ἄμπελοι περιέστεφον ἀπὸ τοῦ κρατῆρος κεχυμέναι· οἱ βότρυες πάντῃ περιῃωρημένοι· ὄμφαξ μὲν αὐτῶν ἕκαστος ἕως ἦν κενὸς ὁ κρατήρ· ἐὰν δὲ ἐγχέῃς οἶνον, κατὰ μικρὸν ὁ βότρυς ὑποπερκάζεται καὶ σταφυλὴν τὸν ὄμφακα ποιεῖ.
84) Minutoli S. 6. 7.
85) Herausgegeben von Welcker Jahrb. d. Vereins v. A. im Rheinlande XXVIII S. 54—62.

mit den Inschriften *FAROS, STAGNV, NEronis, OSTRIARIA, STAGNV, SILVA, BAIAE* darstellend, am Halse mit der Inschrift *MEMORIAE FELICISSIMAE FILIAE*[1056]). Allein das eigentliche Kunststück der Glasschneider waren die *vasa diatreta*, d. h. Becher, deren ganze Aussenseite in durchbrochener Arbeit, und zwar nicht vermittelst des Gusses oder der Löthung, sondern durch Ausschneiden aus der harten Masse hergestellt wurde[57]). Von solchen Bechern sind noch sechs erhalten. Zuerst der im J. 1725 im Novaresischen gefundene, der in den Anmerkungen zu Winckelmanns Kunstgeschichte folgendermassen beschrieben wird[55]): »Die Schale ist äusserlich netzförmig und das Netz ist wohl drei Linien vom Becher entfernt, mit welchem es verbunden ist vermittelst Fäden oder feiner Stäbchen von Glas, die in fast gleicher Entfernung vertheilt sind. Unter dem Rand zieht sich in hervorstehenden Buchstaben, die auch, wie das Netz, durch Hülfe solcher Stäbchen etwa zwei Linien weit von dem eigentlichen Becher getrennt sind, folgende Inschrift: *BIBE VIVAS MVLTIS ANNIS*. Die Buchstaben der Inschrift sind von grüner Farbe; das Netz ist himmelblau. Zuverlässig sind weder die Buchstaben noch das Netz auf irgend eine Weise angelöthet, sondern das Ganze ist mit dem Rade aus einer festen Masse Glases auf die Weise gearbeitet, wie bei den Cameen geschieht.

1056) Das erste Gefäss ist herausgegeben in Sestini *Illustrazione di un vaso antico di vetro ritrovato in un sepolcro presso l'antica Populonia,* Firenze 1812. 4, der die Darstellung auf Populonia, und von Merklin *de urn. vitreo Populoniensi,* Dorpat 1851. 4, der dieselbe auf Rom deutet; Rossi, der beide Gefässe im *Bullettino Napol. N. S.* I (1852) p. 129 Tav. IX edirt und nochmals im *Bullett. Nap. N. S.* II (48**/..) p. 152 ff. besprochen hat, entscheidet sich für den Hafen von Puteoli.

57] Dig. IX, 2, 27 § 29: *Si calicem diatretum faciendum dedisti, si quidem imperitia fregit, damni iniuria tenebitur; si vero non imperitia fregit, sed rimas habebat vitiosas, potest esse excusatus. Et ideo plerumque artifices convenire solent, cum eiusmodi materias dantur, non periculo suo se facere.* Mart. XII, 70, 9: *O quantum diatreta valent!* Diese scheint auch Clemens Alex. Paed. II, 3 p. 188 zu meinen: καὶ μὴν καὶ τορευτὴν πολυεργὸς ἐφ' ὕλῃ κενοδοξία, τὶς ϑραῦσιν διὰ τέχνης ἑτοιμοτέραν, und Plin. N. H. XXXVI § 198: *sed quid referi, Neronis principatu reperta titri arte, quae modicos calices duos, quos appellabant petroios, HS VI venderet.*

84) Winckelmanns Werke III S. 298. Abbildung Taf. I. A.

Die Spur des Rades gewahrt man deutlich.« Nach derselben
Methode verfertigt sind die in Strassburg im Jahr 1826 gefundene Schale³⁰⁸⁹), ein im Wiener Antikencabinet befindlicher
nur theilweise erhaltener Becher, in dessen Netz noch die
Buchstaben *FAVENTIBus* vorhanden sind⁹⁰), die beiden 1844
in Cöln ausgegrabenen Becher mit den Inschriften: ΠΙΕ
ΖΗϹΑΙϹ ΚΑΛШϹ und *BIBE MVLTIS ANNIS*⁹¹), endlich
der 1845 in Szekszárd in Ungern gefundene, jetzt im Museum
zu Pest befindliche Becher mit der christlichen Umschrift:
ΛΕΙΒε τῷ ΠΟΙΜΕΝΙ ΠΙΕ ΖΗϲαΙϹ ⁹²).

Was zweitens den Guss des Glases betrifft, so liefert
dieser einmal das weisse Tafel- und Fensterglas und zweitens
die farbigen Glasreliefs, in denen das Alterthum noch unerreicht dasteht. Man war bis auf Winckelmann der Ansicht,
dass die Alten sich zum Verschlusse der Fenster entweder der
Läden oder Jalousien⁹³) oder des Fensterglimmers bedient
hätten, der noch jetzt in vielen Gegenden zu diesem Zwecke
verwendet wird, bei den Römern *lapis specularis*⁹⁴), bei den
Griechen τὸ διαφανές⁹⁵) genannt wird und den Vorzug vor
dem Glase hat, dass er zwar Licht einlässt, aber die Sonnenstrahlen abhält⁹⁶), zugleich auch wohl lange Zeit wohlfeiler

---

3089) S. die Beschreibung von Schwelgh a user Im Kunstblatt (IN
N. 99 und daraus abgedruckt in Jahrb. des Vereins v. A. im Rheinland
V und VI S. 360.
90) Arneth Monumente des k. k. Munz- und Antiken-Cabinets
Th. I. Die antiken Cameen 1849. fol. S. 44. Taf. XXII, 8.
91) Herausg. von Urlichs in Jahrb. des Vereins v. A. im Rheinlande. V. VI. (1844) S. 377—389. Taf. XI und XII.
92) Abgebildet in A. v. Kubinyi Szekszárder Alterthümer. Pest
1857. 4°. Taf. III.
93) Vgl. Jahn ad Pers. III, 1 p. 144.
94) Plin. N. H. XXXVI § 160—163. 183; IX § 142; III § 20; XXXVII
§ 203.
95) Galen. Vol. XIII § 682 Kühn: τὸ διαφανές τὸ καλούμενον,
σπεκλάριον ὀνομάζουσι Ῥωμαῖοι. Er unterscheidet davon ἡ ὑαλος ἠτμισμένη, Glas.
96) Philo leg. ad Caium 43, II p. 599 Mangey = VI p. 164 Tauchnitz erzählt von Caligula's Besuch in Alexandria : καὶ περιελθὼν προστάττει τὰς ἐν κύκλῳ θυρίδας ἀναπληρῶσαι τοῖς ὕαλῳ λευκῇ παραπλησίοις
διαφανέσι λίθοις, οἳ τὸ μὲν φῶς οὐκ ἐμποδίζουσιν, ἄνεμον δὲ εἴργουσι καὶ
τὸν ἀφ' ἡλίου φλογμόν. Im Mangeyschen Text steht διαφανέσι παραπλησίοις, was umzustellen für das Verständniss nöthig ist.

als Glas war, und man hat alle Stellen der Alten, in welchen Fenster, *specularia*, in Häusern[3097]), Bädern[98]), Treibhäusern[99]) und Sänften[3100]) vorkommen, von dem *lapis specularis* verstanden, obgleich von späteren Schriftstellern Glasfenster ausdrücklich erwähnt werden[1]). Nachdem indessen in Herculaneum Glasscheiben[2]), in Pompeji an mehreren Stellen, z. B. in den älteren Bädern[3]), in der *casa del Fauno*[4]), im Hause des Actaeon[5]), Glasfenster, und in Velleia auch matt geschliffene Fenstergläser[6]) gefunden sind, darf man nicht länger zweifeln, dass die Römer der Kaiserzeit sich, wenn auch nicht allgemein, so doch in reichen Häusern des Fensterglases bedient haben, und vielleicht in solcher Ausdehnung, dass man bei Prachtbauten die Arcaden der Höfe mit Glas verschloss[7]).

3097) Seneca ep. 90, 25: *quasdam nostra demum prodisse memoria scimus, ut speculariorum usum, perlucente testa clarum transmittentium lumen.* Id. de provid. 4, 9: *quum specularia semper ab adflatu vindicaverunt, — nunc levis aura non sine periculo stringet.* Id. N. Q. IV, 13, 7: *Itaque quamvis coenationem velis ac specularibus muniant —.* Plin. ep. II, 17, 21: *Contra parietem medium zotheca perquam eleganter recedit, quae specularibus et velis obductis reductisve modo adicitur cubiculo modo aufertur.* Symposii aenigma 67 in Wernsdorf *P. L. M.* VI p. 542 n. Specular:
Perspicior penitus nec luminis arceo visus,
Transmittens oculos intra mea membra meantes:
Nec me transit hiems, sed sol tamen emicat in me.
Specularia kommen auch vor Paulus S. R. III, 6, 56. Dig. XXXIII, 7, 18 § 16. § 25.
98. Seneco. ep. 86, 11: *Quantae nunc aliquis rusticitatis damnat Scipionem, quod non in caldarium suum latis specularibus diem admiserat.*
99) Plin. N. H. XIX § 64. Columella XI, 3, 52. Mart. VIII, 14.
3100) Juven 4, 21.
1) Lactant. de opificio dei 8, 11: *si manifestius est, mentem esse, quae per oculos ea, quae sunt opposita, transpiciat quasi per fenestras perlucente vitro aut speculari lapide obductas.* Vgl. Quatremère de Quincy *Mémoire sur la manière dont étoient éclairés les temples des Grecs et des Romains* in *Histoire et Mémoires de l' Institut, Classe d'histoire* etc. Tome III (1648) p. 272 ff. und die Anmerkungen zu Winckelmanns Werken II S. 348.
2) Winckelmann Werke II S. 351. 443.
3) Mazois II p. 98. Gell Pomp. 1832, I p. 98.
4) Niccolini *Le case*. Fasc. III.
5) Mazois II p. 52 pl. XXXV.
6) De Lama *Iscrizioni antiche della scala Farnese* p. 29.
7) Mazois II p. 52 nimmt dies entschieden an, hauptsächlich auf Grund eines von Winckelmann *Mon. ined.* p. 266 tav. 204 herausgegebenen antiken Bildes mit der Unterschrift: *BALneum FAVSTINES*, auf welchem dieser Fensterverschluss der Säulenhallen deutlich sichtbar ist.

Man wird daher berechtigt sein, die *specularia* als eine allgemeine Bezeichnung für alle Arten von Fenster, sowohl die aus Glimmer als die aus Glas gemachten, zu betrachten. Spiegel von Glas haben nach Plinius bereits die Sidonier erfunden[8a]; inwieweit diese indess in Rom in Gebrauch gekommen sind, lässt sich schwerer ausmachen, da wir erst aus sehr später Zeit ein deutliches Zeugniss über einen Glasspiegel haben[9].

Während sowohl bei dem Tafelglase als bei denjenigen Trinkgläsern, welche den krystallenen an die Seite gestellt werden sollten, die Reinheit und Durchsichtigkeit des Materials als wesentliche Eigenschaft galt[10], wählte man für plastische Darstellungen, denen die Durchsichtigkeit des Stoffes nicht günstig ist, gefärbte, nur durchscheinende Masse, und erreichte namentlich dadurch eine unübertreffliche Wirkung, dass man auf dunklem, durchscheinendem Grunde Reliefs von weissem opakem Glase ausführte. Zu dieser Art der Arbeit gehören die berühmtesten erhaltenen Glasgefässe: die Portlandvase, eine mit zwei Henkeln versehene Urne von braunem, durchsichtigem Glase mit weissen opaken Reliefs, darstellend die Hochzeit des Peleus und der Thetis[11]; die im J. 1831 in Pompeji in der *casa del Fauno* gefundene Glaskanne mit Henkel, auf dunkelbraunem Grunde mit weissen opaken Laubwerkreliefs verziert[12]; die kleine *amphora*, ausgegraben 1837 in Pompeji, welche einen transparenten azurblauen Grund

---

8a) Plin. XXXVI § 193: *etiam specula excogitaverat* (Sidon). Da hier von den Glasfabriken die Rede ist, sind ohne Zweifel Glasspiegel zu verstehen. Einen noch vorhandenen ägyptischen Glasspiegel im Museum zu Turin führt an Raoul-Rochette *Peintures antiques* p. 379 not. 6.
9) Alexander Aphrodis. Problem. I, 133 in Ideler *Physici et Medici Graeci minores* I p. 46: διὰ τί τὰ ὕελινα κάτοπτρα λαμπρότεραν ἔχει; ὅτι ἐνδόθεν αὐτῶν γρίσοι καθαίρονται. Alexander von Aphrodisias lebte zu Anfang des dritten Jahrhunderts; die angeführte Schrift aber wird sonst Th. Gaza gewöhnlich dem Alexander von Tralles zugeschrieben, einem Arzte des sechsten Jahrhunderts.
10) Plin. N. H. XXXVI § 198: *maxumus tamen honos in candido translucentibus quam proxuma crystalli similitudine*.
11) Gefunden in einem Sarkophage bei Rom um Ende des 16. Jahrhunderts; genau abgebildet in Millingen *On the Portland Vase in Transactions of the royal Society of Literature of the united Kingdom* I, 1 (London 1829, 4,) pag. 93—105. Auch sonst abgeh. z. B. *Archaeologia* VIII (1787) pl. XX p. 307.
12) Abgebildet bei Minutoli Taf. III, 1.

und darüber eine Lage von milchweissem Glase hat, aus dem
das Relief, ein landschaftliches Motiv mit einer Weinlese darstellend, herausgeschnitten ist[3][13]); endlich die *patera* des Museo Borbonico, ebenfalls mit weisser, opaker Blattverzierung
auf azurblauem Grunde[14]), und verschiedene ähnliche, nur
fragmentarisch erhaltene Werke[15]). Allein nicht nur Gefässe
schmückte man mit solchen Reliefdarstellungen, sondern auch
Glastafeln, die zur Decoration der Wände bestimmt waren.
Glastafeln zur Wanddecoration werden zuerst erwähnt im J.
58 v. Chr. und zwar in dem Theater des Scaurus[16]); später
auch in Privathäusern; zuweilen werden sie als Spiegel beschrieben[17]), zuweilen als blosses Ornament erwähnt[18]); dass
im letzteren Falle Reliefs zu verstehen sind[19]), die an Schönheit der Ausführung den erwähnten Gefässen gleichkamen,
ersehen wir aus den noch erhaltenen viereckigen Tafeln dieser
Art, von welchen eine, in der vaticanischen Bibliothek befindlich[20]), auf dunklem Grunde in weissem Relief Bacchus im
Schosse der Ariadne liegend, eine zweite Apollo und zwei
Musen[21]), eine dritte ein Taurobolium darstellt[22]). Offenbar
hat dieselbe Kunstübung noch vielfache anderweitige Anwen-

---

3 13 Abgeb. *Monumenti dell' Instit.* III, tav. V; Zahn II Taf. 77;
Overbeck Pompeji II p. 208 fig. 111; beschrieben von H. J. Schulz
in *Annali* XI (1889) p. 84—100.
14; *Mus. Borb.* XI, 26. 29.
15) Minutoli Tab. I, 8 und die Nachweisungen S. 2. 8.
16 S. oben S. 219. Plin. XXXVI § 114 : *Ima pars scenae e marmore
fuit, media e vitro, inaudito etiam postea genere luxuriae, summa e tabulis
inauratis.*
17, Plin. N. H. XXXVI § 196 : *In genere vitri et obsiana numerantur
ad similitudinem lapidis, quem in Aethiopia invenit Obsius, nigerrimi coloris,
aliquando et tralucidi, crassiore visu atque in speculis parietum pro imagine
umbras reddente.* Suet. Domit. 14 ; *parietes phengite lapide distinxit, e
cuius splendore per imagines quidquid a tergo fieret provideret.*
18 Vopiscus Firm. 3, 2: *De huius divitiis multa dicuntur. Nam
vitreis quadraturis bitumine aliisque medicamentis insertis domum instruxisse
perhibetur.*
19; S. hierüber Raoul-Rochette *Peintures antiques* p. 331 ff.
20 Winckelmann Werke III S. 44; abgebildet bei Buonarroti
Osservazioni sopra alcuni medaglioni antichi, Roma 1698, 4°, p. 437.
21 Passeri I *Lucernae* I p. 66. 67. tav. 76.
22 Passeri I *Lucernae* I p. 76 tav. 90. Olivieri *Sopra due tavole
di avorio* p. 69. Eine andere Glasplatte in Relief, mit zwei Löchern zum
Annageln, s. ebendaselbst II tav. 58; vgl. tav. 68.

dung gefunden, da auch kleine Glaspasten, in derselben Art gearbeitet, vorhanden sind[3][23]). Welch ein ausgedehnter Gebrauch ausserdem, abgesehen von diesen Kunstleistungen, zu Zwecken des gewöhnlichen Lebens von dem Glase gemacht worden ist, beweisen nicht nur die Decorationen der Zimmerwölbungen (*cameras*)[24]) und Fussböden mit einer Zusammensetzung kleinerer oder grösserer farbiger Glasstücke[25]), sondern auch die vorhandenen, grossentheils zerbrochenen Reste, unter welchen sich einige vorfinden, über deren Bestimmung wir nur eine unsichere Vermuthung äussern können, wie die vielfach vorhandenen Glaskugeln, unter welchen vielleicht einige den Zweck gehabt haben, in der Wärme die Hand zu kühlen[26]), andere wohl als Fragmente von Geräthschaften zu betrachten sein dürften.

Auf der dritten Eigenschaft des Glases, der Dehnbarkeit, beruht die Möglichkeit, es zu blasen und zu spinnen, und in Folge derselben die Erfindung des Mosaik- und Filigranglases. Legt man nämlich Fäden oder Stäbe verschiedenfarbigen Glases in ein Bündel zusammen und erweicht sie dann im Feuer, so vereinigen sie sich zu einem vielfarbigen Glasstabe, den man nicht nur durch Ausziehen beliebig dünn machen, sondern auch durch Drehung spiralisch formen kann. Jeder Querdurchschnitt dieser Stange giebt ein Mosaikbild, das nicht blos auf der Oberfläche sichtbar ist, sondern durch die Masse des Glases durchgeht und entweder als Bestandtheil einer Glaspaste zur Fassung in einen Ring, zu Schmucksachen oder auch zu kleinen Gefässen und anderweitigen Zwecken

---

[22]) Minutoli Taf. I. 7.
[23]) Plin. N. H. XXXVI § 189. Seneo. ep. 86, 6 *vitro absconditur camera*; Statius Silv. I, 5, 42.
[24]) Einen Glasfussboden aus der *isola Farnese* von grauer Farbe, in der Dicke mittelmässiger Ziegel, erwähnt Winckelmann Werke III S. 40; einen anderen aus einer römischen Villa beschreibt Passeri *Lucernae* I, p. 87; ein Paviment von weissem und schwarzem Glase, gefunden 1676 am Mons Caelius, ist abgebildet in *Recueil de peintures antiques*. Paris 1783 fol. Tome I p. 21 ff. pl. 33; ein Estrich aus Stücken von blauem, grünem und weissem Glase, in Mustern zwischen Streifen von Schiefer und Palombino eingeschlossen, bei Minutoli S. 18 Taf. I, 4.
[25]) Propert. III, 24, 10:
Et modo pavonis caudae flabella superbae
Et manibus dura frigus habere pila (cupit).

verarbeitet werden kann. Dies sind die berühmten Millefiori³¹²⁷), deren wunderbaren Farbenschmelz und kunstreiche Composition bereits Winckelmann an zwei Pasten, einen Vogel und ein Blumenstück darstellend²⁸), hervorhebt, und von denen jetzt auch gute farbige Abbildungen vorliegen²⁹). Andererseits kann man den aus den beschriebenen Glasfäden zusammengefügten Stab nicht nur drehen, so dass die Fäden eine spiralförmige Windung um den Stab erhalten, sondern den Stab in erweichtem Zustande zu einer Platte zusammendrücken, welche dann ein Bandmuster darstellt und zu Gefässen ausgeblasen werden kann. Dies sind die Filigrangläser, in denen sich seit dem 15. Jahrhundert die Venetianer auszeichnen, ohne doch dabei, wie es scheint, die Methode der Alten völlig zur Anwendung gebracht zu haben. Ueber diese, ein complicirtes Verfahren bedingende Fabricate, sowie über den Unterschied antiker und moderner Methode bei ihrer Herstellung muss ich indess auf die Erörterungen von Semper verweisen, der diesen interessanten, aber schwierigen Gegenstand mit Sachkenntniss übersichtlich erörtert³⁰).

3127] Ob die ägyptischen *calices alassontes versicolores* bei Vopiscus Saturn. 8, 10 für diese der entsprechende Ausdruck sind, oder ob darunter Opalglas zu verstehen ist, wird schwerlich zu entscheiden sein.

28) S. Winckelmanns Werke III S. 40: In zusammengesetztem vielfarbigem Glase gehet die Kunst bis zur Verwunderung in zwei kleinen Stücken, die vor wenigen Jahren in Rom zum Vorschein kamen; beide Stücke haben nicht völlig einen Zoll in der Länge und ein Drittel desselben in der Breite. Auf dem einen erscheinet in einem dunkelen aber vielfarbigen Grunde ein Vogel, welcher einer Ente ähnlich ist, von verschiedenen, sehr lebhaften Farben. Der Umriss ist sicher und scharf, die Farben schon und rein, weil der Künstler, nach Erforderung der Stellen, bald durchsichtiges, bald undurchsichtiges Glas angebracht hat. Der feinste Pinsel eines Miniaturmalers hätte den Zirkel des Augapfels sowohl als die scheinbar schuppichten Federn nicht genauer ausdrücken können. Die grösste Verwunderung aber erwecket dieses Stück, da man auf der umgekehrten Seite demselben eben diesen Vogel erblicket, ohne in dem geringsten Pünktchen einen Unterschied wahrzunehmen.

29) S. v. Minutoli und Klaproth Ueber antike Glasmosaik. Berlin 1817. fol. mit 7 Tafeln, auf deren erster ein Glasgefäss dieser Art abgebildet ist; v. Minutoli Ueber die Anfertigung und die Nutzanwendung der farbigen Gläser bei den Alten. Berlin 1836. fol. Semper Der Stil II, Taf. XVI. *Archaeologia* XXXIV. Vgl. Caylus *Recueil* I p. 193 ff. pl. 107. Raoul-Rochette *Peintures antiques* p. 388 ff.

30) Semper Der Stil in den technischen und tektonischen Künsten II S. 199—206.

Es wird vielleicht später, wenn das Material sich vermehrt und die erst seit verhältnissmässig kurzer Zeit diesem Gegenstande zugewendete Forschung zu weiteren Resultaten gelangt, möglich werden, die sehr disparaten Glasarbeiten, welche wir besitzen, auch nach der historischen Entwickelung der Technik zu classificiren. Für jetzt lassen sich nur wenige Fabricate auf bestimmte Zeiten und Orte zurückführen. Zu diesen gehören die Gläser, welche sich bisher fast ausschliesslich in den römischen Catacomben, und erst neuerdings in zwei cölnischen Gräbern gefunden haben, seit der zweiten Hälfte des dritten Jahrhunderts in Mode gekommen und besonders bei den Liebes- und Gedächtnissmahlen der Christen gebraucht zu sein scheinen[31][31]. Dass ihre Technik noch lange bekannt blieb, geht hervor aus einem Schriftsteller des zehnten Jahrhunderts, dessen Vorschriften über die Fixirung von Goldblättchen auf Glas eine unverkennbare Beziehung auf diese Fabrication haben[32]. Das Eigenthümliche dieser Gläser, die meistens Schalen oder Becher sind, besteht darin, dass ein dünnes Goldblättchen mit eingravirter Zeichnung zum grossen Theil christlicher Gegenstände, zwischen zwei Glasflächen eingeschlossen, das Ornament ausmacht. Die doppelte Glaslage bildet gewöhnlich den Boden der Schale, der meistens allein erhalten ist, während die Ränder gelitten haben; die zuletzt entdeckte Cölner Schale, von welcher nur der Rand, nicht der Boden vorhanden ist, hat nur einfaches

---

[31] De Rossi *Bullettino di archaeologia christiana* 1864 n. 11 p. 82.
[32] Theophilus Hieromonachus *Diversarum artium schedula ed.* Escalopier, Paris 1843, c. 15: *De vitreis scyphis, quos Graeci auro et argento decorant. Graeci vero faciunt ex eisdem saphireis lapidibus pretiosos scyphos ad potandum, decorantes eos auro hoc modo. Accipientes auri petulam, de qua superius diximus, formant ex ea effigies hominum, aut avium sive bestiarum vel foliorum et ponunt eas cum aqua super scyphum in quocunque loco voluerint; et haec petula debet aliquantulum spissior esse. Deinde accipiunt vitrum clarissimum cotui crystallum. Quod ipsi componunt, quodque max, ut senserit calorem ignis, solvitur. et terunt diligenter super lapidem porphyriticum cum aqua, ponentes cum placebo lenuissime super petulam per omnia, et cum siccatum fuerit, mittunt in furnum, in quo fuissent vitrum pictum coquitur, — supponentes ignem et ligna fagnea in fumo omnino siccata. Cumque viderint flammam scyphum tamdiu pertransire, donec modicum ruborem trahat, statim elicientes ligna obstruunt furnum, donec per se frigescat; et aurum nunquam separabitur.*

Glas, auf dem das Goldornament offen liegt. Die Bodenornamentation ist offenbar eine Anwendung des Emblema auf die Fabrication der Glasgefässe, welche ziemliche Verbreitung gefunden haben muss; denn obgleich man schon im Alterthum diese Gefässe um des Goldes willen aus den Gräbern gestohlen hat[33]), so sind doch noch mehr als 310 derselben wenigstens fragmentarisch erhalten, von denen Garucci 316 hat abbilden lassen[34]).

Wir schliessen diesen Abschnitt mit einer kurzen Erwähnung der Gefässarbeiten in halbedlen Steinen, zu welchen die Gefässe in Onyx, Agath, Bergkrystall und nach der jetzigen Ansicht auch die *vasa murrina* zu rechnen sind. Unter den erhaltenen Onyxgefässen nehmen einen hervorragenden Rang ein das mantuanische oder braunschweiger[35]), die farnesische Schale[36]), die Vase von St. Denis, jetzt in Paris[37]), das berliner Gefäss[38]), sechs in Wien befindliche Gefässe von verschiedenen Formen[39]) und das noch nicht publicirte Gefäss von St. Maurice im Canton Wallis[40]); unter den Arbeiten in Agath ist die schönste und bedeutendste die wiener Schale[41]); viel verbreiteter und für die gewöhnliche Hausein-

---

[33]) S. De Rossi *Bull. di arch. christ.* 1864 n. 12 p. 87.
[34]) Die Hauptwerke über diese Gläser sind: Buonarroti *Osservazioni sopra alcuni frammenti di vasi antichi di vetro ornati di figure, trovati ne' cimiteri di Roma.* Firenze 1716. 4°, worin in der *prefazione* p. III ff. ausführlich über die Fabrication gehandelt wird, und Garucci *Vetri ornati di figure in oro, trovati nei cimiteri dei christiani primitivi di Roma;* Roma 1858 fol.; über neuere Funde in den Catacomben De Rossi *Bull. d'arch. christ.* 1864, n. 11. Von den beiden in Cöln gefundenen Schalen ist die eine vom Prof. aus'm Weerth in Jahrb. d. Vereins v. Alterthumsfr. im Rheinlande XXXVI S. 131 ff. und De Rossi *Bull. di arch. christ.* 1864 n. 12, die andere in den Jahrb. d. V. v. A. i. Rh. XLII S. 168—178 Taf. V und VI besprochen und abgebildet. Ueber verschiedene Gläser dieser Art, jetzt in England befindlich, s. Yates in *Archaeological Journal* VIII (1851) p. 170. 171.
[35]) Abg. bei Montfaucon *Ant. expl.* II pl. 78 und öfter.
[36]) Millingen *Uned. Mon.* II, 17. *Mus. Borb.* XII, 47.
[37]) Clarac II pl. 125. Müller u. Wieseler Denkmäler, II, p. 30.
[38]) Thiersch Ueber das Onyxgefäss in der k. pr. Sammlung geschnittener Steine zu Berlin, in Abh. d. bayerischen Acad. I. Cl. Th. II, 1 S. 68 ff.
[39]) Arneth Die antiken Cameen des k. k. Münz- und Antikencabinets in Wien Taf. XXII, 1. 4. XXIII, 1. 2. 4. 5.
[40]) Gerhard Arch. Anz. 1867 N. 219 S. 57.
[41]) Arneth a. a. O. Taf. XXIII, 2.

richtung wichtiger sind die Krystallgeschirre[3][42]), die seit dem 13ten Jahrhundert aufs neue ein beliebter Gegenstand der Kunstübung wurden. Der besondere Werth der letzteren, von denen sich ebenfalls schöne Exemplare erhalten haben[43]), lag nicht sowohl in der Arbeit, als im Stoffe, wenn derselbe vollkommen rein und ohne Flecken (*maculae, puncta*) war. Becher und andere Gefässe von völliger Reinheit kommen unter dem Namen *calices acenteti, vasa acenteta* vor[44]). Die murrinischen Gefässe dagegen, von denen wir keine eigene Anschauung haben, bilden seit fast dreihundert Jahren den Gegenstand eines lebhaften Streites. Was wir von ihnen wirklich wissen, ist, dass sie im Jahre 61 v. Chr. durch Pompejus mit der mithridatischen Beute zuerst nach Rom gebracht wurden[45]), dass sie in dem parthischen Reiche, namentlich in Carmanien, ihren Ursprung haben[46]), dass der Stoff, aus welchem sie gemacht wurden, die *murra*[47]) oder μοῤῥία[48]), von welchem die Fabricate griechisch μόῤῥινα[49]), lateinisch gewöhnlich *murrina*, seltener *murrea*[50]) heissen, ein Mineral war, das gegraben[51]) oder gefunden[52]) wurde und die Eigenschaft

---

3142) Mart. VIII, 77, 3; XIV, 111; Juven. 6, 156; Senec. de ira III, 40, 2, 3; de ben. VII, 9, 3; ep. 123, 7; 119, 3.
43) Einen Trinkbecher von Bergkrystall s. *Archaeologia* VII p. 184 pl. XV, eine Kanne bei Arneth a. a. O. Taf. XXIII, 6.
44) Plin. N. H. XXXVII § 28: *infestantur (crystalla) plurimis vitiis, scabro ferumine, maculosa nube, occulta aliquando vomica, praeduro fragilique centro item sale appellato. Est et rufa alicui robigo, aliis capillamentum rimae simile. Hoc artifices caelatura occultant. Quae vero sina vitio sint puras esse maluut. acenteta appellantes, nec spumei coloris sed limpidae aquae.* Fronto De feriis Alsiensibus 3 p. 150 ed. 1846: *convicium deinde agitares — calicibus perlucidis sine delatoria nota. Quid hoc verbi sit, quamras fortasse; accipe igitur. Ut homo ego multum facundus et Senecae Annaei sectator Faustiana vina de Suttae Fausti cognomento felicia appello, calicem vero sine delatoria nota cum dico, sine puncto dico. Neque enim me decet, qui sim iam homo doctus, volgi verbis falernum vinum aut calicem acentetum appellare.* Apuleius Met. II, 19 übersetzt dies *crystallum impunctum.*
45) Plin. N. H. XXXVII § 18. 46) Plin. N. H. XXXVI § 21.
47) Mart. X, 80, 1. XIV, 113, 1. Lucan. IV, 380; Statius Silv. III, 4, 59.
48) Pausan. VIII, 18, 2.
49) ἡ μοῤῥίνη in Periplus mar. erythr. § 6 p. 261 Müller, nach der Lesart der Handschrift.
50) Propert. IV, 10, 22; V, 5, 26. Digest. XXXIII, 10, 11.
51) Plin. N. H. XXXIII § 5: *Murrina ex eadem tellure et crystallus*

hatte, dass es nur in kleinen Tafeln vorkam, undurchsichtig, von mattem Glanze, von schillernder Farbe und sehr leicht zerbrechlich war[53]). Dass namentlich die Murrinen kein Thonfabricat waren, geht nicht nur aus dem Umstande hervor, dass Plinius dieselben unter den Mineralien, nach den Gemmen und vor dem Bergkrystall, behandelt, sondern wird auch wiederholentlich ausdrücklich gesagt[54]) und durch übereinstimmende Zeugnisse verschiedener Zeiten bestätigt[55]). Demnach ist unter den beiden Hauptansichten, welche man über die Natur der Murrinen aufgestellt hat[56]), diejenige als ungerechtfertigt zu betrachten, nach welcher unter der *murra* ein künstliches Material, und zwar Porcellan verstanden wird, und es handelt sich vielmehr darum, das Mineral aufzufinden, dessen Eigenschaften denen der *murra* entsprechen. Als solches wurde zuerst im J. 1810 der Flussspath bezeichnet, für den sich gegenwärtig das Urtheil der Sachkenner entschieden zu haben scheint[57]). Zur Complicirung der Untersuchung hat

---

efficimus, quibus pretium faceret ipsa fragilitas. XXXVII § 204: *Rerum autem ipsarum maximum est pretium in mari nascentium margaritis, extra tellurem crystallis, intra adamanti, smaragdis, gemmis, murrinis.*

51$§$ Plin. N. H. XXXVII § 21: *Oriens murrina mittit. inveniuntur ibi pluribus locis nec insignibus, maxime Parthici regni, praecipua tamen in Carmania.*

53) Plin. N. H. XXXVII § 21. 22. Die Undurchsichtigkeit bezeugt auch Mart. IV, 86.

54) Plin. N. H. XXXV § 158: *in sacris quidem etiam inter has opes hodie non murrinis crystallinisve, sed fictilibus prolibatur simpuviis*, § 163: *eo pervenit luxuria, ut etiam fictilia pluris constent quam murrina.*

55) Als Stein wird die *murra* bestimmt bezeichnet bei Sidon. Apoll. Carm. XI, 89:
Postes chrysolithi fulvus diffulgurat ardor,
Murrina, sardonices, amethystus, iberus, iaspis.
Propert. IV, 10, 22 *murreus onyx*. Digest. XXXIV, 2, 19 § 19: *murrina autem vasa in gemmis non esse Cassius scribit.*

56) Die Geschichte der Untersuchung über die Murrinen sowie die ganze Litteratur findet man bei Thiersch Ueber die *vasa murrina* der Alten, in den Abh. der bayerischen Academie, 1. Cl. 1835. S. 443—509. Die Ansicht, dass unter ihnen Porcellan zu verstehen sei, vertritt namentlich Roloff Ueber die murrinischen Gefässe der Alten, mit Anmerkungen und Zusätzen von Buttmann in Wolf u. Buttmann Museum der Alterthums-Wissenschaft II, S. 507—571.

57) Die Hypothese wurde aufgestellt in einem A. M. unterzeichneten Aufsatze im *Classical Journal* 1810 p. 472, ist von Thiersch in der angeführten Abhandlung ausführlich begründet und wird gebilligt von Corsi *Delle pietre antiche* p. 196. Schulz *Annali* XI (1839) p. 97. Kopp Geschichte der Chemie IV S. 71.

indessen ganz besonders beigetragen, dass, wie man im Alterthum alle Edelsteine nachmachte, so auch die *murrma* in Glas imitirt wurden, und neben den ächten unächte Murrinen vorhanden waren[1155]). Bei den enormen Preisen, welche die Seltenheit des ächten Materials und die Liebhaberei für dasselbe in Rom hervorrief[59], war es natürlich, dass man hierauf verfiel, und da die unächten Murrinen ausdrücklich erwähnt werden, so darf man nicht anstehen, diejenigen Stellen, in welchen dieselben als künstliche Fabricate erwähnt werden[60], auf diese unächte Waare zu beziehen, welche ebenfalls ein Meisterstück, zwar nicht der Natur, aber der Kunst war. Nur ist es gewiss irrig, wenn Thiersch, dessen Ansicht ich im Ganzen bis hieher gefolgt bin, diese unächten Murrinen in den oben besprochenen Glasgefässen mit weissen Reliefs auf dunkelem Grunde erkennen will[61]; es wird vielmehr ein schillerndes Opalglas zu verstehen sein, das eben darum nirgends erhalten ist, weil die Composition dieser Gläser auf eine lange Erhaltung derselben nicht berechnet war[62]).

[1155] Plin. N. H. XXXVI § 198: *Fit et tincturae genere obnoxium ad escaria vasa et totum rubens vitrum atque non translucens, haematinum appellatum. Fit et album et murrina aut hyacinthos sappirasque imitatum.*

[59] Plin. N. H. XXXVII § 18: *eadem victoria primum in urbem murrina invexit, primusque Pompeius capides et pocula ex eo triumpho Capitolino Iovi dicavit, quae protinus ad hominum usum transiere, abacis etiam escariisque vasis expetitis, et crescit in dies eius rei luxuria.* Er führt darauf als Preise an für einen Becher 70,000 HS = 5075 Thlr.; für eine *trulla* 300,000 HS = 21,751 Thlr.; für eine *capis* 1 Million HS = 72,500 Thlr.

[60] Hieher gehört namentlich die Stelle, welche den eigentlichen Differenzpunct in allen Untersuchungen ergeben hat, Propert. IV, 5. 26.
murreaque in Parthis pocula cocta focis;
ferner (Arrian.) peripl. mar. erythr. § 6. λιθίας ὑαλῆς πλείονα γένη καὶ ἄλλης μορφῆς, τῆς γινομένης ἐν Διοσπόλει.

[61] Gegen Thiersch erklärt sich auch Schulz Annali XI (1839 p. 97 ff.

[62] Semper a. a. O. II S. 203, wo er von dem Glase handelt, bemerkt in der Anmerkung: »Wenn die antiken falschen Murrinen Opalgläser waren und sie nach der modernen Procedur gemacht wurden, so ist es nicht zu verwundern, wenn sich nichts davon erhielt. Denn die metallischen Zusätze (Goldpurpur und salzsaures Silber), die dazu nöthig sind, dulden kein starkes Feuer — das leichtflüssige Glas zieht die Feuchtigkeit schnell an und zerfliesst.

IV. Geistige Thätigkeit und damit in Verbindung stehende Gewerbe.

Nachdem wir in den vorhergehenden Abschnitten die materiellen Interessen des römischen Lebens und die zur Befriedigung derselben bestimmten Industriezweige in Betracht gezogen haben, wird es nunmehr unsere Aufgabe sein, die geistige Beschäftigung der Römer von demselben Gesichtspunct aus zu erörtern und namentlich zu untersuchen, inwieweit dieselbe entweder direct zum Zwecke des Erwerbes benutzt, oder Veranlassung zu industrieller Thätigkeit wurde. Die Wissenschaft an sich zum Lebensberuf zu machen, haben zwar in Griechenland begabte und unabhängige Männer lohnend gefunden; in Rom dagegen, wo das *otium Graecum* von Alters her in Verruf stand (s. Th. V, 1 S. 90, Anm. 473), blieb sie vorzugsweise ein Mittel zu practischen Zwecken, eine angenehme Zerstreuung im Staatsdienste und ein Trost in der Zeit des Unglücks, und wenn es auch Dichter gab, welche eine unabhängige Musse der Ehre und dem Gelderwerb vorzogen, so bietet die römische Litteratur nur wenige Beispiele von wissenschaftlichen Schriftstellern dar, die, wie es Livius gethan zu haben scheint, ihr Leben ausschliesslich der Forschung widmeten. Ein grosser Theil der bedeutendsten römischen Schriftsteller gehört dem Senatorenstande an, für welchen die wissenschaftliche Thätigkeit nur als Erholung diente; der Ritterstand, obwohl dieser für den eigentlichen Träger litterarischer Bildung galt, fand den Mittelpunct seiner Thätigkeit in Geldgeschäften und später in der Verwaltung der kaiserlichen Procuratorenstellen; aber auch für Leute des dritten Standes, denen durch Rang und Geburt keine Aussicht auf Erfolg im Staatsdienst eröffnet war, entschied bei der Wahl des Berufes der materielle Vortheil. »Lass deinen Sohn, sagt Martial[3163]), die Grammatiker und Rhetoren meiden, nichts mache er sich zu schaffen mit dem Cicero oder Maro; macht er Verse, so enterbe ihn; will er eine Kunst lernen, die Geld einbringt, so werde er Sänger oder Musiker, und wenn er einen harten Kopf hat, lass ihn Auctionator oder Baumeister werden.« Wir sehen, es war Geld zu erwerben mit Künsten, die der Unterhaltung oder dem Bedürfniss des Publicums dienten, mit Musik, Schauspielkunst, Tanzkunst[64]); aber langwierige wissenschaftliche Studien rentirten nicht, und selbst wer die Laufbahn des Lehrers, des Advocaten oder des Arztes einschlug, suchte sich den zeitraubenden Vorbereitungen zu diesen Berufsarten häufig zu entziehen, so dass in derselben Weise, wie der Kunst das Handwerk, so der Wissenschaft die unwissenschaftliche Routine Concurrenz machte, und neben dem Grammatiker der Elementarlehrer, neben dem Redner der Winkeladvocat und Delator, neben dem Arzte der Quacksalber und Medicamentenhändler seine Stellung einnahm, was um so leichter ausführbar war, da man im Alterthum eine vorschriftsmässige Bildung für wissenschaftliche Berufsarten nicht verlangte.

Das anständigste und zugleich einträglichste unter diesen Geschäften war die Advocatur, das anständigste, weil auch Senatoren dasselbe betrieben[65]) und Leute des Volkes, wenn sie Talent hatten, es auf diesem Wege zu einer einflussreichen Stellung bringen konnten[66]); das einträglichste, seitdem das Cincische Gesetz des Jahres 550=204, welches den Advocaten verbot, Bezahlung anzunehmen[67]), unter den Kaisern insoweit antiquirt war, als ein Honorar in bestimmten Grenzen

---

3[163]) Mart. V, 56.
64) Ueber das Einkommen der Schauspieler und Tänzer, Fechtmeister und Circuskutscher s. Friedländer Darstellungen II S. 396 ff., 201; 489. 65) Tac. Ann. XI, 6. 7. Liv. XXXIV, 4, 9.
66) Tac. Ann. a. a. O. Juven. 6, 47 und mehr bei Friedländer Darstellungen I S. 286 ff.
67) Tac. Ann. XI, 5: *legemque Cinciam flagitant, qua cavetur antiquitus, ne quis ob causam orandam pecuniam donumve accipiat* Vgl. XIII.

gestattet wurde[168]). Nächstdem liess sich eine geistige Bildung verwerthen im Dienste der Subalternbeamten, scribae, welche, da die Magistratspersonen weder eine wissenschaftliche Vorbildung für ihr Amt mitbrachten, noch lange genug im Amte blieben, um eine Erfahrung im Detail des Dienstes gewinnen zu können, durch Sachkunde und Geschäftskenntniss sich unentbehrlich machen und Verdienst und Einfluss erlangen konnten. Diese Classe von Beamten hatte lebenslängliche Anstellung, stand in Gehalt (s. Th. III, 2, S. 82) und nahm im bürgerlichen Leben eine geachtete Stellung ein, was man daraus ersieht, dass auch Leute aus dem Ritterstande in dieselbe eintraten[69]). Ferner bot sich den Gelehrten als Erwerbsquelle der Lehrerstand dar; allein dieser hatte anfangs wenig Anziehendes für einen römischen Bürger; die ältesten Lehrer waren Sclaven, die Schulen, welche ebenfalls von Sclaven oder Freigelassenen geleitet wurden, Privatunternehmungen, welche schlecht rentirten; namentlich galt das von den Elementarschulen; etwas mehr verdienten seit dem zweiten punischen Kriege die Grammatiker und Rhetoren[70]); indess erhielten die Lehrer eine anständige Situation erst seit Vespasians Zeit, als man begann, öffentliche Lehrer von Seiten der Communen und des Staates anzustellen[71]). Wir haben indess nicht die Absicht, auf diese zum Theil bereits früher besprochenen Berufszweige hier weiter einzugehen, und werden nur drei Geschäfte näher besprechen, das der Aerzte und Medicamentenhändler, das der Mechaniker und namentlich der Uhrmacher und das der Bücherschreiber und Buchhändler.

48: XV, 84. Cicero de sen. 4, 19; de or. II, 71, 286; ad Att. I, 20, 7. Paulus p. 142. 4: *Muneralis lex vocata est, qua Cincius cavit, ne cui liceret munus accipere*. Noch unter Augustus wurde das Gesetz erneuert. Dio Cass. LIV, 18.

[168] Tacitus Ann. XI, 7: *(Claudius) capiendis pecuniis (posuit) modum usque ad dena sestertia, quem egressi repetundarum tenerentur.* Suet. Ner. 17; Plin. ep. V, 4; V, 9; V, 13; Quintilian. XII, 7, 3—12; Dig L, 13, 1 §'10—13; XXXIX, 5, 19 § 1; XIX, 2, 82 § 1.

69) S. Friedländer Darstellungen I S. 248. 249.

70) S. Th. V. 1 S. 98—118. Friedländer Darstellungen I S. 249 —213.

71) S. Th. III, 2 S 27 Anm 448 und jetzt Kuhn Die städtische und bürgerliche Verfassung des römischen Reichs. Leipzig 1864. 2. Th. I S. 68 ff.

Die Aerzte und Medicamentenhändler.

Es ist am Ende des 17ten und am Anfang des 18ten Jahrhunderts ein lebhafter Streit über die Frage geführt worden, ob die Aerzte in Rom eine anständige Classe von Leuten gewesen seien oder nicht[3172]. Die Antwort konnte man bei Cicero finden, welcher sagt, die Medicin sei für diejenigen, deren Stand sie angemessen sei, eine anständige Beschäftigung[73]. Dieser Stand war aber der der Sclaven und Freigelassenen. L. Domitius Ahenobarbus hatte im Jahr 49 v. Chr. zum Arzte einen Sclaven[74]), der jüngere Cato einen Freigelassenen[75], ein Freigelassener war der berühmte Arzt des Augustus, Antonius Musa[76]), und noch lange nachher finden sich am kaiserlichen Hofe und in vornehmen Familien *servi*[77]) und *liberti medici*, während der grössere Theil der frei practicirenden Aerzte ebenfalls dem Stande der Freigelassenen angehört[78]. Zu diesen kam seit dem Jahre 535=219, in welchem der Peloponnesier Archagatus nach Rom übersiedelte, dort das Bürgerrecht erhielt und in einer *taberna* eine chirurgische Klinik eröffnete[79]), eine Anzahl fremder Aerzte, während die

---

[3172] Hieher gehören die Schriften: *Medicus romanus servus sexaginta solidis aestimatus*. Lugd. Bat. 1671. 12. Middleton *De medicorum apud veteres Romanos degentium conditione*. Cantabrigiae 1726. 4. In dissertationem nuper editam *de medicorum — conditione animadversio brevis*. Londini 1727. 8. *Ad Middletoni — dissertationem — responsio*. Londini 1727. 8. *Dissertationis de m. c. defensio auctore Middleton*. Cantabr. 1727. 4. *Dissertationis Middletoni — defensio examinata*. Londini 1728. 8. Schläger *Historia litis de m. ap. Rom. deg. conditione*. Helmstad. 1740. 4°.

[73] Cic. du off. I, 42 § 151: *Quibus autem artibus aut prudentia maior inest aut non mediocris utilitas quaeritur, ut medicina, ut architectura, — eae sunt iis, quorum ordini conveniunt, honestae.*

[74] Suet. Ner. 2. Seneca de benef. III, 24 und mehr bei Drumann III S. 22. [75] Plut. Cat. min. 70.

[76] Dio Cass. LIII, 30.

[77] Cyrus, *Liriae Drusi Caesaris medicus* Orelli 653; andere Beispiele Henzen 6331. 6445. 6651; Friedländer Darstellungen I S. 107; ein *Phoebianus servus medicus* in Aquileja Or. 2793. *Medici utriusque sexus* werden unter den Sclaven erwähnt Cod. Just. VI, 43, 8 pr., und auf 60 solidi taxirt Cod. Just. VII, 7, 1 § 5.

[78] Dahin gehören z. B. *Q. Baebius D. l. Cladus medicus* in Venusia, Mommsen I. R. N. 739; *P. Vedius P. l. Carpus medicus* in Luceria, das. n 1018. *D. Servilius D. l. Apollonius medicus*, das. 2907; *L. Valerius L. l. Nicephorus medicus* in Capua, das. 3703; vgl. auch n. 3180; 6653.

[79] Plin. N. H. XXIX § 12: *Cassius Hemina ex antiquissimis auctor*

römischen Bürger sich selten oder gar nicht zu diesem Beruf verstanden[31,50]). In der That war die Stellung der griechischen Aerzte wenigstens anfangs weder anständig noch angenehm; Vertrauen hatte man nicht zu ihnen, der alte Cato behauptete sogar, sie hätten sich verschworen, die Römer umzubringen[51]); ihr Geschäft betrieben sie in einer Bude, wie die Barbiere[52]), und mit Hülfe von *liberti*, die sie anlernten[53]), zu diesem Zwecke zu den Kranken mitnahmen[54]) und später selbst practiciren liessen, natürlich gegen einen Antheil am Gewinne der Praxis. Noch Galen erzählt von dem unter dem Kaiser Claudius lebenden Thessalus von Tralles, dass er einen Haufen von ungebildeten Leuten sechs Monate lang bei seinen Krankenbesuchen mitgeschleppt und ihnen dann erlaubt habe, auf ihre eigene Hand zu curiren[55]). Indessen gab es damals auch angesehene und gut gestellte Aerzte. Schon Asclepiades von Prusa, dem Zeitgenossen und Freunde des Cicero, war es gelungen, durch sein sicheres und geschicktes Auftreten, seine Rednergabe und seine glücklichen Curen Achtung und Reichthum zu gewinnen[56]) und der Begründer einer Schule zu werden[57]). Nachdem Cäsar den fremden Aerzten, wie den frem-

---

ut primum e medicis venisse Romam Peloponnaeso Archagathum, Lysaniae filium, L. Aemilio, M. Livio coss. anno urbis DXXXV, eique ius Quiritium datum et tabernam in compito Acilio emptam ob id publice. l'obscrarium eum fuisse e re dictum, mireque gratum adventum eius initio, mox a saevitia secandi urendique transisse nomen in carnificem et in taedium artem omniasque medicos.
[150]) Plin. N. H. XXIX § 11; § 17: *Solam hunc artium Graecarum nondum exercet Romana gravitas in tanto fructu; Quiritium paucissimi attigere et ipsi statim ad Graecos transfugae. Immo vero auctoritas aliter quam Graece eam tractantibus etiam apud imperitos expertesque linguae non est, ac minus credunt, quae ad salutem suam pertinent, si intellegunt.*
51) Cato bei Plin. N. H. XXIX § 14. Plut. Cat. mai. 23.
52) Plaut. Amph. 1011:
  Nam omnis plateas perreptavi, gymnasia et myropolia,
  Apud emporium atque in macello, in palaestra atque in foro,
  In medicinis, in tonstrinis, apud omnis aedis sacras.
53) Digest. XXXVIII, 1, 26 pr.
54) Mart. V, 9. Friedländer Darstellungen I S. 331.
55) Galen. X p. 5.
56) S. Cic. de or. I, 14, 62; Plin. N. H. VII § 124; XXVI § 12—18; Apulei. Florid. 19. Isensee Geschichte der Medicin. Berlin 1840. B. Th. I S. 106—112.
57) Plin. N. H. XX § 49; XXII § 199; XXIX § 6.

den Lehrern, das Bürgerrecht verliehen hatte[3188]), zogen sich nicht nur immer mehr Aerzte aus Griechenland, dem Orient und Aegypten nach der Hauptstadt[88]), sondern wendeten sich auch in Rom selbst Einheimische der ärztlichen Kunst zu, wie M. Artorius, der Arzt des Augustus[90]), A. Cornelius Celsus unter Tiberius, dessen medicinisches Handbuch als die bedeutendste Leistung der Römer in diesem Fache zu betrachten ist, Vettius Valens, der Arzt der Messalina, und andere[91]). Ja bei Quintilian VII, 4, 38 kommt als Thema zu einer Controverse die Frage vor, ob der Redner oder der Philosoph oder der Arzt der nützlichste für den Staat sei, eine Frage, die man in früherer Zeit schwerlich aufgestellt haben würde. Allein mehr als der Nutzen des Staates bestimmte zur Ergreifung dieses Berufes die zuweilen sehr glänzende Einnahme berühmter Aerzte; Plinius berichtet, dass Stertinius durch seine Stadtpraxis jährlich 600,000 HS oder 40,000 Thlr.[92]), der Chirurg Alcon in Gallien in wenigen Jahren 10 Millionen HS verdiente[93]), und dass vornehme Kranke für ihre Heilung grosse Summen boten[94]). Dabei kam es allerdings auch vor, dass gewinnsüchtige Aerzte eine Krisis des Kranken entweder benutzten oder sogar herbeiführten, um von demselben solche Anerbietungen zu erpressen[95]). Seit dem Beginne der Kaiserzeit fing man auch an, Aerzte mit festem Gehalt anzustellen, theils bei Hofe, wo die berühmtesten Aerzte ein ihrer Stadtpraxis entsprechendes, enormes Gehalt von 250,000 bis 500,000 HS oder 18,000 bis 30,000 Thlr. bezogen[96]), theils

---

3188) Suet. Caes. 42. Suet. Aug. 42.
89) Friedländer Darstellungen I. S. 230.
90) Velleius II, 70, 1; Val. Max. I, 7, 1. 2; Plut. Brut. 41.
91) Plin. N. H. XXIX § 8. Ob die Cassii, Calpetani, Arruntii, Rubrii, die derselbe § 7 anführt, Freie oder Freigelassene waren, ist nicht ersichtlich; aber in Inschriften kommen, wiewohl selten, ingenui als Aerzte vor, wie A. Clodius, A. f. medicus in Benevent, Mommsen I. R. N. 1390; M. Aelius Pius Curtianus in Praeneste, Orelli=Henzen n. 7146. 92) Plin. N. H. XXIX § 7.
93) Plin. N. H. XXIX § 22.
94) Plin. N. H. XXVI § 4 XXIX § 23.
95) Plin. N. H. XXIX § 21 und Beispiele bei Friedländer Darstellungen I S. 283.
96) Plin. a. a. O. § 7. 8. Friedländer. a. a. O. I S. 187 ff.

beim Militär, für welches man in allen Truppentheilen und Garnisonen ärztliche Hülfe schaffte[3197], theils für die Gladiatoren[98]), theils endlich für den Dienst der Communen. Die früheste Erwähnung städtischer Aerzte kommt in Massilia vor, und zwar bei Strabo, welcher berichtet, dass auch die gallischen Städte diese Einrichtung nachahmten[99]). Von dem Staate selbst ist, nachdem Augustus den Aerzten in Rom Befreiung von allen *munera* ertheilt[3200]), und Vespasian und Hadrian dies Privilegium auch auf die Provinzen ausgedehnt hatten[1]), in dieser Beziehung nichts geschehen bis auf Antoninus Pius, welcher zunächst für die Provinz Asien anordnete, dass in jeder Stadt eine Anzahl von Aerzten, welche die Stadtbehörde ernennen und wieder absetzen konnte, Freiheit von allen Lasten geniessen solle, nämlich in kleineren Städten fünf, in Mittelstädten sieben, in Hauptstädten zehn[2]). Diese Aerzte wurden von der Stadt besoldet, obgleich sie ausserdem Privatpraxis treiben konnten[3]).

In Rom selbst hatte der Umstand, dass den Aerzten der verschiedensten Schulen und Nationalitäten die Praxis ganz frei gegeben war, zunächst die günstige Folge, dass, wie dies gegenwärtig in grossen Städten der Fall ist, alle Specialitäten der Heilkunst besonders vertreten waren[4]). Es gab Zahnärzte, deren Kunst in Rom sehr alt ist, da schon in den XII Tafeln falsche Zähne erwähnt werden[5]), Chirurgen und Opera-

---

[3197) S. Th. III, 2 S. 418.
98) Ueber die *medici ludi magni*, *ludi matutini* s. Preller Regionen S. 192. Vgl. Friedländer Darstellungen II S. 207.
99) Strabo IV p. 181: σοφιστὰς γοῦν ὑποδέχονται (οἱ Γαλάται) τοὺς μὲν ἰδίᾳ, τοὺς δὲ πόλεις κοινῇ μισθούμεναι, καθάπερ καὶ ἰατρούς.
3200) Dio Cassius LIII, 80
1) Den Aerzten wird von ihnen bewilligt, *ne hospitem reciperent*, Dig. L, 4, 18 § 80; nach einer andern Quelle Freiheit von allen Lasten. S. Dig. XXVII, 1, 6 § 8.
2) Dig. XXVII, 1, 6 § 2. Kuhn Die städtische und bürgerliche Verfassung des Röm. Reichs I S. 84.
3) Kuhn a. a. O. S. 94 Anm. 669. 670.
4) Dig. L. 18, 1 § 3: *Medicos fortassis quis accipiet etiam eos, qui alicuius partis corporis vel certi doloris sanitatem pollicentur, ut puta si auricularius, si fistulae vel denlium*. Eine Aufzählung solcher Specialärzte s. bei Martial X, 56.
5 Cic. de leg. II, 24, 60: *cui auro dentes iuncti sunt, ast im cum illo sepelirei urelive se fraude esto*. Später gedenkt Lucian. rhetor. praec.

teure³⁰⁶), Augenärzte⁷), Ohrenärzte⁶), Aerzte⁹) und Aerztinnen, medicae¹⁰), für Frauenkrankheiten, die mit den Hebammen (obstetrices) nicht durchaus zu identificiren sein dürften, und Aerzte für Fisteln, Brüche u. s. w. Daneben classificirten sich die Aerzte nach ihren Schulen und Mitteln, so dass Empiriker, Methodiker, Pneumatiker, Eklektiker, Wasserärzte, wie Antonius Musa, und Weinärzte (οἰνοδόται)¹¹) neben einander ihre Praxis hatten und hie und da in Folge glücklicher Curen ihr Publicum fanden. Auf der andern Seite hatte der Mangel jeglicher Aufsicht des Staates, über welchen schon Plinius klagt¹²), die schlimme Folge, dass auch Leute ohne alle Schule, ganz ungebildete Quacksalber und Charlatane sich mit der Medicin befassten¹³), und dass auch die Drogueriewaarenhändler und Salbenverkäufer, von deren blühenden Geschäften wir noch zu reden haben, fertige Medicamente verkauften. Denn Apotheker, die auf Anweisung eines ärztlichen Attestes und unter Controle der Behörde Medicamente für bestimmte Fälle bereiten, gab es im Alterthum nicht; die Aerzte selbst mussten die Medicin liefern und benutzten auch dies zu einer Geldspeculation, indem sie die theuersten Mittel als die besten anpriesen, aus deren Composition ein Geheim-

---

14 einer alten Frau, τετράφας ἔτι λοιποὺς ὀδόντας ἐχούσης, χρυσῷ καὶ τοίτους ἐνδεδεμένους. In einem apulischen Grabe sind sieben Zähne, mit einem Golddraht zusammengefügt, gefunden worden. Boettiger Gr. Vasengemälde I, I S. 63.

3306) Plin. N. H. XXIX § 22. Grut. 400, 7. Reines. 611, 7.

7) medicus ocularius Orelli 4428; Mommsen I. R. N. 4121; medicus clinicus chirurgus ocularius Orelli 2682; ὀφθαλμικοὶ ἰατροὶ Galen. XVIII, 1 p. 47 Kühn u. b.

8) medicus auricularius Orelli 4227, besser Mommsen I. R. N. n. 4636.

9) Solche waren z. B. Soranus von Ephesus und Moschion.

10) Orelli 4230. 4231; Boissieu Inscr. de Lyon p. 455. 456, der auch über den Begriff der medicae handelt.

11) Die Methode rührte von Asclepiades her. Plin. N. H. VII § 124. Apulei. Flor. 19. In einer wahrscheinlich gleichzeitigen, dem Ende der Republik angehörigen Inschrift bei Mommsen I. R. N. 136 heisst es: L. Manneius Q. medic. ceivas fecit. φύσει δὲ Μιτριφράτης Δημητρίου Τραλλιανὸς φυσικὸς οἰνοδότης ζῶν ἐποίησε.

12) Plin N. H. XXIX § 18: nulla praeterea lex, quae puniat insitiam eam, capitale nullum exemplum cindicius. Discunt periculis nostris et experimenta per mortes agunt, medicoque tantum hominem occidisse impunitas summa est.

13) Friedländer Darstellungen I S. 231. 232.

niss machten³²¹⁴) und neben eigentlichen Heilmitteln auch
Schönheitsmittel und Toilettenrequisiten componirten. Sie
pflegten das Medicament mit einer Etikette, *ἐπαγγελία*, zu
versehen, welche erstens den Namen des Medicamentes und
seines Erfinders, zweitens die Aufzählung der Krankheiten,
gegen welche es diente, drittens die Composition und viertens
die Art des Gebrauchs enthielt¹⁵). Diese Etiketten waren
grossentheils wahrscheinlich geschrieben und haben sich in
dieser Form nicht erhalten; indessen besitzen wir von den Etiketten der augenärztlichen Medicamente, die trocken in Form
viereckiger Stäbchen verpackt und dann gestempelt wurden,
noch 110 Stempel von Stein, welche ebenfalls den Namen des
Arztes, die Bestimmung des Mittels, die Bestandtheile desselben und die Art seiner Auflösung (in Ei, Wasser, Wein) ent-
halten¹⁶).

Das Bereiten der Medicamente war aber für die Aerzte
nicht nur zeitraubend, sondern auch schwierig, weil dazu
theils naturhistorische Kenntniss, theils auch die Erlangung von
Medicinalstoffen gehörte, die nicht bequem und selten ächt zu
beschaffen waren. Die Aerzte kauften daher häufig nicht nur
die Stoffe, sondern auch die componirten Medicamente aus
Spezereiwaarenhandlungen¹⁷), welche in Rom ein lebhaftes
Geschäft betrieben. Denn nicht nur die *materia medica* war
im Alterthum äusserst complicirt und musste aus allen Theilen der Welt zusammengebracht werden, sondern auch der
Gottesdienst, das Bad, die Toilette, das Mahl und das Begräbniss veranlasste eine enorme Consumtion seltener und
theurer Droguen, die um so mehr Gewinn abwarfen, als sie

---

³²¹⁴) Friedländer a. a. O. I S. 284.
15) Galen. XIII p. 1005; Oribasius X, 5 p. 887 und Daremberg zum Oribas. Vol. II p. 879.
16) C. L. Grotefend Die Stempel der römischen Augenärzte. Han-
nover 1867. 8.
17) Plin. N. H. XXXIV § 108: *atque haec omnia medici — quod pace
eorum dixisse liceat — ignorant, pars maior et nominibus, in tantum a con-
ficiendis iis medicaminibus absunt, quod esse proprium medicinae solebat.
Nunc quotiens incidere in libellos, componere ex his volentes aliqua, — credunt Sepasiae omnia fraudibus corrumpenti. Iam quidem facta emplastra
et collyria mercantur.*

stark verfälscht wurden[18]). Galen machte eigene Reisen, um aus Cypern ächte metallische Substanzen, aus Palästina Opobalsamum, aus Lemnos Siegelerde zu holen[19]). Die Medicamente, welche er aus Syrien, Aegypten, Cappadocien, Pontus, Macedonien, Spanien und Africa bezog, wurden für ihn unter der Aufsicht der senatorischen und kaiserlichen Statthalter gesammelt; in Creta gab es eigene kaiserliche Beamte, welche die dort reichlich vorhandenen Medicinalstoffe in ächter Qualität, sorgfältig in Papier verpackt und mit der Aufschrift des Namens und des Fundortes bezeichnet[20]), theils in die kaiserlichen Magazine, theils zum Verkauf in Rom[21]) versendeten. Ebenso wurde das Opobalsamum, welches bei Engaddi in Judäa[22]) auf einer kaiserlichen Domaine wuchs, für Rechnung des Fiscus verkauft[23]). Trotzdem war es in Rom sehr schwer unverfälscht zu bekommen[24]). Die Kaufleute, welche diese Waaren theils von dem Fiscus einkauften, theils auch auf dem gewöhnlichen Handelswege in Rom einführten[25]), nennt Galen μυροπῶλαι[26]) oder φαρμακοπῶλαι und erwähnt, dass die letzteren nicht blos einfache Stoffe, sondern auch fertige, nach ärztlichen Recepten componirte Medicamente verkauften[27],

[18]) Galen. XIV p. 7.   [19]) Galen. XIV p. 7. 8.
[20]) Galen. XIV p. 79.
[21]) Galen. XIV p. 9: ἔτι δὲ μόνον οὐχὶ καθ' ἑκάστην ἡμέραν κομίζεται, καθάπερ τά τ' ἐκ τῆς Σικελίας καὶ τῆς μεγάλης Λιβύης καθ' ἕκαστον ἐνιαυτὸν ὥρᾳ θέρους, ἀπό τι Κρήτης πολλή, τῶν ἐπεὶ βοτανικῶν ἀνδρῶν ὑπὸ Καίσαρος τρυγωμένων, οὐκ αὐτῷ Καίσαρι μόνῳ ἀλλὰ καὶ πάσῃ τῇ Ῥωμαίων πόλει πλήρη πιμπόντων ἀγγεῖα τουτὶ τὰ πλεῖστα καλούμενα, διὰ τὸ τῶν λύγων εἶναι πλέγματα. An einer andern Stelle, VIII p. 551, erwähnt Galen kaiserlicher Sclaven, οἷς ἔργον ἐστὶν ἰχθύας θηρεύειν. Diese Nullera werden als Gegengift gebraucht, Galen. X p. 870. 371. und haben auch sonst ihre Anwendung, XI p. 143. XII p. 342 ff. Die Magazine, in welchen diese kaiserlichen Apotheken lagen, beschreibt Galen. XIV p. 25. 64. 217. 218.
[18]) Galen. XIV p. 23. Movers Die Phoenizier II, 2, 1 S. 226—221.
[18]) Plin. N. H. XII, 25 § 111. 118. Man cultivirte den Bau der Pflanze sorgfältig. Solin. 85, 5 p. 172 Mommsen : In hac terra balsamum nascitur, quae silva intro terminos viginti iugerum usque ad victoriam nostram fuit : at cum Iudaea politi sumus, ita luci illi propagati sunt, ut iam nobis latissimi colles sudent balsama.
[24]) Galen. XIV p. 10. 30. 50.
[25]) Galen. XIV p. 9: ἐν Ῥώμῃ —, εἰς ἣν ἐξ ἁπάντων τῶν ἐθνῶν καθ' ἕκαστον ἐνιαυτὸν ἐξωνοῦνται πάμπολλα.
[16]) Galen. XIV p. 10.
[27]) Galen. XII p. 337.

— 363 —

wobei natürlich der Käufer die Gefahr der Folgen trug[3229]). Bei den Römern ist *pharmacopola* ein herumziehender Quacksalber[29]); das eigentliche Geschäft haben dagegen die *thurarii*[30]), die *unguentarii*[31], die *aromatarii*[32]), welche namentlich auch gewürzte Weine (*vinum odoratum*) und Moste auf dem Lager haben[33]), die *pigmentarii*, welche ausser Farbenstoffen auch *odores* und *unguenta* verkaufen[34]) und Leichen einbalsamiren[35]), die *myrobrecharii*[36]), und die besonders mit Toilettengegenständen handelnden, von einer Strasse in Capua benannten[37]), aber im ganzen römischen Reiche verbreiteten *Seplasiarii*[38]).

[3229] Das Epigr. Jac. Anth. Gr. I p. 119 n. 9 handelt von einem, der sich mit einer Pomade die Haare völlig ausrottete, und die Aerzte machen auf die Gefahr solcher Mittel mehrfach aufmerksam.
[29] Gell. I, 15, 9. Hor. S. I, 2, 1.
[30] In Rom: Henzen 7354=C. I. L. I n. 1065; in Puteoli Ib. 7282; in Florenz Orelli 4391; in Aquileja Marini Atti I p. 339. Mit dem puteolanischen, der L. *Faenius*, L. l. *Alexander* heisst, ist vielleicht verwandt der *L. Faenius Urso thurarius* auf einer Inschr. von Ischia Mur. p. 952, 5, der in Florenz vorkommende *L. Faenius L O. L Favor thurarius* und der römische *L. Faenius Primus thurarius* Marini Atti I p. 330. Wir würden dann ein Geschäft haben, das an verschiedenen Orten Niederlassungen unterhielt.
[31] In Rom: *unguentarius institor* Orelli 4209; in Capua C. I. L. I n. 1310; *unguentarius Lugdunensis* O. Henzen 7289; ein anderer ib. 7234; in Venusia Orelli 2969=Mommsen I. R. N. 734; eine *unguentaria* in Neapel Orelli 4301 = Mommsen I. R. N. 2898. Andere Beispiele s. Fabretti c. III, n. 573. Marini Atti II p. 516.
[32] Ein *collegium aromatariorum* in Rom s. Orelli n. 4064.
[33] Orelli 144: *L. Apuleio L. f. Zmaragdo aromat(ario), qui vascul(a) dulciar(iorum) CCC, it(em) HS LX testam ento) rel(iquit) C. Statilio Prago aromat(ario), genero suo, ut aegri(is) inop(ibus) col(oniae) Fel(icis) Lor(ii) pharm(aco) et muis(um)s(ine) pr(etio) erog(aret).*
[34] Scribon. Larg. 22 Schol. Pers. 1, 43. Grut. 1033, 1; ein *pigmentarius negotians Esquilis*, Henzen n. 5080; spätere Zeugnisse s. bei Marini Pap. dipl. p. 335.
[35] Gregor. Magn. Dial. IV, 56: *Nam illustris vir Stephanus, quem bene nosti, — in Constantinopolitana urbe pro quadam causa demoratus, molestia corporis superveniente defunctus est. Cumque medicus atque pigmentarius ad aperiendum eum atque condiendum esset quaesitus et die eodem minime inventus, subsequente nocte corpus iacuit inhumatum.*
[36] Orelli 4387. Bei Plaut. Aul. III, 5, 37 ist die Lesart unsicher.
[37] Cic. in Pis. 11, 24 und dazu Asconius p. 10: *Dictum est, — plateam esse Capuae, quae Seplasia appellatur, in qua unguentarii negotiari illic soliti.* Cic. de leg. agr. II, 34, 94. pr. Sext. 8, 19. Nonius p. 216, 1. Festus p. 347b 3. 348a 27.
[38] Lamprid. Elagab. 30. Ein *institor seplasiarius* in Rom Doni p. 433, 19; *mi**replasiarius* negotians* nebst einem *servus institor* in Flo-

Schon das Geschäft in einfachen botanischen und mineralischen Stoffen hatte seit den letzten Jahrhunderten der Republik einen grossen Aufschwung genommen und erweiterte sich immer mehr in der Kaiserzeit. Weihrauch z. B., welchen die alten Römer gar nicht kannten[32 39], wurde zwar zu Catos[40] und Plautus'[41] Zeit beim Opfer schon gebraucht, aber so oft er später vorkommt[42], so fand er doch in dem eigentlich römischen Culte nur langsam Eingang. Bei dem Opfer der Arvalen wird er nicht vor Trajan erwähnt[43]. Dagegen trieb man lange vorher bei Begräbnissen[44] damit einen solchen Luxus, dass z. B. Nero bei dem Begräbnisse der Poppaea mehr als die ganze Weihrauchernte eines Jahres verbrauchte[45]. Wie der Weihrauch, so kamen die gesuchtesten trockenen Stoffe, die man theils bei Begräbnissen, theils zum Räuchern in den Wohnungen[46], theils zum Parfümiren der Wäsche[47], am meisten aber zur Fabrication der *unguenta* brauchte, aus Arabien, Judäa oder dem inneren Asien: sie zahlten an der Grenze des römischen Reichs eine Eingangssteuer[48], z. B. der Weihrauch in Gaza[49], und aus einem Verzeichniss dieser steuerbaren Gegenstände[50] ersehen wir, dass ausser einigen nicht sicher zu bestimmenden Stoffen namentlich eingeführt wurden Zimmt (*cinnamomum*)[51], Pfeffer, der in der Medicin vielfache Ver-

---

renz Or. 4203, ein *seplasiarius* in Montferrat Orelli 4417. Auch in der Cölner Inschr. Orelli-Henzen 7261 steht nach Brambach C. I. Rhen. 416 nicht *sellasiario*, sondern *seplasiario*.

38 39) Arnobius VII, 26. 27. 28. Ovid. F. I, 338 ff.
40) Cato de R. R. 134, 1.
41) Plaut. Poen. II, 4, 8. Aulul. prol. 24. Truc. II, 5, 27. Vgl. Trin. 984.
42) S. die Stellen bei Brisson de form. I c. 37. 88. 89. Marini Atti I p. 288. 289.
43) Marini Atti I p. 597. 44) S. Th. V, 1 S. 855, 878.
45) Plin. N. H. XII, § 88.
46) Galen. XII p. 447.
47) Galen. a. a. O. Clemens Alex. Paed. p. 207 Pott.
48) S. Th. III, 2 S. 206 und jetzt Froehner *Ostraca inédits du musée imp. du Louvre*. Paris 1865. 8. p. 98. p. 10 n. 12.
49) Plin. N. H. XII § 65.
50) Dig. XXXIX, 4, 16 § 7. Dirksen Ueber ein in Justinians Pandekten enthaltenes Verzeichniss ausländischer Waaren. Abh. der Berl. Acad. 1843. Phil. Hist. Classe p. 59—103.
51) Plin. N. H. XII § 95 ff.

wendung fand und das Pfund 4 bis 15 Denare kostete[52]), radix costi[53]), costomomum, nardus, und zwar das Blatt (folium) zu 40—75 Denaren das Pfund, und die Aehre (nardi spica, στάχυς) zu 100 Denaren, d. h. 25 Thlr. das Pfund[54]), aus welchen Preisen sich erklärt, dass die Nardensalben, das foliatum und das spicatum, zu den kostbarsten gehörten[55]): ferner Cassia[56]), Myrrhe (σμύρνα), d. h. das Harz (στακτή)[57]) der arabischen Myrte[55]); Amomum und Cardamomum[58]), das man der Asche in den Todtenurnen beimischte[60]), Ingwer (zingiberi)[61]), φύλλον μαλαβάθρον[62]), wahrscheinlich das Betelblatt[63]), woraus man Oel presste[64]) und die Malabathrumsalbe verfertigte, ebenfalls ein kostbarer Stoff, da man in Rom die Blätter mit 60 Denaren, das Oel mit 400 Denaren das Pfund bezahlte[65]). Ausserdem gehören zu diesen Waaren das Bdellium[66]), d. h. indische Myrrhe[67]), die man in Rom beim Opfer brauchte[68]), das Myrobalanum[69]), der calamus odoratus vom Libanon[70]), der Styrax[71]), das Harz (lacrimae) des Balsamstrauches von Judäa, von dem an Ort und Stelle der Sextarius mit 300 Denaren bezahlt, in Rom aber für 1000 Denare verkauft wurde[72]). Der Bedarf dieser asiatischen Producte war

---

52) Plin. N. H. XII § 28.
53) Plin. N H. XII § 44. Theophr. H. pl. IX, 7. Dioscor. I, 15.
54) Plin N. H. XII § 15. 44.
55) Galen. XII p. 439: ηγαθὸν δὲ φάρμακον εἰς πάντα καὶ τὸ τῶν πλεισύων γυναικῶν μύρον ὁ καλοῦσιν ἐν Ῥώμῃ φολίατον· οὐχ ἧττον δὲ τοῦτο χρησών — ὁ προσαγορεύουσι σπικάτον. Vgl. p. 604. Plin. N. H. XIII § 15. Juv 6, 465. Mart. XI, 27, 9.
56) Plin. N. H. XII § 95—97. Das Pfund kostet 5 bis 50 Denare. Vgl. Peripl. Mar. Erythr. p. 7 Huds.
57) Theophrast. de odor. c. 29. Hist. Pl. IX, 4. Diosc. I, 74.
58) Plin. N. H. XII § 66 bis 70. Kostet 9 bis 50 Denare das Pfund.
59) Plin. N. H. XII § 49. 50. 60) Ovid. Trist. III, 5, 69.
61) Plin. N. H XII § 28.
62) Geopon. VI, 4 Dioscor. m. m. 1, 11.
63) Ritter Erdkunde von Asien IV, 1 S. 855 ff. 875; nach Lassen Ind. Alt. 1 S. 288 ff. ist es laurus cassia.
64) Plin. N. H XII § 129.   65) Plin. N. H. XII § 139.
66) Peripl. Mar. erythr. c. 87 p. 81 Huds. Plin. N. H. XII § 35.
67) Lassen Ind. Alt. S. 198.
68) Plin. N. H. XII § 85.
69) Plin. N. H. XII § 100 ff. Galen. XIV p. 760.
70) Plin. N. H. XII § 104.
71) Plin N. H. XII § 124. 125. Peripl. M. Erythr. c. 49 p. 28 H.
72) Plin N. H. XII § 111 bis 128.

so gross, dass Plinius rechnet, für Perlen und *odores* gingen
jährlich 100 Millionen Sesterzen in das Ausland[3273].

Noch gewinnreicher aber als der Handel mit den Rohproducten mochte die Fabrication und der Vertrieb der *unguenta* und des ganzen Toilettenapparates sein. Wohlriechende Oele und Salben galten als eine persische Erfindung[74]; sie sind aber nach Rom nicht erst mit dem übrigen asiatischen Luxus[75] gekommen, sondern lange vorher in Grossgriechenland, namentlich in Capua, Mode gewesen. In Rom brauchte man sie bei der gewöhnlichen Morgentoilette, beim Bade, bei jedem Festmahle[76], zu verschiedenen medicinischen Zwecken[77], bei dem Cultus, der auch Götterbilder zu salben vorschrieb[78], und bei den verschiedenen Ceremonien der Bestattung[79]. Zu allen diesen Zwecken fabricirte man in Rom Oele und Salben sowohl aus einheimischen Blumen, Kräutern, Sträuchern und Wurzeln, als aus den genannten orientalischen Pflanzenstoffen: aber man bezog auch berühmte Fabricate fertig aus Griechenland und dem Orient, wie z. B. achte Nardensalbe am besten aus Laodicea kam, unächte und schlechte in Neapel gemacht

---

[3273] Plin. N. H. XII § 84. Wie weit dieser Handel ging, sieht man aus einem in Tellichery auf der Küste Malabar gemachten bedeutenden Funde von römischen Goldmünzen, deren jüngste von Caracalla aus dem Jahr 215 ist. *Journal of the Asiatic Society of Bengal* 1851. Arneth Sitzungsber. der ph. h. Cl. der Wiener Acad. IX p. 378. Jahrbuch der k. k. Centralcommission zur Erforschung und Erhaltung der Baudenkmale I (Wien 1856. 4°.) p. 31.

[74] Plin. N. H XIII § 3. Darauf geht auch das Horazische *„Persicos odi, puer, apparatus"* Od. I, 38, 1.

[75] Liv. XXXIX, 6. 7. 8.

[76] Es genügt, an die horazischen Stellen Od. I, 5, 2. II, 3, 13. II, 7, 8. 22. II, 11, 16. III, 1, 44. III, 14, 17. III, 29, 4. IV, 12, 17. Epod. 13, 5 zu erinnern.

[77] Dig. XXXIV, 2, 21 § 1: *Unguentis legatis non tantum ea legata videntur, quibus unguimur voluptatis causa, sed et valetudinis, qualia sunt commagena, glaucina, crinina* (Lilienöl), *rhodina, e myrrha quoque; item nardinum purum; hoc quidem etiam, quo elegantiores sint et mundiores, unguuntur feminae.* Vgl XXXIV, 2, 25 § 10. Weitläufiger handeln hiervon die Aerzte. Dioscor. m. m. I, 53 ff.

[78] S. Th. IV S. 192. 442. Lipsius excurs. ad Tac Ann. I, 21. Marini *Atti* II p. 394.

[79] S. Th. V, 1 S. 852. 369. 880 Th. IV S. 859. Dig. XI, 7, 37: *Funeris sumptus accipitur, quidquid corporis causa, veluti unguentorum, erogatum est.*

wurde³³⁹⁰), so dass man drei Kategorien dieser Waaren unterscheiden kann: römische, wie Rosen-, Crocus-, Myrten-, Cypressenöl und viele andere Sorten⁸¹); italische, griechische und kleinasiatische *unguenta*, wie Rosenöl von Neapolis, Capua, Praeneste und Phaselus, *Amaracinum* von Cos, *Panathenaicum* von Athen, *Irinum* von Cyzicus u. a. m.⁸⁷), endlich arabische Salben, wie das von Horaz⁸³) gefeierte *malabathrum Syrium*, *Achaemenium costum*, *nardum* und *myrobalanum*⁸⁴), welche Salben in Originalfläschchen aus *lapis alabastrites*, auch Onyx genannt⁸⁵) — denn in steinernen Büchsen hielten sie sich am besten⁸⁶) — zum Verkauf kamen⁸⁷).

Die Toiletten- und Schönheitsmittel endlich, in deren Gebrauch in dem kaiserlichen Rom die Männer mit den Frauen wetteiferten⁸⁸), waren ebenfalls theils einfache Stoffe, theils zusammengesetzte Medicamente, nach Recepten, die in aller Händen waren⁸⁹), angefertigt und im Laden käuflich: Haaröle und Pomaden⁹⁰) gegen das Ausfallen der Haare, Augenbrauen und Augenwimpern⁹¹); Mittel für das Wachsen⁹²) und Schwarzwerden der Augenbrauen und Wimpern⁹³) (καλλιβλέ-

---

8280) Galen VI p. 439. X p. 791.
81) Sie werden aufgezählt von Plin. N. H. XIII, § 8 bis 17, Galen. XII p. 424. 448, Dioscorides. m. m. I, 18—78, Paulus Aegin. VIII, 16, von Nicolaus Myrepsius XV; die Oele aus Blumen und verschiedenen Pflanzen von Aetius Iatrab. I, 4 s. v. Έλαιον.
82) Plin. N. H. XIII § 1—6.
88) Ohne Werth ist Martorelli *Degli odori dissertazione Orazione* in *Diss. dell' accad. Romana di archaeologia* I, p. 417 ff.
84) Hor. Od. II, 7, 8. III, 1, 44. II, 11, 16. IV, 12, 17. Epod. 13, 5. Od. III, 29, 4.
85) Plin. N. H. XXXVI, § 59. 86) Plin. l. l. und XIII § 19.
87) Hor. Od. IV, 10, 17. Mart. VII, 94, 4. Prop. IV, 10, 22. Theocrit. 15, 114. Athen. XV p. 686°. Ev. Marci 14, 3.
88) Eine Schilderung der Toilette einer Dame giebt Lucian. Amor. 39—40, welche Stelle Boettiger seiner Sabina zu Grunde gelegt hat.
89) Galen. XII p. 446: Κρίτων — ἐγραψε τέτταρα βιβλία κοσμητικῶν, ἃ πάντες ἔχουσιν. Dies sagt er nochmals p. 480.
90) *capillare* Mart. III, 82, 28. Zu der Pomade, welche Petron. 23 erwähnt: *profluebant per frontem sudantis acaciae rivi*, giebt das Recept Theoph. Nonnus c. 1 p. 14 Bernh. Vgl. auch Plin. N. H. XXIV § 110.
91) Plin. N. H. XXVIII § 163—166. Dioscorides de luc. par. c. 45. 96. 97. Galen. XII p. 424—459. Moschion de morb. mul. c. 2 p. 17. Alexand. Aphrod. probl. I, 2. Paulus Aegineta III, 2. Theophanes Nonnus c. 1. 2. Nicolaus Myreps. XVIII, 12—16.
92) Theoph. Nonn. c. 41.
93) Ovid. A. A. III, 201 ff. Juven. 2, 93. Martial. IX, 37, 6.

φαρον)³²⁹⁴); Mittel, dem Haare eine blonde oder rötbliche (nach griechischer Bezeichnung πυῤῥός, uneigentlich auch ξανθίς,⁹⁵) Farbe zu geben⁹⁶), welche zuerst in Griechenland aufgekommene Mode⁹⁷) schon zu Cato's Zeit auch in Rom Eingang gefunden hatte⁹⁸), namentlich die gallische Seife, sapo⁹⁹); Mittel, das Haar zu schwärzen³³⁰⁰), eine Erfindung, die schon Medea gemacht haben soll¹); Mittel, die Haare kraus zu machen²); Mittel, die Haare auszurotten, ψίλωϑρα³); Mittel für

---

Lucian. Amor. 39. Apuleius Met. VIII, 27 nennt dies *oculos graphice obungere*.

3294) Diesen Namen hat schon Varro bei Non. p. 118, 22. Die Salbe wird gemacht aus *terra ampelitis* (Plin. N. H. XXXV § 194), aus Asche von Dattelkernen und Nardus (Plin. XXIII § 97), gebrannten Rosenblättern (Plin. XXI § 123), besonders aber aus Spiessglaspulver, στίμι, Plin. XXXIII § 102. Hieronymus ep. 40 ad Furiam: *orbes tibi fuliginati*. Galen. VI p. 489; οὕτως γοῦν πράττουσιν ὁσημέραι καὶ αἱ στιμμιζόμεναι γυναῖκες. Vgl. Nicol. Myr. XXXVII, 89. Theoph. Nonnus 12.

95) Galen. XV p. 135: χρείμεναι δὲ ἐνίοτε ταῖς ὀνόμασιν οὐκ ἀκριβῶς ἔνιοι τῶν βιβλία γραψάντων τὴν τῶν πραγμάτων διδασκαλίαν ἐπεράσουσιν· οὕτως γοῦν τινες ὀνομάζουσι τοὺς Γερμανοὺς ξανθούς καίτοι γε οὐκ ὄντας ξανθούς, ἐὰν ἀκριβῶς τις ἐθέλῃ καλεῖν, ἀλλὰ πυῤῥούς.

96) Ovid. Fast. II, 761. A. A. III, 163 und das. Burmann; Plin. N. H. XXVI § 164; Petron. 110; Lucian. Amor. 40; Trebell. Pollio Gallien. duo 21, 4; Hieronymus ad Laetam Vol. I ed. Colon. 1616 p. 16ᵃ A; Dioscorides de f. p. 95; Galen. XIV p. 392. XII p. 136; Aetii tetrab. II, 2, 59; Theoph. Nonn. 2; Nicol. Myr. XLIV, 3. Ausführlich spricht darüber auch Tertull. de cultu femin. II, 6.

97) Demetrius von Phaleron färbte sich das Haar blond, Athen. p. 549ᵈ. Ihe τριχῶν βαφή erwähnt Achilles Tatius II, 38.

98) Serv. ad Verg. Aen. IV, 698: *Quia in Catone legitur de matronarum crinibus: flavo cinere unctitabant, ut rutilae essent.* Vgl. Jordes M. Catonis quae exstant p. 29, 9.

99) Plin. N. H XXXVIII § 191. Martial. VIII, 23, 20 und XIV, 26 nennt dies Mittel *spuma Batava* und *caustica spuma*. S. Beckmann Gesch. d. Erf. IV S. 5 ff.

3300) Tibull. I, 8, 44; Mart. III, 43; IV, 36; IX, 37, 6; Plin. N. H. XXVI § 164; Dioscorides de f. p. 99, 100, 101; Galen. XII p. 434, 445; Alexand. Trall. I, 5; Aetii tetrab. II, 2, 58; Actuarius de meth. med. VI in Stephanus *Medicae artis principes* Vol. II p. 291; Marc. Emp. 7. Serenus Sammonicus bei Stephanus II p. 416; Theoph. Nonnus 2. 1) Palaephatus de incr. 44.

2) Galen. I, 8, 6 XII p. 434. 445; XVI p. 89; Aetii tetr. II, 2. 31; Marcellus Emp. 7.

3) Martial. III, 74; VI, 93, 9; vgl. II, 29; X, 65, 8; Plin. N. H. XXVI § 164: *Psilothrum non quidem in muliebribus medicamentis tractamus, verum iam et viris est in usu.* Es giebt viele Recepte dazu; s. die Stellen des Plinius im Schneiderschen Index s. v. *psilothrum* und Galen. XII p. 447-459; Dioscorides de f. p. 105. Actuarius bei Stephanus II p. 294. 295. Nic. Myr. XVIII, 91.

den Teint[3304]), um dem Gesicht eine frische Farbe zu geben[5]); um die Hände weiss zu erhalten[6], die Sommersprossen zu beseitigen[7]), die Runzeln zu entfernen[8]) oder zu verkleben (*lomenta*)[9]); ferner eigentliche Schminke[10]), sowohl weisse, *creta*[11]), *cerussa*[12]) (Bleiweiss), als rothe, *purpurissum*[13]), *fucus*[14]), *minium*[15]), endlich Schönpflästerchen (*splenia*)[16], Zahnpulver[17]), lemnische Siegelerde, deren man sich als Seife beim

---

3304) Dioscorides de f. p. 99. 100. 101. 110. 111; Plin. N. H. XXXVIII § 189 ff.; Galen. XII p. 446; Theoph. Nonn. 103; Nic. Myr. XVIII, 26—89.
5) Theoph. Nonn. 105; Nicol. Myr. XVIII, 7.
6) Galen. XII p. 447.
7) Galen. XII p. 448. Dioscorides de f. p. 121. Io. Actuarius de diagnosi II, 13 in Ideler M. et ph. vet. Vol. II p. 451. Idem de meth. med. IV, 10. Aetii ktr. II, 4, 10.
8) Galen. XII p. 446; Nic. Myr. XVIII, 23. 40; Aetius letr. II, 4, 1—6.
9) Mart. III, 42. Vgl. Caelius bei Cic. ad fam. VIII, 14, 4. Apulel. Met. VIII, 27: *facie cocnoso pigmento delita*.
10. Galen. XII p. 434; Lucian. Amor. 44; Tertull. de cultu fem. 3: *genas rubore maculant, oculos fuligine colliniunt*. Cyprian. de discipl. virg. 14 (11) *genas mendacio ruboris inficere*. In Griechenland war diese Sitte so allgemein, dass in der messenischen Inschrift in Gerhard Arch. Anz. Dec. 1858 n. 120 den bei den Mysterien betheiligten Frauen verboten wird. Μὴ ἐχέτω δὲ μηδεμία χρυσία μηδὲ φῦκος μηδὶ ψιμίθιον (d. h. *fucus* und *cerussa*).
11) Hor. Epod. 12, 10; Mart. II, 41, 11; VI, 93, 9; VIII, 33, 17. Man brauchte sie besonders gegen Runzeln. Petron. 23.
12) Plaut. Most. I, 3, 101 (237); Ovid. med. fac. 73; Mart. VII, 25, 2.
13) Plaut. Most. I, 3, 104 (261); Trucul. II, 2, 33; Non. p. 215, 29; vielleicht auch bei Cic. in Pison. 11, 25 zu lesen *purpurissatas buccas*; Apoleius de mag. 75: *cum in puella rideret medicatum os et purpurissatas genas*. Tertullian. de cultu fem. II, 7: *videbo, an cum cerussa et purpurisso et croco et in illo ambitu capitis resurgatis*. Hieronymus ad Laetam. Vol. I p. 16ᵃ A. ed. Colon. 1616: *Cave, ne aures eius perfores, ne cerussa et purpurisso — ora depingas*. Idem de virgin. servande ep. 8. Vol. 1 p. 19ᵇ G.: *polire faciem purpurisso et cerussa ora depingere*.
14) Tertull. de hab. mul. 2: *medicamenta ex fuco, quibus lanae* (vielleicht *malae*: *colorantur et ilium ipsum nigrum pulverem, quo oculorum exordia producuntur*. Plaut. Most. I, 3, 118 (275): *Vetulae, edentulae, quae vitia corporis fuco occultant*. Fucus ist ein Moos, Lichen roccella Linn. S. Beckmann Gesch. der Erf. I S. 338 ff. Vgl. über andere Schminken Boettiger Sab. S. 46. 47.
15) Cl. Marius Victor ep. ad Selmonem in Wernsdorf P. L. M. III p. 110: *quid agunt in corpore casto Cerussa et minium, cristamque venena colorum?*
16) Martial. II, 29, 9; VIII, 33, 22; X, 58; Ovid. Am. III, 202.
17) Ueber den Gebrauch des Zahnpulvers s. Catull. 39, Mart. XIV, 56 u. die von Savaro zu Sidon. Apoll ep. III, 13 p. 220 ange-

Waschen der Wäsche bediente[3315]), dies sind etwa die gewöhnlichsten Waaren der *seplasiarii*.

Die Mechaniker und namentlich die Uhrmacher.

Wenn wir von den mechanischen Künsten, in welchen das Alterthum ausserordentliche Leistungen aufzuweisen hat, hier nur eine einzelne behandeln, welche nicht besonders geeignet sein dürfte, das ganze Fach zu repräsentiren, so hat dies seinen Grund theils in der Bedeutung dieser Kunst für das Bedürfniss des täglichen Lebens, theils aber in der Unmöglichkeit, die Entwickelung der Mechanik der Alten, welche einer ausführlichen monographischen Behandlung noch sehr bedarf, an diesem Orte übersichtlich und in Kürze zu erörtern. Die Uhren, um also von diesen ausschliesslich zu reden[19]), waren bei den Alten entweder Sonnen- oder Wasseruhren[20]). Die erste Sonnenuhr kam nach Rom im Jahr 491=263, und zwar aus Catina, für welche Stadt sie berechnet war. Obgleich also für Rom völlig unbrauchbar, blieb sie doch aufgestellt bis 590=164, in welchem Jahre Q. Marcius Philippus eine für Rom construirte Sonnenuhr daneben setzte[21]). Seit dieser Zeit wurde der Gebrauch der Sonnenuhren nicht allein auf öffentlichen Plätzen[22]), sondern auch in Tempeln[23]), Bädern[24]),

---

führten Stellen. Recepte dazu gehen Plin. N. H. XVIII § 178. 188, Dioscorides de f. p. p. 76, Galen. XII p. 806. 447. 884—893, Aetius tetr. II, 4, 83, Nicol. Myr. XXXVII, 60—81, Theoph. Nonnus 111.
3318) Galen. XII p. 170 f. Eine ähnliche Erde fand sich in Solinus und Chlon, mit der man das Gesicht wusch. Galen. XII p. 180.
19) Der Gegenstand ist von mir bereits früher behandelt worden in dem Programm *Galeni locus qui est de horologiis veterum emendatus et explicatus*. Gotha 1863. 4.
20) Cic. de N. D. II, 34, 87; *solarium vel descriptum vel ex aqua*. Censorin. 23, § *horarium ex aqua fecit*.
21) S. Th. V, 4 S. 138 ff.
22) Cic. Brut. 54, 200.
23) Den Göttern, die man wie Menschen bediente (Th. IV S. 291', wurden auch die Stunden durch Sclaven gemeldet (Seneca fr. 86 Haase; Mart. X, 48, 4; Apul. Met. XI, 20), wie dies im Hause geschah (s. Th. V, 4 S. 269), und deshalb auch Sonnenuhren dedicirt, wie dem Jupiter und der Juno, Orelli 985; dem Deus Nemausus, Orelli 2033; der Diana, C. I. Gr. 4947; der Tyche, C. I. Gr. 2510.
24) Lucian. Hipp. 8. In den Thermen von Pompeji ist ebenfalls eine Sonnenuhr gefunden worden.

Häusern[25]) und Villen[26]) allgemein, und es gab keinen Theil des römischen Reiches, in welchem sie nicht üblich geworden wären. Wir haben theils durch Funde der Uhren selbst, theils durch inschriftliche Zeugnisse Nachricht von Sonnenuhren in Athen[27]), Thespiae[28]), Delos[29]), Cos; Rom selbst wird in dem Fragment einer Comödie[30]), welches Ritschl in den Anfang des siebenten Jahrhunderts der Stadt setzt[31]), angefüllt mit Sonnenuhren, *oppleta solariis*, genannt; die Umgegend von Rom[32]),

---

25) Dig. XXXIII, 7, 12 § 28: *quae vero non sunt affixa, instrumento non continentur — excepto horologio aereo, quod non est affixum. Nam et hoc instrumento domus putat contineri (Papinianus)*. Bei Petron. 26 bei Trimalchio eine Uhr im Triclinium.

26) Cicero verspricht ep. ad fam. XVI, 18, dem Tiro ein *horologium* auf das Tusculanum zu schicken. Die bei Rom gefundenen Sonnenuhren scheinen gleichfalls in Villen gestanden zu haben.

27) Es sind vier athenische Sonnenuhren bekannt: 1) die von dem Thurm der Winde, s. Stuart *Antiquities of Athens* I pl. X. XI; Leake Topographie von Athen, übers. von Rieneacker p. 12. 158; Delambre in *Mém. de la classe des sciences math. et phys. de l'Institut* XIV (1818) p. 25 ff. ; 2) die von dem Denkmal des Thrasyllus. Le Roy *Les ruines des plus beaux monuments de la Grèce*. Paris 1770, fol. Vol. II pl. II; 3) die Uhr des Phaedrus, jetzt im britischen Museum, C. I. Gr. n. 522; 4) die von dem Theater des Dionysus, *Annali d. Inst.* 1848 p. 14. Eine fünfte wird erwähnt C. I. Gr. 1947.

28) *Annali d. Inst.* 1848 p. 21. 29) Delambre a. a. O.

30) Gellius III, 3, 4. Ribbeck C. L. rel. p. 27. 25.

31) Ritschl *Parerga* I p. 208.

32) In dieser sind bis jetzt folgende Exemplare entdeckt worden: 1) das 1741 bei Tusculum gefundene, jetzt im *Collegium Romanum*, beschrieben von Zuzzeri *D'una antica villa scoperta sul dosso del Tusculo e d'un antico orologio a sole tra le rovine della medesima ritrovato. Venezia* 1746. 4. Vgl. *Archaeologia* X p. 173; P. Boscowich in *Giornale de' Letterati pel anno* 1746 art. XIV ; 2) das 1751 in Castelnuovo; 3) das 1755 in Vico Rignano gefundene, beide beschrieben in *Pitture d' Ercolano* III p. 237 n. 134 ; 4) das 1762 in Rom gefundene. S. Fr. Jaquieri ep. ad D. M. Sarti in Oderici *dissert. Romae* 1765. 4. p. 388, abgedruckt in Martini *antiquorum monumentorum sylloge* (prior), Lips. 1788 p. 95 ff; 5) das um 1740 gefundene, beschr. von Baldini *sopra un' antica pintura di bronzo, che si suppone un' Orologio da sole*, in *Saggi di diss. di Coriona, Tom. III* (1741) p. 183 ff; 6) ein im Jahre 1764 im Besitze von Lucatelli in Rom befindliches. S. Paciaudi *Mon. Peloponn.* I p. 48 ; 7) ein in der Villa Palombara auf dem Esquilin gefundenes, beschr. von Piale in Guattani *Memorie enciclopediche*, Tom. V p. 108—109; Wöpcke im C. I. Gr. n. 6179 ; 8) das 1815 an der via Appia gefundene, beschr. v. Peter *Di un antico orologio solare* in *Diss. dell' Accad. Rom. di Archeologia* I, 2 (1825) p. 25—68 ; 9) das in Berlin befindliche, s. Wöpcke *Disquisitiones* p. 38 ; 10) das zweite Berliner Ex. N. 661 des Catalogs, von E. Gerhard in Rom erworben; 11. 12. 13) drei in Tibur gefundene, beschrieb. in Antonini *Candelabri antichi*, Tom. II tav. 16 ; vgl. Peter a. a. O. p. 57; *Bull. d. Inst.* 1832 p. 97—109. Ausserdem werden zwei *horologia* erwähnt Grut. p. 133; Orelli 4317.

sowie Herculaneum[33]) und Pompeji[34]), haben eine grosse
Anzahl von Sonnenuhren geliefert, und es sind solche auch
in Puteoli[35]), Aletrium[36]), Ravenna[37]), in verschiedenen
Theilen Galliens[38]), in Deutschland[39]), in Dacien[40]), Spanien[41])
und in Africa[42]) in Gebrauch gewesen und theilweise auch
gefunden worden. Diese grosse Verbreitung der Uhren macht
es erklärlich, dass in der Kaiserzeit sowohl die Beschäftigungen
des Privatlebens nach Stunden geregelt[43]), als auch in der

---

[33]) Zwei Uhren, die erste 1755, die zweite 1828 gefunden, s. *Pitture d'Ercolano* III p. V ff.; Wöpcke *Disq.* p. 28 fig. V und im C. I. Gr. 5868.

[34]) Hier sind, so viel ich weiss, zwölf gefunden: 1) 1762. Florelli *Pompeianorum antiquitatum historia* I, 1 p. 132. *Pitture d'Ercolano* III p. 237. Wöpcke *Disq.* p. 9; 2) 1763. Mommsen I. R. N. 2227; 3) 1770. Florelli I, 1, p. 237; 4) 1771. Florelli I, 1 p. 248 ,,*nel arena del portico dietro la scena del teatro*'', vgl. I, 2 p. 156; 5) 1776 ,,*nelle rovine di alcuni muri di case in vicinanza della porta*''. Florelli I, 2 p. 162; 6) 1809 ,,*per la strada*'', Florelli I, 2 p. 18; 7) 1809 Florelli I, 2 p. 27; 8) 1828 ,,*in una stanza della casa di Pomponio*'' Florelli II p. 207. Dies scheint das auf dem Titel des VII Bandes des *Museo Borbonico* abgebildete Exemplar zu sein; 9. 10) 1830 und 1831 in der *casa con capitelli figurati* gefunden. S. Avellino *Descr. di una casa Pompeiana. Napoli* 1837. 4. p. 60. tav. III, 5 und X, 12. Florelli II p. 255; 11) 1854 in den Thermen. Quaranta *L'orologio a sole di Beroso. Napoli* 1854. Minervini *Bull Nap. N. S.* II p. 13; III p. 34; tav. IX u. 3. Niccolini *Le case ed i monumenti di Pompei*; fasc. XV. *Terme. Museo di Napoli*; fasc. 62 p. 2 p. 14. tav. 16 n. 59; 12) ein neuerdings gefundenes Exemplar bei Florelli *Giornale degli scavi* 1863 p. 14.

[35]) Grut. p. 171, 12.

[36]) C. I. L. I n. 1166.

[37]) S. *Les illustres observations antiques du seigneur G. Symeon.* Lyon 1558. 4. p. 77. Hier. Rubei *Hist. Ravenn. l'enet.* 1590. 4. p. 16. Gegenwärtig ist die Uhr nicht mehr vorhanden.

[38]) So in Belluno im Mailändischen, Grut. p. 227, 6; im Kloster Taloire in Savoyen, Orelli 3299. *Archaeologia* VI p. 138; X p. 172. Herzog *Galliae Narbonensis historia. App.* p. 134 n. 500; in Nemausus, Orelli 2388; Aquae Sextiae, Herzog a. a. O. p. 80 n. 362; Vienna, Herzog a. a. O. p. 114 n. 531.

[39]) Ein bei Canustadt gefundenes Horologium s. Jahrb. d. V. v. A. im Rheinlande IV S. 90.

[40]) S. die Inschr. von Alba Julia (Karlsburg), Orelli 925—1276; Neigebaur Dacien p. 126 n. 6.

[41]) Inschr. des *municipium Aurgitanum*, Hübner Berichte der Berliner Acad. 1861 Jan. p. 44.

[42]) Eine Uhr, in Kurba in Algérien gefunden, s. Hefner Röm. Inschr. in Denkschr. der bayerischen Acad. V (1849) p. 252.

[43]) S. hierüber Th. V, 1 S. 261—305. Hierauf bezieht sich auch das Fragment der Boeotia bei Gellius III, 3, 1, ferner Seneca de br. vit. 12, 6 und von Späteren Sidonius Apollinaris epist. II, 11, der vom Petronius Maximus sagt: *cuius ipsa sic spatia vitae custodiebantur, ut*

Gesetzgebung, z. B. über den Gebrauch der Wasserleitungen, der Gebrauch der Uhren vorausgesetzt wird[44]), und dass selbst in den Wüsten von Africa die Benutzung des Wassers stundenweise gestattet werden konnte[45]).

Aus den sorgfältigen Untersuchungen, welche man über die Construction dieser Sonnenuhren angestellt hat[46]), ergiebt sich, dass dieselben von dreierlei Art waren, einmal berechnet für den bestimmten Ort, an welchem sie aufgestellt werden sollten, und auf die in Rom üblichen, wechselnden, einem Zwölftel des Tages oder der Nacht entsprechenden, Stunden, sodann eingerichtet für den Transport und den Gebrauch an verschiedenen Orten, endlich bestimmt für den Gebrauch der Mathematiker und gleiche Stunden, d. h. Aequinoctialstunden, wonach wir gegenwärtig rechnen, anzeigend.

Viel unbekannter ist die Theorie der Wasseruhren, welche in Rom im Jahr 595=159 eingeführt wurden[47]). Denn

---

per horarum disparitas clepsydras explicarentur; endlich Cassiodor. Var. I, 46, bei welchem der König Theodorich bei Uebersendung einer Sonnenuhr und einer Wasseruhr an den Burgunderkönig Gundibald schreibt: *Discat Burgundia res subtilissimas inspicere. — Dislinguat spatia diei actibus suis: horarum aptissime momenta consiliual. Ordo vitae confusus agitur, si talis discretio sub veritate nascitur. Belluarum quippe ritus est, ex ventris esurie horas sentire et non habere certum, quod constal humanis usibus contributum.*

[44]) Die Benutzung der Wasserleitungen wird nicht nur nach Tages- und Nachtstunden gestattet (Dig. XLIII, 20, 2; XXXIX, 43, 7 pr.), sondern auch auf bestimmte Stunden. Dig. XLIII, 20, 3 § 1: *inter duos, qui eodem rivo aquam certis horis separatim ducebant, convenit, ut permutatis inter se temporibus aqua uterentur.* Dig. VIII, 6, 7: *Nam et si alternis horis vel una hora quotidie servitutem habeat, Servius scribit perdere eum non utendo servitutem.* Dig. VIII, 6, 10 § 1. Vorschriften für die Benutzung einzelner Wasserleitungen enthalten ebenfalls die Bewilligung des Wassers auf Stunden. Auf dem inschriftlich erhaltenen Grundrisse einer Wasserleitung in Tusculum bei Fabretti *de aquis et aquaed.* p. 131, Mommsen in Savigny Zeitschr. f. gesch. Rechtsw. XV, 2 S. 207, steht bei jeder *fistula* eine Beischrift dieser Art, z. B. *C. IVLI. HYMETI. AVFIDIANO AQVAE. DVAB AB HORA SECVNDA AD HORAM SEXTAM,* und auf einer Uhurlinischen Inschrift gleicher Art bei Mommsen a. a. O. S. 209: *accipiel ab hora noctis prima ad horam eius decimam.*

45) Plin. N. H. XVIII § 188: *Civitas Africae in mediis harenis — vocatur Tapace, felici super omne miraculum riguo solo; ternis fere milibus passuum in omnem partem fons abundal, largus quidem, sed et certis horarum spatiis dispensatur inter incolas.*

46) S. namentlich Fr. Wöpcke: *Disquisitiones archaeologico-mathematicae circa solaria veterum.* Berolini 1844, 4, wo über diese drei Arten gehandelt wird, p. 5 ff., p. 14, p. 29 ff.

47) Plin. N. H. VII § 215. Censorinus 23, 7.

die Schrift des Alexandriners Hero περὶ ὑδρίων[**48**]) oder περὶ ὑδροσκοπείων[19], oder περὶ ὑδρίων ὡροσκοπείων[50]), in welcher diese Theorie entwickelt war, ist verloren, und ein Exemplar einer solchen Uhr nicht erhalten. Zuvörderst sind von diesen Wasseruhren völlig zu unterscheiden die *clepsydrae*[51]), deren man sich sowohl in Athen[52]) als in Rom[53]) bei den Gerichtsverhandlungen bediente, und die zwar als Zeitmesser, aber nicht als Uhren zu betrachten sind. Die Clepsydra ist nämlich ein Thongefäss, und zwar gewöhnlich eine Amphora[54]), aufgestellt auf einem Dreifuss (τρίπους), unter welchem ein Crater steht[55]). Sie ist unten durchbohrt, so dass das Wasser, womit sie gefüllt ist, in einer gewissen Zeit in den Crater abläuft. Für den Privatgebrauch hat man vielleicht gläserne, transportable *clepsydrae* gehabt, indessen sind die Nachrichten über diese zu dürftig, um eine Vorstellung davon zu geben[56]). In der gerichtlichen Praxis wurde in Athen dem

---

48) Pappus Collect. math. VIII pr. p. 443.
49) Procli Ὑποτυπώσεις ἀστρονομικῶν ὑποθέσεων p. 107 Halma.
50) Theon (oder vielmehr Pappus) ad Ptolem. Magn. Constr. p. 262 ed. Bas. Heron. Pneumat. p. 145 Thevenot. Vgl. Th. H. Martin Rech. sur la vie et les ouvrages d' Heron in *Mémoires présentés par divers savants à l'academie des Inscr. et B. L. Serie I Tome IV* (1854). p. 42.
51) D. Petermann de clepsydra veterum disquisitio I. Lips. 1671; disq. II. Lips. 1672. 4. G. C. Draudii Comm. de clepsydris veterum. Giessae 1738. 4.
52) Meier u. Schoemann Der Attische Process p. 718 ff. Platner Der Process und die Klagen bei den Attikern p. 185.
53) G. C. Burchardi De ratione temporis ad perorandum in iudiciis publ. Roman. Kil. 1829. 4.
54) Sextus Empiricus adv. Math. V, 24 p. 722 Bekk: ἀμφορέα τετρημένον πληρώσαντες ὕδατος εἴασαν ῥεῖν εἰς τι ἕτερον ὑποκείμενον ἀγγεῖον. Bei Julian. Caes. 24 wird das Gefäss als Hydria bezeichnet.
55) Lydus de mag. II, 16: καὶ ὁ τρίπους ἐν μέσῳ τοῦ ἀκροατηρίου ἐξηρτημένου κατὰ μέσον τοῦ κηνθάρου, καὶ κρατὴρ παρακείμενος, δι' οὗ ποτε πληρούμενος ὁ κάνθαρος ὕδατος τοσοῦτον ἐδίδου καιρὸν τῷ τῆς δίκης τέρματι, ἐφ' ὅσον διά τινος γνώμονος τοῦ ἰόντος αὐτῷ ὕδατος διηθουμένου ὁ κύαθος ἀπηλλάττετο. Apulei. Met. III, 3 : *Sic rursum praeconis amplo boatu citatus accusator quidam senior exsurgit, et ad dicendi spatium vasculo quodam in vicem coli graciliter fistulato ac per hoc guttatim destuo infusa aqua, populum sic adorat.* Dass das Wasser aus der clepsydra ausfliesst, nicht in dieselbe einfliesst, sagt auch Seneca ep. 24, 19: *Quemadmodum clepsydram non extremum stillicidium exhaurit, sed quidquid ante defluxit, sic ultima hora, qua esse desinimus, non sola mortem facit, sed sola consummat.*
56) Auf dem die Hochzeit des Peleus und der Thetis darstellenden Relief bei Winckelmann Mon. ant. ined. tab. 110 hat Morpheus ein

Redner nicht eine Anzahl von Stunden und Minuten, sondern von *amphorae*[3337]) oder χόες[58]) für seine Rede bewilligt, und es scheint, dass diese Einrichtung aus einer Zeit herrührt, in welcher man von Uhren noch keine Kenntniss hatte, dass man sie aber später beibehielt, weil die alten Uhren ungleiche Stunden, lange im Sommer, kurze im Winter zeigten, eine *clepsydra* dagegen ein constantes Zeitmass war, das zu allen Zeiten gleichmässig zur Anwendung kommen konnte[59]). Mit der Tageszeit brachte man dieses Zeitmass in der Art in Verbindung, dass man für die Dauer einer Gerichtsverhandlung den kürzesten Tag, der in den Monat Ποσειδεών fiel, als normale Zeit annahm, jedes Jahr an diesem Tage eine neue *clepsydra* ausprobirte, und nachdem man festgestellt hatte, wie

---

Instrument von der Form eines modernen, gläsernen Stundenglases in der Hand. Winckelmann a. a. O. Vol. II p. 448 erkennt hierin eine Uhr und bezieht auf eine solche das Fragment des Comikers Bato bei Athen. p. 163[b];

ἐπειδ' ἴωθεν περιέγεις τὴν λήκυθον
καταμανθάνων τοὐλαιον, ὥστε περιγίρειν
ὡρολόγιον δόξει τις, οὐχὶ λήκυθον.

Dass es von Glas war, schliesst er aus Athen. p. 245f.: ὦ Χαιριφῶν, ὥσπερ τὰς ληκύθους ὁρῶ σε μέχρι πόσου μεστός εἶ. Auch Clemens Alex. Strom. VI p. 757 Poll. sagt bei der Beschreibung eines Aufzugs ägyptischer Priester: μετὰ δὲ τὸν ᾠδὸν ὁ ὡροσκόπος, ὡρολόγιόν τι μετὰ χεῖρα καὶ φοίνικα ἀστρολογίας ἔχων σύμβολα πρόσεισι. Hier wird also eine tragbare Uhr erwähnt, und es wäre möglich, dass diese wie unsere Stundengläser eingerichtet und nur mit Oel statt mit Sand gefüllt gewesen wäre.

3337) So elf ἀμφορεῖς, Aeschin. π. παραπρ. p. 206, 4.. olo ἀμφορεύς Demosth. c. Macart. p. 1052, 20. Max. Tyr. IX, 8. 1 p. 163 R.
58) Demosth. l. l.
59) Man konnte daher *clepsydras* auf sehr verschiedene Zeitmasse einrichten. Herodes Atticus sprach nach einer *clepsydra*, die auf 100 geschriebene Zeilen, εἰς ἑκατὸν ἔπη, eingerichtet war. Philostrat. V. Soph. p. 585 Olear. Deshalb brauchten auch die Mathematiker noch lange nach Bekanntwerden der *horologia* die *clepsydrae* bei ihren Beobachtungen. Cleomedes II p. 213 ed. Basil. 4547: λέγεται δὲ καὶ διὰ τῶν ὑδρολογίων τὸ εὐηθὲς τοῦ λόγου. ἐλέγχεται δὲ δι' αὐτῶν, ὅτι, ἂν ᾖ ποδιαῖος ὁ ἥλιος, δήπου τὸν μέγιστον τοῦ οὐρανοῦ διάμετρον ἱπτακοσίων πεντήκοντα ποδῶν εἶναι, διὰ γάρ τῶν ὑδρολογίων καταμετρούμετος τυγχάνεται μέρος ἑπτακοσιοστὸν καὶ πεντηκοστὸν τοῦ οἰκείου κύκλου. Ἐὰν γὰρ, ἐν ᾧ ἀνέρχεται πᾶς ἐκ τοῦ ὁρίζοντος ὁ ἥλιος, κύαθος φέρῃ εἰπεῖν ῥεύσῃ, τὸ ὕδωρ ἀφεθὲν ὅλῃ τῇ ἡμέρᾳ καὶ νυκτὶ ῥεῖν εὑρίσκεται πεντήκους ἔχον ύπ'. Andere Beobachtungen mit der *clepsydra* beschreiben Theon comm. ad Ptolemaei συντ. μεγάλ. V p. 261 ed. Basil 1588; Macrobius comm. in Somn. Scip. I, 21, 12—21; Martianus Capella VIII § 847, 860. Doch erklärt Ptolemaeus selbst diese Beobachtungen für ungenau, V, 14 Vol. I p. 289 Halma.

oft dieselbe an diesem Tage auslief, hiernach die Bewilligung
für die einzelnen Redner machte³³⁶⁰). In Rom dagegen, wo die
clepsydrae erst nach der Einführung der Uhren in den Gebrauch
bei Gericht kamen, wird dem Redner seine Zeit nach Stunden
zugemessen⁶¹), und da dies nichtsdestoweniger durch *clepsydrae* geschieht, so müssen diese in irgend ein Verhältniss
zu den Stunden des Tages gebracht worden sein, über welches zu urtheilen aus mehreren Gründen schwierig ist. Zunächst ist ungewiss, seit wann in Rom den gerichtlichen Rednern überhaupt eine Zeitbeschränkung auferlegt wurde. Denn
die Nachricht des Tacitus⁶²), welcher diese Einrichtung dem
dritten Consulate des Pompejus, d. h. dem Jahr 52 v. Chr.,
zuschreibt, beruht auf einem Irrthum, da Cicero bereits im J.
70 von seinen ihm zukommenden Stunden (*legitimae horae*)⁶³), im Jahr 63 von der Beschränkung seiner Vertheidigung
auf eine halbe Stunde⁶⁴) und im Jahr 59 von einer gesetzmässigen Vorschrift von sechs Stunden⁶⁵) redet, und es ist
vielmehr anzunehmen, dass die Notiz des Tacitus sich auf die
im Jahr 52 gegebenen speciellen Gesetze des Pompejus *de vi*
und *de ambitu* bezieht, durch welche nicht überhaupt zuerst
die *clepsydra* in die Gerichte eingeführt, sondern für diese beiden Processfälle besonders angeordnet wurde, dass Anklage
und Vertheidigung an einem Tage beendigt und für die erste
zwei, für die letztere drei Stunden bewilligt werden sollten⁶⁶).
Auch zu des jüngeren Plinius Zeit wurden ganze Stunden oder
Theile von Stunden⁶⁷) den Rednern vorgeschrieben, deren
Mass nicht eine Uhr, sondern die *clepsydra* war, und zwar so,

---

3360) Harpocration I p. 51: διαμεμετρημένη ἡμέρα, μέτρον τι
ὕδατός ἐστι πρὸς μεμετρημένον ἡμέρας διάστημα ῥέον· ἐμετρεῖτο δὲ
Ποσιιδέων μηνί· — — διενέμετο δὲ εἰς τρία μέρη τὸ ὕδωρ, τὸ μὲν τῷ
διώκοντι, τὸ δὲ τῷ φεύγοντι, τὸ τρίτον τοῖς δικάζουσι.
61) Schol. Gron. in act. I in Verr. p. 396 Or.: *horis certis dicebant accusatores sive defensores per clepsydram*.
62) Tac. de or. 38.
63) Cic. acc. in Verr. I, 9, 25; vgl. actio in Verr. II, 24.
64) Cic. pr. Rabir. 2, 6.
65) Cic. pr. Flacc. 33, 82.
66) Asconius ad Milon. p. 37 Orelli. Dio Cass. XL, 52. Madvig *Opusc. ac. altera* p. 246.
67) Plin. ep. IV, 9, 9. Mart. VIII, 7.

dass vier *clepsydrae* auf eine Stunde gingen. Wenigstens erzählt Plinius[3388]), er habe einst im Senat fast fünf Stunden geredet, da er 16 *clepsydrae* und zwar reichliche (*spatiosissimas*) erhalten habe; man kann daher annehmen, dass, wenn ihm gewöhnliche und normale *clepsydrae* zugemessen worden wären, er vier Stunden würde gesprochen haben. Indessen genau konnte das Verhältniss der *clepsydrae* zu den Stunden niemals sein, da die ersteren ein festes Mass waren, die letzteren aber jeden Tag länger oder kürzer wurden, es müssten denn die Römer, was nirgends berichtet wird, feste Stunden, und zwar, wie die Griechen, die Stunden des kürzesten Tages in der gerichtlichen Praxis berechnet, oder das Mass der *clepsydra* durch Einlegen und Herausnehmen von Wachs verändert haben, was bei der Bestimmung der Nachtwachen (*vigiliae*) im Militärdienste vorkam[69]).

Von dieser *clepsydra* also ist wesentlich verschieden die wirkliche Wasseruhr, deren Erfindung dem Plato[70]) und deren complicirtere Construction dem Ctesibius von Alexandria[71]) zugeschrieben wird. Wir haben von derselben zwei Beschreibungen, die eine bei Galen, die andere bei Vitruv. Die erste ist von allen, welche über die Geschichte der Uhren geschrieben haben[72]),

[3388] Plin. ep. II, 11, 14.
[69] Aeneas Tact. Poliorc. 22 § 10: Ὅν δ' ἂν τρόπον ἴσως καὶ κοινῶς μακροτέρων ἢ βραχυτέρων νυκτῶν γινομένων ἁπάσαις αἱ φυλακαὶ γίγνοιντο, πρὸς πλειΰδραν χρὴ φυλάσσειν· ταύτης δὲ συμβάλλειν εἰς διαδοχὴν τὰς μοίρας, μᾶλλον δὲ αὐτῆς πεποιῆσθαι τὰ ἔσωθεν καὶ μακροτέρων μὲν γινομένων τῶν νυκτῶν ἀφαιρεῖσθαι ἀεὶ τοῦ κηροῦ, ἵνα πλέον ὕδωρ χωρῇ, βραχυτέρων δὲ προςπλάσσεσθαι, ἵνα ἔλασσον δέχηται. Dass im römischen Heere die Wachen nach der *clepsydra* abgelöst wurden, bezeugt Vegel. III, 8 p. 94 Schwebel. [70] Athen. p. 174c.
[71] Vitruv. IX, 8, 2. Plin. VII, § 125.
[72] Alle diese kennen nur die Stelle des Vitruv und ihre Erklärung in Perrault *Les dix livres d'architecture de Vitruve*. Paris 1684, fol. p. 886 ff. Ihm folgen Poppe Ausführliche Geschichte der theoretisch-praktischen Uhrmacherkunst. Leipzig, 1801. 8. S. 187—187; Pierre Dubois *Histoire de l'horlogerie depuis son origine jusqu' à nos jours*. Paris 1849. 4; Arago Werke, herausg. v. Hankel XI S. 41—44. Nichts Neues enthalten hierüber auch Hertz Geschichte der Uhren. Berlin 1851. 8; L. Martorelli *Dissertazione sull' orologio e sull' oro degli antichi Romani*. Roma 1812. 8; Pauly Realencycl. III p. 1488—1495; M. G. H. B. Ausführliche Abhandlung von Wasseruhren. Halle 1788. 8. Dagegen enthält interessante Notizen über die Wasseruhren des Mittelalters Falconet *Sur Jaques de Dondis et sur les anciennes horloges* in Mém. de littérature de l'acad. des inscr. Tome XX (1763) p. 440 ff.

unbeachtet gelassen worden[3373]), sei es nun, dass sie dieselbe überhaupt nicht kannten, oder dass die unverantwortliche Sorglosigkeit, mit welcher man bisher den Text des Galen edirt hat, ihnen die Benutzung der Stelle unmöglich machte, welcher erst neuerdings eine kritische Behandlung zu Theil geworden ist[74]). Galen beschreibt die Wasseruhr als ein durchsichtiges, also wohl gläsernes[75]), Gefäss, in welches Wasser fortdauernd und gleichmässig einfliesst. Die Höhe des Wasserstandes ist das Mass der Zeit, und es kommt bei der Construction einer solchen Uhr nur darauf an, durch Experimente festzustellen, welche Höhe das Wasser zu jeder Stunde erreicht, und diese auf der Aussenseite des Gefässes durch eine Bezeichnung zu fixiren, welche als Zifferblatt der Uhr dient. Hätten die Alten gleiche, astronomische Stunden gehabt, wie wir sie haben, so würde es ohne Schwierigkeit gewesen sein, die zwölf Wasserhöhen, welche den zwölf Stunden entsprechen, durch Puncte oder parallele, um das Gefäss laufende Horizontallinien zu bezeichnen; da aber die bürgerliche Stunde der Alten ein Zwölftel des Tages ist und mit der Länge des Tages wechselt, so war ein complicirteres Verfahren nöthig, durch welches der Zweck auch nur unvollkommen erreicht wurde. Dieses aber war folgendes: Man zog zuerst auf der Aussenseite des Gefässes in gleicher Entfernung von einander vier verticale Linien, von denen die erste die Zeit der Sommersonnenwende, die zweite die des Herbst-

---

3373) Nur Draudius a. a. O. p. 14 citirt die Stelle kurz, und ohne sie weiter zu benutzen.

74) Die Stelle steht in Galen. π. διαγνώσεως καὶ θεραπείας τῶν ἐν τῇ ἑκάστου ψυχῇ ἁμαρτημάτων. Vol. V p. 82 k.; auch in Galeni Opuscula varia a Th. Goulstono Graece recensita — et in linguam Latinam — traducta. Londini 1640. 4. Da sie in diesem Texten völlig unverständlich ist, so habe ich sie in dem angeführten Programm nach einer von Dr. Zangemeister für mich angestellten Vergleichung des Cod. Laurentianus plut. 74, 5 aus dem zwölften Jahrhundert soweit emendirt, als der Codex dazu die Mittel an die Hand gab, ohne indess alle Schäden zu heilen, worauf H. Sauppe im Philologus XXIII, 2 S. 448 ff. mit einiger Kühnheit, aber, wie ich glaube, mit unzweifelhaftem Erfolge einen lesbaren Text hergestellt hat, auf den ich verweise.

75) Dass die Mechaniker sich öfters gläserner Instrumente bedienten, beweist die gläserne sphaera Archimedis bei Claudian. 66 und 73.

aequinoctiums, die dritte die der Wintersonnenwende, die vierte die des Frühlingsaequinoctiums bezeichnete, und bestimmte auf diesen Linien die 12 Puncte, welche dem Wasserstande in den 12 Stunden dieser vier normalen Tage entsprachen. Die Distancen der zwölf Puncte waren natürlich auf der zweiten und vierten Linie dieselben, auf der ersten aber grösser, auf der dritten kleiner, da sie den verschiedenen Stunden der vier verschiedenen Jahreszeiten entsprachen. Um aber auch für die Zwischenzeit zwischen diesen vier bestimmten Tagen ein ungefähres Mass der Stunden zu gewinnen, legte man durch je vier Puncte, welche eine und dieselbe Stunde bezeichneten, eine um das Gefäss herumgehende Kreislinie, welche nunmehr nicht horizontal und dem Rande des Gefässes parallel lief, sondern die verschiedenen Höhen bezeichnete, welche in dem Laufe des Jahres die Stundenpuncte erreichten[3376]. Man sieht, dass diese Uhr nur an vier Tagen des Jahres genaue Stunden zeigte, für alle übrigen aber nur ein ungefähres Mass angab, mit dem man sich, in Ermangelung eines besseren Instrumentes, begnügte, und dass man, wenn es darauf ankam, ein bestimmtes Zeitmass zu beobachten, die auf ein solches eingerichtete *clepsydra* immer noch anwenden konnte. Indessen versuchte man auch die Uhr genauer zu construiren, indem man statt der 4 Verticallinien für die vier Jahreszeiten 12 Verticallinien für die 12 Monate[77], oder wenigstens 6 für je zwei Monate[78] mit bestimmter Messung anbrachte; aber für genauere Zeitangabe scheint ein Bedürfniss

---

3376) Galen. lin. 48 Sauppe: ἡ γὰρ ἀνωτάτω γραμμὴ ἡ τὴν δωδεκάτην ὥραν σημαίνουσα ὅτι μέγιστον μὲν ὕψος ἔχει καθ' ὃ μέρος ἡ κλεψύδρα τὴν μεγίστην ἡμέραν ἐμμετρεῖ, βραχύτατον δὲ, καθ' ὃ τὴν ἐλαχίστην· ἐν τῷ μέσῳ δὲ ἀμφοῖν ἐστιν, ᾗ τὰς ἰσημερινὰς μετρεῖ ἡμέρας.

77) Vitruv. IX, 8, 7, wo diese Linien *mensiruae lineae* genannt werden.

78) Dies wird zwar nirgends ausdrücklich berichtet, ist aber zu schliessen aus der Einrichtung der Sonnenuhren, in welchen je zwei Monate, welche gleiche Tage haben, z. B. April und September, durch eine Linie bezeichnet werden. So ist die 1755 in Herculaneum gefundene Sonnenuhr eingerichtet. Wöpcke a. a. O. p. 23. Darauf bezieht sich auch das Epigramm Anthol. Gr. IV p. 108 n. 52, welches Wöpcke übersehen hat, und die Beschreibung in *Wandalberti Prumiensis diaconi compositio horologii* bei Reifferscheid *Suetonii reliquiae* p. 308.

nicht empfunden worden zu sein[3379]). Die Uhr des Ctesibius, welche Vitruv beschreibt[80]), ist im Princip dieselbe, nur ist sie nicht von Glas, sondern von Metall oder anderem Stoffe, und so eingerichtet, dass das Zifferblatt über dem Wassergefässe angebracht ist. Indem Ctesibius nämlich ein Korkholz auf das Wasser legte und in diesem einen Metalldraht befestigte, gewann er einen Zeiger für das Zifferblatt, das er nunmehr über der Uhr selbst aufstellte. Ausserdem werden allerlei künstliche Uhren erwähnt, welche die Stunde durch herabfallende Steinchen[81]), oder durch einen lauten Ton anzeigten[82]). Die letzteren gehören schon zu den Wasserorgeln, *organa hydraulica*, welche einen besonderen Zweig der Mechanik bilden, auf welchen hier nicht des Weiteren eingegangen werden kann[83]).

Obwohl die Wasseruhren sich, wie wir gesehen haben, sowohl ihrem Zweck als ihrer Einrichtung nach von den *clepsydrae* wesentlich unterscheiden, so werden doch auch sie, namentlich von Galen[84]), *clepsydrae* genannt[85]), so dass man

---

3379) S. das *Compendium architecturae* in Vitruv. ed. Stratico Vol. I p. II p. 183: *Subtilitas ergo disparit mensuras de spatio horarum expectanda non est, quando aliud maius et aliud minus horologium poni solitum videatur et non amplius paene ab omnibus nisi quota sit hora, inquiri festinetur.*

80) Vitruv. IX, 8, 2 und dazu die Erklärung von Perrault.

81) Vitruv. IX, 8, 3. Lydus de mag. II, 16 erzählt, dass bei Gerichtssitzungen Kugeln durch einen *apparitor* hingeworfen wurden, um den Verlauf einer Stunde anzuzeigen; ὁ γὰρ τῆς τάξεως προιστώς — σοι βηδιούσαν αὐτὸν ὀνόμασαν ὁλοτὶ ὑποβοηϑόν — πρωτευούσης τῆς ἀρχῆς ἰσίως ἐπὶ κορυφῆς τῶν ὑπηρετουμένων τροχίσκους τινὰς οὐκ ἰστελεῖς, ἐξ ἀργύρου πεποιημένους, γραφὰς τῶν ὡρῶν ἔχοντας τῆς ἡμέρας τοῖς Ἰταλῶν ἀριϑμοῖς καὶ γράμμασιν, ἐμβριϑῶς ἀμιλις ἐξαπίνης ἐπὶ τὸ ἔδαφος. ϑροῦν ἀπετέλει σιμνὸν, παραδηλοῦντος τοῦ βαλλομένου τροχίσκου κατὰ τοῦ μαρμάρου τὴν τῆς ἡμέρας ὥραν.

82) Vitruv. IX, 8, 5. Lucian. Hipp. 8. Antiphil ep. Anth. Gr. II, p. 158 n. 17. Bei Petron. 26 hat Trimalchio einen *buccinator*, der die Stunden durch Blasen angiebt.

83) Ueber diese hat neuerdings nach Wernsdorf P. L. M. II p. 394 —404 u. Buttmann Abh. der Berl. Acad. 1804—1811. Hist. Ph. Cl. S. 151.—178 sorgfältig gehandelt R. Gräbner *De organis veterum hydraulicis. Berolini* 1867. 3.

84) Galen kennt zwei Arten von Uhren, Sonnenuhren und *clepsydrae* (Vol. V p. 68 K.), τὰ καταγεγραμμένα ὡρολόγια τὰ ἡλιακὰ (p. 62) und τὴν κλεψύδραν (p. 68).

85) Wenn Ernesti *de solariis* in *Opusc. phil. crit. Lugd. Bat.* 1764, 6. p. 97 und Ideler Handb. d. math. u. techn. Chronologie II S. 14. I

wenigstens in dem späteren Sprachgebrauch unter *clepsydra* zwei verschiedene Instrumente zu verstehen hat[3356]), das einfache durchbohrte Gefäss, aus welchem das Wasser in einer gewissen Zeit abläuft, und die Wasseruhr, in welcher das einfliessende Wasser durch seinen zunehmenden Höhestand (*incrementa horarum*)[87]) die zwölf Stunden des ganzen Tages oder der ganzen Nacht anzeigt. Die Fabricanten der letzteren werden den Mechanikern[88]) oder Architecten[89]) beigezählt und öfters in Inschriften erwähnt[90]); und diese Wasseruhren sind bis in das späte Mittelalter immer im Gebrauch geblieben[91]).

---

8. 884 dies leugnen, so geschieht das, weil sie die angeführten Stellen des Galen nicht kannten.

8886) Suidas II p. 885 Bernh.: κλεψύδρα, ὄργανον ἀστρολογικόν, ἐν ᾧ αἱ ὥραι μετροῦνται — — καὶ ἀγγεῖον ἔχον μικροτάτην ὀπὴν περὶ τὸν πυθμένα, ὅπερ ἐν τῷ δικαστηρίῳ μεστὸν ὕδατος ἐτίθετο.

87) Sidon. Apoll. ep. II, 9 p. 189 Sav.

88) Pappi Alexandrini *Mathematicae collectiones*. Bononiae 1660. fol. p. 446: Vocant autem mechanicos antiqui etiam eos, qui admirationem pariunt, quorum alii quidem per spiritus artem exercent, ut Hero πνευματικοῖς, alii per nervos et funes animatorum motus imitari videntur, ut Hero αὐτομάτοις (so ist zu lesen) καὶ ζυγίοις, alii vero per ea, quae aqua vehuntur, ut Archimedes ὀχουμένοις, vel horologiis per aquam constructis, ut Hero ὑδρείοις, quae etiam videntur communem rationem habere cum gnomonica contemplatione.

89) Vitruv. I, 3, l. IX, 8. Galen. V p. 56 K.: ἐν γὰρ ὀνόματι τῷ τῆς ἀρχιτεκτονίας ὑπογράφω καταγραφὰς ὡρολογίων καὶ κλεψυδρῶν, ὑδροσκοπίων τε καὶ μηχανημάτων ἁπάντων, ἐν οἷς ἐστι καὶ τὰ πνευματικὰ προσαγορευόμενα. Hydroscopium heisst die Wasserwage, welche Synesius ep. 15, Priscian. de pond. et mens. 91 beschreiben. S. Beckmann Beitr. z. Gesch. d. Erf. IV S. 249—274.

90) P. *Aelius Zeno, automatarius Klepsydrarius* in Tibur, Orelli 4150; Q. *Candidus Benignus, faber tignarius corporis Arelatensis* — potuit quem vincere nemo, organa qui nosset facere aquarum aut ducere cursum. Henzen 7841; *Ἀτίμιος Ἰούντιος Εὐήμερος ὁργανοποιός* in Rom, C. I. Gr. 6593; Athenaeus, dessen Uhr Antiphilus in Anth. Gr. II p. 136 n. 12 beschreibt: *Saturninus faber automotarius* Grut. p. 643, 5. Andere organarii erwähnen Ammian. Marc. XXVIII, 4, 8, Firmicus Mat. Math. IV, 15.

91) Eine Wasseruhr brauchte Sidonius Apollinaris, der 485 starb; eine andere erwähnt Cassiodor. Var. I, 46. Wasseruhren in Constantinopel werden beschrieben in den Epigrammen Anth. Gr. IV p. 166 n. 33. 34. p. 167 n. 37, eine unter Justinian aufgestellte das. III p. 59 n. 36. Der Papst Paullus schenkte eine Pipin dem Kleinen, s. Duchesne *Historiae Francorum scriptores* III p. 748. Eine Wasseruhr verfertigte um 846 Paciticus von Verona; s. Maffei *Verona illust.* ed. 1788. fol. Vol. II p. 81 und später Jaques de Dondis von Padua, über welchen ich auf die Anm. 3378 angeführte Schrift verweise.

Die Schreiber und Buchhändler[92]).

So alt bei den Römern die Kunst des Schreibens ist[93]), so blieb sie doch lange auf den officiellen Gebrauch, d. h. die Ausstellung von Urkunden, die Aufzeichnung kurzer Daten und die Rechnungsführung beschränkt und war auf ein Material angewiesen, welches für litterarische Zwecke, wenn man solche gekannt hätte, unbrauchbar gewesen wäre. Während man nämlich zuerst auf Blättern (*folia*)[94]), Bast (*liber*)[95]), Leinen[96],

---

[92]) S. C. G. Schwars *de ornamentis librorum et varia rei librariae veterum supellectile ed. Leuschner. Lips.* 1756. 4. Jac. Mariorelli *de regia theca calamaria libri II. Neapoli* 1756. 2 Voll. 4., ein merkwürdiges Beispiel verkehrter Gelehrsamkeit, da der Verf. fast aus allen mit Fleiss von ihm gesammelten Stellen falsche Resultate zieht. Man so Vermischte Abhandlungen und Aufsätze S. 274 f. Géraud *essai sur les livres dans l'antiquité, particulièrement chez les Romains*. Paris 1840. 8 A. Schmidt Geschichte der Denk- und Glaubensfreiheit im ersten Jahrhundert der Kaiserherrschaft. Berlin 1847. 8. S. 199 ff. Becker Gallus II S. 849 ff. Schmitz *de bibliopolis Romanorum*. Saarbrücken 1857. 4. Goell Ueber den Buchhandel bei den Griechen und Römern. Schleiz 1865. 4. Vgl. A. Kirchhoff Die Handschriftenhändler des Mittelalters. Leipzig 1853. 8.
[93]) Mommsen R. G. I, cap. XIV.
[94]) Plin. N. H. XIII § 66. 69.
[95]) Lindenbast (φιλύρα). Plin. N. H. XVI, § 65 sagt von der *tilia: inter corticem ac lignum tenues tunicae multiplici membrana, e quibus vincula tiliae vocantur, tenuissimum eorum philyrae.* Dieser Bast wird zum Schreiben benutzt. So vermacht Dasunius in seinem Testamente (Rudorff Zeitschr. f. gesch. Rechtsw. XII, 2 S. 213) *chartam SIVE PHILIRAM CALCVLATORIAM*. Allein Ulpian Dig. XXXII. 52 pr. unterscheidet *philyra* und *tilia: Librorum appellatione continentur omnia volumina, sive in charta sive in membrana sint, sive in quavis alia materia; sed si in philyra aut in tilia, ut nonnulli conficiunt — idem erit dicendum*, und die folgenden Stellen lehren, dass man nicht nur den Bast der Linde, sondern auch Tafeln von Lindenholz (*pugillares*) zum Schreiben brauchte; beides scheint φιλύρα zu heissen. Symmach. IV, 34: *Ita me ludas focis, ut, quae apud te incuriosus loquor, in stili caudicis aut tiliae pugillares cerusas transferenda, ne facilis senectus papyri scripta corrumpat?* Lydus p. 44 Bonn.: οἱ γὰρ ἀρχαῖοι ξύλοις καὶ φλοιοῖς καὶ φιλύροις πίτυος πρὸς γραφὴν ἐχρῶντο. Dio Cass. LXVII, 15: *σανίδιον φιλύρινον δίθυρον*. LXXII, 8: *δέλτοις γραμματεῖα, οἷά γε ἐκ φιλύρας ποιεῖται*. Herodian. I, 16: *Κόμμοδος — λαβὼν γραμματεῖόν τούτων δή τι ἐκ φιλύρας εἰς λεπτότητα ἠσκημένον ἐπαλλήλῳ τε ἀνακλάσει ἀμφοτέρωθεν ἐντυγμάτων γράφει*. Aelian. V. H. XIV, 12: *ὁ Περσῶν βασιλεὺς ὄπιον νόμων — φιλύριον εἶχε καὶ μαχαίριον, ἵνα ξέῃ τοῦτο*. Es giebt noch Holztäfelchen aus dem Alterthum ohne Wachsüberzug. Reavens *Lettres* III p. 111. Egger *Mém. de l'Institut* XXI, 1 p. 899.
[96]) Ein samnitisches Ritualbuch, *liber vetus linteus*, bei Liv. X, 38; *lintei libri* im Tempel der Moneta in Rom. Liv. IV, 7; vgl. Plin. N. H. XIII, § 69: *Postea publica monimenta plumbeis voluminibus, mox et privata*

— 383 —

Holztafeln (*tabulae*)³³⁹⁷), Fellen⁹⁸) ritzte (*exarare scribere*) oder malte (*linere, literae*), bediente man sich später zu officiellen Urkunden des Metalles⁹⁹), zu Rechnungen, Correspondenzen und Verträgen der *cerae*, bis diese nach der Einführung des Papyrus und darauf des Pergamentes im Gebrauche immer mehr beschränkt wurden, ohne doch ganz entbehrlich zu werden.

Cerae oder *tabulae* sind hölzerne, mit Wachs überzogene Tafeln³⁴⁰⁰), auf welchen man mit einem metallenen *stilus* schrieb, der, an dem einen Ende spitz, an dem andern platt, zugleich zum Schreiben und zum Ausglätten, d. h. Vertilgen der Schrift, gebraucht wurde¹). Sie waren entweder einfach, mit

---

linteis confici coepta aut ceris. Symmachus ep. IV, 34; *Et Martiorum quidem ratum dicinatio caducis corticibus inculcata est.* Monitus Cumanos (die sibyllinischen Bücher) *linea texta sumpserunt.* Vgl. Th. IV S. 301. A. 4979. Auf Leinwand ist auch später noch geschrieben worden. Vopiscus Aur. 1: *Quae omnia ex libris linteis, in quibus ipse (Aurelianus) quotidiana sua scribi praeceperat, — condicces. Curato autem, ut tibi ex Ulpia bibliotheca et libri lintei proferantur.* Constantia verordnet 315 Cod. Th. XI, 27, 1: *aereis tabulis vel cerussatis aut linteis mappis scripta per omnes civitates Italiae proponatur lex.* Auf Leinwand schrieb man auch im Mittelalter und noch später. Im Leydener Museum befinden sich 24 manuscrits sur toils (Reuvens *Lettres* p. 2), und in Paris giebt es noch drei Briefe von Chatillon aus dem Jahr 1562 *sur des morceaux de toile. Notices et Extraits* Vol. VII, 2 p. 316 ff.

3397) Edicte auf Holztafeln mit Farbe geschrieben s. Tb. II, § S. 85 A. 177.

98) Die älteste römische Urkunde, das *foedus Gabinorum*, war auf einer Ochsenhaut geschrieben. Festus p. 56 M. Dionys. IV, 58.

99) S. Mommsen *Sui modi usati dai Romani nel conservare e pubblicare le leggi ed i senatusconsulti* in *Annali d. Inst.* 1858 p. 198 f. Genetae und Verträge mit auswärtigen Staaten sind immer Bronzetafeln, *tabulae aereae,* in Stein wurden sie nicht gehauen.

3400) Die Tafeln waren von verschiedener Farbe; rothe erwähnt Ovid. Am. I, 12, 11.

1) Prudentius peristeph. IX, 51 beschreibt die *stili,* mit welchen der heil. Cassianus getödtet wurde. *Inde alii stimulos et acumina ferrea vibrant, Qua parte aratis cera sulcis teribitur, Et qua secti apices abolentur et aequoris hirti Rursus nitescens innovatur area.* Symposius Aenigm. 1. bei Wernsd. P. L. M. VI p. 478: *De summo planus, sed non ego planus in imo Versor utrimque manu, diversa et munera fungor: Altera pars revocat quidquid pars altera fecit.* Augustin. de vera rel. 39: *stilus ferreus alia parte qua scribamus, alia qua deleamus, affabre factus est.* Hor. S. I, 10, 72: *Saepe stilum vertas, iterum quae digna legi sint Scripturus.* Cic. acc. in Verr. II, 41, 101. Eiserne *stili* oder *graphia* Ovid. Met IX, 521. vgl. Th. III, § S. 100 A. 391. Senec. de clement. I, 14. Suet. Caes. 82. Calig. 28. Isidor. Or. VI, 9, 4; knöcherne ib. § 2. Abbildungen

einem Ringe zum Aufhängen versehen³⁽ᵃ⁾), und dienten in dieser Form den Knaben zu Schreibübungen³), den Geschäftsleuten zum augenblicklichen Notiren von Einnahmen und Ausgaben, welche hernach in das Hausbuch eingetragen wurden⁴), den Litteraten zum Aufschreiben von Notizen und Gedanken, oder sie wurden mehrfach übereinander gelegt, zu diesem Zwecke, damit die Schrift nicht leide, mit einem vortretenden Holzrahmen eingefasst⁵), an einer Seite des Rahmens einmal oder zweimal durchbohrt und vermittelst eines durch die Löcher

---

s. b. Montfaucon *Ant. expl.* III, 2 pl. 193. *Mus. Borb.* I, 12. VI, 25. XIV, 31 und tav. A. B. und über noch vorhandene Exemplare Jorio *Officina de' papiri* p. 72 not. *Archaeological Journal* VIII (1851) p. 245. *Memoirs illustrative of Norfolk and the city of Norwich.* Lond. 1831. 8. p. XXVIII. *Cimeliotheca Musei nationalis Hungariei.* Budae 1825. 4. p. 130 n. 22—27.

2162) *Mus. Borbon.* I, 12. Horat. Sat. I, 6, 74: *Laevo suspensi loculos tabulamque lacerto.*

3) Plaut. Bacch. 444. Pollux X § 59: τῷ δὲ παιδὶ δέοι ἂν προσείναι γραφεῖον — καλαμίδα (Pennal), πυξίον. Quintil. Inst. I, 1, 27. Isidor. Or. VI, 9, 1. Gloss. ap. Mai Class. Auct. VI p. 577: *Cera Litterarum materies, parvulorum nutrices, ipsas dant ingenium pueris.* In der Sammlung ägyptischer Alterthümer des Dr. Abbot in New-York befinden sich fünf solcher Schreibtafeln aus der Ptolemäerzeit. »Sie sind von Holz in oblonger Form, die meisten 8 Zoll lang, 4 Zoll breit, auf der einen Seite ungefähr ⅛ Zoll tief, so dass rings herum ein Rand gelassen ist von ⅛ Zoll Breite. Sie haben einen dünnen Ueberzug von Wachs oder einem ähnlichen Präparat, und der Rand ist auf der einen Seite mit einigen Durchstichen versehen, um eine Schnur oder einen Draht durchzuziehen. Zwei dieser Tafeln können auf einander gelegt werden, ohne dass die wächsernen Oberflächen sich berühren, so dass sie eine Art Diptychon bilden.« Die Tafeln sind alle beschrieben und haben alle denselben Inhalt, nämlich drei Senare. Die Schrift auf der einen ist schon und genau, auf den übrigen schlechter, so dass jene die Vorschrift des Lehrers, diese die Uebungen der Schüler zu enthalten scheinen. Eine grössere Tafel aus hartem Holz, sorgfältig geglättet, 12 Z. lang, 6 Z. breit, ⅛ Zoll dick, enthält zwei Trimeter mit Feder und Tinte erst vorgeschrieben, denn mehrmals nachgeschrieben. S. E. C. Felton in *Proceedings of the American Academy of Arts and Sciences* III p. 371—378. Welcker im Rhein. Museum N. F. XV, 1 (1860) S. 153 ff. Eine Holztafel, enthaltend ein mit Tinte geschriebenes Alphabet, ebenfalls ägyptisch, ist in Leyden. S. Reuvens *Lettres* 3 p. 111.

4) Auch im Mittelalter kommt dies Verfahren vor. *Acta Sanctorum* ad V Iunii Vol. I p. 438ᵃ: *Postea Willibaldus vitam* (S. Bonifacii) — *conscripsit, primitus in ceratis tabulis ad probationem Domni Lulli et Megingaudi, post eorum examinationem in pergamenis rescribendam, ne quid incaute vel superfluum exaratum apparerei.*

5) *Mus. Borb.* XIV, t. 31 n. 2 und tav. A. B. *Annali d. Inst.* 1853 p. 16 und tav. d' agg. B. C. Ovid. A. A. I, 437 *Cera — rasis infum tabellis.*

gezogenen Drahtes oder Riemens[1106] zu einem *codex*[7]) verbunden, dessen Form auch später, als die Holztafeln durch Pergamenttafeln ersetzt wurden, beibehalten wurde. Die Codices von Holztafeln, wenn sie von kleinem Formate waren, *codicilli* oder *pugillares*[8]) (handliche Bücher), und je nachdem sie 2, 3, 4, 5 oder mehr Tafeln hatten, *duplices*, δίπτυχα[9]), *triplices*, τρίπτυχα[10]), *quinquiplices*[11]), *multiplices*, πολύπτυχα[12]) genannt, sind weder im Alterthum noch im Mittelalter[13]) von dem Papyrus und Pergament jemals gänzlich verdrängt worden; sie waren am bequemsten für Stilübungen junger Leute[14]),

---

[1106] *Mus. Borb.* XIV, t. 91 n. 2.

7) Seneca de br. vit. 13: *plurium tabularum contextus caudex apud antiquos vocabatur, unde publicae tabulae codices dicuntur.* Isidor. Or. VI, 8, 18 : *Ante cartae et membranarum usum in dolatis ex ligno codicillis epistolarum eloquia scribebantur.* Hieronymus ep. 48. Vol. I p. 86 ed. Colon. 1616.

8) Dass beide Ausdrücke gleichbedeutend sind, zeigt Catull 42, 5 und 11.

9) Ueber die Form des Diptychon s. Th. II, 2 S. 244 A. 1624. Auch die Militärdiplome (s. Th. III, 2 S. 434) sind Diptycha, obgleich von Bronce; es gab aber Diptychen von verschiedenem Material, hölzerne (Mart. XIV, 3. Ovid. A. A. III, 469. Amor. I, 11. 12), mit Wachstafeln (Mart. XIV, 4), elfenbeinerne (Ib. 5), pergamentene. Mart. XIV, 7. Orelli *Inscr.* 2838: *pugillares membranaceos operculis eboreis.*

10) Mart. XIV, 6 und Anm. 2422. 11) Mart. XIV, 6.

12) Polyptycha als Steuerregister und Censualbücher Marini *Papiri Diplomatici* p. 279. 329b.

13) Es ist noch eine grosse Anzahl von Wachstafeln dieser Art aus den verschiedensten Zeiten vorhanden. Ueber ägyptische s. oben A. 2402; römische sind in Siebenbürgen allein 12 gefunden, über welche s. J o. Erdy *De tabulis ceratis in Transsilvania repertis.* Pesth 1856. 8. Hiervon sind, ausser den von Massmann herausgegebenen, in der Erdy'schen Schrift facsimilirt 1) ein Triptychon aus dem Jahre 139 p. Chr., enthaltend ein Document über den Kauf einer Sclavin; 2) ein Triptychon aus dem Jahre 169, enthaltend ein Document über eine Anleihe. «Einige Dutzend» anderer siebenbürgischen Tafeln sind durch ungeschickte Conservation verdorben worden.« Ackner im Jahrbuch der k. k. Centralcommission zur Erforschung der Baudenkmale I. 1856. Wien. 4. S. 18. Unter den mittelalterigen Wachstafeln sind besonders merkwürdig 11 Tafeln aus dem J. 1301, welche auf 26 Seiten beschrieben sind, ein Polyptychon bildeten und sich in Florenz befinden. S. Mabillon *Mus. Ital.* Paris 1687. p. 192. (A. Cocchi) *Lettera critica sopra un manuscritto in cera. Firenze* 1746. 4; 14 Wachstafeln aus dem Jahre 1236 s. bei N. de Wailly *Mémoires de l'Institut* XVIII, 2, p. 336 ff. XIX, 1, p. 489 ff. Elfenbeintafeln mit Wachs ausgegossen aus dem 14. Jahrh. *Archaeological Journal.* Vol. X (1853) p. 89. Noch im 18. Jahrhundert kommen Wachstafeln vor. Lebeuf *Mém. de l'Acad.* XX p. 267 ff. Du Meril *De l' usage non interrompu jusqu'à nos jours des tablettes en cire* in *Revue archéologique* 1860, 7 p. 1—16. 8. p. 91—100.

14) Quintil. Inst. X, 3, 41: *illa quoque minora non sunt transeunda.*

Meditationen der Redner[14][15]), Concepte von Dichtungen[16]) und
Briefen[17]), Schreiben von kurzem Inhalt (Billets)[18]) und namentlich Liebesbriefe[19]), indem sie für Brief und Antwort
ausreichten und dann wieder ausgeglättet und aufs neue gebraucht wurden[20]); sie waren ferner üblich als Notizbücher[21]),
Journale (*ephemerides*) der Geschäftsleute[22]) und geeignet für

---

*scribi optime ceris, in quibus facillima est ratio delendi: nisi forte risus instructor membranarum potius usum exigat: quas ut iuvant aciem, ita crebra
relictione, quoad integuntur calami, et repetitione morantur manum.* Weiter rieth Quintilian, nur auf einer der beiden aufgeschlagenen Seiten zu
schreiben, die andere aber für Zusätze frei zu lassen. Vgl. Juven.
XIV, 191.   [14][15]) Quint. Inst. XI, 2, 32.

16) Catull. 50. Plin. ep. VII, 9 extr. Ausonius praef. in Ceolonem nennt solche *codicilli liturarii*, weil darin viel ausgestrichen ist, s.
Scaliger Auson. lect. II c. 18.

17) Cic. ad fam. IX, 26.

18) Nach der Einführung des Papyrus wurden *epistolae*, d. h. Briefe
an Abwesende, auf Papier geschrieben, *codicilli* dagegen sind Billets an Einheimische. Senec. ep. 54 extr.: *adeo tecum sum, ut dubitem, an incipiam
non epistolas, sed codicillos tibi scribere.* Plin. ep. VI, 16, 2. Cic. ad Q.
fr. II, 11. Allein in ältester Zeit kannten Griechen und Römer nur eine
Briefform, die *codicilli*. Homer Il. VI, 169 γράψας ἐν πίνακι πτυκτῷ
θυμοφθόρα πολλά, worauf sich bezieht Plin. N. H. XIII, § 69: *pugillarium enim usum fuisse etiam ante Troiana tempora invenimus apud Homerum*; vgl. das Gemälde *Mus. Borb.* I, 2, auf welchem Amor dem Polyphem ein Diptychon bringt. Herodot. VII, 239 vom Demarat: δελτίον
δίπτυχον λαβὼν τὸν κηρὸν αὐτοῦ ἐξέκνησε καὶ ἔπειτα ἐν τῷ ξύλῳ τοῦ δελτίου ἔγραψε τὴν βασιλέως γνώμην· ποιήσας δὲ ταῦτα ὀπίσω ἐπέτηξε τὸν
κηρὸν ἐπὶ τὰ γράμματα. Bei den Römern hat von dieser alten Form der
Briefes der *tabellarius* seinen Namen, sowie die *tabellae laureatae* siegreicher Feldherrn. Lamprid. Al. Sev. 58. Ovid. Amor. I, 11, 25.

19) Plaut. Bacch. 715. Pseudol. 21—36. Catull. 42. Tibull.
II, 6, 45. Ovid. Met. IX, 515 ff. A. A. I, 437. 464. Amor. I, 11. *Codicilli* kleinsten Formats zu Liebesbriefen hiessen *Vitelliani* (Mart. XIV, 8.
9), vielleicht von dem Fabrikanten, *pugillariarius* (Orelli 4278), wie eine
Papyrussorte Fanniana heisst.

20) Catull. 42. Prop. IV (III), 23. Hieraus erklärt sich Ovid. A.
A. II, 895: *Ei quoties scribes, totas prius ipse tabellas inspice: plus multae,
quam sibi missa, legunt*, nämlich einen alten Brief an eine frühere Geliebte. Daher sagt man von vollständiger Tilgung der Schrift *ad lignum
delere*. Cato bei Fronto ep. ad Anton. I, 1 = Cat. fr. ed. Jordan
p. 37.

21) Plin. ep. I, 6. IX, 36, 6. Senec. ep. 108: *Aliqui tamen cum
pugillaribus veniunt, non ut res excipiant, sed verba*. Act. 4 concilii Nicaen.
secundi Vol. VIII p. 854 C ed. Venet.: οἱ μὲν τῶν ὑπομνημάτων ὑπογραφεῖς, δέλτους φέροντες καὶ γραφίδας.

22) Propert. IV, 23. 25. Ovid. Am. I, 12, 23. Aus der athenischen
Inschrift bei Rangabé *Antiquités helleniques* n. 57. Vol. I p. 39 ersieht man,
dass die Rechnung des Baues des Erechtheums dreimal geschrieben war,
1) im Brouillon auf Wachstafeln, 2) in Abschrift auf Papyrus, 3) auf
pentelischem Marmor. Vgl. Egger *Mém. de l' Institut* XXI, 1 p. 352.

— 357 —

Diplome[34,25]) und juristische Urkunden[24]), wie Vadimonia[25]), Obligationen[26]), Heirathsverträge[27]) und Testamente[28]). Verschlossen wurden *codicilli*, wenn sie Briefe oder Documente enthielten, dadurch, dass das Diptychon oder Triptychon ausser den Durchstichen an der einen Seite des Rahmens noch eine oder zwei Perforationen durch die Mitte der Tafeln erhielt, und ein durch diese gezogener, dreimal um das Büchelchen gewickelter Faden die Tafeln zusammenzog und von aussen versiegelt wurde[29]). Diese Art des Verschlusses zeigen z. B. die im *Museo Borbonico XIV tav. A. B.* abgebildeten *pugillares*,

---

[23]) Ueber die Militärdiplome s. Th. III, 2 S. 434. Das noch unerklärte Epigramm des Mart. XIV, 4: *Caede iuvencorum domini calet area felix, Quincuplici cera cum datur auctus honor* verstehe ich von der *allectio inter Consulares* (Th. II, 3 S. 346), welche durch den Kaiser und zwar per *codicillos* geschah, weshalb solche Würden *codicillarias dignitates* heissen. Cod. Th. VI, 22, 7. Lamprid. Al. Sev. 49: *Pontificatus et quindecimviratus et auguratus codicillares fecit, ita ut in senatu allegerentur*. Suet. Claud. 29 *officiorum codicilli*. Suet. Cal. 18: *Senatori — codicillos, quibus praetorem cum extra ordinem designabat (misit.)* Cod. Theod. VI, 4, 22: *qui consuiares ac praetorios codicillos — sunt consecuti.*

[24]) *decreta ex tabellis recitata* Heazen *inscr.* 7429* u. Orelli 3871: *decretum ex tilia recitavit.* Grut. 209, 4.

[25]) Ovid. Am. I, 12, 23: *Aptius hae capiant vadimonia garrula cerae, Quas aliquis duro cognitor ore legat.*

[26]) *tabulae obligationis* Cod. Just. VIII, 44, 6.

[27]) *tabulae dotis* Dig. XXIV, 1, 66.

[28]) Die Ausdrücke *tabulae* vom Testament und *cera* von jeder *pagina* des Testamentes (Suet. Nero 17. Hor. Sat. II, 5, 38. Gaius II § 404: *haec ita ut in his tabulis cerisque scripta sunt, ita do lego.* Morcelli Opp. Epigr. II p. 323. Martial. IV, 70, 2 *ultimae cerae*) haben zwar später einen metaphorischen Sinn (Paulus rec. sent. IV, 7, 6: *tabularum autem appellatione chartae quoque et membranae continentur.* Ulpian. Dig. XXXVII, 11, 4 pr.: *Tabulas testamenti accipere debemus omnem materiae figuram; sive igitur tabulae sint ligneae sive cuiuscunque alterius materiae sive chartas sive membranas sint, vel si e corio alicuius animalis, tabulae recte dicentur*), allein bezeugen an sich die alte Form der Testamente, wie auch die sonstigen Ausdrücke dahin gehörigen technischen Worte, z. B. *contra lignum* (gegen das Testament) Dig. XXXVII, 4, 19. Vgl. fr. Vat. § 249 p. 341, 7 Mommsen: *Tabulae itaque aut quodcunque aliud materiae tempus dabit — perscribantur*, wo von einer *donatio* die Rede ist.

[29]) Von Testamenten Paulus rec. sent. V, 25, 6: *Amplissimus ordo decrevit, eas tabulas, quae publici vel privati contractus scripturam continent, adhibitis testibus ita signari, ut in summa marginis ad mediam partem perforatae triplici lino constringantur atque impositum supra linum cerae signa imprimantur.* Sueton. Nero 17: *Adversus falsarios tunc primum repertum, ne tabulae nisi pertusae ac ter lino per foramina traiecto obsignarentur.* Gaius II § 184. Ulpian. Dig. XXXVII, 11, 4 § 10. 11. Inst. II, 10, § 3.

23*

welche in der Mitte der Tafeln durchbohrt sind; auch die
Militärdiplome[30]) haben regelmässig vier Perforationen, zwei
auf einem Rande der Tafeln zur Verbindung der Tafeln miteinander, und zwei in der Mitte der Tafeln, zum Durchziehen
des Fadens, der den Verschluss bewirkte. Selten ist es, dass
die Tafeln unter sich nur an einer Stelle zusammengebunden,
daneben aber in der Mitte zweimal durchstochen sind[31]). Von
der letzteren Einrichtung ist das aus dem Jahre 167 n. Chr.
herrührende, in einem ungarischen Bergwerke gefundene,
wohlerhaltene Triptychon[32]), bestehend aus drei Tannenholztäfelchen in Queroctav, die also sechs Seiten haben. Seite 1
und 6, also die äusseren Seiten, sind blosses Holz; die vier
inneren Seiten haben einen Holzrand von Fingerbreite und sind
innerhalb dieses Randes mit Wachs ausgegossen und beschrieben, und zwar in zwei ungleichen Columnen, welche durch
eine von Wachs und Schrift freie Höhlung getrennt werden[33]).
Diese Höhlung ist bestimmt, einmal, um oben und unten eine
Perforation anzubringen, *in summa marginis ad mediam partem*, wie Paulus sagt[34]), welche durch alle drei Tafeln hindurchgeht und zum Durchziehen des Verschlussfadens dient;
sodann aber, um die Siegel der Zeugen aufzunehmen[35]), während an einem der Längenränder noch eine einzelne Perforation zum Zweck der Verbindung des Triptychons beim Aufschlagen angebracht ist[36]). Auf gleiche Weise wurden Briefe
verschlossen[37]). Doch hatte man auch *codicilli*, an welchen
das Band in der Mitte der Längenseite einer Tafel schon be

---

[30]) S. Arneth Zwölf römische Militärdiplome. Wien 1843. 4.
[31]) S. die Diplome Arneth N. VII auf Taf. XIX. XX, und N. X auf
Taf. XXIII. XXIV.
[32]) Herausgegeben in Massmann *Libellus aurarius sive tabulae
ceratae — in fodina auraria apud Abrudbanyam nuper repertae.* Lipsiae
1840. 4. Huschke in Zeitschr. f. geschichtl. Rechtswissenschaft XII,
§ 8. 178 ff.
[33]) Dieselbe Abtheilung haben die Militärdiplome, Arneth Taf.
XII. XVI. XIX. XXIII.
[34]) S. Anm. 3429.
[35]) Huschke a. a. O. S. 196.
[36]) Das mittelalterige Polyptychon bei Wailly *Mém. de l'Instit.* XVIII
p. 558 hat am Rande der Tafeln 8 Löcher, durch welche ein Pergamentriemen geht, der 14 Tafeln verbindet.
[37]) Plautus Bacch. 714:

festigt war, so dass man die Schreibtafeln nach jedesmaligem Gebrauche zubinden konnte[3438].

Für litterarische Zwecke erhielt man ein brauchbares Schreibmaterial erst, als die Fabrication des Papyrus[39]), die in Aegypten seit alter Zeit bekannt war[40]), unter den ersten Ptolemäern in Aufschwung kam und das ägyptische Papier durch den Handel verbreitet wurde[41]). Die Papyrusstaude,

---

CH. *Nunc tu abi intro, Pistoclere, ad Bacchidem atque effer cito*
PL. *Quid? CH. Stilum, ceram, tabellas, linum.*
Die cera zum Siegeln, wozu man auch Siegelerde, *cretula*, brauchte. Cic. acc. in Verr. IV, 26, 58. Vgl. Plaut. Bacch. 748;
Cedo tu ceram ac linum actutum. age obliga, opsigna cito.
Cic. Cat. III, 5, 10: *tabellas proferri iussimus, quas a quoque dicebantur datas. Primum ostendimus Cethego signum. Cognovit. Nos linum incidimus, legimus.*
3438) Solche *codicilli* hält Minerva auf einem Vasenbilde der Münchener Sammlung n. 1185 Jahn; abgebildet in Gerhard auserl. Vasenh. IV, 344.
39) Hauptstellen: Theophrast. de caus. plant. IV, 8 (9). Plin. N. H. XIII, § 68—13 § 89. Dazu s. Gullandini *Comment. in Plin. de papyro capita* Ven. 1572. Salmasius ad Vopisc. Firm. 8. Winckelmann Werke II S. 95 ff. Montfaucon *Diss. sur la plante appelée papyrus* in den *Mém. de l'Acad. d. Inscr.* VI p. 592 ff. Böttiger Ueber die Erfindung des Nilpapyrs und seine Verbreitung in Griechenland in Bött. Kl. Schr. Bd. III S. 365—382. Cirillo *Monographie du Papyrus.* Parma 1796 fol. Tychsen *de charta papyracea* in *Comment. Acad. Getting.* IV p. 140 ff. Baumstark in Pauly's Realencycl. V S. 1154 ff. Sprengel n. Krause in Ersch u. Gruber Encyclop. unter *Papyrus.* Dureau de la Malle *Mémoire sur le papyrus et la fabrication du papier chez les anciens* in den *Mémoires de l'Institut.* XIX P. 1 p. 140. Joria *officina de' papiri. Napoli* 1825. 8. Wilkinson *Manners and customs of the a. Eg.* 1837. 8. Vol. III p. 146—151. Ritschl Die Alexandrinischen Bibliotheken. Breslau 1838. 8. S. 123 ff.; auch in F. Ritschl's Kleinen philologischen Schriften. I, 1 S. 1—122; Wüstemann Ueber die Papyrusstaude und die Fabrication des Papieres bei den Alten, in Unterhaltungen aus der alten Welt für Garten- und Blumenfreunde. Gotha 1854. 8. S. 17—83.
40) Plin. I. l. § 68: *Et hanc (papyrum) Alexandri magni victoria repertam auctor est M. Varro, condita in Aegypto Alexandria.* § 70: *postea promiscue patuit usus rei, qua constat immortalitas hominum.* Dass die Fabrication des Papiers nicht zu Alexander's Zeit erfunden, sondern sehr alt ist, zeigen die ägyptischen Papyrus, deren Daten nach Champollion dem Jüngeren bei Dureau de la Malle a. a. O. p. 153 bis ins 18te Jahrh. v. Chr. hinaufreichen sollen. Vgl. Wilkinson *Manners and customs of the a. Egyptians.* III p. 150.
41) Dureau de la Malle a. a. O. p. 132. *Orbis descriptio sub Constantino imp.* bei Mai Class. Auct. III p. 198: *Sed et in hoc valde laudanda est (Alexandria), quod omni mundo sola chartas emittit, quam speciem licet vilem sed nimis utilem et necessariam in nulla provincia nisi tantum apud Alexandriam invenies abundare, sine qua nullae causae, nulla possunt impleri negotia.* In der *Expositio totius mundi*, einer Bearbeitung dersel-

welche am besten im Delta gedieh, aber auch in Sicilien und
Italien fortkommt[34,42]), ist eine Schilfpflanze, welche 11 F. hoch
wird[43]) und einen dreikantigen Stiel hat[44]). Derselbe enthält
unter der Rinde etwa zwanzig Lagen Bast, welcher nach der
Rinde zu gröber, nach dem Innern des Stengels zu feiner ist
und daher verschiedene Sorten Papier giebt. Das Papier wird
aus schmalen Streifen oder Fäden dieses Bastes gemacht, und
zwar in der Weise, dass auf eine Unterlage parallel gelegter
Baststreifen eine zweite Lage in die Quere gelegt und gitter-
förmig durch die Unterlage gezogen wird, so dass das Papier
ein Gewebe von Bast ist[45]), welches durch Befeuchtung mit

ben Schrift, heisst die Stelle (Marini P. D. p. XIV): *Possidet praeter
alia (Alexandria) — et rem quamdam, quae nuspiam nisi Alexandriae et in
eius regione conficitur, absque qua neque iudicia neque privata negolia cele-
brari possunt, quia eius ope ferme omnis hominum natura stare videtur. Et
quid quaeso est, quod adeo a nobis commendatur? nempe quod quum chartam ipsa conficiat, et in universum orbem emittat, utilissimam speciem
omnibus praestat*. Vopiscus Saturnin. 8: *civitas opulenta —, in qua
nemo vivat otiosus. Alii vitrum conflant, ab aliis charta conficitur*. Symmachus ep. IV, 28: *Aegyptus papyri volumina bibliothecis foroque texue-
rit*. Soll Aurelian lieferte Aegypten an die Stadt Rom eine Abgabe von
Papyrus (Vopiscus Aurel. 45. Mommsen C. I. L. I p. 385), und noch
nach der Eroberung Aegyptens durch die Araber kam Papyrus von dort
nach Italien (Marini P D. p. XII,. Es wurde sowohl das fertige Papier
als der rohe Bast (Salmas. ad Vopisc. Firm. 8 p. 780 ed. 1674) in
Rom eingeführt; es gab in der 4ten Region *horrea chartaria* (Preller
Die Regionen der Stadt Rom p. 7. 103) und im Mittelalter einen Ort *Chartaria* und *turris chartularia* bei dem Titusbogen (Marini P. D. p. XIII);
mehrfach werden Papierhändler, *cartarii* (Orelli 4159),*cartapolae* (Schol
Juven.IV, 24), *chartopralae* (Cod. Just. XI,17), *cartarii* (Diomedes
p. 413 P. und zwei Inschr. bei Marini P. D. p. 278*) erwähnt, welche
letzteren zu unterscheiden sind von den bei allen Behörden der späteren
Kaiserzeit vorkommenden Registratoren, die auch *cartarii* oder *cartularii*
heissen. Marini P. D. p. 277[b]. 278[a].
[142] Dureau de la Malle a. a. O. p. 158, 159. Nach der Untersuchung von Ph. Parlatore *Mém. sur le papyrus des anciens et sur le
papyrus de Sicile* in *Mém. presentés par divers savants à l' académie des sciences*. (*Sciences math. et phys.*) XII (1854) p. 469 – 502 ist der Papyrus
von Sicilien nicht identisch mit dem ägyptischen, sondern eine eigene,
im 10ten Jahrhundert durch die Araber aus Syrien eingeführte Species.
43) 10 *cubiti*, Plin. N. H. 1. l. § 74.
44) Dureau de la Malle *Planche 1*.
45) Plinius l. l. nennt dies Verfahren geradezu *texere*. Vgl. Salmasius l. l. p. 697. Daher sagt Leonidas Anth. Gr. II p. 179 n. 25:
ἥρπά μοι δίζλων γνωιδέα σὺν καλάμοισι Ἡφαιιτῇ. Eine deutliche Anschauung von dem Gewebe sowie von der Zusammenfügung der Blätter
giebt das Facsimile zweier arabischer Papyrus bei S. de Sacy *Mémoires
de l' Institut* IX pl. A. B. Von feinerem Gewebe sind die von Wailly herausgegebenen lateinischen Papyrus, *Mém. de l' Institut* XV, 4, pl. I. III.

Nilwasser oder Leimwasser fest gemacht[4446], unter Hammer und Presse kommt und die Form eines Blattes erhält, dessen Breite immer 5 bis 6 Finger beträgt, dessen Höhe aber nach der Sorte verschieden ist. Die beiden besten Sorten, die Augusta und die Liviana[47]), hatten 13 *digiti*, d. h. 9 Zoll, die *hieratica* 11 *digiti*, das römische Fabricat des Fannius[48]), vielleicht des Grammatikers Rhemmius Fannius Palaemon[49]), 10 *dig.*; die fünfte Sorte, *amphitheatrica*, 9 *digiti*; die *Saitica* noch weniger, die *emporetica*, Packpapier, nur 6 d. Höhe. In Rom gab es indessen auch grössere Formate, *macrocolla*, wie namentlich Kaiser Claudius Papier von 1 und 1½ Fuss Höhe machen liess[50]). Aus Papierblättern gleicher Sorte setzt man nun einen Streifen von beliebiger Länge zusammen, indem man die Blätter (σελίδες[51]), *paginae*)[52]) einen Finger breit übereinander legt und zusammenklebt[53]); man schreibt

---

[4446] Darauf geht Martial. XIV, 209: *Levis ab aequorea cortex Mareotica concha Fiat: inoffensa currit harundo via.*
47) Plin. l. I. § 74. 86. Isidor. Or. VI, 10, der irrthümlich *Libyana* schreibt. 48) Plin. l. I. § 75. 78.
49) Suet. de ill. gr. 23.
50) Plin. l. I. § 80 *Auxit et latitudinem* (die Höhe, was Winckelmann Werke II S. 97 nicht richtig verstand. S. Ritschl Al. Bibl. S. 194]. *Pedalis mensura erat et cubitalis macrocolis. Macrocollum*, ein Streifen von Blättern grossen Formates zusammengeleimt, von κόλλα Leim, kommt indess schon bei Cicero ad Att. XVI, 5, 1. XIII. 25 vor.
51) Anthol. Gr. II p. 52 n. 3, 3 p. 208 n. 17, 1. Andere Stellen geben die Lexica.
52) Ritschl Al. Bibl. S. 123. Der von Letronne herausgegebene Papyrus (vgl. Schneidewin Fragmente griech. Dichter aus einem Papyrus des k. Musei zu Paris. Gött. 1838. 8.) hat 43 Colonnen von je 22 Zeilen; unter den herculanischen Rollen (s. *Herculanensium columnum quae supersunt*. Neap. 1793—1850. XI Voll. fol. *Volumina Herculanensia*. Oxford 1824—25. 2 Voll. 8.) sind Rollen von 70, 77, 100 Columnen. 100 hat die Rolle, welche *Philodemi o Zenonis περὶ ἠθῶν καὶ βίων excerpta* enthält. S Verh. der Nürnberger Philologenvers. (1833) S. 18.
53) Winckelmann Werke II, S. 95. 101. 230. 233. Joric *Officina de' papiri* p. 84. Das Leimen heisst *διακολλᾶν*, Lucian. *π. τ. ἀπαιδεύτον* 16 (III p. 255 Jac.), die Rollen *κεκολλημένα βιβλία*, Olympiodor. bei Photius B. p. 61ᵇ, 9; lateinisch *glutinare*. Ulpian. Dig. XXXII, 52 § 6: *Non male quaeritur, si libri legati sint, annon contineantur nondum perscripti? Et non puto contineri, — Sed perscripti libri nondum malleati vel ornati continebuntur, proinde et nondum conglutinati vel emendati.* Man schrieb also auch auf einzelnen Blättern und klebte sie hernach zusammen. Das letzte Blatt der Rolle heisst *ἐσχατοκόλλιον* (Martial. I], 6, 3], das erste *πρωτόκολλον* (Auth. Collat. IV, 23 c. 2 (Nov. 44). In dem Papyrus Marini P. D. n. 132 hat der Leim losgelassen und sind die *paginae* getrennt worden, s. Marini p. 262ᵃ.

denn gewöhnlich in Colonnen, so dass jedes Blatt eine Colonne bildet, die doppelt aufeinander liegenden Intercolumnien aber unbeschrieben bleiben[54]).

Für einen Brief oder eine Urkunde — denn zu beiden gab das Papier und zu Briefen besonders die Augusta[55]) nunmehr ein geeignetes Material[56]) — bedurfte man meistens nur eines verhältnissmässig kurzen Streifens, den man zusammenfaltete[57]), mit einem Faden durchnähte[58]), umwickelte, auf dem Ende des Fadens siegelte und von aussen mit der Adresse versah[59]); für ein Buch dagegen war ein aus einer grossen

---

54) In officiellen Urkunden schrieb man vor Cäsar nicht in *paginis*, sondern *transversa charta* (S u e t. Caes. 56) d. h. in langen Zeilen über die ganze Breite des Papyrus, und das findet sich auch in späteren Documenten. Marini P. D. n. 132. p. 263.

55) Plin. l. l. § 80. Martial. XIV, 10, 11 unterscheidet *chartas maiores* und *chartas epistolares*. Isidor. Or. VI, 12, 1: *Quaedam nomina librorum apud gentiles certis modulis conficiebantur; breviore forma carmina atque epistolae, at vero historias maiore modulo scribebantur, et non solum in carta vel in membranis, sed etiam in omentis elephantinis textilibusque malvarum foliis atque palmarum*.

56) Briefe, auf Papyrus geschrieben, werden oft erwähnt, Catull. 66, 46. Ov. Tr. IV, 7, 7. V, 12, 30. Ov. Herold. 11, 8. 4. 18, 20. 21, 211. Plin. ep. III, 11, 6. VIII, 15. Cato fr. p. 89 Jord.

57) Die Papyrus, welche wir noch haben, sind theils gerollt, theils gefaltet gewesen. Unter den Leydener Papyrus ist z. B. gefaltet n. 75 (Reuvens *Lettres* I p. 4) und ein anderer bei Reuvens *Lettres* II p. 16. 2 p. 98. Vgl. Egger *De quelques textes inédits récemment trouvés sur des papyrus Grecs* p. 7: „Voici d'abord une lettre.... C'est une feuille de papyrus qui a été pliée en douze et qui, sur le dos, porte pour adresse A Apollonius."

58) Fronto ad M. Caesar. II p. 98 ed. Mai. Rom. 1846. 8: *Ferras, quas mihi miseras, remisi tibi per Victorinum nostrum, atque ita remisi: chartam diligenter lino transui et ita linum obsignavi, ne musculus iste aliquid aliqua rimari possit*. Hieraus erklärt sich Ovid. Tr. IV, 7, 7: *Quolies alicui chartae tua vincula dempsi*. Ov. Herold. 18, 17: *Forsitan admotis etiam tangere labellis, Rumpere dum niveo vincula dente voles*. Was die Verschliessung von Urkunden betrifft, so geht aus den Protocollen über mehrere Testamentseröffnungen bei Marini P. D. n. 74. 74ª hervor, dass die auf Papyrus geschriebenen Testamente (*charta testamenti* n. 74. Col. IV lin. 10 u. öfter), nachdem sie vollzogen waren, gefaltet oder gerollt, von den sieben Zeugen mit sieben Fäden durchzogen (Marini p. 357ᵇ) und auch von der Aussenseite gesiegelt und mit der Namensunterschrift der Zeugen versehen wurden. Bei der Eröffnung mussten die Zeugen *signacula vel superscriptiones recognoscere*, worauf die Behörde beliebit, *chartulam resignari, linum incidi, aperiri et recitari* (n. 74. Col. IV lin. 10). Vgl. Bachofen Ausgewählte Lehren des röm. Civilrechts. Bonn. 1848. 8. S. 279 ff.

59) S. ausser dem oben angeführten Beispiel bei Egger einen Privatbrief auf Papyrus mit der auf der Rückseite befindlichen Adresse

— 393 —

Anzahl von Blättern zusammengesetzter Streifen erforderlich, den man zusammenrollte, und man pflegte auf der Titelcolumne oder am Schlusse der Rolle die Zahl entweder der Columnen[60]) oder der Zeilen[61]) der Rolle anzugeben, zunächst um den Preis des Buches zu normiren[62]), wie das bei uns nach der Bogenzahl geschieht. Indess war der Umfang einer Rolle (βιβλίον, κύλινδρος, volumen)[63] immer ein sehr mässiger; er beschränkte sich auf eine, zuweilen eine halbe Abtheilung eines grösseren Werkes, wie z. B. das 4. Buch der philodemischen Rhetorik auf zwei Rollen vertheilt ist[64]), das 10. Buch des Philodemos περὶ κακιῶν eine Rolle anfüllt[65]), und der elephantinische Homeruspapyrus nur Ilias XXIV von v. 127 an, also

---

'Ηφαιστίων bei M ai Class. Auct. V (1833. 8.) p. 401. 502. In der Casa di Lucrezio in Pompeji befindet sich ein Bild, darstellend aufgeschlagene codicilli, ein Tintenfass, ein Falzbein (σμίλη), einen stilus und einen in Form eines Billets zusammengefalteten Brief mit der Aufschrift: *M LV-CRITIO FLAM MARTIS DUCVRIONI POMPIII.* S. die Abbildung bei Niccolini fasc. VIII (casa di Lucrezio) p. 16. vgl. Overb. Pomp. I p. 290.

[60]) *Herculanensium Voll.* Tom. IX (1848) enthält eine Schrift mit dem Titel: ΦΙΛΟΔΗΜΟΥ|ΠΕΡΙ ΘΑΝΑΤΟΥ|Δ' ϹΕΛΙϹΕϹ ΕΚΑΤΟΝ ΔΕΚΑ ΟΚΤΩ|. Der Papyrus N. 1111 der Oxf. Sammlung hat die Bezeichnung ΦΙΛΟΔΗΜΟΥ ΠΕΡΙ ΧΑΡΙΤΟϹ. ΚΟΛΛΗΜΑΤΑ ϹΕΛΙΟΗ d. h. κολλήματα σελίδων οη', eine Rolle von 78 Columnen, s. Ritschl *Ind. Lect. Bonn.* 1860—61. p. VII. Kleine phil. Schr. I, 1 p. 183. *Herc. Voll.* X (1850) giebt den Titel: ΦΙΛΟΔΗΜΟΥ|ΠΕΡΙ ΧΑΡΙΤΟϹ|ΑΡΙΘΜΟ ΧΦΟΗ | ΧΑρΗΜΑΤΑ | ϹΕΛΙΔΕϹ ΧΑ. Vol. IV enthält ΦΙΛΟΔΗΜου| ΠΕΡΙ ΡΗΤΟΡΙΚης | ΑΡΙΘΜΟϹ ΧΕ... und am Schluss der letzten Colonne ϹΕΑ⁻. Δ, was die Editoren lesen λδ' (84) mit Zustimmung von Ritschl a. a. O. Vol. VIII enthält: ΦΙΛΟΔΗΜου ΠΕΡΙ | ΤΟΥ ΚΑΘ ΟμηρON | ΑΓΑΘου.... ΑΡΙ ΧΧ. Die Schrift ΦΙΛΟΔΗΜΟΥ ΠΕΡΙ ΡΗΤΟΡΙΚΗϹ Ι Δ Ι ΤΩΝ ΕΙϹ ΔΥΟ ΤΟ ΠΡΟΤΕΡΟΝ (*Herc. Voll.* XI (1855)) hat zwar auf der Titelcolumne keine Zahlenangabe, aber die Columnen sind paginirt und es sind auf den vollständig erhaltenen Columnen die Zahlen ρλς' (136) bis ρμζ' (147) am untern Rande verzeichnet.

[61]) Ueber die Stichometrie, d. h. die Angabe der Zellen, nicht nur bei poetischen, sondern auch bei prosaischen Werken s. Ritschl Alex. Bibl. S. 91 ff. und *Ind. lect. Bonn.* 16⁶⁰/₆₁. Kleine phil. Schr. I S. 74 ff.

[62]) Dass dies der ursprüngliche Zweck der Stichometrie ist, zeigt die Taxe für Schreiber im Edict. Diocl. p. 19 Mommsen.

[63]) Ritschl *Ind. lect. Bonn.* 16⁶⁰/₆₁ p. VIII. Diogenes Laert. X, 17: γέγονε δὲ πολυγραφώτατος ὁ Ἐπίκουρος — κύλινδροι μὲν γὰρ πρὸς τριακοσίους εἰσί. Ueber volumen in diesem Sinne s. Liv. XXXI, 4, 4.

[64]) S. Ritschl Alex. Bibl. S. 84. Das zweite Buch des Diodor. ist auch in zwei Theile getheilt, von denen der zweite beginnt: Τῆς πρώτης τῶν Διοδώρου βίβλων διὰ τὸ μέγεθος εἰς δύο βίβλους διῃρημένης ἡ πρώτη μὲν περιέχει κ. τ. λ. Vgl. Cic. ad Herenn. I, 17, 27. Tusc. III, 3, 6. Plin. ep. III, 5, 5. [65]) Seuppe *Philodemi de vitiis lib. X.* Weimar 1859. 4. p. 9. 9. Die Rolle hat 23 Columnen.

noch keinen Gesang enthält[3466]), so dass für den ganzen Homer etwa 40 Rollen nöthig gewesen sein würden. Man beschrieb nämlich den Papyrus immer nur auf einer Seite[67]), höchstens diente die Rückseite eines alten Papyrus zu Schreibübungen der Kinder[68]), oder zu werthlosen Schreibereien[69]); aber auch bei dem Gebrauche eines alten Papyrus zog man es vor, die beschriebene Seite mit einem Schwamm abzuwaschen und auf dem Palimpsest zu schreiben[70]). Die Aufbewahrung und Aufstellung der Rollen machte noch eine besondere Behandlung derselben nöthig. Zuerst schützte man sie gegen Motten und Würmer dadurch, dass man sie mit Cedernöl bestrich, was ihnen eine gelbe Farbe gab[71]); sodann klebte man den Rand

---

3466) *Philological Museum*. Cambridge. Vol. I, 1833, p. 177 ff.

67) Juvenal 1, 5 verspottet einen Dichter wegen seines *Scriptus et in tergo necdum finitus Orestes* und Sidonius Ap. ep. II, 9 sagt, er könnte noch mehr schreiben, *nisi epistolae tergum madidis sordidare calamis erubesceremus*.

68) Horat. epist. I, 20, 17. Mart. IV, 86, 11. *libello incerta pueris arande charta*. Ein ägyptischer Papyrus, auf der Rückseite Schreibübungen eines Kindes enthaltend, ist der Leydener n. 74⁸, Reuvens *Lettres* 3 p. 141.

69) Martial. VIII, 62: *Scribit in aversa Picens epigrammata charta Et dolet, averso quod facit illa deo*. Doch hatte man auch auf beiden Seiten beschriebene Rollen, *Opisthographa*. Plin. ep. III, 5, 17. Ulp. Dig. XXXVII, 11, 4. Lucian. Vit. auct. 9; auch sind noch Papyrushandschriften vorhanden, welche zu verschiedenen Zeiten auf beiden Seiten beschrieben sind. Reuvens *Lettres* 1 p. 5. Bei Mai Class. Auct. Vol. V (1833. 8.) p. 338—361 ist ein ägyptischer Papyrus der Ptolemäerzeit, der auf jeder Seite eine Eingabe enthält. Die 1836 von Stobart erworbene Rolle mit der Grabrede des Hyperides hat auf der Rückseite zwei Aufzeichnungen astrologischen Inhalts; s. Babington Ὑπερίδου λόγος ἐπιτάφιος. Cambridge and London 1858. fol.

70) Cic. ad fam. VII, 18. Catull. 22, 5. Plaut. de garrul. VIII p. 9 R. Id. philosoph. esse cum princ. IX, 17, wo er den schlechten Zustand solches Papiers als Gleichniss braucht: εὖρε Διονύσιον (Πλάτων) ὥσπερ βιβλίον παλίμψηστον, ἤδη μολυσμὸν ἀναπλέων καὶ τὴν βαφὴν οὐκ ἀνιέναι τῆς πορφυρίδος, ἐν πολλῷ χρόνῳ δευσοποιὸν οὖσαν καὶ δυσέκπλυτον. Ulp. Dig. XXXVII, 11, 4: *Chartae appellatio et ad novam chartam refertur et ad deletitiam*. Auch die Araber brauchten alten Papyrus. Einen solchen s. bei Silv. de Sacy *Sur deux papyrus écrits en langue Arabe* in *Mémoires de l'Institut* X. 1833 p. 67. In Rom aber war es viel gewöhnlicher, beschriebenen Papyrus als Maculatur zu verbrauchen. Krämer wickelten darin *tus*, *odores*, *piper* und *scombri* ein. Martial. III, 2. III, 50, 9. IV, 86, 8. XIII, 1, 1. und mehr bei Jahn ad Pers. I, 43 p. 89. Metallspiegel finden sich in Gräbern eingewickelt in Papyrus. Raoul-Roch. in *Mém. de l'acad. des inscr.* XIII p. 362.

71) Vitruv. II, 9, 13: *ex cedro oleum, quod cedrium dicitur, nascitur, quo reliquae res unctae, uti etiam libri a tineis et a carie non laeduntur*. Ovid. Tr. III, 1, 13 *cedro flavus* (liber) cf. I, 1, 7. Martial. III, 2,

des letzten Blattes (ἐσχατοκόλλιον) auf einen dünnen Stab, um den man die Rolle aufwickelte (umbilicus, ὀμφαλός)[3472], so dass *ad umbilicum perducere* sprichwörtlich ist von der Vollendung einer Schrift[73]). War die Rolle an beiden Basisseiten des Cylinders beschnitten[74]), mit Bimstein geglättet[75]) und gefärbt[76]), so färbte oder vergoldete man auch die sichtbaren Enden des *umbilicus*, *cornua* oder *umbilici* genannt[77]), obwohl dieser Luxus nur in besonderen Fällen vorgekommen sein

---

7. V, 6, 14. Lucian. adv. indoct. 16. Plin. N. H. XIII, § 86 *libri citrati*. Daher nennt man Gedichte, die der Unsterblichkeit würdig sind, *cedro digna*. Pers. I, 42 vgl. Schol. ad h. l. Hor. A. P. 331. Auson. epigr. 34, 16. Peerlkamp ad Od. II, 13, 29. Ueber die Sache s. Beckmann Beitr. z. Gesch. der Erfind. 2 S. 282. Cedernöl (Dioscor. I, 103. Plin. N. II. XXIV, § 17: *Cedri sucus — magni ad columina usus, ni capill dolorem inferret. Defuncta corpora incorrupta aevis servat*) wurde in Aegypten zum Balsamiren gebraucht. Diodor. I, 91.
3472) Porphyr. ad Hor. Epod. 14, 8: *in fine libri umbilici ex ligno qui osse solent poni*. Mart. II, 6, 10: *Quid prodest mihi tam macer libellus, Nullo crassior ut sit umbilico*. Lucian. πρὸς τὸν ἀπαίδ. 16: τίνα γὰρ ἐλπίδα καὶ αὐτὸς ἔχων ἐς τὰ βιβλία καὶ ἀνατυλίττεις ἀεὶ καὶ διακολλᾷς — καὶ ὀμφαλοὺς ἐντίθης; id. ib. 7: ὁπόταν τὸ μὲν βιβλίον ἐν τῇ χειρὶ ἔχῃς πηγνυίῳ, πορφυρᾶν μὲν ἔχον τὴν διφθέραν, χρυσοῦν δὲ τὸν ὀμφαλόν. Id. Merc. cond. 41 (I p. 433 Jac.): ὅμοιοί εἰσι τοῖς καλλίστοις τούτοις βιβλίοις, ὧν χρυσοί μὲν οἱ ὀμφαλοί, πορφυρᾶ δὲ ἔκτοσθεν ἡ διφθέρα. Die herculanischen Rollen haben theilweise *umbilici*, es sind *bastoncelli di legno o pura formati di semplice papiro strettamente agglomerato a tal uso*. Sie bilden immer das Centrum der Rolle, aber sind bald am Anfang bald am Ende derselben befestigt, je nachdem man die Rolle so oder so zusammenrollen wollte. Andere Rollen sind ganz ohne *umbilicus*. Jorio *Officina de' papiri* p. 18—20. p. 69. Ueber eine Papyrusrolle, 1861 in Theben gekauft, berichtet Zündel im Rhein. Museum N. F. XXI, 8 (1866) p. 137: Die Papierfragmente sind um einen kurzen Stab gewickelt, der sich bei genauerer Betrachtung als ein Paar aufeinandergelegte und an beiden Enden vermittelst rother Thonsiegel verbundene Schilfblätter darstellt. Auf beiden Siegeln steht der Name *Mentera*. Um diese Papyrusrolle war ein schmaler Streifen von Mumienleinwand gewunden.
73) Horat. Epod. 14, 8. Martial. IV, 89, 1. 2. Sidon. Apoll. epist. VIII, 16 *iam venitur ad margines umbilicorum*. Ep. in Jacobs Anth. IV p. 296 n. 617: Μὴ ταχὺς Ἡρακλείτου ἐπ' ὀμφαλὸν εἴλυε βιβλίον. Seneca Suas. 6, 27 p. 88, 28 Burs.
74) Isidor. VI, 12, 5: *Circumcidi libros Siciliae primum increbruit. Nam initio pumicabantur*. Lucian. πρὸς τὸν ἀπαίδευτον 16. Die Notiz des Isidor beruht, wie Schwarz p. 80 bemerkt, auf einem Missverständniss, indem *sicilire*, beschneiden, mit *sica*, *sicula* und *secare*, nicht aber zunächst mit der Provinz Sicilien zusammenhängt.
75) Mart. I, 66, 10: *Sed pumicata fronte si quis est nondum Nec umbilicis cultus atque membrana, Mercare*; I, 117, 16: *Rasum pumice purpuraque cultum — Martialem*. VIII, 72. Catull. 22, 8. Ov. Tr. I, I, 9.
76) *nigra fronte* Ov. Tr. I, 1, 8.
77) S. die Stellen des Lucian A. 3472; Ov. Tr. I, 1, 8: *Candida*

mag³⁴⁷⁸); denn in den herculanischen Rollen haben sich ebensowenig *cornua* gefunden⁷⁹), als Riemen oder Bänder zum Zusammenhalten der Rollen, obgleich auch solche erwähnt zu werden scheinen⁸⁰). Endlich wurde an die Rolle ein Pergamentstreifen (σίλλυβος)⁸¹) geklebt, der den Titel des Buches enthielt⁸²) und, wenn die Rolle der Conservation wegen in ein

---

nec nigra cornua fronte geras. Tibull. III, 1, 10: *Atque inter geminas pingantur cornua frontes.* Mart. III, 2, 9 *picti umbilici.* V, 6, 15 *nigri umbilici.* Statius Silv. IV, 9, 7: *Noster purpureus novusque charta Et binis decoratus umbilicis.* Die Identität der *cornua* und *umbilici* geht nicht nur aus diesen Stellen, sondern namentlich aus der Vergleichung von Mart. IV, 89 *Iam pervenimus usque ad umbilicos* mit XI, 107 *Explicitum nobis usque ad sua cornua librum* hervor.
3478) S. Lucian. I. l. Martial VIII, 64 rühmt als etwas Besonderes: *Non iam quod orbe cantor et legor toto Nec umbilicis quod decorus et cedro Spargor per omnes Roma quas tenet genus.*
79) Mariorelli *Th. C.* I, p. 274.
80) Winckelm. Werke II S. 242 ff. leugnet das Binden der Rollen. Die Stelle Martial. XIV, 87, worin man sonst *constrictos libellos* las, ist entfernt durch die von Schneidewin recipirte richtige Lesart *selectos libros*, aber in der Stelle des Cicero, welcher, nachdem er sich zwei *glutinatores* vom Atticus hat schicken lassen, hernach ad Att. IV, 5 schreibt: *Bibliothecam mihi tui pinxerunt constructione et sillybis* scheint mir mit Herzberg trotz den Gegenbemerkungen von Rein *constrictione* zu lesen, da *constrictione pingere* einen Sinn hat, wenn die Bänder farbig waren, *constructione* aber in Verbindung mit *pingere* gar keinen Sinn giebt. Auf einem Bilde des Museums in Portici ist eine Rolle, die ausser der gleich zu erwähnenden Titeletikette noch einen Riemen hat. Jorio *Off. de' papiri* p. 58 tav. I. B. 2.
81) Cic. ad Att. IV, 4ᵃ: *Etiam velim mihi mittas de tuis librariis duos aliquos, quibus Tyrannio utatur glutinatoribus — iisque imperes, ut sumant membranulam, ex qua indices fiant, quos vos Graeci, ut opinor, σιλλύβους appellatis.* Hesych. Σίλλυβον — καὶ τὸν βιβλίον τὸ δέρμα. Auch πιττάκιον, bei Petron. 34 die Etikette einer Weinflasche, sonst überhaupt ein Zettel, worauf auch ein Brief oder eine Quittung stehen kann (Marini *P. D.* p. 278), findet sich in ähnlichem Sinne bei Diog. Laert. VI § 99. Bei Marini *P. D.* n. 143 p. 209 sind abgedruckt *neun titoli in papiro appesi a' vasetti di vetro, ne' quali erano gli Olj de' SS. Martiri.*
82) Mart. III, 2: *Et cocco rubeat superbus index.* Ov. Tr. I, 1, 7. Dies sind die *tora rubra* bei Catull. 22, 7. Sie sind sichtbar an den *Volumina* eines *pluteus* auf einem herculanischen Gemälde, abgebildet bei Marini *P. D.* auf dem Titel. Auch im Mittelalter werden Papyrusrollen, *tomi cartacei*, von aussen mit einer Registrande bezeichnet, so bei päpstlichen Urkunden mit dem Namen des Papstes. Marini *P. D.* p. 224ᵇ. Aber auch auf dem Bilde *Pitture di Ercol.* V p. 279 sieht man eine geöffnete Rolle, an deren oberem Rande ein Zettel mit Schrift befestigt ist. Vgl. Jorio *Off. de' pap.* p. 57 und tav. I B. z., welcher daraus erklärt Seneca de tr. an. 9: *cui voluminum suorum frontes maxime placent titulique.* Auf der herculanischen Rolle n. 1491 ist der Titel äusserlich auf die Rolle geschrieben. Jorio a. a. O. p. 59.

Futteral von Pergament (διφθέρα) gethan wurde[83], oben sichtbar blieb[84]). Beim Lesen hielt man die Rolle mit beiden Händen, indem man sie allmählich nach links hin aufrollte; wollte man sie wieder fest zusammenrollen, so fasste man den *umbilicus* mit beiden Händen und zog, indem man den Anfang der Rolle unter das Kinn drückte, die Windungen fester zusammen[85]).

Unter Eumenes II. von Pergamum (197—159 v. Chr.) führte endlich der schon seit den ältesten Zeiten gemachte Versuch, Thierhäute als Schreibmaterial zu benutzen[86]), zur Erfindung des Pergamentes[87]), welches sofort nach Rom ge-

---

[83]) Sowie bei Horat. Sat. I, 6, 74 die Knaben zur Schule gehen, *laevo suspensi loculos — lacerto* (vgl. Philostr. V. S. p. 444 Kays.: *Ἱερὸν δὲ ἀνιδὼν καὶ παιδαγωγούς τε προσκαθημένους ἀκολούθους τε παῖδας ἄχθη βιβλίων ἐν πήραις ἀνημένους* —), so trug und verwahrte man kostbare Rollen in einer διφθέρα oder *membrana*, die gelb oder roth gefärbt war. Mart. I, 66, 11 (*liber*) *umbilicis cultus et membrana*. X, 93, 4 (*carmina*) *purpurea — culta toga*. III, 2, 10. Lucien. Merc. cond. 41 πορφυρᾷ δ' ἔντοσθεν ἢ διφθέρᾳ. Die herculanischen Rollen sind in unbeschriebenen Papyrus gewickelt. Jorio Off. de' pap. p. 29.

[84]) Tibull. III, 1, 9: *Lutea sed niveum involvat membrana libellum, Pumicet et canas tondeat ante comas Summaque praetexat tenuis fastigia chartae, indicet ut nomen littera facta, tuer.*

[85]) Die Art, wie man Rollen las, ist durch eine so grosse Anzahl bildlicher Darstellungen constatirt (*Museo Borbon.* IX, 24, X, 24, XI, 47. *Antichità di Ercolano* III, 29. 35. *Monum. d. Inst.* I tav. 5, 1. *Annali d. Inst.* 1855 tav. 44. 46. 1852 I. 23. O. Jahn *Villa Pamphili* p. 41 I. V, 13. Panofka Bilder ant. Lebens I, 11), dass die Stellen Mart. I, 66, 7 *virginis — chartae, Quae trita duro non inhorruit mento*. X, 93, 6 *nova nec mento sordida charta*. Strato Anth. Gr. III p. 79 n. 50: Εὐτυχίς, οὐ φθονέω, βιβλίδιον, ἢ ῥά δ᾽ ἀναγνοὺς Παῖς τις ἀναθλίψει, πρὸς τὰ γενεῖα τιθείς· unzweifelhaft auf das Zusammenrollen der Papyrus, nicht, wie Salmasius ad Solin. p. 278 E., Schwarz p. 94 annahmen, auf das Halten der Rolle heim Lesen, welches so unmöglich sein würde, zu beziehen sind. Eine Rolle, welche in der Mitte durch vieles Befassen abgerieben und schmutzig ist, s. bei Rouvens *Lettres* p. 4.

[86]) So bei den Persern, s. Ritschl *Ind. l. Bonn.* 1840—41. p. VIII not. Dureau de la Malle u. a. O. p. 161; bei den Römern, s. oben Anm. 1098.

[87]) Plin. N. H. XIII, § 70: *Mox aemulatione circa bibliothecas regum Ptolemaei et Eumenis, supprimentis chartas Ptolemaeo, idem Varro membranas Pergami tradit repertas.* Isidor. Or. VI, 11, 1. Lydus p. 11 Bonn. Hieronymus ep. 7 ad Chromatium, Iovinum et Eusebium. Vol. I p. 80 ed. Colon. 1616: *Chartam defuisse non puto, Aegypto ministrante commercia. et si alicubi Ptolemaeus maria clausisset, tamen rex Attalus membranas a Pergamo miserat, ut penuria chartae pellibus pensaretur, unde et pergamenarum nomen ad hunc usque diem tradentis sibi invicem posteritate servatum est.* Boissonade Anecd. I, 420: Κράτης ὁ γραμματικὸς ὑπάρχων μετὰ Ἀττάλου τοῦ Περγαμηνοῦ ἐκ δερμάτων ἔκαμε μιμβρᾶνας

— 395 —

langte und später auch dort fabricirt wurde[3466]). Der Vortheil der Erfindung bestand darin, dass, während die vorher, namentlich im Orient, gebräuchlichen Felle (διφθέραι)[87] ebenso wie der Papyrus nur auf einer, nämlich der inneren Seite der Haut zum Schreiben zugerichtet waren[89] und deshalb ebenfalls die Form einer Rolle (volumen) erbielten[91]), das auf beiden Seiten brauchbare Pergament in Quartform vierfach zusammengelegt[92]), geheftet[93]), paginirt[94]) und in die Form des *codex* oder der *codicilli* gebracht wurde[95]), wodurch man zuerst die Möglichkeit erhielt, grössere Werke oder auch mehrere Schriften in einem mässigen Bande (τεῦχος)[96]) zu verein-

---

και ἐποίησα τὸν Ἀτταλον ἀποστεῖλαι αὐτὰς εἰς Ῥώμην. Tzetzes Chil. XII, 347. Ueber Kretes und die Differenz der Nachrichten in Bezug auf die Zeit der Erfindung s. Meier in Ersch u. Gruber Encycl. unter Pergamenisches Reich S. 68.
3466) Isidor. Or. VI, 11, 2. Gloss. Philox: *Membranarius διφθεροποιός*. Ed. Diocletiani p. 19 Momms.: *Membranario in quaternionis pedali pergamenas*.
89) Diodor. II, 32: οὗτος (Ctesias) οὖν φησιν ἐκ τῶν βασιλικῶν διφθερῶν, ἐν αἷς οἱ Πέρσαι τὰς παλαιὰς πράξεις — εἶχον συντεταγμένας, πολυπραγμονῆσαι τὰ καθ' ἕκαστον. Herodot. V, 56: καὶ τῆς βύβλου διφθέρας καλέουσι ἀπὸ τοῦ παλαιοῦ οἱ Ἴωνες, ὅτι ποτὲ ἐν σπάνι βύβλων ἐχρέωντο διφθέρῃσι αἰγέῃσί τε καὶ οἴῃσι· ἔτι δὲ καὶ τὸ κατ' ἐμὲ πολλοὶ τῶν βαρβάρων ἐς τὰς τοιαύτας διφθέρας γράφουσι.
90) Schwarz de O. L. p. 44. 45.
91) Von einem Pergamenivolumen sagt Josephus Ant. Jud. XII, 1, 11: Ὡς δὲ ἀποκαλύψαντες τῶν ἐνειλημάτων ἐπέδειξαν αὐτῷ, θαυμάσας ὁ βασιλεὺς τῆς ἰσχυότητος τοὺς ὑμένας καὶ τῆς συμβολῆς τὸ ἀνεπίγνωστον — χάριν εἶπεν ἔχειν αὐτοῖς. Theodoret. in Pauli ep. ad Timoth. II, 4, 13: Μεμβράνας τὰ εἰλητὰ κέκληκεν· οὕτω γὰρ Ῥωμαῖοι καλοῦσι τὰ δέρματα. ἐν εἰλητοῖς δὲ εἶχον πάλαι τὰς θείας γραφάς· οὕτω δὲ καὶ μέχρι τοῦ παρόντος ἔχουσιν οἱ Ἰουδαῖοι.
92) Ed. Diolet. p. 19 Momms. *In quaternione pedali pergamenas*.
93) Ulp. Dig. XXXII, 1, 52 § 6 *membranas nondum consutas*.
94) Einen paginirten Codex dieser Art lernen wir kennen aus Mommsen I. R. N. 6828 = Orelli 3787: *Commentarium cottidianum Municipi Caeritum inde pagina XXVII Kapite 17 usd hernach inde pagina altera*. In einem solchen Journal wurden auch in Rom die jährlichen acta jedes *magistratus* zusammengeschrieben. Mommsen *Annali d. Inst.* 1858 p. 192.
95) Mart. XIV, 192 mit der Ueberschrift *Ovidi Metamorphoses in membranis*: *Haec tibi multiplici quae structa est massa tabella, Carmina Nasonis quinque decemque gerit*. Ib. 184. *Ilias et Priami regnis inimicus Ulixes Multiplici pariter condita pelle latent*.
96) Ritschl Al. Bibl. S. 123. Phot. Bibl. 167 Ἰωάννου Στοβαίου ἐκλογῶν βιβλία τέσσαρα ἐν τεύχεσι δυσί. Tomus ist bald Buchabtheilung (Phot. B. Cod. 128), bald Band = τεῦχος (Diog. Laert. VI, 15), und dies sagt auch Isidor: Orig. VI, 3, 2: *tomi, quos nos libros vel volumina nuncupamus*. Vgl. Ritschl Ind. l. Bonn. 1840—41 p. IX.

gen³⁽⁹⁷⁾). Man hat zwar auch bei den Römern Rollen von Pergament gehabt⁹⁸), die einseitig beschrieben⁹⁹) und auf der Aussenseite gelb gefärbt wurden³⁵⁰⁰), und andererseits, da das Pergament theuer, der Papyrus bedeutend wohlfeiler war¹), auch Papyrus in Form eines Codex geheftet²); allein Perga-

---

3497) Isidor. Or. VI, 13, 1 *Codex multorum librorum est, liber unius voluminis.* Mart. XIV, 190 *Pellibus exiguis artatur Livius ingens, Quem mea non totum bibliotheca capit.* Fronto ad M. Caes. II, 13 ed. Mai 1846. 8, welche Stelle so zu lesen ist: *Feci tamen mihi per hos dies excerpta ex libris sexaginta in quinque tomis: sed cum leges sexaginta, inibi sunt et Novianae et Attellaniolae et Scipionis oratiunculae, ne tu numerum nimis expavescas.* Solche Miscellancodices, von denen andere Beispiele bei Photius B. Cod. 161—167 erwähnt werden, wurden erst gebräuchlich nach Erfindung des Pergamentes, da früher eine Rolle kaum ein Buch fasste (Ritschl Al. Bibl. p. 135). Denn Miscellanrollen von Papyrus, wovon wir ein Beispiel in der herculanischen Rolle (n. 1418 Vol. Herc. I p. VI Oxon.) Φιλοδήμου — καὶ τινων ἄλλων πραγματείας haben, können nur bei sehr kleinen Schriften vorgekommen sein.

98) Die beiden Formen des Buches, *volumen* und *codex*, unterscheidet genau Ulpian. Dig. XXXII, 52 pr.: *Librorum appellatione continentur omnia volumina, sive in charta sive in membrana sint, sive in quavis alia materia: — Quod si in codicibus sint membraneis vel chartaceis vel etiam eboreis vel alterius materiae, vel in ceratis codicillis, an debeantur, videamus.*

99) Solche Rollen meint Cic. ad Att. XIII, 24 *Quattuor διφθέραι sunt in tua potestate.* Dagegen scheint mir bei Galen. Comm. ad Hipp. XII p. 2 Chart., wo jetzt der Text heisst: τινὲς καὶ πάνυ παλαιῶν βιβλίων ἀνευρεῖν ἐσπούδασαν πρὸ τριακοσίων ἐτῶν γεγραμμένα τὰ μὲν ἔχοντες ἐν τοῖς βιβλίοις (in codicibus ceratis) τὰ δὲ ἐν τοῖς χάρταις (in Rollen) τὰ δὲ ἐν διαφόροις φιλύραις, ὥσπερ τὰ παρ᾽ ὑμῖν ἐν Περγάμῳ, nicht mit Cobet Mnemosyne VIII (1859) p. 436 zu lesen ἐν διφθέραις. mit Auslassung von φιλύραις, indem die Zusetzung dieses Wortes nicht leicht erklärbar ist, sondern ἐν διφθέραις φιλύραις d. h. auf Pergamenttafeln; denn diese waren als den Pergamenern eigenthümlich zu erwähnen.

3500) Isidor. Or. VI, 11, 1: *Membrana autem aut candida aut lutea aut purpurea sunt. Candida naturaliter existunt. Luteum membranum bicolor est, quod a confectore una tingitur parte, id est, crocatur. De quo Persius* (III, 10): »*Iam liber et positis bicolor membrana capillis*«.

1) In der athenischen Inschrift bei Rangabé *Antiquités helléniques* n. 87 Vol. I. p. 58 steht Col. 2 lin. 80 χάρται συνήθροον δύω, εἰς ἃ τὰ ἀντίγραφα ἐγράψαμεν FF III d. h. für 2 Drachmen und 3 Obolen; also kostete ein Papyrus zu der Rechnung 1 Dr. 2 Ob. S. Egger *Revue contemporaine* 1856. 15 Août und in *Mém. de l'Institut* XXI, 1 p. 382.

2) Hieronymus ad Lucinium ep. 28. Vol. I p. 70ᵈ (Colon. 1616 fol.) erwähnt einer Abschrift seiner *opuscula in chartaceis codicibus*. Ulpian. Dig. XXXII, 52 pr. unterscheidet ausdrücklich *codices membranei vel chartacei*, und es sind noch Papiercodices aus dem Alterthum vorhanden, aber von geringer Dicke. So in Leyden Papyrus n. 66. Reuvens *Lettres* I p. 66: *C'est un livre sur papyrus, haut de 0,20 m.* sur 0,13 m. *de large* (11½ *pouces sur* 5⅜ *p.*) *c'est à dire à peu près du format des petits in-folios. Il consiste en dix feuilles entières, pliées en deux et brochées, formant ainsi vingt feuillets.* Der Codex ist alchymistischen Inhalts, aus Constantins Zeit oder später. Ebenso n. 76 Reuvens L.

menlrollen scheinen für Bücher wenigstens nur ein Luxus gewesen zu sein[3463]), und Papyrus hat sich für *codices* nicht bewährt, da er für doppelseitige Schrift nicht geeignet und viel weniger haltbar als Pergament ist. Von Papyruscodices des früheren Mittelalters wenigstens hat sich kein einziger vollständig bis auf unsere Zeit erhalten[4]). Dagegen für Urkunden, welche nur einseitig beschrieben und verwahrt, nicht gebraucht wurden, und für Briefe ist der Papyrus auch nach Erfindung des Pergamentes fast ausschliesslich in Geltung geblieben[5]), bis am Ende des 11. Jahrhunderts das Baumwollenpapier in Anwendung kam[6]). Dass daneben auch fortwährend Wachstafeln

---

3 p. 151: *Il consiste en six feuilles et une demie, formant treize feuillets et contenant 23 pages d'écriture.* In den Verhandlungen des dritten constantinopolitanischen Concils, welche, wie die Originalacten der Concile überhaupt, auf Papyrus geschrieben waren, werden unterschieden εἰλητάρια χαρτῷα d. h. *volumina*, und βιβλία χαρτῷα d. h. *codices*. S. Marini P. D. p. 146. 353 b.

3503) Während die Juden ihre heiligen Bücher in Rollen bewahrten, hat die christliche Kirche schon früh im Culte Codices in Gebrauch. S. Buonarroti *Oss. sopra alcuni frammenti di vasi di vetro* p. 93 f.

4) Ueber fragmentarische Papyruscodices aus dem 6ten und 7ten Jahrh. handelt ausführlich Marini P. D. p. XVII ff. Vgl. Montfaucon *Ant. expl.*, III, 2 p. 852. Jaffé *Monumenta Carolina* p. 1.

5) Marini P. D. p. XIII—XVI. Nach ihm sind bis zum J. 700 alle öffentlichen Urkunden auf Papyrus geschrieben. Obwohl nach römischem Rechte es den *tabelliones* erlaubt war, auch Pergament dazu zu nehmen, so zogen diese den Papyrus vor, theils als wohlfeiler, theils als geeigneter, da die Urkunden nur eine Seite haben mussten und diese bei dem Papier beliebig gross war (Mabillon Suppl. p. 10). Justinian verordnet Nov. 44 c. 2, *ut tabelliones non in alia charta pura scribant documenta, nisi in illa, quae in initio, quod vocatur protocollum, per tempora gloriosissimi comitis sacrarum s. largitionum habeat appellationem et tempus, quo charta facta sit*; woraus man ersieht, dass alle Urkunden damals auf Papier ausgefertigt wurden. Ein officielles Schriftstück hiess früher *libellus*, später von dem Materiale *chartula*. Marini P. D. p. 313. 357. 361 b.

6) Eustath. ad Odyss. Φ, 391 ἐγίνοντο γάρ, φασιν, (αἱ γραφικαὶ βίβλοι) ἀπὸ βύβλου Αἰγυπτίου, αἵ εἰσι πάπυροι ὑδροχαροῖς, καθά οἱ τάττι μύθοις ὑποτιμέντα τοῖς γραφέος χαρτάρια, ὁποῖα ἴσμεν καὶ τὰ δεῦρο ἰδιωτικὸς λεγόμενα ἐυλοχαρτία (dies ist auch Papyrus, Maffei *Dipl.* p. 73, und zwar, wenn C. Ritters Vermuthung (Abh. der Berl. Acad. 1827 p. 334) über *Xylobalsamum*, *Xylocinnamomum* und andere *Composita* mit ξύλου richtig ist, indischer Papyrus aus Ceylon), ἂν ἡ πίγχη ἔστιν ἐπηλιμήσεις. Nach Yates *Textrinum Antiquorum*, London 1843. 8. Vol. I p. 333—336 ist Baumwollenpapier den Arabern schon um 704 bekannt gewesen und von ihnen im 11ten Jahrh. in Europa eingeführt. Leinenpapier aber nicht 1300, wie man gewöhnlich annimmt, sondern in Aegypten wenigstens schon 1100 gemacht worden. Vielleicht ist es noch älter,

nicht nur als Schreib- und Rechentafeln, sondern auch als
Bücher gebraucht wurden, hat seinen Grund wohl in der
überall einheimischen Fabrication derselben, da der Papyrus
auch im Mittelalter aus Aegypten kam und selbst dort im Preise
von der Ernte abhängig, in Italien zuweilen gar nicht zu haben[3507]) und auch in Aegypten nicht überall zugänglich war[8]).

Der Apparat, welchen man zum Schreiben auf Papyrus
und auf Pergament brauchte[9]), war der nämliche; er besteht in
einer Rohrfeder[10]), welche am besten aus Aegypten oder Cnidus
bezogen[11]) und wie eine Gänsefeder zugeschnitten wurde[12]),

---

und wahrscheinlich kam es durch die spanischen Araber nach Europa.
Yates a. a. O. p. 386 ff

3507) Plin. N. H. XIII, § 89. Auch Justinian Nov. 44 c. 2 giebt
die Verordnung für den Gebrauch von Papyrus zu Urkunden nur für die
Stadt Constantinopel: *Haec — valere in hac felicissima solum civitate volumus, ubi plurima quidem contrahentium multitudo, multa quoque chartarum abundantia est.*

8) Man schrieb nämlich in Aegypten, wenn man nicht Papyrus
hatte, auf Scherben (ὄστρακα), auch auf Leinen. Von solchen beschriebenen Scherben sind 36 edirt im Corp. Inscr. Gr. n. 4863—4891.
8199¹—ᵐ; 40 andere befinden sich im Louvre. Egger *Sur quelques fragments de poterie antique* in *Mém. de l'Institut* XXI, 4 p. 377 ff.
Froehner *Ostraca inédits du musée impérial du Louvre*. Paris 1866;
noch andere sind in Leyden. Reuvens *Lettres* 3 p. 58. Vgl. Diog.
Laert. VII, 174, nach welchem Cleanthes auf Scherben schrieb, da er
Papier zu kaufen nicht Geld hatte. Ueber Leinwandrollen s. Reuvens
Lettres 4 p. 2.

9) Auf diesen Apparat beziehen sich elf Epigramme der Anthologia
Graeca, eines des Phanias in Jacobs A. Gr. II p. 58 n. 3; des Crinagoras ib. II p. 486 n. 4; des Leonidas II p. 479 n. 85; des Philippus II p. 209 n. 47; des Damocharis IV p. 39 n. 2; drei des Paulus
Silentiarius IV p. 57 n. 50, 54. 58; zwei des Julianus Aeg. III
p. 497 n. 40. 44, und ein ἀδέσποτον IV p. 499 n. 337.

40) *harundo* Mart. XIV, 209. Persius 3, 44; *fistula* ib. v. 44;
calami scriptorii fistula Marcell. Emp. 48; *calamus scriptorius* Celsus
V, 28, 42. Ausser der gespaltenen Feder brauchte man in Aegypten
auch einen *calamus analogue au pinceau*, über welchen s. Letronne
in *Catalogue de la collection de Passalaqua*. 1826. p. 274.

44) Plin. N. H. XVI § 457. Mart. XIV, 38. Auson. epist. IV, 75.
VII, 49:

Fac compum replices, Musa, papyrium.
Nec iam fissipedis per calami vias
Grassetur Cnidiae sulcus arundinis
Pingens aridulae subdita paginae.

42) Paulus Sil. nennt das Messer γλαφυρὸν ὀξυντῆρα μισοσχιδέων
δονακήων und Damocharis die Federn ἄκρα τε μισοστόμους ἐυγλυφέας
καλάμους; Ausonius aber *fissipedes calamos*; Crinagoras nennt eine
silberne Feder κάλαμον Ἐὺ μὲν ἐυσχιστοισι διαγλυπτον κεράεσσι. Eine
wirkliche Schreibfeder erwähnt zuerst Isidor. Or. VI, 14, 3; *instru-*

einem Federmesser[13]), einem Tintenfass[14]) für rothe und
schwarze Tinte[15]), einem Schwamm zum Auslöschen des
Geschriebenen[16]) und zum Auswischen der Feder[17]), einem
Lineal[18]), einem Blei zum Liniiren[19]), einem Schleifstein zum
Schärfen der Feder[20]), einem Bimstein zum Glätten des Per-

---

menta sunt scribendi calamus et penna. — calamus arboris est, penna avis, cuius cacumen in duo dividitur. Eine bronzene Feder, in Rom gefunden, erwähnt Canina Bull. d. Inst. 1849 p. 169.

[13] Scalprum librarium Suet. Vitell. 2. Tac. Ann. V, 8. Phanias nennt es ὀμίλαν δονακογλύφον, Philippus ὀμίλαν δονάκων ἀκρoβελίων γλυφίδα.

[14] Das Wort atramentarium (μελανοδόχον) kommt erst spät vor, z. B. bei Hieronymus in Ezech. c. 10. Vol. IV p. 856e ed. Colon. 1616 fol. und in den Gloss. Philox.; den Gegenstand selbst erwähnen die eng. Epigramme; auch sind viele antike Tintenfässer noch erhalten, s. Martorelli Vol. 1; Annali d. Inst. 1830 p. 131. Bull. d. Inst. 1849 p. 169. Gerhard u. Panofka Neapels ant. Bildw. I S. 221—222; eins von Silber, mit eingelegter Goldarbeit, Bull. Napol. 1843 p. 121 f. tav. VII, 3; eins aus einem Grabe in Cumae, Bull. Nap. 1852 p. 121; aus der casa del poeta tragico, Bull. Nap. N. S. VI. 1858 p. 172.

[15] Petron. Sat 108. Cic. ad Q. fr. II, 15. Ueber die verschiedenen Arten der schwarzen Tinte s. Vitruv. VII, 10. Plin. N. H. XXXV, § 41—48, welcher sagt, dass aus sepia Tinte nicht gemacht wird. Indessen erwähnt auch solche Tinte Persius 3, 13. Auson. opist. IV, 74. Die ägyptische Tinte ist Russ in Gummiwasser aufgelöst. S. Egger Mém. de l'Institut XXI, 1 (1857) p. 376 n. 2. S. auch den Papyrus bei Parthey Abh. d. Berl. Acad. 1865 p. 137 lin. 242 und p. 145. Mit rother Tinte schrieb man namentlich die Titel und Ueberschriften. Ov. Tr. I, 1, 7: Nec titulus minio nec cedro charta notetur. Mart. III, 2. Diese rothe Ueberschrift, besonders der Titel von Gesetzen, heisst rubrica. Pers. 5, 89. Quint. XII, 8, 11. Juvenal. 14, 191. Paulus Dig. XLIII, 1, 2. Petron. 46. Prudent. in Symm. II, 460. Sidon. Apoll. epp. 8, 6.

[16] Paulus Sil. ep. 54 σπόγγον ἀκιστερίην πλαζομένης γραφίδος, spongia deletilis Varro bei Non. p. 212. Augustus sagte von seiner Tragödie Ajax: in spongiam incubuit. Suet. Oct. 85. Vgl. Suet. Cal. 20. Auson. ep. 7, 54. Mart. IV, 10, 5 comitetur Punica librum Spongia: muneribus convenit illa meis. Non possunt nostros multos. Faustine, liturae Emendare iocos: una litura potest, aus welcher Stelle man ersieht, dass die litura mit dem Schwamm gemacht wird und sich nicht auf cerae, sondern auf das mit Tinta Geschriebene bezieht.

[17] Phanias v. 2 σπόγγον — καλάμων ψαίστορα.

[18] In den Epp. heisst es σελίδων κανόνισμα φιλόρθιον, κανονὶς ἴπαιν, κανὼν γραμμῆς ἰθυντέρον ταμίης, ἡγεμὼν γραμμῆς ἀπλανέος κανών.

[19] Das Blei war nicht ein Bleistift, sondern eine kreisförmige Platte; Philippus nennt es κυκλοτερῆ μόλιβον, σελίδων σημάντορα πλινρίς, Demochāris κυκλομόλιβδον, Paulus γυρὸν αυνετῆ, μόλι... σημάντορα γραμμῆς und τὸν τροχόεντα μόλιβδον, ὅς ἄτραπον οἴδε χαράσσειν Ὁρθὰ παραξύον ἰθυντῇ κανόνα. Vgl. Julian. ep. 11: Αἰκανεῖ ἰθυπόρων γραφίδων κύκλοισι χαράσσων Ἀνθεμὰ οει τροχόεις οὕτος ἴρος μόλιβδος.

[20] Phanias nennt ihn τὸν ἀδυφαῆ πλινθίδα καλλαίναν, Paulus

gaments[3521]), einem Cirkel[23]), κίρκινος, zum Abmessen der Columnen; und man vereinigte alle diese Instrumente in einem Schreibzeug, *theca calamaria* oder *graphiaria*[23]). Allein es gab auch Bücher von glänzender Ausstattung, für welche die Kunst des gewöhnlichen Schreibers nicht zureichte: illustrirte Bücher, namentlich botanische mit Abbildungen von Pflanzen[24]), Ausgaben von Dichtern mit dem Portrait derselben[25]), Werke mit Bildern (*Annali* 1862 p. 108 ff.), wie des Varro *Imagines*[26]), Bücher auf Purpurpergament mit Gold- und Silberschrift und gemalten Randverzierungen[27]), deren Bespre-

σκληρὰν ἀκόνην τρηχαλέην καλάμων und καὶ λίθον ὀξριόντα, δόναξ ὅτι ἴασον ὀδόντα Θήρεται ἀμβλυνθεὶς ἐν δολιχογραφίης. Julian. ep. 11, 4 καὶ λίθος εὐσχιδέων θηγαλίη καλάμων. Damocharis τρηχαλέην τι λίθον, δονάκων εὐθηγέα κόσμον.

35**21**. Dass man den Bimstein auch zum Schärfen der Feder brauchte, geht hervor aus Julian. ep. 10, 3 πολυτρήτου τ' ἀπὸ πέτρης λίαν, ὃς ἀμβλέην θῆγε γένυν καλάμου; allein Phanias erwähnt neben dem Schleifstein *πλινθίς*) noch λιάτειραν τι κίσηριν, den glättenden Bimstein, und dies ist der gewöhnliche Gebrauch des Bimsteins für Membranen. Catull. I, 1: *Quoi dono lepidum novum libellum, Arida modo pumice expolitum?* 28, 7 *membrana directa plumbo et pumice omnia aequata.* Auch um beschriebenes Pergament nochmals zu brauchen, rieb man es mit Bimstein ab. Gregor. Tur. V, 15.

22) κάρκινά τε στειρούγια Phanias.
23) Suet. Claud. 35. Mart. XIV. 19 (*theca libraria*) 21 (*graphiarium*). Hieronymus lib. III in Ezech. c. 10 Vol. IV p. 851ᵃ ed. Colon. 1616 nennt es καλαμάριον, *atramentarium, theca.*
24) Plin. N. H. XXV § 8.
25) Mart. XIV, 186: *Quam brevis immensum cepit membrana Maronem! Ipsius vultus prima tabella gerit.*
26) Plin. N. H. XXXV § 11 nach Ritschl Ind. l. Bonn. 1836/37 zu lesen: *Imaginum amorem flagrasse quondam testes sunt Atticus ille Ciceronis edito do iis volumine* cf. Nepos Att. 18), *M. Varro benignissimo invento insertis voluminum suorum fecunditati septingentorum illustrium aliquo modo (hominum) imaginibus, non passus intercidere figuras aut vetustatem aevi contra homines valere: inventor muneris etiam dis invidiosi, quando immortalitatem non solum dedit, verum etiam in omnis terras misit, ut praesentes esse ubique ceu di possent.* Ueber dies Buch s. Ritschl im Rhein Museum VI p. 518 ff. und a. a. O. Mercklin *de Varr. Hebdomadibus animadv.* Dorpat. 1857. 4.
27) Isidor. Or. VI, 11, 4: *Purpurea vero (membrana) inficiuntur colore purpureo, in quibus aurum et argentum liquescens patescat in literis.* Goldschrift erwähnt Josephus Ant. Jud. XII, 2, 11. Hieronymus praef. ad Iob: *Habeant, qui volunt, veteres libros vel in membranis purpureis auro argentoque descriptos.* Einen Homer der Art erwähnt Capitolin. Maximin. Iun. 4; ebenso war das Gedicht geschrieben, das Optatianus Porphyrius seinem *Panegyricus ad Constantinum* voranschickte: *Ostro tota nitens, argento auroque coruscis Scripta notis picto limite dicta notans.* Mit den letzten Worten sind wohl Randverzierungen gemeint.

chung indessen mehr der Kunstgeschichte als diesem Abschnitte angehört. Die Schreiber, welche ihre Kunst handwerksmässig unter einem Meister lernten[28a], fungirten seit dem Ende der Republik theils als Secretaire von Privatpersonen[29], theils als Bureaubeamte, theils als Lohnschreiber für alle, die sich ihrer Hülfe bedienen wollten[30], theils endlich als Bücherschreiber. Zu den Bureaubeamten gehören die Buchführer (*librarii*, s. Anm. 3528), die Schreiber auf Wachstafeln (*scribae cerarii*,[31]) und die Stenographen, *notarii*[32]), über deren in der Zeit des Cicero erfundene Kunst[33] uns noch ein Kern eines alten Handbuches, freilich in mittelalteriger Umgestaltung, vorliegt[34]; aus den Bücherschreibern entwickelte sich aber etwa zu derselben Zeit das Geschäft der Buchhändler, über welches so sorgfältige Untersuchungen angestellt worden sind, dass ich dem bekannten Material nur Weniges hinzuzufügen habe.

Dass zu Ciceros Zeit, obwohl es damals bereits Verkaufslocale (*tabernae*) für Bücher gab[35], ein ausgebildeter Buchhandel noch nicht existirte[36], ersieht man daraus, dass Atticus, wie es scheint, mehr aus litterarischem Interesse, als um eines bedeutenden Gewinnes willen, die ersten ausgedehnteren Ge-

---

28a. Der in einer Inschr. Orelli 4211 vorkommende *doctor librarius de sacra via* erklärt sich aus Digest. L, 6, 6: *In eodem numero habere solent lanii, venatores, victimarii — librarii quoque, qui docere possunt, et horreorum librarii et librarii depositorum et librarii caducorum*.
29) S. Th. V, 1 S. 156.
30) Hierher gehört der Testamentschreiber Henzen n. 7236: *P. Pomponius P. l. Philadespot. libr(arius) qui testamenta scripsit annos XIV sine iurisconsulto*.
31) Sie kommen in Ostia vor. Henzen Bull. 1859 p. 217.
32) Dig. IV, 6, 33, 1: *Eos, qui notis scribunt acta praesidum, reipublicae causa non abesse certum est*. Auch L, 12, 1 § 6 werden unterschieden *librarii et notarii et calculatores sive tabularii*. Mehr hierüber s. bei Dirksen *Manuale s. v. Notarius*.
33) Bernhardy R L. G. S. 68. 69.
34) M. Valerius Prohus de notis antiquis, her. v. Th. Mommsen in Ber. d. K. S. Ges. d. W. ph. h Cl. 1853. s. S. 91 ff.
35) Eine *taberna libraria* Cic. Phil. II, 9, 21; *librarii* Cic. de leg. III, 20, 46.
36) Cic. ad Q. fr. III, 4, 5: *De bibliotheca tua Graeca supplenda, libris commutandis, Latinis comparandis, valde velim ista confici, praesertim cum ad meum quoque usum spectent. Sed ego, mihi ipsi ista per quem agam, non habeo; neque enim venalia sunt, quae quidem placeant*.

schäfte in Büchern machte. Er hielt viele Sclaven, welche Schreiber von Profession waren[3537], verkaufte sowohl einzelne Bücher[36] als ganze Bibliotheken[39], gab Reden und andere Werke des Cicero heraus[40] und besorgte den Vertrieb derselben nicht nur in Rom, sondern auch in allen Städten Griechenlands[41]. Cicero war von dem Verkauf seiner Rede pro *Ligario* so befriedigt, dass er beschloss, alle seine Schriften in Zukunft dem Atticus zum Vertriebe zu übergeben[42]. Für Atticus war indessen der Buchhandel ein Nebengeschäft, zu dem er durch seine ausgebreiteten anderweitigen Handelsverbindungen vorzugsweise geeignet war; in der Kaiserzeit dagegen bildete sich dieser Handel zu einem selbstständigen Geschäft aus, nicht nur in Rom selbst, wo als dessen Repräsentanten bei Horaz die Sosii[43], bei Martial die Buchhändler Atrectus[44], Secundus[45], Q. Valerianus Polios[46], Tryphon[47], der auch der Verleger des Quintilian war[48], und bei Seneca der Buchhändler Dorus[49] erwähnt werden, sondern auch in den Provinzen, namentlich in Gallien, z. B. in Lugdunum[50]. In Rom lagen die Sortimentshandlungen in den belebtesten Theilen der Stadt,

---

3537) *plurimi librarii* Nepos Att. 13. Vgl. Cic. ad Att. IV, 4b.
38) Cic. ad Att. II, 4, 1: *Fecisti mihi pergratum, quod Serapionis librum ad me misisti. — Pro eo tibi praesentem pecuniam solvi imperavi, ne tu expensum muneribus ferres.*
39) Cic. ad Att. 1, 7: *velim cogites, id quod mihi pollicitus es, quemadmodum bibliothecam nobis conficere possis.* Vgl. I. 10, 4.
40) So Reden: Cic. ad Att. XV, 19, 1; Briefe; ad Att. XVI, 5, 5.
41) Cic. ad Att. II, 4, 2 von seiner Schrift *de consulatu suo*: *Tu, si tibi placuerit liber, curabis, ut et Athenis sit et in ceteris oppidis Graeciae.*
42) Cic. ad Att. XIII, 12, 2: *Ligarianam praeclare vendidisti. Posthac quidquid scripsero, tibi praeconium deferam.*
43) Horat. epist. I, 20, 2. A. P. 345.
44) Mart. I, 117, 13.
45) Mart. I, 2, 7.
46) Mart. I, 113, 5.
47) Mart. IV, 72. XIII, 3.
48) S. Quintilian's Brief an ihn, vor dem Prooemium seiner Institutiones.
49) Seneca de benef. VII, 6, 1. Ein anderer Buchhändler scheint noch erwähnt zu werden bei Athenaeus p. 578ᵉ σύγγραμμα — ὅπερ νῦν ἐν τῇ Ῥώμῃ εὕρομεν παρὰ τῷ Ἀντικοττύγι Δημητρίῳ, wo indessen der erste Name wohl corrumpirt ist.
50) Plin. ep. IX, 11: *Bibliopolas Lugduni esse non putabam, ac tanto libentius ex litteris tuis cognovi venditari libellos meos, quibus peregre manere gratiam, quam in urbe collegerint, delector.*

am Forum[3351], auf dem Argiletum[52], im vicus Sandaliarius[53], an den Sigillaria[54] und dem von Vespasian erbauten *templum Pacis*[55]; sie waren an den Pfeilern und Eingängen (*in pilis et postibus*, mit ausgestellten Exemplaren und Anzeigen decorirt[56]) und bildeten einen Versammlungsort für ein Publikum, das sich theils die Novitäten ansah, theils auch Unterhaltung suchte[57]. Aber auch das auswärtige Geschäft muss schon unter Augustus sehr bedeutend gewesen sein; sowie Atticus seinen Verlag in Griechenland verbreitete, so gingen auch zur Zeit des Horaz beliebte Bücher über das Meer[58] und auch solche Verlagsartikel, die in Rom ausser Mode waren, in die Provinzen[59]. Horaz giebt sich der Hoffnung hin, nicht nur in Italien[60], sondern in den entferntesten Theilen der Erde bekannt zu werden[61]. Ovid las man überall[62]; Martial war in der ganzen Welt zu haben[63], in Vienna[64], in Spanien[65], in Britannien[66], und dass dieser buchhändlerische Verkehr in den nächsten Jahrhunderten fortdauerte, lehrt die Verbreitung christlicher Schriften, wie z. B. der Schrift des gallischen Presbyters Sulpicius Severus um 400 n. Chr. über das Leben

---

3351. Cic. Phil. II, 9, 21: *Quidnam homines putarent, si tum occisus esset Clodius, cum tu illum in foro spectante populo Romano gladio insecutus es, negotiumque transegisses, nisi se ille in scalas tabernae librariae coniecisset, iisque oppilatis impetum tuum compressisset?*
52) Mart. I, 3, 1.
53) Gellius XVIII, 4, 1. Galen. Vol. XIX p. 8 K. ἐν γὰρ τῷ τῷ Σανδαλαρίῳ, καθ' ὃ δὴ πλεῖστα τῶν ἐν Ῥώμῃ βιβλιοπωλείων ἐστί.
54) Gell. V, 4, 1.
55) Mart. I, 2, 7. Vgl. Th. I S. 457. 442. Preller Regionen S. 127.
56) Horat. Sat. I, 4, 71. A. P. 373. Mart I, 117, 10.
57) Gellius V, 4, 1; XIII, 31, 1; XVIII, 4, 1; auch n. Constantinopel erwähnt Agathius II, 28 p. 127 Nieb. einen Arzt, der den Gelehrten spielt, ἐν τοῖς τῶν βιβλίων ἡμενος πωλητηρίοις.
58. Hor. A. P. 345:
Hic meret aera liber Sosiis, hic et mare transit.
59) Hor. epist. I, 20, 13.
60. Hor. Od. III, 30.
61) Hor. Od. II, 20, 13—20.
62. Ov. Trist. IV, 10, 128 *in toto plurimus orbe legor*, und ausführlicher rühmt er dies Tr. IV, 9, 19—34.
63) *toto notus in orbe* Mart. I, 1, 2; III, 95, 7; V, 13, 3; VI, 64; VIII, 3, 4; VIII, 61; X, 9.
64) Mart. VII, 88.
65. Mart. X, 104; IX, 99
66. Mart. XI, 3.

des h. Martinus, welche in allen Theilen des römischen Reiches gelesen wurde[3367].

Ist es sonach gerechtfertigt, in Beziehung auf den Vertrieb litterarischer Productionen den alten Buchhandel mit dem modernen in Vergleich zu stellen, so muss man sich doch hüten, diesen Vergleich weiter auszudehnen. Der römische *librarius* war ursprünglich ein Schreiber, der handwerksmässig arbeitete, nicht aber ein speculirender Kaufmann: auch ein Verlagsbuchhändler war er insofern nicht, als weder ihm noch dem Autor irgend ein Rechtsschutz an litterarischem Eigenthum zur Seite stand. Sowie Cicero eine fremde Schrift, den Anticato des Hirtius, an Atticus schickte, mit dem Auftrag, dieselbe in seinem Interesse zu verbreiten[68], so bemächtigten sich noch im 3. Jahrhundert die römischen Buchhändler der so eben erwähnten Schrift des Sulpicius Severus, ohne irgend eine Anfrage bei dem Verfasser; ja Galen erzählt, dass Leute seine Schriften copirt und als die ihrigen ausgegeben hätten[69]. Bei dieser Unsicherheit des litterarischen Eigenthums konnte von einer Honorarzahlung eines Verlegers, an die man öfters gedacht hat, nicht wohl die Rede sein, und es giebt in der That keine Stelle, aus der man darauf schliessen könnte[70]). Nur das ist zuzugeben, dass, wer eine Schrift

---

[3367] Sulpicii Severi Dial. I, 16: *Sed referam tibi plane, quo liber iste penetraverit, et quam nullus fere in orbe terrarum locus sit, ubi non materia felicis historiae pervulgata teneatur. Primus eum Romanae urbi vir studiosissimus tui, Paulinus, invexit. Deinde cum tota certatim urbe raperetur, exultantes librarios vidi, quod nihil ab his quaestuosius haberetur, siquidem nihil illo promptius, nihil carius venderetur. Hic navigationis meae cursus longe ante progressus* (wohl zu lesen *cursum — praegressus; cum ad Africam venissem, iam per totam Carthaginem legebatur. Solus eum Cyrenensis ille presbyter non habebat: sed me largiente descripsit. Nam quid ego de Alexandria loquar? ubi paene omnibus magis, quam tibi, notus est. Hic Aegyptum, Nitriam, Thebaidem ac tota Memphitica regna transivit. Hunc ego in eremo a quodam sene legi vidi.*

68) Cic. ad Att. XII, 40, 1: *Qualis futura sit Caesaris vituperatio contra laudationem meam, perspexi ex eo libro, quem Hirtius ad me misit. — Itaque misi librum ad Muscam, ut tuis librariis daret. Volo enim eum divulgari, quod quo facilius fiat, imperabis tuis.*

69) Galen. XIX, p. 10 K.

70) Die hierher gehörigen Stellen findet man richtig erklärt und gegen die Ansicht von A. Schmidt in Schutz genommen bei Goell S. 10—13. Bei Martial. XI, 106, 4, auf welche Stelle Schmidt S. 189 besonderes Gewicht legt, ist die handschr. Lesart *salve*, nicht *solve*, wodurch der Sinn wesentlich anders wird.

abschreiben lassen wollte, das Original entweder kaufte[371])
oder lieh und zwar auch im letzteren Falle für ein Leibgeld[72]),
wie dies im Mittelalter regelmässig gezahlt wurde[73]. Hiefür
konnte also auch der Schriftsteller von dem *librarius* etwas
fordern; es war dies aber insofern kein Schriftstellerhonorar
in modernem Sinne, als es nicht allein der Autor, sondern auch
der Besitzer jedes beliebigen Buches, nicht nur von einem
Verleger, sondern von jedem, der eine Abschrift machen
wollte, in Anspruch nehmen konnte, und als es natürlich
einen geringen Betrag hatte, der für die Arbeit des Autors
kein Aequivalent war. Das wesentliche Interesse des Schrift-
stellers lag vielmehr darin, dass sein Werk möglichst correct
und unverfälscht in den Handel kam. Aber auch dies war
schwer zu erreichen.

Die Einrichtung aller industriellen Geschäfte des Alterthums beruhte auf der Benutzung von Sclaven, die man in derjenigen Anzahl, welche das Geschäft erforderte, für dasselbe
entweder kaufte oder ausbildete[74]; ein *librarius* also, der auf
einen gewissen Absatz rechnete, konnte eine Anzahl von
Exemplaren einer Schrift dadurch herstellen, dass er dieselben von seinen Schreibern gleichzeitig und zwar nach einem
Dictate schreiben liess, wodurch es möglich wurde, eine mäs-
sige Auflage ebenso schnell, als dies durch den Druck geschieht,
und zu wohlfeilen Preisen[75] zu liefern. Dass in den Officinen
der *librarii* dictirt wurde, ist zwar nicht ausdrücklich bezeugt,
aber nicht zu bezweifeln, da schon der Autor häufig seinem
Schreiber dictirte, und wenn man Auflagen von 1000 Exempla-

---

[371]) Seneca de ben. VII, 6, 1: *Libros dicimus esse Ciceronis. Eosdem Dorus librarius suos vocat, et utrumque verum est. Alter illos tamquam auctor sibi, alter tamquam emptor asserit.*

[74]) Gell. XVIII, 5, 11: *Sed enim contentus ego his non fui, et, ut non turbidae fidei nec ambiguae, sed ut purae liquentisque esset, scimus ac eques scriptum Ennius reliquisset, librum summae atque reverendae vetustatis, quem fere constabat Lampadionis manu emendatum, studio pretioque multo unius versus inspiciendi gratia conduxi et eques non equus scriptum in eo versu inveni.*

[72]) Kirchhoff Die Handschriftenhändler des Mittelalters S. 21 ff.
[74]) Th. V, 1 S. 168.
[75]) Ueber die Preise der Bücher im Alterthum s. Schmidt S. 135 ff. Goell S. 9.

ren machte, wie dies vorkam³⁴⁷⁶), so empfahl sich diese Methode als die bequemste. Aber die Schwierigkeit bei diesem Verfahren lag in der Correctur, die nicht, wie bei einem Druckwerke, einmal, sondern für jedes Exemplar besonders gemacht werden musste. Buchhändler, welche ihre Waare schnell und wohlfeil auf den Markt bringen wollten und überhaupt selten litterarisches Interesse und Verständniss besassen⁷⁷), liessen gar nicht oder schlecht corrigiren, und man klagte schon früh über die sehr incorrecten Exemplare sowohl griechischer⁷⁸) als lateinischer⁷⁹) Bücher, die in den Handel kamen, und liess, bevor man ein Buch kaufte, dasselbe durch einen Grammatiker prüfen⁸⁰); brauchte man aber Correctoren, wie dies Atticus that⁸¹), und auch später solide Buchhändler zu thun pflegten⁸²), so hatte auch dies seine grossen Uebelstände. Am sichersten war die Correctur, wenn man ein authentisches Original besass, und vorsichtige Schriftsteller pflegten hiefür zu sorgen. Cicero liess die Originalhandschrift seiner Werke durch seinen gelehrten Freigelassenen Tiro redigiren, bevor sie zur Abschrift kam⁸³); Martial, dessen Gedichte schon bei seinen Lebzeiten incorrect verkauft wurden⁸⁴), redigirte selbst für seine Freunde die Abschrift⁸⁵); Quintilian legt seinem Verleger Trypbon dringend ans Herz, für correcte Exemplare seiner Schrift zu sorgen, und noch der h. Hieronymus beschwört die Schreiber seiner Werke, nach der

---

8376 Plin. ep. IV, 7, 2: *eundem (librum) in exemplaria mille transcriptum per totam Italiam provinciasque dimisit.*
77) Lucian. adv. indoct. 4: τίς δὲ τοῖς ἐμπόροις καὶ τοῖς βιβλιοπώλαις ἤρισεν ἄν περὶ παιδείας, τοσαῦτα βιβλία ἔχουσι καὶ πωλοῦσι;
78) Strabo p. 609: δεῦρο δὲ κομισθεῖσαν τὴν τοῦ Ἀπελλικῶντος βιβλιοθήκην Τυραννίων τε ὁ γραμματικὸς διεχείρισατο — καὶ βιβλιοπώλαί τινες γραφεῦσι φαύλοις χρώμενοι καὶ οὐκ ἀντιβάλλοντες, ὅπερ καὶ ἐπὶ τῶν ἄλλων συμβαίνει τῶν εἰς πρᾶσιν γραφομένων βιβλίων καὶ ἐνθάδε καὶ ἐν Ἀλεξανδρείᾳ.
79) Cic. ad Q. fr. III, 5, 6: *De Latinis vero, quo me vertam, nescio: ita mendose et scribuntur et veneunt.* Vgl. Liv. XXXVIII, 55, 8. Symmach. ep. I, 24. Gell. VI, 20, 6. 80) Gell. V, 4, 1.
81) Cicero ad Att. XIII, 44, 5 bittet den Atticus, in der *oratio Ligariana* durch seine *librarii* Pharnaces, Antaeus, Salvius einen Fehler verbessern zu lassen. Vgl. XII, 6, 3. 82) Gell. V, 4, 1.
83) Cic. ad fam. XVI, 22. Drumann VI S. 408.
84) Mart. II, 8. 85) Mart. VII, 11; VII, 17.

Abschrift nochmals das Original zu collationiren⁸⁵ᵃ). Von classischen Autoren indessen, welche fortwährend und aller Orten vervielfältigt wurden, waren authentische Exemplare bald selten geworden⁸⁷), fehlerhafte aber allgemein verbreitet, und es blieb nichts übrig, als diese entweder nach einem correcten Exemplar, wenn dieses aufzutreiben war, oder auf Grund einer Vergleichung vieler Exemplare zu emendiren und so eine Kritik zu üben, welcher sich seit Cäsars Zeit die Grammatiker, wie C. Octavius Lampadio⁸⁸), Staberius⁸⁹), M. Valerius Probus⁹⁰), Statilius Maximus⁹¹), im vierten und fünften Jahrhundert aber selbst hochgestellte Staatsmänner aus freier Neigung unterzogen, deren Namen zum Theil am Schluss der von ihnen emendirten Handschriften erhalten sind. Bei dieser Art der Kritik ging man oft sehr sorgfältig zu Werke⁹²), oft aber schadete Unwissenheit⁹³), oft subjective Ansicht⁹⁴); ganz ohne Basis war sie, wenn man gar kein Exemplar zur Vergleichung hatte⁹⁵); man war dann in dem Falle, nicht was

---

85a6. Hieronym. de script. eccles. 135, angeführt von O. Jahn in der gleich zu citirenden Schrift: *adiuro te, qui transscribis librum istum, — ut conferas postquam transscripseris et emendes illum ad exemplar, unde scripsisti, diligentissime, hanc quoque obtestationem fideliter transferas, ut invenisti in exemplari.*

87) Fronto ep. ad M. Caes. 6. ed. Mai 1816 p. 11: *Contigisse quid tale M. Porcio aut Q. Ennio aut C. Graccho aut Titio poetae? quid Scipioni aut Numidico? quid M. Tullio tale seu cenit? quorum libri pretiosiores habentur et summam gloriam retinent, si sunt a Lampadione aut Staberio aut —— [Tirone] aut Aelio —— aut Attico aut Nepote. Mea oratio extabit M. Caesaris manu scripta.*

88. Er hatte den Ennius sua manu emendirt, Gell. XVIII, 5, 11, und des Naevius *Punicum bellum* in sieben Bücher abgetheilt. Suet. de gr. 2.   89) Fronto l. l. Suet. de gr. 10.

90. Suet. de gr. 24: *multaque exemplaria contracta emendare ac distinguere et adnotare curavit, soli huic nec ulli praeterea grammaticae parti deditus.*

91 In mehreren Handschriften des Cicero hat die zweite agrarische Rede die Subscription: *Statilius Maximus rursus emendavi ad Tyronem et Laetatianum et Domm. et alios veteres. III oratio eximia.* S. O. Jahn Ueber die Subscriptionen in den Handschriften römischer Classiker, in Ber. d. K. S. G. d. Wiss. Ph. hist. Cl. 1851 S. 327—372.

92. S. Lehrs *de Aristarchi studiis Homericis* p. 363—369.

93 Quintil. IX, 4, 39: *Quae in veteribus libris reperta mutare imperiti solent, et dum librariorum insectari volunt inscientiam, suam confitentur.*

94 Servius ad Aen. VI, 849 *Sane quidam dicunt, versus alios hos a poeta hoc loco relictos, qui ab eius emendatoribus sublati sunt.*

95 In den von O. Jahn zusammengestellten Subscriptionen ist

man vorfand, sondern was man verstand, zu schreiben³⁵⁹⁶) und zu den alten Fehlern neue hinzuzufügen. Allein bei allem kritischen Verfahren war wenigstens guter Wille; viel schlimmeren Einfluss übte absichtliche Täuschung. Der Umstand, dass berühmte Namen für den Absatz von Büchern vortheilhafter sind, als unberühmte, hat ohne Zweifel dazu beigetragen, namenlose Schriften anerkannten Schriftstellern zu vindiciren, unter deren Namen sie bis auf die neue Zeit überliefert sind⁹⁷); der Gebrauch aber, den man von gewissen Schriften zu practischen Zwecken machte, ist für diese eine ganz besondere Veranlassung zu absichtlicher Corruption geworden. Wir haben in unserer eigenen Litteratur ein merkwürdiges Beispiel solcher Corruption in den Kirchenliedern, welche jede geistliche Behörde nach eigenem Ermessen durch die verschiedensten Veränderungen, Auslassungen und Zusätze für den Gebrauch zurecht macht; es bedarf aber überall nur des Interesses, um dergleichen Aenderungen durchzusetzen, und wie viel leichter dies bei geschriebenen Büchern möglich ist, als bei gedruckten, bei welchen eine Controle vorhanden ist, bedarf keiner weiteren Begründung. Martial deutet an, dass man boshafte Epigramme unter seinem Namen verbreitete⁹⁵), und in der That scheinen seine Gedichte vielfach interpolirt und durch fremde Zusätze vermehrt zu sein⁹⁹); Dichter aber, welche man öffentlich vorlas³⁶⁰⁰) oder in Schu-

---

mehrmals ausdrücklich bemerkt· *temptavi emendare sine antigrapho, emendavi sine exemplario, ex mendosissimis exemplaribus emendabam, ut potui, emendavi.*
§396; Hieronym. ep. 61: *Scribunt non quod inveniunt, sed quod intellegunt, et dum alienos errores emendare nituntur, ostendunt suos.*
97. Paerlkamp praef. ad Horat. p. VII. Das eclatanteste Beispiel geben die Declamationen. Seneca controv. 1 p. 50, 4 Burs.: *Fere enim nulli commentarii maximorum declamatorum exstant, aut, quod prius est, falsi.* Quintil. VII, 2, 24: *Cuius (Nasvii) actionem equidem solam in hoc tempus emiseram, quod ipsum me fecisse ductum iuvenili cupiditate gloriae fateor. Nam ceterae, quae sub nomine meo feruntur, negligentia excipientium in quaestum notariorum corruptae, minimam partem mei habent.* Wir haben bekanntlich noch eine Sammlung von Declamationen unter dem Namen des Quintilian.
98) Mart. VII, 12, 5—8; X, 3; X, 33.
99) Bernhardy R L. G. S. 621.
3600. So werden die Annales des Ennius im Theater zu Puteoli und

len erklärte³⁶⁰¹⁾, waren ganz besonders der Gefahr ausgesetzt, eine auf diesen Zweck berechnete Redaction zu erfahren²⁾, mit der beim Horaz noch heute die Kritik zu kämpfen hat.

---

die Eclogen des Vergil im Theater in Rom vorgelesen. Gell. XVIII, 5. Tac. dial. 18 und die Erklärer dazu. Ueber diese Art der Vorlesungen s. Suet. de gr. 2.
3601 Zu diesen Schulautoren gehörten Vergil und Horaz. S. Th. V, 1 S. 113.
2 So las Lampadio den punischen Krieg des Naevius und theilte zu diesem Zweck das Gedicht in sieben Bücher. Suet. de gr. 2.

V. Unterhaltung und Spiele.

Nichts ist für die Erkenntniss sowohl der Eigenthümlichkeit des einzelnen Menschen als des Characters eines Volkes lehrreicher, als die Beobachtung der freien Bewegung, welche da beginnt, wo die Arbeit aufhört. Die Berufsthätigkeit ist überall, insofern sie dasselbe Ziel verfolgt, mehr oder weniger auf dieselben Mittel angewiesen und zu einer gewissen Gleichmässigkeit gezwungen; die Erholung dagegen gewährt den Spielraum, in welchem die freie Neigung zu ihrer Aeusserung gelangt. Daher wird, wie der Reisende mit besonderer Aufmerksamkeit die Spiele und Belustigungen verfolgt, in denen ein Volk seine Musse hinbringt, auch der Alterthumsforscher dieser Seite des Lebens seine Aufmerksamkeit zuzuwenden veranlasst sein. Allein, was die Römer betrifft, so versagen für keine Frage die Quellen in dem Grade, wie in der vorliegenden. Wenn man die Schilderungen zu Grunde legt, welche die Alten selbst von der den Römern eigenthümlichen Geschäftigkeit und ihrer principiellen Abneigung gegen die griechische Unthätigkeit (*otium Graecum*) geben[3403], die würdige Bewegung und Haltung (*gravitas*), die zur Lustigkeit so wenig passte, dass noch Cicero sagt, tanzen könne nur jemand, der entweder betrunken oder wahnsinnig sei[4]), endlich den fremden Apparat, der wenigstens in der Kaiserzeit für Spiele und Feste aufgeboten wurde, die Schauspieler, Mimen, Pantomimen, Athleten und Gladiatoren, die man als Unterhal-

---

[3403]) Th. V, 1 S. 90.
4) Th. V, 1 S. 131.

tung benutzte, bezahlte und verachtete, so möchte man geneigt
sein anzunehmen, dass die Römer überhaupt wenig Talent für
heiteren Lebensgenuss und volksmässige Belustigungen gehabt
hätten, wenn nicht wenigstens eine allgemeine sichere Ueberlieferung von alter Festfreude an Tanz, Gesang und Spiel vorhanden wäre. Bei der *pompa circensis* der *ludi magni*, welche
vom 4. bis 19. September gefeiert wurden, zogen zwei Ab-
theilungen von Tänzern auf, zuerst Waffenträger in drei Chö-
ren von Männern, Jünglingen und Knaben, alle in rothen
Tuniken mit broncenen Gürteln, bewaffnet mit Schwertern,
Lanzen und Helmen mit Federbüschen; dann komische Tänzer in Schaffellen[3605]); ebenso gehörte der Tanz zu dem Ritus
der Salier[6]) und der Arvalen[7]), lange bevor er bei der vornehmen Jugend Anklang fand[8]). Auch Musik ist den Göttern
angenehm[9]), und nicht nur bei ausländischen Culten[10]), sondern im ältesten römischen Ritus ein nothwendiges Erforder-
niss, welchem das alte Collegium der *tibicines*[11]) und der
tubicines[12]) genügte. Bei allen Festzügen, Triumphen[13]) und
Leichenzügen[14]) war Musik unentbehrlich, und bei den Pari-
lien (21. Apr.) ertönte die ganze Stadt von Blasinstrumenten,
Cymbeln und Pauken[15]). Dass es auch an Liedern und mimi-
schen Darstellungen weder im Cult, noch im Hause, noch bei
der Volksbelustigung fehlte, beweisen die Lieder der Salier
und Arvalen[16]), die Lobgesänge bei Mahlen und Begräbnissen[17]), die *Fescennini*[18]), *saturae* und *atellanae*[19]) sowie die

---

3605) Dionys. Hal. VII, 72.   6) Th. IV S. 572.
7) Th. IV S. 446.   8) Th. V, 1 S. 420.
9) Censorin. 12, 2: *Nam nisi grata esset immortalibus deis
(musica: — profecto ludi scenici placandorum deorum causa instituti non
essent, nec tibicen omnibus supplicationibus in sacris aedibus adhiberetur,
non cum tibicine aut tubicine triumphus ageretur Marti, non Apollini cithara,
non Musis tibiae cetaraque id genus essent attributa, non tibicinibus — esset
permissum aut ludos publice facere ac vesci in Capitolio, aut Quinquatribus
minusculis, id est Idibus Iuniis, urbem vestitu quo vellent personatis temu-
lentisque pervagari.*
10) So bei den apollinischen Festen; Th. IV S. 840, und bei den
Hilarien, Th. IV S. 919.   11) Th. IV S. 175.
12) Th. IV S. 876.   13) Dion. Hal. VI, 72 p. 1191.
14) Th. V, 1 S. 337.   15) Athenaeus p. 861f.
16) Th. IV S. 878. 446.   17) Th. V, 1 S. 91. S. 138.
18) Vergil. Ge. II, 385. Tibull. II, 1, 51. Horat. epist. II, 1,
143 ff. Bernhardy R. L. G. S. 134.

Scherze an den Saturnalien, Floralien, Megalesien[3619]), bei Triumphen[21]) und Leichenzügen[22]). Diese Anfänge einer originalen römischen Volksdichtung sind zwar nie zur völligen Entwickelung gelangt, weil sie dem Einfluss der griechischen Litteratur unterlagen, der die gebildeten Stände huldigten, aber sie haben andererseits diesem Einfluss einen so zähen Widerstand geleistet, dass noch Augustus Fescenninen machte[23]) und die vier stehenden Masken der Attellane noch heutzutage in der italienischen *commedia dell' arte* unverändert vorhanden sind. Dasselbe Verhältniss dürfen wir für die Unterhaltungsspiele überhaupt voraussetzen. Was von diesen specifisch griechisch war, wird vorzugsweise die höheren Stände in Anspruch genommen haben; was wirklich volksthümlich war, wird noch heute in Italien mehr oder weniger zu finden sein. So ist das bekannte Moraspiel, bei welchem zwei Spieler gleichzeitig eine Anzahl Finger ausstrecken und dieselbe von dem Gegner rathen lassen, obgleich es auch bei den Griechen vorkommt[24]), doch wohl uralt in Italien, wo es mit dem Ausdruck *micare digitis* bezeichnet wird[25]) und auch bei ernsten Angelegenheiten und namentlich Handelsgeschäften als eine Art des Losens (*sors*) benutzt wurde[26]). Im Allgemeinen sind die Nachrichten über römische Spiele ungemein dürftig, und es ist vergeblich, von den Belustigungen an den Matronalien, Vinalien, Saturnalien sich eine bestimmte Vorstellung machen zu wollen. Ovid beschreibt einmal das Fest der Anna Per-

---

[3619] Bernhardy R. L. G. S. 380.
[20] Bernhardy a. a. O. S. 481.
[21] Th. III, 2 S. 446 Anm. 2679. [22] Th. V, 1 S. 358.
[23] Macrob. Sat. II, 4, 21.
[24] Panofka Bilder antiken Lebens X, 9. Derselbe in Gerhard Arch. Zeit. 1848 S. 247. O. Jahn in derselben 1860 S. 34.
[25] Varro bei Nonius p. 347, 20. Cic. de off. III, 19, 77: *cum enim fidem alicuius bonitatemque laudant, dignum esse dicunt quicum in tenebris mices.* Cic ib. III, 23, 90; de divin. II, 41, 85. Calpurn. Ecl. II, 26. Petron. 44. Am besten beschreibt das Spiel Nonnus Dionys. XXXIII, 77, bei welchem es Cupido und Hymenaeus spielen:
Ἀνηρὸς ἴην μεθέπων ἰχνότροπα δάκτυλα χείρων.
Καὶ τὰ μὲν ὀρθώσαντες ἀνίσχεθον, ἄλλα δὲ καρπῷ
Χειρὸς ἐπισφήκωτο συνήορα σύζυγι δεσμῷ.
[26] Suet. Aug. 13: *patrem et filium, pro vita rogantes, sortiri vel micare iussisse dicitur).* Dass bei Käufen diese Art der Entscheidung vor-

enna[26,27]), das in einem Haine an der via Flaminia gefeiert wurde, aber in der ganzen Beschreibung ist nichts Characteristisches: man isst, trinkt, tanzt und singt, aber was die Leute singen, sind auch keine Volkslieder, sondern es heisst: *cantant, quidquid didicere theatris*. Was wir von Spielen in Rom hören, ist alles griechisch, oder gilt wenigstens dafür[28]), und selbst die alte Sitte des Springens auf gefüllte und geölte Schläuche, auf denen man sich auch, wie es scheint, auf den Kopf zu stellen suchte[29]), erwähnt Vergil als eine attische[30]), und sie wird in der That mit dem griechischen ἀσκωλιάζειν identisch sein[31]). Unter diesen Umständen müssen wir darauf verzichten, irgend eine den Römern eigenthümliche Volksbelustigung nachzuweisen, und uns auf die Zusammenstellung derjenigen Spiele beschränken, welche, obwohl auch in Griechenland üblich, in Rom öfters erwähnt werden. Es sind dies aber einerseits Kinder- und Jugendspiele, andererseits Würfel- und Bretspiele.

1. Kinder- und Jugendspiele.

Je weniger bei Kindern die Individualität entwickelt ist, um so weniger Eigenthümliches haben eigentliche Kinder-

---

kam, lehrt das Edict des *praefectus Urbi* von 364 oder 370 p. Chr. bei Orelli 3166: *Ex auctoritate Turci Aproniani v. c. praefecti urbis. Ratio docuit utilitate suadente consuetudine micandi summota sub exagio (nach dem Gewicht) potius pecora vendere quam digitis concludentibus tradere.*
[27] Ovid. Fast. III, 524 ff.
[28] Ueber die Jugendspiele der Alten findet man eine sorgfältige Untersuchung in Grassberger Erziehung und Unterricht im klassischen Alterthum I, 1. Ich muss auf diese um so mehr verweisen, als die Darstellung dieser Spiele in die griechischen Alterthümer gehört und ohne vollständige Zusammenstellung des Materials nicht anschaulich zu machen ist.
[29] Hiefür ist das technische Wort *cernuare*. Varro de vita pop. Rom. bei Nonius p. 21, 7: *Etiam pellis bubulas oleo perfusas percurrebant ibique cernuabant, a quo ille versus vetus est in carminibus*
Sibi pastores ludos faciunt coriis consualia.
Da an den Consualien am 15. December in der Stadt Maulesel im Circus liefen Paulus p. 148, 1), auf dem Lande aber Pferde und Esel Ruhetag hatten (Dion. I, 33. Plut. Q. R. 48), so ist wohl der Sinn des Verses, dass die Landleute an diesem Tage auf Schläuchen ritten.
[30] Verg. Ge. II, 382: *praemiaque ingeniis pagos et compita circum*
Thesidas posuere atque inter pocula laeti
Mollibus in pratis unctos saluere per utres.
[31] ἀσκωλιάζειν heisst auf einem Fuss hupfen und zwar speciell auf

spiele; die römischen Kinder haben, wie die unserigen, Häuser gebaut, Wagen gefahren, Steckenpferd geritten[36,37]), Puppe gespielt[33]), Steine über die Oberfläche des Wassers geworfen[34]), den Kreisel (*turbo*) geschlagen[35]), Stelzen gehabt[36]) und, was allerdings für einen grösseren Knaben für weichlich galt[37]), den Reifen (τροχός)[38]) mit dem Stabe (ἐλατήρ, *clavis adunca*)[39]) getrieben. Von grösserem Interesse sind dagegen die geselligen Spiele, in denen die heranwachsende Jugend Erfindungskraft, Geschick und Kraft üben lernte, und die alle insofern volksthümlich sind, als die Sprache sich der technischen Ausdrücke dieser Spiele zu allgemeinen Zwecken bemächtigte. So braucht Horaz einmal von Dichtern die sprichwörtliche Redensart *occupet extremum scabies*[40]), und ein andermal sagt er[41]):

at pueri ludentes „*Rex eris*", *aiunt*
„*si recte facies*".

Der erste Ausdruck bezieht sich, wie Grassberger richtig erkannt hat, auf das sogenannte Maallaufen, griechisch ἀποδιδρασκίνδα[42]), bei welchem ein Knabe mit verbundenen Augen auf dem Maale sitzt, die anderen aber sich verstecken. Wenn der sitzende Knabe aufsteht, um zu suchen, laufen alle an das Maal, der letzte aber pflegt gegriffen zu werden und muss

---

den Schlauch hüpfen, was natürlich gewöhnlich zum Falle führte. S. die Stellen bei Grassberger I, 1 S. 46 ff.
32) Horat. Sat. II, 3, 247 ff.   **33)** Th. V, 1 S. 41. 121.
34) Minucius Felix Octav. 9.
35) Verg. Aen. VII, 378 ff. Tibull. I, 5, 3 f. Persius 3, 51 und dazu Jahn. Grassberger I, 1 S. 77.
36) Die Stelzen (*grallae*) kommen zwar nur auf der Bühne vor (Paulus p. 97, 13), aber die sprichwörtliche Erwähnung derselben bei Plautus Poen. III, 1, 27
Vinceretis cursu cervos si grallatorem gradu
lässt doch auf eine allgemeinere Verbreitung dieses Spiels schliessen. Vgl. Grassberger I, 1 S. 129.
37) Hor. Od. III, 24, 57.
38) Ovid. Trist. II, 486; III, 13 (12), 20; Ovid. A. A. III, 383; er war mit metallenen Ringen besetzt, welche klapperten. Daher *argutus trochus* Martial. XIV, 169; vgl. XI, 21, 3. Auf Kunstdarstellungen ist dies Spiel häufig. S. Jahn ad Pers. p. 154. Grassberger I, 1 S. 88.
39) Propert. IV, 14, 6.   **40)** Hor. A. P. 417.
41) Hor. epist. I, 1, 59.
42) Pollux IX, 117. Grassberger I, 1 S. 46 ff.

dann sitzen³⁴⁴³). Das Königsspiel, auf welches sich die zweite Stelle bezieht, war in Persien⁴⁴), Griechenland und Rom⁴⁵) üblich und wurde, wie es scheint, verschieden gespielt. Denn einerseits wird ein Knabe beim Beginne des Spiels durch das Loos zum König gewählt und giebt dann an, was und wie gespielt werden soll; andererseits wird bei Massenspielen, z. B. Lauf- und Ballspielen⁴⁶), der Anführer der siegenden Partei am Schlusse des Spieles König, und das Letztere hat offenbar Horaz im Sinne⁴⁷). Wir werden nur über zwei Spiele, die in Rom besonders beliebt waren, etwas ausführlicher sprechen, nämlich das Nüssespiel und das Ballspiel.

Die Nüsse sind das Hauptvergnügen der Kinder, namentlich an den Saturnalien⁴⁸), und von den Nüssen Abschied nehmen, *nuces relinquere*, heisst aufhören ein Kind zu sein⁴⁹); selbst ältere Leute, wie der Kaiser Augustus⁵⁰), fanden eine Freude daran, mit Kindern die Nüssespiele zu spielen, von denen uns etwa sechs verschiedene, besonders in der dem Ovid zugeschriebenen Elegie über die Nuss, überliefert sind. Das erste scheint in einem geschickten Spalten der Nuss durch einen Schlag oder einen Druck zu bestehen⁵¹); das zweite

---

⁴³) Dass nicht von einem Wettlauf die Rede ist, sagt Porphyrion zu der Stelle: *Hoc ex lusu puerorum sustulit, qui ludentes solent dicere: Quisquis ad me novissimus venerit, habeat scabiem.*
⁴⁴) Cyrus spielte es. Herodot I, 114. Justin. I, 5.
⁴⁵) Pollux IX, 110. Sueton. Ner. 35: *Privignum Rufium Crispinum Poppaea natum, impuberem adhuc, quia ferebatur ducatus et imperia ludere, mergendum mari, dum piscaretur, servis ipsius demandavit.* Eine belehrende Beschreibung dieses noch jetzt in Griechenland üblichen Spieles giebt Ulrichs Reisen und Forschungen in Griechenland. Bremen 1840, B. I S. 138.
⁴⁶) Plato Theaetet. p. 146ᵃ. Vgl. Grassberger I, 1 S. 52 ff.
⁴⁷) Auch was Canidia bei Hor. Epod. 17, 74 sagt:
Vectabor humeris tunc ego inimicis eques
ist von einem Spiele zu erklären, bei welchem der Besiegte den Sieger auf dem Rücken tragen musste. Vgl. Plautus Asin. 699—709.
⁴⁸) Mart. V, 84, 1:
Iam tristis puer reliclis
Clamoso revocatur a magistro. — —
Saturnalia transiere tota.
⁴⁹) Persius I, 10.
⁵⁰) Suet. Aug. 83.
⁵¹) Nux elegia 73, 74, in welchen Versen indess die Lesart nicht sicher festgestellt ist. Mir scheint zu lesen:

wurde mit vier Nüssen gespielt und zwar so, dass drei zusammen an die Erde gelegt, auf diese aber eine vierte so geworfen wird, dass sie darauf liegen bleibt, ohne die drei auseinanderzutreiben[52]). Dies Spiel ist auf einem Sarcophagrelief des Vatican dargestellt[53]), auf welcher man es von einer Gruppe von 5 Mädchen und 8 Knaben spielen sieht. Dass es nicht darauf ankam, die drei liegenden Nüsse heftig zu treffen, sondern die vierte aufzulegen, sieht man aus der vorsichtigen Haltung, mit welcher eines der Mädchen sitzend ihre Nuss auf die drei am Boden liegenden fallen lässt. Gelang der Wurf, so waren die drei Nüsse gewonnen, und ein Theil der Kinder hat viele Nüsse in der mit der einen Hand aufgenommenen Tunica (in sinu)[54]); ein anderer Theil hat keine mehr, und ein Knabe, der alle verloren hat, fasst in seinem Aerger einen der Gewinner bei den Haaren. Das dritte Spiel, bei welchem man eine Reihe von Nüssen auf die Erde legte und dann von einem schräg gerichteten Brete eine Nuss herabrollen liess, um eine der ausgelegten zu treffen[55]), wird uns ebenfalls durch eine Reliefdarstellung veranschaulicht[56]). Für das vierte Spiel zeichnet man mit Kreide auf der Erde ein Dreieck und theilt dasselbe durch parallele Linien; es kommt darauf an, in dasselbe eine Nuss so zu werfen, dass sie über möglichst viele Linien hinüber, nicht aber aus dem Dreieck hinaus geht[57]). Fünftens wirft man aus einer gewissen Entfernung

---

Has puer aut rectas certo dilaminat ictu
Aut pronas digito bisve semelve petit.
Der letzte Vers ist mir aber dem Sinne nach unklar.
[52]) Nux el. 75:
Quattuor in nucibus, non amplius, alea tota est,
Cum sibi suppositis additur una tribus.
[53]) Melchiorri in *Dissertazioni dell' accademia Romana di archeologia*. Vol. II (Roma 1885, 4) p. 149—169, nach welchem dies Spiel noch existirt und *giuoco della castella* heisst. Eine ganz ähnliche Darstellung s. bei Gerhard Antike Bildw. LXV.
[54]) Daher bei Horat. Sat. II, 3, 171 *nucesque ferre sinu laxo*.
[55]) Nux el. 77:
Per tabulas clivum labi iubet alter : et optat,
Tangat ut e multis quamlibet una suam.
[56]) Friedländer in *Annali* 1867 p. 144—146 und Tav. d' agg.
B. C. [57]) Nux el. 84:
Fit quoque de creta, qualem coelestis figuram
Sidus, et in Graecis littera quarta gerit.

eine Nuss in ein Loch, welches Spiel griechisch τρόπα heisst[58][59]), oder in einen Topf[59]); endlich spielt man gerade und ungerade (par impar)[60]) oder lässt auch rathen, wie viel Nüsse man in der Hand hat, welches Spiel von der Frage »wie viel, πόσαι griechisch ποσίνδα παίζειν heisst[61]).

Das Ballspiel[62], welches das ganze Alterthum kennt, ist zwar zunächst ebenfalls ein Jugendspiel[63]), aber wegen der gesunden Bewegung, die es gewährt und die Galen in einer eigenen Schrift über den kleinen Ball ganz besonders empfiehlt, war es auch für ältere Personen eine ebenso nützliche als angenehme Unterhaltung. Man spielte in Rom und Italien allge-

---

Haec ubi distincta est gradibus, qui constitit intus,
Quot teligit virgas, tot rapit inde nuces.

Aehnlich ist das griechische Spiel ὀμιλλα, bei welchem man einen Kreis zeichnete. Schol. Plat. p. 320 ἡ ὀμίλλα ἐστὶν ὅταν περιγράψαντες κύκλον ἐπιρρίπτωσιν ἀστραγάλους ἢ ἄλλο τι, ὡς τῇ μὲν ἐντὸς βολῇ νικῶντας, τῇ δ' ἐκτὸς ἡττωμένων. Pollux IX, 102. Grassberger I, † S. 85. 458. Auch in Italien existirt das Spiel noch unter dem Namen della campana. Melchiorri a. a. O. p. 163.

[58]) Schol. Plat. p. 320 τρόπα δ' ἐστὶν ἡ εἰς βόθυνον ἐκ διαστήματος βολή und mehr bei Grassberger I, 1 S. 66. 158. Das Spiel wird auch mit tali gespielt und wahrscheinlich mit einem Einsatz. Pollux IX, 101; Martial. IV, 14, 9.

59) Nux el. 85:

Vas quoque saepe cavum, spatio distans, locatur,
In quod missa levi nux cadat una manu.

60) Nux el. 79:

Est etiam, par sit numerus qui dicat, an impar :
Ut divinatas auferat augur opes.

Vgl. Horat. Sat. II, 3, 248.

61) Cobet *Novae lectiones* p. 500. Vgl. Acron ad Hor. Sat. II, 3, 248: *De illo dicit, cum quo pueri soliti sunt ludere se, quando premunt copiam nucum vel castanearum manibus, tunc quando simul veniunt ad ludendum, laxo sinu veniunt et gyrum inter se faciunt et proponunt sibi problema. Tunc cooperta manu quisque ostendit suo compari et inft: qual insunt? Si alius augurare potuerit, aufert illi. Sic tamdiu hoc certant, donec unus deoneret alterum.*

62) Ueber dies handeln Mercurialis *de arte gymnastica.* Amstelod. 1672. 4. II c. 4. 5. Burette in *Mém. de l'acad. des inscr. et belles lettres.* I p. 153—176. Werusdorf P. Lat. min. IV p. 398 ff. Becker Nachträge zum Augusteum S. 419—426. Becker Gallus III S. 181 ff. Krause Die Gymnastik und Agonistik der Hellenen I. Leipzig 1841. 8. S. 299 ff. Grassberger a. a. O. S. 84, welcher indess auf das römische Ballspiel nicht eingeht. Der ganze Gegenstand ist noch keineswegs ins Klare gebracht.

63) Sidonius Apoll. epist. I, 8 sagt von einem verkehrten Leben: *studens pilae senes, aleae iuvenes*, und wendet den Vers des Vergil Aen. V, 499 *Ausus et ipse manu iuvenum tentare laborem* auf das Ballspiel an.

mein Ball[64]), theils auf dem Marsfelde, wo man selbst den jüngeren Cato bei diesem Spiele sich betheiligen sah[65]), theils in den Sphaeristerien, die man in den Bädern[66]) und Villen[67]) zu diesem Zwecke besonders anlegte. Ballspieler waren der Pontifex M. Scaevola[68]), der Kaiser Augustus[69]), der alte Spurinna, Freund des Plinius[70]), der Kaiser Alexander Severus[71]) und es gab Leute, welche ihre ganze Zeit bei dieser Vergnügung hinbrachten[72]). In der Kaiserzeit bediente man sich fünf verschiedener Arten von Bällen, des kleinen, mittleren, grossen, sehr grossen und leeren[73]); vielleicht entsprechen diesen fünf Arten die lateinischen Ausdrücke *pila*, *trigon*[74]) oder *pila trigonalis*[75]), *pila paganica*[76]), *harpasta*[77]), vielleicht identisch mit *pila arenaria*[78]), und *follis*. Der gewöhnliche Ball war mit Haaren gestopft und mit bunten oder wenigstens farbigen Lappen benäht[79]); die *paganica*, deren Name sich wohl auf ein Massenspiel bezieht, bei welchem auf dem Lande das ganze Dorf (*pagus*) sich betheiligte, war ein grosser Ball und mit Federn gestopft[80]), der *follis*, welcher erst zur Zeit des

---

64) Cic. pr. Arch. 6, 13.
65) Den jüngeren, nicht den älteren, wie Krause sagt. Seneca ep. 104, 23. 66) Th. V, 4 S. 188.
67) Plin. ep. II, 17, 13; V, 6, 27. Suet. Vesp. 20. Auch in Inschriften wird der Bau von Sphaeristerien mehrfach erwähnt. Orelli 57. Grut. 160, 13 = Furlanetto *Iscr. Patav.* n. 92.
68) Cic. de or. 1, 50, 217; Valer. Max. VIII, 8, 2 und dazu Kempf.
69) Suet. Aug. 83. 70) Plin. ep. III, 1, 8.
71) Lamprid. Al. Sev. 30. 72) Seneca de br. v. 13, 1.
73) Antyllus bei Oribasius Vol. I p. 529 Dar. ἡ μὲν γὰρ ἔστι μικρά, ἡ δὲ μεγάλη, ἡ δὲ μέση, ἡ δὲ ὑπέρμεγέθης, ἡ δὲ κενή.
74) Martial. IV, 19, 5; VII, 72, 9; XII, 82, 8.
75) Martial. XIV, 46. 76) Mart. VII, 32, 7; XIV, 45.
77) Mart. IV, 19, 6; XIV, 48. 78) Isidor. Orig. XVIII, 69.
79) Jacobs Anth. Gr. IV p. 291 n. 23:
Αἴην ἰστρεφὲς εἰμί· τὰ φύλλα δ' ἐμοῦ κατακρύπτει
τὰς τρίχας· ἡ δὲ ῥυφὴ φαίνεται οὐδαμόθεν.
πολλοῖς παιδαρίοις ἐμπαίζομαι· εἰ δέ τις ἔστιν
εἰς τὸ βαλεῖν ἀφυής, ἔσχατος ὥσπερ ὄνος.
Symposii aenigma 59 in Wernsdorf P. L. M. VI p. 541. Seneca N. Q. IV, 11, 3: *Pilae proprietas est cum aequalitate quadam rotunditas, aequalitatem autem accipit haec, quam vides in lusoria pila, non multum illi commissurae* (die Nähte der Lappen, *qûlla, si rimas earum noces, quominus par sibi ab omni parte dicatur. Σφαῖραι ποικίλαι* Dio Chrys. Vol. I p. 231 R.; σφαῖρα εὔσημος Jacobs Anth. Gr. I p. 162 n. 38 und dazu Jacobs VII p. 88; *pila prasina* Petron. 27.
80) Mart. XIV, 45.

Pompejus erfunden worden ist[61]), war der grösste und mit
Luft gefüllt (κενή) oder ebenfalls mit Federn gestopft[62]). Von
der *harpasta* wissen wir nichts Näheres, als dass sie ein kleiner, fester Ball war[63]).

Die Gattungen des Spieles lassen sich einmal nach der
Art des Wurfes und zweitens nach der Anzahl der Theilneh-
mer unterscheiden. Man kann erstens den Ball in die Höhe
werfen und ihn selbst fangen oder von einem andern fangen
lassen; dies heisst griechisch οὐρανία; es können zweitens
zwei oder mehrere sich einen Ball zuwerfen (*datatim ludere*)[64],
wobei es darauf ankommt, geschickt zu werfen (διδόναι[65],
dare, *mittere*, *iactare*), zu fangen (λαμβάνειν, δέχεσθαι, *facere*,
excipere) und zurückzuwerfen (*remittere*, *repercutere*)[66]); drittens kann man einer Anzahl von Spielern gegenüber einen
Ball so werfen, dass man sich stellt, als wolle man auf einen
bestimmten Mitspieler zielen, plötzlich aber dem Ball eine
ganz andere Richtung giebt. Dies Spiel, bei welchem alle
gleichmässig zum Fangen bereit sein mussten, heisst bei den
Griechen φαινίνδα[67] und wird insofern mit dem noch zu erwähnenden ἁρπαστόν identificirt[68]), als man in beiden Spie-

---

61) Athenaeus p. 14f: "Ὅτι τὸ φουλλικλον καλούμενον, ἣν δὲ ὡς
ἔοικε σφαιρίον τι, εὗρεν Ἀττικὸς Νεαπολίτης παιδοτρίβης, γυμνασίας
ἕνεκα Πομπηίου Μάγνου.

62) Mart. XIV, 47. Der *follis pugilatorius* bei Plautus Rudens 721
gehört gar nicht hierher, es ist der κώρυκος, an dem die Athleten sich
übten, d. h. ein mit Sand gefüllter, von der Decke herabhängender
grosser Sack. S. Antyllus bei Oribasius Vol. I p. 534 und dazu die
Anm. p. 665. Vgl. Jahn Die Ficoronische Cista S. 26.

63) Pollux IX, 105: εἰκάζοιτο δ᾽ ἂν εἶναι ἡ διὰ τοῦ μικροῦ σφαι-
ρίου, ὃ ἐκ τοῦ ἁρπάζειν ὠνόμασται· τάχα δ᾽ ἂν καὶ τὴν ἐκ τῆς μαλακῆς
σφαίρας (dies ist die *paganica*) παιδιάν οὕτω τις καλοίη.

64) Nonius p. 96, 15. Naevius in Ribbeck Com. Lat. fr. p. 17
von einer Buhlerin: *quasi pila*
in choro ludens datatim dat se ei communem facit.

65) Antiphanes bei Athen. p. 15*.

66) Die lateinischen Ausdrücke finden sich bei Seneca de ben. II,
17, 3. 4. 5; II, 32. 1. Plaut. Curc. II, 5, 17:
Tum isti qui ludunt datatim scurrarum in via,
Et datores et factores omnis subdam sub solum.

67) Pollux IX, 105: ἡ δὲ φαινίνδα εἴρηται — ὅτι ἑτέρῳ προδεί-
ξαντες ἑτέρῳ ῥίπτουσιν, ἐξαπατῶντες τὸν οἰόμενον.

68) Athen. p. 14f: τὸ δὲ καλούμενον διὰ τῆς σφαίρας ἁρπαστὸν
φαινίνδα ἐκαλεῖτο, ὃ ἐγὼ πάντων μάλιστα ἀσπάζομαι. Aus dem letzten
Zusatz geht hervor, dass Athenäus das Spiel kannte.

len den Ball nicht zugeworfen bekam, sondern greifen (*rapere*)[8689] musste. Endlich kann man den Ball heftig auf den Boden oder gegen eine Wand werfen, so dass er zurückspringt und mit der flachen Hand wiederholentlich geprellt werden kann. Bei diesem Spiele, welches griechisch ἀπόρραξις[90], lateinisch *expulsim ludere* heisst[91], werden die Sprünge des Balles gezählt[92], und wenn mehrere es spielten, siegte der, der es am längsten, ohne den Ball fallen zu lassen, fortsetzte. Auf dies Spiel bezieht sich auch wenigstens die eigentliche Bedeutung des Wortes *pilicrepus*[93], da sonst der Ball kein besonderes Geräusch macht. Hienach wird man alle Methoden des Ballspiels, wenn man das Hochwerfen abrechnet, bezeichnen können durch die Formeln *datatim, raptim, expulsim ludere*[94].

[8689] Martial. XIV, 48.
[90] Pollux IX, 105. 106. Schol. Plat. p. 859 Bekk.
[91] Nonius p. 104, 27: *Expulsim, dictum a frequenti pulsu*. Varro: — — *videbis Romae in foro aut taxiemas pueros pila expulsim ludere*. Drei Mädchen, den Ball gegen eine Mauer prellend, sind dargestellt auf dem Basrelief der Sammlung Campana. S. Friedländer Annali 1857 p. 148. tav. d' agg. B. C. Die Verse des Saleius Bassus Carm. ad Pison. 172 in Wernsdorf P. L. M. IV p. 267:
*Nec tibi mobilitas minor est, si forte volantem
Aut geminare pilam iuvat aut revocare cadentem
Et non sperato fugientem reddere gestu.*
beziehen sich nicht, wie Becker Gallus III S. 131 meinte, auf eine besondere Art des Spiels, sondern enthalten nur gesuchte Ausdrücke für gewöhnliche Begriffe. *Geminare pilam* heisst den Ball prellen vom *expulsim ludere, revocare cadentem* fangen statt *excipere, reddere* aber heisst zurückwerfen, wie *remittere*. Vgl. Manilius V, 163:
Ille pilam celeri fugientem reddere planta.
[92] Pollux IX, 106. Petron. 27: *subito videmus senem calvum — inter pueros capillatos ludentem pila, nec iam pueri nos — ad spectaculum duxerant, quam ipse pater familias, qui soleatus pila prasina exercebatur, nec amplius eam repetebat quas terram contigerat, sed follem plenum habebat servus sufficiebatque ludentibus. — Duo spadones in diversa parte circuli stabant, quorum — alter numerabat pilas, non quidem eas, quae inter manus lusu expellente vibrabant, sed eas, quae in terram decidebant.* Dies war eine Verkehrtheit, denn man musste die gemachten, nicht die verlorenen Bälle zählen. Die pompejanische Inschr. Henzen 7304, in welcher ebenfalls das Zählen der Bälle vorkommt, scheint sich auf ein anderes Spiel zu beziehen, das ich nicht errathe.
[93] Seneca ep. 56, 1 schreibt, dass er sehr unruhig über einem Bade wohne. Alles indess sei noch zu ertragen, *si vero pilicrepus supervenit et numerare coepit pilas, actum est*. Ungenau ist das Wort von Ballspielern überhaupt gebraucht in den Inschriften Orelli 2591, Henzen 7304. 7305. [94] Dies bemerkt schon Gronov *Lectiones Plautinae* p. 86.

Was die Anzahl der Spielenden betrifft, so spielte man allein⁹³), zu zweien⁹⁴), zu dreien und endlich in grosser Gesellschaft. Bei den erstgenannten Spielen bediente man sich immer des kleinen Balls, und nicht nur eines, sondern mehrerer, wie denn namentlich der *trigon* mit mehreren Bällen gespielt zu sein scheint⁹⁷), da man bei demselben einer besonderen Geschicklichkeit der linken Hand bedurfte. Als Massenspiel war bei den Römern vorzugsweise beliebt das *harpastum*. Da Pollux in seiner Aufzählung der griechischen Spiele dies gar nicht erwähnt, obwohl es sonst in Griechenland bekannt ist, so muss er es mit einem der beiden von ihm beschriebenen Massenspiele, dem ἐπίσκυρος⁹⁵) oder φαινίνδα, identificirt haben, und mit dem letzteren identificirt es ausdrücklich Athenaeus. Das Spiel wurde von zwei Parteien gespielt, die wahrscheinlich durch eine mit Steinen markirte Linie (σκῦρος, das Steinpflaster) getrennt waren. Eine Partei warf den Ball aus, und zwar so weit wie möglich; wo er gefangen wurde oder fiel, blieb die Gegen-

---

⁹³) Eine sitzende Frau, mit einem Balle spielend, auf einem Vasenbilde bei Panofka Bilder ant. Lebens XIX, 9; eine sitzende Frau, mit zwei Ballen spielend, *Annali* 1844 *tav. d' agg. J.* Ein ägyptischer Ballspieler mit drei Ballen Wilkinson *Manners and Customs of the ancient Egyptians* II p. 429.

⁹⁴) So erwähnt Sidonius Apoll. II, 9 *sphaeristarum contrastantium paria*.

⁹⁷) Auf einem Bilde der Thermen des Titus sind drei zusammenstehende Ballspieler dargestellt (Panofka Bilder ant. Lebens X, 4). Jeder spielt mit zwei Bällen. Ob dies der *trigon* ist, wissen wir nicht, möglich wäre es indess, dass auch der *trigon* ein Wettspiel wäre, bei welchem die drei Spieler versuchten, wer am längsten die Bälle wechseln könne, ohne einen zu verlieren. Hierauf würde sehr wohl passen Mart. XIV, 46:

Si me mobilibus noasti expulsare sinistris,
Sum tua: tu nescis, rustice: redde pilam,

VII, 72, 9: Sic palmam tibi de trigone nudo
U'nciae det favor arbiter coronas,
Nec laudet Polybi magis sinistras.

endlich XII, 82, wo von einem Parasiten gesagt wird:
Captabit tepidum dextra laevaque trigonem,
Imputat acceptas ut tibi saepe pilas.

Das Spielen des Balles mit beiden Händen erwähnt auch Nicephorus Blemmida in Mai Nova coll. II p. 634: ἀγνοεῖ δὴ καὶ κατὰ τί δεσί διαιρεῖς καὶ ἀφθίμον τὸ καταγίνεσθαι τῆς παλαίσμα καὶ μεταχειρίζεσθαι ποτὲ μὲν ἐν τῇ δεξιᾷ ποτὲ δὲ ἐν τῇ ἀριστερᾷ ἐν τῷ μετεωρίζειν εἰς ὕψος διὰ τοῦ δίνου τὴν σφαίραν. ⁹⁵) Pollux IX, 104.

partei stehen. Von dieser suchte aber jeder den Ball zu fangen, oder, wenn er fiel, ihn von der Erde aufzunehmen, um ihn dann zurückzuwerfen. Dies gab zu grossem Getümmel Veranlassung, indem viele sich bückten, drängten und um den Ball stritten[3689], andere umwarfen[3700] und einen gewaltigen Lärm machten[1]. Das von Sidonius Apollinaris beschriebene Spiel[2] möchte ich nicht ohne weiteres für das *harpastum* halten, denn in ihm ist jede Partei in active und passive Spieler getheilt, es wird die *area* von den *circumstantes* unterschieden, die aber doch nicht blosse Zuschauer sind. Sie werden daher zwar gefangen, aber nicht geworfen haben. Das von dem Byzantiner Cinnamus[3] geschilderte Spiel endlich, welches Meineke[4] und nach ihm Grassberger[5] mit dem *harpastum* zusammengestellt haben, gehört gar nicht hieher. Es ist ein ganz besonderes Spiel für die kaiserliche Familie, wird zu Pferde gespielt und zwar so, dass der Ball mit einer Raquette geschlagen wird, was alles bei dem *harpastum* nicht der Fall ist.

[3699] Galen. V p. 902 K. ὅταν γὰρ συνιστάμενοι πρὸς ἀλλήλους καὶ ἀποκωλύοντες ὑφαρπάσαι τὸν μεταξὺ διακορυφῶσι, μέγιστον αὐτὸ (τὸ γυμνάσιον) καὶ σφοδρότατον καθίσταται, πολλοῖς μὲν τραχηλισμοῖς, πολλαῖς δ᾽ ἀντιλήψεσιν παλαιστικαῖς ἀναμεμιγμένον. Epictet. Diss. II, 5, 15 τοῦτο ὄψει ποιοῦντας καὶ τοὺς σφαιρίζοντας ἐμπείρως. Οὐδεὶς αὐτῶν διαφέρεται περὶ τοῦ ἁρπαστοῦ, ὡς περὶ ἀγαθοῦ ἢ κακοῦ· περὶ δὲ τοῦ βάλλειν καὶ δέχεσθαι. Mart. IV, 19, 6:
Sive harpasta manu pulverulenta rapis.
Vgl. VII, 32, 10; XIV, 48. Artemidor. Oneirocr. I, 83 ἁρπαστὸν δὲ καὶ σφαῖρα φιλονεικίας ἀπεράντους σημαίνουσι. Darauf geht auch die sprichwörtliche Redensart bei Plautus Truc. IV, 1, 7: *totus gaudeo, mea pila est.*
[3700] Dig. IX, 2, 52 § 4: *Quum pila complures luderent, quidam ex his servulum, quum pilam percipere (etwa praecipere?) conaretur, impulit; servus accidit et crus fregit.*
1) Antiphanes bei Athenaeus p. 434.
2) Sidonius Apoll. epist. V, 17: *Nos cum caterva scholasticorum lusimus abunde, quantum membra torpore statarii laboris hebetata cursu salubri regelarentur. Hic vir illustris Filimatius — sphaeristarum se turmalibus constanter immiscuit. — Qui quum frequenter de loco stantium medicurrentis impulsu summoveretur, nunc quoque acceptam in aream iam pilae coram praetervolantis quam superiecias, nec intercideret tramitem (die Linie von Steinen, στῦρος) nec caveret, ad hoc per catastropham (beim Umdrehen) saepe pronatus aegre de ruinoso flexu se recolligeret, primus ludi ab aestu sese removit.* 3) Cinnamus Hist. VI, 5.
4) Meineke Fragm. Com. Gr. III p. 136.
5) Grassberger. a. O. S. 95.

2. Glück- und Bretspiele[3706]).

Glückspiele spielte man in Rom mit Geldstücken, Würfeln und Knöcheln. Mit Geldstücken wurde gespielt Kopf und Schrift, oder wie die Alten nach dem Gepräge der Asstücke sagten, Kopf und Schiff[7]); viel älter aber ist das Würfelspiel, das schon in Assyrien[8]) und Aegypten[9]) ebenso beliebt war, als später in Griechenland und Rom. Diese Würfel, bei den Griechen κύβοι, bei den Römern *tesserae* genannt[10]), sind, wie die unserigen, auf jeder der sechs Seiten mit einer Zahlbezeichnung und zwar mit einem, zwei, drei, vier, fünf und sechs Puncten versehen[11]). Man brauchte zum Spiele gewöhnlich drei oder zwei derselben[12]), welche man, um Betrug

---

3706) Die Schriften von Boulenger, Meursius, Souter, Senftleben, Calcagnino s. In Graevii Thes. Vol. VII; ausserdem s. Salmas. ad Vopisc. Procul. 13. Exercit. Plin. p. 795. Gronov. de sest. III, c. 15. L. Fromond ad Senecam Vol. II p. 267 Gron. Ficoroni *I tali ed altri strumenti lusorj degli antichi Romani.* Roma. 1734. 4. Wernsdorf P. min. IV p. 404 ff. Wüstemann Palest des Scaurus, Gotha 1820 p. 103 f. Voemel *De Euripide, caro talorum*, im *Philologus* XIII, 2 (1858) p. 392 ff. Sauppe im *Philologus* XI, 1 p. 86. Hermann Gr. Privatalt. § 39. Becker Charikles II S. 345.

7) Macrob. S. 1, 7, 22: *An ita fuisse signatum hodieque intelligitur in aleae lusu, cum pueri denarios in sublime iactantes capita aut navia, tum talis vetustatis exclamant.* Aurel. Vict. de or. gent. Rom. 3, 5: *Unde hodieque aleatores posito nummo operisque optionem collusoribus ponunt enuntiandi quid putent subesse, caput aut navem: quod nunc vulgo corrumpentes naviam dicunt.*

8) Ueber assyrische Würfel s. Gerhard Arch. Zeit. VII (1849) S. 68.

9) Wilkinson *Manners and Customs of the ancient Egyptians* II p. 424.

10) Gell. 1, 20: *quod enim est figura ex omni latere quadrata, qualis sunt*, inquit M. Varro, *tesserae, quibus in alveolo luditur, ex quo ipsae quoque appellatae κύβοι.* Es sind deren noch viele vorhanden. Bullett. d. Inst. 1829 p. 181; 1831 p. 109. R. Rochette *Mém. de l'Institut* XIII p. 638. Jahrb. d. Vereins v. A. im Rheinlande IX S. 35.

11) Eustath. ad Il. φ p. 1359, 57. ad Od. α p. 1397, 56 Rom.

12) Eustath. ad Od. α p. 1397, 16 ἐχρῶντο οἱ παλαιοὶ τρισὶ κύβοις καὶ οὐχ ὥσπερ οἱ νῦν, δυσί. Photius p. 77 Pors. Drei sind gewöhnlich: βάλλων Ἀχιλλεὺς δύο κύβω καὶ τέσσαρα Schol. Ar. Ran. 1400. d. h. 8. 4. 4. Ov. A. A. III, 355 *Et modo tres iactet numeros.* Agathias in Jac. Anth. Gr. IV p. 30 n. 78, 23 τριχθαδίας ἀδόκητε βαλὼν ψηφῖδας ἀπ' ἠθμοῦ. Dagegen zwei in Senec. de morte Claud. s. E. *Nam quotiens missurus erat resonante fritillo, Utraque subducto fugiebat tessera fundo.*

zu vermeiden, in einem Becher (*pyrgus*[13]), *turricula*[14]), *phimus*[15]), *fritillus*[16], *orca*)[17]), der im Innern stufenartige Absätze hatte und oben enger war, als unten, schüttelte und aus demselben auf ein Spielbret (*tabula*[18]), *alveus*)[19] warf. Da man um einen Einsatz spielte und zwar πλειστοβολίνδα, so dass der die meisten Augen werfende den Einsatz gewann[20]), wobei

---

[13] Dass *pyrgus* oder *turris* nicht ein Theil des *alveus* ist, auf den man wirft, sondern das Gefäss, aus dem man wirft, und dessen enger Hals ἠθμός heisst, zeigt Agathias in Jacobs A. Gr. IV p. 300. 72, 22 τειχθασίας ἀδόνητα βαλὼν ψηφίδας ἀπ' ἠθμοῦ, Πύργου δουρατέου κλίμακι νευθομένας. Auson. profess. 1, 27 *bolus*, *Alternis vicibus quos praecipitante rotatu Fundunt excisi per cava bura gradus.* Anth. Lat. III, 77 = n. 216 Meyer *In parte alveoli pyrgus velut urna recedit, Qui comit internis lesserulas gradibus.* Sidon. Apoll. ep. VIII, 12 *hic tessera frequens eborellis resultatura pyrgorum gradibus expecial.* Vgl. V, 17. Schol. Juv. XIV, 5 *fritillum pyrgum dixit.*

[14] Martial. XIV, 16.

[15] Horat. Sat. II, 7, 15: *Scurra Volanerius, postquam illi iusta cheragra Contudit articulos, qui pro se tolleret atque Mitteret in phimum talos, mercede diurna Conductum pavit.* Diph. in fr. Com. ed. Meinek. IV, 418 ἤλπι' εἰς μέσον τὸν φιμὸν ὡς ἂν ἐμβάλῃ. Φιμός ist eigentlich ein Maulkorb, überhtragen der Becher mit engem Halse. S. die griech. Lexica.

[16] Mart. XIV, 1: *Nec timet aedilem moto spectare fritillo.* IV, 14. Seneca Apocol. in fin.: *Nam quotiens missurus erat raromanie fritillo Utraque subducto fugiebat tessera fundo.* Schol. Juvenal. XIV, 5 *fritillus pyxis cornea, qui fimus dicitur Graece. — Apud antiquos in cornu mittebant tesseras moventesque fundebant.* Sidon. Apoll. ep. II, 9 *crepitantium fritillorum tesserarumque strepitus.*

[17] Pers. III, 50. Fr. Pompon. bei Priscian. III, 6, 815 P. Ribbeck Com. lat. rel. p. 244. *Orca* ist in späterer Latinität nicht selten, es ist ein thönernes Oelgefäss. S. DuCanges. v. Marini *P. D.* p. 270.

[18] Juv. I, 90. Muhr bei Jacobs ad Anth. Gr. III p. 186 n. 53 (X p. 230) IV, 62 n 68.

[19] Plin. N. H. XXXVII, § 13 (*Pompeius' transtulit alveum cum tesseris lusoriam.* Varro sp. Gell. I, 20. Cic. de fin. V, 19, 56 *alveolum ponere.* Paulus p. 8, 4 *Alveolum, tabula aleatoria.* Suet. Claud. 99. Val. Max. VIII, 8, 2. Der *alveus* war ein Spielbret mit erhöhtem Rande, *τηλία.* Bekk. Anecd. p. 275, 15 ἡ τηλία δίσαυλίς ἀλγιτοπωλική πλατεία, προσηλαμένας ἔχουσα κύκλῳ σανίδας τοῦ μὴ τὰ ἄλφιτα ἐκπίπτειν. καὶ ἐπ' αὐτῆς οἱ κυβεύοντες παίζουσιν. Er hatte eine Länge von 3—4, eine Breite von 2 Fuss (Plin. l. l.) und von dieser Grösse giebt es noch mehrere *alvei*, von denen weiter unten die Rede sein wird.

[20] Pollux VII, 206; IX, 95. 117. Das Spiel wurde von verschiedenen Ausrufungen begleitet, indem man entweder den Namen der Geliebten oder eines Gottes anrief (Plaut. Curc. 856. 858). Sidonius Apoll. ep. II, 9 *inter aleatoriarum vocum competitiones — fritillorum — strepitus audiebatur.* Id. II, 1 *quibus horis viro tabula cordi est, tesseras colligit rapide, — volvit argute, mittit instanter, ioculanter compellat.* Die Verse Ov. A. A. III, 353:

Et modo tres iactet numeros, modo cogitet, opte
Quam subeat partem callida, quamque vocet

der beste Wurf 6. 6. 6, d. h. τρὶς ἓξ oder senio, war³⁷²¹), so hatte dies Spiel alle Eigenschaften des eigentlichen Hasardspieles, welches in Rom in älterer Zeit gesetzlich verboten²²) und nur ausnahmsweise während der Saturnalien gestattet war²³); die *tali* oder ἀστράγαλοι dagegen, d. h. die Knöchel der Hinterfüsse von Rindern, Ziegen und Schafen²⁴), hatten wenigstens ursprünglich diese Bestimmung nicht; sie dienten Knaben und Mädchen zur harmlosen Unterhaltung²⁵), wie die

---

scheinen ein besonderes Spiel vorauszusetzen, wobei man vorher angab, was man werfen wollte, und nach dem Wurf das daran Fehlende verlor, das darüber Geworfene aber gewann.

3721) Aeschylus Agam. 33: Τὰ δεσποτῶν γὰρ εὖ πεσόντα θήσομαι τρὶς ἓξ βαλούσης τῆσδέ μοι φροντίδος. Pholius p. 602, 9 Pors. Suidas II p. 1215ᵃ Bernh. οἱ μὲν τρὶς ἓξ νύμην οἱ δὲ τρεῖς κύβοι ἱεροί. Κύβος hat die doppelte Bedeutung Würfel und Einheit (μονάς, punctum, point). Eustath. ad Od. *Δ* p. 1897, 17: ἢ τρὶς ἓξ ἢ τρεῖς κύβους· ἀπὸ τοῦ μεγίστου καὶ ἐλαχίστου ἀριθμοῦ. Zenob. prov. IV, 23. Und ausführlich Pollux IX § 95: Ἰστέον ὅτι κύβος αὐτό τε βαλλόμενον καλεῖται καὶ ἢ ἐν αὐτῷ καιλότης — ἡ γραμμή, τὸ δηλοῦν τὸν ἀριθμὸν τῶν βληθέντων· ἐφ᾽ τριχήματι δὲ τούτῳ, ὃν κύβον ἐπωνομάσθαι φαμέν, ἀργυρίου τινὸς ἀριθμὸν ἐπιγημίσαντες καθ᾽ ἑκάστην, μονάδα διηρηκότην, δραχμὴν ἢ στατῆρα ἢ μνᾶν, ἢ ὅπως οὖν ἔπαιζον τὴν πλειστοβολίνδα καλουμένην παιδιαν· ὁ δὲ ὑπερβαλλόμενος τῷ πλήθει τῶν μονάδων ἔμελλεν ἀποφήσεσθαι τὸ ἐπιδικαζόμενον ἀργύριον. Auf einem Monument bei Fabretti Inscr. p. 574 sind drei Würfel abgebildet, jeder die 6 Puncte zeigend. Es ist offenbar ein Symbol eines glücklichen Ereignisses; jemand sagt damit: Mir ist das beste Loos gefallen. Ueber den zuweilen sehr hohen Einsatz s Suet. Oct. 71. Juvenal. I, 89 ff. Mart. XIV, 18.

22) Plautus M. G. 164 *me legi fraudem faciant aleariae*. Horat. Od. III, 24, 58 *vetita legibus alea*. Ovid. Trist. II, 471 *Haec (alea) est ad nostros non leve crimen avos*. Cic. Phil. II, 23, 56 *Licinium Lenticulam, de alea condemnatum — restituit*, und weiter: *hominem, — lege, quae est de alea, condemnatum*. Ein Gesetz über die *alea* ist nicht bekannt, in dem Titel der Digesten *de aleatoribus* XI, 5 wird nur eine Stelle des prätorischen Edictes und ein Senatusconsultum citirt. Die Aufsicht darüber, dass in Wirthshäusern nicht gespielt wurde, hatten die Aedilen. Mart. V, 84.

23) Mart. XI, 6; V, 84. Suet. Oct. 71.

24) Nach Aristoteles de part. animal. IV Vol. 1. p. 699 A Bekk. Hist. anim. II Vol. 1 p. 499 B. haben diesen Knöchel nur Thiere mit gespaltenen Hufen, τὰ δίχηλα.

25) Pausan. VI, 24, 5 ἀστράγαλόν τε μειρακίων τε καὶ πηρθένων παίγνιον. Propert. II (III) 24, 13 *Et cupit iratum talos me poscere eburnos*. Justin. XXXVIII, 9. Jacobs Anth. Gr. I p. 168 n. 23; VII p. 59. Meineke Delectus poet. anth. Gr. p. 109. Dio Chrys. I p. 181 R. Lewezow Amor und Ganymedes die Knöchelspieler in Bötliger's Amalthea Bd. 1 p. 175. Clarac pl. 884 n. 2255; Wieseler Denkm. n. 649. Ein Knabe, welcher im Zorn über den Verlust seinen Mitspieler in den Arm beisst, *Ancient Marbles in the British Mus.* P. II pl. 31. Eine Marmorstatue einer ἀστραγαλιζούσης in Neapel bei Serradifalco Tom. V p 22. vgl. *Bull. Napol.* 1844 p. 142, und die Münze von Clerium bei

Nüsse, man spielte damit *par impar*⁲⁷⁾, *τρόπα*²⁷⁾ und namentlich *πεντελίθιζειν*²⁸⁾; aber sie waren auch anwendbar für ein Glückspiel, das allgemein in Mode kam, und dessen Theorie ziemlich complicirt ist. Die Knöchel nämlich, deren Form auch in den Nachbildungen von Metall und Elfenbein²⁹⁾ genau beibehalten wurde, da sie für das Spiel massgebend ist, haben vier Längenseiten, zwei breite, von denen die eine convex (*πρανής*), die andere concav (*ὑπτία*) ist, und zwei schmale, von denen die eine etwas eingedrückt, die andere voll ist, weshalb die letztere im Falle leicht nach unten kommt. Von den schmalen Seiten heisst die eingedrückte κῷον, die volle χῖον³⁰⁾). Wirft man einen Astragalos, so kommt er gewöhnlich auf eine der breiten Längenseiten oder auf das χῖον zu stehen, am seltensten auf das κῷον, weshalb dies der beste Wurf ist³¹). Was die beiden spitzen Enden des Knöchels be-

---

Millingen *Anc. coins* pl. III, 12, 13. Ueber andere Darstellungen dieser Art s. G. Wolff *La ginnastrica di tali* in *Nuove Memorie dell' instituto* (1863) p. 338 ff.
27) Plato Lysis p. 206ᵉ. Pollux IX, 101. Vielleicht ist dies das Spiel, das Amor und Ganymedes bei Apollon. Rhod. III, 113—126 spielen; es endet wenigstens so, dass einer alle Astragali gewinnt. In Rom spielte man dies Spiel gewöhnlich nicht mit *tali*. Suet Oct. 71 vel *talis vel par impar ludere*. Vgl. oben Anm. 8888.
27) S. Anm. 8884.
28) Pollux IX, 128: τὰ δὲ πεντάλιθα ἤτοι λιθίδια ἢ ψήφοι ἢ ἀστράγαλοι πέντε ἀνερρίπτουντο, ὥστε ἐπιστρέψαντα τὴν χεῖρα δέξασθαι τὰ ἀναφέρεσθαι κατὰ τὸ ἐπισθέναρ. Bei Photius p. 444 heisst das Wort *πεντελιθίζειν*. Dieses Spiel spielen zwei Mädchen auf dem herculanischen Bilde *Museo Borb.* XV, 48. *Le antichità di Ercolano* I, 1. Sie sitzen dabei hockend, ὀκλαδόν, wie Apollonius Rhodius III, 122 bei der Beschreibung des Astragalenspiels sagt.
29) *eburni* Prop. I, I. Mart. XIV, 14. Noch vorhandene *tali* aus Metall, Crystall, Agat sind abgebildet bei Ficoroni tav. 2. Ein *artifex artis tesselariae lusoriae* bei Orelli *Inscr.* 4289.
30) Aristoteles Hist. anim. II Vol. 1 p. 499 B. 1 Πάντα δὲ τὰ ἔχοντα ἀστράγαλον ἐν τοῖς ὄπισθε ἴσχει σκέλεσιν. ἴσχει δ' ὀρθὸν τὸν ἀστράγαλον ἐν τῇ καμπῇ, τὸ μὲν πρανὲς ἔξω, τὸ δ' ὕπτιον εἴσω, καὶ τὰ μὲν κῷα ἐντὸς ἐστραμμένα πρὸς ἄλληλα, τὰ δὲ χῖα καλούμενα ἔξω, καὶ τὰς κεραίας ἄνω. Aristot. de caelo II Vol. 1 p. 293 A. ἔστι δὲ τὸ κατορθοῦν χαλεπὸν ἢ τὸ πολλὰ ἢ τὸ πολλάκις, οἷον μυρίους ἀστραγάλους Χίους [πρῶον H. Χίους ἡ πρῶους F. M.] βαλεῖν ἀμήχανον. ἀλλ' ἕνα ἢ δύο ῥᾷον. Es ist wohl zu lesen κῷους, da von einem glücklichen Wurfe die Rede ist.
31) Dies bemerkt richtig Fromond, der auch die Stelle des Aristoteles gut erklärt. Ich habe den Versuch ebenfalls gemacht. Uebrigens wurde wahrscheinlich der Wurf nicht nach der oben liegenden Seite berechnet, wie das bei den *tesserae* geschah, sondern nach der

trifft, so erlaubt nur die eine (χηραία) allenfalls das Stehen, die andere gar nicht; indess kommt auch der Fall, dass der Knöchel auf der χηραία steht, in der uns bekannten Theorie des Spieles nicht vor[32]), da, wenn er geworfen wird, er auf dieser niemals stehen bleibt. Spielt man nun mit Knöcheln um einen Einsatz oder überhaupt um Geld, wobei der gewinnt, der den besten Wurf macht, wovon auch dies Spiel πλειστοβολίνδα heisst[33]), so braucht man vier tali[34]), welche man gleichzeitig aus der Hand oder aus dem fritillus auf ein Bret oder einen Tisch wirft, und deren vier Hauptseiten, je nachdem sie nach unten fielen, dem Wurfe seinen bestimmten Werth gaben, ohne dass die Seiten mit Zahlen bezeichnet waren[35]). Dabei wurde das χίον zu 1, das κῷον zu 6, die beiden breiten Längenseiten zu 3 und 4 gerechnet, während die Zahlen 2 und 5 bei den Würfen nicht vorkamen. Mit diesen vier auf eine Seiten fallenden tali sind überhaupt 35 verschiedene Würfe möglich, welche alle durch bestimmte Namen bezeichnet und von verschiedenem Werthe waren, so dass der Wurf Stesichoros 8, der κῷος oder ἑξίτης, senio 6, der χίος, auch κύων, canis genannt, 1 galt[36]). Andere Würfe hiessen

---

unten liegenden. Sonst wäre der κύων nicht ein so häufiger und schlechter Wurf gewesen. Das Epigr. des Meleager in Jacobs Anth. Gr. I p. 87 n. 122 nennt den χίος einen προπισών (v. 4) und προπιτής (v. 12) ἀστραγάλου und braucht ihn als Bild für einen πεσόντα εὐτρόχως.

[32]) Der Knöchel liegt nur auf den mit 3 und 4 bezeichneten breiten Seiten, er steht, wenn er auf den κῷον oder χίον kommt. Deshalb kann man auf diese Fälle auch deuten Plut. Sympos. V, 2: ὥσπερ οὖν οἱ ἀστράγαλοι τόπον ἰδίαν κατέχουσι ὀρθοὶ πίπτοντες ἢ πρηνεῖς. Cic. de fin. III, 16, 54: Ut enim, inquiunt, si hoc fingamus esse quasi finem et ultimum, ita iacere talum, ut rectus adsistat, qui ita talus erit iactus, ut cadat rectus, praepositum quiddam habebit ad finem.

[33]) Pollux IX § 117: ἡ δὲ πλειστοβολίνδα οὐ μόνον ἢ διὰ τῶν κύβων, ἀλλὰ καὶ ἡ διὰ τῶν ἀστραγάλων ἐπὶ τὸ πλεῖστον ἀριθμὸν βαλεῖν. Bei Plautus Curcul. 354 ff. wird um den Einsatz eines Mantels und eines Ringes mit tali gewürfelt, der bessere Wurf gewinnt.

[34]) S. ausser den in der folg. Anm. angeführten Stellen Cic. de div. II, 21, 48. I, 13, 23. Quattuor tali iacti casu Venerium efficiunt. So spielen in dem pompejanischen Bilde Mus. Borb. V, tav. 33 die Kinder der Medea mit 4 tali, und auf der Spielmarke bei Eckhel D. N. VIII p. 316 sind 4 tali, mit der Umschrift: Qui ludit, arram det quod satis sit.

[35]) Pollux IX, 99: τὸ δὲ σχῆμα τοῦ κατὰ τὸν ἀστράγαλον πτώματος ἀριθμοῦ δόξαν εἶχεν, d. h. die Lage des Knöchels beim Falle hatte die Geltung einer Zahl.

[36]) Es giebt nur eine Nachricht über dies Spiel, welche nach Voe-

Ἀλέξανδρος, ἔφηβος u. s. w.³⁷³⁷); der glücklichste aber, bei welchem die vier *tali* verschieden, also auf 1. 3. 4. 6 fielen,

mel a. a. O. S. 314 vom Peripatetiker Klearchus, wahrscheinlicher von Sueton herrührt, welcher nach Suidas s. v. Τράγυλλος Vol. II p. 1190ᵇ Bernh. ein Buch περὶ τῶν παρ᾽ Ἕλλησι παιδιῶν geschrieben hatte (vgl. Reifferscheid Suetonii Reliquiae p. 329—338. 462) und in verschiedenen Excerpten bei Eustath. ad Il. Ψ p. 1289, 50 Rom.; ad Od. Α p. 1396, 50 ff. Pollux IX c. 7 § 99 ff. Schol. ad Plat. Lys. p. 206 E. (p. 319 Bekk) erhalten ist. Das letztere Scholion lautet so: *Παίζεται δὲ ἀστραγάλοις τέσσαρσιν, καὶ εἰς ἕκαστος ἀστραγάλος πτώσεις ἔχει τέσσαρας ἐξ ἑβδομάδος κατὰ ἀντίθετον συγκειμένας ὥσπερ ὁ κύβος* (d. h. 2 u. 4, 1 u. 6 auf den entgegengesetzten Seiten). *ἔχει δὲ ἀντιμείμενα μονάδα καὶ ἑξάδα, εἶτα τριάδα καὶ τετράδα. ἡ γὰρ δυὰς καὶ πεντὰς ἐπὶ τῶν κύβων μόνων παραλαμβάνεται διὰ τὸ ἐκείνους ἐπιφανείας ἔχειν ἕξ. εἰσὶ δὲ αἱ σύμπασαι τῶν ἀστραγάλων πτώσεις ὁμοῦ τεσσάρων παραλαμβανομένων πέντε καὶ τριάκοντα, τούτων δὲ αἱ μὲν θεῶν εἰσιν ἐπώνυμοι, αἱ δὲ ἡρώων, αἱ δὲ βασιλέων, αἱ δὲ ἐνδόξων ἀνδρῶν, αἱ δὲ ἑταιρίδων, αἱ δὲ ἀπό τινων συμβεβηκότων ἤτοι τιμῆς ἢ χλεύης προσηγόρευνται. λέγεται δέ τις ἐν αὐταῖς Στησίχορος καὶ ἑτέρα Κορινθίδης, Στησίχορος μὲν ὁ σημαίνων τὴν ἑπτάδα — Εὐριπίδης δὲ ὁ τὸν τεσσαράκοντα. — Τῶν δὲ βόλων ὁ μὲν τὰ ἓξ δυνάμενος Κῷος καὶ ἑξῆς ἐλέγετο, Χῖος δὲ ὁ τὸ ἓν καὶ Κύων.*

3737) Das Epigramm des Antipater Sidonius 93 in Jacobs Anth. Gr. II p. 34 beschreibt ein Grab, das statt der Inschrift 3 ἀστραγάλοι hatte. Vier zeigten den βόλος *Ἀλέξανδρος* (vgl. Hesych. s. v. *Ἀλέξανδρος ὄνομα βόλου*), vier den βόλος *ἔφηβος*, einer den *Χῖος*, so dass die Inschrift war, *Ἀλέξανδρος ἔφηβος Χῖος*. Ausserdem führt Hesychius an: *Πρεσβύτης πλόκαμος — καὶ βόλος τις ἀστραγάλων οὕτω καλεῖται. Ἀντιγόνειος βόλος τις οὕτω ἐκαλεῖτο. Λαρτίος — καὶ ἀστραγάλων δέ τινων βόλος οὕτως καλεῖται. Δεκέντερον βόλος τις ἀστραγάλων οὕτως ἐκαλεῖτο.* Auch bei den *tesserae* finden sich dergleichen Namen, Hesych.: *Μίδας κυβευτικοῦ βόλου ὄνομα.* Suidas II p. 846 Bernh.: *Μίδας κύβου ὄνομα τυβολιστάτου. Καὶ παροιμία· Μίδας ὁ ἐν κύβοις εὐβολώτατος· ὁ γὰρ Μίδας βόλου ἐστὶν ὄνομα.* Eubulus bei Meineke Com. Gr. III, 289, 4 : *Μίδας μὲν ἐν κύβοισιν εὐβολώτατος.* Pollux VII § 204 : *βόλων δὲ ὀνόματα, τῶν μὲν ηὐνῶν τι καὶ δυσβόλων — Μίδας, μάγης* (Hesych. *Μάγης κυβευτικοῦ βάλου ὄνομα*) *πάτρηλος, πάτραινα, μάγνησσα, ἄβολα, ἄπλα, ἄθετος, ὑπιάζων, κρύφασος, καρχάρος, τραγίας, ἰαδύναι, χῖος, ὂν καὶ κύων ἐκάλουν καὶ οἶνον καὶ οἰνῆν* (d. h. die Einheit) *— οἱ δὲ βελτίους ἐφ᾽ οἷς καὶ τὸ εὐπυβεῖν ἐλέγετο βόλος πρώτης ἐπαντίσεως καλλίβολος, χρύσωνν, ὄροι, συνωρὶς, συνωρισμὸς ἢ κῷος. ὁ μέντοι Μίδας καὶ τῶν μέσων βόλων ἦν. καὶ ἄλλοι δὲ πολλοὶ εἰσιν, οὓς ὀνομάζει Εὔβουλος ἐν τοῖς Κεφευταῖς* (Mein. III, 222, 2) :

*Κιτρωτός, Ἱερός, ἅρμ᾽ ὑπερβάλλον πόδας,
κήρυκος, εὐδαίμων, κινωτός, ὅρυια,
Λάκωνες, ἀνείτευχος, Ἀργεῖος, δήκνων,
Τιμόκριτος, ἐλλείπων, πυκλύσης, ἐπίθετος,
συκάλλων, ἀγύρτης, ἀστρφος, ἀνακάμπτων, θορεύς,
Δήσπων, Κύκλωπες, ἐπιστρέφων, Σόλων, Σίμων.*

Man ersieht aus dieser Stelle so viel, dass die Namen *πραγής, Χῖος, Κῷος* von den *tali* auf die *tesserae* übergegangen waren. Isidor. Or. XVIII, 65 : *De vocabulis tesserarum. Iactus quisque apud lusores veteres a numero vocabatur, ut unio, binio, trinio, quaternio, quinio, senio. Postea ap-*

hiess bei den Römern Venus[3738]). Man ersieht hieraus, dass nicht die Summe der geworfenen Einheiten entscheidend war, sondern die Art des Wurfes, und es scheint anzunehmen, dass einerseits der *canis*, d. h. 1. 1. 1. 1. ganz ohne Gewinn war[39]), der κῷος aber, d. h. 6. 6. 6. 6. nur zu 6 berechnet wurde[40]), andererseits gewisse Würfe mehr galten, als die geworfene Augenzahl, z. B. der Euripides 40[41]), wogegen einige Würfe auch

pellatio singulorum mutata est, et unionem canem, trinionem suppum, quaterniorum planum vocabant.

37[38]) Martial. XIV, 14: *Cum steterit nullus vultu tibi talus eodem, Munera me dices magna dedisse tibi.* Lucian. Amor. 16: τῇ δὲ τραπέζῃ τέτταρας ἀστραγάλους Λιβυκῆς δορκὸς ἀπαριθμήσας διηπείγετο τὴν Ἑλπίδα. καὶ βαλὼν μὲν ἐπὶ σκοποῦ, μάλιστα δ᾿ εἴ ποτε τὴν θεὸν αὐτὴν (τὴν Ἀφροδίτην) εὐβολήσειε, μηδενὸς ἀστραγάλου πεσόντος ἴσῳ σχήματι, προσεκύνει. Suet. Oct. 71: *denarios tollebat universos, qui Venerem iecerat.* Cic. de div. II, 21, 48. Bei dem Beginne des Mahles wurde ἀλισοβολύνδα mit *talis* darüber gewürfelt, wer rex convivii sein sollte; Hor. Od. I, 4, 18 *Nec regna vini sortiere talis.* Verg. Copa 37 *Pone merum et talos.* Plautus Mostell. I, 8, 131. Auch hier behält der beste Wurf *Venerius*, Plaut. Asin. 905. Horat. Od. II, 7, 15 *Quem Venus arbitrum Dicet bibendi?* Bei dem an den Saturnalien üblichen Spiele, einen König zu würfeln (Tac. Ann. XIII, 76. Arrian. Diss. Epictet. I, 13. Lucian. Saturn. 3: ὁρᾷς, ἥλικον τὸ ἀγαθὸν ἔτι καὶ βασιλέα μόνον ἐφ᾿ ἁπάντων γενέσθαι, τῷ σφραγάλῳ κρατήσαντα), kam dieselbe Sache vor; in beiden Fällen hiess der beste Wurf wohl βασιλικός, und diesen erwähnt Plautus Curc. 339 *facto basilicum*; ob dies aber ein mit Venus identischer oder relativ bester Wurf ist, weiss man nicht. Uebrigens gehört der *astragalus* zu den Attributen der Venus. S. die Münze von Paphos bei Cavedoni Bull. 1844 p. 124.

39) Dass, wie bei einem *talus* der *canis* 1 bedeutet, so bei 4 *tali canis* der Wurf 1. 1. 1. 1 war, kann man schliessen einmal daraus, dass bei den *tesserae* τρεῖς κύβοι, d. h. dreimal eins, der schlechteste Wurf war (Pollux IX § 95), und zweitens daraus, dass bei Plautus Curc. 357 *quattuor vulturii*, die mit den *canes* wohl identisch sind, als der schlechteste Wurf erwähnt werden. Wie nun Suidas II p. 1313ᵃ Bernh. sagt, οἱ δὲ τρεῖς κύβοι κενοί, d. h. sie gewinnen nichts und der Einsatz geht ganz verloren, so müssen auch die *quattuor canes* der *tali* oder der *bolos* κύων ganz ohne Gewinn gewesen sein oder Verlust gebracht haben. Persius III, 48: *Quid dexter senio ferret, scire erat in voto, damnosa canicula quantum Raderet.* Prop. V (IV) 8, 45: *Me quoque per talos Venerem quaerente secundas Semper damnosi subsiluere canes.* Seneca de morte Claud. 10: *Tam facile homines occidebat, quam canis excidit.* Ovid. Trist. II, 174 *damnosos effugiasque canes.* Ovid. A. A. II, 206.

40] So ist zu verstehen die oben angeführte Stelle des Sueton.: τῶν δὲ βόλων, φησίν, ὁ μὲν τὸ ἐξ δυνάμενος πρὸς ἐλέγετο καὶ ἐξέξης, ὁ δὲ τὸ ἓν χίος καὶ κύων. Denn vorher hat er gesagt: ἐπαίζετο, δὲ ἡ παιδιὰ τέσσαρσιν ἀστραγάλοις. Und Ovid. Tr. II, 478 sagt, es schrieben einige darüber, *quid valeant tali*, was doch nur von einem willkürlich bestimmten Werthe zu verstehen ist.

41) Weder Voemels Ansicht, der die Zahl 40 durch Wiederholung des Wurfs erklären will, noch Sauppe's Veränderung von τεσσαράκοντα (μ') in δέκα (ι') scheint mir haltbar.

einen Strafeinsatz zur Folge hatten³⁷⁴²). Dies Spiel existirt noch in Griechenland. »Die arachobitischen Knaben, erzählt Ulrichs in seinen Reisen und Forschungen in Griechenland, I S. 137, spielten mit dem Astragalus. Dies ist ein kleiner vierseitiger, an zwei Enden abgerundeter Knöchel, so gebaut, dass er auf einer ebenen Fläche nur vier verschiedene Würfe giebt, bei denen die nach oben gekehrte Seite⁴³) die Geltung bestimmt. Der gewöhnliche Wurf ist der, wo die runde Erhöhung des Astragalus nach oben gekehrt ist, und heisst Bücker oder Esel. Dann folgt der Dieb, wenn der Astragalus die Höhlung nach oben kehrt. Seltener ist der Vezir, der Wurf, wo die kleine glatte Fläche oben steht. Der seltenste von allen Würfen ist der König, wo die Seite nach oben gewandt ist, die einem Ohre ähnlich sieht und dem Vezir gegenüber liegt. Ein fünfter Wurf, der Hahn, wenn der Astragalus aufrecht auf einem der abgerundeten Enden steht, kann nur stattfinden, wenn er sich irgendwo anlehnt, und gilt deshalb nicht. Zahlen werden auf dem Astragalus nicht angebracht«.

Das Bretspiel (πεττεία)⁴⁴) hielten die Griechen für eine

3742) Die Stelle Suet. Aug. 71 : *Talis enim iactatis ut quisque canem aut senionem miserat, in singulos talos singulos denarios in medium conferebat, quos tollebat universos, qui Venerem iecerat,* kann man, wie jetzt gelesen wird, nur so erklären, dass Augustus, aus dessen Briefe die Worte sind, anders als gewöhnlich spielte, indem er bei dem Senio, der ein guter Wurf war, Einsatz zahlte, wie dies vielleicht beim *canis* immer stattfand. Allein es gab einen sprichwörtlich gewordenen schlechten Wurf, κύος πρὸς χίον (Suid. II p. 885 Bernh.), χίος πρὸς κύον (Zonoh. IV, 74), *canis ad senionem,* d. h. wenn zwar alle Würfel standen (*stant canes* Ovid. A. A. II, 206), aber nur drei als κύοι, einer umgekehrt als χίος. Schol. Plat. p. 310 Bekk.; λέγεται δέ τις καὶ παροιμία ἀπὸ τούτου· οἷον Χῖος παραστάς Κῴον οὐκ ἐάσω (lies mit Sauppe οὐκ ἐᾷ σώζειν), ἀφ' οὖ καὶ Στράττις Ἀνηρομέδᾳ (Meineke II, 774) Χῖος παραστάς Κῴον οὐκ ἐᾷ λέγειν. Eustath. ad Od. p. 1397, 41 Martial. XIII, 1, 5: *Non mea magnanimo depugnat tessera talo Senio nec nostrum cum cane quassat ebur.* Worauf auch anspielt Aristoph. Ran. 968:

Θηραμένης: σοφός γ' ἀνὴρ καὶ δεινὸς εἰς τὰ πάντα
ὃς ἢν κακοῖς που περιπέσῃ καὶ πλησίον παραστῇ
πέπτωκεν ἔξω τῶν κακῶν, οὐ Χῖος ἀλλὰ Κεῖος.

wenn der Knöchel nämlich umfällt, so ist er nicht mehr Χῖος, und das Unglück hört auf. Hiernach glaube ich auch bei Sueton lesen zu müssen *ut quisque canem ad (ad) senionem miserat.*

43) Dies ist nach den von mir angestellten Untersuchungen für das antike Spiel falsch, indessen kann es für das moderne richtig sein, da es nur auf den Namen des Wurfes ankommt, der nicht mehr der alte ist.

44) S. ausser den Anm. 3742 angeführten Schriften Becker Gallus

Erfindung des Palamedes[37][45]), und sowohl in der Odyssee[46]) als bei Euripides[47]), als auch auf einer beträchtlichen Anzahl von Vasenbildern[48]) werden die homerischen Helden mit diesem Spiele beschäftigt dargestellt. Allein vielleicht viel früher war es in Aegypten bekannt[49]), wo es verschiedentlich vorkommt[50]). Von den verschiedenen Arten römischer Bretspiele sind zwei einigermassen bekannt, der *ludus latrunculorum* und der *ludus duodecim scriptorum*, zu welchen zuweilen ein und dasselbe Spielbret (*tabula*), auf beiden Seiten verschieden eingerichtet, diente[51]). Beide wurden mit *calculi*, πεσσοί, gespielt, welche bei dem ersten, einem Belagerungsspiele, *latrones*, d. h. Soldaten[52]), *latrunculi*[53]), *milites*[54]), griechisch

---

III S. 335. Michaelis in Gerhard Denkmäler und Forschungen 1855 n. 179 p. 56 ff.
[37][45]) Jahn Palamedes S. 27.
[46]) Hom. Od. I, 107.
[47]) Bei Euripides Iph. Aul. 195 ff. spielen es Palamedes selbst und Protesilaus.
[48]) Am vollständigsten zusammengestellt bei Welcker Alte Denkmäler III S. 8—24; Overbeck Gall. her. Bildw. 1 S. 310 ff.
[49]) Wilkinson *The Egyptians in the time of the Pharaohs* p. 14. Derselbe *Manners and Customs* I p. 44. Die Zahl der Steine ist meistens nicht bestimmbar, sie haben aber zwei Farben und sind nicht flach, sondern hoch, 1 ⅛—1 ½ Zoll.
[50]) Im britischen Museum befindet sich eine ägyptische Papyrusrolle aus römischer Zeit mit Bildern. Auf einem derselben, herausg. in Th. Wright *A History of Caricature and Grotesque*. London 1865. S. p. 6, spielen Löwe und Hase ein Bretspiel. Jeder sitzt auf einem Stuhl, zwischen ihnen steht ein Tisch mit einem Spielbret. Jeder hat fünf hohe Figuren; der Löwe, welcher gewonnen hat, hebt mit der rechten Taue eine Figur und mit der linken einen Beutel Geld in die Höhe, offenbar den Einsatz des Spiels.
[51]) Martial. XIV, 17. *Tabula lusoria:*
  Hac mihi bis seno numeratur tabula puncto;
  Calculus hac gemino discolor hoste perit.
Der erste Vers bezieht sich auf die *duodecim scripta*, der letzte auf den *ludus latrunculorum*.
[52]) Paulus p. 118, 16: *latrones eos antiqui dicebant, qui conducti militabant, ἀπὸ τῆς λατρείας.* Varro de L. L. VII, 52: *latrones dicti ab latere, qui circum latera erant regi — aut qui conducebantur. ea enim merces Graece dicitur λάτρον.* Suidas II p. 509 Bernh. *λάτρον· ὁ μισθός.* Callimach. fr. 133. Plautus M. G. 75:
  Nam rex Seleucus me opera oravit maximo,
  Ut sibi latrones cogerem et conscriberem.
Vgl. Plaut. Curc. 545. Stich. 188 u. ö.
[53]) Sen. ep. 106 *latrunculis ludimus.*
[54]) Ovid. Tr. II, 477.

κύνες³⁷⁵⁶) heissen und auf einem durch directe und transverse Linien in Felder getheilten⁵⁶), also einem Schachbret entsprechenden Spielbrete aufgestellt worden. Die Zahl der Felder ist unbekannt, die Zahl der Figuren scheint auf jeder Seite 30 betragen zu haben⁵⁷). Die letzteren waren durch die Farbe unterschieden⁵⁸) und zerfielen, wie beim Schachspiel⁵⁹), in

---

3755) Pollux IX, 98. Eustathius p. 1897, 43.
56) Dass die *tabula latruncularia* (Senec. ep. 117) in Felder getheilt war, und dass die Figuren auf den Feldern, nicht auf den Linien standen, geht hervor aus Varro de L. L. X, 22: *Ad hunc quadruplicem fontem ordines diriguntur bini, uni transversi, alteri directi, ut in tabula solet, in qua latrunculis ludunt.* Pollux IX, 98: ἡ δὲ διὰ πολλῶν ψήφων παιδιὰ πλινθίον ἐστί, χώρας ἐν γραμμαῖς ἔχον διατεμένας· καὶ τὸ μὲν πλινθίον καλεῖται πόλις, τῶν δὲ ψήφων ἑκάστη κύων.
57) Pollux IX, 98 nennt dies Spiel πλινθίον und lässt es διὰ πολλῶν ψήφων spielen; § 99 fügt er hinzu: ἐγγὺς δ' ἔστι ταύτῃ ἡ παιδιᾷ καὶ ὁ διαγραμμισμός — ἥντινα παιδιὰν καὶ γραμμὰς ὠνόμαζον. Davon sagt Hesych. s. v. διαγραμμισμός· παιδιά τις ἐξήκοντα ψήφων λευκῶν καὶ μελανῶν ἐν χώραις ἔλκομένων, so dass in diesem Spiele jeder Spieler 30 Steine hatte. Photius p. 439 Pors. sagt dagegen geradezu: πολεις παίζειν (dies ist der *ludus latrunculorum*) τὰς νῦν χώρας καλουμένας ἐν ταῖς ζ [ἕ Pors.] ψήφοις. Da, wie wir unten sehen werden, die XII scripta mit zweimal 15 Steinen gespielt wurden, so ist es wahrscheinlich, dass die zweimal 30 Steine auf die *latrunculi* zu beziehen sind.
58) Ov. Tr. II, 477 *Discolor — miles.* Pollux IX 98: διῃρημένων δ' εἰς δύο τῶν ψήφων κατὰ τὰς χρόας. Sidon. Apoll. ep. VIII, 12. Uebrigens waren die *calculi* bauūg *vitrei* (Mart. VII, 72. 7) oder *gemmei*; Mart. XIV, 20, VII, 72, 8. Ovid. A. A. II, 208; daher *gemma ludere* Mart. XII, 40, 2. Steinerne *calculi* in Form einer Halbkugel, weiss, roth und schwarz, aus einem Grabe von Cumae s. Bullett. Nap. 1859 p. 192 tav. 8 n. 5.
59) Die Hauptstelle über dies Spiel ist bei Saleius Bassus ad Pison. in Wernsd. P. L. M. IV, 1 p. 257 v. 190 ff.:

Callidiore modo tabula variatur aperta
Calculus, et vitreo peraguntur milite bella,
Ut niveus nigros, nunc et niger alliget albos.
Sed tibi quis non terga dedit? quis te duce cessit
Calculus? aut quis non periturus perdidit hostem?
Mille modis acies tua dimicat: ille sequentem
Dum fugit, ipse rapit; longo venit ille recessu,
Qui stetit in speculis: hic se committere rixae
Audet, et in praedam venientem decipit hostem.
Ancipites subit ille moras, similisque ligato
Obligat ipse duos: hic ad maiora movetur,
Ut cum et fracta prorumpat in agmina mandra,
Clausaque dejecto populetur moenia vallo.
Interea sectis quamvis acerrima surgant
Proelia militibus, plena tamen ipse phalange
Aut etiam pauco spoliata milite vincis,
Et tibi captiva resonat manus utraque turba.

Bauern (*mandrae*)³⁷⁶⁰) und Offiziere (*latrones*)⁶¹); auch bewegten sie sich theils in gerader Richtung, theils springend (*ordinarii* und *vagi*)⁶²). Der Spieler geht darauf aus, die feindlichen Figuren entweder zu schlagen⁶³), weshalb jede Figur einer Deckung bedarf⁶⁴), oder sie festzusetzen (*alligare*)⁶⁵): zuletzt wird einer matt, so dass er nicht mehr ziehen kann ('ad *incitas redigitur*)⁶⁶). Der Sieger ist König⁶⁷) und hat um so mehr Ruhm, je weniger Steine er verloren hat⁶⁸).

3760) *Mandra* ist eine Hürde, bei lagernden Soldaten ein Verhau aus Wagen und *impedimentis*, es scheint die Bauernreihe zu verstehen zu sein, die vor den Offizieren steht. Daher von dem Hereinschlagenden: *fracta prorumpat in agmina mandra*, und bei Mart. VII, 72, 7: *Sic vincas Noviumque Publiumque Mandris et vitreo latrone clusos*.
61) Dass diese der Form nach verschieden waren, zeigt Plin. N. H. VIII, § 213: *Mucianus et lairunculis lusisse (simias dicit); fictas cera icones sua distinguente*. Eine alte Schachfigur existirt noch. Raoul Rochette Mém. de l'Institut XIII p. 638: *M. Faurel a conservé un cavalier d'un jeu d'échecs, en ivoire, trouvé dans un tombeau d'Athènes*.
62) Isidor. Origg. XVIII, 67: *Calculi partim ordine moventur, partim vage. Ideo alios ordinarios, alios vagos appellant. At vero, qui moveri omnino non possunt, incitos dicunt*.
63) Eustath. ad Od. A p. 1397, 45 · εἶδός τι παιδιᾶς καὶ πόλις· ἐν ᾗ ψήφων πολλῶν ἐν διαγεγραμμέναις τισὶ χώραις κινήσεων ἐγίγνετο ἀνταναιρέσεις, d. h. gegenseitiges Schlagen wie bei Saleius: *perdurus perdidit hostem*. Ov. A. A. II, 208: *Fac pereat vitreo miles ab hoste tuus*.
64) Pollux IX, 98: ἡ τέχνη τῆς παιδιᾶς ἐστι περιληψει τῶν δύο ψήφων ὁμοχρόων τὴν ἑτερόχρουν ἀναιρεῖν · Ov. A. A. III, 357: *Cautaque non stulle latronum praelia ludat Unus cum gemino calculus hoste perit, Bellatorque suo premius sine compare bellat*. Ov. Tr. II. 477: *Discolor ut recto grassetur limite miles, Cum medius gemino calculus hoste perit, Ut mage velle sequi scias et revocare priorem, Ne tuto fugiens incomitatus eat*. Mart. XIV, 17: *Calculus hac gemino discolor hoste perit*.
65) Saleius v. 182. 189. Senec. ep. 117.
66) Ueber diesen oft in übertragenem Sinne vorkommenden Ausdruck s. Wernsdorf I. l. p. 418 ff. Vgl. Plato rep. VI p. 487°: καὶ ὥσπερ ὑπὸ τῶν πεττεύειν δεινῶν οἱ μὴ τελευταῖοι ἀποκλείονται καὶ οὐκ ἔχουσιν, ὅ τι φέρωσι, οὕτω —.
67) Vopisc. Proc. 13: *Nam quum in quodam convivio ad latrunculos luderetur atque ipse decies imperator exisset*.
68) Seneca de tr. vit. 14: *Ludebat latrunculis, cum centurio agmen periturorum trahens et illum quoque citari iubet. Vocatus numeravit calculos et sodali suo, Vide, inquit, ne post mortem meam mentiaris te vicisse. Tum annuens centurioni: Testis, inquit, eris, uno me antecedere*. Saleius v. 194. 195. Artemidor. Oneir. III, 1: εἰ δέ τις νοσῶν παίζειν ὑπολάβοι ψήφοις ἢ ἄλλοι παίζοντι ἴδῃ (l. ἴδοι), κακὸν· μάλιστα δὲ εἰ αὐτὸς λείποιτο. ἐπειδὴ μείζονας ἴσχει ψήφους καταλείπεται ὁ νικώμενος. So liest Reiff nach Salmasius, wie ich glaube, richtig; die Vulgata ist πλείονας statt μείζονας, was Gronov p. 836 vertheidigt. Das Capitel hat nämlich die Ueberschrift περὶ τοῦ κυβεύειν, daher versteht Gron. das Spiel der *XII scripta*, bei welchem nach seiner Meinung der verlor, der

Das Spiel der *duodecim scripta*[69][70]) war eines der Bretspiele, in welchen man sich ausser zweifarbigen Steinen auch der Würfel bediente und nach Massgabe des Wurfes seinen *calculus* auf einer mit Linien bezeichneten Tafel vorrückte[70]) oder auch verlor[71]). Die Tafel hatte zwölf Linien, die, in der Mitte getheilt, 24 Oerter ergaben, auf welchen 15 weisse und 15 schwarze Steine[72]) in Folge des jedesmaligen Wurfes so

mit den meisten Steinen übrig blieb, ohne zum Ziele zu gelangen. Allein diese Meinung ist unhaltbar. S. unten.

[69] Cic. de or. 1, 50, 217 *duodecim scriptis ludere*. Ovid. A. A. III, 358: *Est genus in totidem tenui ratione redactum Scriptula, quod mensa lubricus annus habet*. Die folgenden Verse gehören nicht, wie Michaelis a. a. O. S. 40 annimmt, zu der Beschreibung dieses Spiels, sondern schildern ein neues Spiel. Denn Ovid zählt allerlei Spiele auf und sagt v. 367, es gebe tausend solcher Spiele.

70) Das Spiel beschreiben zwei Epigramme der Anth. Lat. III, 76 Burm. == n. 914 Meyer:

Discolor ancipiti sub iactu calculus adstat
Decertantque simul candidus atque rubens:
Et quamvis pariti scriptorum tramite currant,
Is capiet palmam, quem bona fata iuvant.

III, 77 Burm. == 915 M.:

In parte alveoli pyrgus velut urna resedit,
Qui vomit internis tesserulas gradibus,
Sub quarum iactu discordans calculus exit
Certamenque fovet sors variata duos,
Hic proprium faciunt ars et fortuna periclum,
Haec cavet adversis casibus, illa favet.
Comparita est tabulas nunc latis formula belli,
Cuius missa facit tessera principium.
Ludentes vario cernunt proclia talo,
Russeus an nitidus praemia sorte ferat.

Vgl. die Epigr. Jac. Auth. Gr. III p. 62 u. 68. 69.

71) Eustath. ad II. ψ p. 1290 δηλοῖ δὲ ὁ ῥηθεὶς κύων βόλος ἀντανοαίρεσίν τινα ψήφου. Diese Notiz muss sich auf das in Rede stehende Spiel beziehen, nicht auf den *ludus latrunculorum*, mit welchem Eust. sie in Verbindung bringt, denn dieses Spiel wurde ohne Würfel gespielt. Hesych. II p. 945: διαφέρει δὲ πεττεία κυβείας, ἐν ᾗ μὲν γὰρ τοὺς κύβους ἀναρρίπτουσιν· ἐν δὲ τῇ πεττείᾳ αὐτὸ μόνον τὰς ψήφους μετακινοῦσι.

72) Die Zahl der Steine geht sicher hervor aus dem in den andern Einzelheiten des Spieles sehr dunkeln Epigramm des Agathias Anth. Gr. III p. 80 n. 72; vgl. dazu Salmas. ad Ser. II. A. II p. 751. Jacobs Anth. Gr. XI p. 99 ff., sowie aus dem ebenfalls sehr unverständlichen und corrupten *Cento Virgilianus de alea* bei Meyer Anth. Lat. 1613, 34: *Terna tibi haec primum fundo volventur in imo* (die Würfel). *Nunc agedum, quos ipse vis sibi reperit usus* (so scheint mir zu lesen), *Triginta magnos adverso(que) orbibus orbes* (die Steine) *Eloquar*. Der von Salmasius entworfenen Zeichnung der *tabula* (auch bei Jacobs XI p. 101) liegt eine, wie schon Ficoroni p. 101 bemerkt, apocryphische bei Gruter 1619 *ex Metelli schedis* abgedruckte, mit einer christlich griechischen Inschrift versehene Zeichnung zu Grunde. So viel ersieht man aber auch hieraus dem Epigramm, dass die Tafel ein *dextrum* und *sinistrum*

gerückt wurden (dabantur)³⁷⁷³), dass man von der ersten bis zur 21sten Linie vordrang. Doch geschah dieses nach einem Dessin, und ein geschickter Spieler konnte durch Kunst den Nachtheil des Wurfes einigermassen ausgleichen⁷⁴).

Verschieden von diesem Spiele, aber auf derselben Theorie beruhend, war das griechische Spiel ἐπὶ πέντε γραμμῶν, bei welchem die Tafel fünf Linien hatte, die, wie es scheint, durch eine sechste Linie, die ἱερὰ γραμμή, in der Mitte durchschnitten wurden, und bei welchem man mit fünf Steinen spielte¹⁵), endlich ein römisches Spiel, bei welchem man auf drei, ebenfalls in der Mitte unterbrochenen Linien mit drei

---

latus, jedes mit 12 parallelen Linien hatte, und dass die Steine nach dem Wurfe von einer Linie auf die andere avancirten, dass ferner einige Linien nach der Zahl, andere mit den Namen *Summus*, *Antigonus*, *Dives* bezeichnet waren, dass es ferner darauf ankam, auf einer Linie 2 (δίζυγις) oder mehrere Steine zu haben, nicht aber einzelne, ἄζυγις, und dass endlich der Wurf 2. 6. 5 dem Spiel eine unglückliche Wendung gab.

73) Man sagt *mittere* oder *insere* (Cic. de div. II, 41, 85) *tesseras* und *dare* (τιθέναι) *calculos*. Plat. rep. I p. 333 B. εἰς πεττῶν θέσιν. Cicero bei Non. s. v. *scriptat* p. 170, 28 [Orelli IV, 2 p. 432]: *Itaque tibi concedo, quod in duodecim scriptis solemus, ut calculum reducas, si te alicuius dati poenitet.* Quintil. XI, 2, 06: *Sonsenia in luru duodecim scriptorum, cum prior calculum promovisset, sussique victus, dum rem tenuit, repetito totius certaminis ordine, quo dato errasset, recordatus, rediit ad eum, quicum luserat, isque ita factum esse confessus est.* Ov. Tr. II, 476: *Mittere quo deceat, quo dare missa modo.* Ov. A. A. II, 204: *tu male iaciato, tu male facta dato.*

74) Aristaenet. I, 23: Ἀλλὰ καὶ τοῖς ἀντερῶσιν ἀστραγαλίζων ἢ κυβεύων συγχέομαι τὸν νοῦν, τοῦ ἔρωτος μεμνημένος, πάντεῦθεν περὶ τὰς ποιπίλας μεταστάσεις τῶν ψήφων πολλὰ παραλογιζόμενος ἐμαυτὸν, καὶ τῶν καταδεεστέρων τὴν παιδιὰν ἡττῶμαι. Πολλάκις γὰρ μετέωρος ἐκ τοῦ πόθου ταῖς ἡμετέραις βολαῖς ἀντὶ τῶν ἐμῶν τὰς ἐκείνων διατίθημι ψήφους. Plut. de animi tranq. Vol. VII p. 320 R.: κυβείᾳ γάρ ὁ Πλάτων τὸν βίον ἀπείκασεν, ἐν ᾧ καὶ βαλεῖν δεῖ τὰ πρόσφορα καὶ βαλόντα χρῆσθαι καλῶς τοῖς πεσοῦσι. Terent. Ad. IV, 7, 21: *Ita vita est hominum, quasi quum ludas tesseris. Si illud, quod maxime opus est iactu, non cadit, illud, quod cecidit forte, id arte ut corrigas.* Arrian. diss. Epictet. II, 5, 3. Stobaeus Serm. 108, 51. 124, 41. Plato rep. X p. 604 C.: καὶ ὥσπερ ἐν πτώσει κύβων, πρὸς τὰ πιπτώκοτα τίθεσθαι τὰ αὐτοῦ πράγματα ὅπη ὁ λόγος αἱρεῖ βέλτιστ᾽ ἂν ἔχειν. Plut. Pyrrh. 26: ἀπείκασεν αὐτὸν ὁ Ἀντίγονος κυβευτῇ πολλὰ βάλλοντι καὶ καλὰ, χρῆσθαι δ᾽ οὐκ ἐπισταμένῳ τοῖς πεσοῦσι.

75) Pollux IX, 97. 98: ἐπειδὴ δὲ ψῆφοι μέν εἰσιν οἱ πεττοί, πέντε δ᾽ ἑκάτερος τῶν παιζόντων εἶχεν ἐπὶ πέντε γραμμῶν, εἰκότως εἴρηται Σοφοκλεῖ·

Καὶ πεσσὰ πεντέγραμμα καὶ κύβων βολαί·
τῶν δὲ πέντε τῶν ἐκατέρωθεν γραμμῶν μέση τις ἦν ἱερὰ γραμμή· καὶ ὁ τὸν ἐκεῖθεν κινῶν πεττὸν ἐποίει παροιμίαν, κινεῖ τὸν ἀφ᾽ ἱεράς. Dies Spiel ist dargestellt auf dem Anm. 3736 angeführten Papyrus.

Steinen rückte³⁷⁷⁶). Auf dieses Spiel sind mit grosser Wahrscheinlichkeit zu beziehen die mehrfach gefundenen Tafeln, welche alle zweimal sechs Buchstaben in drei Linien haben, von denen ich einige Beispiele anführe:

1. VICTVS   o   LEBATE
   LVDERE   o   NESCIS
   DALVSO   o   RILOCVM.

2. SEMPER   o   IN HANC
   TABVLA   o   HILARE
   LVDAMV   o   SAMICI⁷⁷).

3. DOMINE   FRATER
   ILARIS   SEMPER
   LVDERE   TABVLA⁷⁸).

4. viCTOR   VINCAS
   NABICE   FEELIX
   SALBVS   REDIAS⁷⁹).

5. CIRCVS   ⌣   PLENVS
   CLAMOR   o   POPVLI
   gaudia   ⌢   CIVIVM⁸⁰).

6. Die erste Reihe fehlt
   CLAmoR   INGENS
   LIBERO   AVREOS⁸¹).

3776) Ovid. A. A. III, 365:
  Parva tabella capit ternos utrimque lapillos,
  In qua vicisse est, continuasse suos.
Ovid. Trist. II, 481:
  Parva sedet ternis instructa tabella lapillis,
  In qua vicisse est, continuasse suos.
Isidor. Or. XVIII, 64: *Quidam autem aleatores sibi videntur physiologice per allegoriam hanc artem exercere. — Nam tribus tesseris ludere perhibent propter tria saeculi tempora, praeterita, praesentia et futura, quia non stant, sed decurrunt. Sed et ipsas vias senariis locis distinctas propter aetates hominum ternariis lineis propter tempora argumentantur. Inde et tabulam ternis descriptam dicunt lineis.*
77) Beide bei Orelli 4815, der sie fälschlich *tesseras* nennt. Die erste Tafel ist nämlich 4 palmi 9 once lang und also ein eigentliches Spielbrett. S. Ficoroni a. a. O. p. 129.
78) Boldetti *de' Cemiterj* p. 447. Ficoroni p. 124.
79) Donati II p. 307. Daraus Orelli 2596. In der Mitte ein segelndes Schiff.
80) Henzen *Bull.* 1861 p. 81.   81) *Bull.* 1861 p. 179.

7. *INVIDA   PVNCTA*
   IVBENT   FELICE
   LVDERE   DOCTVM[162]).

Die beträchtliche Anzahl solcher Tafeln, welche das *Corpus inscriptionum Latinarum* vollständig geben wird[63]), lässt schliessen, dass das Spiel, zu welchem sie gehörten, ein sehr verbreitetes und beliebtes gewesen ist.

162) Renier *Inscr. d' Alg.* 2295.
83) Henzen *Bull.* 1864 p. 81.

Register zu den Privatalterthümern I und II.

Aale, marinirt, II, 47.
abacus, Rechentafel I, 98; pythagoreischer 194; Prunktisch 128; II, 298, 802.
Abendbrot I, 171.
Aberglauben I, 14.
abolla II, 172.
ab ovo ad mala I, 839.
Abreibung beim Baden I, 226.
Acclimatisation ausländischer Gewächse I, 828.
accumbere, discumbere I, 221.
acerba funera I, 862.
acerra I, 856.
acetabulum I, 817.
acipenser II, 44.
Ackerbau II, 5. Sclaven dazu I, 144.
acratophoron II, 248. 250.
acroamata I, 343.
acta diurna I, 28. acta facere erklärt I, 87.
actor I, 449.
acu pingere II, 146.
Addition I, 402.
adipata I, 272.
ad lignum dolere II, 286.
ad numerum bibere I, 443.
Adoption I, 6.
adultera I, 78. adulterium 485.
adversitores I, 184.
Advocatur II, 844.
aedes Saturni, seine Lage I, 122.
aediculae I, 170.
Aerzte I, 449. II, 858.
aes excurrens I, 402.
agnomen falsch statt cognomen I, 17.
Ahnenbilder I, 448. 859. 863.
alabastrum I, 236. II, 240.
alae im Hause I, 244.
album II, 172.
aloe I, 882. II, 40.
alcibinocrasiae II, 427.
Alpenkäse II, 74.
altieineti atrienses erklärt I, 447.
aluta II, 498.

alveus I, 228. alveolus II, 426. 427.
amanuensis I, 446.
emere, Gebrauch des Wortes I, 66.
amator, Schimpfwort I, 84.
amictorium II, 92.
amphorae II, 72. 242.
ampulla I, 226. II, 245.
Amulet I, 93. 96.
ἀναβολεύς II, 485.
anagnostes I, 456.
Anmeldung neugeborner Kinder I, 86.
aularii II, 290.
anulus pronubus I, 40. ferreus II, 221. 291.
ansa II, 242.
antae I, 228.
antesmbalones I, 452.
antepagmenta I, 232. antellae II, 234.
ἀνϑινα II, 442.
Antoniniana oder caracalla talaris II, 483.
Apfel II, 88.
Apfelsine II, 87.
apices, Zahlzeichen I, 407.
ἀποδυτήριον I, 298. 802.
apophoreta I, 829.
Apotheke I, 468. Apotheker noch nicht vorhanden II, 860.
ἀπόϑεσις I, 286.
apparitorium I, 870.
Appretur des Tuches II, 438.
Apricose II, 87.
apsis II, 880.
squale I, 58.
aquarii I, 446.
aquiminarium II, 248.
ara als Form des rogus I, 877.
arbiter bibendi I, 842.
arcae I, 248. ferratae II, 869.
arcera II, 821.
archetypa II, 172.
architectonische Verzierungen an Säulen u. s. w. II, 285.
Archive I, 429.

ardeliones I, 214.
area I, 112. 251. ante monumentum, macoria cincta I, 272.
argentarii II, 222.
argentum escarium, potorium I, 227. II, 227. vetus, nobile II, 272.
argilla II, 222.
ἄροτρον I, 272.
armaria II, 229, 232.
Armbänder II, 292.
arra I, 12.
Arrogation I, 2, 34.
artes liberales I, 112.
articuli I, 125.
Artischoken I, 224.
arundo II, 211.
As I, 102.
Asbest, Amianth II, 112.
Asche, Aschenurnen I, 377.
asellus II, 15.
ἀσσωλιάζειν II, 212.
assa nutrix I, 121. colla 222.
assectatores I, 212.
asseres II, 222.
Astragalus II, 222.
a summo bibere I, 212.
Athleten I, 112.
atramentarium II, 102.
atriensis I, 147.
atriolum I, 205.
atrium I, 222. Etymologie des Wortes 213. 214. sutorium II, 127.
Audienz I, 222.
Auerhahn II, 22.
aulaea I, 212. II, 144.
aurata, liecht II, 22. vestis 142.
aurificea II, 222.
auroclavatae vestes II, 132.
auspex nuptiarum I, 22.
Auspicien bei der Hochzeit I, 21. 22.
Aussetzen der Kinder I, 2. 22.
Ausstellen der Leichname I, 222.
austeritas I, 22.
Austern II, 22.
auxiliarii II, 12.
ave domine I, 222.
aversae II, 212.

Babylonische Decken II, 144.
Bäcker II, 24. Bäckerei I, 224.
Bäder I, 222. 272. 282.
balinea meritoria I, 282.
Balkons I, 222.
Beispiel II, 120.
balteus II, 142.
Bänke in Bädern I, 222. 202. II, 214.
Banquier II, 2.

baptisterium, piscina I, 222.
barbam promittere II, 201.
barbaricarii II, 222.
Barbiere I, 122. Barbierstuben II, 244.
bases honorariae I, 12.
basilicae II, 21.
Bast II, 222.
bastarna II, 222.
batioca II, 147.
Baumaterial II, 212. Personal 221.
Baumwolle II, 22.
baxeae II, 124.
Becher II, 212. 241.
Begraben I, 374.
Begräbniss I, 252. 262. Plätze dazu I, 252. 374.
Behandlung der Sclaven I, 122.
Beisetzung der Urnen I, 272.
Beleuchtung der Bäder I, 272.
bene tibi I, 242.
Benetzen des Hauptes, Opferritusl, 22.
Bereiter I, 122.
Berufsthätigkeiten, Uebersicht derselben II, 2. 72. 122. 222.
Besätze auf Kleidern II, 124.
Bespannung II, 251.
Besprengen der Braut I, 22.
Bestattung I, 374.
Betten mit gestickten Decken belegt II, 122. 213.
Bettler I, 52.
Bettschirm II, 212.
Biberhaare II, 111.
Bibliotheken I, 112. Beamte 121. II, 212.
Bienenzucht I, 222. II, 22.
Biere II, 24.
Bildhauer II, 212.
Bildung, der materfamilias I, 27. 22. griechische 112.
Bimstein II, 122.
Birnen II, 22.
bisellia II, 222. 217.
blatta II, 122.
Blecharbeit II, 222. 277.
Blei II, 222. 402.
Bohnen II, 23.
bombyx II, 122.
Bordingfahrer II, 12.
Bortenmacher II, 122. 107.
bracteae II, 277.
Brandmarkung I, 191.
brassica I, 221.
Brautkleid I, 12.
Brecheisen II, 202.
Bretspiel II, 122.
Briefe II, 222.

— 443 —

Bronce, Broncegefässe II, 222. 225.
Brot II, 22.
bruma I, 25.
Brunnen I, 271.
Brustbindenmacher II, 727.
Buchbinder I, 722. B.-Händler 262.
Buchhandel II, 725.
bucinum II, 722.
Bücherrollen II, 292.
Buffet I, 216.
bulla, aurea I, 84. II, 297.
Bunte Kleider II, 442.
Butler I, 287.
byrrus II, 479.
byssus II, 22.

Cacabus II, 242.
cadus II, 244.
caelare, caelatura II, 276.
caementa II, 22 2.
calemus II, 423.
calathus II, 122.
calceus patricius, senatorius II, 122.
calculator I, 27.
calculi I, 124. II, 134.
caldarum I, 292.
calendariae strenae I, 25.
calices II, 247. vitrei 287. scontati 220.
caligae militares II, 122.
camereo II, 246.
camillus I, 22. 22. II, 479.
campestre II, 152.
canum II, 21.
Canabee II, 32.
Candaren II, 221.
candelae I, 262. II, 297. 291.
cantharus II, 246.
cantus funebris I, 252.
Capaunen II, 22.
cepis, capedo II, 219.
Capitel, wie angelegt I, 462.
capsarius I, 131.
copulus I, 269.
carecallae II, 25. 125.
cara cognatio, carletia I, 25.
carbasus II, 129.
carchesium II, 248.
cardines I, 222.
carmen, carminatores II, 412.
carpentarii II, 219. carpentum 227.
carruca, argentata II, 242. dormitoria 228.
carrus II, 224.
caseus famosus II, 72.
Castagnetten I, 249.
castra lecticariorum II, 129.

catasta I, 172.
cathedra II, 217. 222.
catinum II, 220.
caudicarii II, 19.
caupo, caupona II, 21.
causiae II, 112.
caveedium I, 225.
cavatores II, 292.
cave canem I, 241.
Caviar II, 32.
cellae I, 24. penaria, prompluaria 112. ostiarii 212. 242. servorum 131. im Bade 222.
cellarius I, 122.
centonarii I, 127. 229.
crepolaphis II, 222.
cerae II, 222. 227.
cerevisia II. 79.
Character der Frau I, 22.
chrysoclavum II, 162.
cibarius panis II, 22.
ciborium II. 242.
cinctus II, 122. Gabinus 247.
cingulum I, 12.
ciniflones I, 152.
circitores II, 186.
Cisalirea des Metalls II, 274.
cisiarii II, 212. cisium 242.
cista I, 222. II, 212. 272. 222.
Citronenbaum II, 87.
citrum II, 212.
Civitat, Verlust ders. I, 2. 22.
clavae I, 121.
claves adimere, exigere I, 62. subli- cere 227.
clavus latus I, 241. II, 122. 152.
clavi caligares 125.
clepsydrae II, 274.
Clientel unterschieden von hospitium I, 222. 214. 262.
clipei I, 222. II, 212. clipeatae ima- gines I, 248.
clusurae II, 222.
coactiliarii II, 414.
cochleoris I, 222.
coculum II, 251.
codex, codicilli II, 225.
coemptio I, 22.
coena I, 272. 292. pontificalis 212. 222. funebris 222. novemdialia 222. feralis 222. adventicia I, 207.
coenaculum I, 121. coenare in lu- cem, de die 207.
cognomen I, I L. 12.
colliclaria tegula II, 224.
Colobium II, 164.
coloni I, 112.

— 444 —

coloniarii Latini mit der patria po-|Dach I, 242. Dachrinnen II, 222.
testas I, 3. Dachziegel II, 234.
colum. vinarium, I, 144. II. 292. Dactyliotheken II, 221.
columbarium I, 371. Dalmatica tunica II, 184.
commissatio I, 270. 271. 243. Dampfbad I, 197.
comoedus I, 244. datatim ludere II, 122.
compaedagogii I, 165. Datteln II, 38.
compedes I, 189. Decken auf dem lectus I, 211. auf
compluvium I, 222. Tischen 117.
compositio I, 272. decocta I, 251.
concamerata sudatio I, 222. Decorationsarbeiten II, 23.
conchylium II, 191. Decurien der Sclaven I, 192. 272.
conclamatio I, 252. 272. dedititii I, 210.
conclave I, 242. conclavium 231. deductio I, 39. in forum 128.
concubinatus, concubina I, 26. deductores I, 212.
confarreatio I, 81. Delatoren I, 72.
congius, Weinmaass I, 122. II. 22. Delicatessenhändler II, 77.
connubium I, 29 delicati I, 183.
Constantinopel, Hauptsitz der Stick- deliciae I, 137.
kunst II, 142. deliciaris tegula II, 235.
Consulardiptychen II, 192. Delphicae I, 212.
contubernium I, 184. deunensum I, 182.
coriarii II, 190. Denar I, 21. ad denarium solvere,
Corinthium I, 241. rationem conficere 102.
cornua I, 216. 252. der Bücher dendrophori II, 310.
II, 305. depositio barbae II, 202.
corona I, 192. sub corona venire I, deprecatio incendiorum I, 212.
174. 341. |destrictarium I, 122.
covinus II, 216. deversoria II, 21.
craterae, crateres I, 244. II, 216. Diadem II, 222.
crepidae II, 195. diaetae I, 117. 234.
crepundia I, 122. II, 192. διωγοριοδαι, I, 297.
creta figularis II, 232. dictata magistri I, 17.
cretula II, 289. dies lustricus I, 12. 81. parentales,
crines, Locken I, 12. religiosi I, 5 I.
crotalistriae I, 212. diffarreatio I, 82.
crustae II, 222. 273. diffundere vinum II, 72.
crux I, 194. digiti, Einer I, 105.
Crystallgeschirre II, 132. Diocletianischer Denar I, 21.
Crystallkugel dient als Brennglas dipascus fullonum II, 133.
II, 210. Diptychon, Triptychon II, 297.
cubicula I, 152. disci, silberne II, 275.
cubicularii I, 162. 231. Disciplinarmittel I, 112.
cucullus II, 172. 185. discus I, 121.
culcita, cervical II, 215. dispensator I, 181.
cultrarius II, 306. displuviatum I, 242.
cumerum I, 12. dissignatores I, 232.
cura annonae II, 22. Division I, 108.
curatores I, 272. divortium I, 12.
currus arcuatus II, 317. δωδεκαθεος cena I, 216.
cursores I, 136. dollare opus II, 232.
custodia sepulcri I, 271. dolium II, 148.
custos I, 111. domina I, 22. domisica potestas 2.
cyathus I, 245. II, 246. domitores I, 122.
cylindri II, 293. |donare, Formel I, 216.
cymblum II, 247. donum unterschieden von manus
Cypressen I, 253. I, 172.

— 445 —

Drehterbeiten II, 171.
Drechsler II, 331.
Dreifüsse II, 112.
Duodecimalsystem L 122.
Durchbrochene Arbeit II, 283.

Eber II, 40.
eborarii II, 221.
Edelsteine, ihr Gebrauch II, 196.
Ehe, mit manus I, 21. ohne m. 61.
   67. verboten 78.
Ehecontrakt L 46. -Scheidung 70.
Ehrenkränze I, 251.
Eier in Gräbern gefunden I, 282.
Elmer II, 231.
Eingangssteuer II, 221.
Eingelegte Arbeit II, 283.
Einölung L 226.
Einrichtung der Bäder I, 222.
Einsätze auf Kleidern u. ä. w. II, 154.
Einselben der Thürpfosten L 52.
   des Leichnams 252.
Eintrittsgeld in die Bäder L 222.
Eisen II, 205.
ἡλακάτη II, 135.
Elementarlehrer L 21. -Unterricht
   27. -Schulen II, 255.
Elfenbein II, 222.
elogia L 217.
emancipatio I, 2.
emblemata, Empaestik II, 273.
ἐγκύκλιος παιδεία L 117. 120.
opistulae II, 286.
epulum L 217.
Equilibristen L 132.
Equipagen L 151. II. 112.
equulous L 192.
Erbbegräbniss L 266.
Erbschleicherei I, 78.
ergastulum I, 127. ergastularii 181.
Erguss II, 278.
Erziehung L 55. 80.
Esel, wilde II. 41.
Essepparate L 218. -Geschirre II. 230.
essedarii II, 112. essedum 235.
Etiketten an Amphoren II, 72; an
   Medicamenten 261.
exclusores artis argentariae II, 220.
exedrae L 221.
ex noxali causa mancipirt werden I, 6.
expulsim ludere II, 129.

Fabri II, 212. aerarii 222. ocularii
   226. aurarii 222. ferrarii 205.
   lignarii 202. navales 210. intestinarii 312.
Fabricanten, Arten derselben II. 1 26.

Fabrikorte, berühmt durch Töpferwaaren II, 231.
faces nuptiales I, 52. 252.
Fächer L 152.
facialia II, 98.
Fackelträger L 220.
faex I, 244.
Fahren, in der Stadt verboten II, 321.
Fährgeld, den Todten mitgegeben
   L 253.
familia I, 4. 142. rustica 147.
familiaris L 134.
Familienbegräbniss L 222.
far L 19. II, 24.
Färben II, 117. Färber, Arten ders.
   II, 126.
farreum I, 21.
Fasanen II, 12.
fascia II, 178.
fasciae cruraeles II, 115.
fascinatio I, 12.
fascinum I, 62.
fauces I, 251.
Feustkempf I, 121.
Feder, Federmesser II, 192.
Federstickerei II, 148.
Federvieh, seine Zucht II, 1 L Sclaven dafür L 146.
Feigenbaum II, 17.
Feigendrosseln II, 48.
Feldhühner II, 12.
feliciter, acclamatio L 19.
Fenster L 262. Fensterglas II, 212.
ferculum L 212.
feretrum L 269.
feriae L 95. 115. denicales 121.
ferrarii, ferramenta, ferramentarii
   II, 202. 206.
ferula L 115.
Fescennineo L 51.
Feuerlöschcorps II, 312.
fibrinae vestes II, 111.
fibula II, 122. 182. 295.
ficatum (sycolum) L 239.
fidiculae L 190.
figlinae L 151. Eigenthum der kaiserlichen Familie II, 252.
figlinum opus II, 221.
figuli II, 217.
Filigrangläser II, 217.
filius familias L 2.
Filzen II, 111.
Filzmacher II, 181.
Fingerrechnen I, 92.
Fische II, 41.
Fischer, Fischverkäufer II, 17.
Fischernetze II, 111.

Fischhausen II, 12.
Fischteiche II, 12. Aufseher derselben I, 146.
fistulae, bleierne Röhren II, 307. Rohrfedern 121.
flabellum I, 152.
Flachs II, 21. 117.
flagellum I, 113. Cegrum 162.
flamen carmentalis II, 175.
Flamingo II, 41.
Flaminica II, 179. 202.
flammeum I, 12. flammearii II, 112.
flaturarii II, 279.
Flechten II, 112.
Fleisch II, 12.
Fleischer II, 76.
Flittern II, 152.
focus I, 241.
follis II, 121.
fores I, 121.
fornax balnearlorum I, 292.
forum vinarium II, 52.
Frauenbäder I, 222.
Frauenkleidung II, 171.
Freigelassene I, 120.
fricatores, iatraliptae I, 162.
frigida mensa I, 222.
frigidarium I, 225.
Frisur, weibliche II, 212.
Frühstück I, 272.
frugalitas I, 12.
fullones II, 189.
Funde in Gräbern I, 262.
funera I, 252. 256.
furca I, 124.
fusores II, 272.
Fussbekleidungen von Filz II, 112. 190.
Fussböden I, 222. II, 222.
fusus II, 121.

Gabeln II, 250.
Gabeln I, 221.
galeola II, 222.
gallicae soleae II, 196.
gelliciolum I, 260.
gaesum II, 72.
Gänselebern II, 12.
Garten I, 221.
Gartengewächse I, 222. II, 21.
garum I, 222. II, 52.
Gastfreundschaft I, 202.
Gasthäuser II, 21.
gaulus II, 217.
gausapa II, 125. 172.
Gebetsformel bei der confervatio I, 12.

Geburtstag I, 32. 256.
Gefässe II, 242.
Geflügel II, 41.
Geistige Freiheit für Frauen bedenklich I, 52.
Geldgeschäft II, 2.
Geldkasten II, 219.
Geldstücke I, 251.
Geldverleiher II, 7.
gemmarius, gemmarum politor, scalptores II, 227.
Gemüse I, 206. 221. II, 21.
Gentilbegräbnisse I, 262.
Gentile, nomen I, 12.
Geographischer Unterricht I, 112.
Gerber II, 199.
Gerste II, 12.
Geschenke, Honorar I, 25. 257. 221.
Getränke I, 222.
Getreide II, 19.
Gewicht am Webstuhl II, 191.
Gewürze I, 222. II, 22. in Weinen 52.
gillo I, 212.
glabri I, 152.
Gladiatorenbanden I, 162.
gladius I, 124.
Glas II, 221. Glasarbeiten 221. -Fenster 212. -Gefässe I, 162. 272. II, 126. -Kugeln II, 216. -Medaillons I, 24. -Perlen II, 222. -Spiegel II, 23 I. 245.
glebam in os inlicere I, 271.
Glücksspiele II, 126.
gobius II, 45.
Gold, Gebrauch desselben I, 21. II, 222. 290. Goldblättchen von getriebener Arbeit 152. 272. Goldkleider 144. Goldschläger 186. Goldstickerei 112.
Grabkammern und Monumente I, 262. 271.
Grabrede I, 262.
Grabstichelarbeit II, 281.
Gräber, Bedeutung I, 222. Einrichtung 262.
graeco more bibere I, 241.
Graeculi aurientes I, 212.
graecus ritus I, 122.
graffiti II, 222.
grammaticus I, 22. 111.
Granatäpfel II, 22.
grassatores I, 171.
Gratulationen I, 12. 32. 222.
Griechische Bildung I, 111.

Grobschmiede II, 105.
Gurken I, 111.
Gurte am Lectus I, 110. 115.
Guss des Metalles II, 174. des Glases 112.
gustatorium I, 118.
gustus, gustatio I, 111.
guttus II, 145.
Gymnasium II, 165.
Gymnastik I, 119. 122.

Haarbänder I, 44.
Haarkünstler II, 198.
Haarlocken I, 101.
Haarnadeln II, 122.
Haarnetz I, 12. II, 122.
Haaröle II, 201.
Haarschneider II, 122.
Haartracht II, 202.
Hafer II, 22.
Helfter II, 222.
Holzblock I, 102.
Halsgeschmeide II, 191.
Handel den Senatoren verboten I, 121. II, 12.
Handmühlen II, 82.
Handtuch I, 121. II, 92.
Handwerker, Collegien I, 101. II, 1. 9.
Hanteln I, 105.
harpasta II, 121.
Haselhuhn II, 11.
Hasen II, 40.
hasta coelibaris I, 11. sub hasta venire 174.
Haus I, 122. -Geräthe II, 122. -Hund I, 241. -Kapelle 137. -Lehrer 91. -Sclaven 147. 155.
Hausirer II, 182.
Hausthür I, 227.
Hausverwaltung. -Wirthschaft I, 83.
Hecht II, 44.
Heizung der Bäder I, 291.
Hemden II, 27, 161. Hemdenmacher 137.
Herumreichen der Speisen I, 220.
hexaclinon I, 215.
Hirsche II, 12.
Hirse II, 82.
Hirten I, 145.
Hochzeit I, 11. 15. 19.
holosericae II, 110.
Holz, Holzarbeit II, 202.
Honig, II, 73. 82.
Horn als Laterne II, 222.
hospitium I, 202. b. alicui renuntiare

221. verschieden von clientela 202.
hostia, hostis I, 222.
Hülsenfrüchte II, 21.
hypocausis, hypocauston I, 220.

Jagdnetza II, 111.
ianitor I, 118.
ientaculum I, 272.
igni et aqua accipere nuptam I, 52.
Illumination II, 252.
imagines maiorum I, 215, clipeatae 215. 232. II, 215.
imbricae II, 221.
imi convivae lecti, imi subsellii viri I, 132. 215.
impilia II, 115.
impluvium I, 122. 242.
incrustationsarbeit II, 172.
indicere funus I, 250.
indumentum regale II, 127. 177.
infectores II, 118.
Inschriften über dem Eingange des Hauses I, 229.
inscripti, Gebrandmarkte I, 191.
insitia II, 154. 172.
insitores II, 181. 182.
insulae I, 227.
interrasile opus II, 222.
interula II, 178.
intestinum opus II, 211.
inventis I, 198; identisch mit Impubes, 190.
invitatores I, 150.
iugum, am Webstuhl II, 134.
ius, Grabstelle I, 272.
ius bonorum, suffragii I, 8. liberorum I, 75. imaginum 215.
iustum matrimonium I, 25.
iuventus, Eintritt derselben I, 125.
Juweliergeschäft II, 191. 192.

Kämme II, 221.
Käse I, 222. II, 72. 88.
Kameelhaare, gewebt II, 112.
Kammerdiener I, 142.
Kastanien II, 84.
Kaufhallen II, 21.
Kinderspielzeug von der Braut den Göttern geweiht I, 15. 122.
Kinderverkauf I, 5.
Kirschen II, 82.
Klasen, gestickte II, 132. 212.
Kleider, schwarze, als Zeichen der Trauer I, 261.
Kleiderhändler II, 182.

Kleidung II, 83, männliche 139; weibliche 177.
κλίνα, lacedaemonische I, 202.
Klingeln I, 248.
Knoblauch I, 208.
Knöchelspiel II, 118.
Koch I, 131. II, 79.
Kochgeschirr II, 83.J.
Kochkunst I, 227. II, 82.
Kohl, Kohlrüben, ihre Bereitung, I, 221.
Kohlenbecken, Kohlenschaufeln in Gräbern I, 869.
Kolsche Gewänder II, 101. 115. 177.
πολυμήθρα θερμού ύδατος I, 222.
Königsnamen, Bezeichnung der Selaven I, 21.
Königsspiel II, 418.
Korinthisches Erz II, 150.
Körperliche Ausbildung I, 124.
κόρυμος erklärt I, 286.
Krummelsvögel II, 11.
Kraniche II, 12.
Krankenhäuser I, 168.
Kränze, bei der commissatio verabreicht I, 241. II, 277.
Kreuzigung I, 194.
Kreuzalich II, 117.
συνδίζειν I, 843.
κύβοι II, 126. 482.
Küchengeräthe II, 234.
Küchenpersonal I, 151.
Kühlgefäss I, 841. II, 842.
Kupfer, wo gefunden II, 372. 298.
Kürbiss I, 221.
Kuss als Begrüssungsform I, 57. 266.

L.abrum, lablum I, 294.
lacerna II, 178.
lacerti I, 285.
laconicum balneum I, 227.
lactuca I, 238.
lacunaria I, 212. II, 219.
Läden I, 253.
laena II, 178.
laevitas I, 132.
lagoena II, 245.
Lampen II, 228, in Bädern I, 278, in Gräbern 862.
Lampendocht II, 112.
lunarii II, 117.
Landwirthschaft, Haupterwerb der Römer I, 198.
laniflcii, lanipendius I, 162.
lapidarii II, 223.
lapis specularis II, 212. 242.

lararium I, 242.
Lastwagen II, 292.
laterna II, 292.
laternarii, lampadarii I, 134.
latifundia II, 2.
latrina, lavatrina I, 229.
Laub I, 244.
laudatio I, 862.
Läufer I, 133.
laxitas I, 208.
lavatores, lotores II, 189.
laxitas der Toga II, 161.
Lebensgemeinschaft der Frau und des Mannes I, 21.
Leber I, 239.
lebes II, 231.
lecti II, 215. triclinares I, 210. 312. accubitorii II, 180. inargentati 262. aurei 190. citrei 111.
lectica I, 111. lecticarii II, 199.
lector I, 116.
lectus genialis I, 32. 251. 210. 278.
Leder II, 122. 131.
legio llntesta II, 21.
legumina, Hülsenfrüchte I, 34.
Lehrerstand II, 253.
Leichenbegängniss I, 252.
Leim, leimen II, 121.
Leinen, Leinwand, Leinenwaaren II, 91. 198.
Lemuria nicht geeignet zu Eheschliessungen I, 41.
lenilarius II, 23.
lenunculariorum corporis II, 18.
Leuchter II, 82L.
lex Canuleia I, 22. Voconia 82. Julia 24. II, 812. Petronia I, 197. Oppia II, 285. 220.
Liberalia I, 127. liberalia studia 111.
libertini I, 78.
libertus I, 211.
libitinarii I, 990.
librarii I, 130. II, 107.
librl lintei II, 21.
libripens I, 26.
librum II, 29.
Lichter II, 288. 391.
licia II, 184.
ligulae I, 210.
limbus, limbolarii II, 151.
limen I, 239.
linarius II, 182.
Linsen II, 21.
Linsengläser II, 839.
linteae zum Abreiben beim Bade I, 278. II, 94. 97.

linteorius II, 126.
lianm II, 84.
liquamen II, 56.
literator I, 88.
literatus I, 111.
lithostrota II, 227.
Lockenfrisuren II, 262.
locus consularis I, 212.
Löffel I, 222.
Löschapparat II, 212.
Lōtben II, 266.
lora I, 182. II, 134. loramenta 221.
Lorbeer, seine Bedeutung I, 267.
lorica I, 271. II, 268. 222.
lucernae II, 240.
luctatio I, 124.
ludiones I, 152.
ludus latrunculorum, I. duodecim scriptorum II, 114. 127. I. ἐπὶ πάντε γραμμῶν 135.
lunula I, 84.
lustratio I, 32.
Luxusgesetze, das erste die lex Orchia I, 81. 292.
lychnuchi II, 222. 302.

Maaßlaufen II, 117.
macellarii II, 77.
macellum II, 31.
macrocolla II, 891.
Maeniana I, 222.
magister convivii I, 228. operum 144. bibendi 142. collegii 217.
magnarius II, 192.
Mahlen II, 32.
Mahlzeiten I, 270.208. Ihre Theile 222.
mala Mattiaca, Appiana II, 86.
Malerei II, 229.
μάλλος II, 122.
Malven I, 234. -Stoff II, 102.
Mancipation I, 2. 32.
mancipes I, 175. II, 24.
mancipium I, 172.
Mandel II, 87.
mandra II, 136.
mangones I, 172.
manicae I, 182.
mantelia I, 220. II, 27.
manubrium II, 162.
manumissio I, 172.
manus, in manu esse I, 2. 81. manu capere 86.
Mausoleen I, 49.
mappae I, 221. II, 27.
Marmor II, 218.
Marmorkandelaber II, 221.
Marmortisch I, 212.
Privatalterthümer II.

Marterinstrumente I, 192.
mastrucae II, 192.
matella I, 115.
mater familias I, 2.
materia medica II, 281.
materiarius II, 202.
matrimi I, 14. 82.
matrimonium iustum I, 82.
metrona I, 7. 58.
Matronalien I, 57.
Maurer II, 282.
medistini I, 118.
medicae, Medicamento II, 282.
medicus servus I, 182. 172. II, 234.
Neblbrot I, 205.
Nelandrya II, 12.
Melonon I, 234.
mensae citrene I, 213. II, 211. secundae I, 227.
Menschenraub I, 174.
merces I, 94.
merenda I, 274.
meridiatio I, 273.
Messer I, 222.
Metalle II, 262. 271.
Metallscblösser I, 292.
Metallstempel II, 221.
Miethswagen II, 215.
Miethswohnungen I, 232.
Milch II, 74. Milchkanne 213.
miliarium I, 295.
Militardiplome II, 268.
Millefiori II, 217.
Mimen I, 152. 216. 258.
Minervale munus I, 92.
ministerium, Tafelgeschirr II, 168.
minium II, 262.
Mischgefässe II, 214.
Mischung des Weins I, 212.
Nispeln II, 36.
Missgeburten I, 132.
Misshandlungen der Sclaven I, 190.
Mittag I, 272. Mittagsruhe 273.
modiolus II, 242.
mola salsa I, 12. 227.
molitores I, 122.
monopodia I, 218. II, 202.
Morraspiel II, 115.
moriones I, 158.
Mosaikfussböden I, 292. II, 213.
Mosaik- und Filigranglas II, 218.
Moselfische II, 18.
mos maiorum I, 8l. 128.
Moste II, 82.
Mühlen II, 20. Müller 81.
Musigganger I, 234.
mulleus II, 191.

mullus II, 45. museum I, 222.
Multiplication I, 105.
munera, dona I, 172.
muraena II, 48.
mures II, 122.
muria I, 522. II, 50.
Musik I, 122.
musivum opus II, 215.
Musselin, indischer II, 100.
Mysterieninschrift von Andania II, 153.
Mutina, berühmt durch Töpferwaaren II, 224.

Nachtisch I, 227.
Nägel als Verzierung II, 247.
naenia I, 157.
Nahrung II, 19, 52.
Namen I, 10, 25.
nani I, 138.
nasciterna II, 251.
naupegi II, 210.
navicularii II, 19.
negotiatores II, 23.
Netzstricken II, 112.
Niello, Niellieren II, 222.
Nische I, 253.
nodus herculeus I, 42. II, 193.
Nomen, Bezeichnung der Gens I, 11.
nomenclator I, 152. 261, 814.
novemdialia I, 224. 241.
novicii I, 172.
nudus consensus I, 22.
Null, unbekannt I, 60.
nuncii I, 156.
Nundinae I, 51, 112.
Nüsseauswerfen I. 51. II, 26.
Nüssespiel II, 118.
nutrix I, 94, 178.

Obba II, 212.
obex I, 224.
obsonium II, 42, 72.
Obstcultur II, 26.
obstetrices II, 252.
Obstweine II, 62.
oculi, Ornamente II, 152.
ceci I, 154.
Oelcultur II, 54, 218.
Ofen I, 292.
officinator II, 309.
Ohrfeigen I, 120.
Ohrgehänge II, 292.
Oliven I, 224, II, 23.
ollae I, 279. II, 254.
operae I, 172.
operarii I, 182.

opertorium II, 215.
opisthographa II, 321.
Opobalsamum II, 102.
Orange II, 27.
oraria II, 92.
orbes I, 215. II, 232.
orca II, 127.
Orchestik I, 120.
ordinarii servi I, 160.
ornatrices I, 122.
os resectum I, 176, 222.
ostiarius I, 148.
ostium I, 222.
ostrea cruda, I 213.
ὀθόνη II, 100.
otium Graecum den Römern unbekannt I, 20.

Paedagogi I, 114, 128, 181.
Päderastie I, 72.
paenula II, 170.
pagonica II, 181.
Palästra I, 124.
palla II, 93. 179.
palliolum II, 183.
paludamentum II, 171.
Pantomimen I, 127.
panus II, 146.
Papier, ägyptisches II, 252.
Papyrus II, 221.
Papyrusstaude II, 222.
Paradebett I, 252.
paranymphi I, 47.
Parasiten I, 182.
par impar ludere II, 429. 429.
parochi I, 222. II, 81.
paropsis II, 230.
partiarius I, 142.
passum II, 69.
patagium II, 157.
patella I, 227.
patera II, 246.
pater familias I, 1, 152.
pabulum I, 104, 134.
patina II, 230.
patria potestas I, 4.
patrimi I, 24, 32.
patrimonium libertini I, 129.
patroni I, 219, 111, II, 98.
pavimenta II, 210.
pecten, pectinatores II, 116, 122.
pectere capillos II, 202.
peculium I, 170, 184.
pedarii senatores II, 221.
pedisequi I, 152.
Peitschen II, 224.
Pelagium II, 122.

Pellcetus I, 65.
pelles II, 189, pellarii I, 99, 222.
pelvis II, 261.
Pergament II, 212. 297.
pergula I, 92. 210.
Peristyl I, 226. 251.
Perlenhändler II, 197.
Perlhühner II, 19.
pero II, 192.
Perücken II, 201.
pessulus I, 221.
petasus II, 111.
petoritum II, 210.
peza vestis II, 112.
Pfauenwedel als Fächer I, 124.
Pfauenzucht I, 142. II, 19.
Pfirsich II, 87.
Pflaumen II, 85.
Phaecasia II, 194.
phaleree II, 247.
pharmacopola II, 232.
phiele II, 219.
φάσκων II, 92.
phrygiones II, 117.
picea I, 234.
pictores perietarii II, 231.
pilentum II, 297.
pileus I, 150. 160. II, 111.
pilicrepus II, 421.
Pilze I, 124.
pinna II, 119.
piscina celida I, 293.
piscinarii II, 52.
Pisa von pinsere II, 21.
Pistaciennuss II, 87.
pistores II, 21.
pistrinum I, 122. II, 20.
plegierii I, 172.
pleguiae I, 212.
planctus mulierum I, 221.
Plättstich II, 112.
plaustre II, 228.
pluma, plumarium, opus II, 117.
plume versicolor II, 215.
plumbarii, fistulatores II, 208.
pluteus II, 319.
polenta II, 21.
politor I, 112.
pollinctores I, 232.
polymita II, 111.
pomarium II, 72.
pompa I, 252. circensis II, 151. 370.
pope, popine II, 72.
Portier I, 112.
Portlandvase II, 211.
Porträtbild, plastisches I, 210. Büsten 212.

portus vinarius II, 32.
Possenreisser I, 152.
postes I, 222.
potestas unterschieden von manus I, 1, 9.
Poularden II, 11.
praebia I, 24.
praeco I, 157.
praecursores I, 130.
praefices I, 157.
praegustatores I, 158.
preemie patrum I, 12, 74.
Praenomen I, 11, 11.
prendium I, 272.
Privatclient I, 219.
Procession der Ahnenbilder I, 252.
processus consularis II, 152.
procurator I, 111. 161, II, 129.
professio I, 68.
profiteri apud acta I, 92.
promulsis I, 222. II, 65.
promulsidare I, 212.
pronube I, 22, 47.
propnigeum, praefurnium I, 200.
proplasma II, 287.
prothyra, diothyra I, 211.
psilothrum II, 199.
puberies I, 120.
pueri ingenui tragen die bulla I, 83.
pugillares II, 282. 283.
pulmentum I, 205.
puls II, 24.
pulsare I, 210.
pulviceria II, 221.
pulvinaria picta II, 152.
pulvinus I, 211.
pumilones I, 158.
Puppen den Laren geweiht I, 42, 123.
Purpurerten II, 120.
πυέλος I, 292.
pyrgus, turris II, 127.
πυρισσητριον I, 297.

Quadrans I, 245.
quadra panis II, 20.
quadratarium opus II, 220.
quando tu Gaius, ego Gaia I, 112.
quinquennales II, 25.
Quitten II, 86.

Radius II, 122.
Rasirmesser II, 192. 205.
Räuchern des Weins II, 62. des Kä-
ses 75.
Reuchpfennen I, 255.
Rechenbret I, 190.
Rechenpfennige I, 191.
Rechnen I, 27.

reda, rheda I, 151. argentata II,
212. 123.
Reifen treiben II, 117.
Rehe II, 40.
Reitknechte I, 165.
remancipatio I, 26.
repagula I, 264.
repositorium I, 229. II, 200. 216.
repotia I, 31.
repudium renuntiare, remittere
I, 32.
reticula I, 12. II, 111.
rhedarii II, 212.
Rhederei II, 12.
rhenones II, 180.
Rhetor I, 113.
rhombus II, 15.
ῥυτόν, Trinkhorn I, 217. II, 218.
rica II, 179.
ricinium, recinium II, 178.
Rindfleisch II, 39.
Ringe, den Todten mitgegeben I,
252. II, 291.
ritus Gabinus II, 168.
Röhren zur Heizung I, 299. II, 215.
197.
rogus I, 252. 277.
Roggen II, 22.
Rohrfeder II, 101.
Rohstoffe II, 25. f 16. Lieferanten 116.
Rosenkränze I, 211. 272.
Rosinenwein II, 69.
rotae radiatae II, 224.
Rüben I, 23t.
rubrica II, 212.

Saal I, 211.
saccus, sacculus I, 344.
sacrarium, lararium I, 211. 231.
Säuften II, 219.
Sättel II, 22L
saxum II, 168. 174.
salarium I, 219.
Salate I, 233. II, 24.
Salben I, 211. Gefässe 222. II, 216.
salinum I, 220.
salissamenta I, 295.
saltatio I, 131.
salutatio I, 296. 265. II, 192.
salutatores I, 211.
Salz II, 11. 72.
Semisches Geschirr II, 251.
sandalia II, 195.
sandapila I, 221. sandapilarii 222.
sapa II, 69.
Sardinen I, 233.
Sarg I, 262.

Sarkophag I, 240.
sarracum II, 224.
sartago II, 231.
Sattlerarbeiten II, 221.
savillum I, 224.
scalptura II, 219.
scamna II, 219.
scaphariI II, 12.
scaphium II, 217.
scarus II, 43.
Schaft am Webstuhl II, 124.
Schaftzucht II, 66.
Schauspieler I, 181.
Scheere II, 199.
Scheidung I, 70.
Schiffergilden II, 12.
Schiffsbaukunst II, 219.
Schild I, 220.
Schinken I, 229: menapische II, 12.
Schläuche zur Aufbewahrung des
Weins II, 68.
Schlafbetten II, 216.
Schlafzimmer I, 253.
Schleppen II, 178.
Schlosser II, 108.
Schlösser I, 284.
Schlüssel I, 285.
Schminke II, 202.
Schmuckarbeit II, 221.
Schnecken I, 223.
Schneebuben II, 41.
Schneider, Schneiderinnen II, 187.
Schnepfen II, 41.
Schöpfgefässe II, 216.
scholae, Nischen in Bädern I, 222.
Schränke I, 217. II, 218.
Schreiben I, 99.
Schreiber II, 101.
Schreibfeder II, 101.
Schreibmaterial II, 102.
Schreibübungen I, 96.
Schreibzeug II, 101.
Schreinerkunst II, 219.
Schuhe II, 194.
Schulen I, 99. 112.
Schulgeld I, 94.
Schuljahr, Beginn desselben I, 93.
Schultertuch II, 168.
Schüsseln II, 230.
Schuster II, 192.
Schwämme, essbare I, 211.
Schweine I, 11t.
Schweinefleisch II, 40.
Schwelgerei I, 210.
Schwelle I, 91. 221.
Schwerter II, 108.
Schwitzbad II, 227.

— 453 —

scintilla Ingenii I, 96.
scipio II, 224.
scissor I, 152. 122.
scordisci II, 214.
scribae II, 255.
scrinia II, 272.
scriptores, inscriptores II, 224.
scriptulum I, 443.
sculponeae II, 198.
scutica I, 112.
scutulatae vestes. scutulatus, Etymologie II, 140.
scyphus II, 242.
sectores serrarii II, 224.
sedilia II, 916.
segestria II, 221.
segmenta II, 138.
Seide, assyrische II, 107. 117.
Seidene Stoffe, Seidenwurm II, 122.
Seidenhandel II, 114.
Seife, gallische II, 265. 270.
sellae II, 309. 215. 222. Mittel 224.
Sepiasurii II, 162.
Septimontium I, 95.
sera I, 224.
seriae II, 242.
serica, saricarii II, 119.
Servietten I, 224. II, 92.
servilia cognatio I, 196.
sextarius I, 242.
Sieben des Mehles II, 22.
Siegelerde II, 212.
Siegelstempel II, 281.
sigilla II, 222. 275.
sigillata vestimenta II, 142.
sigma, stibadiom I, 215.
signum, Personenbezeichnung I, 17.
Silberarbeiten II, 286.
Silbergewebe II, 146.
silentiarii I, 161.
silicarii, exemtores II, 222.
silicernium I, 224.
simpulum II, 216.
sindon II, 109.
sinus der toga II, 165. Milchnapf 242.
sisyraa II, 199.
silicines I, 257.
situla II, 251.
Sklaven I, 122. Ausfuhr dars. 175.
Sklavenfamille I, 141.
Sklavenhandel I, 171.
Sklavenmarkt I, 169.
Sklavennamen I, 21. 176.
socci II, 193.
sodalitates I, 212. sodalitates 872.
Sohlen I, 122. II, 185.
solaria, Söller I, 256. Sonnenuhren 159

solium oder alveus I, 122. II, 217.
Sonnenschirm I, 134.
Sonnenuhren I, 258. II, 070.
sories I, 171.
Spargel I, 124.
spatalium II, 292.
spatha II, 124.
specularia II, 242.
Speculation II, 0.
Speisekarte, Speisezopfer I, 236.
sphaeristerium I, 209.
σφυρήλατος II, 276.
Spiegel II, 281. 215.
Spiele II, 412.
Spiessen, Strafe I, 121.
Speisachen I, 142.
spina alba I, 32 : fullonia II, 131.
Spindel, Spinnen II, 118.
Spolien, an der Thüre angehängt I, 226.
sponda II, 216.
sponsalia I, 22.
sportula I, 212.
Springen I, 122.
Staatswagen II, 217.
stabula II, 81.
Stallmeister I, 155.
stamen II, 122.
statuae, triumphales I, 242.
Statuen, thönerne II, 286.
status personae I, 87.
Steinarbeiter II, 223.
Steinbrüche, Verarbeitung in denselben I, 162.
Stellmacher II, 212.
Stellung der Frauen I, 32.
Stelzen II, 417.
stemmata I, 217.
Stempel auf Thonfabricaten I, 167.
stibadium I, 215.
Stickerei, II, 146. 186.
stili II, 101. 222.
Stimmberechtigung I, 6.
stipulatio I, 179.
stola I, 42; matronalis 52. II, 178.
Störche, gegessen II, 12.
Strafen I, 120.
stragula picta II, 130. 215.
Strassen, ihre Benennung II, 21.
Strassenräuber I, 174.
strenae I, 24. 257.
Stricken II, 219.
strigilis I, 226.
structores I, 152. II, 229.
struppi II, 249.
Stühle II, 917.
Standenrechnung I, 258.

suas res sibi habere I, 62.
Subalternbeamte II, 253.
subligaculum, subligar I, 249. II, 24.
132.
subtemen II, 121.
Subtraction I, 184.
subucula II, 161. 178.
sudatio I, 297.
sudes, I, 134.
sumen, I, 229.
supellex, supellecticarius I, 118.
superhumerale II, 162.
Superstition I, 82.
supparum II, 93.
Supplicationen I, 192.
suppromus I, 160.
suspensurae I, 221.
sutrinae II, 197.
sycotum I, 229.
συγγραφή I, 202.
symbolum I, 205.
symbonisch I, 137. 218.
syntheeis I, 231. II, 176.
syrma II, 181.

Tabellarius I, 122. II, 212.
tabelliones II, 122.
Taberneo I, 22. 218. II. 32. 72. 127.
tahlinum I, 214. 252.
tabula, [Ileca I. 112. II. 182. Schreibtafel I, 115. nuptialis I, 42. 46. patronatus, hospitalis 205. 220. i. latrunculoria II, 125.
tabularium I, 120. 259.
Tafelgeschirr I, 227.
Tagelöhner I, 118.
Tageseintheilung I, 255.
talaris I, 120.
Talassio, Talasso I, 51.
Tanzlehrerkunst I, 121.
Tarichos II, 47.
Taschentuch II, 86.
Tauben II, 41.
Taucher II, 18.
tecta I, 212.
tegulae, tegularii II, 234. 262.
tela lugalis, pendula II, 187.
tempestivum convivium I, 227.
tepidarium I, 298.
tessella I, 272.
tesserae hospitales I, 205. consulares, gladiatoriae II 335. 436.
testudinatum I, 212.
tetrastylum I, 212.
Theater II, 214.
theoretischer Unterricht vom Vater ertheilt I, 82.

ibericies II, 272.
ihermae I, 291.
Thiergärten I, 142. II, 42.
Thiermauer auf Geweben II, 142.
Thonfabricate II, 221.
Thonpfropfen II, 72.
thoraces I, 246.
Thunfisch II, 16.
ϑύειν γάμους I, 52.
Thüren I, 222.
Thürklopfer, Klingeln I, 210.
Thürsteher I, 116. 122.
tibiae, tibicen I, 218. 257.
Tinte, Tintenfass II, 192.
tirocinium I, 126.
Tischbedienung I, 161.
Tische I, 215.
Tischlieder I, 91. Tischopfer 218.
Tischtuch, nicht im Gebrauch I, 230.
II, 97.
Tischzeug II, 154.
titull I, 179. 242. 272.
Tochtername I, 10.
Todesfalle, Anmeldung ders. I, 321.
Todesstrafen I, 193.
Todtenfeste I, 242. 311.
Todtengräber I, 381.
toga, meretricum I, 12. praetexta, virilis II, 132. II, 158. Beschreibung 134.
Toilette I, 158. Toiletten- u. Schönheitsmittel II, 142.
Toilettenkästchen I, 222. 262. II, 270. 212.
tomentum II, 215.
tomus, τέυχος II, 192.
tonsor, tonstrinae II, 205.
Töpfer II, 252.
topiarii I, 144.
Toreutik II, 272.
tornatores II, 222.
Tortur I, 122.
torus I, 21 L. II, 315.
trabea, trabea II, 112.
trama, Etymologie II, 125.
translatio cadaveris I, 839.
trapezophora I, 212.
Trauer I, 222.
Trensen II, 222.
Treppenhaus I, 214.
Tresterwein II, 62.
Treue der Sclaven I, 124.
Trichter I, 244.
tricliae I, 272.
tricliniarcha I, 151. 217.
tricliniarii I, 217.
triclinium I, 211. 212.

— 455 —

triens I, 215.
trigon II, 121.
Trinkgeschirr I, 241. II, 216. 228.
Trinkgläser II, 227.
Triekhörner II, 256.
Trinksprüche I, 247.
tripudium I, 121.
Triumphatoren I, 218.
Trocknen der Asche I, 879.
Trüffeln I, 241.
trulla II, 249.
trulleum II, 231.
tubae I, 237.
tubi I, 222. II, 192.
tubuli II, 215.
tunica II, 160. recta, regilla I, 14. 132. II, 122. talaris II, 25. 185. palmata 132. laticlavia, angusticlavia 134. interior 178. palliolata, tunicopallium 182. manicata, Dalmatica 194.
turris II, 127.
tutor I, 149.
tutulus II, 292.
τύλη II, 121.
tympana II, 534.

Udones II, 118.
Uhren I, 229. 272. 317.
ulmei, ulmitriba I, 122.
umbilicus, ad umbilicum perducere II, 395.
umbo II, 185.
umbraculum oder umbella I, 151.
umbrae I, 213.
unciae I, 102.
unctorium I, 296.
undulata vestis II, 118.
unguenta, Fabrication und Vertrieb II, 366.
univirae I, 48.
Unterhaltung I, 121.
Unternehmer I, 162.
Unterricht I, 82. 96.
urceolus II, 224.
urceus II, 244.
urinatores II, 15. 77.
ustrinum I, 870. 877.
usu in manum convenire I, 21.
usus zu Gaius Zeit nicht mehr bestehend I, 62.
utricularii II, 213.

Valetudinaria I, 141.
valvae I, 222.
vasa Arretina II, 232. Samia 233. diatreta II, 241. murrina 242. scentata 250.

vascularii II, 227.
Vasen, gemalte I, 869. 378. II, 232.
vectis I, 124.
vela, velarius I, 232. 242. II, 122. 229.
venalicii I, 178.
venere uti vulgari et permissa I, 12.
Verbrauchsgefässe II, 244.
Verbrechen römischer Frauen I, 42.
Verbrennen der Leiche I, 274.
Veredelung des Obstes II, 18.
Verfall des ehelichen Verhältnisses I, 47.
Verfertigung von Kunstgefässen II, 274.
Verhalten der Frau I, 48.
Verlobung I, 38. 40.
vermiculatum opus II, 227.
vernae I, 172.
Verschluss der codicilli etc. II, 287.
vesperna I, 272.
vespillones I, 241.
vestiarii II, 187.
vestibulum I, 118. Etymologie 221.
vesticeps, investis I, 122.
vestiplicus II, 168.
vestis coenatoria I, 211. purpura 252. v. Melitensis II, 192. Coa 191. 145. 177. bombycina, serica 195. fibrina, Castorina 118. pexa, trita, defloccata 192. triumphalis 151. stellata 152.
veteratores I, 472.
via Appia, Latina I, 361.
victimarii I, 49.
Victualienhändler I, 73.
Viehhändler II, 25.
vigiliae I, 262.
villatica pastio I, 112. 222.
villici I, 117. 481.
villicus I, 112. 185.
villosa linea, vestimenta II, 97.
vinarium, vas. II, 248.
vineae oeu anzulegen verboten II, 51.
vinum dulciare II, 71.
virgatae vestes II, 110.
visceratio I, 218.
vitrea, vitreamina II, 227.
vittae crinales I, 44.
vivarium I, 142.
Vogelnetze II, 111.
volsella II, 192.
volumen II, 292.
Vomitive I, 212.
Vorhängeschlösser I, 222.
Vormittag I, 221.
Vorreiter I, 135.
vulva, Speise I, 222.

Wachsmasken I, 11d.
Wachteln II, 12.
Waffen im vestibulum aufgehängt
I, 212.
Waffenhändler II, 102.
Waffenübungen I, 111.
Wagen I, 232. II, 210. 212.
Walken II, 127.
Wallnuss, persische II, 80.
Wände mit Medaillons I, 212.
Wappen I, 12.
Wärmemaschinen I, 210.
Waschgefässe II, 221.
Waschwasser beim Mahle herum-
gereicht I, 221.
Wasserkanne II, 212.
Wasserröhren II, 105. 207.
Wasserthiere II, 12.
Wasseruhr I, 259. II, 272. 277.
Weben II, 115.
Weber, Arten ders. II, 126.
Webereien II, 95.
Webestuhl II, 120.
Weihrauch II, 101.
Wein II, 21. -Händler 52. die ver-
schiedenen Sorten 62.
Weintrauben II, 82.
Weintrinken, für die mater familias
unschicklich I, 42.
Walzen II, 24.
Welthof I, 122.
Wild II, 42. Wildpark I, 112.
Wirthschaftsgebäude, Scheuern I,
271.

Wirthshäuser II, 22.
Wocken II, 122.
Wohnzimmer I, 251.
Wolle II, 83. 118.
Wollene Binden zum Umwinden der
Thürpfosten I, 82.
Wollkrempler II, 120.
Wucher I, 171.
Würfelspiel II, 121.
Würste II, 49.

ὑδροσκόπιον II, 221.
ὑπόκαυσις I, 240.

Zähne, falsche II, 212.
Zahlensystem I, 91.
Zahnärzte II, 252.
Zahnpulver II, 212.
rancae II, 195
Zeitungen I, 42.
Zeugschmiede II, 106.
Ziegel II, 232.
Ziegeldach I, 212.
Ziegen, Ziegenbeer II, 82.
Zimmereinrichtung II, 211.
Zimmerleute II, 102.
Zimmt I, 221.
Zucker durch Honig vertreten II, 21.
Züchtigungsinstrumente I, 122.
Zwerge I, 152.
Zwiebeln II, 85.
zythum II, 71.

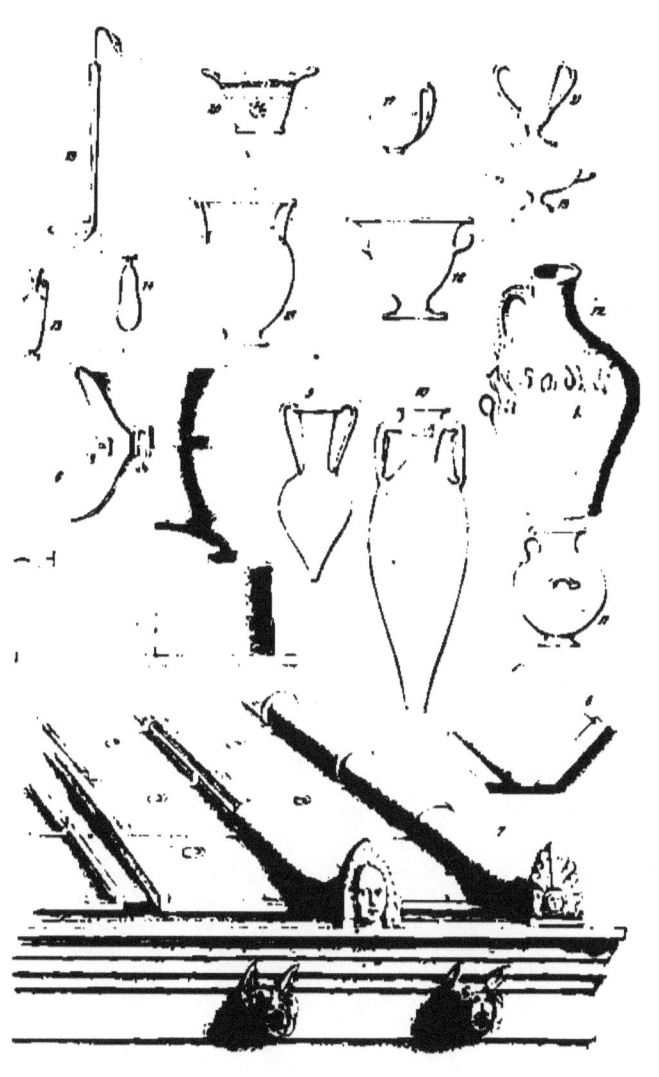

www.ingramcontent.com/pod-product-compliance
Lightning Source LLC
Chambersburg PA
CBHW022113300426
44117CB00007B/699